PRACTICA JURIDICA DE PUERTO RICO

DERECHO PROCESAL CIVIL

5ta Edición

por

Rafael Hernández Colón

Catedrático
Facultad de Derecho
Universidad Católica de Puerto Rico

LexisNexis®

ISBN: 978-1-4224-5121-2

82901-12

Editado, Diseñado e Impreso por
LEXISNEXIS DE PUERTO RICO, INC.
San Juan, Puerto Rico 00907-1799
http://www.lexisnexis.com

AGRADECIMIENTO

Al Honorable José Antonio Andréu García por el prólogo con que certeramente resume los cambios que introduce esta edición con motivo de las Reglas de Procedimiento Civil de 2009 y por los generosos comentarios que hace respecto a mi padre y mi persona. A la licenciada Thainie Reyes Ramírez por su infatigable labor y valiosa contribución a la revisión de este libro para adecuarlo a las Reglas de 2009.

Rafael Hernández Colón

Ponce, Puerto Rico

DEDICATORIA

A mi padre, Rafael Hernández Matos,

quien hubiera preferido que yo dedicara
toda mi vida al ejercicio de mi profesión de abogado.

Rafael Hernández Matos

* Cabo Rojo 1902 † Ponce 1996

LLB Universidad de Puerto Rico 1926; Ejercicio de Profesión, Ponce 1926-1957, San Juan 1973-1986; Juez del Tribunal Supremo 1957-1972

PROLOGO A LA QUINTA EDICION

José A. Andréu García[*]

Con motivo de la adopción por el Tribunal Supremo de las Reglas de Procedimiento Civil de 2009[1], el profesor Rafael Hernández Colón nos ofrece la Quinta Edición de su obra. Esta se remonta a más de cuarenta años, la cual originalmente tituló *Manual de Procedimiento Civil* cuando estaban vigentes las Reglas de 1958. Ahora, desde una perspectiva adicional, por haber participado de manera directa y destacada en la concepción, confección y redacción de estas nuevas Reglas como miembro del Comité Asesor Permanente de Reglas de Procedimiento Civil del Tribunal Supremo de Puerto Rico, Hernández Colón publica esta nueva edición en su acostumbrada forma sencilla, directa, y de perfecta técnica didáctica, continuando así su contribución al desarrollo del Derecho Público de Puerto Rico.

El Tribunal designó el mencionado Comité con la encomienda de someter un nuevo proyecto de Reglas para su aprobación, a la luz de la nueva Ley de la Judicatura de Puerto Rico de 2004, Ley Núm. 201 de 22 de agosto de 2003, 4 L.P.R.A. sec. 24 et seq., según enmendada, con el propósito principal de agilizar los procedimientos de naturaleza civil. El mismo quedó constituido por las personas siguientes, todas ellas destacadas figuras de nuestro Foro: Lcdo. José A. Andréu García, Presidente, Lcdo. Rafael Hernández Colón, Hon. Héctor J. Conty Pérez, Hon. Luis E. Maldonado Guzmán, Lcda. Lady Alfonso de Cumpiano, Lcdo. José A. Cuevas Segarra, Lcdo. Harold D. Vicente González, Lcdo. Francisco G. Bruno Rovira, Lcda. Waleska Delgado Marrero, Lcdo. Manuel Martínez Umpierre, Lcdo. José E. Otero Matos y Lcda. Sylvia Vilanova Hernández.

Según reconoció nuestro más Alto Tribunal en su Resolución del 4 de septiembre de 2009, *In re: Aprobación de las Reglas de Procedimiento Civil de Puerto Rico*, "[e]l Comité enmarcó el intenso proceso de revisión y análisis en el estudio de la jurisprudencia alusiva a las Reglas; las recomendaciones propuestas en los Informes de Reglas de Procedimiento Civil de 1994 y 1996; las Reglas de Procedimiento Civil Federal; las Reglas de Procedimiento Civil de algunos estados de los Estados Unidos; y las últimas tendencias en otras jurisdicciones.

---

[*] Ex Juez Presidente del Tribunal Supremo de Puerto Rico y Presidente del Comité Asesor Permanente de las Reglas de Procedimiento Civil. En sus inicios como jurista se desempeñó como Juez de Distrito, luego fue designado como Fiscal Auxiliar y posteriormente ascendido a Fiscal de Distrito. Sirvió además como Juez Superior y Juez Administrativo Auxiliar. Tiene una extensísima práctica en lo civil y criminal, tanto en el foro estatal como el federal.

[1] *In re: Aprobación de las Reglas de Procedimiento Civil de Puerto Rico*, 2009 T.S.P.R. 143. La Asamblea Legislativa le hizo varias enmiendas a las Reglas adoptadas por el Tribunal Supremo mediante la Ley Núm. 220 de 29 de diciembre de 2009.

Además, el Comité tomó en consideración las recomendaciones sugeridas por la Comisión Futurista de los Tribunales en su Informe *Visión en Ruta al Futuro*; las investigaciones de las asesoras del Secretariado de la Conferencia Judicial y Notarial y el insumo recibido de distintos sectores de la comunidad jurídica. Así, también, el Comité consideró los proyectos de ley para enmendar las Reglas vigentes presentados en la Cámara de Representantes y el Senado de Puerto Rico".

Teniendo como guía la misión de la Judicatura, según concebida en el mencionado Informe de la Comisión Futurista, el Comité se enfocó en diseñar un procedimiento integrado, dirigido a facilitar el acceso a los tribunales y el manejo del proceso de forma tal que garantice una solución justa, rápida y económica de los conflictos judiciales mediante el trato equitativo, la representación legal adecuada y la agilización de los trámites.

Las nuevas Reglas fomentan y facilitan un mejor acceso de la ciudadanía al sistema de justicia con el reconocimiento y la reglamentación de la representación por derecho propio; y al ampliar la base jurisdiccional de nuestros tribunales hasta el máximo permitido por las Constituciones del Estado Libre Asociado y de los Estados Unidos, mediante el establecimiento de una norma de carácter general y la eliminación de la doctrina de los contactos mínimos en nuestra demarcación territorial.

Dichas Reglas expeditan y facilitan los trámites judiciales al establecer una misma norma general para el emplazamiento de demandados domiciliados y no domiciliados. Adoptan un procedimiento uniforme para el traslado de los pleitos presentados fuera de la sala competente. Eliminan el requisito de juramentar ciertas mociones. Modifican los términos para el emplazamiento, la presentación de la contestación a la demanda y el de otros trámites, imponiendo penalidades más severas por el incumplimiento de plazos, órdenes y providencias judiciales. Expeditan los métodos de descubrimiento de evidencia y la solución de los conflictos que surgen durante su utilización y se autoriza la expedición de citaciones por los abogados de las partes para requerir la comparecencia a juicio, vista u otros trámites del descubrimiento. Incorporan los avances tecnológicos para la agilización y flexibilización de los trámites procesales, regulan el modo de producir evidencia almacenada electrónicamente, eliminan el derecho a recurrir de ciertas resoluciones de carácter interlocutorio, aumentan la cuantía de los casos tramitados al amparo de la Regla 60 y se modifica el procedimiento de Expropiación Forzosa, haciéndolo más justo y expedito al incorporar requisitos previos para identificar el interés público que motiva la expropiación.

Merece mención especial la adopción, como requisito indispensable en la mayoría de los litigios, la conferencia inicial para el manejo del caso, imponiendo como requisitos previos a tal conferencia ciertas obligaciones a los abogados de todas las partes.

Es justo reconocer la valiosa aportación del profesor Hernández Colón a este proceso. Miembro de una familia de excelentes juristas en la cual se destacó su padre, Rafael Hernández Matos, Juez Asociado del Tribunal Supremo por más de dos décadas, quien fuera también un excelente abogado forense por más de cuarenta años, Hernández Colón contagió al Comité con su pasión por el estudio del derecho y, en especial, el derecho procesal de naturaleza civil. Esta pasión explica su entrega al mejoramiento del ordenamiento jurídico de Puerto Rico mediante su dedicación por más de cuatro décadas a este tratado de Procedimiento Civil, a la enseñanza de esta área del Derecho Público por más de veinte años, así como al mejoramiento de nuestro sistema judicial. Siendo Gobernador de Puerto Rico promovió y aprobó legislación para las Reformas Judiciales de 1974 y 1992, y la creación del Tribunal de Apelaciones. Estableció mediante legislación el Comité Asesor del Gobernador para Nombramientos Judiciales, el cual había sido creado mediante Orden Ejecutiva por el Gobernador Roberto Sánchez Vilella y creó, también mediante legislación, la Comisión de Evaluación de Jueces, adscrito a la Oficina del Juez Presidente. Promovió y aprobó otras importantes medidas legislativas para facilitar el trámite de los litigios tanto en el campo civil como en el penal.

Habiendo compartido con el Comité su preocupación por la Judicatura puertorriqueña y, en especial, su concepción valorativa del ordenamiento procesal civil como eje rector de los procesos judiciales y, consecuentemente, como método para dar a cada cual lo que en justicia merece, influyendo de manera notable en la dirección de nuestro esfuerzo, creo de rigor citar de esta obra lo siguiente:

El derecho procesal debe optimizar la eficacia del sistema judicial. Para ello no sólo es necesario la rapidez sino también que las decisiones se produzcan con rigor jurídico en función de los hechos. Por tanto, las normas procesales han de facilitar, por una parte, la determinación veraz de las cuestiones de hecho y, por otra parte, la determinación del derecho aplicable siguiendo la más rigurosa metodología jurídica.

Sobre esas bases se asienta en parte la calidad de la justicia. La otra parte depende de los seres humanos que la imparten.

Al valorar nuestro sistema judicial a la luz de estos criterios, resulta evidente que deja mucho que desear. Si el sistema judicial no es eficaz la incertidumbre causará que las decisiones a nivel de la sociedad no se tomen con agilidad, que los conflictos engendren inestabilidad económica y social y las transacciones y operaciones no fluyan en la forma necesaria al bienestar general.

Esto dio lugar a la adopción de un nuevo cuerpo de Reglas de Procedimiento Civil en el año 2009.[2]

Confiamos en que tanto los jueces como los abogados que comparecen ante los Tribunales observen con justa rigurosidad los postulados de estas nuevas Reglas para lo cual el autor de esta obra se ha esforzado, una vez más, en dotar a la clase jurídica de Puerto Rico con un valioso instrumento para el conocimiento

---

[2] Véase Sec. 106 de la Obra Citada.

y manejo de nuestro derecho procesal civil y facilitar de ese modo la justa y rigurosa aplicación de estas Reglas.

¡Enhorabuena!

José A. Andréu García
Mayo 2010

ABREVIATURAS

Art. .... Artículo
CC .... Código Civil de Puerto Rico, ed. 1930
CEC .... Código de Enjuiciamiento Civil de Puerto Rico, 1904
CEC .... Código de Enjuiciamiento Civil, ed. 1933
LEC 1886 .... Ley de Enjuiciamiento Civil para las Islas de Cuba y Puerto Rico, 25 de septiembre de 1885
LJ 1952 .... Ley de la Judicatura de Puerto Rico, Ley Núm. 11 de 24 de julio de 1952
LJ 1994 .... Ley de la Judicatura de Puerto Rico aprobada el 28 de julio de 1994
LJ 2003 .... Ley de Judicatura de Puerto Rico aprobada el 22 de agosto de 2003
LPAU .... Ley de Procedimiento Administrativo Uniforme, 1988
R. 1943 .... Reglas de Procedimiento Civil, 1943
R. 1958 .... Reglas de Procedimiento Civil, 1958
R. 1979 .... Reglas de Procedimiento Civil,1979
R. 2009 .... Reglas de Procedimiento Civil, 2009
RCCLC .... Reglas para Casos Civiles de Litigación Compleja, 1999
RMASC .... Reglamento de Métodos Alternos para la Solución de Conflictos, 1998
RPRDATS .... Reglas para el Procedimiento de Revisión de Decisiones Administrativas ante el Tribunal Supremo, 1989
RTA .... Reglamento del Tribunal de Apelaciones, 2004
RTPI .... Reglas para la Administración del Tribunal de Primera Instancia, 1999
RTS .... Reglamento del Tribunal Supremo, 1996
Sec. .... Sección
TA .... Tribunal de Apelaciones del Estado Libre Asociado de Puerto Rico
TGJ .... Tribunal General de Justicia del Estado Libre Asociado de Puerto Rico
TPI .... Tribunal de Primera Instancia del Estado Libre Asociado de Puerto Rico
TS .... Tribunal Supremo del Estado Libre Asociado de Puerto Rico

Contenido

PARTE 1

INTRODUCCION

CAPITULO 1: INTRODUCCION AL DERECHO PROCESAL CIVIL

CAPITULO 2: LAS REGLAS DE 2009 Y LA EVOLUCION HISTORICA DEL PROCESO

CAPITULO 3: FUENTES, CARACTERISTICAS Y HERMENEUTICA DE LAS NORMAS PROCESALES

PARTE 2

EL PODER JUDICIAL

CAPITULO 4: JURISDICCION

CAPITULO 5: LOS TRIBUNALES, ESTRUCTURA Y COMPETENCIA

CAPITULO 6: EL PROBLEMA DEL TRIBUNAL INCOMPETENTE

CAPITULO 7: FUNCIONARIOS DE LOS TRIBUNALES

CAPITULO 8: LA ADMINISTRACION

CAPITULO 8-A: METODOS ALTERNOS PARA LA SOLUCION DE CONFLICTOS

CAPITULO 9: LA ACCION

PARTE 3

LAS PARTES

CAPITULO 10: LEGITIMACION

CAPITULO 11: CAPACIDAD PROCESAL

CAPITULO 12: CLASIFICACION Y ACUMULACION DE PARTES; EL *INTERPLEADER*

CAPITULO 13: SUSTITUCION, INTERVENCION, INCORPORACION DE TERCEROS

PARTE 4

EL ASEGURAMIENTO Y LA FIANZA

CAPITULO 14: EL ASEGURAMIENTO

CAPITULO 15: FIANZA

PARTE 5

LOS ESCRITOS, NOTIFICACIONES, TERMINOS, CITACIONES Y SANCIONES

CAPITULO 16: LOS ESCRITOS Y SU PRESENTACION

CAPITULO 17: LAS NOTIFICACIONES

SECCIÓN

CAPITULO 18: LOS TERMINOS

SECCIÓN

CAPITULO 19: LAS CITACIONES

SECCIÓN

CAPITULO 19-A: LAS SANCIONES

SECCIÓN

PARTE 6

EL EMPLAZAMIENTO

CAPITULO 20: EL EMPLAZAMIENTO

CAPITULO 21: LA PRUEBA DEL DILIGENCIAMIENTO DEL EMPLAZAMIENTO

PARTE 8

LAS ALEGACIONES Y MOCIONES

CAPITULO 22: ALEGACIONES EN GENERAL

CAPITULO 23: CONTENIDO DE LAS ALEGACIONES

CAPITULO 24: PRINCIPIOS APLICABLES A LAS ALEGACIONES QUE FORMULAN RECLAMACIONES;DEFENSAS; RECONVENCIONES; ENMIENDAS

CAPITULO 25: MOCIONES EN GENERAL

CAPITULO 26: MOCIONES CON ANTELACION AL JUICIO MAS IMPORTANTES

SECCIÓN

PARTE 8

LA REBELDIA

CAPITULO 27: CONCEPTO, CAUSAS Y EFECTOS

SECCIÓN

PARTE 9

LOS PROCEDIMIENTOS PARA DESCUBRIR O PERPETUAR PRUEBA

CAPITULO 28: PROPOSITO Y ALCANCE

CAPITULO 29: LAS DEPOSICIONES

CAPITULO 30: LOS INTERROGATORIOS

CAPITULO 31: INSPECCION DE DOCUMENTOS, OBJETOS O PROPIEDADES

CAPITULO 32: EL EXAMEN FISICO O MENTAL

CAPITULO 33: REQUERIMIENTO DE ADMISIONES Y AUTENTICIDAD DE DOCUMENTOS

CAPITULO 34: CONSECUENCIAS DE NEGARSE A DESCUBRIR

PARTE 10

MANEJO DEL CASO; COMPLEJOS; LA CONSOLIDACION DE PLEITOS; Y LOS COMISIONADOS ESPECIALES

CAPITULO 35: MANEJO DEL CASO

CAPITULO 35-A: MANEJO DE LOS CASOS COMPLEJOS

CAPITULO 36: LA CONSOLIDACION Y LOS JUICIOS POR SEPARADO

CAPITULO 37: LOS COMISIONADOS ESPECIALES

PARTE 11

LA TERMINACION DEL PROCESO EN PRIMERA INSTANCIA

CAPITULO 38: MECANISMOS PARA PROMOVER LA ECONOMIA PROCESAL, REDUCIR LOS GASTOS DEL PROCESO, O TERMINARLO DE COMUN ACUERDO

CAPITULO 39: DESESTIMACION Y DESISTIMIENTO

CAPITULO 40: LAS PRUEBAS Y EL JUICIO

CAPITULO 41: LA SENTENCIA

PARTE 12

LAS COSTAS, INTERESES Y HONORARIOS DE ABOGADO

CAPITULO 42: COSTAS

CAPITULO 43: INTERESES

CAPITULO 44: LA CONDENA POR HONORARIOS DE ABOGADO

PARTE 13

LOS REMEDIOS CONTRA SENTENCIAS U ORDENES

CAPITULO 45: INTRODUCCION

CAPITULO 46: MOCION DE RECONSIDERACION

CAPITULO 47: MOCION DE NUEVO JUICIO

CAPITULO 48: MOCION DE RELEVO

CAPITULO 49: MOCION PARA CORREGIR ERRORES DE FORMA, INADVERTENCIA U OMISION

CAPITULO 50: MOCION PARA DETERMINACIONES DE HECHOS Y CONCLUSIONES DE DERECHO ADICIONALES

PARTE 14

LOS RECURSOS

CAPITULO 51: NOCIONES GENERALES

CAPITULO 52: CLASES DE RECURSOS

CAPITULO 53: NORMAS GENERALES SOBRE LOS TERMINOS PARA ENTABLAR LOS RECURSOS

CAPITULO 54: PROCEDIMIENTO PARA LOS RECURSOS ANTE EL TPI

CAPITULO 55: PROCEDIMIENTO PARA LOS RECURSOS ANTE EL TA

CAPITULO 56: PROCEDIMIENTO PARA LOS RECURSOS ANTE EL TS

CAPITULO 58: *MANDAMUS*

CAPITULO 59: EXPROPIACION FORZOSA

CAPITULO 60: SENTENCIAS DECLARATORIAS

CAPITULO 61: RECLAMACIONES DE MENOR CUANTIA

CAPITULO 62: CARACTER SUPLETORIO DE LAS REGLAS PARA OTROS PROCEDIMIENTOS ESPECIALES Y RECURSOS EXTRAORDINARIOS

PARTE 16

LA EJECUCION DE LA SENTENCIA

CAPITULO 63: LA EJECUCION DE LA SENTENCIA

PARTE I

INTRODUCCION

CAPITULO 1: INTRODUCCION AL DERECHO PROCESAL CIVIL

§ 101. Concepto

El Derecho procesal civil trata de la forma de las personas naturales o jurídicas proceder al presentar sus reclamaciones ante los tribunales y de sus contrapartes defenderse; de la organización y de las facultades, deberes y obligaciones a los que están sujetos y sus efectos.[1]

El proceso es el conjunto de actos requeridos por el Derecho procesal para que las personas naturales o jurídicas puedan obtener de los tribunales una decisión con fuerza vinculante; se informa de los valores superiores de hallar la verdad y hacer justicia.[2]

La buena fe debe permear todo proceso y ésta enmarca los valores de justicia, rapidez y economía que deben adquirir vida en el mismo.[3] El ordenamiento procesal civil procura fundamentalmente facilitar los trámites ante los tribunales en términos de costos y tiempo, de modo que garantice a todos los ciudadanos del país un acceso efectivo a la justicia.[4]

§ 102. Estructura procesal

El proceso se desenvuelve en un orden lógico, natural y armonioso. Este orden se revela en las distintas etapas y variados incidentes de un litigio—alegaciones, mociones, descubrimiento, vista evidenciaria, sentencia, reconsideración, apelación—y sus efectos escalonados. Cada etapa se sirve de la anterior y

---

[1] En Puerto Rico se usan los términos procedimiento civil y enjuiciamiento civil para referirse al derecho procesal civil.

[2] *Valentín González v. Crespo Torres*, 145 D.P.R. 887 (1998); *Isla Verde Rental Equip. Corp. v. García Santiago*, 165 D.P.R. 499 (2005).

[3] *Quiñones Román v. Cía ABC*, 152 D.P.R. 367 (2000); *Neptune Packing Corp. v. Wackenhut Corp.*, 120 D.P.R. 283 (1988).

[4] *Nazario Morales et als. v. Autoridad de Energía Eléctrica*, 2007 T.S.P.R. 211.

proyecta para la próxima. Si se trastoca una de ellas, se desestabiliza todo el ensamblaje.[5]

Regido por el principio de eventualidad que subordina los actos procesales a su realización en un momento adecuado, el proceso regularmente consiste de nueve etapas. Estas son:

Iniciación. Comienza con la presentación de la demanda ante el TPI. Luego se expide un emplazamiento para adquirir jurisdicción sobre la persona del demandado. Una vez emplazado, el demandado tiene la obligación de comparecer a formular su alegación.

Aseguramiento. Comenzado el proceso, se puede solicitar una medida cautelar para hacer efectiva la sentencia, puede hacerse con anterioridad a la sentencia o con posterioridad a ella. Tan pronto se inicia el pleito o después de sentencia, el demandante puede, por ejemplo, embargar preventivamente los bienes del demandado hasta tanto el pleito sea definitivamente resuelto, para ejecutar la sentencia en su día contra esos bienes.

Alegaciones y mociones. La alegación básica del demandante es la demanda. La del demandado, la contestación.

La demanda afirma los hechos y la contestación los niega o admite. La contestación puede contener defensas expresadas afirmativamente sustentadas con hechos demostrativos que asisten tales defensas. Cada negación expone la versión de los hechos negados por el demandado. De esa forma, el tribunal queda informado de lo que trata el pleito y de las respectivas posiciones de las partes.

Previo a la presentación de la contestación puede presentarse la moción de desestimación que de haber lugar a ella, termina el pleito, también pueden presentarse otras mociones antes y después de la contestación. Al finalizar la fase de alegaciones se exige el intercambio de información entre las partes aunque sea de forma preliminar.

Descubrimiento. Mediante el descubrimiento de prueba las partes acopian toda la evidencia en apoyo o refutación de cada aseveración o defensa interpuesta, de forma que no vayan a juicio desconociendo la evidencia que tiene su adversario. Por vía del descubrimiento una parte puede obligar a la otra o a un tercero a suministrar la información que tenga en cuanto a la materia en controversia.

Juicio. En el acto del juicio el tribunal recibe las pruebas con arreglo a lo previsto en las Reglas de Evidencia.

Sentencia. Terminado el juicio, el tribunal formula sus conclusiones de hecho y de derecho y emite su sentencia, la cual adjudica el pleito obligando a las partes a actuar conforme a lo resuelto.

Remedios. Para que el tribunal modifique su sentencia o la deje sin efecto, se pueden presentar las mociones de reconsideración, nuevo juicio o relevo. Se les llama remedios contra la sentencia a estas mociones.

---

[5] *Vega Maldonado v. Alicea Huacuz*, 145 D.P.R. 236 (1998).

Recursos. La parte afectada por la sentencia puede también recurrir a una instancia superior para que revise la sentencia mediante los recursos de apelación o *certiorari.*

Ejecución. Si el demandado no cumple con la sentencia después que ésta sea firme, se entra en la fase ejecutiva del proceso en la cual el tribunal pone en vigor u obliga al cumplimiento de la sentencia que ha dictado.

§ 103. Ley del Caso

El trámite ordenado y eficiente de los litigios, así como la estabilidad y certeza del derecho, requieren como cuestión de sana práctica y no como regla inviolable, que los tribunales de instancia mantengan firmes sus dictámenes y resoluciones. Este precepto se conoce como la Ley del Caso que quiere decir que, una vez resuelto un asunto de una manera durante el curso de un litigio, el tribunal no debe variar la decisión salvo que se convenza de que ha cometido un error. Un juez de instancia no queda atado por sus decisiones interlocutorias, si se convence que las mismas crearían una injusticia.[6]

§ 104. Principios procesales

Los principios procesales constituyen el basamento del proceso y son el instrumento para la interpretación e integración de las normas procesales contenidas en las Reglas. Algunos principios procesales surgen expresamente de normas específicas, otros se detectan de la visión que emana del conjunto normativo, pero con independencia de la predominancia de uno u otro, todos armoniosamente dirigen la hermenéutica para la consecución de un ordenamiento procesal afín a ellos.

Según lo afirma Barrios de Angelis, cada principio es una declaración de política procesal, "una opción de autoridad entre técnicas, a los efectos de lograr una finalidad." [7] Cónsono a ello, Peyrano los separaba en dos formas fundamentales: la bifrontalidad y la complementariedad. La primera supone la presencia teórica de su antítesis y la segunda revela que ningun principio se manifiesta en toda su pureza, lo cual admite otros que lo complementan.[8]

La R. 1, 2009 establece de forma expresa tres de estos principios al indicarnos que las Reglas se interpretarán de modo que garanticen una solución justa, rápida y económica de todo procedimiento. La ciencia del derecho procesal ha

---

[6] *Management Administration Services Corp. v. E.L.A.*, 152 D.P.R. 599 (2000). Véase, además, *Félix v. Las Haciendas*, 165 D.P.R. 832 (2005).

[7] Landoni Sosa, A., Código General del Proceso de la República Oriental del Uruguay. Comentado, con doctrina y jurisprudencia,Vol. I, 2002, pág. 2 (citando a Barrios de Angelis, Dante., *El Proceso Civil*, Idea, Mdeo., 1989, págs. 21-27).

[8] Landoni Sosa, A., Código General del Proceso de la República Oriental del Uruguay. Comentado, con doctrina y jurisprudencia,Vol. I, 2002, pág. 2 (citando a Peyrano, Jorge W., *El Proceso Civil*, Principios y Fundamentos).

desarrollado estos principios en una mayor extensión. Acudiremos a ella para precisar las líneas directrices fundamentales de nuestro sistema procesal.

Los principales principios procesales que sustentan nuestras Reglas son:

(A) *Impulsión.* La doctrina procesal civilista postula el principio de impulsión por las partes unido al principio dispositivo que hace descansar en ellas la iniciación, el proseguimiento y la dirección del proceso para que éste cumpla su fin de solucionar los conflictos entre los integrantes de la sociedad proveyendo para la concreción de la voluntad del Derecho ante los intereses de las partes mediante la instrumentalización necesaria de su obligado cumplimiento. Secuela lógica del principio de impulsión es que el proceso es rogado; corresponde a las partes suscitar los planteamientos, no al tribunal.

Ahora bien, según las sociedades se han ido haciendo más complejas y ha aumentado la litigiosidad ha sido necesario matizar el principio de impulsión por las partes con un sano intervencionismo del juez. Todas las autoridades sobre la administración de la justicia coinciden en que la estrategia más efectiva para lograr una justicia rápida y económica, consiste en el manejo del caso por el juez comenzando desde bien temprano en el proceso. Ello constituye una adaptación al principio de impulsión, por lo que promovido el proceso, es facultativo del tribunal tomar las providencias conducentes a adelantar el trámite con la mayor celeridad, de forma que evite su paralización

(B) *Inmediación* - El principio de inmediación requiere la intervención de un mismo juez en el caso de principio a fin, su comunicación directa con los abogados y las partes, su contacto directo en sala con los testigos para que el magistrado llegue a una íntima compenetración de los intereses en juego a través del proceso y de su objeto litigioso. Es el pilar que sostiene el adecuado manejo del caso por el juez, de forma que el proceso no quede al margen de los actos y petitorios de las partes, los cuales por intereses particulares, pueden verse tentados a rezagarlo.

(C) *Economía* (celeridad) - La economía procesal que no es otra cosa que economía de esfuerzos y de dinero en el trámite de los casos es principio reiteradamente reconocido por nuestro Tribunal Supremo. El mismo se encuentra consagrado en la Regla 1. La agilización de los procedimientos con el fin de lograr un proceso de duración razonable constituye uno de los principales desafíos de nuestro sistema judicial. Este principio debe informar el criterio discrecional de los jueces al determinar consolidaciones de casos, el tiempo para el descubrimiento de pruebas, las suspensiones y prórrogas, en fin, de toda resolución relativa al proceso. "En el procedimiento, el tiempo es más que oro, es justicia" afirmaba Couture, el gran procesalista uruguayo.

(D) *Concentración* - El principio de concentración promueve que se realicen en un mismo acto todas las diligencias procesales que sean necesarias y se puedan realizar. Respecto a las vistas en su fondo requiere que las mismas se lleven a cabo de contínuo, es decir, sin interrupciones de tiempo entre los días señalados para celebrar las mismas. Respecto a los recursos, el principio requiere concentrar la revisión de todos los errores en un solo recurso y limitar al mínimo las instancias para recurrir de resoluciones u órdenes interlocutorias.

(E) *Eventualidad* - El principio de eventualidad requiere que las actuaciones procesales se lleven a cabo en el orden que corresponde según las distintas etapas del proceso.

(F) *Buena fe y veracidad* - La conducta del juez, de las partes y de sus abogados debe guiarse por la buena fe y adecuarse a la dignidad de la justicia, a la búsqueda de la verdad. Couture lo cataloga como una "calidad jurídica de la conducta, legalmente exigida, de actuar en el proceso con probidad, en el sincero convencimiento de hallarse asistido de la razón." Los intervinientes del proceso deben conducirse con veracidad y rectitud en cada una de las manifestaciones de la labor procesal, sean orales o escritas, y ser colaboradores para con la función directiva del tribunal.

(G) *Dispositivo* - A las partes corresponde la disposición de sus derechos, al tribunal la adjudicación de los mismos. Por ello, son las partes las que tienen el deber de fijar a través de las alegaciones el objeto de la *litis* y presentar las pruebas. Las partes tienen la facultad de disponer del proceso mediante el desistimiento o la transacción.

(H) *Dirección del proceso* - Al juez de instancia le corresponde el manejo del caso lo cual se logra con su pronta intervención en el proceso, la precisión del objeto litigioso y la calendarización adecuada de todos los eventos procesales conducentes a una vista en su fondo lo más rápido posible.

(I) *Igualdad procesal real* – El proceso debe tratar a cada una de las partes por igual. El acceso a la justicia no debe verse coartado por razones económicas o por privilegios del poder. Al juez corresponde la delicada tarea de viabilizar, con arreglo a las normas procesales, la protección de los derechos, así como la defensa ante reclamos, de aquellas personas que carecen de la representación legal adecuada. El juez debe velar para que la aplicación de las normas sea libre de prejuicios y de actuaciones motivadas por discriminaciones injustificadas, y que haya garantías de igual acceso a la justicia.

(J) *Accesibilidad y derecho al proceso* - Toda persona tiene el derecho de acudir a los tribunales a presentar una reclamación u oponerse a una interpuesta, y a realizar los actos procesales vinculados a la defensa de cada posición. La garantía del acceso implica la obtención de una decisión justa y ponderada, derivada de un proceso sin dilaciones y requerimientos gravosos, y al derecho a reclamar su ejecución.

(K) *Ordenación* - El orden se supedita a que el tribunal ejerza el poder que le confiere su cargo para que funja como dirigente de toda la actividad procesal, sea ésta de forma preventiva o represiva. La imposición de sanciones para castigar cualquier omisión o incumplimiento con las normas procesales es una forma de garantizar la eficacia preceptiva de los principios procesales.

(L) *Oralidad* - En el proceso debe predominar el uso de la palabra como medio de comunicación entre los testigos, las partes y el juez.

(M) *Publicidad* - El proceso debe ser público y transparente para que sea probo.

(N) *Méritos* - La adjudicación del caso debe hacerse preferiblemente sobre los méritos fácticos y jurídicos de la controversia.[9]

§ 105. Naturaleza de las normas procesales

(A) *Derecho público.* Las normas procesales son de derecho público por cuanto organizan el Poder Judicial, establecen su funcionamiento, y sus formas de proceder para la resolución de los conflictos entre las partes. Las normas fundamentales del derecho procesal puertorriqueño se encuentran en la Constitución del Estado Libre Asociado; en la Ley de la Judicatura que vehicula los preceptos constitucionales y en las Rs. del 2009. El derecho procesal regula pues el ejercicio de una función pública.

(B) *Instrumentales.* La mayor parte de las normas que integran el Derecho procesal son de carácter instrumental y no de carácter sustancial o material. Carnelutti llama normas instrumentales aquéllas que directamente o de modo inmediato no resuelven los conflictos de intereses o de derechos sino que lo hacen indirecta o inmediatamente al configurar el proceso.

Sin embargo, existen en el Derecho procesal normas materiales de las que derivan derechos subjetivos y las obligaciones correlativas a los mismos. Por ejemplo, las disposiciones legales concernientes al pago de costas, o la obligación que tienen los terceros de declarar en juicio, y todas aquéllas que imponen a los funcionarios judiciales deberes de carácter personal son normas de Derecho substantivo o material.

(C) *Impositivas.* Por pertenecer el Derecho procesal al Derecho público, la casi totalidad de sus preceptos o normas son de estricto cumplimiento.

§ 106. Fines del Derecho procesal

La finalidad del derecho procesal es la vigencia del Estado de Derecho, el cual supone el sometimiento de los comportamientos del Estado y sus organismos y de las personas naturales o jurídicas al imperio de la ley. Regula el ejercicio del Poder Judicial que es el poder público responsable de que el Derecho en abstracto se concrete y ejecute para regir el comportamiento de las partes.

El buen funcionamiento del sistema judicial, de suma importancia para cualquier sociedad pues va encaminado a mantener la paz social mediante la solución de los conflictos, lo es más para la sociedad moderna, la cual para encauzar su compleja dinámica requiere de un alto grado de observancia de las normas que regulan la vida colectiva. La observancia de las normas del derecho depende de la certeza o seguridad que se tenga de su significado y alcance y de la eficacia del sistema judicial para establecerlo y ponerlo en vigor.

---

[9] *Sierra Quiñones v. Rodríguez Luciano*, 163 D.P.R. 738 (2005).

La dinámica de la vida social, económica y política en una sociedad moderna requiere de esa certeza o seguridad para desenvolverse a ritmo acelerado. Una sociedad post industrial que opera sobre las bases de la informática y comunicación instantánea queda lastrada por un sistema judicial lento, desconcentrado, o que no brinde garantías de que las resoluciones judiciales se ajusten a rigurosos criterios legales procurando la igualdad ante la ley y criterios uniformes en la aplicación de esta última.

El derecho procesal debe optimizar la eficacia del sistema judicial. Para ello no sólo es necesario la rapidez sino también que las decisiones se produzcan con rigor jurídico en función de los hechos. Por tanto, las normas procesales han de facilitar, por una parte, la determinación veraz de las cuestiones de hecho y, por otra parte, la determinación del derecho aplicable siguiendo la más rigurosa metodología jurídica.

Sobre esas bases se asienta en parte la calidad de la justicia. La otra parte depende de los seres humanos que la imparten.

Al valorar nuestro sistema judicial a la luz de estos criterios, resulta evidente que deja mucho que desear. Si el sistema judicial no es eficaz la incertidumbre causará que las decisiones a nivel de la sociedad no se tomen con agilidad, que los conflictos engendren inestabilidad económica y social y las transacciones y operaciones no fluyan en la forma necesaria al bienestar general.

Esto dio lugar a la adopción de un nuevo cuerpo de Reglas de Procedimiento Civil en el año 2009.

CAPITULO 2: LAS REGLAS DE 2009 Y LA EVOLUCION HISTORICA DEL PROCESO

§ 201. Las Reglas de 2009; Características generales, propósitos y filosofía

Esta quinta edición del texto de Derecho Procesal Civil se basa en las Reglas de Procedimiento Civil aprobadas por el Tribunal Supremo en el año de 2009. La primera edición se basó en las Reglas del 1958 y la segunda en las Reglas de 1979.

Las Reglas de 2009 proveen los instrumentos para guiar los procesos judiciales a los niveles de calidad y eficacia que requieren los tiempos que vive el país mientras se enrumba dentro de la economía mundial globalizada y altamente competitiva de este Siglo 21.

Nuestro pueblo reclama acceso a la justicia que no se logra meramente con presentar una demanda sino mediante la adjudicación justiciera de la reclamación. Para alcanzar ese objetivo la R. 1, 2009 establece que el cuerpo de Reglas de 2009 se interpretará de modo que facilite el acceso a los Tribunales y el manejo del proceso de forma que garantice una solución justa, rápida y económica de todo procedimiento.

La justicia no es gratis, implica unos costos para las partes y para el Estado. Aún aquel que litiga *in forma pauperis*, sufre el costo del tiempo y de la emoción y energía que invierte en atravesar un proceso judicial. De ahí que las medidas más importantes que proveen estas reglas para promover el acceso a las justicia son aquellas que reducen los costos y las complejidades de los procesos en los Tribunales.

Las Reglas de 2009 persiguen facilitar ese acceso de diversas maneras: la principal, mediante la intervención del Juez de Instancia en una etapa temprana del proceso para tomar control sobre el caso y encausarlo hacia una pronta conclusión; proveen formularios para emplazamientos, informes y citaciones;

eliminan requisitos de juramentar ciertas mociones como la de traslado; autorizan a los abogados a expedir citaciones; autorizan la toma de deposiciones por vía telefónica o video-conferencia y requieren gestiones conciliatorias antes de presentar mociones sobre incumplimientos en el descubrimiento de pruebas para evitar de esa manera dilaciones en el proceso.

Con miras a expandir al máximo la jurisdicción de personas no domiciliadas en Puerto Rico en esta era de Internet, se elimina la normativa casuística que autoriza el emplazamiento de estas personas y se sustituye por el principio general de los contactos mínimos que viabilizan la jurisdicción de nuestros Tribunales y el debido proceso.

Para aliviar los calendarios de las salas de lo civil mediante un trámite sumario sencillo y menos costoso se aumenta el tope de la Regla 60 a $15,000, y se alivian los trámites de la Secretaría del Tribunal al fijar la responsabilidad de diligenciar la notificación-citación en la parte demandante.

Dirigidas a terminar con la cultura de las prórrogas y de las suspensiones, las Reglas de 2009 fijan nuevos niveles de responsabilidad profesional. La Regla 9 se enmienda para que diga que la firma de un abogado no solamente significa que ha leído el escrito y que, de acuerdo con su mejor conocimiento, información y creencia, está bien fundado, sino que el abogado también está hábil y disponible para cumplir con los señalamientos y órdenes del tribunal y que su conocimiento o creencia está formado luego de una investigación razonable de los hechos y que el escrito está respaldado por el derecho vigente y que no se ha presentado con el propósito de causar una injusticia o dilación, o para aumentar el costo del litigio.

La misma regla establece que el tribunal podrá imponer sanciones económicas o de otra naturaleza o descalificar a un abogado que incurra en conducta que constituya un obstáculo para la sana administración de la justicia y que la comparecencia de un abogado a cualquier vista, conferencia o procedimiento sin estar debidamente preparado, se considerará conducta constitutiva de obstáculo para la sana administración de la justicia.

Y con el propósito de evitar tácticas dilatorias como son muchas demandas tardías contra co-partes o terceros y mociones de sentencias sumarias de última hora, se establecen términos dentro de los cuales hay que presentar los escritos correspondientes.

Con el mismo fin se limitan los *certioraris* para recurrir de resoluciones interlocutorias del Tribunal de Primera Instancia para ante el Tribunal de Apelaciones.

Ese conjunto de medidas se complementa con la Regla 37 sobre el manejo del caso. En contraste con el proceso deslavazado, desconcentrado y costoso que resulta del impulso del caso por los litigantes. El manejo del caso bajo las Reglas del 2009 será mucho más racional y eficiente y conducirá a la más pronta resolución de los litigios que necesita y reclama el país.

Al aprobar las Reglas del 2009, el Tribunal Supremo y la Legislatura pretenden llevar el funcionamiento de la Rama Judicial a un nuevo nivel. Para lograrlo se requiere la cooperación decidida del foro. La gestión del abogado es fundamental para encauzar la buena marcha del proceso de modo que se pueda obtener una solución justa, rápida y económica de los casos. La profesión desempeña un rol vital para el buen funcionamiento de la Rama Judicial. Por eso el Tribunal Supremo nos designa funcionarios de los tribunales. Cuando ponemos en marcha un proceso, tenemos que ser concientes que no sólo estamos representando a un litigante, sino que somos parte esencial del funcionamiento de una Rama de Gobierno que, con la calidad de sus servicios, determina en una medida importante la calidad de vida del país.

De parte de los Jueces Superiores se requiere un cambio grande en su aproximación a los casos para lograr el manejo de los mismos según lo previsto en la Regla 37, 2009. El Juez Superior tiene que dedicar tiempo para compenetrarse en la etapa inicial de las controversias que se plantean en los casos de modo que pueda tomar control del proceso. La Administración de los Tribunales tiene que organizar el trabajo de los jueces para permitirle el tiempo necesario a estos efectos.

Igualmente se requiere un cambio en la cultura del "ay bendito" en la aplicación de las reglas procesales que prevalece en nuestra Rama Judicial. Se pretende justificar esta laxitud argumentando que los casos deben verse en sus méritos. Se olvida que cuando el "ay bendito" se convierte en un tratamiento sistémico, la justicia que se imparte al final de los dilatados procesos deja de ser la justicia eficaz que requiere el Estado de Derecho para su buen funcionamiento.

El cambio en la cultura del "ay bendito" procesal tiene que iniciarse en el Tribunal Supremo que ha sido largo en la retórica sobre el eficaz funcionamiento de la justicia pero corto en la aplicación de las normas que lo viabilizan como las de sentencias sumarias o de sanciones efectivas por incumplimientos con deberes procesales.

Para lograr los objetivos de las Reglas de 2009, resulta imperativo que el Tribunal Supremo establezca a través de precedentes consistentes una política de rigor en la aplicación de la normativa establecida en dichas reglas. Una política que oriente las decisiones del Tribunal de Apelaciones y que brinde confianza a los jueces del Tribunal de Primera Instancia de que sus decisiones al aplicar las reglas serán sostenidas a nivel apelativo.

Paso ahora a discutir la historia del proceso remontándome al Derecho Romano y trazando su evolución hasta llegar a las Reglas de 2009 cuyas características generales, propósitos y filosofía he discutido en esta sección.

§ 202. El proceso

—Romano

En Roma la función de juzgar se reputa función pública, misión derivada de la soberanía del Estado y se apunta la idea de que el proceso no es medio de lograr, por la virtud de la coacción, el reconocimiento de un bien jurídico, sino un instrumento de certeza y de paz, para evitar las controversias presentes y futuras y facilitar las relaciones sociales.

—Germánico

Predomina en este proceso una concepción privatística del proceso; se le tiene como negocio que sólo afecta a las partes; la autoridad del juzgador respecto de ellas tiene mucho de formal y se encamina, principalmente, a dirigir y encauzar los debates. El juez es un árbitro de la lucha de intereses entre las partes, que se relega a la condición de un debate entre ellas y toma del combate material sus formas toscas y rudimentarias. La concepción feudal del poder quebranta la soberanía y da al ejercicio de la jurisdicción un matiz patrimonial en virtud del cual es dado transmitirla y enajenarla. La fuerza de obligar de la sentencia nace más del valor lógico de la resolución que de la autoridad del juez que la dicta. La prueba no va encaminada a facilitar al juez su convicción, sino a obtener la de la parte contraria y muchas veces se apela a medios sobrenaturales como los llamados "juicios de Dios" y las ordalías, con las pruebas del duelo, del fuego y del agua caliente.

—Romano canónico

Este proceso, también denominado común, nace por razones de orden político y de orden religioso al extenderse la jurisdicción de la Iglesia. Utilizó las normas romanas, con influencia de las germánicas.

No persigue la declaración de la voluntad de la ley. Prevalece en él una concepción de Derecho privado.

La prueba se encamina a producir la convicción de los que intervienen en el proceso y no la del juez. Las pruebas se formulan por escrito y el proceso pierde el carácter oral que había tenido.

—Moderno

La concepción que hoy se tiene del proceso obedece al cambio del Derecho político, obra de la revolución francesa, que derogó el principio de la jurisdicción patrimonial, devolvió al Estado la soberanía de sus órganos y mantuvo la tesis, de que la jurisdicción es una función irrenunciable del poder público. Este cambio en la concepción del proceso obedece a un renacimiento de los estudios de Derecho político y singularmente de Derecho romano.

—Español

Bajo el Fuero Juzgo, el juez representa la autoridad real, es decir, que se considera ya un órgano del poder en el estado incipiente. Tiene la misión de aplicar la ley sin intentar suplirla ni enmendarla, función reservada al monarca.[1]

El juicio es público y verbal, y personal la comparecencia de los litigantes. Las pruebas se llevan a cabo ante el mismo juez y fundamentalmente son la testifical y la documental.

Bajo el reinado de Alfonso X, el rey sabio, España da el próximo paso de avance en materia procesal: el Código de las Siete Partidas. La tercera, consagra el régimen de la jurisdicción y del proceso.

---

[1] De la Plaza, *Derecho Procesal Civil Español*, Vol. 1, 3era. ed., 1951, pág. 53.

La primera Ley de Enjuiciamiento Civil española se publica en 1855. Esta ley fue enmendada repetidas veces hasta que se produjo una nueva LEC en 1881, la cual estuvo vigente hasta que en el 2000 entró en vigor la ley actual.

—Inglés y norteamericano

A principios de este siglo Inglaterra y Estados Unidos tenían dos sistemas procesales que correspondían a dos sistemas de tribunales conforme al derecho que aplicaban: *common law* o *equity*. La jurisdicción de *common law* era limitada. Se reconocían únicamente ciertos derechos substantivos, encarnados en determinadas formas de acción. Para resolver conflictos desconocidos por los tribunales de *common law,* surgió el sistema de equidad. Esta separación entre equidad y *common law* dio lugar a dos sistemas distintos de Derecho procesal: *common law pleading* y *equity pleading.*

El sistema de la *common law* se caracterizaba por su rigidez en cuanto a los derechos que podían reivindicarse a través de las llamadas formas de acción.[2]

El sistema de *equity pleading* era mucho más elástico en su capacidad de amparo.

La judicatura federal de los Estados Unidos siguió ambos sistemas hasta 1938.

En 1938, el Tribunal Supremo Federal promulgó las Reglas para los tribunales federales. La promulgación de estas Reglas se hizo en virtud de una ley del Congreso aprobada el 19 de junio de 1934.[3] Por dicha ley el Congreso confirió autoridad al TS para adoptar reglas regulando el procedimiento en casos civiles ante los tribunales federales. En 1988, el Congreso reformuló dicha ley.[4]

—Puertorriqueño

(a) *LEC 1886.* Bajo el Gobierno español, el procedimiento civil se rige en Puerto Rico por la LEC de 1881 que en versión enmendada comenzó a regir en Cuba y Puerto Rico el lro. de enero de 1886. Esta ley se dejó vigente por la Orden General Núm. 1 de 18 de octubre de 1898 emitida por el Gobierno Militar de Estados Unidos y estuvo en pleno vigor hasta el 16 de agosto de 1899.[5]

(b) *Ordenes militares.* El 16 de agosto de 1899 se emitió por el Gobierno militar la Orden Núm. 118,[6] reorganizando la judicatura y proveyendo en cuanto a procedimientos judiciales, civiles y criminales. En los párrafos 47 al 64 de la orden se fijaron ciertas reglas de procedimiento civil. En el párrafo 70 se dispuso "que subsisten y tendrán aplicación las disposiciones de la LEC de 1886 acerca

---

[2] *Infra,* Secs. 906-908.

[3] 28 U.S.C.A. § 2072. En 1990, el Congreso aprobó el *Civil Justice Reform Act,* 28 U.S.C. §§ 471-482, (Supp. II 1990). La profesora Linda Mullenix en su artículo sobre esta reforma, considera que la misma deroga la legislación del 1934 y que la ley es inconstitucional porque, a su juicio, bajo la Constitución federal, el Poder Judicial goza de un poder inherente para establecer las reglas de procedimiento. Mullenix, L., *Unconstitutional Rulemaking: The Civil Justice Reform Act and Separation of Powers,* 77 Minn. L. Rev. 1283 (1993).

[4] 28 U.S.C. § 2072 (1988) y Supp. II (1990).

[5] Véase 32 L.P.R.A. sec. 1 nt.

[6] *Id.*

de las formas y solemnidades con que deben ser presentadas los escritos de demandas y contestaciones". El párrafo 76 derogó las disposiciones de la LEC de 1886 sobre formas o maneras de enjuiciamiento distintas o contrarias a lo prescrito en la orden.

(c) *CEC 1904.* La Orden General Núm. 118 fue a su vez derogada por el CEC que aprobó la Asamblea Legislativa de Puerto Rico el 10 de marzo de 1904.[7] La preparación de este Código fue encomendada por la Asamblea Legislativa a una "Comisión de Códigos" creada a raíz del cambio de soberanía a la cual se le encomendó la misión de hacer una revisión del sistema legal de Puerto Rico, para armonizarlo al nuevo régimen político. Esta comisión estuvo integrada por dos norteamericanos y un puertorriqueño, Don Juan Hernández López. La comisión preparó un proyecto de Código que sometió a la Asamblea Legislativa y que ésta aprobó en la fecha indicada. El Código procedía de los Códigos de California, de Idaho y de Montana.

Por el art. 361 del CEC se dispuso que quedaba derogada toda ley, real decreto, orden militar, o cualesquiera otra disposición en conflicto con el Código. Esta disposición derogó en cuanto a procedimiento civil, la totalidad de la orden Núm. 118 y casi la totalidad de la LEC española.[8] No obstante, según decisiones de nuestro TS, continuaron en vigor ciertas disposiciones de la LEC de 1886, las cuales fueron finalmente derogadas por las Rs. de 1979 y la Ley Núm. 71 de 27 de mayo de 1980.

La Ley de 12 marzo de 1903 derogó el recurso de casación. La de 10 marzo de 1904 eliminó la jurisdicción de lo contencioso administrativo.

(d) *Edición CEC 1933.* Fue una recopilación en la cual se incorporaron al Código todas las enmiendas sobre la materia efectuadas hasta la fecha, las leyes de Evidencia y Procedimientos Legales Especiales de 1905 y los Recursos Extraordinarios refundiéndose todo en un sólo Código.[9]

(e) *Las Reglas de 1943.* Siguiendo un procedimiento idéntico al que se siguió para la aprobación de las reglas federales de procedimiento civil, la Asamblea Legislativa de Puerto Rico, que siempre se había reservado la facultad de reglamentar por medio de leyes el procedimiento civil aprobó el 5 de abril de 1941 la Ley Núm. 9.[10] En su sección primera esta ley faculta a la entonces denominada Corte Suprema de Puerto Rico para regular los procedimientos judiciales en todos los tribunales de Puerto Rico.[11]

---

[7] Véase 32 L.P.R.A. sec. 1 nt.

[8] Sobre las vicisitudes atravesadas a lo largo del siglo pasado por el derecho vigente en Puerto Rico a la fecha de la invasión por los Estados Unidos, véase el importante trabajo de José Trías Monge, *El Choque de Dos Culturas Jurídicas en Puerto Rico*, Equity, 1991.

[9] *Id.*

[10] Véase 4 L.P.R.A. sec. 2 nt. y 32 L.P.R.A. sec. 1 nt.

[11] En 1946, la Asamblea Legislativa derogó la facultad para regular los procedimientos que le había sido otorgada en el 1941 mediante legislación a la entonces Corte Suprema de Puerto Rico.

Una vez adoptadas las reglas por el TS, las mismas debían pasar a la Asamblea Legislativa para que ésta hiciera las enmiendas pertinentes, y de no rechazar las Reglas, éstas entrarían en vigor.

Las Reglas preparadas por el TS fueron sometidas a la Legislatura de Puerto Rico en su sesión ordinaria de 1943.[12] La Regla 86 expresamente disponía que empezarían a regir el 1ro. de septiembre de 1943, y como la Legislatura no tomó acción alguna sobre las reglas, de conformidad con lo dispuesto en la Ley Núm. 9 de 1941 y la R. 86, las Reglas empezaron a regir el 1ro. de septiembre de 1943 (32 L.P.R.A. Ap. I).

Las Reglas de 1943 eran una traducción mal hecha de las reglas federales, y causaron mucha confusión en el Derecho procesal puertorriqueño debido a que no se enmendó o derogó expresamente el CEC. Quedó entonces al arbitrio judicial determinar qué preceptos de este último resultaban derogados por ser inconsistentes o contradictorios con las reglas promulgadas. (R. 81).

(f) *Las Reglas de 1958.* En 1952, se promulgó la Constitución del Estado Libre Asociado que en su Art. V, Sec. 6, sobre el poder judicial, dispone que: “el Tribunal Supremo adoptará para los tribunales reglas de evidencia y de procedimiento civil y criminal que no menoscaben, amplíen o modifiquen derechos sustantivos de las partes. Las reglas así adoptadas se remitirán a la Asamblea Legislativa al comienzo de su próxima sesión ordinaria y regirán sesenta días después de terminar dicha sesión, salvo desaprobación por la Asamblea Legislativa, la cual tendrá facultad, tanto en dicha sesión como posteriormente, para enmendar, derogar o complementar cualquiera de dichas reglas mediante ley específica a tal efecto”. El art. 2.002 de la LJ 2003 instrumenta este mandato constitucional.

La Sec. 6 del Art. V de nuestra Constitución debe enmendarse para otorgar en exclusiva el poder de aprobar las reglas de Procedimiento Civil y Criminal y de Evidencia al Tribunal Supremo. El poder para reglamentar estas materias es consustancial con el poder judicial. Nadie más versado que los jueces, nadie más autorizado para estructurar y manejar este campo tan técnico. El cómo proceder para adjudicar casos y controversias es el pan nuestro de cada día de la Judicatura. La Rama Judicial, es además el árbitro en última instancia de la constitucionalidad de la normativa procesal y evidenciaria. Ya es hora de reconocer constitucionalmente el poder de reglamentar los procesos que ordinariamente se siguen ante ella.

Sin embargo, dicho poder no debe incluir aspectos jurisdiccionales, ni la investidura de jurisdicción voluntaria, o los procedimientos especiales, materias que deben reservarse a la Asamblea Legislativa. Tampoco debe incluir derechos sustantivos excepto aquellos necesarios para el ejercicio del poder judicial como lo es la imposición de sanciones.

El TS nombró un comité consultivo para la preparación de las reglas de procedimiento civil que empezaron a regir el 31 de julio de 1958. Estas reglas

---

[12] Véase 4 L.P.R.A. sec. 2 nt.

derogaron en su totalidad las de 1943, y gran parte de los artículos del CEC. No obstante, dejaron en vigor muchos importantes artículos del Código y otras leyes procesales. Por lo que el Derecho procesal vigente en Puerto Rico no estaba recogido en un solo cuerpo legal ni ordenado científicamente.

(g) *Las Reglas de 1979.* Reconociendo los inconvenientes que las normas procesales estuvieran dispersas entre reglas, leyes especiales y artículos del CEC de 1933 no derogados por la R. 72 de 1958, el Comité Asesor Permanente de las Reglas de Procedimiento Civil de la Conferencia Judicial de Puerto Rico sometió al TS, el 15 de septiembre de 1977, un informe recomendando unas nuevas y más abarcadoras Reglas de Procedimiento Civil.

El TS las remitió a la Asamblea Legislativa el 8 de enero de 1979, fecha en que comenzaba su Tercera Sesión Ordinaria. Esta sesión terminó el 20 de junio del mismo año sin que la Asamblea Legislativa tomara acción, y por lo tanto quedaron aprobadas por mandato constitucional. Pero el 4 de agosto de 1979, por la Ley Núm. 197, se enmendaron algunas reglas.

La R. 72 de 1979 derogó totalmente las Reglas de 1958, catorce leyes especiales y los artículos del CEC de 1933 que habían quedado vigentes, con cuatro grandes excepciones: Los relativos a recursos extraordinarios, los de procedimientos legales especiales, la Ley de Evidencia y el art. 277, sobre perturbación y estorbo. Asimismo, dejó provisionalmente vigentes otros artículos aislados, hasta tanto fueran derogados o modificados por leyes especiales.[13]

---

[13] Véase 32 L.P.R.A. Ap. III, R. 72.

Durante el 1980 se aprobaron las siguientes leyes derogatorias:

Núm. 7, Marzo 28, pág. 14, eliminando el emplazamiento sustituto al Secretario de Estado para corporaciones foráneas, 14 L.P.R.A. sec. 2202.

Núm. 27, Mayo 1, pág. 84, derogando el art. 182, inciso (4) del CEC de 1933, que quedó vigente provisionalmente al promulgarse las Rs. 1979, y que regulaba la cesión de la cosa litigiosa, 32 L.P.R.A. sec. 302.

Núm. 40, Mayo 12, pág. 109, derogando el art. 7 de la Ley de 9 de marzo de 1905, que quedó vigente provisionalmente al promulgarse las Rs. 1979, y que regulaba la adquisición por comprador de buena fe de los efectos subastados en ejecución de sentencia, 32 L.P.R.A. sec. 1147.

Núm. 41, Mayo 12, pág. 110, derogando el art. 131 del CEC de 1933, que quedó provisionalmente vigente al promulgarse las Rs. 1979 y que regulaba la contestación de la demanda por libelo o calumnia, 32 L.P.R.A. sec. 691.

Núm. 71, Mayo 27, pág. 187, derogando los incisos (2) y (5) del art. 1616 de la LEC reformada para las Islas de Cuba y Puerto Rico del 25 de septiembre de 1885, equivalente al art. 1618 de la LEC para España y Ultramar de 1881, que había continuado vigente hasta la promulgación de las Rs. 1979, y dejado provisionalmente en vigor por éstos, y que regulaba los requisitos para el retracto legal, 32 L.P.R.A. sec. 1 nt.

Núm. 73, Mayo 27, pág. 190, derogando las disposiciones de la Ley Núm. 58 de 19 de junio de 1965, que regulaba el uso de grabadoras mecánicas en juicio, 32 L.P.R.A. secs. 1301 a 1303.

Además de concentrar las disposiciones procesales en un número menor de cuerpos legales, las Rs. 1979 introdujeron cambios al ordenamiento procesal. Las reglas que marcan un hito importante en el desarrollo de una normativa procesal puertorriqueña, se fundamentaron en las de 1958, en las Reglas federales y en la jurisprudencia del TS.

(h) *Las Reglas de Evidencia de 1979.* El proceso de gestación de las Reglas de Evidencia fue mucho más largo. Por más de 15 años se había tratado de sustituir la Ley de Evidencia de 9 de marzo de 1905, que con muchas enmiendas formaba parte del CEC desde 1933, con un cuerpo organizado y uniforme de Reglas de Evidencia. Para eso, el Profesor Edmund Morgan, que era la primera autoridad norteamericana en la materia, preparó un proyecto que sometió al TS en 1954, y que estaba basado en las Reglas Uniformes de Evidencia para los Estados Unidos aprobadas en 1953.

El TS hizo algunas enmiendas al proyecto, y lo sometió a la Asamblea Legislativa en enero de 1958, la cual lo rechazó. [14] En tres ocasiones subsiguientes la Asamblea Legislativa lo volvió a rechazar.

En 1979, el TS sometió a la Legislatura un nuevo cuerpo fundamentado en el Código de Evidencia de California y en normas evidenciarias legislativas o jurisprudenciales de Puerto Rico, el cual fue aprobado por la Asamblea Legislativa. Posteriormente fue enmendado por la Ley Núm. 180 de 20 de julio de 1979 y entró en vigor como las Reglas de Evidencia para el Tribunal General de Justicia de Puerto Rico, el 1 de octubre de 1979.

La Regla 84(A) de las de Evidencia de 1979 derogó los artículos de la Ley de Evidencia de Puerto Rico, mantenidos en vigor por la R. 72 de 1979[15] y la Regla

---

Núm. 90, Junio 3, pág. 263, que enmendó las disposiciones que regulan el cobro de honorarios de abogado en pleitos sobre materias y reclamaciones laborales de la Ley Núm. 402 de 12 de mayo de 1950, 32 L.P.R.A. secs. 3114 a 3116.

Núm. 91, Junio 3, pág. 266, que enmendó las disposiciones que regulan las facultades de los magistrados en las controversias sobre estados provisionales de derecho conferidas por la Ley Núm. 140 de 23 de julio de 1974, art. 2 y derogó la Ley Núm. 238 de 8 de mayo de 1950, que regulaba las controversias sobre colindancias y derechos de paso, 32 L.P.R.A. secs. 2872 y 2861 a 2867.

Núm. 6, Junio 26, pág. 925, que enmendó los arts. 623 y 635 del CEC de 1933, reguladores del procedimiento de desahucio, 32 L.P.R.A. secs. 2824 y 2836.

El texto de las disposiciones enmendadas puede verse en las páginas que aparecen indicadas de *Leyes de Puerto Rico* o en los suplementos acumulativos de *Leyes de Puerto Rico Anotadas* (L.P.R.A.) para 1981 en las correspondientes secciones y títulos. Algunas de las disposiciones derogadas fueron incorporadas a otros cuerpos legislativos, extremo éste que puede verificarse consultando estas referencias.

De otra parte, el art. 52 del CEC edición de 1933, que quedó provisionalmente vigente en virtud de la R. 72 1979 fue derogado por la Ley Núm. 39 de 12 de mayo de 1980. Los artículos 7 y 27 al 30 del CEC edición de 1933, que también quedaron con vigencia provisional fueron derogados por la Ley Núm. 2 de 7 de marzo de 1983.

[14] Ley Núm. 83 de 23 de junio de 1958.

[15] Nota 9, *supra.*

84(B) dejó provisionalmente en vigor algunos de ellos, por excepción, hasta tanto fueran derogados o enmendados por leyes especiales o reubicados.[16]

(i) *Las Reglas de 2009.* Durante las casi tres décadas de vigencia de las Rs. 1979, el TS nombró varios comités revisores, los cuales en cumplimiento con sus respectivas encomiendas, sometieron proyectos de reglas para los años 1986, 1991, 1993, 1994 y 1996, pero ninguno de ellos fue aprobado. Las Rs. de 1979 sufrieron enmiendas esporádicas a través de esos años por la Asamblea Legislativa.

En el 2005, el TS delegó la revisión a un nuevo comité revisor con la encomienda de evaluar las Rs. de 1979 a la luz de la LJ de 2003, y con el propósito principal de agilizar los procedimientos.[17] Dicho comité enmarcó su revisión en los siguientes criterios rectores: fomentar el más amplio acceso de la ciudadanía a su sistema de justicia, adaptar las reglas conforme los avances tecnológicos en los medios de comunicación y el desarrollo de la evidencia electrónica, establecer un proceso más efectivo en el manejo de los casos y agilizar el trámite de los procesos. La experiencia en la práctica forense afloró la necesidad de un cambio radical en el ordenamiento procesal. Las tácticas dilatorias, la onerosidad del proceso y la carencia de mecanismos que ayudaran al juez a tener un efectivo control del caso fueron sólo algunos de los problemas que motivaron la transformación.

Luego de varios años, el comité presentó ante la consideración del TS un proyecto de reglas, el cual fue adoptado con algunas modificaciones el 4 de septiembre de 2009.[18] Entre las modificaciones más importantes estuvo la reincorporación de disposiciones que establecen privilegios para el Estado como

---

[16] La Regla 84(b) de Evidencia de 1979 mantuvo provisionalmente vigentes los arts. 392 y 394 de la Ley de Evidencia de Puerto Rico, anteriormente del CEC, sobre interpretación de documentos, estatutos e instrumentos (32 L.P.R.A. secs. 1673 y 1675); el art. 409, sobre el derecho de todo ciudadano a inspeccionar y sacar copias de documentos públicos (32 L.P.R.A. sec. 1781); el art. 421, sobre el efecto concluyente de la sentencia o decreto definitivo (32 L.P.R.A. sec. 1793); el art. 426, sobre el efecto de otros autos registrados de otros estados de la Unión (32 L.P.R.A. sec. 1798); el art. 429, sobre impugnación de autos judiciales (32 L.P.R.A. sec. 1801); y 527 a 531, sobre protección de los testigos (32 L.P.R.A. secs. 2183 a 2187). Véase 32 L.P.R.A. Ap. IV.

[17] *In re: Comité Asesor Permanente de Reglas de Procedimiento Civil*, 165 D.P.R. 536 (2005). Los miembros del Comité fueron los siguientes: Lcdo. José A. Andréu García (Presidente), Lcda. Lady Alfonso de Cumpiano, Lcdo. Francisco G. Bruno Rovira, Lcda. Waleska Delgado Marrero, Hon. Héctor J. Conty Pérez, Lcdo. José A. Cuevas Segarra, Lcdo. Rafael Hernández Colón, Hon. Luis E. Maldonado Guzmán, Lcdo. José E. Otero Matos, Lcdo. Harold D. Vicente González, Lcda. Sylvia Vilanova Hernández y Lcdo. Manuel Martínez Umpierre. Asistieron al Comité las licenciadas Thainie Reyes Ramírez y Maribel Cruz Fernández, asesoras legales del Secretariado de la Conferencia Judicial y Notarial.

[18] *In re: Aprobación de las Reglas de Procedimiento Civil de Puerto Rico*, 2009 T.S.P.R. 143. El proyecto de reglas presentado ante la consideración del TS contó con el insumo de diversos sectores de la comunidad jurídica y de la ciudadanía en general.

litigante, como la de los términos más extensos para contestar o para presentar recursos. El propósito del Comité Asesor era darle plena vigencia en las reglas al principio de igualdad en el proceso, el cual requiere que a todas las partes se les trate por igual.

El 17 de septiembre de 2009, el TS siguiendo el mandato constitucional las remitió a la Asamblea Legislativa durante el comienzo de su segunda sesion ordinaria, y con el beneficio de vistas públicas celebradas en varios puntos de la isla, se aprobó el P. de la C. 2249 con modificaciones a las reglas. Dicho proyecto se convirtió posteriormente en la Ley Núm. 220 de 29 de diciembre de 2009. Estas reglas entraron en vigor el 1 de julio de 2010.

La Regla 73 de 2009 derogó las Rs. de 1979, pero no lo hizo para con los artículos del CEC de 1933 que quedaron vigentes en virtud de la R. 72 de 1979. Igualmente, dejó provisionalmente vigentes otras disposiciones, hasta tanto fueran derogadas o modificadas por legislación.

(j) *Las Reglas de Evidencia de 2009.* La aplicación de las reglas evidenciarias de 1979 en los procesos civiles y criminales permitió conocer sus deficiencias y fortalezas. Durante la extensa vigencia de las reglas, el TS encomendó su revisión y estudio a dos comités, los cuales presentaron sus respectivos proyectos de reglas en los años 1986 y 1992. Estos proyectos no fueron aprobados. En el 2006, el TS constituyó un nuevo comité con el propósito principal de revisar las Reglas de Evidencia de 1979 a la luz de la LJ de 2003.[19] Los trabajos del Comité se enmarcaron en el desarrollo de un proyecto de reglas de evidencia dirigido principalmente a modernizar, agilizar y a transformar los procedimientos judiciales.[20] El 10 de abril de 2007, el comité sometió al TS su propuesta para un nuevo cuerpo de reglas de derecho probatorio. Luego de recibir el insumo de varios sectores de la academia y de la práctica forense, el TS adoptó las nuevas Reglas de Evidencia mediante Resolución de 9 de febrero de 2009.[21] Estas fueron remitidas a la Asamblea Legislativa el 26 de febrero de 2009 y enmendadas por la Ley Núm. 46 de 30 de julio de 2009. Este cuerpo de reglas evidenciario entró en vigor el 1 de enero de 2010.

§ 203. Aplicación de las Rs. de 2009 a los casos pendientes a la fecha en que entraron en vigor

Una larga línea de opiniones que comienza a principios del siglo pasado y se extiende hasta finales del mismo, sostiene que las normas de carácter procesal tienen efecto retroactivo.[22] Esto significa que las mismas son de aplicación a los

---

[19] Véase *In re: Comité Asesor Permanente de Reglas de Evidencia*, 167 D.P.R. 1 (2006).

[20] Véase *In re: Aprobación de las Reglas de Evidencia de Puerto Rico*, 2009 T.S.P.R 35.

[21] *Id.*

[22] *Ortiz v. Fernós López*, 104 D.P.R. 851, 852 (1976); *Reyes v. Mayaguez Transport*, 86 D.P.R. 273, 281 (1962); *Fuentes v. Srio. de Hacienda*, 80 D.P.R. 203 (1958); *Pueblo*

casos pendientes al momento en que entran en vigor y a los que se presenten con posterioridad a esa fecha. Conforme a la R. 74, 2009 "estas reglas comenzarán a regir el primero de julio de 2010" y a partir de ello aplicarán a todos los casos pendientes ante el TGJ.

La aplicación retroactiva a los casos pendientes no afecta las actuaciones ya llevadas a cabo en los mismos bajo las reglas anteriores. Las nuevas reglas se aplican a los eventos posteriores a su vigencia. Veamos un ejemplo.

En una acción civil en la cual ya hayan transcurrido los 40 días después de que se notificara la última contestación, no sería aplicable la R. 37.1, 2009 que requiere la reunión para el manejo del caso para intercambiar información y documentos y preparar el *Informe para el Manejo del Caso.* Si dicho término no hubiera transcurrido o fuera impráctico llevar a cabo la reunión y presentar el *Informe* porque el tiempo restante no es suficiente, entonces la regla no aplicaría y se seguiría el caso bajo las reglas anteriores. A menos que, el tribunal dentro de la discreción que le reconoce nuestra jurisprudencia,[23] se tome la iniciativa de proveer para una reunión para el manejo del caso.

Al aplicar las nuevas reglas a los casos pendientes el tribunal no debe actuar como un autómata, tiene que tener mucho cuidado de que la aplicación de las mismas logre el balance adecuado de los intereses en juego de modo que se cumpla el propósito legislativo que se encarna en la R. 1, 2009, que las "reglas se interpretarán de modo que faciliten el acceso a los tribunales y el manejo del proceso, de forma que garanticen una solución justa, rápida y económica de todo procedimiento." La aplicación retroactiva de las reglas no debe producir un resultado contrario a lo que persigue la R. 1, 2009 que encarna la intención del TS y de la Asamblea Legislativa al adoptar estas reglas.

§ 204. Alternativas al proceso judicial

La complejidad de las sociedades post industriales, la rapidez de las transacciones, la especialización de los conocimientos exige métodos más dinámicos para resolver conflictos. Desde hace algún tiempo en Puerto Rico se utilizan métodos alternos como el arbitraje comercial o el laboral para canalizar la solución de controversias fuera del proceso judicial.

La canalización de ciertos litigios por vías alternas al proceso judicial mediante la voluntad de las partes se favorece por la política pública pues acelera su solución y descongestiona los tribunales pero la obligatoriedad del uso de

---

v. Tribunal Superior, 75 D.P.R. 535 (1953); *Pagán v. Otero*, 69 D.P.R. 507 (1949); *Fajardo v. Tribunal de Distrito*, 69 D.P.R. 476 (1949); *López v. South P.R. Sugar Co.*, 62 D.P.R. 238, 243 (1943); *White Star Bus Line v. Corte*, 60 D.P.R. 356, 357 (1942); *Mason v. White Star Bus Line*, 53 D.P.R. 337 (1938); *Zayas Pizarro v. Molina*, 50 D.P.R. 647, 651 (1936); *López v. American Railroad Co. of P.R.*, 50 D.P.R. 1 (1936); *Ojeda v. Gavilán*, 46 D.P.R. 399, 401 (1934); *Medina v. Inter'l Basic Economy Corp.*, 121 D.P.R. 890, esc.2 (1988); *Lincoln Savings Bank v. Figueroa Ramírez*, 124 D.P.R. 388 (1989).

[23] Véase *Vellón Maldonado v. Squibb Mfg., Inc.*, 117 D.P.R. 838 (1986).

métodos alternos plantea problemas constitucionales respecto al acceso y función de los tribunales.[24]

La Ley Núm. 19 de 22 de septiembre de 1983 autorizó que en Puerto Rico se establecieran programas o centros que sirvan como foros informales para la resolución de determinadas disputas y conflictos que surgen entre los ciudadanos, y autorizó al TS para formular la reglamentación de estos centros. En virtud de la misma y de su poder de reglamentación general el TS creó el Negociado de Métodos Alternos para la Solución de Conflictos adscrito a la oficina del Juez Presidente y aprobó el correspondiente reglamento.[25]

---

[24] Véase Informe del Secretariado de la Conferencia Judicial sobre Métodos Alternos para la Solución de Disputas de 1980; Estudio Evaluativo del Centro de Solución de Disputas preparado por la Oficina de Administración de los Tribunales, en agosto de 1988.

[25] Ver: *Infra*, Capítulo 8-A.

CAPITULO 3: FUENTES, CARACTERISTICAS Y HERMENEUTICA DE LAS NORMAS PROCESALES

SECCIÓN

§ 301. Concepto de las Fuentes

Fuente del Derecho procesal civil es todo aquéllo de donde nace un precepto o norma jurídica que encuadre dentro del Derecho procesal civil.

§ 302. La Ley

La ley es más que ninguna otra fuente, es la reguladora de la actividad jurisdiccional.

Al señalar la ley como fuente del Derecho procesal no nos referimos a ella dentro de su sentido estricto, por el contrario, la utilizamos en su más amplia acepción e incluimos todas las normas que ordenan el proceso, aún cuando ellas emanen del poder judicial y no hayan sido promulgadas por el poder legislativo.

§ 303. La Ley y el Derecho procesal puertorriqueño

Un examen del Derecho positivo puertorriqueño nos revela las siguientes leyes, entendiendo la palabra ley en su más amplio significado, como fuentes del Derecho procesal puertorriqueño vigente.[1]

(1) Constitución del Estado Libre Asociado de Puerto Rico: Art. II, Secs. 7, 9, y 10; Art. III, Sec. 21; Art. V del poder judicial.[2]

(2) La LJ de 2003 (4 L.P.R.A. Suplemento Acumulativo).

(3) Las Reglas de Procedimiento Civil para el Tribunal General de Justicia de 2009 (32 L.P.R.A. Ap.____).

(4) Los arts. no derogados del CEC de 1933.

(5) Las Reglas de Evidencia de Puerto Rico de 2009 (32 L.P.R.A. Ap.___).

---

[1] Véase también la § 308.

[2] L.P.R.A., Tomo 1.

(6) El RTS de Puerto Rico (4 L.P.R.A. Ap. XXI-A).

(7) El RTA (4 L.P.R.A. Ap. XXII-B).

(8) Las RTPI del Estado Libre Asociado de Puerto Rico (4 L.P.R.A. Ap. II-B).

(9) Los Cánones de Etica Judicial de Puerto Rico (4 L.P.R.A. Ap. IV-B).

(10) La Ley reglamentando el ejercicio de la abogacía (4 L.P.R.A. secs. 721 a 742) y la Ley del Colegio de Abogados de P.R. (4 L.P.R.A. secs. 771 a 785).

(11) Los Cánones de Etica Profesional (4 L.P.R.A. Ap. IX).

(12) La ley sobre inscripción de sentencias que crean gravámenes sobre bienes inmuebles (30 L.P.R.A. secs. 1801 a 1813).

Nuestros cuerpos de leyes sustantivas tales como el CC, la Ley Hipotecaria y la Ley de Corporaciones[3] contienen también disposiciones procesales, pero en este trabajo no entraremos en las mismas.

§ 304. Los principios generales del Derecho

Toda vez que, como veremos, la costumbre queda excluida como fuente del Derecho Procesal Civil, los principios generales del Derecho adquieren mayor importancia para suplir lagunas procesales en virtud de lo previsto en el Art. 7 del CC. Se trata de principios que podemos considerar como generales en su aplicación a todo el derecho: igualdad ante la ley, inalterabilidad de la cosa juzgada, y de principios particulares al proceso civil[4] como es el principio de impulsión, el de celeridad, economía procesal o el de eventualidad, antes discutidos. Su aplicación en el Derecho Procesal Civil debe hacerse dentro del contexto de la R. 72.

El art. 7 del CC (31 L.P.R.A. sec. 7) dispone que "[. . .] cuando no haya ley aplicable al caso, el tribunal resolverá conforme a equidad, que quiere decir que se tendrá en cuenta la razón natural de acuerdo con los principios generales del Derecho, y los usos y costumbres aceptados y establecidos".

La doctrina procesal civilista rechaza la costumbre como fuente del derecho procesal por exigencia de la seguridad jurídica y por la naturaleza eminentemente técnica de las normas procesales.[5]

No cabe, pues, incorporarla a través del art. 7 del CC (31 L.P.R.A. sec. 7) ni invocarla en función de lo que pueda ser la práctica habitual ante ciertos jueces o por determinadas secretarías de los tribunales.

---

[3] Títulos 14, 30 y 31 de L.P.R.A.

[4] Véase Almagro Nosete, J., *Instituciones de Derecho Procesal*, Madrid, Trivium (1993), pág. 37; *Ex parte Díaz*, 8 D.P.R. 157 (1905), al respecto de la restricción de la aplicación de las normas de la sec. 7 del Título 31 de L.P.R.A. a materias de procedimiento o derecho adjetivo únicamente cuando se trate de decidir cuestiones de derecho sustantivo.

[5] Morón Palomino, M., *Derecho Procesal Civil: Cuestiones Fundamentales*, Madrid: Marcial Pons (1993), pág. 50.

§ 305. La R. 72, 2009

En ausencia de preceptos concretos de derecho debe atenderse a la R. 72, 2009, que dispone: "Cuando no se haya previsto un procedimiento específico en estas reglas, el tribunal podrá reglamentar su práctica en cualquier forma que no sea inconsistente con éstas o con cualquier disposición de ley aplicable."[6]

Al aplicar esta regla, el tribunal recurrirá a los principios generales del Derecho y del Derecho procesal civil en particular.

§ 306. La jurisprudencia

La jurisprudencia del TS es fuente de derecho procesal en virtud de la obligatoriedad de derecho pautado por las decisiones del tribunal sobre los tribunales de jerarquía inferior al mismo.

Tienen fuerza persuasiva, es decir, ayudan para argumentar ante nuestros tribunales, pero no los obligan, las decisiones del TA, y de los tribunales federales interpretando las Reglas de Procedimiento Civil.[7]

§ 307. La doctrina y la ciencia del Derecho

Algunos tratadistas consideran la doctrina o ciencia del Derecho como fuente del mismo. En un sentido práctico sus opiniones resultan de un peso enorme cuando se trata de determinar las normas que privan en torno a los entresijos y lagunas de la ley.

Existe una diferencia fundamental entre la doctrina o ciencia jurídica anglosajona y la civilista. La primera desarrolla los temas procesales en función del derecho positivo: legislativo, reglamentario o jurisprudencial con poca conceptualización teórica; la segunda, es mucho más amplia en este último aspecto. Los procesalistas anglosajones hacen poca ciencia del Derecho; se concentran más bien en desarrollar la técnica conforme a los materiales de formación del Derecho legislado o a la jurisprudencia.

En el ordenamiento jurídico puertorriqueño convergen tanto lo anglosajón como lo civilista en virtud de nuestro devenir histórico y nuestra condición política. Este libro pretende hacer uso de la arquitectura civilista para organizar

---

[6] La R. 72 de 2009 es idéntica a la R. 71 de 1979, salvo algunos cambios de estilo, la cual a su vez es equivalente a la R. 71 de 1958. Bajo dicha regla se decidió que un tribunal tiene autonomía para originar procedimientos únicamente cuando no hubiera adecuada provisión en las Reglas de Procedimiento Civil. *Sucesión de Carderaros v. Tribunal Superior*, 103 D.P.R. 721 (1975).

Cuando no hay ley aplicable para resolver un caso, el TS formulará la norma de derecho indispensable para poder fallar el mismo. *Márquez v. Tribunal Superior*, 85 D.P.R. 559 (1962). Véase, también, *Meléndez v. Levitt & Sons of P.R.*, 104 D.P.R. 797 (1976).

[7] *Carattini v. Collazo Systems Analysis, Inc.*, 158 D.P.R. 345 (2003).

las materias procesales, a la vez que se utilizan como materiales constructivos tanto los de procedencia norteamericana como los autóctonos puertorriqueños.

§ 308. Características de las normas procesales—Irrenunciabilidad

La norma procesal será de carácter dispositivo, si en consideración a un interés privado se faculta a las partes o al juez para excusar la aplicación de la ley o para modificarla. Algunos ejemplos los ofrecen nuestras Reglas cuando permiten la sumisión a juez sin competencia (R. 3, 2009) o cuando autorizan la prórroga de los términos procesales (R. 68.2, 2009). Es posible también, que mediante un contrato los ciudadanos dispongan que sus controversias sean sometidas a un árbitro y renuncien expresamente a que sean sometidas a los tribunales.[8] En otras jurisdicciones, los contratos de esta naturaleza son frecuentes debido a la congestión que existe en los tribunales. Como señaláramos anteriormente, en Puerto Rico esta práctica está creciendo.[9]

No obstante las excepciones apuntadas, como principio general, las leyes procesales no son renunciables. Para obtener una decisión de un órgano jurisdiccional hay que seguir el proceso prescrito.

§ 309. —Retroactividad

Se ha sostenido por nuestro TS, por muchos tratadistas, y por otros tribunales supremos, como principio inconcuso, que aquellas normas puramente procesales, es decir, las que se refieren al trámite u ordenación del proceso, sin afectar al Derecho sustantivo o material, tienen carácter retroactivo aplicándose a todos los procedimientos en curso desde que entran en vigor.[10] Lo actuado no se afecta, es decir, la retroactividad se refiere a que una norma procesal legislada aplica a un caso que esté pendiente, el cual fue iniciado bajo otra norma procesal que resulta derogada. Pero, esto es sólo en cuanto a los incidentes que todavía están por

---

[8] Véase 32 L.P.R.A. secs. 3201 *et seq.*

[9] 29 L.P.R.A. sec. 70 y véase § 202, *ante*, y Cap 2.

Negociación colectiva. Los convenios de arbitraje entre patronos y obreros se rigen por la Ley de Relaciones del Trabajo, 29 L.P.R.A. secs. 61 a 76, y están excluidos de la Ley Núm. 376 de 8 de mayo de 1951, 32 L.P.R.A. secs. 3201 a 3229. *Junta de Relaciones del Trabajo v. Corona Brewing Corp.*, 83 D.P.R. 40 (1961).

Las disposiciones de 32 L.P.R.A. secs. 3201 a 3229 reglamentan el arbitraje comercial y no se aplican al arbitraje entre patronos y empleados. *Seafarers International Union v. Tribunal Superior*, 86 D.P.R. 803 (1962).

[10] Las disposiciones de una ley procesal son aplicables aún cuando sea promulgada con posterioridad a la sentencia dictada por un tribunal sentenciador. *Consejo de Titulares v. Williams Hospitality Group, Inc.*, 168 D.P.R. 101 (2006); *Rodríguez v. Adm. de Retiro de los Empleados del E.L.A.*, 159 D.P.R. 467 (2003); *Nieves Cruz v. U.P.R.*, 151 D.P.R. 150 (2000); *Junta de Relaciones de Trabajo v. Autoridad de Energía Eléctrica*, 133 D.P.R. 1 (1993); *Reyes v. Mayagüez Transport Co.*, 86 D.P.R. 273 (1962). *White Star Bus Line v. Corte*, 60 D.P.R. 356 (1942).

ocurrir después de entrar en vigor la nueva norma; no en cuanto a incidentes ya resueltos bajo la vieja norma.

El Art. 3 del CC[11] dispone que "las leyes no tendrán efecto retroactivo si no dispusieran expresamente lo contrario",[12] pero como el proceso ocurre dilatado en el tiempo, la retroactividad lo que representa es una doctrina al efecto de que no hay derechos adquiridos en cuanto a figuras o normas procesales. Por lo tanto, una acción puede gobernarse a su comienzo por unas normas y posteriormente y en torno a lo no actuado, por otras si no ha concluido el proceso al entrar en vigor nueva legislación.[13]

§ 310. —Nacionalidad

El carácter público de la ley procesal como reguladora de la actividad de un organismo del Estado determina que ordinariamente el régimen de los actos procesales se somete al imperio de la ley nacional, en patente contraste con las normas de Derecho material, es decir, sustantivo, en que es posible la aplicación de una ley extranjera en el territorio del estado.

La administración de justicia es un poder y un deber del estado y a él debe atribuirse exclusivamente la facultad de definir los trámites, las obligaciones y las garantías del proceso; además, los institutos procesales se encuentran en relación con las singularidades de la organización judicial de cada país.

§ 311. La hermenéutica procesal

La hermenéutica—interpretación—determina el sentido y alcance de la ley.

Para conocer el sentido de la norma, el juzgador o se vale exclusivamente de la técnica del lenguaje,[14] o realiza un proceso lógico en que se ayuda muchas veces

---

[11] 31 L.P.R.A. sec. 3.

[12] Respecto a las decisiones judiciales. Véase, *Datiz Vélez v. Hospital Episcopal San Lucas*, 163 D.P.R. 20 (2004).

[13] Véanse *Ortiz v. Fernós López*, 104 D.P.R. 851, 852 (1976); *Reyes v. Mayaguez Transport*, 86 D.P.R. 273, 281 (1962); *Fuentes v. Srio de Hacienda*, 80 D.P.R. 203 (1958); *Pueblo v. Tribunal Superior*, 75 D.P.R. 535 (1953); *Pagán v. Otero*, 69 D.P.R. 507 (1949); *Fajardo v. Tribunal de Distrito*, 69 D.P.R. 476 (1949); *López v. South P.R. Sugar Co.*, 62 D.P.R. 238, 243 (1943); *White Star Bus Line v. Corte*, 60 D.P.R. 356, 357 (1942); *Mason v. White Star Bus Line*, 53 D.P.R. 337 (1938); *Zayas Pizarro v. Molina*, 50 D.P.R. 647, 651 (1936); *López v. American Railroad Co. of P.R.*, 50 D.P.R. 1 (1936); *Ojeda v. Gavilán*, 46 D.P.R. 399, 401 (1934); *Medina v. Inter'l Basic Economy Corp.*, 121 D.P.R. 890, esc.2 (1988); *Lincoln Savings Bank v. Figueroa Ramírez*, 124 D.P.R. 388 (1989).

[14] Véase 31 L.P.R.A. secs. 14 y 19.

Letra de la ley. Generalmente debe hacerse valer la letra de la ley. Empero el juzgador no debe adoptar una interpretación estrictamente literal de ella, o de un artículo aislado de la misma, de resultar contraria a la intención general auténtica y al verdadero propósito legislativo. *Atiles Moréu, Admor. v. Comisión Industrial*, 77 D.P.R. 16 (1954); *Laracuente Santiago v.Pfizer*, 160 D.P.R. 195 (2006).

de la ley misma, otras de sus precedentes o materiales de formación, otras de la evolución histórica de la institución, y otras de la sistemática que preside la ley positiva.

Todas estas formas de interpretación son aceptables para interpretar la ley procesal.

El Art. 12 del CC (31 L.P.R.A. sec. 12) dispone que "en las materias que se rijan por leyes especiales, la deficiencia de éstas se suplirá por las disposiciones de este Código". Las distintas leyes o cuerpos de reglas que informan el Derecho procesal civil carecen de una normativa interpretativa especial con la muy importante excepción de la R. 1 de 2009 que comentaremos más adelante.

A tenor con el mencionado Art. 12, serían aplicables en la interpretación de las normas procesales los siguientes artículos del CC:

Art. 8 (31 L.P.R.A. sec. 8):

> "Si en las leyes se habla de meses, días o noches, se entenderá que los meses son de treinta días, los días de veinticuatro horas, y las noches desde que se pone hasta que sale el sol.
>
> "Si los meses se determinan por sus nombres, se computarán por los días que respectivamente tengan."

Art. 14 (31 L.P.R.A. sec. 14):

> "Cuando la ley es clara y libre de toda ambigüedad, la letra de ella no debe ser menospreciada bajo el pretexto de cumplir su espíritu." *In claris non fit interpretivo.*

Art. 15 (31 L.P.R.A. sec. 15):

> "Las palabras de una ley deben ser generalmente entendidas en su más corriente y usual significación, sin atender demasiado al rigor de las reglas gramaticales, sino al uso general y popular de las voces."

Art. 16 (31 L.P.R.A. sec. 16):

> "Los términos técnicos y las frases usadas en las artes y en las ciencias se interpretarán según el significado y acepción que tengan admitidos por los peritos o maestros en la ciencia, arte o profesión a la cual se refieran."

Art. 17 (31 L.P.R.A. sec. 17):

> "Cuando las palabras de una ley son dudosas, su sentido debe ser buscado por el examen y comparación de las frases dudosas con otras palabras y sentencias que les estén relacionadas, en el orden de una buena investigación, para llegar a su verdadero significado."

Art. 18 (31 L.P.R.A. sec.18):

> "Las leyes que se refieren a la misma materia o cuyo objeto sea el mismo, deben ser interpretadas refiriendo las unas a las otras, por cuanto lo que es claro en uno de sus preceptos pueda ser tomado para explicar lo que resulte dudoso en otro."

Art. 19 (31 L.P.R.A. sec.19)—*Ratio Legis:*

"El medio más eficaz y universal para descubrir el verdadero sentido de una ley cuando sus expresiones son dudosas, es considerar la razón y espíritu de ella, o la causa o motivos que indujeron al poder legislativo a dictarla."

Hasta aquí la normativa hermenéutica del CC que estimamos aplicable al Derecho Procesal Civil.

También es dado interpretar las normas procesales por medio de la analogía, especialmente para llenar las lagunas de la ley, es decir, es posible lograr la expansión del Derecho positivo a base de la generalización del contenido de las normas o la inducción de un principio general.

Al interpretar las leyes procesales ha de tenerse en cuenta que como reguladoras de una actividad del Estado, son más sensibles a las corrientes sociales y políticas de la época en que aparecen. Es menester que se les valore históricamente al pronunciar juicio sobre su contenido y alcance.

También deben tenerse en cuenta los principios que estructuran la figura del proceso para determinar el sentido de las normas o reglas específicas.

Como norma especial de interpretación en materia procesal, debemos señalar aquélla según la cual debe tratar de obtenerse el mayor resultado con el mínimo de actividad procesal. Se manifiesta este principio en la R. 1 de 2009[15] que dispone que las reglas se interpretan de modo que garanticen una solución justa, rápida y económica de todo procedimiento.

Este principio hermenéutico de carácter eminentemente pragmático sienta el tono interpretativo del principal cuerpo normativo del procedimiento civil puertorriqueño. Se desdobla en dos principios: el de celeridad y el de economía procesal como medios para alcanzar una solución justa.

Bajo la R. 1 de 1979, el TS declaró que "al interpretar las Reglas de Procedimiento Civil, hay que tener presente, como principio rector, que éstas no tienen vida propia, solo existen para viabilizar la consecución del derecho sustantivo de las partes. Para lograr impartir justicia al resolver los reclamos de las partes, el tribunal debe hacer un balance equitativo entre los intereses en

---

[15] Decisiones interpretativas de la R. 1 de 1979: *Isla Verde Rental Equipment Corp. v. García Santiago*, 165 D.P.R. 499 (2005); *Dávila Mundo v. Hospital San Miguel, Inc.*, 117 D.P.R. 807 (1986); *Lluch v. España Service Station*, 117 D.P.R. 729 (1986); *Rodón v. Fernández Franco*, 105 D.P.R. 368 (1976); *Administración de Compensaciones por Accidentes de Automóviles v. Travelers Insurance Co.*, 104 D.P.R. 844 (1976); *García Negrón v. Tribunal Superior*, 104 D.P.R. 727 (1976); *Cooperativa de Crédito v. Sociedad de Gananciales*, 104 D.P.R. 675 (1976); *Corporación Azucarera v. Tribunal Superior*, 104 D.P.R. 214 (1975).

Es la función ineludible del Tribunal Supremo interpretar las normas que integran el ordenamiento procesal con el propósito de promover el objeto fundamental de garantizar una solución rápida, justa y económica de las controversias judiciales. *García Negrón v. Tribunal Superior*, 104 D.P.R. 727 (1976); *Rebollo v. Gil Bonar*, 144 D.P.R. 379 (1997).

conflicto ejerciendo especial cuidado al interpretar las reglas procesales para que éstas garanticen una solución justa, rápida y económica de la controversia".[16]

Sin embargo, la infinita tolerancia hacia los litigantes morosos de los tribunales de instancia puertorriqueños durante las tres décadas de vigencia del cuerpo de reglas anterior hizo de los principios hermenéuticos de la R. 1, 1979, si no letra muerta, al menos moribunda. Esa tolerancia fue alentada por el amparo del TS a estos comportamientos, la cual se manifestó en su renuencia a poner en vigor mecanismos de aceleración y economía procesal como las sanciones desestimatorias o la sentencia sumaria, emasculada jurisprudencialmente en aras de una llamada justicia sustancial que sólo el dilatado proceso ordinario parece capaz de proveer.[17]

Aunque la esencia del principio teleológico esbozado en la R. 1 de 2009 es igual al de las Rs. del 1979, las reglas vigentes fueron redactadas tomando en consideración la ineludible necesidad de pragmatizar mediante disposiciones concretas la agilización de los procesos vía mecanismos efectivos para un manejo adecuado del caso, a fín de erradicar la excesiva dilación en el trámite de las causas. El cuerpo normativo procesal en vigor contiene los elementos precisos para alcanzar dicho objetivo, depende de sus ejecutores conseguirlo.

Finalmente, para concluir esta sección sobre hermenéutica procesal, una nota sobre la normativa en torno al texto que prevalecerá en caso de discrepancias entre las versiones oficiales en español y en inglés que vehiculan el derecho puertorriqueño. Según el Art. 13 del CC prevalecerá en caso de discrepancia entre los textos, el texto en que se originó la ley en las Cámaras Legislativas. Pero si se trata de "una traducción o adaptación de una ley procedente de Estados Unidos o de algún Estado o Territorio de Estados Unidos se dará preferencia al texto inglés sobre el texto castellano".[18]

Las Reglas de 2009 que son las vigentes, se presentaron por el TS ante nuestras Cámaras redactadas en español pero originalmente proceden de las Reglas de los Tribunales Federales. No creo, sin embargo, que deba prevalecer el texto en inglés. Pues en su forma presente no son ni una traducción ni una adaptación de las Reglas federales. Las de 1943 fueron una traducción, las del 1958 una adaptación y las del 1979 recogieron una normativa amasada y elaborada por la legislación, la jurisprudencia, y el tecnicismo puertorriqueño que le imparten un carácter distinto al de una mera traducción o adaptación a estas reglas. Contando con este andamiaje, ya las reglas vigentes armonizan un ordenamiento patrio que atiende las deficiencias particulares detectadas en nuestra jurisdicción durante la vigencia de las Rs. del 1979, y sobre todo,

---

[16] *Dávila Mundo v. Hospital San Miguel, Inc.*, 117 D.P.R. 807 (1986).

[17] *López v. Rivera*, 141 D.P.R. 194 (1996).

[18] Art. 13 CC, 31 L.P.R.A. sec. 13. Para un ejemplo reciente de subordinación del texto en español respecto al inglés, véase 31 L.P.R.A. sec. 1269d. Véase el proyecto del senado denominado *S.B 1198* de octubre de 2009 para un ejemplo de legislación presentada en inglés.

reconocen la particularidad socioeconómica del ciudadano puertorriqueño promedio al proveer en las reglas la representación por derecho propio, trámites menos onerosos y límites al descubrimiento de prueba, cuando éstos se vuelven abusivos.

Por todo lo anterior, prevalecerá el texto en español sobre el texto en inglés.[19]

---

[19] Véase 31 L.P.R.A sec. 13.

De haber conflicto o duda entre los textos inglés o castellano de una ley de la Asamblea Legislativa—originada en el idioma castellano en la correspondiente Cámara Legislativa—prevalecerá en la interpretación del mismo el texto castellano. *Esso Standard Oil v. Autoridad de los Puertos de P.R.*, 95 D.P.R. 772 (1968).

En caso de discrepancia entre las versiones en inglés y en español de las Reglas de Procedimiento Civil, la versión en español prevalecerá. *Gibbs v. Paley*, 354 F. Supp. 270 (1973).

PARTE 2

EL PODER JUDICIAL

CAPITULO 4: JURISDICCION

§ 401. Concepto

Etimológicamente jurisdicción significa decir o declarar el derecho. Las más diversas opiniones se sustentan por la doctrina sobre su significado técnico. En el ordenamiento jurídico puertorriqueño, jurisdicción significa la potestad de aplicar las leyes en asuntos civiles y criminales, declarando, juzgando y haciendo ejecutar lo juzgado.[1]

La Constitución establece que "[e]l poder judicial de Puerto Rico se ejercerá por un TS, y por aquellos otros tribunales que se establezcan por ley" (Art. V, sec. 1).

La LJ de 2003 constituye el TGJ integrado por todos los tribunales que ejercen jurisdicción en Puerto Rico, pero no precisa la investidura jurisdiccional de dicho tribunal. Esta es una deficiencia redaccional que debe corregirse.

La jurisdicción del poder judicial puertorriqueño no está limitada por los conceptos de casos o controversias en la misma forma en que lo está la del poder judicial del gobierno federal de los Estados Unidos. Los conceptos de caso o controversia expresamente consignados en la Constitución federal son ajenos a la Constitución puertorriqueña y la legislación confiere autoridad a los tribunales para actuar en asuntos que no son de carácter contencioso. No obstante, la lógica

---

[1] El TS ha definido el término jurisdicción como "el poder o autoridad de un tribunal para considerar y decidir casos o controversias". *Gearheart v. Haskell Burress*, 87 D.P.R. 57, 61 (1963); *Asoc. de Vecinos Punta las Marías v. A.R.P.E*, 170 D.P.R. 253 (2007). Esta definición excluye la jurisdicción voluntaria que abarca asuntos como las declaratorias de herederos, las licencias de portación de armas o la consignación o perpetuación de un hecho, los cuales no suponen la existencia de casos o controversias.

En el caso de *Rodríguez Figueroa v. Registrador de la Propiedad*, 75 D.P.R. 712, 717 (1953), el TS señaló que "'jurisdicción' es un término de amplia significación. Se refiere a, y define el poder de los tribunales. Incluye cualquier clase de acción judicial que tenga contacto con la materia de una acción, pleito, petición, demanda, acusación u otro procedimiento. Incluye el poder de investigar los hechos, aplicar la ley, formular decisiones, dictar sentencias".

de la separación de poderes impone una demarcación restrictiva al ejercicio del poder judicial puertorriqueño y le da relevancia dentro de nuestro ordenamiento a las doctrinas constitucionales federales de *standing*, justiciabilidad, cuestión política, y madurez que delimitan el poder judicial.

Para superar la deficiencia redaccional del art. 2.001 de la L.J. 2003 y, atender los temas de la jurisdicción sobre demandados no domiciliados que se desarrolla más ampliamente en la Sección 404 de este capítulo que trata sobre la territorialidad de la jurisdicción, y el tema de las sentencias declaratorias que se desarrolla en la Sección 6002 del Cap. 60, *infra*, debe agregarse el siguiente párrafo al art. 2.001 de la LJ 2003:

> El Tribunal General de Justicia tendrá jurisdicción para adjudicar casos y controversias, para declarar derechos, estados y otras relaciones jurídicas, y para atender otros asuntos que le hayan sido encomendados por leyes especiales.[2] Esta jurisdicción será extensiva a personas que no estén domiciliadas en Puerto Rico en toda la medida en que el ejercicio de la misma sea consistente con las Constituciones de Puerto Rico y de los Estados Unidos de América.

§ 402. Poderes, la doctrina

El ejercicio del poder judicial lleva consigo poderes inherentes al descargo de la función jurisdiccional. La doctrina civilista los clasifica de la manera siguiente:

(1) *Poder de decisión:* Declaración judicial sobre la voluntad de la ley; definición de los derechos de las partes.

(2) *Poder de ejecución:* Facultad de hacer cumplir la voluntad declarada en las sentencias o resoluciones judiciales.

(3) *Poder de coerción:* Facultad de corregir en vía disciplinaria a las partes, funcionarios, testigos, asistentes a los juicios, o a los abogados. Ejemplos: desacato, desaforo, citar y traer por la fuerza testigos y documentos.

(4) *Poder de documentación:* Facultad de acreditar por escrito fehacientemente los actos procesales, notificaciones, vistas, etc.

§ 403. Poderes, la LJ de 2003

El Art. 2.017 de la LJ de 2003 establece que los jueces tendrán autoridad para:

(a) Mantener y asegurar el orden en su presencia.

(b) Mantener el orden en los procedimientos ante su consideración o ante la consideración de cualquier persona comisionada por éstos para llevar a cabo una investigación o procedimiento judicial.

(c) Disponer que se tramiten con arreglo a la Ley, los procedimientos ante su consideración y los seguidos ante sus funcionarios.

---

2 La llamada 'jurisdicción voluntaria', *e.g.* Código Civil, Ley Hipotecaria, etc.

(d) Hacer cumplir sus sentencias, órdenes y providencias, así como las órdenes que dicte un juez fuera del estrado, en acciones o procedimientos pendientes ante los tribunales.

(e) Dirigir en bien de la justicia, la conducta de sus funcionarios y de cualquier persona interesada en cualquier procedimiento ante su consideración, en cualquier asunto pertinente a dicho procedimiento.

(f) Ordenar la comparecencia de personas que hayan de prestar declaración en un procedimiento ante su consideración y en la forma dispuesta en las Reglas de Procedimiento Civil y en las de Procedimiento Criminal.

(g) Recibir juramentos en procedimientos pendientes ante ellos y en todos los casos en que lo requiera el ejercicio de sus poderes y deberes.

(h) Inspeccionar y corregir sus providencias y órdenes con el fin de ajustarlas a la ley y a la justicia.

(i) Recibir y certificar la constancia del cumplimiento de la sentencia o fallo de un tribunal.

(j) Castigar por desacato.

(k) Ejercer otros poderes afines a su cargo que sean necesarios y convenientes para el cumplimiento efectivo de los deberes del cargo y los dispuestos por ley.

§ 404. Territorialidad, largo alcance

Todo Estado—en el sentido genérico—posee jurisdicción exclusiva y soberanía sobre las personas y bienes dentro del mismo. *Pennoyer v. Neff*, 95 U.S. 714 (1877). La jurisdicción de los tribunales del Estado Libre Asociado va limitada por la extensión de la soberanía de éste; es decir, sólo actúa sobre personas, bienes o transacciones que se encuentran u ocurren dentro del territorio del Estado Libre Asociado.[3] Ello configura el denominado principio de territorialidad.[4]

En el caso de *Pennoyer*, *supra*, se establece que el ejercicio de la jurisdicción de los tribunales de un Estado en cuanto a personas que no están domiciliadas en dicho Estado y que se encuentran físicamente fuera de su demarcación geográfica[5] constituye una infracción al debido proceso de ley que la Enmienda

---

[3] En el Derecho anglo-sajón se discute el tema de la territorialidad bajo el concepto de la jurisdicción *in personam*.

[4] *Shuler v. Shuler*, 157 D.P.R. 707 (2002).

[5] Mediante decisión por pluralidad el Tribunal Supremo federal sostuvo en el caso de *Burnham v. Superior Court of Cal.*, 495 U.S. 604 (1990), que los tribunales de un estado no ofenden el debido proceso si asumen jurisdicción sobre un no residente cuando éste se encuentra físicamente en el estado aunque sea por motivos ajenos a la causa de acción que se ejerce contra él. Naturalmente, si el demandado es una corporación la presencia en el territorio de un oficial de la misma cuya presencia no esté relacionada con los negocios de la corporación, no valida un emplazamiento a la corporación. *Peguero v. Hernández Pellot*, 139 D.P.R. 487 (1995).

14 de la Constitución de los Estados Unidos garantiza a la persona afectada por la acción del tribunal. Ahora bien, esta norma sobre jurisdicción sobre la persona tiene sus excepciones, lo que de configurarse alguna de éstas, confiere a los tribunales el poder de ejercer jurisdicción sobre la persona de un demandado no domiciliado, ausente de sus límites territoriales.[6] Algunas de estas excepciones son las siguientes: los casos de divorcio, filiación, custodia de menores, alimentos[7] y lo previsto en la R. 3.1 de 2009.

El TS ha reconocido que los tribunales de Puerto Rico tienen jurisdicción sobre un no domiciliado cuando comparece voluntariamente y realiza algún acto sustancial que lo convierte en parte configurando una sumisión expresa o no plantee afirmativamente la ausencia de jurisdicción, lo que constituye una sumisión tácita. En ambos escenarios la actuación del demandado repara la deficiencia jurisdiccional, por lo que no hay problema de jurisdicción por razón de su domicilio fuera del estado.[8]

La infracción al principio de la territorialidad que establece *Pennoyer*, *supra*, no debe confundirse con la infracción al principio de notificación adecuada que también exige el debido proceso de ley. La notificación más adecuada posible no subsana la falta de contacto con el territorio estatal. Sin embargo, si hay contacto y no se brinda notificación adecuada a través del emplazamiento, el tribunal todavía carecería de jurisdicción sobre la persona del demandado.[9]

Aclara la opinión de *Pennoyer*, *supra*,[10] que todo Estado—lo cual incluye al Estado Libre Asociado—posee el poder para determinar el *status* civil[11] de sus

---

[6] *Id.*

[7] *Orama et al. v. Oyanguren*, 19 D.P.R. 828 (1913); *Marrero v. Fordham*, 27 D.P.R. 708 (1919); *Barletta v. Tribunal Superior*, 74 D.P.R. 460 (1953); *Marrero Reyes v. García Ramírez*, 105 D.P.R. 90 (1976); *Shuler v. Shuler*, 157 D.P.R. 707 (2002). Ver también para casos de alimentos la Ley Interestatal Uniforme de Alimentos entre Parientes, 8 L.P.R.A. 545 *et seq.*

[8] Véase, *Sterzinger v. Ramírez*, 116 D.P.R. 762 (1985); *Mercado v. Panthers Military Society*, 125 D.P.R. 98 (1990); *Peguero v. Hernández Pellot, supra*; *Márquez Resto v. Barreto Lima*, 143 D.P.R. 137 (1997); *Qume Caribe, Inc. v. Secretario de Hacienda*, 153 D.P.R. 700 (2001); *Shuler v. Shuler, supra*, *Medina Garay v. Medina Garay*, 161 D.P.R. 806 (2004).

[9] Véase, *Pou v. American Motors Corp.*, 127 D.P.R. 810, 819 (1991); *World-Wide Volkswagen Corp. v. Woodson*, 444 U.S. 296 (1980); *Omni Capital Int'l, Ltd. v. Rudolf Wolff & Co.*, 484 U.S. 97 (1987).

[10] *Supra*, a la página 748.

[11] En materia de divorcio, nulidad de matrimonio y filiación, el TGJ tiene jurisdicción si el demandante reside en Puerto Rico, no obstante que el demandado no sea residente del E.L.A. *Mestre v. Pabeyón*, 84 D.P.R. 369 (1962); *Barletta v. Tribunal Superior*, 74 D.P.R. 460 (1953).

En materia de custodia de menores, el TGJ tiene jurisdicción en cualquiera de las siguientes situaciones: (a) cuando se posee jurisdicción *in personam* sobre todos los litigantes o sobre uno de ellos; (b) cuando el menor está domiciliado en Puerto Rico; (c) cuando el menor está físicamente presente o tiene su residencia habitual en Puerto Rico, y ciudadanos por lo cual puede recurrirse al emplazamiento sustituto para adquirir jurisdicción sobre un demandado no residente en el Estado. Igualmente, señala que todo Estado adquiere jurisdicción sobre las corporaciones foráneas que hagan negocios dentro del Estado y se les puede requerir la designación de un agente a través del cual pueda emplazárseles y, de no hacerlo, se entiende que han consentido implícitamente y el Estado puede establecer medios apropiados para emplazarlas y adquirir jurisdicción sobre su persona.

La cuestión jurisdiccional por razones territoriales se suscita en diversas instancias del proceso. En el emplazamiento en cuanto al poder del tribunal para sujetar la persona del demandado a su sentencia por encontrarse éste domiciliado fuera del Estado Libre Asociado; en la citación en cuanto al poder del tribunal para obligar a personas que se encuentran fuera de la demarcación geográfica del Estado Libre Asociado a comparecer ante el tribunal o a someter evidencia en una deposición; o en la fase ejecutiva cuando los bienes sobre los cuales ha de ejecutarse la sentencia, no se encuentran en Puerto Rico.

A través de los años, las jurisdicciones estatales de Estados Unidos y el Distrito de Columbia, incluyendo a Puerto Rico, han promulgado estatutos de largo alcance o "long-arm statutes", los cuales han sido clasificados en dos categorías. La primera tiende a la enumeración de situaciones fácticas que extienden el alcance del Poder Judicial sobre aquellas reclamaciones que cumplan con los requisitos establecidos en el estatuto. La segunda es de factura más ancha, provee jurisdicción sobre un no domiciliado siempre que el ejercicio del poder jurisdiccional sea consistente con las garantías del debido proceso de la constitución estatal y la Constitución de los Estados Unidos.

La primera normativa se inserta dentro de una doctrina del Tribunal Supremo de los Estados Unidos conocida como la de los contactos mínimos que actúan como justificantes para que los procesos judiciales de los estados puedan alcanzar a personas domiciliadas en otros estados en coherencia con el proceso de ley que es debido según la Constitución de los Estados Unidos. *International*

(d) cuando el menor es ciudadano o nacional de Puerto Rico. *Marrero Reyes v. García Ramírez*, 105 D.P.R. 90 (1976). Bajo la claúsula de continuidad del "Parental Kidnapping Prevention Act" (28 U.S.C. sec. 1738A) un tribunal de Puerto Rico mantiene jurisdicción sobre un procedimiento de custodia a pesar de no ser el estado de residencia del menor siempre y cuando el decreto original haya sido emitido consistentemente con los parámetros de dicho estatuto; y el tribunal no haya de otro modo perdido o renunciado a su jurisdicción. Op. de Conformidad, *Infante de Arce v. Montalvo Mulero*, 165 D.P.R. 757 (2005).

En materia de alimentos, la sec. 4 de la Ley Uniforme de Reciprocidad para la Ejecución de Obligaciones sobre Alimentos (8 L.P.R.A. secs. 541 *et seq.*) establece que las obligaciones de prestar alimentos serán exigibles al alimentante presente en Puerto Rico sin tomar en cuenta la presencia o residencia del alimentista. Una disposición similar rige en todos los Estados de E.U. que han adoptado la Ley de Reciprocidad. Esta provee mecanismos para la cooperación de los organismos administrativos y judiciales a nivel interestatal para la tramitación de las reclamaciones.

Shoe Co. v. State of Washington, 326 U.S. 310 (1945).[12] Si examinamos los estatutos de los estados de la Unión veremos que las enumeraciones se extienden a acciones sobre temas como los seguros, *status* de las personas, divorcios, custodia de menores, alimentos, etc.

En Puerto Rico, estaba contemplado bajo la R. 4.7 de 1979 que atendía el emplazamiento de demandados no domiciliados. Esta R. 4.7, 1979 enumeraba taxativamente (*numerus clausus*) los contactos mínimos que debían suscitarse con el territorio estatal para determinar la jurisdicción sobre una persona no domiciliada en Puerto Rico. Estos son:

(1) Haber efectuado por sí o por su agente transacciones de negocio dentro de Puerto Rico; o

(2) haber participado, por sí o por su agente en actos torticeros dentro de Puerto Rico; o

(3) haberse envuelto en un accidente mientras, por sí o por su agente, manejare un vehículo de motor en Puerto Rico; o

(4) haberse envuelto en un accidente en Puerto Rico en la operación, por sí o por su agente, de un negocio de transportación de pasajeros o carga en Puerto Rico o entre Puerto Rico y Estados Unidos o entre Puerto Rico y un país extranjero o el accidente cuando el contrato se hubiere otorgado en Puerto Rico, o

(5) ser dueño o usar o poseer, por sí, o por su agente, bienes inmuebles sitos en Puerto Rico.[13]

En estos casos, la R. 4.7(b), 1979 proveía para que se emplazara por edictos conforme a la R. 4.5 de 1979.

Los tribunales federales y estatales de los Estados Unidos y el Tribunal Supremo de Puerto Rico, bajo la R. 4.7 de 1979, han elaborado la doctrina de contactos mínimos. Mediante ésta, se analiza la situación fáctica en cada caso con miras a determinar si los hechos establecen un contacto de personas o bienes dentro del Estado que justifique constitucionalmente el ejercicio de la jurisdicción del tribunal sobre su persona.

La casuística sobre esta materia es extensa y variada. En el caso *A.H. Thomas Co. v. Tribunal Superior*, 98 D.P.R. 883 (1970), el TS resumió la norma que de ella dimana de la manera siguiente: (1) El demandado no residente debe realizar algún acto o consumar alguna transacción dentro del foro. No es necesario que la actividad se efectúe físicamente dentro del foro; el acto o transacción puede realizarse por correo. Un solo acto o transacción basta y sus efectos en el foro son suficientemente sustanciales para cualificar.[14] (2) La causa de acción debe surgir

[12] En Puerto Rico, véase *A.H. Thomas Co. v. Tribunal Superior*, 98 D.P.R. 883 (1970).

[13] Los contactos mínimos deben alegarse en la demanda. *Molina Avilés v. Supermercado Amigo, Inc.*, 119 D.P.R. 330 (1987).

[14] La actuación del demandado debe ser deliberada en cuanto a producir los efectos dentro del foro. La mera previsibilidad de que tales efectos tengan lugar no constituye un

o resultar de las actividades del demandado dentro del foro. Es concebible que la causa de acción precisa se plasme fuera del foro, pero que debido a las actividades en el foro, aún exista el contacto mínimo sustancial que es necesario.[15] (3) La jurisdicción fundada en ese contacto debe ser compatible con los principios de "trato imparcial" y "justicia sustancial" del debido procedimiento de ley.

El tercer factor, además del primero y el segundo que establecen los contactos mínimos, tiene que estar presente y requiere una mayor precisión para aplicarlo en un caso concreto. A estos fines la jurisprudencia del TS y del Tribunal Supremo de Estados Unidos ha sido de gran utilidad.

En *Pou v. American Motors Corp.*, 127 D.P.R. 810, 819 (1991), el TS consignó[16] que: "[l]a jurisprudencia norteamericana ha establecido algunos criterios o requisitos adicionales a considerarse al momento de un tribunal decidir si debe o no asumir jurisdicción sobre una corporación foránea. Entre otros, se ha señalado que los tribunales de los estados, entiéndase incluido a Puerto Rico para efectos del asunto aquí analizado, deben sopesar lo siguiente: (1) la carga que la litigación en el estado que asume la jurisdicción le impone a la parte demandada; (2) el interés del foro estatal en adjudicar la controversia y el interés del demandante en obtener resarcimiento; (3) el interés del sistema de justicia interestatal en que las controversias se resuelvan de la manera más eficiente, y (4) el interés compartido de los diversos estados en adelantar políticas sociales sustantivas y fundamentales."[17]

Si del balance de conveniencias, el cual se determina sopesando los factores resumidos en el párrafo anterior, surge la razonabilidad de seguir el proceso en el lugar en que se ha presentado la demanda; entonces hay trato imparcial y justicia sustancial y se cumple el tercer factor.

Debemos aclarar, sin embargo, que la trayectoria jurisprudencial establecida en Puerto Rico a lo largo de la vigencia de la R. 4.7 de 1979 y sus predecesoras estuvo circunscrita a enmarcar el poder jurisdiccional únicamente dentro de las situaciones fácticas enumeradas en dicha regla. En este sentido, el TS en *Industrial Siderúrgica, Inc. v. Thyssen Steel Caribbean, Inc.*, 114 D.P.R. 548 (1983) apuntó que "un acto afirmativo que desde el punto de vista constitucional

---

acto deliberado. *Shuler v. Shuler*, 157 D.P.R. 707 (2002); *Burnham v. Superior Court of California*, 495 U.S. 604 (1990); *Asahi Metal Industry Co. v. Superior Court of Cal.*, 480 U.S. 102 (1987); *Omni Capital Int'l, Ltd. v. Rudolf Wolff & Co.*, 484 U.S. 97, 108 S. Ct. 404 (1987); *Kulko v. Superior Court of Cal.*, 436 U.S. 84 (1978); *Medina v. Tribunal*, 104 D.P.R. 346 (1976); *World-Wide Volkswagen Corp. v. Woodson, supra.*

[15] En *Peguero*, *supra*, el TS cita con aprobación la decisión del Tribunal Supremo federal en el caso *Perkins v. Benguet Consol. Mining Co.*, 342 U.S. 437 (1952), que establece que si los negocios de la corporación foránea son sustanciales en el estado, se le puede demandar allí aunque la causa de acción no haya surgido allí.

[16] Nota al calce 5.

[17] A los mismos efectos, ver *Industrial Siderúrgica, Inc. v. Thyssen Steel Caribbean, Inc.*, 114 D.P.R. 548, 560 (1983).

represente un contacto mínimo entre un ausente y nuestro foro no es suficiente por sí solo para autorizar a nuestros tribunales a ejercer su jurisdicción si dicho acto no está enmarcado en cualesquiera de las circunstancias que describe la Regla 4.7". En tanto enumerativa la R. 4.7, 1979, resultaba limitativa de una jurisdicción que, como cuestión de política pública, debía ser lo más amplia posible. Esta restricción ya es asunto del pasado.

Con la R. 3.1 de 2009,[18] que cae bajo la segunda clasificación estatutaria antes indicada, se establece por primera vez en el ordenamiento procesal puertorriqueño una normativa jurisdiccional que faculta el poder de los tribunales para atender cualquier asunto, caso o controversia que surja dentro de las demarcaciones territoriales del Estado Libre Asociado y, en la instancia que el demandado no sea domiciliado, éste tenga algún contacto que haga la jurisdicción compatible con las disposiciones constitucionales del Estado Libre Asociado de Puerto Rico y de Estados Unidos. La R. 3.1 de 2009 establece una normativa jurisdiccional de factura ancha afín con la doctrina de contactos mínimos y las interpretaciones jurisprudenciales, pero no atada a unas situaciones concretas, lo que permite a los tribunales poseer un mayor grado de flexibilidad y discreción al ejercer su poder jurisdiccional. En virtud de esta norma, tenemos el ámbito de la jurisdicción sobre la persona totalmente abierto para incluir todo lo que permita la casuística federal y del Estado Libre Asociado. Ello se dará caso a caso. (Véase Sec. 2606, *infra*)

De otra parte, para fines de autorizar emplazamientos u otras diligencias judiciales sobre no residentes, una parte de las normas que se desprenden de la casuística sobre contactos mínimos ha sido incorporada en los estatutos que confieren jurisdicción de largo alcance a los tribunales. El modelo lo es el *Uniform Interstate and International Procedure Act of 1962*. El mismo establece algunas de las circunstancias bajo las cuales una persona que está fuera de un Estado puede ser demandada; la forma de emplazarlo y la forma para procurar evidencia de manera compulsoria fuera del Estado la cual es mediante la cooperación de los tribunales del Estado en cuestión. Este estatuto no ha sido adoptado en Puerto Rico en la forma proyectada por los codificadores así como tampoco en la mayoría de los Estados de la Unión norteamericana. En Puerto Rico rige la R. 4.3 de 2009 que establece cinco formas para diligenciar el emplazamiento a un demandado ausente de la jurisdicción. Estas son: mediante entrega personal, mediante la manera prescrita en el lugar a efectuar el diligenciamiento, por carta rogatoria, por edictos o conforme lo dicte el tribunal (Véase sec. 2004, *infra*).

---

[18] Esta regla proviene, en parte, de la Sección 410.10 del Código de Enjuiciamiento Civil de California. En *Peguero v. Hernandez Pellot*, 139 D.P.R. 487 (1995), al decirnos que la enumeración de la R. 4.7, 1979, no es exhaustiva, el TS apuntó en esta dirección. En *Industrial Siderúrgica Inc.*, *supra*, ya el TS daba indicios de cuál sería el alcance de una disposición similar en nuestra jurisdicción.

En cuanto a citaciones o ejecución de sentencias fuera del ámbito del Estado Libre Asociado, precisa gestionar el auxilio de los tribunales donde ubique el testigo o los bienes en cuestión. (Véase secs. 1903; 1904; 2909 y 6302, *infra.*) Las citaciones para tomar deposiciones en países extranjeros, mediante suplicatorias—solicitudes de nuestros tribunales a los tribunales extranjeros— solamente se expiden por nuestros tribunales cuando fuere necesario o conveniente, mediante petición y bajo los términos y de acuerdo con las instrucciones que fueren justas y apropiadas. R. 25.2, 2009.

Si el demandado, bajo una sentencia a ser ejecutada o la persona a ser citada se encuentra domiciliado en un Estado, territorio o el Distrito de Columbia de los Estados Unidos de América, hay que examinar las disposiciones aplicables de nuestras Reglas (Véase secs. 1903; 1905 y 2909, *infra*) y las disposiciones de las leyes procesales del Estado, territorio o del Distrito de Columbia que faculten a sus tribunales para instrumentar las diligencias judiciales procedentes de otros Estados.

Si el demandado o persona a ser citada se encontrara en un país extranjero, las normas sobre emplazamientos y citaciones serían las que proveen nuestras Reglas (Véase secs. 1903; 1905 y 2909, *infra*) y las establecidas en las Convenciones de La Haya sobre el diligenciamiento en el extranjero de documentos judiciales y extrajudiciales y sobre la obtención de evidencia en asuntos civiles o comerciales.[19]

A fines de acreditar la autenticidad de los escritos judiciales puertorriqueños ante los tribunales cuya cooperación se solicita en otro estado, se cumplirá con lo dispuesto en la sec. 1738 del Título 28 del Código de los Estados Unidos.[20] Esta disposición establece la mecánica de autenticación que requiere la Sec. 1 del Art. IV de la Constitución de los Estados Unidos de América que obliga a los Estados a conceder entera fe y crédito a los actos públicos, documentos y procedimientos judiciales de otros estados. Sin embargo, si la sentencia se dictó sin jurisdicción

---

[19] Convención de 15 de noviembre de 1965, que entró en vigor para los Estados Unidos el 10 de febrero de 1969, y la Convención de 18 de marzo de 1970, que entró en vigor para los Estados Unidos el 7 de octubre de 1972. Ambas se encuentran en el *American Jurisprudence Second, Desk Book*, Items 72 y 73.

[20] Sec. 1738, "State and Territorial statutes and judicial proceedings; full faith and credit—

"The records and judicial proceedings of any court of any such State, Territory or Possession, or copies thereof, shall be proved or admitted in other courts within the United States and its Territories and Possessions by the attestation of the clerk and seal of the court annexed, if a seal exists, together with a certificate of a judge of the court that the said attestation is in proper form.

"Such Acts, records and judicial proceedings or copies thereof, so authenticated, shall have the same full faith and credit in every court within the United States and its Territories and Possessions as they have by law or usage in the courts of such State, Territory or Possession from which they are taken."

sobre la persona del demandado por haberse violentado el debido proceso, la misma no será ejecutable en el estado donde se presente.[21]

El espacio cibernético incrementa contactos de Puerto Rico con el exterior. Al día de hoy, los tribunales federales en forma de caso a caso, a veces contradictoria y en otras coherente, comienzan a elaborar una doctrina relativa a la jurisdicción sobre la persona que se adquiere mediante los contactos a través del Internet. Carecemos todavía de precedentes a nivel del Tribunal Supremo de Estados Unidos o del Tribunal Supremo de Puerto Rico. La doctrina al día de hoy se resume con bastante precisión en el caso de *Zippo Manufacturing Co. v. Zippo Dot Com, Inc.*, 952 F. Supp. 1119, 1124 (W.D. Pa. 1997), de la manera siguiente:

La constitucionalidad de la jurisdicción sobre demandados no domiciliados[22] que tienen contacto con el estado en que se presenta la demanda depende de la naturaleza y la calidad de la actividad comercial que se lleva a cabo a través del Internet. En un extremo tenemos las situaciones en las cuales el demandado claramente hace negocios a través del Internet, efectuando contratos con residentes de una jurisdicción foránea que implican la trasmisión conciente y repetida de información computadorizada a través del Internet (*e.g.*, *CompuServe, Inc. v. Patterson*, 89 F.3d 1257 (6th Cir. 1996)). En el otro extremo están las situaciones en las cuales el demandado meramente ha colocado información en una página del Internet que está disponible a usuarios en jurisdicciones foráneas; en este caso de una página pasiva no se genera un contacto de tal naturaleza, extensión o calidad que justifique la jurisdicción sobre el demandado (*e.g.*, *Bensusan Restaurant Corp. v. King*, 937 F. Supp. 295 (S.D.N.Y. 1996)). En el medio de estos dos extremos están las páginas en las cuales un usuario puede intercambiar información con la computadora anfitriona. En estos casos el ejercicio de la jurisdicción se determina examinando el nivel de interacción y la naturaleza comercial del intercambio de información que ocurre en la página de la red, *e.g.*, *Gather, Inc. v. Gatheroo LLC and Warecorp*, 443 F. Supp. 2d 108 (D. Mass. 2006); *Maritz, Inc. v. Cybergold, Inc.*, 947 F. Supp. 1328 (E.D. Mo. 1996).

La intensidad de los contactos que ahora pueden producirse a través no sólo del Internet sino de los *faxes*, de los sistemas de mensajería y correo más rápidos y eficaces, etc., que están materializando lo que Marshall McLuhan llamó la 'aldea global', hace forzosa la revisión de la LJ de 2003 para hacer una concesión expresa de jurisdicción a nuestros tribunales, y exponer una norma jurisdiccional general sin limitaciones, similar a como expresa la R. 3.1 de 2009.[23] De forma que invista a nuestro TGJ de un marco jurisdiccional general, moldeable para el análisis hermenéutico y conciente de los cambios en la tecnología, la

---

[21] *Industrial Siderúrgica, Inc. v. Thyssen Steel Caribbean, Inc.*, *supra*.

[22] Véase: 1 L.P.R.A. sec. 8 para la definición de domicilio.

[23] Véase nuestra propuesta, sec. 401, *ante*.

comunicación y los medios de transportación.[24] Los cambios constantes demandan un estándar constitucional flexible que pueda evolucionar a lo largo de las épocas y sociedades.[25]

§ 405. Clases

La legislación, la jurisprudencia, y la práctica puertorriqueña han elaborado numerosos vocablos compuestos utilizando el concepto de jurisdicción. Sin que se entienda que se trata de una clasificación lógica ni que la enumeración es exhaustiva, pasamos a enumerarlos:

(1) *Jurisdicción contenciosa:* La que se ejerce en pleitos en los cuales se presentan intereses opuestos o en conflicto entre las partes litigantes.

(2) *Jurisdicción voluntaria:* La que se ejerce cuando se solicita la intervención del juez sin que tenga que resolver sobre intereses contrapuestos. Sólo existe una parte: el promovente, solicitante o peticionario. Se llaman también asuntos *ex parte.* Ejemplos: declaratoria de herederos; nombramientos de tutores; adopción. Ver R. 3.1(b), 2009; *Rivera v. Corte de Distrito de Caguas*, 68 D.P.R. 673, 675 (1948).

(3) *Jurisdicción exclusiva:* Concepto norteamericano incorporado por la jurisprudencia. Alude a la que se ejercita en ciertos casos por determinados tribunales con exclusión de todo otro tribunal.

(4) *Jurisdicción concurrente:* Concepto de igual procedencia al anterior que alude tanto a la que se ejerce por un tribunal como por otro dependiendo de ante cuál de ellos haya presentado el demandante su caso.

(5) *Jurisdicción sobre la persona:* El poder del tribunal para sujetar a una parte a su decisión. Se constituye al efectuarse la presentación de la demanda en cuanto al demandante y mediante el emplazamiento en cuanto al demandado.

(6) *Jurisdicción original:* La que se ejerce en primera instancia.

(7) *Jurisdicción apelativa:* La que se ejerce en segunda o tercera instancia.

(8) *Jurisdicción general:* La que se ejerce para conocer de todo tipo de casos.

(9) *Jurisdicción especial:* La que se ejerce para conocer sólo de cierto tipo de casos.

(10) *Jurisdicción auxiliar:* La que ejerce un tribunal para conocer de un asunto que no es propiamente de su jurisdicción, en apoyo de un asunto que sí lo es.

(11) *Jurisdicción continua*: La que retiene un tribunal que emite un decreto original para hacer valer y revisar su determinación. (ej. Casos de custodia bajo

---

[24] En *Auburn Manufacturing, Inc. v. Steiner Industries*, 493 F. Supp. 2d 123, 2007) se señala que ya el Tribunal Supremo Federal ha instruido a que los tribunales sean concientes de los cambios al realizar el análisis jurisdiccional.

[25] Véase, además, *Hy Cite Corp. v. Badbusinessbureau.com, L.L.C.*, 297 F. Supp. 2d. 1154 (2004).

la claúsula de continuidad del *PKPA*; *Infante de Arce v. Montalvo Mulero, supra*).

§ 406. La jurisdicción y la independencia judicial

La administración del poder judicial y el ejercicio de la jurisdicción se vehiculan en el sistema republicano de gobierno mediante una tercera rama de gobierno con determinada autonomía en cuanto a la rama ejecutiva y a la rama legislativa. Esta autonomía persigue, por una parte, la mayor libertad posible en lo operacional y administrativo para los tribunales, y por otra parte, la libertad absoluta de los jueces en el acto jurisdiccional. A esta autonomía se le llama la independencia judicial. Su finalidad consiste en la recta implantación del derecho que regula la vida en sociedad bajo el sistema republicano de gobierno.

La Constitución no proclama la independencia judicial pero la asume al estructurar el gobierno en tres ramas de igual jerarquía entre las cuales se divide funcionalmente el poder público. Más aún, en diversas disposiciones constitucionales se incorporan normas dirigidas a fortalecerla. A saber:

(1) Las unificadoras del sistema judicial en cuanto a jurisdicción, funcionamiento y administración (Art. V, Secs. 1 y 2).

(2) La que garantiza ciertos términos a los jueces (Art. V, Sec. 8).

(3) La que confiere al TS el poder para adoptar reglas de procedimiento civil, criminal y de evidencia (Art. V, Sec. 6).

(4) La que traspasa la administración de los tribunales, del Procurador General a la Rama Judicial (Art. V, Sec. 7).

(5) La que prohíbe la reducción en la compensación de los jueces (Art. VI, Sec. 10).

(6) La que provee para el establecimiento de un sistema de retiro para jueces (Art. V, Sec. 10).

(7) Las que regulan la destitución de los jueces, función que correspondía al poder ejecutivo y que la Constitución delegó en la Rama Judicial (Art. V, Sec. 11).

(8) La que prohíbe la participación de jueces en actividades o agrupaciones políticas (Art. V, Sec. 12).

(9) La que regula la variación en el número de jueces del TS (Art. V, Sec. 3);

(10) La que garantiza los puestos y funciones judiciales de jueces asignados a salas o tribunales que sean abolidos por la Asamblea Legislativa. (Art. V, Sec. 13).[26]

---

[26] Véase 1 Diario de Sesiones de la Convención Constituyente de Puerto Rico, págs. 452-453. *Negrón Soto v. E.L.A., Gobernador*, 110 D.P.R. 664 (1981). Véase las expresiones del Lcdo. Ernesto Ramos Antonini, Presidente de la Comisión de la Asamblea Constituyente sobre la Rama Judicial, citadas en *Torres Rivera v. González Padín & Co., Inc.*, 133 D.P.R. 656 (1993). En ocasión del tema sobre la independencia judicial destacó que el Poder Judicial debe "[...] garantizar en nuestra vida política, social y económica *un régimen de derecho a diferencia de un régimen de fuerza o de hombres*".

La independencia judicial ha sido un concepto muy manoseado en Puerto Rico, utilizándose como pretexto retórico para desatar polémicas gubernamentalmente divisivas, ventilar querellas o adelantar intereses personales de ciertos jueces muy ajenos a la finalidad de este importante precepto. Al presentar un nuevo magistrado ante el TS el 3 de marzo de 1992, me permití hacer algunas precisiones sobre el concepto, las cuales creo pertinente reproducir ahora:

> La independencia judicial se ejerce desde un nombramiento de los organismos políticos del gobierno que poseen el poder de nombramiento por la voluntad democrática de nuestro pueblo. Descansa, ha descansado siempre, y tiene que descansar sobre esa realidad.
>
> La más efectiva coraza jurídica para defender la independencia judicial; desde la inamovilidad, nombramientos de por vida, hasta la autonomía fiscal y administrativa, nunca de por sí será suficiente para producir la independencia del juez. Esta depende de la entereza de su carácter, de la fortaleza de su espíritu, cualidades humanas que se tienen o no se tienen al ingresar a los organismos judiciales.
>
> El modelaje del buen juez tiene que ver con su sentido de justicia, con su temperamento, con sus destrezas profesionales, con su capacidad de trabajo, con su conciencia social, con su experiencia vital y sobre todo, con la integridad y rectitud de su carácter.
>
> El conjunto de estas cualidades es lo que producirá un juez que juzgue con independencia, conforme a derecho y justicia.
>
> Si hay un mal que puede ser grave para la justicia, es el de las apariencias, el juzgar conforme al del qué dirán. Acusa este mal una debilidad moral que lleva a razonar de la siguiente manera: para parecer justo fallaré en contra, aunque tenga razón porque no puedo permitir que duden de mí. Se entiende la virtud que encontró el César en la augusta Calpurnia al revés: "Lo importante es parecer justo, no serlo."[27]
>
> Démosle contenido moral a la independencia judicial. Limitarla a regir normativamente las relaciones de las ramas de gobierno es dejarla trunca y sin sentido para el ciudadano que acude a los tribunales en pos de justicia.
>
> Independencia judicial es independencia del apasionamiento, de las perturbaciones del ánimo que proceden del coraje, de la hostilidad o del resentimiento para hacer justicia.
>
> Independencia judicial es independencia del afán de popularidad, de lo que pueden decir los titulares, o las primeras páginas, o la crítica áspera o amable de las decisiones del juez.

Debido al crecimiento exponencial del poder de los medios de comunicación, en particular de la televisión, sobre la opinión pública, a la cual los jueces no son

---

[27] Luis Rafael Sánchez, *No llores por nosotros Puerto Rico*, "Más vale parecer que ser", Ediciones del Norte, 1997, pág. 5.

ajenos, es desde este frente que más frecuentemente se estremece la recta conciencia del juzgador para adjudicar conforme a los hechos y al derecho que tiene ante sí, en contraposición a juzgar conforme a los estados de opinión generados por los medios cuando éstos se centran sobre un asunto *sub júdice*.

CAPITULO 5: LOS TRIBUNALES, ESTRUCTURA Y COMPETENCIA

§ 501. El tribunal

Los organismos del Estado llamados al ejercicio del poder jurisdiccional son los tribunales. Integran estos el Poder Judicial determinado en el Art. V de la Constitución, y organizado por la LJ 2003. Tanto la Constitución como la LJ 2003 hacen uso del concepto de tribunal que es el correcto en español descartando el anglicismo de corte que se utilizó ampliamente en Puerto Rico durante la primera mitad de siglo.[1]

La LJ 2003 establece como principio y objetivos fundamentales de la Rama Judicial lo siguiente:

(a) Será independiente y accesible a la ciudadanía; prestará servicios de manera equitativa, sensible y con un enfoque humanista y operará bajo sistemas para el manejo de casos de forma efectiva y rápida, sin menoscabar los derechos sustantivos y procesales de la ciudadanía.

(b) Contará con un liderazgo estratégico, que permitirá el desarrollo de diseños y métodos administrativos ágiles, así como con una infraestructura adecuada y tecnología avanzada y eficiente para responder a los cambios sociales.

(c) Promoverá una sociedad menos litigiosa, fomentando otros métodos para solucionar controversias y una amplia participación de todos los sectores involucrados.

(d) Establecerá y mantendrá una relación abierta con las otras ramas de gobierno y sectores de la sociedad civil que permita y facilite la colaboración para el desarrollo de una sociedad sana.

---

[1] Para la historia del sistema judicial de Puerto Rico desde el Derecho Indiano hasta el 1978, véase: José Trías Monge, *El Sistema Judicial de Puerto Rico*, Editorial Universitaria, (1978).

(e) Mantendrá jueces altamente cualificados y dispondrá de medios de aprendizaje constantes.[2]

Estos principios encarnan una política pública de servicio a la ciudadanía que rompe con el formalismo y la abstracción que ha determinado la estructuración y el funcionamiento de los tribunales desde hace ya varios siglos. La instrumentación de los mismos en reglas, procedimientos y funcionamiento, como se ha hecho ya respecto al Reglamento del Tribunal de Apelaciones, le brindará al país un mejor funcionamiento de los tribunales. Todo depende de que los administradores del sistema y los jueces internalicen estos principios y los pongan en práctica para alcanzar un funcionamiento más efectivo y equitativo en el descargue de sus funciones adjudicativas.

§ 502. Tribunales unipersonales y pluripersonales o colegiados

Unipersonal es el tribunal en el cual un solo juez ejerce la jurisdicción. El sistema de tribunales unipersonales tiene como ventajas las siguientes: mayor sentido de responsabilidad en el juez único; más exacto conocimiento del juez en el proceso; mayor facilidad para seleccionarlo; simplifica los trámites y es más económico.

Las ventajas del sistema pluripersonal o colegiado son: un mayor acierto en las decisiones y reducción de esos prejuicios de los jueces.

En Puerto Rico el TS y el TA son colegiados. El TPI es unipersonal.

§ 503. La pluralidad de instancias—Primera, Apelaciones, Supremo

Existe pluralidad de instancias cuando un litigante tiene derecho a que un tribunal de jerarquía superior revise la sentencia dictada por el tribunal donde por primera vez se insta la demanda. Esta es la forma de procurar satisfacer las ansias de justicia de quien se siente agraviado por una sentencia. El sistema de pluralidad de instancias condiciona hacia la recta aplicación del derecho a los tribunales inferiores.

El sistema puertorriqueño es uno de tres instancias: la primera, ante el TPI; la segunda, en apelación ante el TA, y la tercera, en *certiorari* al TS.

El TA fue creado durante mi tercer mandato como Gobernador de Puerto Rico mediante la Ley Núm. 21 de 13 de julio de 1992. Hasta ese momento Puerto Rico no había tenido un tribunal intermedio de apelación. Me tomé la iniciativa de crearlo porque el aumento en el volumen de casos ante el TPI no permitía al TS ejercer adecuadamente su función revisoria.

Actualmente el TA se gobierna por el Capítulo IV de la LJ 2003, la cual establece que éste cumplirá el propósito de proveer a los ciudadanos un foro apelativo y mayor acceso a los procesos judiciales. Este acceso deberá ser fácil, económico y efectivo en sus procedimientos, eliminando obstáculos y barreras

---

[2] Art. 1.002, LJ 2003.

que impidan impartir justicia apelativa a los ciudadanos con reclamos válidos. (Art. 4.002).

Al conceder al TS la autoridad para aprobar el reglamento del TA, la LJ 2003 establece que éste tendrá como propósito principal proveer un acceso fácil, económico y efectivo a dicho tribunal. Las reglas deben reducir al mínimo el número de recursos desestimados por defectos de forma o de notificación, proveyendo oportunidad para corregirlo y la comparecencia efectiva de apelantes por derecho propio y en *forma pauperis*. (Art. 4.004).

El reglamento del TA contiene varias disposiciones encaminadas a dar cumplimiento a este precepto de ley como por ejemplo, la RTA 12.1 que provee que las disposiciones sobre los requisitos de notificación a las partes y al tribunal y los de forma dispuestos en el reglamento deberán interpretarse de forma que se reduzca al mínimo las desestimaciones de los recursos[3] y la RTA 16(E)(2) que termina con el abusivo tecnicismo de desestimación automática de los recursos por la omisión de incluir documentos en el apéndice de los mismos.

El TS ha reiterado que a pesar de que el TA tiene discreción para desestimar recursos que no sean perfeccionados conforme lo exige la normativa aplicable, no es permisible que la aplicación inflexible y automática de estos requisitos prive a un litigante de su derecho de acceso a la justicia y fruste el principio rector de favorecer que los casos se ventilen en los méritos.[4] Siguiendo este dogma y a base del balance de intereses entre el deber de salvaguardar el derecho que tiene un litigante a la revisión de una sentencia adversa en su contra y el interés del Estado en que los procesos judiciales se tramiten de forma, justa, rápida y económica,[5] el TS ha negado en repetidas ocasiones la drástica sanción de la desestimación de recursos. A saber: cuando se trata de un mero requisito de forma de menor importancia (ej. el defecto de contener documentos a espacio sencillo); cuando se ha impuesto la sanción de la desestimación sin antes haber apercibido a la parte debidamente; por dilación en la obtención de la exposición narrativa de la prueba; por omisión del apelante de elevar la prueba testifical presentada en instancia; por no incluir los sellos de rentas internas un litigante a quien le fuera denegada una petición *in forma pauperis* a pesar de su disposición posterior de proveerlos, entre otros.[6]

Como foro apelativo intermedio, el TA tiene la función de revisar las decisiones del foro de instancia para asegurarse que son justas y que aplican correctamente la normativa establecida por el TS. El TA tiene la responsabilidad

---

[3] La RTA 12.1 indica que el TA, por causa debidamente justificada, deberá proveer oportunidad razonable para la corrección de defectos de forma o de notificación que no afecten los derechos de las partes.

[4] *Gran Vista I, Inc. v. Gutiérrez Santiago*, 170 D.P.R. 174 (2007).

[5] *Sociedades Legales de Gananciales v. García Robles*, 142 D.P.R. 241 (1997); *Salinas v. S.L.G. Alonso*, 160 D.P.R. 647 (2003).

[6] Véase *Gran Vista I. Inc., supra*; *Santos y otros v. Municipio de Comerío*, 140 D.P.R. 12 (1996); *López v. Rivera*, 141 D.P.R. 194 (1996); *Soc. de Gananciales, supra.*

primaria de corregir los errores cometidos por el TPI y hacer justicia en el caso. El TS tiene la función primordial de pautar el derecho y la de revisar el funcionamiento institucional de la Rama Judicial.[7]

§ 504. Estructura

El sistema judicial de Puerto Rico está integrado en un TGJ al cual la Constitución y la LJ 2003 confieren el poder judicial, es decir, la autoridad jurisdiccional. El TGJ está compuesto por el TS, como tribunal de última instancia, el TA, como tribunal intermedio, y por el TPI (art. 2.001, LJ 2003).

El Estado Libre Asociado está constituido en un solo distrito judicial, sobre el cual el TGJ ejerce su autoridad jurisdiccional. (Art. 2.001, LJ 2003). Ver *Cosme v. Hogar Crea*, 159 D.P.R. 1 (2003) que cita con aprobación esta obra.

El hecho de que el sistema judicial puertorriqueño esté unificado y que exista un solo distrito judicial en Puerto Rico que lo constituye la totalidad de la geografía del Estado Libre Asociado, se tiene que tener presente para interpretar nuestras Reglas de Procedimiento Civil en forma coherente con la estructura y el alcance del poder judicial en el país. Igualmente, hay que tener presente la diferente naturaleza del sistema federal para valorar la aplicación—que en el mejor de los casos es meramente persuasiva—de la jurisprudencia de los tribunales federales interpretando las reglas federales de las cuales procede la mayor parte de las nuestras. El sistema federal es "uno de jurisdicción limitada que requiere de un estatuto para que a un tribunal se le confiera jurisdicción sobre un asunto", [...] [organizado] en 91 tribunales de distrito, con una clara y particularizada demarcación territorial, y 13 tribunales de apelaciones también con una demarcación territorial específica".[8]

§ 505. Competencia

La jurisdicción se ejerce distribuyendo el trabajo judicial entre los tribunales, y salas que integran el TGJ, de acuerdo con los principios normativos que encuadramos bajo el concepto de competencia.[9]

Competencia no es sinónimo de jurisdicción. Competencia significa la facultad para entender en determinados casos en particular. La concesión de jurisdicción que hace la Constitución y la LJ al TGJ, se funcionaliza mediante la competencia.

La ciencia del Derecho nos indica que la competencia se concede por las leyes a los tribunales con arreglo a determinados criterios. Así hablamos de competencia por razón de materia, de la cuantía o del territorio.

---

[7] *Departamento de la Familia, et al. v. Shrivers Otero*, 145 D.P.R. 351 (1998); *Misión Industrial de P.R., Inc. v. Junta de Planificación de P.R.*, 142 D.P.R. 656 (1997).

[8] *Vives Vázquez v. E.L.A.*, 142 D.P.R. 117 (1996).

[9] *Rodríguez Rodríguez v. Cingular Wireless*, 160 D.P.R. 167 (2003), citando este obra. Ver también *Cosme v. Hogar Crea*, 159 D.P.R. 1 (2003).

(1) *Competencia por razón de la materia y de la cuantía:* La ley concede competencia por razón de la materia, o sea, por naturaleza jurídica del asunto litigioso. En *common law* se le llama "*jurisdiction over the subject matter*". Por ejemplo, la competencia para atender casos de divorcio; también la concede por razón de la cuantía, es decir, por la cantidad de dinero que implica la reclamación.

Al eliminarse el Tribunal de Distrito toda la competencia por razón de la materia y por razón de la cuantía se fundió en el TPI, por lo cual los conceptos de competencia sobre la materia o por la cuantía son hoy día irrelevantes en Puerto Rico.

(2) *Competencia con arreglo al territorio:* Por otro lado, también se concede competencia a los tribunales con arreglo al territorio, o sea, de acuerdo con el lugar donde se determina que debe verse un pleito. La competencia por razón del territorio se conoce en *common law* como "*venue*".

§ 506. Competencia del TS

El TS o cualquiera de sus salas tiene competencia en primera instancia y tiene competencia en última instancia a la cual se le llamaba antes jurisdicción apelativa, lo cual era una traducción literal del *appellate jurisdiction* en inglés.[10]

(A) *Competencia en primera instancia:* La competencia en primera instancia del TS, se extiende a los denominados recursos extraordinarios: hábeas corpus, *quo warranto, mandamus* y auto inhibitorio (art. 3.002, LJ 2003). Pero el TS no ejerce su jurisdicción original, a menos que medien circunstancias especiales. Ordinariamente lo que hará al presentarse uno de estos recursos en primera instancia será remitir el caso al TPI. Los jueces del tribunal actuando individualmente pueden autorizar autos de *hábeas corpus* y de *mandamus*.

El Supremo entiende siempre en primera instancia los procedimientos disciplinarios que se instruyen contra los jueces del TA o del TPI o contra abogados.

(B) *Competencia en última instancia:* El TS o cualquiera de sus salas tiene la siguiente competencia en última instancia conforme al art. 3.002 de la LJ 2003:

(1) Para revisar por apelación sentencias del TA en las cuales se haya determinado la inconstitucionalidad de una ley, resolución conjunta, resolución concurrente, regla o reglamento de una agencia o instrumentalidad pública u ordenanza municipal al amparo de la Constitución federal o de la del Estado Libre Asociado; o cuando se plantee la existencia de un conflicto entre sentencias del TA.

(2) Para revisar mediante *certiorari* cualesquiera otras sentencias o resoluciones finales del TA.

(3) Para revisar mediante auto de certificación a ser expedido discrecionalmente, *motu proprio* o a solicitud de parte cualquier asunto pendiente

---

[10] 4 L.P.R.A. secs. 35 y 36 (derogados).

ante el TPI o el TA cuando se plantee la existencia de un conflicto entre decisiones previas del TA o se planteen cuestiones noveles de derecho, o se planteen cuestiones de alto interés público que incluyan cualquier cuestión constitucional sustancial al amparo de la Constitución del Estado Libre Asociado de Puerto Rico o de la Constitución de Estados Unidos.

(4) Para conocer de cualquier asunto que le fuere certificado por el Tribunal Supremo, o un Tribunal de Apelaciones de Circuito o un Tribunal de Distrito de Estados Unidos o el más alto Tribunal Apelativo de cualquiera de los estados de la Unión cuando lo solicite cualquiera de dichos tribunales por existir ante el tribunal solicitante cualquier asunto judicial en el que estén implicados cuestiones de derecho puertorriqueño que puedan determinar el resultado del mismo y respecto al cual no existan precedentes claros en la jurisprudencia del Tribunal Supremo de Puerto Rico.[11]

(5) Para revisar mediante recurso gubernativo las calificaciones denegatorias finales de los Registradores de la Propiedad.[12]

El TS también tiene competencia para revisar mediante *certiorari* los dictámenes de la Junta Revisora de Permisos y Uso de Terrenos y de otros organismos según determinado por ley.

El TS puede actuar en pleno o dividido en salas. Cuando actúa en pleno actúan los siete jueces conjuntamente. Cuando opera en salas, lo hace en salas de no menos de tres jueces según lo permite la Sec. 4 del Art. V de la Constitución.

Sin embargo, para declarar una ley inconstitucional, es necesaria una mayoría de los siete jueces; es decir, el tribunal tiene que actuar en pleno.

(C) *Vinculación del sistema judicial puertorriqueño con el sistema federal de Estados Unidos:* El TS es la última autoridad en cuanto a derecho puertorriqueño pero cuando está una ley federal implicada o se reclama un privilegio o un derecho bajo la Constitución de los Estados Unidos de América o sus tratados, o sus leyes, y esa reclamación de derecho es importante para resolver el caso, cabe un recurso final al Tribunal Supremo de los Estados Unidos. A estos temas se les llama "cuestiones" federales.

Los recursos del TS de Puerto Rico al Tribunal Supremo Federal se gobiernan por la Ley Pública 87-189, ley de 30 de agosto de 1961, que se encuentra en 75 Stat. 417, 28 U.S.C.A. § 1258. Esta crea un sistema de revisión de las decisiones del TS de Puerto Rico que implican una cuestión federal.

Básicamente, hay dos sistemas de revisión: el sistema de apelación que podríamos decir es una revisión obligatoria por el Tribunal Supremo de los E.U.A. y el sistema de *certiorari* que es una revisión discrecional. Para que pueda darse uno u otro, tiene que plantearse la llamada "cuestión" federal. Si no la hay, la decisión del TS es final e inapelable.

---

[11] En virtud de la R. 52.2(d) de 2009 la competencia del TS para atender recursos de certificación interjurisdiccional se extiende a los presentados por cualquier tribunal de menor jerarquía apelativa de cualquiera de los estados de E.U.

[12] LJ 2003, Art. 3.002(g).

El derecho de apelación se da en dos casos: (1) Cuando está implicada la constitucionalidad de alguna ley del Congreso de los Estados Unidos y el TS resuelve que es inconstitucional, aplicando el derecho constitucional federal. En esos casos hay un derecho de apelación al Tribunal Supremo de Estados Unidos. (2) Cuando esté implicada una ley de Puerto Rico y el TS, frente a un ataque de la constitucionalidad de esa ley, decide que es constitucional aplicando el derecho constitucional federal.

En todos los demás casos en que esté implicada una cuestión bajo las leyes, tratados o la Constitución de los Estados Unidos o los derechos y privilegios que de ellos surgen, la revisión será por el auto *certiorari* a ser expedido discrecionalmente.

§ 507. Competencia del TA

Los paneles del TA y cada uno de los jueces de dicho tribunal podrán conocer en primera instancia de los recursos de *hábeas corpus* y *mandamus*.

En segunda instancia y mediante recurso de apelación, los paneles del TA podrán conocer de toda sentencia final dictada por el TPI.

Mediante certiorari expedido a su discreción, los paneles del TA podrán conocer en segunda instancia de ciertas resoluciones y órdenes dictadas por el TPI de conformidad con la R. 52.1 de 2009.[13] En nuestra edición anterior expresamos preocupación en cuanto al constante abuso en la revisión de órdenes y resoluciones lo que redundaba en la dilación excesiva del proceso dado que no existían limitaciones bajo las Rs. de 1979.[14] Confiamos que las restricciones establecidas en la R. 52.1 de 2009 resulten en la agilización de los procesos y en un verdadero bálsamo para las partes menos pudientes que no pueden mantenerse en litigios perennes a causa de la constante recurrida al TA.

No obstante hacemos hincapié en que ello sólo cobija a las resoluciones u órdenes que se dicten dentro de un procedimiento ordinario civil en donde apliquen las Rs. de 2009. Esta R. 52.1 enmendó *sub silentio* la competencia del TA establecida en el art. 4.006 de la LJ 2003 para asuntos de procedimiento civil ordinario. Es preciso hacer este señalamiento pues pueden existir procedimientos *sui generis* prescritos en leyes especiales en los que no apliquen las reglas de

---

[13] Véase sec. 5515a, *infra*, para el detalle de cuáles resoluciones y órdenes podrán ser revisadas por el TA.

[14] En la pasada edición de esta obra expresamos lo siguiente: "El legislador debió precisar los márgenes de esta discreción para que la revisión se lleve a cabo sólo cuando el error cometido sea de tal naturaleza que afecte el resultado del caso. La discreción amplia para revisar cualquier resolución u orden, se presta al abuso de los recursos para revisar órdenes como por ejemplo en materia de descubrimiento de prueba dando lugar a una dilación en la resolución del caso en sus méritos, sobre todo cuando la expedición del auto de *certiorari* por el TA va acompañada de una orden de paralización de los procedimientos ante el TPI."

procedimiento civil y sea la competencia establecida en la LJ 2003 la que cobije la revisión de órdenes y resoluciones en dichos asuntos.

Mediante recurso de revisión judicial que se acoge como cuestión de derecho el TA revisa las decisiones, órdenes y resoluciones finales de organismos o agencias administrativas, salvo las que corresponden a la Junta Revisora de Permisos y Uso de Terrenos.

§ 508. Competencia del TPI

La LJ 2003 dispone en su art. 5.001 que el TPI será un tribunal de jurisdicción original general, con autoridad para actuar a nombre y por la autoridad del Estado Libre Asociado de Puerto Rico, en todo caso o controversia que surja dentro de la demarcación territorial de Puerto Rico. Dispone además que este tribunal estará compuesto por jueces superiores y jueces municipales.

La concesión de la jurisdicción en forma general al TPI como se hace en este artículo es muy preferible a las enumeraciones por materias establecidas en la LJ 1994 y la LJ 1952. Sin embargo, el legislador no se cuidó de uniformar los términos que utiliza para conferir el poder judicial y así tenemos que cuando lo hace para el TS y el TA, utiliza el término de competencia y en el caso del TPI, nos habla de jurisdicción cuando se refiere a lo mismo. Hablando con propiedad, la jurisdicción, es decir, el poder judicial en Puerto Rico la tiene el Tribunal General de Justicia y ésta se distribuye en función de asignación de competencias entre el TS, el TA y el TPI.

El referido artículo refleja, además, otro descuido de redacción de parte del legislador que tiene el potencial de ser más peligroso que un mero error semántico como el cometido al usar impropiamente el término de jurisdicción para establecer la competencia del TPI. Se trata de que el legislador introduce el concepto de caso o controversia para definir esta competencia. Dicho concepto proviene de la constitución federal y tiene una larga historia de interpretaciones judiciales que restringen la intervención de los tribunales federales a situaciones conflictivas entre partes que se adversan las unas a las otras.

Los tribunales puertorriqueños desde que fueron organizados bajo España hasta el presente, manejan asuntos que no plantean casos o controversias sino declaraciones o actuaciones judiciales para certificar, administrar o establecer algún derecho. Tales son los procedimientos de la llamada jurisdicción voluntaria como por ejemplo, las declaratorias de herederos, la adopción, la portación de armas, los expedientes de dominio, y otros procedimientos establecidos por leyes especiales.

Entiendo que al usar la terminología de casos y controversias, el legislador no pretendió incorporar a Puerto Rico la interpretación limitativa de esos conceptos que han hecho los tribunales federales. Se trata más bien de un *lapsus* redaccional que en nada debe afectar la competencia para atender los casos *ex parte* que ha venido atendiendo tradicionalmente el TPI.

Un problema más serio se suscita, sin embargo, con el art. 5.004 de la LJ 2003. Este artículo define la competencia de los jueces municipales de la manera siguiente:

(a) En lo civil:

(1) En procedimientos sobre estados provisionales de derecho dispuestos en la Ley Núm. 140 de 23 de julio de 1974, según enmendada, conocida como "Ley sobre Controversias y Estados Provisionales de Derecho".

(2) En toda petición de ingreso involuntario presentada al amparo de la Ley Núm. 408 de 2 de octubre de 2000, según enmendada, conocida como "Ley de Salud Mental de Puerto Rico".

(3) En toda petición de orden protectora presentada conforme a la Ley Núm. 342 de 16 de diciembre de 1999, según enmendada, conocida como "Ley para el Amparo de Menores en el Siglo XXI".

(4) En toda petición de orden de protección presentada conforme a la Ley Núm. 54 de 15 de agosto de 1989, según enmendada, conocida como "Ley para la Prevención e Intervención con la Violencia Doméstica".

(5) En toda petición de orden de protección presentada conforme a la Ley Núm. 284 de 21 de agosto de 1999, según enmendada, conocida como "Ley Contra el Acecho en Puerto Rico".

(6) En los recursos de revisión por la expedición de un boleto administrativo bajo las disposiciones de la Ley Núm. 22 de 7 de enero de 2000, según enmendada, conocida como "Ley de Vehículos y Tránsito de Puerto Rico".

(7) En las reposesiones bajo las disposiciones de la Ley Núm. 208 de 17 de agosto de 1995, según enmendada, conocida como "Ley de Transacciones Comerciales".

(8) En todo asunto civil en que la cuantía en controversia, reclamación legal o valor de la propiedad en disputa no exceda de cinco mil (5,000) dólares, sin incluir intereses, costas y honorarios de abogado, incluyendo reposesiones, ejecuciones de hipoteca mobiliaria o de cualquier otro gravamen sobre propiedad mueble cuya cuantía no exceda de cinco mil (5,000) dólares, y reclamaciones bajo la Regla 60 de Procedimiento Civil, según enmendada.

El otorgamiento de la competencia al Juez Municipal en la forma descrita en el art. 5.004 suscita una interrogante constitucional. La Constitución en su Art. V, Sec. 2 confiere la jurisdicción y administración a un sistema judicial unificado y luego faculta a la Legislatura para crear tribunales, para adjudicarles la necesaria competencia y determinar su organización.

¿Es coherente con la normativa constitucional que el legislador imponga una normativa competencial limitante al cargo de juez municipal en sí puesto que no existe un tribunal municipal ya que la competencia de éste se fundió en el TPI?

¿Es tolerable ese ejercicio de microgerencia legislativa sobre la operación y administración de los tribunales encomendada por la Constitución al Poder Judicial, más concretamente al TS en cuanto a reglas de administración, y al Juez Presidente en cuanto a administración del sistema?

En *Cosme v. Hogar Crea*, *supra*, el TS indica que la facultad de asignar a un juez para considerar casos o incidentes en otra de las secciones del TGJ compete constitucionalmente al Juez Presidente del TS. ¿En virtud de qué autoridad lo hace la Legislatura con los jueces municipales?

La limitada competencia del juez municipal es un injerto constitucionalmente impresentable.

§ 509. La organización territorial del TA

La Ley Núm. 21 de 13 de julio de 1992 que creó el TA establecía que éste tendría sedes en San Juan y Ponce. Esta disposición fue derogada y la LJ de 2003 establece en su art. 4.007 que la sede del TA y su secretaría estarán en la ciudad de San Juan.

El TA funciona en paneles de no menos de tres jueces y no más de siete jueces designados por el Juez Presidente del TS. Los paneles se organizan conforme a las regiones judiciales en que ubican las sedes y salas del TPI. El Juez Presidente puede también organizar paneles en función de la materia o características de los casos.[15]

§ 510. La organización territorial del TPI

El TPI tiene competencia con arreglo al territorio sobre toda la geografía del Estado Libre Asociado de Puerto Rico. Para ejercerla, el tribunal se divide en regiones que a su vez se dividen en salas. (Art. 5.005). Las regiones y las salas que actualmente las componen, son las siguientes:

"Las regiones judiciales que comprenden las salas del Tribunal de Primera Instancia son las siguientes:

"San Juan—Incluye el municipio de San Juan.

"Bayamón—Incluye los municipios de Cataño, Corozal, Dorado, Guaynabo, Naranjito, Toa Alta, Toa Baja, Vega Alta y Vega Baja.

"Arecibo—Incluye los municipios de Barceloneta, Camuy, Ciales, Hatillo, Manatí, Morovis, Quebradillas y Florida.

"Aguadilla—Incluye los municipios de Aguada, Isabela, Moca, Rincón y San Sebastián.

"Mayagüez—Incluye los municipios de Añasco, Cabo Rojo, Hormigueros, Lajas, Las Marías, Maricao, Sabana Grande y San Germán.

"Ponce—Incluye los municipios de Guánica, Guayanilla, Juana Díaz, Peñuelas, Santa Isabel, Villalba y Yauco.

"Guayama—Incluye los municipios de Arroyo, Cayey, Patillas y Salinas.

"Humacao—Incluye los municipios de Las Piedras, Maunabo, Naguabo y Yabucoa.

"Caguas—Incluye los municipios de Aguas Buenas, Cidra, Gurabo, Juncos y San Lorenzo.

---

[15] Arts. 4.007, 5.005, LJ 2003.

"Aibonito—Incluye los municipios de Barranquitas, Coamo, Comerío y Orocovis.

"Utuado—Incluye los municipios de Adjuntas, Jayuya y Lares.

"Carolina—Incluye los municipios de Canóvanas, Loíza y Trujillo Alto.

"Fajardo—Incluye los municipios de Ceiba, Culebra, Luquillo, Río Grande y Vieques."

La LJ de 2003 introduce una importante flexibilidad para la administración de la justicia al otorgar al Juez Presidente del TS la facultad de determinar los municipios incluidos en las regiones judiciales que comprenden las salas del TPI. El Juez Presidente podrá establecer salas municipales que atiendan los asuntos de dos o más municipios contigüos cuando al establecer una sala en cada uno de dichos municipios por separado, resulte en una subutilización de los recursos de cada una de dichas salas. (Art. 5.005).

Las salas en las regiones judiciales que no están en los centros judiciales de la región y que están presididas por jueces superiores son: San Sebastián, Coamo, Comerío, Orocovis, Manatí, Camuy, Ciales, Guaynabo, Toa Alta, Vega Baja, San Lorenzo, Río Grande, Vieques, Cayey, Patillas, Salinas, Yabucoa, San Germán, Cabo Rojo, Hormigueros, Añasco, Guayanilla, Juana Díaz, Yauco, Lares y Jayuya.

§ 511. La competencia con arreglo al territorio de las salas del TPI

La competencia con arreglo al territorio de las salas del TPI no viene determinada por la LJ de 2003, sino por las Reglas de 2009. Estas adjudican la competencia territorial con arreglo a tres criterios: la ubicación de los bienes inmuebles, el lugar donde surge la causa de acción, y la residencia del demandado.

(1) *En virtud de la ubicación de los bienes inmuebles.* La R. 3.3, 2009 recoge en forma clara y concisa lo torturadamente expresado en el art. 75 del CEC 1933 (32 L.P.R.A. sec. 401) hoy derogado. Dispone que: "Los pleitos en relación con el título o algún derecho o interés en bienes inmuebles deberán presentarse en la sala correspondiente a aquella en que radique el objeto de la acción, o parte del mismo."[16]

---

[16] Comentando el antiguo art. 75 del CEC 1933 en la edición de 1969 de esta obra (págs. 64 a la 65) se dijo:

"Todo esto se puede resumir expresándolo en términos propios de Derecho civil, no en términos de *common law* como está redactado el artículo [75] de la siguiente manera: 'Todas las acciones cuyo objeto sea un derecho real sobre un bien inmueble se verán en la sala del Tribunal Superior o de Distrito, según sea el caso, en que radique el inmueble. Si la propiedad estuviere radicada en parte en un distrito y en parte en otro distrito del demandante podrá elegir cualquiera de los dos, y el distrito así elegido, será el propio para la vista del asunto'.

"Estas son las llamadas acciones *in rem* o sea, aquellos pleitos cuyo objeto es la determinación de un derecho real sobre un bien inmueble. Ha determinado el Tribunal

En el sitio donde radica el inmueble será más fácil accesar la propiedad, ahí estará el registro, los testigos, en fin, el inmueble es una fuerza de gravedad competencial como cuestión de pura conveniencia para el tribunal, las partes y los testigos.

(2) *En virtud del lugar donde ha surgido la causa de acción.* La R. 3.4 de 2009 dispone que: "Los pleitos contra el Estado Libre Asociado de Puerto Rico y contra las compañías de seguros o de fianza, y aquellos para recobrar daños y perjuicios, deberán presentarse en la sala en que radique el objeto del seguro[17] o de la fianza o en que la causa del litigio o alguna parte de ella tuvo su origen."

(3) *En virtud de la residencia de la parte demandada.* Esta es la regla general. Todas las acciones que no sean aquellas a que nos hemos referido al explicar el primer y segundo criterio, se verán en el lugar de la residencia de la parte demandada al momento de presentarse la demanda. R. 3.5, 2009.

En acciones para reclamar derechos de carácter personal la competencia con arreglo al territorio la tiene la sala de la residencia del demandado, con las excepciones de las acciones de alimentos y las de reclamaciones de salarios. En el primer caso, el pleito deberá verse en la sala del tribunal superior en que reside el menor de edad, independientemente de quien sea la parte demandante[18] y, en el segundo supuesto, en la sala del tribunal superior en que reside el demandante o en la que reside el demandado a opción del demandante. *Santín González v. Grau Pelegrí*, 122 D.P.R. 890 (1988).

El legislador ha querido darle cierta preferencia al demandado para que no se le someta a pleitos en lugar apartado de su residencia. Se obliga al demandante a acudir al lugar donde reside el demandado. Las excepciones establecidas a favor de trabajadores y personas que solicitan alimentos están basadas en criterios de justicia y consideración hacia partes con menos recursos que las demandadas.

Iguales consideraciones fundamentan la regla en cuanto a las corporaciones, sociedades, asociaciones y comerciantes que pueden ser demandados, o en el lugar en que se obligaron, o en cualquier distrito judicial en que tuvieren agente,

---

Supremo que caen bajo las disposiciones del art. 75 las acciones que no son puramente *in rem.* Así en el caso de *Glines v. Matta*, 19 D.P.R. 409 (1913), se trataba de una ejecución para hacer valer ciertas restricciones contractuales que impedían construir un garaje cerca de una colindancia. Dijo el Supremo que aunque la acción participaba de los elementos de una acción personal también participaba de la naturaleza de un acción real pues implicaba la determinación de un interés de propiedad en litigio, y que por lo tanto, la acción debía radicarse en San Juan donde estaba situada la propiedad en litigio ya que no procedía su traslado al distrito judicial de Humacao aun cuando los demandados eran residentes y fueron citados en este mismo distrito".

[17] El Código de Seguros define el contrato de seguro como aquel "mediante el cual una persona se obliga a indemnizar a otra o a pagarle o a proveerle un beneficio específico o determinable al producirse un suceso incierto previsto en el mismo." (26 L.P.R.A. sec. 102).

[18] *Informe de Reglas de Procedimiento Civil*, Secretariado de la Conferencia Judicial y Notarial, Tribunal Supremo de Puerto Rico, Marzo de 2008, pág. 25.

o en el de su oficina principal,[19] a elección del demandante, a quien el legislador considera con menos recursos económicos que aquéllas. Por agente no se entiende agente residente sino una persona autorizada por la entidad para hacer negocios a su nombre.[20] Por ficción jurídica se extiende el domicilio del demandado corporativo a los lugares donde se obliga o donde tiene su agente (R. 3.5, 2009). Esta regla debe interpretarse liberalmente.[21]

El art. 699 de la Ley Núm. 277 de 31 de agosto de 2000 establece que las causas de acción iniciadas por o en beneficio de un deambulante podrán ser presentadas en cualquier sala del TPI con independencia de la residencia de las partes, del lugar donde surgió la causa de acción, o donde esté ubicado el inmueble.

---

[19] En *Rodríguez Rodríguez v. Cingular Wireless*, 160 D.P.R. 167 (2003), el TS indicó que el término "oficina principal" es la oficina designada de la corporación o la casa matriz o central.

[20] *Rodríguez Rodríguez v. Cingular Wireless*, *supra.*

[21] *Rodríguez Rodríguez v. Cingular Wireless*, *supra*, citando esta obra.

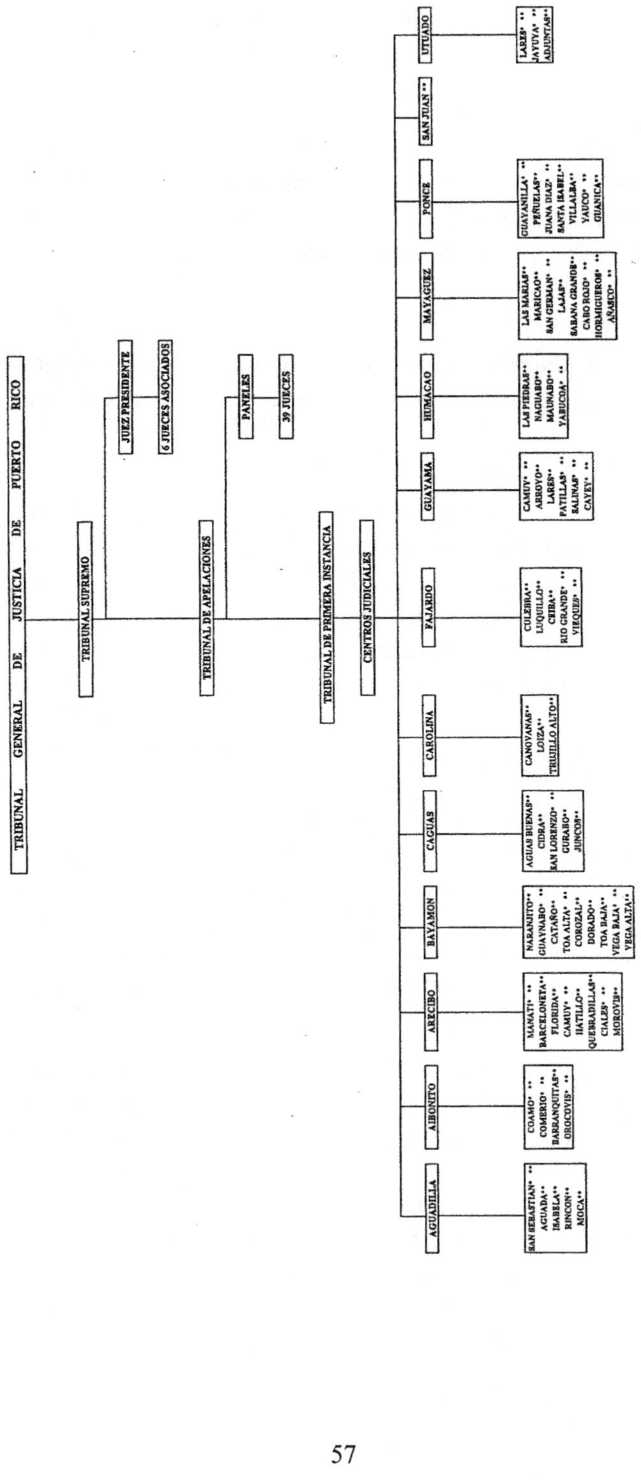
TRIBUNAL GENERAL DE JUSTICIA DE PUERTO RICO
TRIBUNAL SUPREMO
JUEZ PRESIDENTE
6 JUECES ASOCIADOS
TRIBUNAL DE APELACIONES
PANELES
39 JUECES
TRIBUNAL DE PRIMERA INSTANCIA
CENTROS JUDICIALES
AGUADILLA
SAN SEBASTIAN* ** AGUADA** ISABELA** RINCON** MOCA**
AIBONITO
COAMO* ** COMERIO* ** BARRANQUITAS** OROCOVIS* **
ARECIBO
MANATI* ** BARCELONETA** FLORIDA** CAMUY* ** HATILLO** QUEBRADILLAS** CIALES* ** MOROVIS**
BAYAMON
NARANJITO** GUAYNABO* ** CATAÑO** TOA ALTA* ** COROZAL** DORADO** TOA BAJA** VEGA BAJA* ** VEGA ALTA**
CAGUAS
AGUAS BUENAS** CIDRA** SAN LORENZO* ** GURABO** JUNCOS**
CAROLINA
CANOVANAS** LOIZA** TRUJILLO ALTO**
FAJARDO
CULEBRA** LUQUILLO** CEIBA** RIO GRANDE* ** VIEQUES* **
GUAYAMA
CAMUY* ** ARROYO** LARES** PATILLAS* ** SALINAS* ** CAYEY* **
HUMACAO
LAS PIEDRAS** NAGUABO** MAUNABO** YABUCOA* **
MAYAGUEZ
LAS MARIAS** MARICAO** SAN GERMAN* ** LAJAS** SABANA GRANDE** CABO ROJO* ** HORMIGUEROS* ** AÑASCO* **
PONCE
GUAYANILLA* ** PEÑUELAS** JUANA DIAZ* ** SANTA ISABEL** VILLALBA** YAUCO* ** GUANICA**
SAN JUAN**
UTUADO
LARES* ** JAYUYA* ** ADJUNTAS**

CAPITULO 6: EL PROBLEMA DEL TRIBUNAL INCOMPETENTE

SECCIÓN

§ 601. Concepto

El problema del tribunal incompetente se manifiesta cuando un asunto o pleito es presentado ante un tribunal que carece de competencia para atender en él.

§ 602. Evolución histórica

Durante la primera mitad del siglo 20 el derecho procesal puertorriqueño fue estructurado por doctrinas, instituciones y conceptos procedentes de los ordenamientos procesales de Estados Unidos, mayormente del estado de California y del gobierno federal. Durante ese periodo se organizan los tribunales en el país mediante la concesión del poder jurisdiccional en forma fragmentada y se adoptan o por la Legislatura o por el TS, conceptos como el *jurisdiction over the subject matter* con las consecuencias jurídicas en lo funcional que tales conceptos implicaban, por ejemplo, la desestimación de los pleitos por presentarse ante un tribunal incompetente.

Al adoptar su Constitución en 1952, Puerto Rico dá un importante paso adelante en cuanto a la organización del Poder Judicial de lo cual se ocupa el Art. V de nuestra Magna Carta. Siguiendo el pensamiento vanguardista de la época, la Constitución establece que los tribunales del país constituirán un sistema judicial unificado en cuanto a jurisdicción, organización y administración.

El Comité que redactó el proyecto de Ley de la Judicatura de 1952 se expresaba así:

"El Artículo de la Rama Judicial de la Constitución del Estado Libre Asociado ha sido aclamado generalmente, no sólo en la Isla si [sic] que también en todos los Estados Unidos como un paso de progreso destinado a ser copiado y seguido extensamente. Es el propósito de la Ley de la Judicatura de 1952 trazar un plan para administración de la justicia digno de la Constitución y cumplidor de su mandato. Cuando esta ley entre en vigor, el Estado Libre Asociado podrá decir que tiene el sistema más avanzado y progresista de administración de cortes en toda la América. Esto es lo que los peritos en la materia, los juristas y los hombres prácticos de negocios han tratado de conseguir. Esto se ha intentado y casi logrado en el sistema federal y en los estados progresistas como New Jersey, pero todavía no se ha logrado totalmente en ninguna parte con claridad y con la entereza que se desprende de esta Ley."[1]

La LJ 1952 es la primera ley orgánica de la Judicatura puertorriqueña posterior a la Constitución.

Las secs. 1 y 9 de la LJ 1952 (4 L.P.R.A. secs. 1 y 61) crean el TGJ que incluye al TS y al TPI, al cual se le demarcan dos secciones: el Tribunal Superior y el Tribunal de Distrito.

La sec. 1 establece lo siguiente:

"El poder judicial del Estado Libre Asociado residirá en un sistema judicial unificado en lo concerniente a jurisdicción, funcionamiento y administración compuesto por el Tribunal Supremo como tribunal de última instancia, y por el Tribunal de Primera Instancia, lo que conjuntamente constituirán el Tribunal General de Justicia.

"El Estado Libre Asociado de Puerto Rico queda por la presente constituido en un solo distrito judicial, sobre todo el cual el Tribunal General de Justicia ejercerá su poder y autoridad."

Como consecuencia de la sección anterior, se dispuso en la sec. 10 de la LJ 1952 lo siguiente para gobernar el problema del tribunal incompetente:

"El Tribunal de Primera Instancia es un tribunal de jurisdicción original[2] general, con autoridad para actuar a nombre y por la autoridad del Estado Libre Asociado de Puerto Rico, en todo procedimiento civil o criminal, según más adelante se dispone. Toda acción civil o criminal se presentará en aquella sala del tribunal situada en el territorio en que la misma hubiese sido radicada bajo la legislación en vigor hasta el presente, pero no se desestimará ningún caso fundado en haberse sometido a una sección sin jurisdicción o autoridad o a una sala de un tribunal sin competencia para ello. Todo caso podrá ventilarse en la sección o sala en que se radique, por convenio de las partes y la anuencia del juez que presida dicha sala en ese momento, o, de no ser así oído, será transferido por orden del juez a la sección o sala correspondiente, de conformidad con las reglas que el TS adoptare."

La R. 3.1 de 1979 se expresaba con igual sentido y la vigente R. 3.2 de 2009 de igual forma.

La jurisprudencia del TS ha seguido esta norma legislativa. Véase, por ejemplo, *Rodríguez Rodríguez v. Cingular Wireless*, 160 D.P.R. 167 (2003); *Bristol Babcock v. P.R. Electrical Power Authority*, 930 F. Supp. 710 (1996); *Ramírez Ramírez v. Registrador de la Propiedad*, 116 D.P.R. 541 (1985); *Gómez Hermanos v. Tribunal Superior*, 100 D.P.R. 625 (1972); *Pueblo de P.R. v. Tribunal Superior*, 84 D.P.R. 140 (1961); *Rodríguez Figueroa v. Registrador de la Propiedad*, 75 D.P.R. 712 (1953).

---

[1] 4 L.P.R.A. sec. 1, nota. A esta fecha dista mucho de lograrse en lo federal.

[2] Léase Competencia general en primera instancia.

El art. 5.001 de la LJ 2003 se ocupa de la jurisdicción del TPI. Comienza con la misma oración que aparece en la sec. 10 de la LJ 1952 para conceder la competencia al tribunal, pero sin embargo no incorpora el texto que sigue que se ocupaba del problema del tribunal incompetente.

No obstante queda vigente lo dispuesto en la R. 3.2 de 2009 que, como señalaráramos anteriormente, es igual en ese sentido a lo contenido en la sec. 10 de la LJ 1952 que fue derogada.

§ 603. El problema del tribunal incompetente después de la LJ 2003

Al quedar abolidos el tribunal de Distrito y el Tribunal Municipal, toda la competencia por razón de la materia o por razón de la cuantía ha quedado refundida en el TPI. De modo que bajo la LJ 2003 no se presenta el problema del tribunal incompetente por razón de la materia o por razón de la cuantía.

Sí se presenta el problema de falta de jurisdicción. Por ejemplo, si la jurisdicción primaria reside en una agencia administrativa o si se trata de un asunto de jurisdicción federal el TPI carece de jurisdicción. Ante esa situación el mecanismo del consentimiento de las partes y la anuencia del juez que provee la R. 3.2 de 2009 resulta inoperante y lo único que procede es que el tribunal desestime la demanda por falta de jurisdicción.

El mecanismo de "acuerdo y anuencia" para infundir competencia previsto en la R. 3.2 de 2009 es aplicable a la falta de competencia por razón del territorio y resultaría aplicable a las actuaciones de los jueces municipales que rebasen sus competencias bajo el art. 5.004 de la LJ 2003.

§ 604. La moción u orden de traslado, R. 3.6, 2009

La facultad de solicitar el traslado de pleitos de una sala territorial a otra está atribuida a la parte demandada como regla, y excepcionalmente al tribunal mismo.[3] En este último caso la orden, por iniciativa propia y sin necesidad de moción, deberá basarse en razones de justicia o en la conveniencia de los testigos.

Cuando el demandado desee impugnar la falta de competencia de la sala donde se ha presentado el pleito contra él, tiene que presentar una moción dentro de los treinta (30) días siguientes a la notificación de la demanda y el emplazamiento, solicitando el traslado del pleito a otra sala que considera competente.

La R. 3.6 de 2009, contrario a su equivalente R. 3.5 de 1979, no exige el requisito de juramentar la moción de traslado. La moción deberá establecer en detalle los hechos que fundamentan la solicitud de traslado, a no ser que de la faz de la demanda o de los autos del caso, surjan los hechos que sustenten el traslado.

---

[3] Todo caso en que sea parte un empleado, un funcionario o un juez y se haya presentado en la sala en que laboran, se trasladará a otra sala de la Región Judicial geográficamente más cercana. 4 L.P.R.A. Ap.II-B, R. 16.

La parte demandante tiene diez (10) días para oponerse, contados a partir de la notificación de la moción. Si el demandante no se opone, el caso se trasladará a la sala correspondiente. Si se opone el demandante, se resolverá la moción de acuerdo con el procedimiento establecido en la R. 8.4, 2009.

La presentación por el demandado de cualquier otra moción o alegación dentro de esos treinta (30) días no puede considerarse como una renuncia tácita al derecho a pedir el traslado del pleito.

§ 605. El derecho de traslado al foro federal

Los tribunales del Estado Libre Asociado pueden considerar casos que pertenezcan propiamente al foro federal y aplicar el derecho federal para resolverlos. Cuando así lo hacen, surge la posibilidad de acceder al Tribunal Supremo de los Estados Unidos de las sentencias que dicte el Tribunal Supremo de Puerto Rico en esos procesos. (Ver sec. 506(C), *ante*).

Sin embargo, la sec. 1441 del Código Judicial de los Estados Unidos de América (28 U.S.C.A. 1441) provee el derecho a los demandados en casos de diversidad de ciudadanía o que plantean cuestiones federales o cuando dichos demandados son países extranjeros, a trasladar al Tribunal Federal para el Distrito de Puerto Rico cualquier acción civil que corresponda a la jurisdicción federal.

De acuerdo con la sec. 1446 del Título 28 de U.S.C.A., el traslado se efectúa por el demandado mediante la presentación ante el Tribunal Federal de una notificación del traslado del caso, sujeto a la R. 11 de las Reglas de Procedimiento Civil Federal. En la notificación, el demandado sólo tiene que establecer los fundamentos que establece la jurisdicción federal sobre la acción civil y debe presentarse normalmente dentro de los treinta (30) días después de que el demandado recibe la demanda. Presentada la notificación en el Tribunal Federal, el demandado deberá notificar el traslado al demandante y presentar copia de dicha notificación a la sala del TPI en que se originó el caso. Hecho esto, el TPI queda impedido de proceder con el caso en adelante, el cual continuará en el Tribunal Federal sin que éste tenga que emitir resolución alguna concediendo el traslado.[4]

Efectuado el traslado, el demandante puede cuestionar la jurisdicción del Tribunal Federal mediante la presentación de una moción para la devolución del caso al TPI. (28 U.S.C.A. 1447(c)). Esta moción debe presentarse ante el Tribunal Federal dentro de treinta (30) días contados a partir de la fecha en que se haya presentado la notificación de traslado. En su determinación sobre si tiene jurisdicción sobre el asunto, el Tribunal de Distrito Federal tiene que revisar la redacción de la demanda original al momento de solicitarse el traslado.[5]

---

[4] Ver 14C *Wright & Miller*, sec. 3730 (2009).

[5] *Grupo Dataflux v. Atlas Global Group*, 541 U.S. 567 (2004), citado en *Díaz Rodríguez v. Pep Boys Corp.*, 2008 T.S.P.R. 122.

El Tribunal Federal es el árbitro de su propia jurisdicción y, de considerar que no la tiene, entonces emitirá una orden para que la Secretaría federal notifique a la Secretaría del TPI que el caso le ha sido devuelto. A partir de esta orden, el TPI podrá proceder nuevamente a entender en el caso.

Cuando se suscita la devolución puede ser cuestionable la validez procesal de los trámites realizados ante un tribunal federal sin jurisdicción dado que las determinaciones de un tribunal carente de jurisdicción son nulas. El TS en *Díaz Rodríguez v. Pep Boys Corp.*, *supra*, ante un planteamiento de nulidad sobre actuaciones del foro federal en un caso devuelto al foro local y, por carecer nuestra jurisdicción de normativa que regulase este asunto, determinó "que el tribunal que atiende el caso devuelto debe hacer un análisis discrecional de tres elementos esenciales al tomar una determinación al respecto; a saber: 1) la eficiencia y economía procesal; 2) el perjuicio indebido que la adopción o consideración de los escritos y mociones pueda ocasionar a las partes, y 3) si tal adopción o consideración evita la pérdida o renuncia de defensas o reclamaciones y favorece que las controversias se resuelvan en los méritos."[6]

[6] La tendencia en gran parte de los tribunales estatales de E.U. apunta hacia la acreditación y reconocimiento de las mociones y alegatos presentados en el tribunal federal antes de la devolución del caso, siempre que sea en beneficio de la economía procesal y que no se perjudiquen los derechos de las partes. *Laguna Village v. Laborers Int'l Union of N. Am.*, 35 Cal. 3d 174 (1984), citado en *Rodríguez v. Pep Boys Corp.*, *supra*.

CAPITULO 7: FUNCIONARIOS DE LOS TRIBUNALES

§ 701. Ubicación en el campo del Derecho

El estudio de los tribunales se encuadra dentro del Derecho procesal, aunque sus normas no son instrumentales porque no ordenan trámite alguno sino que establecen y organizan los tribunales del Estado Libre Asociado de Puerto Rico. Es por esa organización que se van a implantar las normas puramente procesales. Veamos algunas nociones sobre la figura protagónica del tribunal: el juez.

§ 702. El juez—Concepto

Es el juez la persona constituida con autoridad pública para administrar justicia, el que ejerce la jurisdicción con arreglo a las leyes, conociendo y dirigiendo el procedimiento de las causas civiles y criminales y dictando sobre ellas las sentencias que estime procedentes.

§ 703. —Número

El TS está compuesto de un Juez Presidente y seis Jueces Asociados. (art. 3.001 LJ 2003)

El TA consta de 39 jueces. El TPI cuenta con 253 Jueces Superiores y 85 Jueces Municipales. (arts. 4.003; 5.002 y 8.001 LJ 2003).

El número de jueces de los Tribunales puede ser variado por Ley. Pero en el caso del TS sólo a solicitud del propio TS, conforme dispone el Art. V, Sec. 3 de la Constitución.

Esta cláusula incorporó a la Constitución puertorriqueña el fruto de la amarga experiencia norteamericana con una propuesta hecha por el Presidente Roosevelt en 1937 para ampliar el número de jueces del TS de los Estados Unidos, por cuanto las decisiones emitidas por ese tribunal durante el primer cuatrienio de Roosevelt colocaban barreras constitucionales frente a iniciativas del Presidente para superar la Gran Depresión de los años '30. Un Roosevelt triunfante abrumadoramente en las elecciones de 1936 habría de sufrir una humillante derrota en el Congreso a menos de un año de su gran victoria electoral. Esta experiencia histórica del constitucionalismo norteamericano motivó a los autores de la Constitución de Puerto Rico a incorporar la cláusula que requiere que el aumento en el número de jueces del TS sea solicitado por el propio Tribunal.

Durante el año de 1994 el gobierno de Puerto Rico pretendió enmendar la Constitución con el propósito de eliminar esta cláusula y aumentar y fijar constitucionalmente el número de jueces en nueve. Se justificó la propuesta por una alegada necesidad de introducir un balance ideológico en la composición del Tribunal. En realidad, era una iniciativa para incorporar dos miembros del partido de gobierno a la suprema curia. El electorado puertorriqueño se dio cuenta de la iniciativa gubernamental, rechazándola en forma contundente el día 12 de diciembre de 1994.

§ 704. —Funciones

La misión del juez ha sido exaltada porque la justicia que debe impartir es una de las virtudes más elevadas y necesarias para la convivencia humana. Su misión no puede ser más augusta y delicada. A él está encomendada la protección del honor, los bienes y la vida de los ciudadanos. Tradicionalmente, estas ideas tan difundidas sobre la misión del juez han obrado sobre sociólogos, juristas y reformadores en general condicionado la actitud de éstos hacia la figura del juez, y ha impedido en gran medida que nuestra legislación penetre en un campo donde surgen problemas de gran importancia.

Courts on Trial, una obra escrita por el juez norteamericano fenecido, Jerome Frank, le quita el velo a la inescrutable figura del juez y pone a la luz la ineludible fragilidad humana en que descansa. En los casos de jueces de instancia hay un amplio margen de error en sus actuaciones incorregible por una instancia superior. Diversos factores pueden llevar a un juez a errar en el ejercicio de estas funciones y motivar un fracaso de la justicia. La forma de seleccionar los jueces es el medio principal para minimizar estos errores.

§ 705. Nombramiento de jueces

La selección del juez es determinante de las cualidades y capacidades que revestirán a quienes nuestro sistema republicano de gobierno encomienda la tarea de aplicar el derecho y si posible, impartir justicia. "La cualidad de la judicatura es en gran parte lo que determina la cualidad de la justicia".[1]

¿Qué clase de persona se selecciona para juez? Esta es la pregunta clave, porque una vez se haya seleccionado una persona capacitada, ya se ha adelantado mucho en el camino hacia una mejor justicia.

El examen de algunos sistemas de nombramiento extranjeros es de utilidad para enjuiciar el nuestro, pero eso, sin perder de vista que las diferencias educativas, culturales, políticas y de otros órdenes se dejan sentir marcadamente en la adopción de uno o de otro sistema y que lo que ha servido bien a otro país no tiene necesariamente que sernos de utilidad.

§ 706. —Sistema inglés

Este acusa una extraordinaria intervención del poder ejecutivo.

El *Lord Chancellor* es el jefe supremo de la magistratura inglesa, nombra a los jueces, salvo a los del Tribunal de Cancillería, que han menester una declaración del Parlamento, y los de apelación, que se designan en virtud de una *writ* del Secretario de Estado en el Departamento del Interior, sin que la libertad de nombramiento tenga otra limitación que la de que el nombramiento se haga necesariamente de entre los *barristers* y la necesidad de que el designado cuente con un tiempo determinado de servicios profesionales según la categoría del tribunal en que ha de ejercer.[2]

§ 707. —Sistema español

El ingreso en la carrera judicial se hace en España, por dos turnos:

El turno normal, en virtud del cual se accede a la categoría de juez por oposición libre entre Licenciados en Derecho y la superación de las pruebas realizadas en el Centro de Estudios Judiciales.

En cada convocatoria se reserva una tercera parte de las plazas que se convoquen para juristas de reconocida competencia y con seis años de ejercicio profesional, quienes por concurso de méritos, accederán directamente al Centro de Estudios Judiciales.[3]

§ 708. —Sistema estadounidense

El nombramiento de los jueces en el sistema judicial federal sigue el modelo de nombramiento por el Ejecutivo y confirmación por la Legislatura (Congreso).

Los jueces son electos en elecciones partidistas por el pueblo en los siguientes estados de la Unión norteamericana: Alabama, Arkansas, Illinois, Mississippi, Carolina del Norte, Pennsylvania, Tennessee, Texas y Virginia Occidental. Los

---

[1] Resolución de la *President's Commission on Law Enforcement and Administration of Justice* en 1967.

[2] De la Plaza, *Derecho Procesal Civil Español*, op. cit., pág. 182.

[3] Tomé, J. *Instituciones de Derecho Procesal Civil*, Ed. Trivium, 1993, pág. 111.

jueces son electos en elecciones no partidistas en Georgia, Idaho, Kentucky, Louisiana, Michigan, Minnesota, Montana, Nevada, Dakota del Norte, Ohio, Oregon, Washington y Wisconsin. La Legislatura elige los jueces en los siguientes estados: Connecticut, Rhode Island, Carolina del Sur y Virginia. En algunos otros se utilizan sistemas híbridos que combinan el principio del mérito, el nombramiento y la elección popular. En esos estados una comisión de expertos juristas somete candidatos a jueces al Gobernador a base a sus méritos. El Gobernador elige entre los candidatos sometidos y realiza el nombramiento. Una vez nombrado, el candidato queda sometido a la aprobación o rechazo del electorado. Este sistema lo siguen Alaska, Arizona, Colorado, Delaware, Florida, Hawaii, Indiana, Iowa, Kansas, Maryland, Massachusetts, Missouri (creador de este plan), Nebraska, Nuevo México, Nueva York, Oklahoma, Dakota del Sur, Utah, Vermont, y Wyoming. Se utiliza el nombramiento por el Ejecutivo ya sea con confirmación legislativa o ratificación electoral en California, Maine, Nueva Hampshire, Nueva Jersey y Rhode Island (en Rhode Island los jueces apelativos son electos por la Legislatura. El resto sigue el modelo del nombramiento ejecutivo y confirmación legislativa).[4]

§ 709. —Sistema puertorriqueño

Es un sistema de nombramientos sujetos a confirmación. Se dispone por la Constitución que todos los jueces serán nombrados por el Gobernador con el consejo y consentimiento del Senado (Art. V, Sec. 8).

También fija la Constitución los requisitos para los nombramientos al TS. Deben recaer sobre abogados, ciudadanos de los Estados Unidos y de Puerto Rico, admitidos al ejercicio de la profesión por los menos 10 años antes del nombramiento y que hayan residido en Puerto Rico durante los 5 años anteriores al mismo (Art. V, Sec. 9).

Los requisitos para ser juez del TA son: 10 años de experiencia profesional en el ejercicio de la abogacía (art. 4.003, LJ 2003).

Los requisitos para ser juez Superior o juez Municipal son en cuanto a los Superiores 7 años de experiencia profesional, y en cuanto a los Municipales, 3 años (art. 5.002, LJ 2003).

§ 710. —Evaluación de candidatos bajo el sistema puertorriqueño

Aunque el sistema puertorriqueño de nombramientos se monta por la Constitución sobre la voluntad irrestricta del Gobernador, sólo sujeta a las cualificaciones legales antes mencionadas y al consejo y consentimiento del Senado; la Ley Núm. 91 de 5 de diciembre de 1991 establece un sistema de evaluación de candidatos a jueces y de Jueces del TPI.[5] Esta ley persigue el

---

[4] Gates & Johnson, *The American Courts: A Critical Assesment*, 1991, pág. 161 *et seq.*

[5] Véase Ley Núm. 45 de 16 de abril de 2010.

propósito de proveer al Gobernador y al Senado toda la información necesaria sobre los candidatos junto con una evaluación de la cualificación de los mismos de modo que éstos queden en las mejores condiciones posibles para ejercer las libérrimas facultades que les confiere la Constitución de cuyo descargo sólo son responsables ante el electorado que les eligió.

De esta forma el legislador puertorriqueño ha pretendido superar el proceso informal de recomendaciones y presiones, incluso de la propia Rama Judicial, en los casos de las renominaciones. Otra alternativa para superar ese problema en cuanto a los nuevos nombramientos era establecer un sistema de oposiciones con o sin requisitos de estudios en algo parecido a una escuela judicial. Esta última alternativa se ponderó, pero no se pudo consensuar las posiciones de la Rama Judicial y la Ejecutiva en cuanto a si el paso por la escuela judicial debía ser antes o después del nombramiento.[6]

Los mecanismos establecidos por la ley para alcanzar sus fines son:

(a) Un Comité Evaluador del Gobernador para Nombramientos Judiciales con una oficina administrativa con capacidad investigativa de apoyo a dicho comité adscrita a la oficina del Primer Ejecutivo que "tendrá como propósito principal asesorar al Primer Ejecutivo en la selección de las personas de las más altas cualificaciones personales y profesionales para ocupar cargos en el TPI".

(b) Una Comisión de Evaluación Judicial en la Rama Judicial con facultad para desarrollar y aplicar un sistema de evaluación del desempeño de los jueces del TPI para el logro de diversos objetivos institucionales. El proceso evaluativo que realiza la Comisión de Evaluación Judicial se rige por el Reglamento para la Evaluación de Jueces y Juezas del Tribunal de Primera Instancia puesto en vigor el 1 de octubre de 2009. La Comisión debe efectuar evaluaciones anuales sobre la labor, productividad y carga judicial de los jueces y unas evaluaciones más detalladas que serán efectuadas de forma periódica.

Además de las evaluaciones con fines institucionales, la Comisión deberá efectuar evaluaciones de aquellos jueces que soliciten renominación o ascenso, las cuales serán remitidas al Gobernador para que éste pueda ejercer su facultad de nombramiento de la manera más informada posible. En aquellos casos en que se renominan o se ascienden los jueces previamente evaluados por la Comisión, también se deberá enviar al Senado el informe de evaluación y la recomendación

---

[6] El Art. 2.006 de la LJ de 2003 reconoció la necesidad de un sistema de educación judicial con el objetivo de promover el mejoramiento profesional e intelectual y el desarrollo de aptitudes de los Jueces del TPI y del TA, y la necesidad de implantar programas educativos periódicos para jueces de nuevo nombramiento y para atender las necesidades de educación jurídica continua compulsoria. A tales fines, el Juez Presidente del TS creó la Academia Judicial Puertorriqueña mediante la Orden Administrativa del 30 de septiembre de 2003. Esta tiene como misión "contribuir a la excelencia en la administración de la justicia mediante la formación y la capacitación permanente de toda la judicatura puertorriqueña".

remitida al Gobernador para que dicho Cuerpo pueda ejercer su facultad de consejo y consentimiento con la más amplia información disponible.

(c) Por ser considerado partícipe esencial en los asuntos que se relacionan al sistema de justicia, se dispone la participación activa del Colegio de Abogados mediante su propio proceso de evaluación. Todos los mecanismos anteriores generan informes y recomendaciones para que el Gobernador y el Senado tomen las decisiones que les corresponden con mayor conocimiento de causa.

§ 711. La inamovilidad de los jueces

La inamovilidad es un concepto del derecho procesal continental integrado por un grupo de derechos que fomentan la independencia judicial, que da lugar a que los funcionarios judiciales se puedan sentir con libertad, con independencia, para actuar rectamente de conformidad con su criterio. Está compuesto por los siguientes derechos:

(1) Derecho a permanecer en sus cargos sin limitación de tiempo, mientras observen buena conducta. Este principio está estatuido en Puerto Rico en cuanto a los jueces del TS. En cuanto a los jueces del TA, los Jueces Superiores o Municipales, éstos sirven por términos de 16, 12 y 8 años respectivamente (arts. 4.003 y 5.002 de la LJ 2003). Fortalece la inamovilidad, el derecho al cargo durante dicho término y a las funciones judiciales a pesar de que el tribunal a que pertenezca el juez sea abolido legislativamente (Art. V, Sec. 13, Constitución).

El nombramiento de jueces con términos fijos pretende equilibrar el derecho de inamovilidad con la productividad y calidad de justicia que se espera de estos funcionarios públicos. Una corriente de pensamiento postula que el carácter vitalicio de los términos propende hacia la arbitrariedad, la prepotencia e incluso la indolencia en la labor judicial. Bajo el sistema puertorriqueño de términos más o menos largos, se asegura un periodo de inamovilidad pero sin derecho adquirido a la renominación, salvo el peso moral del prestigio que haya ganado el juez mediante sus ejecutorias judiciales.

El art. 169 del Código Político de 1902 establece que aquellos funcionarios cuyos términos hayan expirado permanecerán en sus puestos hasta que su sucesor haya sido designado y tome posesión. Esta disposición fue aplicable a los jueces hasta 1990 cuando se aprobó el 21 de julio la Ley Núm. 17 que estableció que el juez cesará en sus funciones a los noventa (90) días de vencer su término si no ha sido renominado o cuando su sucesor tome posesión de su cargo, lo que ocurra primero.

La aplicación del art. 169 del Código Político a los jueces obligaba al Gobernador a designar y obtener la confirmación del Senado de un sucesor para sustituir a aquel juez cuyo nombramiento había expirado y que el Gobernador estimaba inmerecedor de renominación.

Este mecanismo de sustitución para cesar jueces con nombramientos vencidos traía como consecuencia una batalla de influencias del sustituto y del sustituido sobre el Senado con el propósito de evitar la confirmación del sustituto para dejar en su puesto al incumbente. Esta batalla por una parte ponía al sustituto en la desagradable posición de ser juzgado no sólo conforme a sus méritos y al incumbente en la indigna posición de tener que procurar desde su incumbencia, influencias políticas que le sostuvieran.

Lamentablemente la vigencia de la ley que proveía para el cese automático a los 90 días de la expiración del término fue corta pues fue derogada por la Ley de la Judicatura de 1994 (art. 10.002).

(2) El derecho a no ser destituidos sino por el procedimiento y por las causas establecidas por la ley es el segundo del grupo de derechos que establecen la inamovilidad. La Constitución, Art. V., Sec. 11, se ocupa de ello.

(3) El derecho a no ser trasladados de su sede es el tercer derecho. En Puerto Rico no existe, excepto en cuanto a los jueces del TS. En cuanto a los demás, el legislador puertorriqueño ha apostado por la eliminación de los nombramientos, con sedes geográficamente determinadas, optando por la movilidad en cuanto a asignación de jueces que permite al Juez Presidente la unificación del TGJ.

(4) El derecho a la jubilación en su día. La Constitución establece el retiro obligatorio de los jueces a los 70 años (Art. V., Sec. 10). La Ley Núm. 12 de 19 de octubre de 1954 (4 L.P.R.A. secs. 233 a 246) regula el Sistema de Retiro para la Judicatura de Puerto Rico: el más generoso del país. El derecho a recibir una pensión está garantizado excepto que la causa de destitución implique depravación moral. El derecho a una pensión por retiro está supeditado a las disposiciones establecidas en 4 L.P.R.A. sec. 236.

§ 712. La destitución—Jueces del Tribunal Supremo

(1) *Causas*: La Sec. 11 del Art. V de la Constitución del Estado Libre Asociado de Puerto Rico establece: "Los jueces del Tribunal Supremo podrán ser destituidos por las causas y mediante el procedimiento que esta Constitución establece en la Sec. 21 del Art. III."

La Sec. 21 del Art. III enumera como causas de residencia: la traición, el soborno, otros delitos graves y aquellos delitos menos graves que impliquen depravación.

(2) *Procedimiento*: Se estipula en la Constitución (Sec. 21 del Art. III) que se hará mediante el procedimiento llamado de residencia. La Cámara de Representantes iniciará el proceso con la concurrencia de 2/3 partes de sus miembros y formulará la acusación. El Senado juzgará y sentenciará con la concurrencia de 3/4 partes de sus miembros, limitándose la sentencia condenatoria a la separación del cargo. No obstante, la persona así residenciada quedará expuesta y sujeta a la acusación, juicio, sentencia y castigo conforme la ley.

§ 713. —Jueces de Apelaciones, Superiores y Municipales

El Juez Presidente, cualquier Juez Asociado del TS, o el Director Administrativo de la Oficina de Administración de los Tribunales, *motu proprio*, pueden ordenar que se practique una investigación de la conducta o capacidad de cualquier juez. (Art. 6.006, LJ 2003).

(1) *Causas*: Será causa para iniciar el procedimiento disciplinario o de destitución contra un juez cuando se le impute mediante declaración escrita jurada, violación a la ley, a los Cánones de Etica Judicial, a los Cánones de Etica Profesional o a la reglamentación administrativa aplicable o negligencia crasa, inhabilidad o incompetencia profesional manifiesta en sus deberes judiciales. (Art. 6.001, LJ 2003).

Será causa para iniciar el procedimiento de separación del servicio cuando se alegue mediante declaración escrita jurada que la condición de salud mental o física de un juez, relativa o absoluta, perjudica sustancialmente el desempeño de sus funciones judiciales.

(2) *Procedimiento*: Las Reglas de Disciplina Judicial[7] rigen el procedimiento disciplinario para la destitución o separación del servicio contra cualquier Juez del TPI, o Juez del TA. Este se inicia mediante la presentación de una queja por escrito y bajo juramento ante el Director Administrativo de la Oficina de Administración de los Tribunales.[8]

§ 714. Funcionarios auxiliares

(1) El secretario es el principal funcionario auxiliar. Tiene a su cargo dar fe de los actos y resoluciones del juez para que tenga autenticidad y eficacia jurídica. Es responsable de admitir la presentación de los escritos de las partes, de notificar las órdenes, resoluciones y sentencias del tribunal[9] y de expedir los mandamientos al alguacil así como los emplazamientos. Es custodio de los expedientes judiciales, prepara las minutas y mantiene un registro de los incidentes procesales del caso según dicta la R. 32, RTPI. Recauda los derechos y las costas, y tiene a su cargo los fondos depositados en el tribunal.[10] Asiste a las vistas que se celebran para dar fe de las mismas, por sí o por sus subsecretarios. Según la R. 34, RTPI, el Secretario también tendrá el control del sello del tribunal.

La R. 65.2, 2009 establece que el secretario atenderá y despachará las mociones y solicitudes para la expedición de mandamientos, anotaciones de rebeldía[11] y de otros procedimientos que no requieran intervención judicial. Conforme la R. 65.2, 2009, el secretario no tiene autoridad para rechazar documento alguno que se presente en Secretaría por razón de incumplimiento con requisitos formales impuestos por las Rs. de 2009 o por cualquier reglamento. Ello atiende el problema de falta de uniformidad de las actuaciones de estos funcionarios en las Secretarías de los tribunales. La R. 65.2, 2009 aplica

---

[7] 4 L.P.R.A. Ap. XV-B.
[8] 4 L.P.R.A. Ap. XV-B, R. 5.
[9] Véase Cap. 17, *infra*.
[10] Véase 4 L.P.R.A. sec. 396.
[11] Véase R. 45.1, 2009; *infra*, sec. 2703.

también cuando la parte demandante presenta una demanda sin los formularios de emplazamientos. Ello pretende subsanar problemas que puedan suscitarse con los términos prescriptivos de la causa de acción pues aunque la R. 4.1, 2009 exige la presentación conjunta de la demanda junto con su formulario de emplazamiento, la R. 2, 2009 establece que el inicio del pleito comienza con la presentación de la demanda.

La R. 66, 2009 dispone que los secretarios llevarán un Registro de Pleitos, Procedimientos y Providencias Interlocutorias en el que se anotarán todos los pleitos, procedimientos y cualquier providencia interlocutoria, entendiéndose esto último a órdenes, resoluciones o cualquier incidencia interlocutoria. Al registrar un documento o sentencia, el secretario consignará la fecha en que lo realice. La R. 66.1, 1979 hacía referencia al registro de forma manual en libros, pero ello fue eliminado dado a que es anacrónico hacer referencia a 'libros' toda vez que muchos tribunales cuentan con la tecnología necesaria para que el secretario ingrese la información en registros automatizados.[12] La forma y el estilo del registro lo determina la Oficina de Administración.[13]

Los secretarios son nombrados por el Juez Presidente del TS por un término de 4 años. (4 L.P.R.A. sec. 398).

(2) Los alguaciles son el brazo ejecutivo del tribunal. Asisten a las sesiones, llaman a las partes y a los testigos y cumplimentan las diligencias judiciales, y las notificaciones. Diligencia comprende todo acto judicial, mandamiento, citación u orden del tribunal; notificación comprende todo escrito u orden que deba notificarse (4 L.P.R.A. sec. 399). El alguacil es responsable de devolver sin demora el endoso de las notificaciones o diligencias que tenga en su poder so penalidad monetaria y el sufragio de los daños que haya ocasionado. (4 L.P.R.A. sec. 408).

Los alguaciles son nombrados por el Juez Presidente por término indefinido, y pueden ser destituidos por causa justificada por el Juez Presidente en cualquier momento. (4 L.P.R.A. sec. 400).

Todas las diligencias judiciales se harán a través de un mandamiento; a nombre de los Estados Unidos de América, SS el Presidente de Estados Unidos como está dispuesto por la sec. 10 de la Ley de Relaciones Federales (L.P.R.A. Tomo 1).

§ 715. El ministerio fiscal

La Ley Núm. 205 de 9 de agosto de 2004 crea la Ley Orgánica del Departamento de Justicia, cuya responsabilidad principal radica en representar al Estado en los casos criminales y civiles. Esta responsabilidad la ejerce el Secretario de Justicia de forma personal o por medio de los fiscales, abogados y otros funcionarios. Su función principal consiste en velar por el cumplimiento de

---

[12] *Informe de Reglas de Procedimiento Civil*, op. cit., pág. 758.
[13] *Id.*

las disposiciones que afecten el bienestar general. Es defensor de los intereses públicos.

Particularmente, la misión del fiscal no es de mero representante al servicio del poder ejecutivo. El fiscal no es un mero empleado sin discreción, del Secretario de Justicia o del Gobernador que de ellos exclusivamente reciba sus inspiraciones, sino que es un tutor, cerca de los tribunales, de un interés social más difuso que ha de defender con sujeción estricta a las normas legales.[14]

§ 716. Defensores públicos, Asistencia Legal y Servicios Legales

La Sociedad para la Asistencia Legal es una corporación privada sin fines de lucro que existe en cada región judicial y brinda representación legal a personas indigentes en casos criminales y a menores por faltas imputadas. La sostiene fondos combinados del Colegio de Abogados y del Estado Libre Asociado.[15] Servicios Legales de PR es también una corporación privada sin fines de lucro que ofrece representación legal a personas de escasos recursos económicos pero en casos de naturaleza civil y a menores por faltas imputadas.

La asignación de abogados de oficio a personas de escasos recursos en procedimientos de naturaleza criminal se rige por el Reglamento para la Asignación de Abogados de Oficio en Procedimientos Penales, adoptado por el TS y puesto en vigor el 1 de mayo de 2008. Ello, a tenor con el mandato constitucional de que se provea representación legal adecuada y efectiva a toda persona de escasos recursos imputada de delito,[16] cónsono también con la obligación ética promulgada en el Canon 1 del Código de Etica Profesional.

§ 717. Los abogados

La complejidad del Derecho sustantivo y procesal hace menester que los litigantes encomienden su representación a los abogados quienes son, oficiales de los tribunales y como tales, tienen acceso a los archivos de los tribunales. La práctica de la abogacía en Puerto Rico está reglamentada por el TS el cual admite

---

[14] Véase *De la Plaza*, *op. cit.*, pág. 199.

[15] Véase la R.C. Núm. 51 de 9 de junio de 1967. En cuanto a la Corporación de Servicios Legales, ésta es una entidad creada bajo los auspicios de la Ley Federal de Oportunidades Económicas de 1964 e incorporada en el Estado Libre Asociado. Tiene como función servir gratuitamente a las personas indigentes, proveyendo servicios legales, sociales y judiciales a estas personas. Por la resolución antedicha se aportan $100,000 para parearse con fondos federales y de otras fuentes. Asimismo, esta Corporación disfruta de una exención amplia de derechos, aranceles, contribuciones e impuestos, según 32 L.P.R.A. sec. 1500. Tanto ella como la Sociedad para la Asistencia Legal y las Clínicas de Asistencia Legal prestan servicios legales gratuitos a los pobres y disfrutan de exenciones. Véanse 32 L.P.R.A. secs. 1496 a 1499 y 4 L.P.R.A. sec. 303a.

[16] Art. 2.004, LJ 2003.

a la práctica de la profesión mediante los exámenes de reválida, reglamenta la ética profesional[17] y aplica las medidas disciplinarias incluyendo el desaforo.

En virtud del poder inherente de reglamentar el ejercicio de la profesión legal en Puerto Rico, el TS instituyó en el 1998 el Reglamento de Educación Jurídica Continua[18] con miras a promover el desarrollo de las competencias y destrezas de los que componen la profesión jurídica del País, instrumentado a su vez por el Reglamento del Programa de Educación Jurídica Continua[19] aprobado el 8 de abril de 2005. El deber de lograr y mantener un alto grado de excelencia y competencia en el ejercicio de la profesión jurídica es un mandato ético exigido por el Canon 2 del Código de Etica Profesional.

Las partes, sin embargo, tienen un derecho constitucionalmente protegido a representarse a sí mismas bajo determinadas circunstancias.

§ 718. Descalificación de los abogados

La descalificación es una medida preventiva que los tribunales pueden tomar en el ejercicio de su poder inherente para supervisar y controlar la conducta de los abogados que postulan ante ellos. Esta medida no es una medida disciplinaria y por lo tanto no es exclusiva del TS. Se trata de una decisión discrecional para el mejor manejo del caso.[20]

La R. 9.3, 2009 dispone como sanción la descalificación de un abogado por incurrir en conducta que constituya un obstáculo para la sana administración de la justicia o por infringir sus deberes hacia el tribunal, su cliente o sus compañeros de profesión. Indica la R. 9.3, 2009 que la comparecencia de un abogado a una vista, conferencia o procedimiento sin estar debidamente preparado podrá ser considerado como un obstáculo para la sana administración de la justicia.

La descalificación se usa en ocasiones como una medida preventiva para evitar posibles violaciones a los Cánones de Etica Profesional. En otras ocasiones, se utiliza como mecanismo para asegurar la adecuada marcha de un litigio evitando los actos disruptivos provenientes del abogado. El juez tiene la potestad para descalificar un abogado si ello resulta necesario para el logro del objetivo primordial de todo tribunal: la solución justa, rápida y económica de los pleitos.[21] En *In re Barreto Cintrón*, 167 D.P.R. 507 (2006), el TS recalcó que los jueces tienen la facultad de mantener y asegurar el orden de los procedimientos ante su consideración sin la necesidad de referir dichas actuaciones al TS.

Los tribunales de instancia tienen la facultad de ordenar *motu proprio* la descalificación de un abogado y pueden hacerlo accediendo a una solicitud de parte. Cuando la misma se dicta *motu proprio* no es necesario que se aporte

---

[17] Código de Etica Profesional (4 L.P.R.A., Ap. IX).
[18] 4 Ap. XVII-D.
[19] 4 Ap. XVII-E.
[20] *Meléndez Vega v. Caribbean Int'l. News*, 151 D.P.R. 649 (2000).
[21] *Meléndez Vega v. Caribbean Int'l. News, supra.*

prueba sobre una violación ética, ya que la apariencia de impropiedad podrá ser utilizada en caso de duda a favor de la descalificación. Cuando la orden de descalificación responde a la necesidad del juez de agilizar el trámite de un pleito, tampoco será estrictamente necesario que éste reciba prueba adicional.[22]

Cuando la descalificación se solicita por la parte adversa, el abogado objeto de la misma tiene derecho a ser oído y presentar prueba antes del tribunal resolver la solicitud de descalificación.[23]

§ 719. La representación por derecho propio; Programa *Pro Se*

Cualquiera de las partes en un proceso civil tiene el derecho a representarse a sí mismo sin que tenga que contratar abogado o sin que el tribunal tenga la obligación de designarle un abogado. Esta regla en lo civil difiere en su entronque constitucional de la misma regla en lo criminal, por cuanto en lo criminal existe un derecho constitucional a representación por abogado y tal derecho no existe en materia civil.

El TS, amparándose en la jurisprudencia norteamericana, entiende que el derecho de las partes a comparecer en representación de sí mismas está protegido constitucionalmente en el ámbito civil. Ahora bien, este derecho no es de carácter absoluto. Bajo ciertas circunstancias, y con el fin de la mejor administración de la justicia y no como derecho constitucional a representación de abogado, el tribunal puede requerir al litigante que contrate representación legal o, si se trata de un litigante indigente, designarle dicha representación.

La R. 9.4, 2009 establece los requisitos que debe cumplir una persona natural[24] que interese representarse por derecho propio en procedimientos ordinarios de naturaleza civil. Estos provienen básicamente de los criterios establecidos por el TS en *Lizarríbar v. Martínez Gelpí*, 121 D.P.R. 770, 785-786 (1988). Estos son:

(1) La persona no puede estar representada por abogado;

(2) La decisión de autorrepresentarse debe ser voluntaria e inteligente, así como con pleno conocimiento de causa y que la persona entienda que será tratada como cualquier otra parte que tenga representación legal;

(3) La persona puede representarse adecuadamente, conforme la complejidad de la controversia;

(4) La persona debe tener los conocimientos mínimos necesarios para defender sus intereses de forma adecuada, cumplir con las reglas procesales y alegar el derecho sustantivo que sea de aplicabilidad;

(5) La autorrepresentación no debe causar o contribuir a una demora indebida o a una interrupción de los procesos, ni a entorpecer la adecuada

---

22 *Meléndez Vega v. Caribbean Int'l. News*, *supra*.

23 *Otaño Cuevas v. Vélez Santiago*, 141 D.P.R. 820 (1996).

24 Conforme a lo resuelto en la opinión del caso de *Benito Muñoz, Inc. v. Productora Puertorriqueña de Alimentos, Inc.*, 109 D.P.R. 825 (1980), el derecho a la representación *pro se* sólo se extiende a las personas físicas o naturales y no a las personas jurídicas.

administración de la justicia o atentar contra la dignidad del tribunal, las partes o los abogados.

El tribunal debe asegurarse que la persona que ejerce su derecho a la autorrepresentación cumpla con cada uno de los requisitos que exige la regla desde el inicio del pleito y durante el transcurso del mismo. El incumplimiento con estos requisitos será causa justificada para suspender la autorrepresentación. No obstante, "es menester que cada uno de estos criterios sea justamente balanceado por el tribunal, teniendo en cuenta las circunstancias de cada caso, los intereses de las partes y la eficiencia en la administración de la justicia."[25]

Estos criterios aplican tanto para la persona que presenta una demanda en los tribunales como para aquélla que durante el transcurso de un pleito decide terminar con su representación legal y continuar el pleito autorrepresentándose. En este segundo supuesto, la persona debe solicitar autorización al tribunal oportunamente y manifestar de manera expresa e inequívoca el propósito del comienzo de su autorrepresentación.

Es forzoso señalar que los abogados que se autorrepresenten también deben cumplir con los requisitos que establece la R. 9.4, 2009. No obstante, en estos casos, el tribunal no tendrá que hacer una evaluación sobre los requisitos 3 y 4 arriba enunciados, dado que éstos van dirigidos a personas legas.

Las personas que se autorrepresentan están sujetas a las mismas sanciones que establecen las Rs. de 2009 a los abogados y a las partes debido a que ejercen un rol dual. Ante el ejercicio de una autorrepresentación, el tribunal no está obligado a ilustrar acerca de leyes o reglas, ni a nombrar abogados que asesoren o inquirir sobre las razones que motivan a una persona a representarse por derecho propio, aunque en los casos que entienda conveniente deberá hacerlo.

La Rama Judicial ofrece servicios de orientación a personas que interesen autorrepresentarse en procesos judiciales a través del Programa de Acceso para Litigantes por Derecho Propio (Programa *Pro Se*). Por lo regular estos servicios se ofrecen para casos de relaciones de familia. La Oficina de Administración de los Tribunales ha desarrollado formularios a los fines de facilitar el trámite de algunos procesos.

---

[25] Informe de Reglas de Procedimiento Civil de Puerto Rico, Secretariado de la Conferencia Judicial y Notarial, Tribunal Supremo de Puerto Rico, Marzo de 2008, pág. 126.

CAPITULO 8: LA ADMINISTRACION

§ 801. La Oficina de Administración de los Tribunales

El Juez Presidente del TS dirige la administración del TGJ; designa las salas donde han de servir los jueces del TGJ[1] y tiene el poder de nombramiento de todos los funcionarios del TPI. La Oficina de Administración está bajo la dirección de un director administrativo que colabora con el Juez Presidente. Este Director está llamado a establecer métodos administrativos y fomentar la eficiencia de los tribunales.

La creación de la Administración de los Tribunales fue uno de los logros de la LJ de 1952. Administrar los tribunales era antes función del Secretario de Justicia, pero resultaba incompatible con el hecho de que el Secretario de Justicia es el principal litigante en los tribunales del país. Para fomentar la independencia judicial y dar una separación mayor al poder judicial del poder ejecutivo y legislativo se creó la Administración de los Tribunales.

Si bien el objetivo autonómico para la Rama Judicial se ha logrado plenamente en cuanto a su gestión, no se ha logrado el objetivo deseado. La Oficina de Administración de los Tribunales requiere no sólo que sea capaz de internalizar técnicas de gestión moderna como lo es la Gestión de Calidad Total—hablo de la función administrativa, no de la judicial—sino que tenga la visión de cómo reinventan sus procesos para alcanzar mejores resultados con los recursos que tiene a mano.

§ 802. El Juez Administrador

El Art. 2.013, LJ 2003 establece que el Juez Presidente del TS designará los jueces que administrarán las regiones judiciales del TPI y al Juez Administrador del TA. El cargo de Juez Administrador del TPI lo rige la R. 7, RTPI del Estado Libre Asociado de Puerto Rico. El inciso (c)(1) de la R. 7, RTPI dice que el Juez Presidente designará anualmente, de entre los Jueces Superiores, un Juez Administrador para cada Región Judicial, quien además de descargar fielmente su responsabilidad judicial, será responsable de la supervisión y buen funcionamiento de dicha región. La R. 7(c)(1), RTPI enumera 25 funciones y responsabilidades, entre otras no dispuestas en la regla. Las más sobresalientes son:

---

[1] Art. 2.012, LJ 2003.

(1) Asegurarse de que la función judicial y administrativa se rinda de manera expedita, imparcial y accesible al público, y promover el desempeño de los jueces conforme los Cánones de Etica Judicial.

(2) Implantar las normas, directrices y procedimientos administrativos y velar por su cumplimiento.

(3) Aprobar órdenes administrativas que atiendan las necesidades particulares de la región, garantizar que se cumplan de forma que promuevan la uniformidad administrativa; hacer recomendaciones al Juez Presidente o al Director Administrativo sobre reglamentación uniforme para todo el sistema.

(5) Colaborar para el desarrollo y la implantación de proyectos.

(6) Desempeñar las funciones y responsabilidades que le sean delegadas por el Juez Presidente y por el Director Administrativo de los Tribunales.

(7) Rendir los informes periódicos requeridos por reglamentación y otros que le sean exigidos.

(8) Asegurar el buen funcionamiento de la Secretaría y de la Oficina del Alguacil.

(9) Visitar regularmente los tribunales que componen la región para detectar problemas y necesidades, e informarlo al Juez Presidente en los informes semestrales.

(10) Notificar todo dictamen judicial que pueda tener efecto o impacto sobre cualquier asunto de política pública administrativa de la Rama Judicial.

(11) Supervisar la utilización de los recursos humanos y fiscales asignados a la región.

(12) Participar en el plan de trabajo, en las metas y objetivos de la región para cada año fiscal.

(13) Asignar los salones de sesiones a los jueces y el calendario de trabajo; adoptar medidas administrativas para mayor eficiencia y distribuir la carga de trabajo.

(14) Ofrecer información sobre el desempeño judicial de los jueces de la región cuando lo requiera la Comisión de Evaluación Judicial.

(15) Promover el desarrollo profesional de los jueces.

La función del Juez Administrador es de carácter administrativo. Jurisdiccionalmente no ejerce poderes sobre sus compañeros jueces.

La asignación de las tareas administrativas a los jueces merece una reflexión. La formación del juez es una muy distinta a la del gerente. Los cambios vertiginosos que están ocurriendo en la tecnología y en las técnicas de gestión amplían la distancia entre las cualidades de un buen juez y la de un buen gerente. Es raro que todas se encuentren fundidas en muchas personas. Me parece que ha llegado la hora de formar administradores judiciales que deben estar formados tanto en el derecho que necesitan saber como en las técnicas de gestión orientadas hacia resultados de calidad al administrar sistemas complejos con un gran volumen de trabajo. Estos administradores pueden ser jueces, abogados o administradores pero deben atravesar un periodo formativo extenso en teoría y práctica para capacitarlos para ejercer la función a lo cual vienen llamados.

Por otra parte, deben reexaminarse las cualificaciones que al presente se exigen para los secretarios de los tribunales de mayor volumen de trabajo. Estos funcionarios a su vez requieren de una capacidad ejecutiva que supone determinada formación.

CAPITULO 8-A: METODOS ALTERNOS PARA LA SOLUCION DE CONFLICTOS

SECCIÓN

§ 801-A. Concepto

Son métodos alternos para la solución de conflictos aquéllos que usan prácticas o técnicas no coactivas para la solución de conflictos o controversias que de no ser resueltas en esa forma, tendrían que ser adjudicadas por los tribunales de justicia. Estos métodos se articulan con el proceso judicial mediante el Reglamento de Métodos Alternos para la Solución de Conflictos aprobado por el TS el 25 de junio de 1998.[1]

Los métodos alternos representan un medio por el cual se puede disminuir la gran congestión de casos que hay hoy en día en los tribunales del país.

§ 802-A. Propósito

Los métodos complementan el proceso judicial con el fin de impartir justicia en una forma más eficiente, rápida y económica. Es política pública el uso más intenso posible de estos métodos con miras a aliviar la carga de los tribunales.[2] (Ver Sec. 204, *ante*).

---

[1] Reglamento de Métodos Alternos para la Solución de Conflictos, (RMASC) 4 L.P.R.A., Ap. XXIX. Mediante Resolución del TS de 4 de marzo de 2005 se enmendó el RMASC para establecer que el Negociado de Métodos Alternos para la Solución de Conflictos será el supervisor de los Centros de Mediación de Conflictos y de cualesquiera otros que implante la Rama Judicial, entre otras modificaciones aclaratorias.

[2] La Comisión Futurista de los Tribunales en su Informe: *Visión en Ruta al Futuro* expresó como recomendación el promover "una sociedad menos litigiosa, fomentando otros métodos para solucionar controversias", de ahí surge la iniciativa de incorporar por primera vez en el cuerpo normativo procesal civil unas disposiciones para exigir a las partes la deseabilidad de referimiento a un método alterno para la solución de disputas.

§ 803-A. Clases

Los métodos alternos reconocidos por el TS son la mediación, el arbitraje y la evaluación neutral del caso.[3]

La mediación es un proceso de intervención, no adjudicativo, voluntariamente aceptado por las partes, en el cual un interventor llamado mediador o mediadora, ayuda a las personas en conflicto a explorar de conjunto todas las opciones posibles para lograr un acuerdo que les resulte mutuamente aceptable.[4]

El arbitraje es un proceso adjudicativo informal voluntariamente aceptado por las partes, en el que un interventor llamado árbitro o árbitra brinda a las partes la oportunidad de presentar su versión de los hechos, sus teorías legales y su evidencia en mérito de lo cual el interventor emite un laudo que resuelve la controversia.[5] Las partes acuerdan previamente si el laudo será vinculante, es decir, decisión final, o no vinculante en cuyo caso la parte que no esté de acuerdo con el mismo, podrá pedir un juicio ordinario al tribunal.

El arbitraje como método alterno está en el RMASC y se distingue del provisto bajo la Ley de Arbitraje, 32 L.P.R.A. sec. 3201, y del arbitraje laboral en que éstos requieren un contrato o convenio previo al hecho de surgir la controversia para someter la misma a arbitraje.

La evaluación neutral del caso es una que, a requerimiento del TPI, lleva a cabo un interventor llamado evaluador o evaluadora de la evidencia y teoría legal de las partes para orientarlas sobre la validez legal de las mismas con miras a que en virtud de dicha orientación, las partes lleguen a un acuerdo o se facilite la presentación del caso ante el tribunal.[6]

§ 804-A. Organismos para la implantación de los métodos alternos

La implantación de los métodos alternos se dirige por un Negociado de Métodos Alternos para la Solución de Conflictos adscrito a la oficina del Juez Presidente del TS. Este Negociado supervisa los Centros de Mediación de Conflictos establecidos en los centros judiciales de las regiones del TPI. Estos centros siguen procedimientos de mediación de casos que llegan a ellos planteados directamente por los ciudadanos o referidos por el TPI. Los mediadores de los centros son empleados públicos y prestan sus servicios conforme al Manual de Normas y Procedimientos adoptado por el Negociado el 5 de diciembre de 2000.

El Negociado supervisa también lo que podríamos llamar el sistema privado de métodos alternos para la solución de conflictos. Este sistema consiste de un registro de interventores para mediación, arbitraje o evaluación debidamente

---

[3] *Id.*

[4] Rs. 1.03(c) y 7.01(a), RMASC. Sobre la mediación en Puerto Rico, ver el libro de Negrón Martínez y otros, *Un Modelo Puertorriqueño de Mediación de Conflictos*, 2001.

[5] R. 1.03(d), RMASC.

[6] R. 1.03(e), RMASC.

certificados por el Negociado al cual pueden acudir las partes o el juez *motu propio*, para designar un interventor en un caso ventilándose ante un tribunal. Los interventores que pueden ser de todo tipo de profesionales, cobran a las partes por sus servicios. El registro al día de hoy contiene los nombres y especialidades de intervención de más de cien distinguidos profesionales puertorriqueños incluyendo varios jueces del TS y del TA ya retirados.

La confección del registro se lleva a cabo conforme al reglamento de certificación de interventores y educación continua de los mismos adoptado por el Negociado el 15 de junio de 1999.

§ 805-A. Referimiento

El referimiento tiene lugar mediante orden del tribunal ante el cual se encuentre el caso pendiente. A discreción del tribunal, todos los tipos de casos civiles excepto reclamaciones de derechos civiles, pueden ser referidos para un método alterno. El referimiento en los casos que procede, puede hacerse en cualquier etapa del caso pero el tribunal tiene discreción para denegarlo si estima que al momento en que se solicita, no beneficiará o dilatará la disposición del caso.[7]

No obstante, la R. 37.1, 2009 contiene una disposición para que las partes evalúen en la reunión para el manejo del caso el referimiento del pleito a un método alterno, luego que hayan intercambiado y analizado la información que tengan en esa etapa inicial. Este análisis debe realizarse conforme la reglamentación relativa a los métodos alternos. La R. 37.1, 2009 exige desde temprano en el pleito que las partes ausculten la deseabilidad de un referido toda vez que ello puede resultar en una pronta adjudicación del pleito. El *Formulario de Informe para el Manejo del Caso*[8] que tendrán que cumplimentar las partes durante la reunión, y luego presentarlo al tribunal, dispone como primer punto la selección de alguno de los métodos existentes en la Rama Judicial, si es que acuerdan seguir por dicha vía alterna.

Durante la conferencia inicial que el juez tenga a bien señalar también será considerado el referido del caso a uno de los métodos alternos, según lo provisto en la R. 37.2, 2009. Antes de un referimiento, el tribunal debe evaluar: la naturaleza del caso y la relación de las partes; la disposición que tengan las partes para negociar; el riesgo de que el litigio lacere la relación entre las partes o la integridad física de éstas; la necesidad de proveer remedios de emergencia; y los costos que conllevaría el pleito ordinario.[9]

La orden de referimiento debe disponer si es para mediación, arbitraje o evaluación neutral. Si es para mediación, la orden debe disponer que las partes sólo se tienen que someter a una sesión inicial de orientación y que será potestativo de éstas someterse o no al proceso completo de mediación. Sí para

---

[7] Rs. 3.03, 7.02 y 8.03(7), RMASC.

[8] Véase Apéndice de Formularios, *infra*.

[9] R. 3.01, RMASC.

arbitraje, que será potestativo de las partes someterse al proceso. Y si para evaluación neutral, que las partes están obligadas a participar del proceso y conocer el criterio del evaluador.[10]

El mediador, árbitro o evaluador, tiene que concluir el caso que le haya sido referido dentro de un plazo de sesenta días el cual puede ser ampliado o acortado por el tribunal.[11]

§ 806-A. Procedimientos para mediación, arbitraje y evaluación neutral

Los procedimientos para llevar a cabo la mediación, el arbitraje o la evaluación neutral se establecen en los Capítulos 7, 8, y 9 del RMASC.

La representación legal de las partes debe intervenir en todo lo relacionado con los métodos de arbitraje y evaluación neutral y puede asistir en los casos de mediación a la entrevista inicial y a la sesión de orientación que se lleve a cabo con cada parte por separado en la mediación. En las sesiones en que ambas partes participen, la representación legal podrá intervenir con el consentimiento de ambas partes y del mediador. Pero esta intervención estará limitada a proveer asesoramiento e información a la parte representada, aclarar dudas y hacer sugerencias sobre las alternativas de solución.[12]

§ 807-A. Confidencialidad

El carácter privilegiado y confidencial de la información, documentación y expedientes de trabajo referentes a un proceso de método alterno para la solución de conflictos tiene fuerza de ley en virtud de la R. 516 de Evidencia, 2009. Dicha regla también dispone que cualquier evidencia que sea de otra forma admisible o que esté sujeta a descubrimiento fuera de un proceso de método alterno, no será ni se convertirá en inadmisible o en materia protegida solamente por el hecho de haber sido presentada o utilizada en dicho proceso. Igual que todo privilegio, este también puede ser renunciado.

Las sesiones que se celebran bajo los métodos alternos son privadas. Esta información o documentación no puede ser requerida en el proceso judicial, ni se puede requerir al mediador, árbitro, o evaluador que declare sobre su contenido.[13]

La sugerencia o admisiones hechas por algún participante en relación a posibles acuerdos o los puntos de vista de un evaluador neutral no pueden utilizarse como prueba en ningún proceso judicial o administrativo.[14]

Se podrá revelar información si media el consentimiento escrito de todas las partes involucradas, por lo que de ello no cumplirse, el tribunal podrá imponer

---

[10] R. 3.05, RMASC.
[11] R. 3.06, RMASC.
[12] R. 7.12, RMASC.
[13] Rs. 6.01 y 6.02, RMASC.
[14] R. 6.01, RMASC.

sanciones.[15] La confidencialidad no puede violentarse *motu proprio* por el juez que refirió el caso para que siguiera un método alterno.

§ 808-A. Conclusión del método

El método alterno concluye bien mediante un acuerdo o un laudo que deberá informársele al tribunal dentro del término de sesenta (60) días contados a partir de la fecha de la notificación de la orden del referimiento,[16] o bien mediante un informe negativo, cerrando el proceso.

[15] R. 6.01, RMASC.

[16] Rs. 5.01 y 8.18, RMASC.

CAPITULO 9: LA ACCION

§ 901. Concepto

El ejercicio de una acción es la fuerza motriz que pone en movimiento a las partes y al tribunal.

La acción como institución no tiene sede exclusiva en el Derecho procesal. "Se halla impostada en una encrucijada primordial del campo del Derecho en que se dan cita el constitucional, el civil, el penal, el procesal (no estando tampoco ausente el administrativo)".[1]

---

[1] Fairen Guillén, Víctor, *Estudios de Derecho Procesal*, pág. 64.

Esta circunstancia unida al hecho de que la institución se ha desarrollado y ampliado en el curso de la historia obedeciendo a las fuerzas que mueven al progreso de la humanidad, ha dado lugar a que en torno al concepto de "acción" hayan polarizado numerosas doctrinas que acusan no sólo diferencias incidentales, sino también fundamentales.

§ 902. Derecho romano—Los diversos sistemas

La acción procesal existió en Roma desde los primitivos tiempos de la Ley de las Doce Tablas. Distinguen los Romanistas tres periodos, a saber: el de las acciones de la ley; el sistema formulario; y el del procedimiento extraordinario.

§ 903. —Las acciones de la ley

En este periodo la acción consistía en llevar a cabo ciertas formalidades, pronunciar palabras solemnes, y hacer determinadas pantomimas sin las cuales no era posible obtener justicia, al extremo de que en las Institutas de Gayo, leemos que un propietario de unas vides perdió su pleito sobre daños y perjuicios porque al accionar contra el que cortó sus vides cometió el error de usar la palabra vides en su demanda en vez de árboles como requería la Ley de las Doce Tablas.

Cinco eran las acciones de la Ley: La acción por sacramento; la *judicis postulatio*, la *condictio,* la *manus injectio*, y la *pignoris capio.*

§ 904. —El sistema formulario

Las leyes Julia y Aebutia suprimieron el sistema de acciones de la ley. En su lugar se estableció el procedimiento formulario que terminó con la necesidad de utilizar frases sacramentales y realizar pantomimas. El actor o demandante exponía su pretensión al pretor; el demandado su contestación. El pretor entonces entregaba al demandante una fórmula mediante la cual se designaba el juez o los jurados, quienes por la fórmula adquirían la facultad de resolver el caso conforme a las instrucciones que recibían en la propia fórmula.

La redacción de las fórmulas era de gran importancia y para llevarla a cabo los pretores consultaban a los más notables jurisconsultos. Las fórmulas se inscribían en un libro llamado álbum, y eran dadas a la publicidad. En este sistema, es importante notar que no existía el derecho del ciudadano para amparar sus derechos mediante los tribunales. Este derecho nacía cuando el pretor entregaba al actor la consabida fórmula; en ésta consistía la acción.

§ 905. —El procedimiento extraordinario

Junto al procedimiento formulario existía el llamado extraordinario, en el cual el pretor no enviaba a las partes ante un juez para que decidiera el litigio, sino que él mismo lo sentenciaba. Esta última modalidad acabó por triunfar sobre la anterior, que fue suprimida por Diocleciano en el año 294. Las Instituciones de

Justiniano reprodujeron la definición de Celso que imperó en las enseñanzas del Derecho procesal como un concepto clásico inspirador de muchas leyes, agregando a ella la siguiente frase: "o lo que nos pertenece", para que comprendiera tanto los derechos personales como los reales, quedando, por lo tanto, en los siguientes términos: la acción es el derecho de perseguir en juicio lo que nos es debido o lo que nos pertenece. En el Derecho de Justiniano la acción deja de ser una fórmula para convertirse en un derecho que dimana de la ley, no de la potestad del magistrado, para obtener en juicio lo que se debe o la restitución de la cosa.

§ 906. *Common law*—Las acciones

En la Inglaterra feudal, igual que bajo el sistema formulario romano, el súbdito no tenía el derecho absoluto de acudir ante un órgano estatal para que se le hiciera justicia. Los súbditos acudían al rey para la resolución de sus controversias. Si éste se decidía a entender en el caso lo refería a sus jueces, mediante lo que se conocía como un *writ* (un auto o una orden). Ese *writ* tenía tres funciones: (1) Le concedía al súbdito el privilegio de utilizar los tribunales del rey; (2) le confería la autoridad a los jueces para resolver la disputa, y (3) constituía el emplazamiento o llamamiento al demandado y trataba lo que podríamos denominar la relación jurídico-procesal entre el demandante, que era el que había solicitado el *writ,* el demandado, que era la persona contra la cual se expedía el mismo, y el juez.

Los *writs* así expedidos constituían las acciones (*forms of action*).

Bajo el *common law* las acciones se dividían en dos grandes grupos:

(1) Acciones *ex contractu.*

(2) Acciones *ex delicto.*

§ 907. —Acciones *ex contractu*

Las acciones *ex contractu* reconocidas bajo el *common law* eran:

(1) *Account or account rendering.*

(2) *Assumpsit.*

(3) *Covenant* (convenio).

(4) *Debt* (deuda).

Si había un contrato oral, el cual era violado por una de las partes y se quería recobrar por los daños, había que recurrir a la acción de *assumpsit.*

Si había un contrato escrito y se requería reclamar por los daños, había que recurrir a la acción de *covenant.*

Si había una deuda líquida, procedía usar el procedimiento de *debt.*

Cuando la deuda no era líquida se usaba el procedimiento de *account.*

§ 908. —Acciones *ex delicto*

Las acciones *ex delicto*, reconocidos bajo el *common law* eran:

(1) *Trespass.*
(2) *Trespass de bonis asportatis.*
(3) *Trespass quare clausum fregit.*
(4) *Trover.*
(5) *Detinue.*
(6) *Replevin.*

La acción de *trespass* se utilizaba para la reclamación de daños a la persona o a la propiedad cuando el daño se cometió mediante violencia.

La acción de *trespass* de *bonis asportatis* se utilizaba cuando el daño consistía en la incautación de propiedad mueble.

La acción de *trespass quare clausum fregit* se utilizaba cuando el daño se causaba mediante la invasión en propiedad inmueble.

La acción de *trover* se utilizaba para reclamar indemnización por la apropiación indebida de propiedad mueble.

La acción de *detinue* se utilizaba para recuperar la propiedad mueble y al mismo tiempo recuperar indemnización por la apropiación indebida de dicha propiedad.

La acción de *replevin* se utilizaba para recuperar la posesión de propiedad mueble indebidamente ocupada por otra persona.

Bajo el sistema procesal engendrado por los *forms of action* un error en clasificación del derecho en controversia era fatal para el litigante ya que la jurisdicción del juez estaba limitada por el *writ* (auto) expedido y, por tanto, si el derecho en controversia no resultaba ser el amparado por el auto que se había expedido, no había jurisdicción.

Cuando no existía auto aplicable a un conflicto en particular se autorizaba una acción ante las cortes de *equity.* De aquí que el derecho anglosajón conoció dos clases de acciones en general: las *actions at law* que las componían las *forms of action* antes mencionadas y los *suits in equity.* Si la acción utilizada en determinado caso era en *equity* y resultaba del juicio que la procedente era en *law* el litigante fracasaba en su intento de obtener amparo judicial para sus derechos.

§ 909. La doctrina clásica

A mediados del siglo pasado y en atención a los sistemas políticos y procesales que prevalecían hasta ese entonces, se había desarrollado por los jurisconsultos una doctrina en torno a la acción inspirada por el concepto que de ésta se tuvo en el Derecho romano.

De acuerdo con esa doctrina llamada tradicional, clásica, civilista o provatística, las notas esenciales de la acción son las siguientes:

(1) Es un derecho subjetivo civil, cuyo ejercicio depende de la voluntad del titular del mismo.

(2) Pertenece al Derecho privado, y el sujeto pasivo de ese derecho es el deudor de la obligación cuyo cumplimiento se exige en el juicio; no es un derecho contra el Estado ni contra los funcionarios del Estado.

(3) El objeto sobre el cual recae la acción es la prestación que se exige del demandado y no las actividades del órgano jurisdiccional. En otras palabras, la acción va dirigida hacia el demandado para que cumpla las obligaciones que contrajo.

Esta concepción caracteriza a la acción como el derecho en pie de guerra, derecho elevado a segunda potencia, o como el derecho subjetivo de índole civil en su estado dinámico, que entra en acción cuando es desconocido o violado.

Triunfante durante muchos siglos la concepción civilista, a ella se adhirieron juristas tales como Savigny, Manresa, Esriche, Caravantes y Garssonet. Esta concepción influyó en la clasificación de las acciones y se refleja en la mayoría de los códigos procesales del siglo pasado.

Al identificar la acción con el derecho subjetivo que protege, se produce una clasificación de acciones que reconoce tantas clases como derechos subjetivos o materiales existan. Así surgieron los nombres de acción estimatoria, acción reivindicatoria, acción redhibitoria y tantas otras.

Una clasificación más general que la anterior, hecha también bajo la concepción civilista, es la que distingue entre acciones reales, personales y mixtas habida cuenta de la naturaleza real o personal del derecho puesto en ejercicio.

El CEC 1933 organizaba la competencia territorial (32 L.P.R.A. secs. 401 a 407), con arreglo a esa distinción de la escuela tradicional; igualmente, lo hace el CC en su articulado relativo a la prescripción de acciones (31 L.P.R.A. secs. 5291 a 5305).

Las Reglas vigentes no han mantenido con tanta fidelidad las clasificaciones de la escuela tradicional, pero sus líneas generales se recogen por la R. 3, 2009.

§ 910. La doctrina civilista moderna

La concepción tradicional o clásica de la acción que hemos desarrollado ha sido hondamente rectificada. La observación indica que al ejercitar una acción se utiliza un poder en virtud del cual el juzgador declara en nombre del Estado la voluntad de la ley y sujeta a las partes a ella. Estas observaciones llevaron al jurisconsulto alemán Winscheid a publicar en 1856 su libro *La Acción en el Derecho Romano desde el Punto de Vista del Derecho Actual*. Este libro puso en crisis el imperio de la doctrina clásica y provocó una polémica con Muther que fue famosa y que dio origen a nuevas investigaciones que alcanzaron madurez en los trabajos de Wach entre los cuales se destaca su obra *La Acción Declarativa*, publicada en 1885. Desde entonces al presente, el tema ha sido de obligada consideración para los procesalistas y han desarrollado numerosas doctrinas que coinciden en una cuestión fundamental que es la siguiente: la acción es un derecho autónomo, diferente del derecho subjetivo que mediante la acción se quiere hacer valer en juicio.

Partiendo de esta base común a todas las doctrinas modernas, veamos algunas de las posiciones que se han tomado con relación a la acción.[2]

Para Wach, a quien siguen Plank, Stein y Hellvig, la acción es una pretensión de tutela jurídica, un derecho de carácter concreto que se dirige contra el Estado representado por el juez y tiende a obtener una resolución favorable.

Para Chiovenda y sus prosélitos, la acción es un derecho potestativo cuyo sujeto pasivo no es el Estado como lo es para Wach, sino la parte contraria, que mediante el ejercicio de la acción queda sometida a las consecuencias de su interposición.

Carnelutti, seguido en España por Prieto Castro, reputa la acción como Derecho público subjetivo, que tiene el individuo como ciudadano para obtener del Estado la composición del litigio sin que ello conlleve el derecho a una sentencia justa.

Jaime Guasp señala como un error de planteamiento "el erigir la idea de la acción en concepto central de la teoría del objeto del proceso, pues se observa en efecto la relatividad e intrascendencia de tal concepto para la resolución de problemas puramente procesales. El derecho a acudir ante los tribunales, ya sea concreto o abstracto, frente al particular o frente al Estado, no es, evidentemente, un derecho de naturaleza fuera de él, y que se acantona, bien en el terreno civil, bien en el terreno político, quizás en ambos, sin poder, por ello, funcionar como clave explicativa de las cuestiones de orden procesal estricto".[3]

El auténtico objeto del proceso lo encuentra Guasp en lo que él llama la pretensión procesal, y que él define como "una declaración de voluntad por la que se solicita un actuación de un órgano jurisdiccional frente a persona determinada y distinta del autor de la declaración".

La ciencia procesal moderna, tomando como base el criterio de que la acción es un ente autónomo al derecho que se pretende poner en vigor o tutelar, estima que la única clasificación de las acciones que responde a un verdadero criterio científico, es aquella que las clasifica según la índole del pronunciamiento judicial que mediante su ejercicio se persigue (criterio finalista) y así se dividen en: (1) acciones preventivas o de mero aseguramiento; (2) acciones de preferente función ejecutiva, y (3) acciones de conocimiento.

§ 911. Acciones preventivas o de mero aseguramiento

Se trata de aquéllas que persiguen una finalidad preventiva meramente sin trascendencia sobre la declaración de voluntad de ley, que es función que se realiza a través de las acciones de conocimiento. En el Derecho puertorriqueño esta materia se desenvuelve a través de mociones dentro del pleito principal y son aquellas mociones enderezadas a obtener el embargo preventivo, el aseguramiento de bienes litigiosos, la sindicatura o cualquier otro remedio

---

[2] Véase: De la Plaza, *op. cit.* pág. 100.

[3] Guasp, J., *Derecho Procesal Civil*, 2da. ed., Madrid, 1961, págs. 223-224.

provisional pero también a los jueces municipales se les faculta para establecer estados provisionales de derecho con independencia de una acción principal.[4]

§ 912. Acciones de preferente función ejecutiva

Se incluye en ella toda aquella acción como la contemplada por el procedimiento sumario hipotecario que permite tramitar un proceso en el que no juega función alguna la acción de conocimiento y queda limitado a puros trámites ejecutivos, de un derecho que se tiene por cierto.[5]

Tienen este carácter, también, las acciones para ejecutar una sentencia bien de un tribunal del Estado Libre Asociado, o de un tribunal foráneo.

Generalmente la ley franquea un procedimiento posterior para determinar la certeza de ese derecho.

§ 913. Acciones de conocimiento

Son aquéllas en que se trata de determinar cuál es la voluntad de la ley. Existen tres clases de acciones de conocimiento:

(1) *La acción de condena.* El pronunciamiento judicial que persigue este tipo de acción es doble:

(A) El pronunciar o declarar la certidumbre jurídica, establecer cuáles son los derechos de las partes, y

(B) el de ejecutar lo resuelto sobre la base de esta declaración. Ejemplos de acción de condena: acción de cobro de dinero, acción de alimentos, acción de daños y perjuicios por negligencia y otras.

(2) *Acción constitutiva.* Es aquélla encaminada a obtener una resolución judicial que modifique o extinga una relación jurídica preexistente o a introducir una estructura nueva en esa relación.

Las acciones *communi dividundo, familiae erciscundae*, divorcio, disolución social, resolución de contrato, son ejemplos de la acción constitutiva.

(3) *Acción declarativa.* Se denominan así aquéllas con cuyo ejercicio se pretende exclusivamente lograr una declaración de existencia o inexistencia de un derecho sin que se solicite del tribunal la ejecución del pronunciamiento.

El fin de esta acción es la certidumbre jurídica entre las partes. Su existencia es uno de los logros del Derecho procesal moderno aunque los orígenes de la misma se remontan al Derecho romano. En España se utilizó de la acción de jactancia una figura similar, exhumada de Las Partidas para llenar el cometido de la acción declarativa. La jurisprudencia española se ha separado de la antigua acción de jactancia para adoptar el moderno criterio de la acción declarativa.

---

[4] Véase art. 5.004(a)(1), LJ 2003.

[5] Véase 30 L.P.R.A. secs. 2701 *et seq.*

El procedimiento para la ejecución de las sentencias dictadas como consecuencia del ejercicio de acciones de conocimiento está regulado por la R. 51, 2009.

Esta clasificación de las acciones con arreglo a su finalidad formulada por la doctrina civilista es de gran utilidad analítica para determinar la legitimación activa de las partes para obtener una decisión del órgano jurisdiccional por cuanto la misma relativiza la tutela judicial conforme a los efectos que se persiguen con exigencias distintas en el caso de una sentencia condenando a una parte o constituyendo o disolviendo un vínculo jurídico o meramente declarando la voluntad de la ley.[6]

§ 914. La modernización de la acción en el Derecho norteamericano y sus efectos sobre el proceso en Puerto Rico

El ejercicio de una acción es la vía de acceso a los tribunales. El derecho de acceso a los tribunales no es absoluto. Sólo lo es para la protección de derechos fundamentales. En los casos que existe, únicamente garantiza el ejercicio de la acción para que ésta sea judicialmente adjudicada pero no un remedio en particular.[7] Veamos, pues, cómo se ha legislado este derecho con sus diversos condicionamientos en los Estados Unidos y en Puerto Rico.

El sistema procesal de los *forms of action* y *actions at law* y *suits in equity* fue legado por Inglaterra a sus colonias en Norteamérica. En 1848, bajo la inspiración del procesalista David Dudley Field, el estado de Nueva York tomó la iniciativa de suplantar ese sistema procesal por un código de procedimiento civil que como reforma principal derogaba la distinción entre las *actions at law* y en *equity* y las *forms of action* sustituyéndolas por una sola acción para amparar toda clase de derechos conocida como un *civil action.*

Por vía de California este sistema procesal llegó a Puerto Rico encarnado en nuestro CEC de 1904, sin que ello significara para nosotros el adelanto que era en las jurisdicciones de los Estados Unidos, ya que nuestra LEC de 1886 no reconocía las distinciones entre *equity* y el *common law*, ni las *forms of action* de esta última.

El establecimiento de una sola forma de acción fue un paso de avance procesal en los Estados Unidos, pero la reforma estadounidense conservó y dió singular importancia al concepto clásico de la causa de acción, ligado al del daño, violación o desconocimiento del Derecho subjetivo. Causa significaba el fundamento o razón de pedir—el daño, la violación o desconocimiento del derecho. La acción significaba la modalidad procesal que tomaba el Derecho para hacerse efectivo, propulsado por la causa.

Fue necesario superar ese criterio con legislación inspirada en la concepción moderna de la acción para que en las jurisdicciones estatales y la federal los ciudadanos pudieran obtener un pronunciamiento judicial en torno a sus derechos sin necesidad de tener que esperar a que esos fueran desconocidos o violados. Las leyes que introdujeron la acción declarativa en los Estados Unidos fueron la

---

6 Véase Morón Palomino, M., *op cit.*, págs. 219-225.

7 *Defendini Collazo v. E.L.A.*, 134 D.P.R. 28 (1993).

Uniform Declaration Judgments Act y la *Federal Declaratory Judgments Act* de 1934. Puerto Rico adoptó la Ley Uniforme en 1931.[8]

Las Reglas Federales de Procedimiento Civil que Puerto Rico adoptó en 1943, y modificó en 1958, 1979 y en el 2009, descartaron totalmente el concepto del *cause of action* sustituyéndolo por el moderno concepto de *claim* o reclamación. Moore nos indica que en esa forma se quiso liberar a los tribunales del concepto estrecho del *cause of action* ampliándose la libertad del ciudadano para accionar mediante la idea del *claim* que representa el conjunto de hechos operantes que dan lugar a un derecho que los tribunales amparan.

La amplitud conceptual de la doctrina civilista moderna a la vez que la concepción federal, vehiculan un amplio acceso a los tribunales en procura de la necesaria concreción del ordenamiento jurídico ante el conflicto o la incertidumbre y es medular al moderno estado de derecho. Dentro de esa plenitud se mueve el derecho procesal puertorriqueño.

§ 914a. La inmunidad del Estado Libre Asociado respecto a acciones en su contra

Una arcaica doctrina que viene de la época en que el Rey de Inglaterra tenía que autorizar las acciones que se llevaban ante los jueces y que no se compagina con el estado de derecho en democracia inmuniza al Estado Libre Asociado de reclamaciones en su contra ante el TGJ. Herencia de la subordinación de nuestro derecho a doctrinas prevalecientes en el derecho anglosajón, los miembros de la Convención Constituyente le dieron su bendición al rechazar enmiendas a la Constitución que hubieran lanzado por la borda este privilegio del Estado. En su lugar se reconoció la inmunidad y la facultad de la Legislatura para renunciar a la misma.

Los efectos de esta doctrina se dejan sentir muy especialmente a través de la restrictiva ley que autoriza los pleitos contra el Estado, 32 L.P.R.A. sec. 3077, *et seq.*, la cual establece límites a las reclamaciones y mecanismos de notificación especiales en las reclamaciones contra el Estado Libre Asociado y los municipios, aparte de exceptuarlo en la imposición de daños punitivos.[9] En la opinión del caso de *Defendini Collazo v. E.L.A.*, 134 D.P.R. 28 (1993), el TS se enfrentó de manera poco airosa a la contradicción inherente entre los límites a las compensaciones en las acciones por responsabilidad del Estado y la ausencia de éstos en aquéllas en contra de entidades o ciudadanos particulares. Esta

---

[8] La Ley Uniforme de Sentencias Declaratorias, Ley Núm. 47 de 25 de abril de 1931 (32 L.P.R.A. secs. 2991 a 3006), fue derogada en su totalidad por la Regla 72 de Procedimiento Civil de 1979, y sus disposiciones incorporadas a la R. 59, 1979, equivalente a la R. 59, 2009.

[9] En *Guardiola Alvarez v. Dpto. de la Familia*, 2009 T.S.P.R. 41, el TS concluyó que al Estado, como patrono bajo la Ley Núm. 44 del 2 de julio de 1985, 1 L.P.R.A. § 501 *et seq.*, puede imponérsele daños punitivos por vía de excepción, no obstante, éstos no podrán exceder del límite de cuantía.

contradicción discriminatoria también se plantea entre reclamaciones dentro y fuera de los límites contra el mismo Estado.

En el análisis judicial hay que partir de la acogida que le dió la Constituyente a la inmunidad del soberano pero esto no agota el tema pues la forma en que se legisla la renuncia puede infringir otras cláusulas constitucionales como la igual protección o el debido proceso.

Ignorando el planteamiento de que la compensación total por un daño sufrido es un derecho fundamental que ante un discrimen legal debe protegerse desde de la óptica del escrutinio estricto, el TS se refugió en un supuesto nexo racional—necesidad de recursos para descargar las funciones del Estado—con el propósito de justificar los límites de la Ley de Reclamaciones contra el Estado.

Este fundamento es una mera ficción que enmascara el abuso contra quien ha sufrido daños causados por el Estado. La opinión disidente del Juez Alonso lo pone en evidencia al señalar que la cantidad pagada por el Estado por sentencias en el año en cuestión constituyó tan solo un .14 de los fondos correspondientes al gobierno central. Es decir, menos del 1%.

La preocupación de pagar la totalidad de la indemnización por los daños causados pueda afectar los servicios que tiene que prestar el Estado, no corresponde con los actuales presupuestos billonarios. La política pública en materia de reclamaciones contra el Estado debe orientarse hacia la justa—total—compensación de los daños causados por éste distribuyéndose el riesgo a través de seguros o del presupuesto que sufragan todos los contribuyentes.

§ 915. Características de las acciones

(1) La acción, en su moderna acepción, es transmisible excepto cuando entraña derechos personalísimos.

(2) La acción es irrenunciable. Es decir, no se puede renunciar a una acción a nuestro favor, pero sí se puede transigir mediante un negocio jurídico con la otra parte; una renuncia abstracta, sin causa, no tiene validez en Derecho.

(3) La acción es prescriptible, es decir, su ejercicio queda limitado al espacio de tiempo fijado por la ley. Las acciones prescriben por el mero lapso del tiempo fijado por la ley (Art. 1861 CC; 31 L.P.R.A. sec. 5291). Es decir, la demanda tiene que presentarse dentro de determinado plazo de tiempo. La prescripción de la acción se reglamenta conforme al Derecho sustantivo o material en cuestión. Así, las principales disposiciones sobre la prescripción de acciones se encuentran en las leyes que versan sobre derechos sustantivos. A tales efectos, se puede ver lo prescrito en los artículos que van desde el art. 1861 al art. 1875 (31 L.P.R.A. secs. 5291 a 5305). La distinción entre acciones personales y reales se refleja en la extensión concedida por el código a los términos prescriptivos. Las reales tienen plazos más largos que las personales. En ciertas materias de especial

interés público ciertas acciones no son prescriptibles, pero ésto es la excepción. La prescripción tambien puede ser objecto de pacto entre las partes.[10]

§ 915a. Prescripción de las acciones

El establecer términos prescriptivos para la extinción de las acciones es materia de política pública, cuya determinación recae exclusivamente en la Asamblea Legislativa. El Estado tiene amplia discreción para limitar el tiempo en que se puede interponer una reclamación.[11]

La finalidad de la prescripción extintiva es obligar al ejercicio de la acción dentro de un tiempo razonable de modo que la parte demandada tenga una justa oportunidad de defenderse. El transcurso del tiempo afecta la disponibilidad de la evidencia pues los documentos se deterioran o desaparecen, los testigos mueren o se mudan a lugares desconocidos y, por consiguiente, se dificulta el ejercicio de la acción y de las defensas del demandado. La prescripción facilita a su vez la labor judicial para atender las reclamaciones de mayor actualidad. En fin, promueve la paz social, fijando con certeza el tiempo durante el cual pueden formularse las acciones.

El TS estableció en el caso de *Meléndez Vega v. El Vocero de Puerto Rico*, 144 D.P.R. 389 (1997), que la prescripción extintiva es una norma de derecho sustantivo regida por las disposiciones del CC, la cual constituye una forma de extinción de los derechos dada la inercia en torno a la relación jurídica durante un periodo de tiempo determinado. Sus fundamentos de acuerdo con esa opinión son: que el transcurso del periodo de tiempo establecido por ley sin que el titular del derecho lo reclame dá lugar a la presunción legal de abandono del mismo, conjuntamente con la exigencia de la seguridad jurídica que en aras del interés general precisa dotar de firmeza las relaciones jurídicas.

El término prescriptivo que fije la Asamblea Legislativa tiene que ser un término que razonablemente permita ejercer la acción correspondiente. Así, en el caso de *Alicea v. Córdova*,[12] se decidió que un término prescriptivo de dos años para ejercer una acción de daños y perjuicios contra una aseguradora en una acción por *malpractice* de un médico, a contar desde que ocurriera el daño y no desde que el paciente se percató del mismo, era inconstitucional como violatorio de la igualdad en la protección de las leyes y del debido proceso. Ver también: *Umpierre Biascoechea v. Banco Popular de P.R.*, 170 D.P.R. 205 (2007) y *Martínez Rodríguez v. Bristol Myers Barceloneta, Inc.*, 147 D.P.R. 383 (1999). Sin embargo, véanse los casos de *Alvareztorre Muñiz v. Sorani Jiménez*, 2009 T.S.P.R. 12; *González Rosado v. Echevarría Muñiz*, 169 D.P.R. 554 (2006); *Almodóvar v. Méndez Román*, 125 D.P.R. 218 (1990) y de *Calo Morales v. Cartagena Calo*, 129 D.P.R. 102 (1991), en los cuales implícitamente se

---

[10] *Caguas Plumbing Inc. v. Continental Construction Corp.*, 155 D.P.R. 744 (2001).

[11] *Lugo v. Córdova Iturregui*, 117 D.P.R. 676 (1986); *Agulló v. ASERCO*, 104 D.P.R. 244 (1975), y *Ríos Méndez v. Banco Popular de P.R.*, 81 D.P.R. 378 (1959).

[12] 117 D.P.R. 676 (1986).

reconoce, erróneamente a mi juicio, que el término para impugnar una inscripción de paternidad debe contarse desde que ésa se efectúa y no desde que se descubre la evidencia de que quien inscribió no es padre. Bajo el ordenamiento español, el plazo para la impugnación decursa desde el momento en que se conoce la realidad biológica, es decir, desde que se conocen los resultados de las pruebas científicas.[13] "[E]n casos extremos la aplicación de la norma española puede ser adversa al interés social en la estabilidad de las determinaciones filiatorias. Sin embargo, esa posible consecuencia es de mucho menor rango que la alternativa de mantener un estado civil basado en la falsedad y el engaño. No debe olvidarse que el fin primordial que se persigue [...] es la consecución de la la verdad."[14] Por lo tanto, no me parece que con los adelantos en la tecnología para establecer con certeza científica la paternidad sea buena política pública promover un abstracto interés del Estado en la estabilidad del *status* de los miembros de las familias a expensas de eternizar la controversia social por la inaccesabilidad del remedio judicial. Una normativa similar a la española debe adoptarse en nuestro ordenamiento.

La prescripción se gobierna primariamente por las leyes que establecen los derechos sustantivos. De modo que para determinar el término prescriptivo de una acción,[15] se recurrirá bien al CC, al Código de Comercio, a la Ley Hipotecaria o a la ley especial que establezca el derecho en cuestión. En ausencia de una determinación concreta en la legislación pertinente, se acudirá al CC como legislación supletoria.[16]

Este establece la norma general que las acciones prescriben por el mero lapso del tiempo fijado por la ley.[17] CC, art. 1861 (31 L.P.R.A. sec. 5291). Las acciones personales que no tengan señalado término especial de prescripción vencen a los quince años. CC, art. 1864 (31 L.P.R.A. sec. 5294). Igualmente, en sus arts. 1869 a 1872 (31 L.P.R.A. secs. 5299 a 5302), establecen la regla sobre el día en que comienza a correr el término prescriptivo, como norma general el día en que pudieron ejercitarse y con normas especiales, para las acciones sobre

---

[13] Véase Op. de conformidad y disidente del Juez Asociado Fuster Berlingeri en *González Rosado v. Echevarría Muñiz, supra.*

[14] *Id.*

[15] Véase *S.M.C. Construction, Inc. v. Master Concrete Corp.*, 143 D.P.R. 221 (1997).

[16] En *García Santos v. Banco Popular de P.R.*, 2007 T.S.P.R. 221, el TS determinó que la acción para reclamar el cobro de un certificado de deposito no negociable y con fecha de vencimiento única se rige por el término de quince años que dispone el Art. 1864 del CC.

[17] Para fijar los términos prescriptivos, el CC utiliza la clasificación de las acciones que proviene de la antigua doctrina ya superada entre acciones reales y acciones personales. En el caso de las reales, los términos previstos son más amplios que en el caso de las acciones personales. Por excepción hay ciertas acciones que tienen carácter imprescriptible como, por ejemplo, la acción para pedir la partición de la herencia, la división de la cosa común o el deslinde de propiedades. CC, art. 1865 (31 L.P.R.A. sec. 5295).

capital con interés o renta—el último pago de la renta o del interés; obligaciones declaradas por sentencia—desde que la sentencia quedó firme; en torno a las acciones sobre cuenta—el día en que cesaron sus cargos los que debían rendirla o la fecha en que fue reconocido el resultado de las cuentas por conformidad de las partes interesadas.

Como veremos más adelante, el CC establece también las normas relativas a la interrupción de la prescripción.

El CC y nuestra jurisprudencia reconocen una figura jurídica llamada 'la caducidad', la cual resulta muy difícil distinguir de la prescripción en su razón de ser. Es decir, ambas figuras responden a la misma finalidad de dar certidumbre y seguridad a la vida de las relaciones jurídicas. En ambos casos, la acción se pierde si no se ejercita dentro del término establecido por ley. La diferencia entre ambas es reconocible más bien por características normativas que afectan el ejercicio de la una y de la otra. Así, en el caso de la caducidad, el término no es interrumpible;[18] decursa inexorablemente.[19] Y, por lo tanto, opera automáticamente por lo cual no queda renunciada al dejar de oponerse como defensa, cual es el caso con la prescripción. Incluso, puede levantarse de oficio por el tribunal.[20]

El TS ha decidido que los siguientes términos prescritos en nuestras leyes son términos de caducidad: el término para ejercitar la acción de reposición en el empleo bajo el art. 5(A) de la Ley de Compensaciones del Trabajo (11 L.P.R.A. sec. 7), *Alvira Cintrón v. S.K. & F. Laboratories Co.*, 142 D.P.R. 803 (1997); los términos de diez (10) años y quince (15) años para reclamar daños por vicios de construcción o del suelo (10) años o por la falta del contratista a las condiciones del contrato de obra (15) años, *Dimas Zayas v. Levitt & Sons of P.R., Inc., et al.*, 132 D.P.R. 101 (1992); el término de treinta (30) días para instar acción de impugnación de determinaciones finales de deficiencias en el pago de patentes municipales, *John E. Harland Co. v. Municipio de San Juan*, 139 D.P.R. 185 (1995); el periodo de un (1) año para instar una acción por triple daño bajo la Ley de Alquileres Razonables, *Eisele v. Orcasitas*, 85 D.P.R. 89 (1962); el término de tres (3) meses desde la inscripción del nacimiento si el presunto padre o el progenitor se hallaba en Puerto Rico o de seis (6) meses desde que tuvo

---

[18] Ver *Calo Morales v. Cartagena Calo, supra.*

[19] Aunque ello es así en nuestro ordenamiento jurídico actual, vale resaltar que la Jueza Asociada Fiol Matta en su Op. disidente en el caso *González Rosado v. Echevarría Muñiz, supra,* mencionó lo siguiente: "la jurisprudencia española y los tratadistas reconocen que la caducidad puede quedar interrumpida por casos fortuitos o por hechos independientes a la voluntad de quien debe ejercer la acción, o por causas ajenas al tenedor del derecho o cuando el ordenamiento jurídico exige que antes de la presentación de la demanda se efectúen ciertos actos administrativos"; lo que a nuestro criterio abre la puerta para que en su momento pueda determinarse que ciertos plazos de caducidad puedan ser objeto de interrupción dada nuestra arraigada tradición civilista.

[20] Ver III Nueva Enciclopedia Jurídica, (1978), pág. 503 y *Calo Morales v. Cartagena Calo, supra.*

conocimiento del nacimiento si se hallaba fuera de la Isla para presentar una acción de impugnación del reconocimiento o de la legitimidad de un hijo, *Almodóvar v. Méndez Román*, 125 D.P.R. 218 (1990); el plazo de nueve (9) días que tiene el deudor cedido para ejercitar el retracto contados desde que el cesionario le reclame el pago, *Pereira v. International Basic Economy Corp.*, 95 D.P.R. 28 (1967).

§ 915b. La analogía como método para determinar el término prescriptivo de las acciones relacionadas con derechos civiles

En el caso de *Olmo v. Young & Rubicam of P.R., Inc.*, 110 D.P.R. 740 (1981), el TS se enfrentó a la cuestión que suscita el término prescriptivo aplicable a la responsabilidad civil derivada de la Ley de Derechos Civiles la cual no provee un término para el ejercicio de la acción a que dá lugar un acto discriminatorio de un patrono por razón de raza, color, sexo, origen o condición social, ideas políticas o religiosas del empleado o solicitante de empleo.

Utilizando el método analógico, es decir, la aplicación de una norma cuando ésta no contempla un supuesto específico, pero regula otro semejante entre lo que se aprecia identidad de razón, el TS concluyó que la acción ejercitada estaba sujeta a las disposiciones del art. 1868 del CC, 31 L.P.R.A. sec. 5298 que dispone que la acción para exigir la responsabilidad civil por las obligaciones derivadas de la culpa o negligencia de que trata el art. 1802 del CC prescribe al año desde que lo supo el agraviado.[21]

Además de aplicar el método analógico, el Juez Trías invoca las tendencias prevalecientes en diversos países y a escala internacional de establecer plazos cortos para la prescripción de las acciones indemnizatorias por razón de la evanecencia de la prueba la cual "No es vino que madure con los años" y del interés público de que los pleitos por violación a derechos humanos se ventilen con rapidez.

La opinión de *Olmo*, *supra*, es un buen ejemplo de la aplicación del derecho por vía de la teoría personal de adjudicación del Juez Trías[22] con sus bondades y

[21] En apoyo de su decisión el TS cita el caso de *Muriel v. Suazo*, 72 D.P.R. 370 (1951) que había resuelto que una acción por violación de derechos civiles bajo la Ley entonces vigente que no prescribía para el resarcimiento civil procedía bajo el art. 1802 del código. Este caso es claramente distinguible del de *Olmo*, *supra*, por cuanto cuando suceden los hechos de *Olmo*, ya la Ley de Derechos Civiles proveía una acción por separado, por lo cual no era menester recurrir al art. 1802 que es el artículo expresamente sujeto al término de un año.

Igualmente, *Olmo*, *supra*, cita a la pág. 743 en su apoyo a Manresa y a Scaevola indicando que la prescripción de un año se ha hecho extensiva a situaciones de naturaleza similar cuando las situaciones a que se refieren Manresa y Scaevola no dimanan de leyes especiales sin términos prescriptivos sino del propio CC y en circunstancias imbricadas con el art. 1802 como lo son la responsabilidad vicaria del art. 1803 y la responsabilidad del dueño de animales por los daños causados por éstos que surge del art. 1805.

[22] Véase: Trías Monge. J., *Teoría de Adjudicación*, Editorial U.P.R., 2000, págs. 492.

sus defectos. No hay duda de que las razones evidenciarias y de interés público para que estos casos se ventilen rápidamente son válidas. Pero el no aplicar el precepto legal aplicable a la situación en particular, presenta serios peligros, pues no estamos ante una laguna de la ley.

El art. 1864 del CC meridianamente establece que las acciones personales derivadas de leyes especiales o del CC que no tienen término prescriptivo, es que prescriben a los quince (15) años. (31 L.P.R.A. sec. 5294). Esta norma que la Legislatura debería enmendar para reducirla a un término más corto como el de siete (7) años, no admite la existencia de lagunas jurídicas. La norma es clara y diáfanamente aplicable a cualquier acción que no tenga un término prescriptivo. De modo que al expresarse en esa forma, no hay laguna posible. En el caso de *Olmo*, *supra*, el Juez Trías deroga la norma para los casos de derechos civiles vía la creación por analogía de la norma que este entiende que mejor se acomoda a los intereses en cuestión de nuestra sociedad.

El gran peligro de este tipo de decisión es su progenie. Como es natural, el TS la ha extendido a todo tipo de caso en que se reclamen daños y perjuicios bajo alguna ley como la de hostigamiento sexual o discrimen en el empleo que entronque con violaciones a los derechos civiles, descartando a esos efectos el plazo prescriptivo de quince (15) años que establece el art. 1864 del CC. En *Suárez Ruiz v. Figueroa Colón*, 145 D.P.R. 142 (1998), para determinar el término prescriptivo de la Ley de Hostigamiento Sexual en el empleo, 29 L.P.R.A. sec. 155, *et seq.*, y de otra ley, el tribunal en su análisis del término prescriptivo aplicable, ignora paladinamente lo dispuesto en el art. 1864, partiendo de la siguiente premisa: "Ninguno de estos estatutos expresa cuál es el término prescriptivo de las causas de acción que allí se reconocen. Ante el silencio de estas leyes, procede utilizar el procedimiento analógico para determinar el término prescriptivo de las acciones instadas a tenor con las mismas". Luego en *Maldonado Vega v. Russe Santiago*, 153 D.P.R. 342 (2001), en un caso por discrimen por razón del embarazo, el TS aplica el razonamiento analógico para limitar el periodo prescriptivo para reclamar daños y perjuicios con motivo del discrimen a un (1) año.

De modo que las acciones por daños y perjuicios con motivo de violación de los derechos civiles en sus distintas manifestaciones, prescriben por el transcurso de un (1) año. Esta norma contraviene frontalmente el art. 1864 que dice que al no fijarse el término prescriptivo, éste será de quince (15) años, sumiéndonos en la incertidumbre jurídica en la cual nos indica el Juez Trías que estamos condenados a vivir.[23]

Esa incertidumbre surge en torno al término prescriptivo aplicable a otras acciones por daños y perjuicios que no dimanan del art. 1802 del CC y que no son acciones por violación a los derechos civiles. Por ejemplo: ¿acciones de daños y perjuicios por violación a un contrato; acciones de daños y perjuicios bajo leyes especiales que no son las de derechos civiles? ¿Les sucederá lo mismo

---

[23] *Id.*, a la pág. 419.

que a las relacionadas con los derechos civiles? Esa forma de adjudicar le hace un flaco servicio al sistema de derecho. En una materia tan sensitiva como lo es la prescripción,—vida o muerte de las acciones—la certidumbre del derecho que proviene de un artículo del CC,—la seguridad jurídica—es un valor de mayor peso que una política pública *ad hoc* protectora de la evanecencia de la prueba y promotora de un interés de rapidez litigiosa que los perjudicados debían tener por sí mismos, injertada a contrapelo de una norma categóricamente aplicable.

§ 916. Cómputo del término prescriptivo de las acciones

El art. 1869 del CC, 31 L.P.R.A. sec. 5299, establece que "el tiempo para la prescripción de toda clase de acciones, cuando no haya disposición especial que otra cosa determine, se contará desde el día en que pudieron ejercitarse".

En cuanto a las acciones de condena o de carácter constitutivo al primer polo del cual se comienza a contar el término prescriptivo es el momento en que se viola o se desconoce el derecho sustantivo o material.

El término de un (1) año de las acciones para exigir responsabilidad civil por injuria y calumnia, y por las obligaciones para resarcir daños y perjuicios derivadas de la culpa o negligencia de que trata el art. 1802 del CC, 31 L.P.R.A. sec. 5141, se cuenta desde el momento en que el agraviado sepa que ha sufrido un daño y que el daño ha sido causado por la culpa o negligencia de una persona cuya identidad es determinable.[24]

Si los efectos nocivos de una actuación culposa o negligente son de carácter continuo, el término prescriptivo decursa a partir del momento en que cesan los efectos nocivos, no del momento en que tuvo lugar la actuación culposa o negligente.[25]

La fecha de presentación de la demanda es el momento en que comienza el pleito (R. 2, 2009). Este es el segundo polo para el cómputo del término prescriptivo. La demanda debe presentarse antes de que expire el plazo fijado por la ley.

Sin embargo, la prescripción no operará automáticamente. La prescripción en el sistema procesal puertorriqueño es una defensa afirmativa que puede oponer el demandado; si éste no la opone, se entiende renunciada, salvo que la omisión no

---

[24] *Municipio de San Juan v. Bosque Real, S.E.*, 158 D.P.R. 743 (2003); *Tenorio Betancourt v. Hospital Dr. Pila de Ponce*, 159 D.P.R. 777 (2003). Véase también: *Colón Prieto v. Géigel*, 115 D.P.R. 232 (1984). Este caso ha sido erróneamente citado por el Tribunal Federal del Primer Circuito, en *Kaiser v. Armstrong World Industries*, 872 F.2d 512 (1989), como que incorpora a Puerto Rico la doctrina del derecho común anglosajón a los efectos de imponer un deber de adquirir conocimiento de la culpa o negligencia del causante del daño como punto de partida para el decurso del término. Aunque el TS cita un lenguaje de Puig Brutau que hace una expresión en ese sentido, el propio TS ni en dicta, ni en su *ratio decidendi*, llega a esta conclusión.

[25] *Seda v. Miranda Hnos. & Co.*, 88 D.P.R. 355 (1963); *Arcelay v. Sánchez Martínez*, 77 D.P.R. 824 (1955); *Capella v. Carreras Márquez*, 57 D.P.R. 258 (1940).

sea por falta de diligencia,[26] *Alamo v. Supermercado Grande, Inc.*, 158 D.P.R. 93 (2002); *López Stubbe v. Gus Lallande*, 144 D.P.R. 774 (1998); *Meléndez Vega v. El Vocero de P.R.*, 144 D.P.R. 389 (1997); *Epifanio Vidal, Inc. v. Suro*, 103 D.P.R. 793 (1975), y puede prosperar una acción cuyo término prescriptivo ya expiró. Entiéndase que si el demandado adviene en conocimiento durante el descubrimiento de prueba de que le asiste la defensa afirmativa de prescripción, ésta no se entenderá renunciada por no haberla interpuesto en la contestación a la demanda, pero vendrá obligado a enmendar su alegación responsiva sin dilación. Véase R. 6.3, 2009.

§ 917. La interrupción de la prescripción de las acciones

Inspirándose en motivos de justicia, y de conveniencia social, el legislador ha creído propio establecer ciertas reglas para interrumpir el transcurso del periodo prescriptivo como lo es el caso de las reclamaciones extrajudiciales. Otras de estas normas son en beneficio de los ausentes, los incapaces, y de otras personas que atraviesan por situaciones anormales que justifican una consideración especial.

El término de una acción se interrumpe por la vía judicial mediante la presentación de una demanda que origina un proceso el cual concluye con el desistimiento voluntario y sin perjuicio de instar una nueva acción. Cuando se interrumpe el término prescriptivo por la vía judicial, la interrupción se mantiene durante todo el tiempo que dure la demanda. El momento crucial a partir del cual ocurre la reactivación y comienzo del término prescriptivo es cuando termina definitivamente la acción ejercitada originalmente. Cuando el desistimiento se produce mediante el aviso de desistimiento que contempla la R. 39.1(a), 2009, el término prescriptivo de la acción decursa nuevamente en la fecha del aviso de desistimiento, por lo que para efectos de prescripción es impertinente la fecha de archivo en autos de la notificacion de la sentencia.[27] Cuando se produce por orden del tribunal bajo la R. 39.1(b), 2009, el término prescriptivo de la acción decursa a partir de la resolución del tribunal autorizando el desistimiento.[28] Una acción de clase interrumpe el término prescriptivo en favor de todos los miembros de la clase aún cuando no se certifique la clase.[29]

La interrupción del término por la vía judicial es eficaz contra todos las deudores solidarios por la obligación objeto de la reclamación.[30]

---

[26] *Qume Caribe Inc. v. Secretario de Hacienda*, 153 D.P.R. 700 (2001).

[27] *García Aponte et al. v. E.L.A.*, 135 D.P.R. 137 (1994).

[28] *Agosto Ortiz v. Municipio de Río Grande*, 143 D.P.R. 174 (1997).

[29] *Rivera Castillo v. Municipio de San Juan*, 130 D.P.R. 683 (1992).

[30] *Sánchez Montalvo v. Autoridad de los Puertos*, 153 D.P.R. 559 (2001).

§ 918. —Por reclamación extrajudicial o por acto de reconocimiento de la deuda por el deudor

La prescripción de las acciones se interrumpe por la reclamación extrajudicial del acreedor y por cualquier acto de reconocimiento de la deuda por el deudor (art. 1873 CC; 31 L.P.R.A. sec. 5303). Esta interrupción es objeto de prueba. El término prescriptivo para presentar la demanda comienza a contar de nuevo en su totalidad a partir del momento en que se produce la interrupción. Esta norma no es aplicable si el plazo no es prescriptivo, sino de caducidad.

La doctrina ha distinguido entre la interrupción del término prescriptivo cuyos efectos es el comienzo del cómputo del término, por entero desde el acto interruptor y la interrupción de efectos duraderos que se ha llamado congelación. En el caso de la congelación, el nuevo cómputo comienza a contar cuando la agencia administrativa o el Tribunal dispone de la querella o de la demanda presentada, según señalamos en la Sección 917 anterior.[31] La notificación a un futuro demandado de una querella ante una agencia administrativa en torno a los mismos hechos que posteriormente se aducen en una demanda en su contra constituye una reclamación extrajudicial que interrumpe el término prescriptivo, el cual queda en suspenso o congelado mientras la querella esté en trámite y hasta que la agencia administrativa disponga de la misma.[32]

El término prescriptivo de un año para presentar una demanda por violación de derechos civiles al amparo de la Ley Núm. 100 de 30 de junio de 1959, queda congelado durante el procesamiento de un cargo ante la *Equal Employment Opportunity Commission* que es una agencia federal o ante la Unidad Anti-discrimen del Departamento del Trabajo. El artículo 5 de la Ley Núm. 100 de 30 de junio de 1959, según enmendada, 29 L.P.R.A. sec. 146 *et seq.*, provee una normativa especial en cuanto a la interrupción de la prescripción con efectos de congelación para las querellas por discrimen presentadas ante el Departamento del Trabajo.

Sin embargo, cuando no existe identidad de propósitos entre la querella presentada ante una agencia administrativa y la reclamación judicial, la presentación de la querella no interrumpe el término prescriptivo.[33]

Un demandante no puede ampararse en los actos de un tercero para interrumpir la prescripción; a quien único le corresponde interpelar al demandado es al propio demandante o a su representante autorizado.[34] Para que un acto de reconocimiento de deuda interrumpa la prescripción, tiene que ser efectuado por el propio deudor. El deudor tiene que haber reconocido, de forma expresa, la existencia de la acreencia.[35]

---

[31] *Maldonado Vega v. Russe Santiago*, 153 D.P.R. 342 (2001).
[32] *Suárez v. The Bankers Club of P.R., Inc.*, 143 D.P.R. 58 (1997).
[33] *Maldonado Vega v. Russe Santiago, supra.*
[34] *Agosto Ortiz v. Municipio de Río Grande, supra.*
[35] *Id.*

Se produce la interrupción prescriptiva cuando se satisfacen los siguientes requisitos: (1) que la reclamación extrajudicial se realice antes de la consumación del plazo; (2) que se haga por el titular del derecho; (3) que se use un medio eficaz para comunicarla, y (4) que exista identidad entre el derecho reclamado y el derecho afectado por la prescripción, por ejemplo, si hay daños especiales, éstos deben especificarse en la reclamación extrajudicial.[36]

Aunque la parte reclamada niegue su responsabilidad, el acreedor puede interrumpir nuevamente el término prescriptivo mediante sucesivas reclamaciones extrajudiciales. La reiteración extrajudicial de la reclamación interrumpe nuevamente el término prescriptivo.[37]

La interrupción extrajudicial contra un deudor es eficaz contra otro obligado solidariamente.[38]

§ 919. —Los ausentes

El art. 39 del CEC, 1933 (32 L.P.R.A. sec. 253) dejado provisionalmente en vigor por las Reglas de 1979 y 2009, dispone que si al tiempo de nacer una causa de acción[39] la persona contra quien se podría ejercitar dicha acción se encuentra fuera de Puerto Rico, el término de prescripción no empieza a correr hasta que la persona regrese a Puerto Rico. Si después de surgir una causa de acción la persona contra quien surgió se ausenta de Puerto Rico, el tiempo que dure tal ausencia no se cuenta para efectos de la prescripción.

La regla establecida en el art. 39 es para beneficiar a la parte con derecho a ejercitar la acción. La ausencia de Puerto Rico de la persona contra quien nació la acción no impide se presente demanda contra él por estar fuera de Puerto Rico. Sin embargo, como la presentación de una demanda contra una persona fuera de Puerto Rico conllevaría cierta dificultad, el art. 39 le concede al perjudicado la alternativa de no iniciar su acción, hasta el regreso de la persona que causó el daño y el tiempo que dure esa ausencia no afectará el derecho del perjudicado.

§ 920. —Los incapacitados transitoriamente

Hay tres colectivos de personas incapacitadas contra quienes la prescripción no opera desde el momento en que surge la causa de acción. Estos son:

(1) Los menores de 21 años,

(2) los dementes,

(3) las personas encarceladas por término menor que el de sus vidas naturales.

---

[36] *Galib Frangie v. El Vocero de P.R., Inc.*, 138 D.P.R. 560 (1995); *De León Crespo v. Caparra Center*, 147 D.P.R. 797 (1999).

[37] *De León Crespo v. Caparra Center, supra.*

[38] *Sánchez Montalvo v. Autoridad de los Puertos, supra.*

[39] El concepto de causa de acción que utiliza este Código cuyos orígenes se remontan al siglo pasado pertenece a la ya superada doctrina clásica de la acción.

El art. 40 del CEC, 1933 (32 L.P.R.A. sec. 254), dejado provisionalmente en vigor por las Reglas de 1979 y 2009, dispone que si la persona con derecho a ejercitar una acción, que no sea la acción reivindicatoria de propiedad inmueble, formare parte de uno de los tres colectivos antes enumerados al tiempo de nacer la causa de acción,[40] el periodo de prescripción no empezará a correr hasta que cese la incapacidad.

La regla establecida en el art. 40 aplica a toda clase de acciones judiciales, con la sola excepción de la acción reivindicatoria de propiedad inmueble. No existe motivo o justificación para esta excepción que se incluyó en nuestro CEC 1904 por mera inadvertencia. El art. 40 es una traducción del art. 352 del Código de Enjuiciamiento Civil de California. El Código de California contiene la excepción en cuanto a las acciones reivindicatorias. La excepción está justificada en aquel código por lo dispuesto en el art. 328 del mismo que establece una regla especial para computar el periodo de prescripción para las acciones reivindicatorias cuando existe alguna incapacidad, en la persona en favor de quien nace la acción. En Puerto Rico el legislador no adoptó la regla especial consignada para las acciones reivindicatorias en el art. 328 del Código de California y por inadvertencia parece que no se eliminó la excepción consignada en el art. 40.

Las disposiciones contenidas en el art. 40 del Código no crean incapacidad civil alguna en los grupos de personas que allí se enumeran. Este es un precepto cuyo propósito es proteger los derechos de esas personas. Cualquiera de las personas protegidas por el art. 40 podrá ejercitar sus acciones como si no existiera el artículo. Un menor de edad, un demente o una persona encarcelada podrán presentar demanda civil mientras dure su incapacidad legal transitoria, siempre que lo hagan atemperándose a otras disposiciones de ley.

No es necesario que una persona haya sido declarada incapaz judicialmente para que el término prescriptivo fijado para ejercitar una acción no transcurra contra ella. La naturaleza y el grado de incapacidad deben ser objeto de prueba. Véase *Torres v. Autoridad de Fuentes Fluviales*, 96 D.P.R. 648 (1968).

De una lectura del art. 40 podrá observarse que éste aplica únicamente cuando la incapacidad transitoria existe en el momento mismo en que nace la causa de acción. El art. 45 (32 L.P.R.A. sec. 259) dejado provisionalmente en vigor por las Reglas de 1979 y 2009, ratifica este principio al disponer que ninguna persona podrá alegar su propia incapacidad a menos que exista ésta cuando nació la causa de la acción.

La interrupción de la prescripción prevista en cuanto a los menores en el art. 40 del CEC, 1933, releva a éstos de la obligación de notificar al Secretario de Justicia de su intención de demandar al Estado por daños y perjuicios dentro de

[40] El art. 40 incluye también a la mujer casada cuando su marido sea parte esencial de la acción, lo cual ha dejado de tener vigencia en Puerto Rico por cuanto la mujer ya no precisa del consentimiento del marido para instar acciones que atañen a ella.

un plazo de noventa (90) días siguientes a la fecha en que el menor tuvo conocimiento de los daños. (Ver sec. 1105, *infra*.)[41]

§ 921. —Al sobrevenir la muerte

El art. 41 del CEC 1933 (32 L.P.R.A. sec. 255) dejado provisionalmente en vigor por las Reglas de 1979 y 2009, dispone que si una persona muere antes de expirar el término de prescripción de una acción nacida a su favor, sus herederos podrán ejercitar esta acción después de expirar el periodo prescriptivo y dentro de un año a partir de la fecha de la muerte. Se ha resuelto tanto en California como en Puerto Rico que dicho artículo puede en ciertos casos ampliar el término de prescripción establecido por ley, pero no puede en ningún caso acortar o reducir dicho término. Si una persona con derecho a ejercitar una acción muere y al ocurrir su fallecimiento falta más de un año para la prescripción de esa acción, no aplica el art. 41 y los herederos podrán ejercer su acción dentro del tiempo que falte.

Si el periodo de prescripción ha expirado totalmente antes de ocurrir la muerte de la persona a favor de la cual surge la causa de acción, el art. 41 no aplica y no puede revivir la acción. Tampoco aplica el art. 41 si el periodo prescriptivo no ha comenzado a la fecha en que muere el causante.

§ 922. —En casos de guerra

El art. 42 del CEC, 1933 (32 L.P.R.A. sec. 256) dejado provisionalmente en vigor por las Reglas de 1979 y 2009, dispone que se suspende la prescripción en cuanto a las causas de acción que pueda tener un súbdito o ciudadano de un país que está en guerra con los Estados Unidos. El tiempo que dure la guerra no se computará para los fines de resolver si la acción ha prescrito.

§ 923. —Concurrencia de incapacidades

El art. 46 del CEC, 1933 (32 L.P.R.A. sec. 260) dejado provisionalmente en vigor por las Reglas de 1979 y 2009, dispone que si al tiempo de nacer una causa de acción coexisten dos o más de las causas de incapacidad enumeradas en el art. 40, la prescripción no empezará a contar hasta que hayan desaparecido todas dichas incapacidades. Así, si la persona en cuyo favor nace una causa de acción es menor de edad y se halla en estado de demencia a la fecha en que surge la causa de acción, la prescripción no empezará a contar hasta que dicha persona cumpla los 21 años y recobrado la razón. La subsistencia de una sola de las incapacidades que existían al tiempo en que nació la causa de acción, será suficiente para mantener en suspenso la prescripción.

---

[41] *Pérez Aguirre v. E.L.A.*, 148 D.P.R. 161 (1999) (sentencia).

PARTE 3

LAS PARTES

CAPITULO 10: LEGITIMACION

SECCIÓN

§ 1001. Concepto

Mediante la definición de quiénes se aceptan como partes, el derecho procesal delimita el ámbito del ejercicio del poder judicial. La normativa relativa a las partes regula quiénes y contra quiénes puede invocarse el ejercicio de la jurisdicción.

Parte es la persona interesada que el derecho procesal o material legitima para formular una acción o para oponerse a ella ante un órgano jurisdiccional. En el procedimiento contencioso, llámese parte demandante o sencillamente demandante o parte actora o simplemente actor, al que presenta la demanda. Es parte demandada aquélla contra quien se dirige la demanda.

En los procesos de jurisdicción voluntaria a la parte promovente se le denomina peticionario.

§ 1002. Partes legítimas

Dispone la R. 15.1, 2009, que todo pleito[1] se tramitará a nombre de la persona que por ley tenga el derecho que se reclama: la parte legítima. Quiere decir que como parte demandante debe figurar aquélla a favor de quien el derecho material o sustantivo establezca el derecho objeto de la demanda. Ejemplo: Si se trata de una acción reinvindicatoria, la demanda debe instarse a nombre del titular del dominio de la propiedad. La norma aplica a todos los demandantes en pleitos con más de uno y a todos los componentes de una clase demandante.

No obstante el requisito de que todo pleito se tramite a nombre de la persona que por ley tenga el derecho que se reclama, la R. 15.1 establece que no se desestimará un pleito por razón de no tramitarse a nombre de dicha persona hasta que, luego de levantarse la objeción, se haya concedido un tiempo razonable para que la persona con derecho ratifique la presentación del pleito, o se una al mismo, o se sustituya en lugar del promovente y tal ratificación, unión o sustitución tendrá el mismo efecto que si el pleito se hubiere incoado por la persona con derecho.

Esta regla habilita al demandado a presentar sus defensas contra las personas apropiadas, evita pleitos subsiguientes y persigue el efecto de la cosa juzgada.[2]

Para determinar el derecho de presentar una demanda, el TS manejó los conceptos de parte interesada, según formulado en la R. 15.1, 1979, y de "*standing*" sin incluir el concepto civilista de legitimación hasta 1987. Ese año se introdujo este último en el caso *Rexach Benítez v. Hernández Colón, Gobernador*, 119 D.P.R. 521 (1987). Esto dió lugar a cierta imprecisión normativa, que finalmente se corrigió por el TS en el caso de *Asociación de Residentes Estancias de Cidra v. Future Developers and Contractors*, 152 D.P.R. 54 (2000).

La imprecisión conceptual que caracterizaba la jurisprudencia del TS respecto al término de legitimación creaba una peligrosa confusión. En el caso de *R.D.T. Construction Corp. v. Colón Carlo, Contralora*, 141 D.P.R. 424 (1996), se decidió que, en virtud de la expectativa que tiene un cliente de un banco de la protección a la intimidad de la información que sobre sus asuntos le entrega al banco, el cliente tiene legitimación activa para presentar una demanda contra la Contralora con el propósito de anular un requerimiento de presentación de evidencia (*subpoena duces tecum*) diligenciado sobre el banco sin que fuera notificado al cliente. Sin duda, aquel que tiene un derecho civil protegido por el

---

[1] La R. 15.1 debería leer "toda reclamación" en vez de "todo pleito" pues el requisito que establece es igualmente aplicable a cualquier alegación dentro de un pleito en que se formule una reclamación además de la alegación inicial que dá lugar al pleito que es la demanda. 6A *Wright & Miller* sec. 1543 (1990).

[2] *Id.* a la sec. 1541.

Art. II, Sec. 10 de la Constitución del Estado Libre Asociado, así como por la Cuarta Enmienda de la Constitución de los Estados Unidos, el cual le ha sido violado, está legitimado para acudir al TGJ para que ponga en vigor la protección a ese derecho. Pero al recurrir al concepto de legitimación activa que el TS ha equiparado con *standing* y para el cual ha establecido los requisitos de daños, nexo, adecuacidad de representación del interés público, madurez, adecuacidad dimensional del litigio y deferencia,[3] se creaba una confusión, pues en *R.D.T. Construction, supra,* no se tomaron en consideración dichos requisitos para nada. Y fue enteramente correcto que así se hiciera, pues no venían al caso. Lo que se necesitaba en esos momentos era un esclarecimiento judicial o legislativo de que el concepto de legitimación abarca toda valoración judicial sobre quién y para qué puede activar el poder judicial. El *standing* es una de las modalidades de la legitimación cuyas normas se aplican en el ámbito del derecho público cuando se reclama la violación de derechos compartidos con la comunidad y no derechos que sólo han sido violados a la parte reclamante como en el caso de *R.D.T. Construction, supra.*

Esta cadena de confusiones en la imprecisión conceptual no se produjo exclusivamente en nuestro ordenamiento doctrinal y jurisprudencial, también en España se dió porque la LEC no establecía el concepto de legitimación. El procesalista español Beceña utilizó el enunciado "Capacidad para actuar procesalmente un derecho concreto", para referirse a que "además de la capacidad de ser parte y de la capacidad procesal tenemos la capacidad para actuar judicialmente un derecho concreto, en virtud del poder de disposición sobre el objeto del litigio consecuencia del cual es la legitimación activa y pasiva de los sujetos de la relación jurídica procesal"; este "poder disponer de la cosa es una circunstancia extraña a la personalidad, pero tiene una importancia capital porque es la que puede justificar la presencia de una persona en el proceso."[4]

Antes de concretarse en la R. 15.1 el término legitimación, el TS en un número extenso de decisiones[5] había incorporado al ordenamiento procesal

---

[3] Véase *Salas Soler v. Secretario de Agricultura, infra,* y su progenie.

[4] Montero Aroca, J., La Legitimación en el Proceso Civil, Editorial Civitas, S.A., 1994, pág. 30 (citando a Beceña, Notas de Derecho Procesal Civil, Madrid, 1932, págs. 194-195).

[5] La utilización del concepto "legitimación [activa]" por el TS es relativamente reciente. Aunque el Tribunal había considerado anteriormente los conceptos análogos de parte realmente interesada, la capacidad para litigar o comparecer. *E.L.A. v. Puerto Rico Tel. Co.*, 114 D.P.R. 394 (1983); *Hernández Agosto v. Romero Barceló*, 112 D.P.R. 407 (1982); *Zachry Int'l of P.R., Inc. v. Tribunal Superior*, 104 D.P.R. 267 (1975), *Fundación Arqueológica v. Departamento de Vivienda*, 109 D.P.R. 387 (1980); *Asociación de Maestros v. Pérez, Gobernador Interino*, 67 D.P.R. 848 (1947); *Cerame-Vivas v. Torres Aguiar*, 99 D.P.R. 45 (1970); no fue sino hasta *Rexach Benítez v. Hernández Colón, Gobernador*, 119 D.P.R. 521, 522 (1987), cuando aparece el término legitimación activa en nuestra jurisprudencia, utilizado por el Juez Asociado Hernández Denton, en su voto particular, seguido por el término *standing* entre paréntesis. Sin embargo, el primer caso

en el cual la mayoría utiliza y expone de forma detallada el término "legitimación" es *Colegio de Opticos de P.R. v. Vani Visual Center*, 124 D.P.R. 559 (1989). El caso cita de Ribó Durán L., *Diccionario de Derecho*, Barcelona, Ed. Bosch, 1987, pág. 364, "la capacidad de una parte para realizar con eficacia de actos procesales como parte litigante y comparecer como demandante y demandado, o en representación de cualquiera de ellos, se conoce como 'legitimación en causa' [...] [s]e requiere legitimación activa para ser demandante y pasiva para ser demandado". Continúa el Supremo explicando en su exégesis; "[p]ara que haya legitimación activa tiene siempre que existir la 'capacidad para demandar' pero no todo el que tiene 'capacidad para demandar' tiene acción legitimada" en un pleito [...] [s]u equivalente en Estados Unidos es la doctrina de *standing* [*sic*]". *Id.* a la pág. 560.

En *Fraticelli et al. v. Cintrón Antonsanti*, 122 D.P.R. 229 (1988), el Juez Alonso Alonso alude a una tendencia "[...] hacia la liberalización de las normas [...] [de] [...] legitimación activa (*standing*) [...], " confirmando la determinación de instancia de concederle "capacidad jurídica", *motu proprio*, a los demandantes.

En *Granados Navedo v. Rodríguez Estrada*, 124 D.P.R. 1 (1989), el Juez Asociado Ortiz, en su opinión mayoritaria, coincidió con instancia en que "el 'candidato demandante' no tiene legitimación para reclamar los derechos electorales de terceros", pero no sin antes equiparar ambos conceptos ["legitimación (*standing*)"].

Posteriormente, en *Lasso v. Iglesia Pentecostal La Gran Jerusalem*, 129 D.P.R. 284 (1991), en una opinión concurrente y disidente, a la cual se unieron el Juez Presidente Pons Núñez y el Juez Asociado Andréu García, el Juez Asociado Hernández Denton examinó las alegaciones de los demandados en cuanto a "que debido a la inexistencia de una controversia real y efectiva [...] los demandantes carecen de legitimación activa para impugnar la ley [en controversia]. *Zachry v. Tribunal Superior*, 104 D.P.R. 267 (1975)", luego expresó que la doctrina de legitimación activa requiere que la persona en cuestión tenga un interés legítimo afectado [...] " y que en '*Colegio de Opticos v. Vani Visual*, 124 D.P.R. 559 (1989)', señalamos que la legitimación activa requiere capacidad para demandar en interés legítimo en la causa de acción" la cual se manifiesta en "el reclamo de daños palpables a los derechos constitucionales", y que el daño debería ser tal que "con toda probabilidad pueda proseguir vigorosamente su causa de acción. *Hernández Agosto v. Romero* [*supra*]". Alude, además, a la existencia de una "nueva visión flexible y liberal en la interpretación de los requisitos de legitimación activa" para proteger a "las partes que acuden ante nos solicitando la vindicación de sus derechos". Concluye que los demandantes tenían "legitimación activa para impugnar la constitucionalidad" de una ley que excluía a las instituciones religiosas de la acción interdictal por perturbación o estorbo público.

En *Hernández Torres v. Hernández Colón*, 129 D.P.R. 678 (1991), el Juez Asociado Negrón García, mediante voto preliminar disidente, igualó la "legitimación activa (*standing*)" de los demandantes al "derecho individual que tienen los legisladores y otros funcionarios públicos de comparecer a los tribunales para reivindicar las prerrogativas de su cargo". *Pueblo v. Báez Molina*, 129 D.P.R. 663 (1991).

En *Hernández Torres v. Hernández Colón*, 131 D.P.R. 593 (1992), probablemente el caso más trascendental sobre legitimación, la mayoría del Supremo revocó a instancia y determinó que "los Representantes demandantes carecían de legitimación activa para iniciar la [...] acción en representación del interés público [...]".

puertorriqueño el concepto de legitimación desarrollado por la doctrina civilista. En ese entonces, el concepto era germano a lo dispuesto en la R. 15.1, 1979 pero merecía cierta precisión. En nuestras ediciones anteriores habíamos indicado que la legitimación activa o simplemente legitimación es la razón jurídica que asiste a la parte actora para comparecer ante el tribunal y obtener una sentencia vinculante y que la legitimación pasiva se refiere al demandado y es un concepto carente de mayor interés procesal.

En su opinión disidente, el Juez Asociado Rebollo López al hablar sobre esta "área en la cual [el tribunal había] 'abierto brecha' lo es la referente a la "capacidad jurídica o legitimación activa" (*standing*) también utiliza y entremezcla los términos y conceptos. 131 D.P.R. 593 (1992). En *El Vocero de P.R. v. Hernández Agosto*, 130 D.P.R. 501 (1992), de nuevo el Juez Asociado Negrón García emitió otro voto disidente en el cual opinó que el peticionario (El Vocero) tenía, a través de su Director Asociado, "legitimación activa (*standing*) [...] en virtud del interés especial" que ostentaba como administrador y editor del periódico.

En *Hernández Torres v. Hernández Colón*, 131 D.P.R. 593 (1992), el Tribunal comenzó examinando a iniciativa propia la legitimación de la parte actora y concluyó que la representante y parte demandante no tenía "acción legitimada (*standing*)" ni como ciudadana ni como legisladora, utilizando fundamentalmente los mismos argumentos utilizados por *Hernández Torres v. Hernández Colón*, 129 D.P.R. 824 (1992).

La controversia medular del caso *Colegio de Ingenieros y Agrimensores de P.R. v. Autoridad de Acueductos y Alcantarillados*, 131 D.P.R. 735 (1992), giraba alrededor de si los demandantes (el Colegio) tenían "legitimación activa para acudir a los tribunales cuando existiese situaciones [...] [relativas a] [...] la práctica ilegal de la ingeniería o agrimensura". En su opinión mayoritaria la Jueza Asociada Naveira de Rodón concluyó que los demandantes tenían "facultad para acudir a los tribunales [bajo la ley vigente al momento de los hechos que dieron origen a la controversia] cuando se [tratase] de la práctica ilegal de la ingeniería". Id. a la pág. 13.

En *Caribbean Int'l News h/n/c El Vocero v. Comisión Estatal de Elecciones (C.E.E.)*, 132 D.P.R. 1 (1992), el Tribunal Supremo se negó a revisar una sentencia de instancia la cual obligaba a la Comisión Estatal de Elecciones a exigir a los candidatos electos a los cargos a senador, representantes y alcaldes, que sus estados financieros fuesen certificados por CPA. El Juez Asociado Negrón García por medio de una opinión concurrente expresó que el periódico El Vocero tenía "constitucionalmente [...] un interés legítimo" y "legitimación activa [...] fundada en su razón de ser y función".

En *Sánchez y Colón v. E.L.A. I*, 134 D.P.R. 445 (1993), mediante opinión *per curiam* el Tribunal Supremo determinó que instancia había incidido en error al concluir que los demandantes carecían de legitimación activa para demandar contra la C.E.E. y los tres principales partidos políticos y que se declararan inconstitucionales varios artículos de la ley que autorizaba la celebración de un plebiscito. El Juez Asociado Negrón García establece que "la doctrina de legitimación activa es solamente instrumental [...] y [r]esponde a asegurar que el promovente de la acción es uno cuyo interés es de tal índole [...] que habrá de proseguir su causa vigorosamente y habrá de traer a la atención del Tribunal las cuestiones en controversias *Hernández Agosto* [*supra*]". Concluye posteriormente que no existía problema alguno en cuanto al aspecto de la "legitimación activa (*standing*) de los demandantes".

También habíamos expresado que si incorporábamos el concepto de legitimación al ordenamiento procesal puertorriqueño, como lo había hecho el TS, era forzoso concluir que la legitimación de la parte actora se exige en todo proceso no sólo en cuanto a reclamaciones de intereses difusos o de terceros como pareció entender el TS al equiparar legitimación activa con *standing.*

En estricto rigor conceptual legitimación en sus distintas acepciones como *legitimatio ad processum* o *legitimatio ad causam* abarca los tres conceptos de parte realmente interesada, capacidad jurídica y *standing* que se han usado en Puerto Rico para determinar quién y bajo qué circunstancias puede activar el Poder Judicial.

Creo que en esta temática la doctrina civilista y la doctrina puertorriqueña se han enriquecido y siguen haciéndolo mutuamente. Pues si bien el concepto de legitimación presenta una nitidez y un marco analítico de genuina utilidad para resolver planteamientos en este campo igualmente en nuestro derecho nutrido por las decisiones de los tribunales federales de Estados Unidos, se ha elaborado una doctrina que si prescindimos de sus imprecisiones conceptuales nos brinda una útil normativa, sobretodo en materia de derecho público, que fomenta una ponderación más cuidadosa de los factores a tomar en cuenta para ejercer el poder judicial.

Con el fin de hacer las precisiones conceptuales correspondientes, veamos lo que nos señalan *Wright & Miller*[6] sobre lo que es la parte realmente interesada, la capacidad jurídica y el *standing.*

El concepto de parte realmente interesada "es un medio para identificar a la persona que posee el derecho que se pretende proteger". Este término nos obliga a examinar "si el demandante tiene un interés significativo en la acción que se ha presentado". El concepto de parte realmente interesada va identificado con el actor o demandante. La capacidad para comparecer, por su parte, se concibe como el derecho personal de una parte a litigar ante un tribunal. La capacidad no está limitada únicamente a los demandantes ni depende del carácter de la reclamación.[7]

---

[6] 6A Wright & Miller, *Federal Practice and Procedure (Civil)* sec. 1542 (2d. ed. West Publishing).

[7] Capacidad alude a la aptitud para ser sujeto de derechos y deberes en el proceso (capacidad para ser parte) así como a la posibilidad de su ejercicio y actuación (capacidad procesal). Ambas capacidades remiten a circunstancias personales del sujeto, a su personalidad; a temas como la mayoría de edad, personalidad de corporaciones, asociaciones, etc. Los conceptos de parte interesada o de *standing* no atañen a la personalidad porque se trata de relaciones jurídicas que son externas a ella y que representan el interés en el conflicto que se somete a decisión judicial.

Manuel de la Plaza hace las siguientes precisiones:

"La capacidad para ser parte, distinguiendo, del propio modo que lo hace el Derecho material, la capacidad jurídica de la capacidad de obrar, es decir, con aplicación al proceso, la capacidad para ser parte en él, y la de realizar actos con eficacia procesal, en nombre propio o ajeno (*legitimatio ad processum*); concepto éste que no se identifica con

Es posible ser la parte realmente interesada y carecer de capacidad para demandar debido a que una persona esté incapacitada mentalmente o sea un menor. En *Alvareztorre Muñiz v. Sorani Jiménez*, 2009 T.S.P.R. 12, el TS hizo la aclaración que cuando en *Calo Morales v. Cartagena Calo*, 129 D.P.R. 102 (1991), afirmó quienes ostentan "capacidad" para impugnar la paternidad se referían conceptualmente a quienes ostentan "legitimación" para impugnarla. En este sentido, el TS determinó que una madre con patria potestad tiene legitimación activa para impugnar la paternidad en representación del menor, más no así la "Procuradora de Asuntos de Familia, designada como defensora judicial del menor, para presentar una acción de filiación e impugnación, en representación del niño estando éste bajo la patria potestad de su madre."[8]

Por otra parte, un demandante puede tener capacidad para demandar, pero si ha cedido su interés en la reclamación antes de instar la acción, deja de ser una parte realmente interesada. El concepto de *standing,* por su parte, opera dentro del ámbito del derecho público, distinto de los conceptos antes discutidos, que operan bajo el palio del derecho privado. A ese respecto dicen *Wright & Miller*:[9]

"En el ámbito del derecho público, cuando la acción gubernamental es atacada bajo el argumento de que viola derechos privados o algún precepto constitucional, la cuestión de si el reclamante es un demandante con derecho a lo que reclama rara vez se analiza en términos de parte realmente interesada o de

---

el de legitimación para obrar (*legitimatio ad causam*), que como nota Chiovenda, es la condición para obtener una sentencia favorable, porque presupone la capacidad específica para hacer valer un derecho (legitimación activa) contra la persona que, precisamente ha de ser sujeto pasivo del proceso (legitimación pasiva); distinción que, sin embargo, es piedra de toque para establecer, con recto criterio, la línea de separación entre las llamadas de nuestra técnica forense, falta de personalidad y de acción, y otras, aunque menos exactamente, cuestiones de forma y de fondo." *Op. cit.*, pág. 266.

[8] En *Alvareztorre Muñiz, supra*, el TS indicó lo siguiente: Aunque "el artículo 76 de la Ley Núm. 205 [de 9 de agosto de 2004], 3 L.P.R.A. § 295a, reitera como función de los Procuradores de Asuntos de Familia actuar como abogados de la parte promovente en diferentes procedimientos, entre ellos los relacionados a emancipación y filiación"; y que "[c]ualquier persona con capacidad para comparecer a juicio ostent[a], en términos generales, la legitimación para comparecer ante un tribunal y solicitar que se nombre un defensor judicial a un menor"'; además de que "[...] un tribunal goza de la facultad para nombrar un defensor judicial que represente a un menor en un asunto determinado; [...] el [a]plicar estos preceptos mecánicamente al contexto de las acciones filiatorias es claramente improcedente a la luz de la normativa sobre caducidad y legitimación activa aplicable a las acciones de impugnación de paternidad o de reconocimiento. La Ley Núm. 205 de 9 de agosto de 2004 no le confiere a un Procurador de Asuntos de Familia la legitimación para instar una acción de filiación e impugnación de paternidad o reconocimiento. Tampoco existe otra disposición legal en el ordenamiento que le atribuya dicha función."

[9] *Loc. cit.*, sec. 1542, pág 329. Traducción nuestra.

capacidad. En su lugar, las cortes recurren a la doctrina jurisprudencial de *standing* para demandar."

La falta de *standing* dá lugar a una falta de jurisdicción en el tribunal y por consiguiente es una condición insubsanable, que puede plantearse en cualquier etapa del proceso e incluso de oficio por el propio tribunal.[10]

El TS ha hecho uso de los conceptos de capacidad jurídica y *standing* para analizar reclamaciones o defensas que presentan reclamaciones de intereses difusos de carácter público, que no son exclusivos de la parte o derechos de terceros que no pertenecen a la parte reclamante. Estos casos plantean problemas que la doctrina civilista analizaría bajo el tema de legitimación.

En el caso de *Asociación de Residentes Estancias de Cidra v. Future Developers and Contractors*, *supra*, el TS citando este Tratado de Derecho Procesal Civil hizo las precisiones correspondientes sobre los conceptos de parte interesada, legitimación y capacidad jurídica.

§ 1003. La legitimación de reclamantes representando intereses difusos establecida por la jurisprudencia

La legitimación de reclamantes representando intereses difusos se determina en virtud de los intereses que los reclamantes comparten con un grupo, comunidad, o colectividad; la política pública aplicable a la controversia en que se afectan esos intereses, y criterios sobre el rol de los tribunales vis a vis el rol del ejecutivo y el rol de la Legislatura para gobernar el País dentro del sistema republicano de gobierno. Se trata de un terreno altamente subjetivo donde el acceso a la justicia—uno de los principios rectores de las Rs. de 2009—se estrecha o se ensancha conforme a las ideologías de los jueces respecto a la política pública en cuestión y al grado de iniciativa que debe tener la Rama Judicial para promover el cambio social o defender determinados intereses.

En *Asociación de Maestros v. Pérez, Gobernador Interino*, 67 D.P.R. 849 (1947), el TS encontró que la selección del idioma como vehículo de enseñanza y el poner las leyes en ejecución por su interés público constituían factores legitimantes para que la Asociación de Maestros ejercitara el *mandamus*.[11] Esta puerta ancha de entrada a los tribunales se ratificó en el caso de *Salas Soler v. Secretario de Agricultura*, 102 D.P.R. 716 (1974), cuando el TS indicó que la afectación legitimante podía basarse en consideraciones ambientales, recreativos,

---

[10] Véase R. 10.8(b) y (c), 2009; *Hernández Torres v. Hernández Colón*, 131 D.P.R. 593 (1992), cita precisa a la pág. 834: "Hoy resolvemos que los Representantes-demandantes carecen de legitimación activa para iniciar la presente acción en representación del interés público y que por lo tanto, ni este Foro, ni el tribunal de instancia tiene jurisdicción para adjudicar la controversia [...]." En torno a la doctrina civilista, véase: Morón, Palomino, *op. cit.*, pág. 225.

[11] También puede reconocerse como legitimación establecida por la jurisprudencia la reconocida al comunero para reclamar en nombre propio derechos de la comunidad. *Flores Ortiz v. Rodríguez*, 77 D.P.R. 720 (1954) (Almagro, *loc. cit.*, pág. 221).

espirituales o estéticas. Pero el TS la cerró un poco al establecer en su opinión por vía de *dictum* criterios adicionales determinantes de la legitimación que entonces se llamaba *standing*. A saber: que el demandante haya sufrido daños, el nexo entre el interés del ciudadano y la acción presentada; la adecuacidad de la representación del interés público por el demandante; la madurez de la controversia; la adecuacidad del litigio para plantear en su debida dimensión y particularidad del problema; y, la debida deferencia hacia otras ramas de gobierno. Desde el punto de vista de la demostración de daños por el promovente de la acción, se concluyó que en una acción bajo la *Ley sobre Política Pública Ambiental*, 12 L.P.R.A. secs. 1120 *et seq.* (derogada por la Ley Núm. 416, *infra*) no era necesario demostrar daño económico si se establecía daño de carácter ambiental, recreativo, espiritual o estético.[12]

La materia de legitimación toma un nuevo giro en el caso de *Asociación de Maestros v. Torres*, 137 D.P.R. 528 (1994), en el cual se impugnaba una ley de becas especiales y libre selección de escuelas por ser violatoria de la cláusula constitucional de prohibición de sostenimiento de escuelas privadas con fondos públicos. El TS reitera los criterios y agrega que, en cuanto a organizaciones, éstas pueden demandar a nombre propio o a nombre de sus miembros o integrantes. En este último caso, para tener legitimación activa, la organización deberá demostrar que sus miembros la tendrían para demandar a nombre propio, que los intereses que se pretenden proteger están relacionados con los objetivos de la organización y que la reclamación y el remedio solicitado no requieren la participación individual de los miembros en el pleito. Sin embargo, el tribunal no fundamenta la legitimación que le concede a la Asociación de Maestros en tales criterios exclusivamente, sino que abre una nueva puerta para acceder a los tribunales al acoger, en cuanto a la Constitución de Puerto Rico, una doctrina sentada por el Tribunal Supremo de los Estados Unidos en cuanto a la Constitución federal a los efectos de que cualquier contribuyente, y los miembros de la Asociación de Maestros lo son, está legitimado para cuestionar el uso de fondos públicos cuando tal uso se dé en contravención de los principios constitucionales que separan el Estado de la Iglesia y de la cláusula que prohíbe el sostenimiento por el Estado, de escuelas privadas.

La opinión de conformidad,[13] que hace mucho sentido, del Juez Asociado Fuster hubiera fundamentado el fallo sobre los daños sufridos por los maestros en la reducción de los recursos del sistema de educación pública por la canalización de una parte de tales recursos hacia la educación privada y el drenaje del mejor talento estudiantil hacia la escuela privada. Ante los daños que señala el Juez Asociado Fuster, la Asociación quedaría legitimada.

---

[12] Sobre la estética como fundamento para ejercer el "police power"; véase *Cervecería Corona, Inc. v. Secretario de Obras Públicas*, 97 D.P.R. 44 (1969).

[13] *Supra*, en la pág. 461.

En *Ortiz Rivera v. Bauermeister*, 152 D.P.R. 161 (2000), se le reconoció al ciudadano legitimación para inspeccionar y obtener copia de los documentos públicos.

—Legitimación de legisladores

Los conflictos entre las minorías y las mayorías en el proceso legislativo muchas veces dan lugar a que los que no tienen los votos para prevalecer recurran ante los tribunales pretendiendo reivindicar mediante argumentos constitucionales las posiciones esbozadas y derrotadas dentro del proceso legislativo. La intervención irreflexiva de los tribunales en algunas instancias puede dislocar seriamente el proceso de gobierno. Así ocurrió en *Hernández Torres v. Hernández Colón*, 131 D.P.R. 593 (1992) que revocó una sentencia del TPI, Sala de San Juan, que declaró inconstitucional el Presupuesto del ELA. Al revocar al TPI, el TS rechazó la premisa de instancia que hubiera abierto de par en par las puertas de los tribunales a la conflictividad político-partidista. La absurda premisa era que "[l]os legisladores tienen capacidad para cuestionar la constitucionalidad de una ley que atenta contra los intereses del país."[14]

El TS señaló que en ausencia de un estatuto que confiera legitimación activa a ciertas personas, es esencial que el legislador como cualquier parte que solicita un remedio judicial, pruebe que: (1) su interés es tal que proseguirá la acción vigorosamente y habrá de traer al tribunal las cuestiones en controversia; (2) ha sufrido daño claro y palpable; (3) el daño es real, inmediato y preciso, no uno abstracto o hipotético; (4) existe conexión entre el daño sufrido y la causa de acción ejercida, y (5) la causa de acción surge bajo el palio de la Constitución o de una ley. Los legisladores demandantes no demostraron cumplir con estos criterios por lo cual se determinó que carecían de *standing* lo cual el tribunal equipara a carecer de legitimación activa.

El legislador está legitimado para cuestionar su falta de elegibilidad para ocupar un escaño legislativo, *Santa Aponte v. Secretario del Senado*, 105 D.P.R. 750 (1977); cuando las Cámaras lo autorizan a vindicar derechos de las mismas, *Hernández Agosto v. Romero Barceló*, 112 D.P.R. 407 (1982); para cuestionar reglas que coartan el derecho constitucional a participar en los procedimientos celebrados en las comisiones del Senado, *Silva v. Hernández Agosto*, 118 D.P.R. 45 (1986); cuando se ve afectado en su carácter personal por acciones

---

[14] "Es punto menos que aterradora la visión de una sociedad en la cual jueces nombrados por vida tengan la facultad de juzgar la constitucionalidad de los actos oficiales a nombre exclusivamente del 'interés público'." *E.L.A. v. Aguayo*, 80 D.P.R. 552, 599 (1958), Opinión del Juez Asociado Raúl Serrano Geyls. En sentido contrario ver *Santa Aponte v. Secretario del Senado*, 105 D.P.R. 750 (1977); *Hernández Agosto v. Romero Barceló*, 112 D.P.R. 407 (1982); *Silva v. Hernández Agosto*, 118 D.P.R. 45 (1986); *Noriega Rodríguez v. Hernández Colón, Gobernador*, 122 D.P.R. 650 (1988). En estos casos se reconoció legitimación a legisladores para vindicar derechos que les asisten en el descargo de su función legislativa que han sido violados.

gubernamentales, *Noriega Rodríguez v. Hernández Colón, Gobernador*, 122 D.P.R. 650 (1988); y ante el reclamo de inconstitucionalidad de una regla del cuerpo que impedía registrar la abstención de los legisladores en una votación, *Noriega Rodríguez v. Jarabo*, 136 D.P.R. 497 (1994). Un legislador que participó en una votación en la Cámara, así como el Gobernador, carece de legitimación para cuestionar el reglamento de la Cámara bajo el cual se conduce la votación ante los tribunales. *Acevedo Vilá v. Meléndez Ortiz*, 164 D.P.R. 875 (2005).

—Legitimación de partidos políticos y electores

En materia de derecho electoral, el TS ha estado presto a reconocer la legitimación de electores y de partidos políticos para reivindicar derechos que garanticen la integridad del proceso electoral. Así ha resuelto que un partido político puede demandar para impugnar legislación que lesione sus intereses, y que un grupo de personas puede accionar para paralizar un *referéndum* sobre una enmienda constitucional relativa al derecho a fianza.[15] El último en una larga línea de casos en los cuales el tribunal se pronuncia sobre esto, lo es el de *P.P.D. v. Gobernador I*, 139 D.P.R. 643 (1995), en el cual, reafirmando los principios de *Hernández Torres v. Hernández Colón*, *supra*, y de *Asociación de Maestros v. Torres*, *supra*, en cuanto a todo lo relacionado con daños y representación de grupos, el TS resuelve que un partido político está legitimado para impedir el gasto de fondos públicos en publicidad de carácter político-partidista fuera de la veda del año electoral.

—Legitimación de personas que representan intereses difusos afectados por actuaciones administrativas

Las actuaciones de las agencias del Ejecutivo encauzan de día a día la gobernación del País. Las mismas autorizan o deniegan construcciones, encausan la enseñanza, regulan los deportes, protegen el ambiente etc., etc. Es decir, las agencias toman decisiones que afectan todas las áreas de la vida del País. La revisión judicial de las mismas requiere que los tribunales se sitúen en el fiel de la balanza entre los intereses y derechos del ciudadano y los de la colectividad puertorriqueña integrados en la decisión administrativa.

El procedimiento para acceder a la revisión judicial de las decisiones administrativas está establecido en la Ley de Procedimiento Administrativo Uniforme, 3 L.P.R.A. sec. 2101 *et seq.* Esta ley brinda ese derecho a aquéllos que son partes en procedimientos administrativos en los cuales se ha producido una decisión que les afecta. La Ley reconoce como partes legitimadas a aquellas personas a quienes se dirige la acción de una agencia o que es parte en la acción, o que se le permita intervenir o participar en la misma o que haya presentado una petición para la revisión o cumplimiento de una orden o que sea designada como

---

[15] *Partido Socialista Puertorriqueño v. E.L.A.*, 107 D.P.R. 590 (1978); *Ortiz Angleró v. Barreto Pérez*, 110 D.P.R. 84 (1980).

parte en dicho procedimiento.[16] La aplicación de estas normas por el TS ha sido un tanto accidentada.

En la opinión del caso de *García Oyola y otros v. Junta de Calidad Ambiental*, 142 D.P.R. 532 (1997), el TS resolvió que *García Oyola y otros*, quienes habían formulado ponencias en vistas públicas celebradas por la Junta de Calidad Ambiental para considerar una declaración de impacto ambiental preliminar presentada a la Junta por la Autoridad de Energía Eléctrica, estaban legitimados para recurrir de la decisión de la Junta de Calidad Ambiental por cuanto, citando a *Salas Soler v. Secretario de Agricultura, supra*, el interés de ellos respondía a legítimas consideraciones ambientales, estéticas y de salud.

Al analizar el caso de *García Oyola, supra*, en nuestras ediciones anteriores indicamos lo siguiente: "[n]o hay que dudar que las personas que puedan ser afectadas en su salud, o cuyo medio ambiente sea perjudicado en cuanto a la naturaleza, las especies o la estética, tienen una acción legítima y derecho a la protección de los tribunales. Pero es preocupante el cauce procesal que toma la reivindicación de estos derechos en este caso, pues se trata de unos comparecientes en vistas públicas que no siguieron el procedimiento establecido para convertirse en interventores formales en el proceso. Problemas similares pueden surgir con las agencias a las cuales el organismo administrativo adjudicante pide endosos o comentarios [...]" "La norma es sabia al requerir que se plantee y se adjudique formalmente el derecho a intervenir para adquirir el carácter de parte en un proceso administrativo y, por consiguiente, serlo para fines de legitimar su derecho a utilizar el recurso de revisión judicial. Se infringe esta norma si la condición de parte interventora se pretende deducir a nivel apelativo sólo de los contactos que pueda haber tenido el recurrente con el proceso administrativo.[17] El bautismo legitimante en esa etapa puede que logre la

---

[16] 3 L.P.R.A. secs. 2102(j), 2172.

[17] En la opinión de *Constructora I. Meléndez v. Junta de Subastas, supra*, el TS se expresa, en mi opinión correctamente, de la manera siguiente:

"Ahora bien, ¿son partes los licitadores infructuosos en la subasta a los fines de la sec. 4.2 de la L.P.A.U., *supra*, y la Regla 58(B) del Reglamento del Tribunal de Circuito de Apelaciones, *supra*? Veamos.

La sec. 1.3(j) de la L.P.A.U., *supra*, ofrece un concepto abarcador de lo que constituye una 'parte' en un procedimiento administrativo:

'[T]oda persona o agencia autorizada por ley a quien se dirija específicamente la acción de una agencia o que sea parte en dicha acción, o que se le permita intervenir o participar en la misma, o que haya radicado una petición para la revisión o cumplimiento de una orden, o que sea designada como parte en dicho procedimiento.' 3 L.P.R.A. sec. 2102(j).

En este sentido, es muy ilustrativo el comentario a la Regla 58 del Reglamento del Tribunal de Circuito de Apelaciones, *supra*, [la cual es equivalente a la R. 58 del RTA vigente], al señalar que la notificación del recurso de revisión debe ser hecha a todas las partes así reconocidas en 'la disposición final administrativa de que se trate'. 4 L.P.R.A. Ap. XXII-A, R. 58 (Supl. 1997). Por ello, se le debe de prestar particular atención al llamada justicia sustancial en un recurso en particular, pero el precedente contribuirá a deslavazar el proceso administrativo para la intervención establecido en la L.P.A.U., el cual el legislador quiso estructurar con un rigor protectivo de la marcha ordenada de los trámites y del debido proceso de ley.

Todos los criterios de la sec. 3.5 de la L.P.A.U. que establecen la legitimación de una parte deben ser considerados por el organismo administrativo con las alegaciones y prueba correspondientes, y la adjudicación del derecho a recurrir tiene que hacerse expresamente por el organismo administrativo para que haya certeza sobre los trámites procesales posteriores a seguir en relación con aquel que pretende ser parte en el procedimiento.

El derecho de argumentar en contra de las alegaciones de un interventor es parte del debido proceso de ley. ¿Cómo se va a replicar si no se le reconoce el carácter de parte a nivel de la instancia administrativa? La notificación es también parte del debido proceso de ley. Si se es parte se tiene que ser notificado de los escritos del peticionario y de las resoluciones de la agencia. Los términos para recurrir o solicitar reconsideración no decursan si una parte no es notificada por la agencia de su resolución, por lo cual ésta no adquiere finalidad y tampoco se puede recurrir de la misma.[18] Los remedios post sentencia forman parte del debido proceso de ley. La falta de una adecuada notificación podría afectar el derecho de una parte a cuestionar la sentencia dictada, enervando así la garantía

---

contenido de la disposición final administrativa, como un factor importante, a la hora de determinar si una persona, natural o jurídica, es 'parte' en un procedimiento administrativo a los fines de notificarle el recurso de revisión judicial.

En un procedimiento de subasta, la determinación de quién debe ser considerado una parte es algo relativamente sencillo en comparación a otros trámites administrativos que pueden presentar mayor dificultad para catalogar la condición de 'parte' de una persona que ha comparecido ante una agencia administrativa.

Ciertamente, todo licitador comparece a la subasta en igualdad de condiciones y con las mismas expectativas de prevalecer, siendo incuestionable su condición de parte en el proceso administrativo."

Estimo correcta esta decisión en tanto la misma determina el carácter de 'parte' de todos los licitadores a una subasta con independencia de a quién se adjudicó la buena pro. Un licitador no es un interventor. El que pierde una subasta es tan parte como el que gana y la relación procesal administrativa se traba de entrada entre todos los licitadores y la agencia subastante. Por eso, este caso en particular no plantea el problema de la intervención que discutimos en esta sección, por cuanto la intervención se suscita luego de iniciado un proceso administrativo por la pretensión de participar con todos los derechos procesales por alguien que no ha sido llamado al proceso en la incepción del mismo.

[18] Bregando con este preciso problema de la notificación, en el caso de *Asociación de Residentes Parque Montebello v. Montebello Dev. Corp.*, 138 D.P.R. 412 (1995), *supra*, el TS señaló que: "[n]o podemos permitir que un eslabón de tanta envergadura en el debido proceso de ley tome o adopte una configuración laxa basada en una mera conclusión especulativa de que se tenía conocimiento de la decisión administrativa."

del debido proceso de ley.[19] Si no se notifica a una parte de un recurso, el tribunal apelativo no adquiere jurisdicción.[20] Todos estos trámites administrativos y judiciales exigen certeza sobre quién es o no parte, de modo que puedan efectuarse apropiadamente.

Si bien el derecho administrativo reconoce la informalidad de los procedimientos en las agencias, las disposiciones de la L.P.A.U., dirigidas a estructurar un debido proceso deben ser de estricto cumplimiento. Reconocer a los participantes en vistas públicas el derecho a recurrir de la decisión del organismo administrativo equivale a hacerles partes y altera los mecanismos procesales establecidos para el ordenado debido procedimiento de ley. Ante la infinidad de comparecientes que pueden haber en unas vistas públicas, y dado el caso de que éstas no están diseñadas para determinar la participación legítima como parte formal en el proceso, la opinión en el caso de *García Oyola, supra,* abrió un precedente peligroso."

Durante los años subsiguientes a esos comentarios vimos como *García Oyola, supra,* abrió puertas para que toda clase de intereses, incluyendo intereses políticos e ideológicos, utilizaran los procesos administrativos y la revisión judicial para adelantar sus causas. La cuestión hizo crisis respecto a las autorizaciones de permisos de construcción. Los activistas políticos e ideológicos amparados por un populismo administrativo que prevaleció durante la administración de Acevedo Vilá aprovecharon los trámites en las agencias y los recursos judiciales que les abrió *García Oyola, supra,* para dar al traste con la seguridad jurídica y poner un jaque al imperio del derecho.

Antes de la crisis que se creó con la anulación por ARPE de los permisos que se dieron para la construcción del proyecto del Paseo Caribe, el TS había empezado a recoger velas. En *Rivera v. Morales*, 149 D.P.R. 672 (1999) había establecido que la notificación de la celebración de una vista pública a los vecinos de un proyecto no las legitima para actuar como partes y que tampoco eran partes en una consulta de ubicación las agencias consultadas por la Junta de Planificación.

Más adelante en los casos de *Lugo Rodríguez v. Junta de Planificación*, 150 D.P.R. 29 (2000) y *Comisión de Ciudadanos al Rescate de Caimito, Inc. v. G.P. Real Property S.E. y otros*, 2008 T.S.P.R. 105, el TS desarrolló la distinción del mero participante y el participante activo cuyos derechos se verían afectados concediéndole el derecho a recurrir a este último.[21]

Finalmente, en *Junta de Planificación v. Cordero Badillo, Inc.*, 2009 T.S.P.R. 160, el TS determinó con eficacia prospectiva, que una "persona natural o

---

[19] *Falcón Padilla, et al. v. Maldonado Quirós, et al.*, 139 D.P.R. 97 (1995).

[20] *Constructora I. Meléndez v. Junta de Subastas, supra*; *Méndez Cabrera v. Corporación Urbanizadora Quintas de San Luis*, 127 D.P.R. 635 (1991).

[21] Véanse también los casos de *Ocean View v. Reina del Mar*, 161 DPR 545 (2004) y *Junta de Directores Condominio Portofino v. P.D.C.M. Associates, S.E.*, 2008 T.S.P.R. 54.

jurídica que se encuentre participando activamente en un proceso administrativo y que desee ser considerada "parte" con todo lo que ello implica para fines de revisión de la decisión administrativa, debe hacer una solicitud formal al respecto, debidamente fundamentada". Esta decisión ciertamente era necesaria para erradicar la incertidumbre y la ambigüedad creada por la jurisprudencia en torno a la doctrina del participante activo, lo que en nada abonaba a la certeza jurídica que debe permear en los foros judiciales y agencias administrativas.[22]

Junta de Planificación v. Cordero Badillo, Inc., *supra*, establece con carácter de obligatoriedad el cumplimiento con los requisitos del mecanismo de la intervención que exige la L.P.A.U. para que una persona se considere "parte" y erradica *sub silentio* la doctrina del participante activo junto con toda su progenie jurisprudencial. La Legislatura por su parte tomó cartas en el asunto al limitar drásticamente el acceso a los tribunales en la *Ley para la Reforma del Proceso de Permisos de Puerto Rico*, Ley Núm. 161 de 1 de diciembre de 2009.

Más adelante en *Fundación Surfrider Inc. v. A.R.P.E.*, 2010 T.S.P.R. 37, el TS precisó que para acceder a la revisión judicial, la parte tiene que haber sido adversamente afectada, lo cual significa que sufrió un daño particular causado por la acción administrativa que se pretende impugnar. Esta condición se dá siempre que se sigue el procedimiento de intervención prescrito en la sección 3.5 de la L.P.A.U. En virtud de la misma la intervención se autorizará por la agencia si el peticionario tiene un interés legitimo en el procedimiento y dicho interés puede ser afectado adversamente en el mismo.

Los problemas que generó *García Oyola*, *supra*, se hubieran evitado si en vez de abrir las puertas como lo hizo el TS en esa opinión, se hubiera seguido de entrada el procedimiento de intervención dispuesto en la L.P.A.U.

§ 1003a. La legitimación de reclamantes representando intereses de terceros

Nuestra jurisprudencia ha legitimado a demandados para oponer defensas afirmativas basadas en derechos que pertenecen a terceros *Zachry International of P.R. v. Tribunal Superior*, 104 D.P.R. 267 (1975) y *E.L.A. v. Puerto Rico Tel. Co.*, 114 D.P.R. 394 (1983).[23]

En *Zachry v. Tribunal y E.L.A v. Puerto Rico Tel.*, *supra*, el TS reconoce el derecho de los demandantes a oponer en su defensa los derechos de terceros. El análisis se dá, sin embargo, en términos del concepto de capacidad jurídica cuando en realidad estamos hablando de un problema de legitimación. Claramente lo que se plantea en el caso de la Compañía Telefónica (PRTC) no es un problema intrínseco a la persona de la parte que formula el planteamiento, es decir, a la PRTC. Lo que se plantea es la legitimación de esta parte para alegar

---

[22] Véase, además, W. Vazquez Irizarry, El Tribunal Supremo de Puerto Rico: Análisis del Término 2007-2008, Derecho Administrativo, 78 Rev. Jur. U.P.R. 571, 590-591 (2009).

[23] Véase también *International Harvester of P.R. v. Secretario de Hacienda*, 114 D.P.R. 281 (1983).

los derechos de sus abonados como defensa para derrotar la reclamación del demandante. La determinación del tribunal admitiendo dicha defensa encuentra la legitimación en los siguientes factores: que la Telefónica está sujeta a sufrir daños; que la controversia se manifiesta dentro de un marco de hechos concretos; que dicha controversia está madura para resolverse; que la Telefónica está en condiciones de argumentar adecuadamente los derechos de sus abonados; y que éstos no se encuentran en posición ideal para hacerlos valer.

§ 1004. Legitimaciones especiales establecidas por ley o por la jurisprudencia

Cuando una persona está autorizada por la ley—legitimada—para demandar a nombre de otra, la persona así autorizada viene a ser la parte realmente interesada.[24]

Se entiende que el autorizado por la ley tiene una relación fiduciaria para con los beneficiarios del resultado de la acción. Por ejemplo la sec. 2471 del Título 32 L.P.R.A. en que los albaceas y administradores son autorizados para demandar o ser demandados en las acciones en contra de la herencia.[25]

Este es el caso que la doctrina procesal califica de patrimonios autónomos o patrimonios de destino. Se trata de masas patrimoniales de personas, que si bien pueden ser conocidas, la titularidad de los bienes no se les ha adscrito formalmente. Si bien se sabe que esos bienes están destinados a llegar a manos de unos herederos más o menos conocidos, hasta tanto no se corran todos los trámites de una testamentaría, la titularidad no se adscribe, y la masa hereditaria, en muchos de los casos, queda en manos de un administrador o un albacea a quien se autoriza por ley para instar las acciones que puedan corresponder a la herencia. Es él la persona autorizada por la ley y se entiende que la causa de acción existe a su favor como tal albacea o administrador. Otros ejemplos son la autorización al Administrador del Fondo del Seguro del Estado para reclamar a nombre del lesionado y al Secretario del Trabajo a nombre del obrero.[26]

Las R. 15.1, 2009 establece que el E.L.A. está autorizado a demandar en beneficio de otra persona cuando también por ley así se disponga. Un ejemplo de esto lo tenemos en los procedimientos de *quo warranto* en que el Estado demanda con el objeto de proteger intereses puramente privados, mediando naturalmente la ilicitud en el ejercicio de poderes corporativos o concesiones estatales.[27] Véase *Torres Camacho v. Departamento de Recreación y Deportes*, 115 D.P.R. 141 (1984).

---

[24] 4 Moore's *Federal Practice*, sec. 17.10 (Matthew Bender 3d. ed.).

[25] La R. 17 Federal en una innecesaria redacción enumerativa incluye expresamente a albaceas, administradores, tutores, etc., como partes realmente interesadas o legitimadas.

[26] Véase 11 L.P.R.A. sec. 32; 32 L.P.R.A. sec. 3118; *Atiles Moréu v. Tribunal de Distrito de P.R.*, 73 D.P.R. 949 (1952); *Tropigás de P.R. v. Tribunal Superior*, 102 D.P.R. 630 (1974).

[27] 32 L.P.R.A. sec. 3391; *Pueblo v. Betancourt*, 28 D.P.R. 854 (1920).

En la opinión de *Carrero Gueits v. Departamento de Educación*, 141 D.P.R. 830 (1996), el TS estableció que una agencia administrativa, en ese caso JASAP, está legitimada para intervenir mediante la presentación de un *certiorari* ante el TS, en un caso que se había apelado por el Departamento de Educación ante el Tribunal Superior, el cual había revocado a JASAP. La legitimación se reconoció para que JASAP pudiera proteger su autoridad cuasi legislativa, pues se trataba de la interpretación del reglamento adjudicativo de la agencia. Se distinguió el caso de *Murphy Bernabé v. Tribunal Superior*, 103 D.P.R. 692 (1975), en el cual se había decidido que una agencia en ausencia de expresa autorización estatutaria no tiene capacidad jurídica (sic) para defender sus decisiones cuando ha actuado en el ejercicio de su función cuasi judicial.

§ 1004a. Legitimación en material electoral

En el caso de *Granados Navedo v. Rodríguez Estrada II*, 124 D.P.R. 593 (1989), el TS reconoce que la Ley Electoral concede a los electores legitimación activa para defender judicialmente sus derechos. Esta legitimación se deriva de lo dispuesto en 16 L.P.R.A. sec. 3051, a los efectos de que se concede a los electores la capacidad para iniciar o promover ante el tribunal de primera instancia cualesquiera acciones legales al amparo de la Declaración de Derechos y Prerrogativas de los Electores establecida en la Ley Electoral.

§ 1004b. Legitimación en cuestiones ambientales

La Ley Núm. 416 de 22 de septiembre de 2004, *Ley sobre Política Pública Ambiental*, 12 L.P.R.A. sec. 8002m, legitima a cualquier persona natural o jurídica, para llevar acciones en daños y perjuicios en los tribunales de justicia contra cualquier otra persona natural o jurídica basada en daños que sufran por violaciones a dicha ley.

Igualmente provee para que cualquier persona natural o jurídica afectada por la falta de implantación de la ley pueda acudir al tribunal de primera instancia mediante *mandamus* para que se cumpla con lo dispuesto en la ley por la agencia gubernamental correspondiente.

A este tenor, una persona está legitimada para incoar un *injunction* por un alegado daño a la salud colectiva en contra de otra que mantiene una gran cantidad de perros y gatos que constituyen un estorbo[28] amparándose en el Art. 277 del CEJ y por violación al Reglamento de Salud Ambiental, Núm. 6090.[29]

§ 1005. Legitimación de representantes de clases—Pleitos de clase

La R. 20, 2009, legitima la comparecencia de representantes de un grupo o clase a nombre de dicho grupo o clase y convierte a la representación en la clase para fines de la relación jurídico-procesal con los efectos de cosa juzgada sobre todos los miembros de la clase.[30]

Se trata en su fondo de una importante figura de derecho impostada entre lo sustantivo y lo procesal que viabiliza reivindicaciones que de otra forma y por consideraciones prácticas no serían viables. La parte actora es la clase la cual actúa procesalmente a través de sus representantes.

Esta regla amplía dramáticamente el ámbito de la legitimación, restringido por el principio de que todo pleito se presentará por aquellos directamente interesados, al permitir que un pequeño número de los interesados represente al colectivo con todas las consecuencias jurídico-procesales incluyendo las de la cosa juzgada para cada uno de los integrantes del colectivo.

Moore y otros tratadistas de las reglas federales abordan el pleito de clase como un tema de acumulación de partes. Sin duda lo es, pero más que un tema de acumulación de lo que se trata es de legitimar a los comparecientes para representar a la clase a través del cumplimiento de los requisitos de la Regla 20: numerosidad, comunidad, tipicidad, adecuada representación, etc., de modo que la relación jurídico-procesal se establezca en torno a la clase como tal con todas las consecuencias para los integrantes de la misma como si estuvieran compareciendo individual y personalmente al litigio.[31]

---

[28] Según citado en *Flores Jiménez S.L.G. v. Colberg y otros*, 2008 T.S.P.R. 90, un estorbo es: "[t]odo lo que fuere perjudicial a la salud, indecente u ofensivo a los sentidos, o que interrumpa el libre uso de la propiedad, de modo que impida el cómodo goce de la vida o de los bienes, o que estorbare el bienestar de todo un vecindario, o un gran número de personas o que ilegalmente obstruyere el libre tránsito, en la forma acostumbrada, por cualquier lago, río, bahía, corriente, canal o cuenca navegable, o por cualquier parque, plaza, calle, carretera pública y otras análogas."

[29] Véase, *Flores Jiménez S.L.G. v. Colberg y otros, supra.*

[30] R. 20.3(c), 2009.

[31] El TS ha legitimado la comparecencia de entidades o individuos con consecuencias en torno a una clase aún cuando no se haya cumplido con las disposiciones de la R. 20, 2009. Se trata de asuntos de interés público y de normas protectivas de la comunidad en general en casos en que se solicitan remedios interdictales o declaratorios.

En el caso de *Salas Soler*, *supra*, el TS reconoció que para fines de legitimación en una acción bajo la *Ley sobre Política Pública Ambiental*, 12 L.P.R.A. 1128 et. seq., (derogada) bastaba con que el demandante hubiera sufrido un daño de carácter ambiental, recreativo, espiritual o estético con el resto de la comunidad. Esto equivale a relevarlo de cumplir con los requisitos de la R. 20, 2009. En el caso de *Noriega v. Gobernador*, 122 D.P.R. 650, 684 (1988), el TS legitimó una acción que beneficiaba a unas 74,000

Las disposiciones de la R. 20, 2009, establecen las condiciones bajo las cuales un pleito puede tramitarse como pleito de clase con miras a compatibilizar los intereses de la clase con los intereses de los individuos que la representan; asegurar que se cumple con el debido procedimiento de ley respecto a los integrantes de la clase o grupo que no hayan comparecido personalmente al tribunal pero puedan ser afectado por la sentencia y además con miras a evitar fraudes contra éstos. De ahí que exige una activa intervención del tribunal en el proceso e impone estrictos requisitos de notificación a la clase.

En *Cuadrado Carrión v. Romero Barceló*, 120 D.P.R. 434 (1988) el caso normativo sobre pleitos de clase, el Tribunal Supremo señaló que la acción de clase:

"[...] adelanta los objetivos siguientes: 1) fomenta la economía judicial en la medida que disminuye el número de casos que deben resolver los tribunales al permitirles adjudicar de una vez todas las cuestiones comunes a varios litigios. Además, evita la posibilidad de reclamaciones múltiples y repetitivas; 2) permite hacer justicia a personas que de otra manera no la obtendrían, especialmente cuando las sumas individuales en controversia no son cuantiosas y por lo tanto las personas agraviadas no se sienten motivadas a litigar; y 3) protege a las partes de sentencias inconsistentes".

El pleito de clase es el medio por excelencia para hacer del derecho un instrumento de cambio social, por cuanto a través de este mecanismo se puede hacer comparecer como partes a colectivos o clases tan amplias como, por ejemplo, todos los consumidores de determinado producto en Puerto Rico. Es decir, a millones de personas en procura de remedios que instrumenten la política pública que ampara sus derechos.

En los Estados Unidos se han reconocido clases a escala nacional e incluso y frecuentemente, a nivel estatal o de un grupo de Estados. De esta forma se utiliza la vía judicial para la implantación de la política pública que protege los intereses de los consumidores, o de los perjudicados por violaciones a las leyes antimonopolísticas, de los inversores en bolsa, de los colectivos discriminados,

---

personas y entidades sin que se cumpliera con las disposiciones de la R. 20, porque: "[...] por su propia naturaleza, este es un asunto de profundo interés en el que debe abordarse varias disposiciones constitucionales que afectan y protegen a la comunidad en general [...]".

En el caso de *Ortiz Angleró v. Barreto Pérez*, 110 D.P.R. 84 (1980), en torno a una acción de *injunction* contra el Administrador de la Comisión Estatal de Elecciones en torno a los electores que podían votar en un *referéndum* la cual afectaba miles de electores el TS resolvió que no tenía que decidir si se trataba de un pleito de clase sujeto a la R. 20, para resolver sobre la inconstitucionalidad de la ley en cuestión por cuanto el pleito era sostenible como una petición de sentencia declaratoria e interdicto por personas claramente afectadas por la ley cuestionada.

En todos estos casos, los demás ciudadanos son beneficiados o perjudicados por el precedente que establece la opinión, no como cuestión de cosa juzgada.

del ambiente o de la salud. En virtud del pleito de clase, se han dictado sentencias por cientos de millones de dólares contra las grandes compañías del petróleo, las empresas contaminantes, y las tabacaleras. Mediante el pleito de clase, se han reivindicado los derechos civiles de cientos de miles de ciudadanos discriminados.

El uso del pleito de clase para estos fines estaba bastante limitado en el foro federal hasta las enmiendas que se hicieron a la Regla 23 de Procedimiento Civil federal en 1966. A partir de dichas enmiendas que imprimieron un enfoque funcional a la normativa, se dio la explosión de la litigación en pleitos de clase en el foro federal que ha llegado hasta nuestros días.

En Puerto Rico la primera iniciativa legislativa para abrir el campo del pleito de clase lo fue la Ley Núm. 118 del 25 de junio de 1971, 32 L.P.R.A. sec. 3341 *et seq.*, que estableció el pleito de clase de los consumidores. Esta ley está inspirada en la nueva Regla 23 federal pero no es una copia de la misma. En 1979 se enmendó la R. 20 para incorporarle la normativa de la Regla 23 federal funcionalizando de esta forma el pleito de clase para la reivindicación de todo tipo de derechos—no sólo derechos de consumidores—como se ha hecho en el foro federal.

La exposición de motivos de la Ley Núm. 118, *supra*, que fue aprobada para suplir a la fecha de su aprobación, las deficiencias de la R. 20 de Procedimiento Civil que todavía no había sufrido las enmiendas de 1979, expresa admirablemente bien la razón de ser del mecanismo procesal que conocemos como el pleito de clase. Dice así: "Usualmente las acciones de los consumidores envuelven sumas de dinero tan pequeñas que no justifican un pleito individual; es más económico y justo el que reclamaciones esencialmente idénticas sean instadas en un sólo pleito de clase a nombre de todos los consumidores defraudados o engañados". Esta es la misma filosofía detrás de las enmiendas a la R. 20, 1979 (equivalente a la R. 20, 2009) que facilitan el pleito de clase para la reivindicación de todo tipo de derechos.

Se viabiliza de esa manera la implantación judicial de la política pública para proteger los derechos, bien de los consumidores, o bien de los grupos cuyos derechos civiles han sido violados, o bien de los ciudadanos con derecho a un ambiente sano y saludable. Pero la justicia no es gratis y los procesos judiciales implican para las partes gastos y esfuerzos de considerable magnitud. Los mismos no se justifican para atender reclamaciones de pequeño valor económico y por eso estas reclamaciones aunque teóricamente procedentes, no se ventilan ante los tribunales de justicia. Al permitir agrupar todas las reclamaciones de una clase bajo un sólo pleito, se hace económicamente posible el litigio.

Y, al encaminar múltiples—a veces millones—de reclamaciones a través de una sola demanda, se maximiza la eficacia del sistema judicial y se cumple con el objetivo de una justicia rápida, económica y eficaz proclamado por la Regla 1 como finalidad de nuestro ordenamiento procesal civil.

En *Guzmán Matías v. Vaquería Tres Monjitas, Inc. et al.*, 169 D.P.R. 705 (2006), el TS al interrelacionar las disposiciones de la R. 20 y la Ley Núm. 118, *supra*, subrayó lo siguiente: "la Ley 118 no creó una forma de acción de clase distinta a la establecida por la Regla 20, sino que extendió los remedios disponibles para los consumidores de bienes y servicios. En términos de los requisitos aplicables para certificar una clase de consumidores de bienes y servicios debemos enfatizar los requisitos de "predominio y superioridad", y "comunidad" los cuales, aunque presentes en la Regla 20, son los únicos expresamente dispuestos en la Ley 118. Esto significa que cuando se presenten acciones de clase al amparo de esta Ley debemos atender primeramente a estos dos requisitos para determinar si una alegada clase es acreedora de los remedios que allí se establecen. Una vez se satisfacen los requisitos de "preponderancia y superioridad", y "comunidad" es necesario examinar si entonces se cumplen los demás requisitos supletorios de la Regla 20, o sea, numerosidad, tipicidad y adecuada representación. Sin embargo, al aplicar estos requisitos venimos llamados a interpretarlas con el espíritu de liberalidad e inclusión que inspiro la Ley 118."

La Ley Núm. 118, *supra*, y leyes similares aprobadas en los Estados de la Unión, establecen dos formas de presentar el pleito de clase: por individuos representativos de la clase o por el Estado o sus agencias como *parens patriae* en favor de la clase. Igualmente contienen disposiciones que para hacer respetar la política pública, sancionan la violación de los derechos de los consumidores con medidas como la siguiente: "El Tribunal de Primera Instancia en su resolución o sentencia impondrá una cantidad igual a los daños determinados en concepto de liquidación de daños y perjuicios, más una cantidad razonable que no bajará de un 25% en concepto de honorarios de abogado, más los intereses legales desde el momento de la comisión del daño y las costas del procedimiento [...]". 32 L.P.R.A. sec. 3343.

California, que es estado de vanguardia en materia de protección de los consumidores, adoptó un estatuto similar al nuestro bajo el cual han llegado numerosas acciones de clase a sus tribunales. En el caso de *Vásquez v. Superior Court of San Juan County*, 4 Cal. 3d 800, 484 P.2d 964 (1971), el Tribunal Supremo de ese estado reconoció la acción de clase de los consumidores como una herramienta esencial para la protección de éstos contra prácticas explotadoras del comercio y conminó a los tribunales del estado a desarrollar mecanismos procesales pragmáticos para simplificar la litigación potencialmente compleja mientras se protegen los derechos de todas las partes.

§ 1005a. Remedios en pleitos de clase

La plasticidad del remedio en el pleito de clase—tanto bajo la Ley Núm. 118, *supra*, como bajo la R. 20—es mucho mayor que en el pleito ordinario. Naturalmente a través de un pleito de clase pueden obtenerse, como en todo pleito, sentencias declaratorias, interdictos de todo tipo, o sentencias de condena al pago de cantidades adeudadas por el concepto que sea, incluyendo daños y perjuicios. Pero debido a la potencial magnitud de las clases y al hecho de que una buena parte de sus miembros no hace efectivo su derecho a retirar las pequeñas compensaciones que le corresponden, tribunales, federales y estatales, han elaborado la doctrina del "*fluid recovery*" para disponer de cantidades muchas veces millonarias en favor de la clase de una manera indirecta.

La doctrina de "*fluid recovery*" surge como respuesta al problema práctico de cómo se dispone de una cantidad importante de dinero que no ha sido reclamada por los miembros individuales de la clase en favor de la cual se dictó la sentencia. Esta situación se da frecuentemente en los casos de clases integradas por miles o millones de personas. Como cuestión de realidad y no obstante las mejores notificaciones, una gran parte de la clase o no se entera del pleito, o no tiene suficiente interés como para comparecer a retirar una módica cantidad en su favor.

Surge la pregunta de ¿qué hacer con el dinero remanente? Devolverlo al demandado es premiarle y por tanto contrario a la política pública que encarna el estatuto en que descansa la causa de acción de la clase.

En el sistema judicial de los Estados Unidos—federal y estatal—escindido en su origen entre "*equity*" y "*law*"—los tribunales encontraron la respuesta al problema práctico antes mencionado recurriendo a la doctrina de "*equity*" llamada "*cy pres*". Esta doctrina se originó en materia de fideicomisos con fines caritativos. Cuando el cumplimiento con los términos expresos de un fideicomiso con fines caritativos resultaba imposible, los fondos serían aprovechados para ser utilizados para el fin más próximo a los propósitos del fideicomitente. En el contexto del pleito de clase a esta doctrina se le dio el nombre de "*fluid recovery*".

El "*fluid recovery*" permite que el remanente de una cantidad global adjudicada por los daños sufridos se distribuya en la forma que el tribunal determine que mejor compensa a los miembros de la clase y da cumplimiento a la política pública que inspiró el estatuto del cual dimanan los derechos de la clase.

En *State of California v. Levi Strauss & Co.*, 41 Cal. 3d 460, 715 P.2d 564, 570-571 (1986) un caso llevado por el Estado de California bajo un estatuto similar a nuestra Ley Núm. 118, *supra*, el Tribunal Supremo de California señala que "la aplicabilidad del "*fluid recovery*" a una acción de clase en particular, depende de la finalidad que persigue la ley que dá lugar a la la causa de acción ejercitada. En el caso de una ley para la protección de los consumidores, esa finalidad se cumple mediante la restitución de ganancias mal habidas a los consumidores y la disuación para que no se cometan prácticas similares en el futuro. Sin "*fluid recovery*" se permitiría a los demandados retener sus ganancias mal habidas simplemente porque su conducta causó daños a un gran número de personas en cantidades pequeñas en vez de a un número pequeño de personas en cantidades grandes".

La Jueza Asociada Fiol Matta señala en su artículo "La Acción de Clase del Consumidor", que la doctrina del "*fluid recovery*"[32] se estableció en Puerto Rico por vía de la Ley Núm. 110 de 7 de junio de 1973, 23 L.P.R.A. sec. 1017,[33] la cual provee para que las cuantías recobradas por los demandantes a nombre de consumidores en pleitos de clase, ingresen en un fondo especial para su uso de acuerdo con una orden emitida por el tribunal sentenciador, el cual velará porque dichas cuantías sean utilizadas a favor o en beneficio de la clase del consumidor que sufrió el daño.

Si bien concurro con la observación de la Jueza Asociada Fiol Matta, creo también de rigor señalar que el poder para proveer la plasticidad del remedio del "*fluid recovery*" es un poder inherente en el poder judicial—los tribunales norteamericanos lo llaman, "*equitable discretion*"—que no está limitado en su ejercicio a los procedimientos de "*fluid recovery*" que establece la Ley Núm. 110, *supra*, para beneficio de consumidores reclamantes.

Nuestra conclusión también encuentra apoyo en la jurisprudencia de nuestro TS. En el caso de *Vellón Maldonado v. Squibb Mfg., Inc.*, 117 D.P.R. 838, 847 (1986), nuestro TS señaló lo siguiente: "Los problemas que surgen de la explosión urbana, industrial, científica y tecnológica, desafían los esquemas adjudicativos vigentes. Es ineludible el deber de los tribunales de acoplarse a esta nueva realidad. La forma tradicional de resolución de disputas resulta inadecuada para la litigación compleja. A este reto los tribunales tienen que enfrentarse de

---

[32] Liana Fiol Matta, *La Acción de Clase del Consumidor*, 36 Rev. Col. Abo. 716 (1975).

[33] "Las cuantías recobradas por los demandantes a nombre de consumidores y/o comerciantes innominados o indeterminados en pleitos de clase bajo las leyes del Estado Libre Asociado y/o Estados Unidos de América, ingresarán en un Fondo Especial para su uso de acuerdo con una orden emitida por el tribunal sentenciador, el cual velará por que dichas cuantías sean utilizadas a favor o en beneficio de la clase del consumidor o comerciante que sufrió el daño.

El tribunal nombrará un administrador para dicho Fondo, y fijará los honorarios de éste. Si el administrador resultare ser un funcionario gubernamental, no recibirá compensación alguna.

Durante el año siguiente al archivo en autos de copia de la sentencia, cualquier miembro de la clase beneficiada por ésta, podrá reclamar sus derechos de acuerdo a los procedimientos establecidos por el tribunal.

Transcurrido un año, las cuantías recobradas ingresarán en el Fondo Especial creado por la sec. 1016(b) de este título y serán utilizadas para la prosecución de acciones para protección de los consumidores y/o comerciantes.

El tribunal ordenará al administrador que notifique a los miembros de la clase mediante la publicación de edictos en dos (2) periódicos de circulación general, y en forma bastante visible, una (1) vez por semana durante las cuatro (4) semanas inmediatamente posteriores a la sentencia y las cuatro (4) semanas inmediatamente anteriores al final del periodo prescriptivo de un (1) año estipulado en esta sección. El tribunal podrá, en adición al método aquí señalado, proveer cualquier otro que considere adecuado".

forma decidida e imaginativa, adaptando los mecanismos procesales existentes y haciendo uso activo de todos los recursos que tienen a su disposición. Hay que estructurar los mecanismos procesales necesarios para adjudicar pronta y adecuadamente este nuevo tipo de controversias".

Siguiendo esta línea de flexibilidad procesal, el Tribunal Supremo de California señaló en *Levi*,[34] que la legislación de *parens patriae* de California que establece una forma de distribuir los daños reclamados por los consumidores a través de acciones de clase, no limita la discreción del tribunal para estructurar el "*fluid recovery*" de acuerdo con sus poderes inherentes en la forma que lo crea más apropiado.

En dicho caso,[35] se indica que hay tres pasos para implantar el "*fluid recovery*". Primero, la indemnización total se paga por el demandado a un fondo en favor de la clase. Segundo, se le concede una oportunidad a los miembros de la clase para recuperar sus daños individuales. Tercero, luego de que se paguen las reclamaciones individuales, cualquier remanente se distribuye mediante uno de varios procedimientos desarrollados por los tribunales.

Estos procedimientos son: Una rebaja en el precio del producto que sea objeto de la demanda en el caso; reversión a una entidad gubernamental para un propósito específico o fines generales; el establecimiento de un fondo en fideicomiso para el consumidor, y la distribución del fondo entre todos los reclamantes comparecientes. Todos estos métodos promueven las políticas de restitución y disuasión asegurando que el remanente de lo recobrado no revierta al que causa el daño. Sin embargo, estos métodos difieren sustancialmente en cuanto a sus efectos compensatorios para los reclamantes y su aplicabilidad al caso en particular.

Para determinar el procedimiento más conveniente, el Tribunal Supremo de California nos indica que los tribunales deben considerar: (1) la compensación provista para toda la clase; (2) la proporción de miembros de la clase que participarán de las cantidades recobradas; (3) la extensión en que los beneficios alcanzarán a quienes no son miembros de la clase y el grado en que ésto efectuará el propósito del estatuto en que se basa la reclamación; y (4) los costos de administrar el procedimiento.

El procedimiento de rebajar los precios distribuye la parte remanente del fondo mediante el mecanismo del mercado durante un periodo de tiempo. Este procedimiento es muy efectivo cuando el producto que es objeto del litigio es un producto que se adquiere en forma repetitiva o continua a través del tiempo. Un ejemplo de ese tipo de objeto lo sería una reclamación en torno a pagos por el servicio de energía eléctrica o de teléfono. Sin embargo, el mismo es difícil de implantar cuando el mercado no es de naturaleza monopolística o cuando todos los suplidores no se encuentran demandados ante el tribunal.

---

[34] *Supra*, a la pág. 574.

[35] *Supra*, a la pág. 571.

Bajo el procedimiento de reversión, el remanente del fondo se traspasa a una entidad gubernamental para que los utilice en proyectos que beneficien a los miembros de la clase y promuevan los propósitos del estatuto en que se basa la causa de acción. Un ejemplo lo tenemos en el caso de *In re Three Mile Island Litigation*[36] en el cual se transó por $25 millones de los cuales el tribunal dispuso el uso de $5 millones para establecer un fondo público para financiar estudios de los efectos a largo plazo del accidente nuclear y para la elaboración de planes futuros de evacuación. Este procedimiento provee un beneficio indirecto a los miembros de la clase y minimiza los costos de administración pero depende de la disponibilidad de un organismo gubernamental para instrumentarlo.

Otra forma de reversión es traspasar el remanente del fondo al fondo general de un organismo gubernamental sin un propósito específico relacionado con la clase. Este procedimiento es el menos directo de todos, resulta en beneficio de todos los contribuyentes y solo se utiliza como un remedio de último recurso.

El procedimiento de distribución conocido como el fondo en fideicomiso para el consumidor utiliza el remanente para lograr los propósitos del derecho sustantivo que dio lugar a la causa de acción y provee de esta manera una compensación indirecta a los miembros de la clase. Requiere crear una organización para instrumentarlo o identificar una entidad de la sociedad civil para hacerlo. Esto implica costos que tienen que sufragarse del fondo.

El último de los procedimientos de distribución que es la distribución del fondo entre los reclamantes que comparezcan al tribunal, es el que provee la compensación más directa pero con un gran riesgo de injusticia por cuanto a los reclamantes que no comparezcan al tribunal para exigir lo que les corresponde del fondo, no les tocará nada ni directa ni indirectamente. El fondo se distribuirá solo entre los que comparecen a reclamarlo, lo cual resultará en compensaciones excesivas más allá de los daños individualmente sufridos. Este procedimiento solo debe usarse cuando hay gran seguridad de que la inmensa mayoría de los miembros de la clase comparecerá a reclamar su parte y podrá justificar lo que le corresponde.

Según señaláramos anteriormente, el tribunal sentenciador determinará cuál de los procedimientos de distribución es el más adecuado de conformidad con las circunstancias del caso en particular con miras por una parte a la compensación de los miembros de la clase y por otra parte, a efectuar los propósitos de la ley que dio lugar a la causa de acción y en todo caso, con miras a la devolución de aquello de que fue privada la clase y con miras a disuadir al demandado de su conducta en violación de la ley.

Las posibilidades que tiene la acción de clase como un vehículo para la eficaz instrumentación de la legislación y la política pública, son enormes y corresponde al foro su uso imaginativo y a los tribunales el desarrollo de sus amplias posibilidades.

---

[36] 557 F. Supp. 96, 97 (M.D. Pa. 1982).

§ 1006. —Antecedentes de la R. 20, 2009

El texto de los cinco incisos de la R. 20, 2009, equivalente a la R. 20, 1979 es muy diferente del de los dos incisos de la antigua R. 20, 1958.

Las razones son de orden técnico y práctico, y hay que buscarlas en las fuentes de esas reglas que son las federales, especialmente la R. 23, antes y después de su enmienda de 1966.

La R. 23 federal original se había encontrado con varias dificultades. Tres categorías de acciones de clase—verdaderas, híbridas y espúreas—se definían en función de la naturaleza abstracta de los derechos en litigio, y se pensaba que con ello bastaba para precisar adecuadamente las situaciones jurídicas y para indicar con suficiente claridad la extensión de la aplicación de la sentencia en cada categoría, lo que a su vez debía servir de ayuda para determinar los efectos de la cosa juzgada en caso de que se intentara la misma acción en el futuro por otro miembro o miembros de la misma clase.

Así, las sentencias dictadas en juicios en que se ejercitaban acciones de clase "verdaderas" o "híbridas", tendrían fuerza de cosa juzgada para toda la clase, con las diferencias debidas a su especial naturaleza. En cambio, las sentencias dictadas en juicios en que se ejercitaban acciones de clase "espúreas", la sentencia tendría fuerza de cosa juzgada solamente entre las partes y las partes interventoras.

A la hora de ser usados, los tres conceptos de clasificación resultaban obscuros y ambiguos. Había veces en que los tribunales calificaban una acción de clase como "verdadera" siendo "espúrea" o viceversa, con las consecuencias desastrosas para los litigantes debido a la diferente extensión de la cosa juzgada en un caso y en otro.

Además, la Regla original no ofrecía soluciones para el problema de las medidas a tomarse durante el curso del juicio para asegurar un procedimiento justo para las partes, especialmente en materia de notificaciones, punto éste crucial que determinaba los efectos de la cosa juzgada para toda la clase.

En vista de todos estos inconvenientes, el 28 de febrero de 1966 se enmendó la R. 23 federal y se le dio el texto que, traducido al español, aparece en los cinco incisos de la R. 20, 1979, mantenidos de igual forma en la R. 20, 2009.

§ 1007. Requisitos para un pleito de clase

La legitimación de los comparecientes para representar la clase, se determina en virtud de si de la demanda o de los hechos que el tribunal pueda tomar en consideración en virtud del conocimiento judicial, o de prueba que le haya sido presentada para fines de la certificación de la clase, se manifiestan los requisitos de las Rs. 20.1 y 20.2, 2009. No se trata de una determinación *a priori* de la existencia de una clase.[37] Se trata de la aplicación de los requisitos de la R. 20, 2009, a los hechos y si éstos se ajustan a lo que ésta requiere, se procederá a la

---

[37] 1 Newberg *On Class Actions*, sec. 2.04, 3rd ed.

certificación de la clase resultante de las alegaciones que no es otra cosa que la legitimación de los representantes para realizar actos con eficacia procesal, incluyendo el efecto de la cosa juzgada, a nombre de toda la clase.

Los hechos que justifican que una demanda se considere como una de clase tienen que alegarse expresamente—no a manera de conclusiones—en la demanda. Estos hechos son los relativos a los requisitos establecidos en las Rs. 20.1 y 20.2, 2009. La R. 20.1(2), 2009, formula cuatro requisitos esenciales a toda acción de clase. La R. 20.2, 2009, establece cuatro modalidades, una de las cuales tiene que acreditarse además de los cuatro requisitos mencionados en la R. 20.1, 2009, para que proceda la certificación de la clase. Quienes soliciten la certificación de un pleito como uno de clase tienen el peso de la prueba para demostrar que se ha cumplido con los requisitos exigidos por las reglas antes mencionadas.[38]

§ 1007a. Requisitos de la R. 20.1, 2009

La R. 20.1 establece los siguientes cuatro requisitos para un pleito de clase: (1) numerosidad, que la clase sea tan numerosa que la acumulación de todos los miembros resulte impracticable; (2) comunidad, que existan cuestiones de hecho o de derecho comunes a la clase; (3) tipicidad, que las reclamaciones de los representantes sean típicas respecto a las de los miembros de la clase, y (4) adecuada representación, que los representantes protejan los intereses de la clase de manera justa y adecuada.[39]

El requisito de numerosidad se refiere a lo impráctico de acumular como partes a todos los miembros de la clase. La R. 20.1 no ofrece una fórmula para determinar la numerosidad. El número de personas que puede componer una clase no es decisivo en la determinación de impracticabilidad; se trata de una cuestión a resolver caso a caso de acuerdo con las circunstancias de cada uno.[40]

Para que se cumpla el requisito de numerosidad, no hay que demostrar que resulta imposible la acumulación; basta con demostrar que la acumulación crearía ciertos inconvenientes y obstáculos en la tramitación del caso. Al valorar la numerosidad, debe tomarse en cuenta: (1) la dispersión geográfica; (2) la posibilidad de que los miembros de la clase puedan ser identificados para propósitos de la acumulación; (3) la naturaleza del pleito; (4) la cuantía de la reclamación, y (5) la habilidad de cada miembro para hacer valer sus derechos de forma individual.

Aunque la determinación inicial de si un pleito puede prosperar como acción de clase no puede descansar en la mera especulación, la parte demandante no tiene que alegar ni probar el número exacto de los miembros de la clase; es

---

[38] *García v. Asociación*, 165 D.P.R. 311 (2005).

[39] *Cuadrado v. Romero, supra.*

[40] *Supra*, a la pág. 449.

suficiente con presentar un estimado razonable del número potencial de individuos representados.[41]

Para que exista comunidad en las cuestiones de hecho o de derecho entre los representantes y demás integrantes de la clase cuya certificación se solicita, no es necesario que se dé una completa identidad en tales asuntos. El concepto de comunidad es cualitativo y no cuantitativo,[42] lo que se requiere es tan solo una cuestión común de hecho o de derecho. La existencia de particularidades sobre todo en relación con las defensas que son oponibles a cada miembro no derrota el cumplimiento del requisito de comunidad para la certificación de un pleito de clase.

La tipicidad requiere que las reclamaciones o defensas de los representantes sean típicas de las reclamaciones o defensas de la clase. Donde hay tipicidad tiene que haber comunidad, pero donde hay comunidad no tiene que haber tipicidad porque los representantes pueden tener acciones comunes en un aspecto pero atípicas en otros.[43] El requisito de tipicidad atiende a la relación entre las reclamaciones de los demandantes y las de la clase que se intenta representar.

Cuando la reclamación de los demandantes es típica, éstos y los demás miembros de la clase tienen un interés en prevalecer en la reclamación compartida; de esta manera, cuando el representante defiende sus intereses, adelanta los intereses de toda la clase. Para cumplir con el requisito de tipicidad, la clase no tiene necesariamente que estar compuesta por personas con idénticas reclamaciones de modo que se produzca una circunstancia de impecable uniformidad.

Newberg, supra, nos indica que las preguntas que debemos hacernos para determinar tipicidad son las siguientes: ¿Si los daños sufridos por los comparecientes son de la misma naturaleza que los sufridos por el resto de los miembros de la clase? ¿Si la reclamación de los comparecientes surge del mismo evento, práctica, o curso de conducta que da lugar a las reclamaciones de los otros miembros de la clase? ¿Si la reclamación de los comparecientes está basada en la misma teoría legal que la de los otros miembros de la clase?.[44]

El requisito de adecuada representación para el pleito de clase es de génesis constitucional; asegura el cumplimiento del debido proceso de ley respecto a los miembros de la clase que no están personalmente ante el tribunal. Los factores primordiales y notas diferenciales del análisis de adecuada representación en los pleitos de clase se concentran en torno a: (1) la ausencia de conflicto respecto a la

---

[41] *Cuadrado v. Romero, supra*, a la pág. 450.

[42] *Supra*, a la pág. 451.

[43] En *Matías Lebrón v. Departamento de Educación*, 2007 T.S.P.R. 227, el TS revocó por un lado la certificación de un pleito de clase por no existir cuestiones de hecho o de derecho comunes entre los miembros, no obstante, sí permitió la certificación con respecto a una cuestión específica estricta en derecho; específicamente, sobre la aplicación retroactiva de la Ley de Carrera Magisterial.

[44] 1 Newberg, *supra*, sec. 2.07.

prevalencia de los derechos de las partes, y (2) las garantías de litigación agresiva y vigorosa.[45]

Entre los requisitos de tipicidad y adecuada representación, existe cierta relación; el primero es en realidad una forma de asegurar el segundo, según lo establecido por el TS en *Cuadrado, supra,* cuando las reclamaciones o defensas de los representantes no son típicas de las reclamaciones o defensas de la clase, existe un problema inherente de conflicto al no cumplirse con el requisito mínimo de adversidad que caracteriza nuestro derecho adjudicativo; es decir, no hay garantía de que los intereses de los ausentes se protejan en el contexto de la controversia que suscita el pleito. Ausente el requisito de tipicidad no hay adecuada representación de una clase, y por lo tanto, no hay garantía de cumplimiento con el debido proceso de ley. Satisfecho este requisito, disminuyen los peligros de la existencia de conflictos—no se eliminan—que pueden vulnerar el debido proceso. Cuando se satisface el requisito de tipicidad al considerar el requisito de adecuada representación se atiende más al análisis de tramitación vigorosa, con énfasis en las características del abogado que representa a la clase.[46]

Al considerar la competencia del abogado que representa a la clase cuya certificación se solicita, como parte del requisito de adecuada representación, en el caso de *Cuadrado v. Romero, supra,* se toman en cuenta: la experiencia del abogado en el tipo de caso en cuestión, la calidad de los escritos y argumentos presentados en las etapas iniciales del caso, si ha mostrado puntualidad, capacidad y diligencia en el trámite del caso desde su presentación, el uso de los medios de descubrimiento de prueba y el cumplimiento con las órdenes del tribunal. A falta de prueba específica en contrario, la competencia del abogado se presume.

§ 1007b. Requisitos de la R. 20.2, 2009

Además de establecer los cuatro requisitos que exige la R. 20.1, la demanda de clase tiene que alegar hechos que enmarquen la reclamación dentro de una de las modalidades establecidas en la R. 20.2. *García v. Asociación,* 165 D.P.R. 311 (2005).

La R. 20.2(a) establece como modalidades de pleito de clase aquéllas en que:

"(a) [L]a tramitación de pleitos separados por o en contra de miembros individuales de la clase crearía un riesgo de:

(1) adjudicaciones inconsistentes o variadas con respecto a los y las miembros individuales de la clase, que establecerían normas de conducta incompatibles para la parte que se opone a la clase, o

(2) Adjudicaciones con respecto a miembros individuales de la clase, que para todos los fines prácticos dispondrían de los intereses de los(las) otros(as)

---

[45] *Cuadrado, supra,* a la pág. 445.

[46] *Supra,* a la pág. 456.

miembros que no sean partes en las adjudicaciones, o empeorarían o impedirían sustancialmente su habilidad para proteger sus intereses".

La modalidad establecida en la subdivisión (1) de la R. 20.2(a) es para proteger a las partes demandadas permitiéndoles hacer uso del pleito de clase para encauzar reclamaciones en su contra. Su propósito es evitar situaciones en que un tribunal ordene a un demandado tomar cierta acción y otro tribunal le ordene al mismo demandado tomar una acción inconsistente con la ordenada por el primer tribunal. Para que se dé esta situación, debe haber diferentes partes atentando imponer diferentes estándares de conducta ante diferentes tribunales a la parte que se defiende de la clase. Esta subdivisión contempla adjudicaciones de naturaleza declaratoria o de *injunction* y no es aplicable a reclamaciones monetarias.

La subdivisión (2) de la R. 20.1(a) está diseñada para proteger a las partes demandantes en los casos de reclamaciones dirigidas contra un fondo limitado de dinero—como los que se crean en casos de quiebra—y pretende evitar que mediante reclamaciones aisladas, se pueda agotar el fondo y dejar a otros reclamantes sin remedio alguno.

La R. 20.2(b) establece como modalidad de pleito de clase la situación que surge cuando "la parte que se opone a la clase ha actuado o ha rehusado actuar por razones aplicables a la clase en general, en forma tal que resulte apropiado conceder finalmente un remedio mediante interdicto o sentencia declaratoria correspondiente con respecto a la clase en general".

Esta modalidad se manifiesta cuando la actuación del demandado ha afectado a alguno o algunos de los miembros de una clase pero la razón para tal actuación es una que aplica a la clase en general. Los casos que persiguen remedios declaratorios o interdictales por violación a derechos civiles se llevan bajo esta modalidad. La misma sin embargo, no contempla de ordinario la reclamación de daños. Bajo esta modalidad es necesario establecer un patrón de conducta o esquema regulatorio elaborado por el demandado que afecta a todos los miembros de la clase.

La R. 20.2(c) establece la última modalidad de los pleitos de clase. Esta surge cuando: "El tribunal determina que las cuestiones de hechos o de derecho comunes a los miembros de la clase predominan sobre cualesquiera cuestiones que afecten solamente a miembros individuales, y que el pleito de clase es superior a otros métodos disponibles para la justa y eficiente adjudicación de la controversia."

Esta es la modalidad bajo la cual se formulan las reclamaciones que persiguen compensaciones monetarias. Bajo ella se presentan en los Estados Unidos las reclamaciones multimillonarias por daños bajo las leyes antimonopolísticas o de protección de valores o de protección de consumidores.

El primer requisito que impone la modalidad de la R. 20.2(c) es el requisito de predominio. Las cuestiones comunes de hecho o de derecho que afectan a los miembros de la clase, tienen que predominar sobre las cuestiones particulares que solo afecten a algunos de los miembros. Este predominio es el que justifica que las reclamaciones se traten de conjunto a través del pleito de clase para satisfacer el principio de la economía judicial e incluso el debido proceso.

El segundo requisito exigido por la R. 20.2(c) es que la acción de clase sea superior a cualquier otra forma de adjudicar de manera justa y eficiente los derechos que corresponden a la clase. Se le denomina el requisito de superioridad. Para valorar la superioridad de la acción de clase la regla requiere que se examinen cuatro factores, a saber: (1) el interés de los miembros individuales de la clase en llevar pleitos por separado; (2) la naturaleza y alcance de otros pleitos ya comenzados sobre la controversia; (3) la deseabilidad de concentrar otras reclamaciones existentes en otros foros relativas a la clase en un tribunal en particular; y (4) las dificultades que surgirán en la tramitación del pleito de clase.

El último de los factores antes mencionados—dificultades—plantea el problema de manejabilidad. Es decir, las dificultades prácticas que pueda presentar el pleito de clase en cuanto a presentación de prueba, o a notificaciones, o a determinación y distribución de compensaciones a los miembros de la clase.

Las partes demandadas acostumbran recurrir al argumento de inmanejabilidad para derrotar las reclamaciones de clases en su contra abroquelándose detrás de doctrinas constitucionales que pretenden aplicar para forzar la consideración individual y por tanto imposible, de las reclamaciones de los miembros de la clase. Sin embargo, los tribunales estatales y federales en los Estados Unidos han encontrado las formas para superar estas objeciones a través de métodos de presentación de prueba aplicable a toda la clase, secuenciación del proceso entre etapas adjudicativas y etapas de ejecución, uso de computadoras para el procesamiento y pago de las reclamaciones individuales, y doctrinas en equidad encaminadas a reivindicar las políticas públicas que se pretenden implantar a través del pleito de clase.[47] (Ver, Sec. 1005a, *ante*).

§ 1008. —Manejo del pleito de clase—La certificación

Los pleitos de clase requieren una atención especial de parte del tribunal pues se trata de legitimar a unos autoproclamados representantes de personas ausentes del proceso que pretenden litigar a nombre de estos ausentes con todas las consecuencias jurídicas que de un proceso se desprenden. El paso más importante que tiene que dar el tribunal en un proceso de esta naturaleza, es la certificación de la clase.

La certificación de la clase es un acto discrecional del TPI que se relaciona íntimamente con los poderes de este tribunal para controlar litigios complejos, tal y como lo ha señalado el TS en el caso de *Vellón*, *supra*, al igual que

---

[47] En Puerto Rico, se aprobó la Ley Núm. 110 de 7 de junio de 1973, para facilitar el manejo de las compensaciones agregadas a través de un fondo en las acciones de clase presentadas por los consumidores.

valoraciones de las alegaciones y en algunos casos, de cuestiones de hecho presentadas mediante evidencia. Los tribunales apelativos no deben intervenir con las decisiones que toman los tribunales de primera instancia sobre este particular a menos que se demuestre un abuso de discreción.[48]

Las Rs. 20.3(a) y 20.3(d) atienden al momento y la forma de la certificación del pleito como uno de clase. La demanda, como es sabido, se presenta por los representantes en favor de la clase. "Tan pronto como sea factible" después de presentada la demanda, el TPI tiene que determinar mediante una orden si el pleito se mantendrá como uno de clase o si no puede mantenerse como tal. Esta orden es la orden denegando o concediendo la certificación.

El momento adecuado para hacerlo es discrecional del tribunal. No obstante, uno de los asuntos a considerar en la conferencia inicial que dispone la R. 37.2, 2009 es precisamente la posibilidad de certificar el caso como un pleito de clase. La cuestión de certificación puede suscitarse a moción de los demandantes o de los demandados. La necesidad de presentar prueba respecto a la certificación depende de la naturaleza y circunstancias del caso en particular. Bajo la R. 20.3(a), 2009, es indispensable celebrar una vista para que las partes expongan sus puntos de vista y presenten evidencia, de manera que el tribunal pueda realizar un análisis riguroso de todos los elementos antes de hacer la determinación de certificar un pleito de clase.

La certificación puede hacerse en virtud de las alegaciones o mediante la prueba que sea asequible al tribunal en virtud de declaraciones juradas que puedan haberse presentado o del conocimiento judicial. Sin embargo, en un caso que plantee una reclamación respecto a derechos civiles como el caso de *Cuadrado, supra,* resulta necesaria una vista para presentar prueba sobre el patrón de conducta de los demandados para fines de certificar la clase.

La decisión sobre la certificación no tiene que llevarse a cabo en el momento en que se solicita por las partes. El tribunal puede posponerla para el momento que lo crea más oportuno, incluso para la vista en su fondo. Hay mucha flexibilidad en materia de certificación pero en los casos de certificaciones bajo la modalidad (c) de la R. 20.2, se tiene que tener en cuenta la notificación a los miembros de la clase para determinar el momento oportuno para la certificación. El tribunal puede revocar una certificación ya hecha en cualquier momento antes de dictar la sentencia.

La R. 20.3(a) otorga una amplia discreción al TPI sobre la forma y manera de manejar la cuestión de certificación. A esos efectos dispone que "una orden bajo este inciso podrá ser condicional y podrá ser alterada o enmendada antes de la decisión en los méritos". Sin embargo, los motivos para enmendar la certificación deben surgir con posterioridad a la misma y si la enmienda implica modificar la composición de la clase resulta necesaria una nueva notificación al respecto. De igual manera la 20.3(d) establece que la certificación puede limitarse a unos aspectos del pleito y no extenderse a otros. "Cuando sea

[48] *Zeidman v. J. Ray McDermott & Co.*, 651 F.2d 1030 (1981).

apropiado, un pleito podrá ser presentado o tramitado como pleito de clase con respecto a cuestiones específicas [...]".

La determinación de los linderos definitorios de la clase también es algo muy flexible y al TPI se le permite para fines del manejo del proceso, dividir la clase en subclases para facilitar el trámite. En estos casos cada subclase de acuerdo con la R. 20.3(d) será "tratada como una clase, y las disposiciones de esta regla serán entonces interpretadas y aplicadas de conformidad".

La orden certificando la clase debe definir la clase en virtud de lo que resulte de las alegaciones y la prueba, si alguna, respecto a los requisitos de las Rs. 20.1 y 20.2. Si la certificación es bajo la R. 20.2(c) debe disponer para que se proceda a notificar a la clase así definida.

La presentación de un pleito de clase cuya certificación es posteriormente denegada, interrumpe el periodo prescriptivo para todos los miembros de la clase no certificada. *González Natal v. Merck Sharp & Dohme*, 166 D.P.R. 659 (2006).

§ 1009. —La notificación de la certificación a la clase

En los pleitos en que la clase se certifica bajo las modalidades (a) y (b) de la R. 20.2, 2009, no es necesario notificar a los miembros de la clase de la certificación de la misma.[49] Sí lo es cuando la certificación se lleva a cabo bajo la R. 20.2(c), 2009. En este caso la R. 20.3(b), 2009, requiere que el tribunal notifique a los miembros de la clase de la certificación para que éstos puedan hacer valer sus derechos a intervenir en el pleito o solicitar su exclusión de la clase de modo que la sentencia no les afecte.

Esta notificación debe llevarse a cabo tan pronto sea posible al certificar la clase. La R. 20.3(b), 2009, así lo requiere al establecer que "En cualquier pleito de clase mantenido bajo la R. 20.2(c), el tribunal dirigirá a los y las miembros de la clase la mejor notificación posible [...]". La certificación es la determinación del tribunal que mantiene el pleito de clase como tal bajo la mencionada regla.

La R. 20.3(b), 2009, trata sobre la forma de llevar a cabo la notificación. La regla nos habla de la mejor notificación posible. Requiere la notificación individual cuando todos los miembros de la clase puedan ser identificados, excepto que resulte demasiado oneroso llevar a cabo la notificación en cuyo caso el tribunal proveerá una forma alterna para efectuarla.

El comentario sometido por el TS a la Legislatura sobre esta R. 20.3(b), 1979, equivalente a la R. 20.3(b), 2009, nos indica que la frase final de la oración anterior no aparece en la Regla federal de la cual procede la Regla propuesta. Es decir no aparece en la Regla federal 23(c)(2). "Su propósito" dice el comentario "es prever el caso en que la notificación individual resulte irrazonablemente onerosa, en cuyo caso, el tribunal podrá notificar de otro modo".

El TS así lo reconoció en el caso de *Rivera Castillo v. Municipio de San Juan*, 130 D.P.R. 683 (1992).

---

[49] *Newberg, supra*, sec. 8.05.

De modo que bajo nuestra R. 20.3(b), el tribunal que certifica una clase bajo la R. 20.2(c), tiene la flexibilidad para ajustar la notificación a las circunstancias del caso y puede prescindir de la notificación individual y recurrir a otro tipo de notificación como por ejemplo la notificación por edictos, si se establece que resulta demasiado oneroso llevar a cabo la notificación de forma individual a cada uno de los miembros de la clase. Quede claro sin embargo que la flexibilidad es en cuanto a la forma de llevar a cabo la notificación, no en cuanto a la notificación en sí la cual es imprescindible bajo cualquier circunstancia por consideraciones del debido proceso.[50]

Aunque la R. 20.3(b), 2009, establece que el tribunal llevará a cabo la notificación, los costos de la misma deben sufragarse por la parte que pretende la representación de la clase.[51]

Aunque no es necesaria una vista para determinar el contenido de la notificación que ha de cursarse a los miembros ausentes de la clase, la mejor práctica es celebrar una vista con el propósito de determinar la forma en que se va a llevar a cabo la notificación, el pago de los costos de la misma, y el contenido de la notificación.

Respecto al contenido, la R. 20.3(b), 2009, se pronuncia de la manera siguiente: "La notificación avisará a cada miembro que (1) el tribunal lo excluirá de la clase en una fecha específica si él o ella así lo solicita; (2) la sentencia, sea favorable o no, incluirá a todos(as) los(las) miembros que no soliciten la exclusión; y (3) cualquier miembro que no solicite la exclusión podrá, si así lo desea, comparecer a través de su abogado o abogada".

Con ese lenguaje la R. 20.3(b), 2009, coloca el peso de la iniciativa sobre el miembro de la clase que desee evitar los efectos de la cosa juzgada sobre su derecho individual. Al recibir la notificación, el miembro de la clase queda apercibido que tiene el derecho a que se le excluya de la misma de tal forma que el fallo no le afecte pero que si no actúa solicitando la exclusión, quedará sujeto a la sentencia del tribunal con los efectos de la cosa juzgada. Esta es la finalidad principal de la notificación. La secundaria pero también importante es que el miembro de la clase pueda intervenir en el proceso en defensa de sus derechos. Esto último es raro que ocurra en la práctica por lo pequeño de las reclamaciones que configuran el pleito de clase bajo la R. 20.2(c), 2009.

Aunque la R. 20.3(b), 2009, sólo menciona que la notificación contendrá los requisitos anteriormente mencionados, lo cierto es que para que la notificación aperciba adecuadamente al miembro de la clase del asunto de que se trata, es menester que la misma contenga otros elementos. A esos fines pueden adaptarse los requisitos aplicables al contenido del edicto en los casos en que se autoriza el emplazamiento por edicto (R. 4.6, 2009). También es conveniente proveer al miembro de la clase un estimado de las cantidades que se pretenden recuperar, de

---

[50] *Id.*

[51] *Eisen v. Carlisle & Jacquelin et al.*, 417 U.S. 156 (1974).

los costos que implica el litigio, y de la forma y manera en que puede solicitar la exclusión para que la sentencia no le afecte.[52]

Como señaláramos anteriormente, aunque los costos de la notificación los sufraga la parte que pretende representar la clase, la notificación es una notificación oficial del tribunal. Por la cual la mejor práctica para formularla es que la parte que debe sufragar los costos someta al tribunal y a las partes contrarias un proyecto de notificación para ser discutido y aprobado en una vista sobre notificación.

§ 1010. —Ordenes especiales

La R. 20.4, 2009, confiere al tribunal extensos poderes para controlar el proceso en un pleito de clase. Puesto que los pleitos de clase tienden a ser complicados y a prolongarse, su manejo y adjudicación requieren que el tribunal tome control del mismo en una etapa temprana mediante órdenes que encausen el proceso.[53]

La R. 20.4, 1979 (equivalente a la R. 20.4, 2009) fue la primera aprobada en Puerto Rico con el propósito de fomentar una temprana intervención judicial en el proceso y estructurar el mismo para una eficiente tramitación. Posteriormente el TS emitió la decisión en el caso de *Vellón Maldonado v. Squibb Mfg. Inc.*, 117 D.P.R. 838 (1980), instando a los tribunales a ejercer control de los casos complejos a través de la R. 37.1, 1979, sobre conferencias con antelación a juicio y de la 23.2, 1979, sobre órdenes protectoras. A esta decisión le siguieron las Reglas Para Casos Civiles de Litigación Compleja que adoptó el TS el 30 de junio de 1999.[54] Al presente, la R. 37, 2009, sobre el manejo del caso, dota al juez de las herramientas necesarias para tramitar un caso de esta índole de manera efectiva y la R. 23.2, 2009, hace lo propio con respecto a las limitaciones al descubrimiento y las órdenes protectoras. Todos estos cuerpos normativos son aplicables a los pleitos de clase. Todos persiguen el mismo fin de encausar una justicia rápida, económica y eficaz. Ver: Capítulo 35-A, *infra*.

La R. 20.4, 2009, contempla seis instancias en que el tribunal puede dictar órdenes en un pleito de clase para la buena marcha del proceso. El tribunal podrá dictar órdenes para:

(a) determinar el curso de los procedimientos o adoptar medidas para evitar la repetición o complicación indebida en la presentación de evidencia o argumentación.

Este inciso es bien amplio pues en su primera frase "determinar el curso de los procedimientos [...]" permite al tribunal formular todo tipo de órdenes en torno a

---

[52] Véase, 7AA *Wright & Miller*, sec. 1787 (3d. ed.)

[53] 7B *Wright & Miller*, sec. 1791 (3d. ed.)

[54] 148 D.P.R. 932 (1999); 4 L.P.R.A. Ap. XXVII. Véase también *López del Castillo v. Baxter Health Care Corp.*, 163 D.P.R. 628 (2005), en donde el TS interpreta por primera vez las Reglas Para Casos Civiles de Litigación Compleja.

mociones, presentación de defensas especiales, etc., para encausar el pleito de clase.[55]

(b) exigir notificaciones especiales a los miembros de la clase más allá de lo previsto en la 20.3(b), 2009, y la 20.5, 2009.

(c) imponer condiciones a los representantes o interventores.

(d) requerir enmiendas a las alegaciones.

(e) dictar reglas especiales para el procedimiento y los términos a seguir para el descubrimiento de prueba.

Este inciso (e) no lo contiene la regla federal; en cierta medida es repetitivo respecto a la primera parte del inciso (a) de esta regla. El mismo es una fuerte sugerencia del legislador a los jueces para que intervengan en los pleitos de clase mediante órdenes apropiadas que confeccionen procedimientos justos y adecuados para la más rápida y económica solución posible de estos casos.

(f) resolver asuntos similares de procedimiento.

Esta última disposición amplía el radio de iniciativa y acción creadora del juez de instancia para encausar el pleito de clase de forma consistente con el objetivo de alcanzar una solución justa, rápida y económica del procedimiento.

Termina el texto de la 20.4, 2009, con el siguiente lenguaje: "Las órdenes podrán ser combinadas con una órden bajo la R. 37, 2009, y podrán ser modificadas o enmendadas de tiempo en tiempo, según sea conveniente". La referencia a la R. 34.3, 1979 que contenía la R. 20.4, 1979 fue un error del legislador, pero ello fue arreglado gracias a la revisión integral y completa de las reglas, y que dio como resultado las Rs. 2009.[56]

§ 1010a. Desistimiento o transacción del pleito de clase

La R. 20.5, 2009, requiere que todos los miembros de la clase sean notificados del propuesto desistimiento o transacción de un pleito de clase y que el desistimiento o transacción sea expresamente aprobado por el tribunal.

Esta disposición opera en virtud de la certificación de la clase. Si en un pleito de clase no se ha certificado la clase y se pretende desistir o transigir, el tribunal tendrá que pasar sobre la cuestión de certificación primero para luego autorizar el desistimiento o la transacción. Si no certifica la R. 20.5, 2009, no aplica. Si certifica tiene que proceder de conformidad con los términos de la misma.

---

[55] 7B *Wright & Miller*, sec. 1792 (3d. ed.)

[56] Sobre este particular habíamos expresado en ediciones anteriores de esta obra lo siguiente: "La R. 34.3, 1979, trata sobre los gastos por negarse a admitir la autenticidad de un documento y su convergencia en la práctica con lo que precisa disponer bajo la 20.4, 1979, es altamente improbable. La correspondiente expresión en la regla federal que es la R. 23(d) remite a la R. 16 federal—37 nuestra—que trata sobre la conferencia preliminar al juicio. Este enlace ciertamente hace mucho sentido e incluso nos lleva directo a la expresión del TS en el caso de *Vellón*, *supra*, sobre la utilidad de la R. 37, 1979. El legislador debe corregir el error en su momento pero nada impide que el tribunal haga uso de la R. 37, 1979, para complementar sus decisiones bajo la R. 20.4, 1979."

El propósito de esta disposición es proteger a los miembros de la clase que no han intervenido personalmente en el proceso de desistimientos o transacciones que puedan afectar sus derechos. Por eso el desistimiento de un pleito de clase no se gobierna por lo dispuesto en la R. 39.1, 2009, que lo permite sin autorización alguna del tribunal.

La R. 20.5, 2009, no prohíbe que se lleven a cabo negociaciones para transigir un pleito de clase sin la autorización del tribunal. Estas pueden llevarse a cabo como en cualquier caso y se puede llegar a concluir los términos de la transacción. Ese será entonces el momento de notificar la transacción propuesta a la clase para que sus miembros puedan intervenir si lo desean en torno a la aprobación de la misma por el tribunal.[57]

La notificación se llevará a cabo de acuerdo con la R. 20.5, 2009, "en la forma que disponga el tribunal". Esto brinda la más completa discreción al tribunal de instancia en cuanto a la forma en que se habrá de llevar a cabo la notificación.[58] Al proveer para que se efectúe la notificación, el tribunal debe señalar una fecha para celebrar una vista en la cual los miembros de la clase podrán comparecer y objetar la transacción o el desistimiento si lo desean. La notificación debe informar a cada miembro de la clase lo que está ocurriendo en el caso, los términos generales de la transacción o del desistimiento y las consecuencias del desistimiento o de la transacción apercibiéndole de la forma y manera para hacer efectivo su derecho a comparecer y objetar al desistimiento o la transacción.[59]

Al aprobar o desaprobar una transacción el tribunal evaluará la propuesta para determinar si es justa y razonable y si redunda en favor de los mejores intereses de aquéllos que serán afectados por la misma. Lo principal es que los derechos de los miembros de la clase que no han comparecido personalmente ante el tribunal sean adecuadamente protegidos.

Los factores variarán caso por caso. Pero en general el tribunal se preguntará sobre la probabilidad del éxito de la acción de clase, las cuestiones de derecho que sustentan la transacción, el monto transaccional comparado con lo que podría recobrarse, la distribución de dicha cantidad a los miembros de la clase, si se dió notificación adecuada de la transacción a dichos miembros y cuál fue su reacción y cómo puede la transacción o el desistimiento afectar otras reclamaciones.[60]

La mejor práctica para la aprobación o rechazo de un desistimiento o transacción es celebrar una vista y convocar a ella mediante la notificación a todos los miembros de la clase que deseen intervenir.

---

[57] 7B *Wright & Miller*, sec. 1797, 3ed. (2005).

[58] *Id.* El tribunal no está limitado por la R. 20.3(b), 2009, al determinar la forma de llevar a cabo esta notificación. Bajo la regla federal, se ha determinado que la publicación de edictos es notificación adecuada bajo esta sección. 2 Newberg, *supra*, sec. 8.34.

[59] Para un modelo detallado de lo que debe incluir esta notificación, véase 2 Newberg, Apéndix 8-2.

[60] 7B *Wright & Miller*, sec. 1797.1 (3d. ed.).

§ 1010b. Los efectos de la sentencia en un pleito de clase

El miembro de una clase que ha sido certificada como tal para fines de un pleito de clase será afectado por la sentencia de la misma manera que si hubiera comparecido personalmente al pleito. Es por esto que la R. 20, 2009, establece todas las salvaguardias que requiere el debido proceso de ley para asegurar que los miembros de la clase no comparecientes estén adecuadamente notificados y representados.

Con miras a que la sentencia afecte a todos los miembros de la clase la R. 20.3(c), 2009, requiere que la sentencia en un pleito tramitado como pleito de clase bajo las modalidades (a) o (b) de la R. 20.2, 2009, incluya y describa a aquellos que son miembros de la clase.

Así mismo en cuanto al pleito tramitado como pleito de clase bajo la modalidad (c) de la R. 20.2, 2009, se requiere que la sentencia incluya y especifique o describa a aquellos a quienes fue dirigida la notificación dispuesta en la R. 20.3(b), 2009, que no hayan solicitado la exclusión del pleito y que el tribunal determine que son miembros de la clase.

§ 1011. El apoderado

El caso de *J. Ochoa & Hermano v. José González Clemente & Co.*, 29 D.P.R. 1015 (1921) trataba de una demanda en cobro de dinero por una mercancía vendida por Ochoa, que no era el dueño de la mercancía sino representante de una firma continental. El Supremo confirmó la desestimación de la demanda ya que este demandante no era la parte realmente interesada y dijo: "Cuando ejercitando una causa de acción que tiene su representante, el agente no la establece a nombre de aquél, sino a su propio nombre. El defecto no es de partes sino de causa de acción y la demanda no es susceptible de ser enmendada." En *Lespier Garcia v. Morales*, 68 D.P.R. 872 (1948), se decidió que "un apoderado no tiene derecho a comparecer como demandante en un pleito de *injunction* para recobrar la posesión en el cual su alegado poderdante es la parte realmente interesada". Existe una excepción, pero no dentro del procedimiento ordinario, sino en el procedimiento especial de desahucio. En ese procedimiento el apoderado puede comparecer a nombre de la parte realmente interesada.[61]

§ 1012. Principio de subsanabilidad

Las Reglas de 1979 y 2009, siguiendo el principio de subsanabilidad—que el proceso es un instrumento para declarar derechos y no para denegarlos por defectos de forma—reprodujeron la Regla 15.1 de 1958 con un precepto de la Regla federal 17(a), según enmendada en 1966, que establece que no se desestimará ningún pleito que no haya sido presentado por la persona con derecho a lo reclamado, sin haberle concedido a la parte realmente interesada la

[61] *Hull v. Corte de Distrito de San Juan*, 42 D.P.R. 151 (1931).

oportunidad de ratificar la presentación, unirse al pleito o sustituirse en lugar del demandante original.

CAPITULO 11: CAPACIDAD PROCESAL

SECCIÓN

§ 1101. Concepto

La capacidad procesal—personalidad jurídica y capacidad de obrar—es la capacidad jurídica proyectada en el proceso. La personalidad jurídica es indispensable para comparecer como parte a un proceso. Betti se refería a capacidad jurídica como "la aptitud genérica de la persona para ser sujeto o titular de las relaciones jurídicas", mientras que Carnelutti decía que capacidad de obrar es la "idoneidad para realizar un acto jurídico, inferida de las cualidades personales".[1]

No se puede comparecer en carácter de parte a un proceso a base de un nombre comercial. Por ejemplo: "El Tesoro Escondido", "El Cuatro de Julio", "La Torre de Oro", son nombres de establecimientos comerciales y si los negocios no están incorporados, no pueden designarse como partes por carecer de personalidad jurídica. La personalidad jurídica la determina el CC en sus arts. 24, 25, y 27 al 31 (31 L.P.R.A. secs. 81, 82 y 101 a 105) y las leyes especiales a los cuales se remiten estos artículos.

Las sucesiones y las asociaciones no incorporadas no tienen personalidad jurídica en nuestro Derecho. Al demandarlas es necesario demandar a cada uno de sus miembros;[2] las uniones obreras, si no están incorporadas, también carecen de personalidad jurídica y es necesario demandar a sus miembros para poder

---

[1] Ladaria Caldentey, J., *Legitimación y Apariencia Jurídica*, Bosch, Casa Editorial, Barcelona, 1952, págs. 1 y 2.

[2] *Asoc. Res. Est. Cidra v. Future Dev.*, 152 D.P.R. 54 (2000); *Danz v. Suau Ballester*, 82 D.P.R. 609 (1961).

llevar a cabo una acción en su contra; sin embargo, bajo la legislación federal las uniones obreras pueden demandar con independencia de que estén incorporadas, por mandato expreso de la Ley Taft-Hartley. Cuando se va a demandar a una sucesión o una asociación se designa como la Sucesión de Fulano de Tal o la Asociación Tal, y se relacionan sus componentes. En cuanto a los nombres comerciales como "El Tesoro Escondido" se acostumbra designar la parte como Fulano de Tal, haciendo negocios como "El Tesoro Escondido".

§ 1102. Las personas jurídicas

El art. 27 del CC, 31 L.P.R.A. sec. 101, dispone que se considerarán personas jurídicas las corporaciones de interés público, y las de interés particular a las que las leyes concedan personalidad jurídica.

§ 1103. —Corporaciones privadas y públicas

Las corporaciones privadas con o sin fines de lucro se crean utilizando las disposiciones de la Ley General de Corporaciones de 2009, Ley Núm. 164 de 16 de diciembre de 2009, que dispone en su art. 2.02 sobre Poderes Específicos que toda corporación creada al amparo de las disposiciones de esta ley tendrá facultad para subsistir jurídicamente a perpetuidad con su nombre corporativo, a menos que su término de duración se limite en el certificado de incorporación.

Además, tendrá facultad para demandar y ser demandada bajo su nombre corporativo en cualquier tribunal y participar en cualquier procedimiento judicial, administrativo, de arbitraje o de cualquier otro género.

Las doctrinas de la corporación de facto—corporación no debidamente organizada—o corporación por estoppel—corporación que se representa como tal sin serlo—no rigen en nuestra jurisdicción por lo cual tales supuestas corporaciones no pueden ser partes.[3]

Las corporaciones públicas están organizadas por leyes especiales creando las mismas y tienen facultad para demandar o ser demandadas.

§ 1104. —Organismos no incorporados del gobierno

En cuanto a los departamentos, agencias, juntas, comisiones y otros organismos gubernamentales que no son corporaciones públicas precisa determinar en sus estatutos orgánicos si tienen facultad para demandar o ser demandados, como regla general carecen de esa facultad.[4] *Fred Reyes y Otros v. E.L.A.*, 150 D.P.R. 599 (2000). Si no tienen facultad por ley, pueden comparecer como subdivisiones del Estado Libre Asociado, siendo éste parte del litigio o a través de la persona del Secretario o quien dirija el organismo.

---

[3] *Asociación de Residentes Estancias de Cidra, supra.*

[4] *Ghigliotti Arzola v. Admin. de Serv. Agri.*, 149 D.P.R. 902 (1999); *Huertas Alicea v. Compañía de Fomento Recreativo*, 147 D.P.R. 12 (1998); *Rivera Maldonado v. E.L.A.*, 119 D.P.R. 74, 82 (1987); *Pagan v. E.L.A.*, 131 D.P.R. 795, 801 esc. 2 (1992).

§ 1105. El Estado Libre Asociado

Con independencia de la capacidad jurídica del E.L.A. para ser demandado, que es incuestionable, rige en Puerto Rico la doctrina de la inmunidad del soberano, rezago secular del derecho anglosajón que exonera al Estado de responder como demandado ante los tribunales.

En buena política pública, un estado democrático no tiene por qué diferenciarse de los ciudadanos en cuanto a su sujeción obligatoria al ordenamiento jurídico. El Estado debe estar sujeto a demandas en los tribunales del país en cuanto a todas las obligaciones en que incurra y procesalmente debe dar cumplimiento obligatorio a través de sus funcionarios a toda sentencia que se le imponga incluyendo la imposición de honorarios, costas, intereses sin diferenciarse del ciudadano en forma alguna.

La Ley Núm. 104 de 29 de junio de 1955 (32 L.P.R.A. sec. 3077) que autoriza ciertos pleitos contra el E.L.A., bajo determinadas circunstancias, y limitando las cuantías recobrables, está inspirada en consideraciones y privilegios especiales ante la justicia para quien debe ser ejemplar sujeto del derecho dentro de una total igualdad en la aplicación de las leyes. Uno de esos privilegios es una notificación especial al Secretario de Justicia, que igual que en el caso de los municipios, se le impone a los demandantes como obligación a llevarse a cabo dentro del plazo de noventa (90) días siguientes a tener conocimiento de los daños.[5]

§ 1106. —Municipios

Los Municipios son entidades jurídicas del gobierno local, con capacidad legal independiente y separada del Gobierno del Estado Libre Asociado, con sucesión perpetua. 21 L.P.R.A. sec. 4003. Como tales, tienen capacidad para demandar o ser demandados.

Sin embargo, en cuanto a reclamaciones contra un municipio por daños personales o a la propiedad, por culpa o negligencia del municipio, existen unos requisitos de notificación previa a la presentación de la demanda y una limitación a la cuantía reclamable dispuestos en la Ley de Municipios Autónomos, 21 L.P.R.A. secs. 4703 y 4704.

El TS ha eximido a la parte demandante en determinadas situaciones del requisito de notificación al municipio; como por ejemplo: cuando el alcalde tiene conocimiento personal de las situación fáctica que motiva la reclamación,[6] cuando la demanda se incoa dentro de los 90 días desde que el demandante tuvo conocimiento de los daños,[7] y cuando media una apelación de obreros ante JASAP,[8] entre otras.

---

5 32 L.P.R.A. sec. 3077a.

6 *Méndez, et al. v. Alcalde de Aguadilla*, 151 D.P.R. 853 (2000).

7 *López v. Autoridad de Carreteras*, 133 D.P.R. 243 (1993).

8 *Acevedo v. Mun. de Aguadilla*, 153 D.P.R. 788 (2001).

El TS en *Romero Arroyo v. E.L.A.*, 127 D.P.R. 724 (1991), determinó con respecto al requisito de notificación que en las acciones "donde el riesgo de que la prueba objetiva pueda desaparecer es mínimo, donde hay constancia efectiva de la identidad de los testigos y donde el Estado, por tanto, puede facilmente investigar y corroborar los hechos alegados en la demanda que se radique no es de aplicacion inexorable."

§ 1107. —Iglesias

La personalidad jurídica de la Iglesia Católica se reconoce en el Tratado de París de 1898, en su Artículo VIII, Tratado de Paz entre los Estados Unidos de América y el Reino de España.

Las iglesias y congregaciones religiosas que no existían en Puerto Rico a la fecha del Tratado requieren incorporarse conforme a las disposiciones de la Ley General de Corporaciones para adquirir personalidad jurídica y demandar o ser demandadas ante los tribunales.

§ 1108. —Sociedades

Las sociedades civiles tienen personalidad jurídica. Pueden demandar y ser demandadas. Sin embargo, el art. 1560 del CC establece que no tendrán personalidad jurídica las sociedades cuyos pactos se mantengan secretos entre los socios, y en que cada uno de éstos contrate en su propio nombre con los terceros. Esta clase de sociedades se regirá por las disposiciones relativas a la comunidad de bienes.

En lo relativo a la sociedad legal de gananciales, ésta también tiene personalidad jurídica, aunque se considere una sociedad *sui géneris*.

El TS ha dicho en cuanto a éstas que la sociedad conyugal tiene personalidad jurídica, ya que posee los requisitos para tener una personalidad propia, existe un interés común, conciencia del mismo y organización de la colectividad. Sin embargo, ese mismo hecho de ser una entidad económica familiar *sui géneris*, de características especiales, hace que no tenga el mismo grado de personalidad jurídica que las sociedades ordinarias o entidades corporativas.[9]

En cuanto a las sociedades mercantiles, las mismas tienen capacidad jurídica y se las concede el Código de Comercio de Puerto Rico; sin embargo, para ello han de estar a tono con las disposiciones sobre la constitución e inscripción de las mismas.

En el caso *Santiago Umpierre & CA. v. Wenar*, 10 D.P.R. 532 (1906), se expuso que una vez expresada la razón social de una sociedad mercantil

---

[9] *Pagán Hernández v. Registradora de la Propiedad de Bayamón*, 2009 T.S.P.R. 175; *Vega Ortiz v. Bonilla Vázquez*, 153 D.P.R. 588 (2001); *Cruz Viera v. Registrador de la Propiedad*, 118 D.P.R. 911 (1987); *Universal Funding Corp. v. Registrador de la Propiedad de San Juan*, 133 D.P.R. 549 (1993); *Torres v. Autoridad de Fuentes Fluviales*, 96 D.P.R. 648, 652-653 (1968).

desaparece la individualidad del socio y se crea una personalidad jurídica con derechos y obligaciones propias, teniendo capacidad para demandar y ser demandada.

§ 1109. Las personas físicas o naturales

Toda persona física o natural que haya alcanzado la mayoridad y no esté judicialmente incapacitada tiene la facultad para demandar o ser demandada (arts. 24 y 25 CC; 31 L.P.R.A. secs. 81 y 82).

La capacidad mental se presume.[10] La capacidad puede estar restringida por diversas condiciones, tales como la minoría de edad, la demencia y la prodigalidad.[11] Estas condiciones son solamente restricciones a la capacidad de obrar y no prohibiciones, por lo que pueden ser subsanadas por medios supletorios, según surge de las secs. 1110 a 1113, *infra*. La minoría de edad es una condición que estará presente al comienzo del pleito. La demencia o la prodigalidad pueden estar presentes al comienzo del pleito o manifestarse durante el transcurso del mismo.

La incapacidad con motivo de demencia solo puede ser solicitada por el cónyuge, los parientes del presunto incapaz y el fiscal. (Arts. 181 y 182 CC; 31 L.P.R.A. secs. 704 y 705). Sin embargo, las partes y sus abogados tienen la obligación continua de informar al tribunal durante el transcurso de un pleito, sobre cualquier condición mental de cualquiera de las partes que a su juicio refleje una falta de capacidad mental de dicha parte.[12]

Apercibido el tribunal, procederá a designar un perito médico para evaluar la condición mental de la parte en cuestión. Si el dictamen es positivo, el tribunal procederá a nombrarle un defensor judicial *ad litem*, es decir, para fines del caso pendiente valorando previamente la conveniencia de tal nombramiento a los fines del procedimiento que se está siguiendo conforme a la R. 15.2(b). Debido a ello, el tribunal podrá no designar el defensor judicial aún cuando determine que la persona está incapacitada pues tiene la discreción de establecer cualquier otra medida para proteger los intereses de esta parte.[13]

El defensor judicial es un tutor especial que se nombra a un menor o incapacitado para que le represente en un pleito específico. Debe distinguirse esta figura del tutor o tutor general que es el que se nombra para la administración de la totalidad de los bienes del incapacitado, conforme a los arts. 181 y 182 del CC.[14]

---

[10] *Jiménez Montalvo v. Jiménez Font*, 76 D.P.R. 718, 733 (1954); *Pueblo v. Marcano Pérez*, 116 D.P.R. 917, 927 (1986); *Pueblo v. Alsina Rivera*, 79 D.P.R. 46, 60 (1956); *Rivera Durán v. Banco Popular de P.R.*, 152 D.P.R. 140 (2000).

[11] *Rivera Durán v. Banco Popular de P.R., supra.*

[12] *Rivera Durán v. Banco Popular de P.R., supra.* La R. 4.4(c) le impone esta obligación también a la persona que diligencia el emplazamiento.

[13] *Rivera Durán v. Banco Popular de P.R., supra.*

[14] 31 L.P.R.A. secs. 704 y 705. Véase *Rivera Durán v. Banco Popular de P.R., supra.*

§ 1110. —Los menores

A pesar de tener personalidad jurídica, un menor carece de capacidad de obrar (*legitimatio ad processum*), por lo cual deberá comparecer a pleito representado por su padre o madre con patria potestad, o en su defecto por medio de su tutor general o por medio de un defensor judicial.[15] Una persona mayor de edad o emancipada que estuviese incapacitada deberá comparecer por medio de su tutor general o de un defensor judicial. El defensor podrá ser nombrado cuando el tribunal juzgare conveniente que el menor o persona incapacitada sea representado por un defensor.

Los menores, de conformidad con el art. 153 de CC (31 L.P.R.A. sec. 601) y la R. 15.2, 2009, deben comparecer por padre o madre con patria potestad,[16] y en defecto, mediante tutor. El tutor necesita la autorización judicial para instar un pleito a nombre de su pupilo (31 L.P.R.A. sec. 786(13)). La autorización especial se obtiene a través de un procedimiento especial. Si existe conflicto de intereses entre el menor y su padre o madre, es necesario nombrar un defensor judicial *ad hoc*. *Crespo Rivera v. Cintrón Rivera*, 159 D.P.R. 290 (2003). A estos efectos el art. 160 del CC (31 L.P.R.A. sec. 617) dispone:

"Siempre que en algún asunto ambos padres o alguno de ellos tengan un interés opuesto al de sus hijos no emancipados el Tribunal de Primera Instancia nombrará a éstos un defensor que los represente en juicio y fuera de él.

"... [Se] conferirá el nombramiento de defensor al pariente del menor a quien en su caso correspondería la tutela legítima y a falta de éste, a otro pariente o a un extraño."

Las reglas para deferir la tutela legítima se encuentran en el CC y allí se encuentra la prelación de parientes. Los abuelos, a quienes corresponde en primer lugar la tutela legítima de menores no emancipados tienen legitimación para intervenir en un proceso que afecte al menor y cuestionar el nombramiento de un defensor judicial cuando los intereses del menor y de uno de sus padres están en conflicto. *Crespo Rivera*, *supra.*

Los menores emancipados por concesión de sus padres no necesitan del concurso de éstos para demandar en juicio, conforme dispone el art. 237 (31 L.P.R.A. sec. 915). Los emancipados por matrimonio o por concesión judicial no necesitan de ese concurso según disponen los arts. 240 y 246 del mismo Código (31 L.P.R.A. secs. 932 y 955). Cuando el menor es demandado se debe incluir en la demanda, como partes formales, a su padre o madre con patria potestad o tutor si son conocidos. De no ser conocidos, se le designa como menor y se le emplaza en la forma que provee la regla para personas de su edad. Después que se le emplace en debida forma, tiene que venir asistido de su padre o madre con patria

---

[15] Véase *Alvareztorre Muñiz v. Sorani Jiménez*, 2009 T.S.P.R. 12.

[16] *Ríos Rosario v. Vidal Ramos*, 134 D.P.R. 3 (1993). La acción para solicitar la satisfacción de las pensiones alimentarias debidas a los hijos menores es una en la cual el padre o madre con patria potestad y custodia tiene derecho a representarlos.

potestad o de su tutor o de un defensor judicial. Suponiendo que no viene asistido de alguno de ellos, ¿Cómo afecta esto al demandante? El demandante que tiene conocimiento de la minoridad del demandado debe poner en conocimiento del juez ese particular para que le designe un defensor judicial o lo obligue a comparecer a través de su padre o madre con patria potestad o de su tutor. Una acción ejercitada por quien no tiene el derecho, por corresponder éste a otro con capacidad para comparecer, no debe desestimarse sin dar la oportunidad de traer al caso a la parte realmente interesada.[17]

§ 1111. La sociedad legal de gananciales

Cuando la causa de acción es contra la Sociedad Legal de Gananciales, la cual tiene personalidad jurídica, la R. 4.4(e), 2009 exige el emplazamiento a cada uno de los cónyuges.[18]

§ 1112. —Los incapacitados judicialmente

Podrán o no ser partes según se provea en la sentencia fijando la incapacidad. De estar restringida su capacidad para comparecer, lo harán por medio de tutor o defensor judicial.

§ 1113. —Los ausentes

Dispone el art. 42 del CC (31 L.P.R.A. sec. 141) que si se estableciera un juicio contra un ausente poseedor de propiedad mueble o inmueble que no tuviese apoderado conocido, la sala del Tribunal de Primera Instancia ante la cual se tramite el juicio nombrará un administrador *ad hoc* para defender al ausente en dicho juicio.

§ 1114. Excepción a la regla de la personalidad jurídica

La R. 15.3, 2009, establece una excepción a la regla de la necesidad de personalidad jurídica para comparecer a juicio. Dispone que cuando dos o más personas operan un negocio bajo un nombre común, comprenda éste o no los nombres de dichas personas, éstas podrán ser demandadas bajo el referido nombre común siendo suficiente emplazar a una de ellas. Nótese que esta excepción opera únicamente en aquellos casos en que un negocio es operado por dos o más personas y únicamente cuando las dos o más personas son partes

---

[17] *Ríos Rosario v. Vidal Ramos*, *supra*.

[18] Esta R. 4.4(e), 2009 adopta la mejor práctica esbozada por el TS. Bajo las Rs. de 1979, el TS había determinado que la mejor práctica era emplazar a cada uno de los cónyuges, pero bastaba con uno solo. *Vega Ortiz v. Bonilla Vázquez*, 153 D.P.R. 588 (2001). Véase también *Doral Mortgage Corp. v. González Sánchez*, 158 D.P.R. 311 (2002).

demandadas.[19] Esta excepción es de dudosa constitucionalidad pues el efecto de la misma es gravar el patrimonio de una parte que no ha sido emplazada en virtud de un conocimiento presuntivo de la demanda.

§ 1115. El demandado desconocido

Aunque se incluye en la R. 15, 2009, que versa sobre la capacidad de las partes, el problema del demandado cuya identidad se desconoce no plantea un problema de capacidad. El problema del demandado desconocido surge con frecuencia en reclamaciones *ad rem*—sobre inmuebles—cuando la titularidad de los derechos reales que gravitan sobre el inmueble se desconoce total o parcialmente.

El demandado cuya identidad se conozca pero cuya ubicación se desconozca, no es un demandado desconocido y el problema que plantea el desconocimiento de su ubicación se rige por las reglas del emplazamiento.

Cuando el demandante ignora el nombre de un demandado que sea parte indispensable en la demanda, puede denominar a dicho demandado en cualquier alegación o procedimiento con un nombre cualquiera y al descubrir el verdadero nombre se harán las enmiendas correspondientes en la alegación o procedimiento (R. 15.4, 2009). Los nombres ficticios comúnmente usados son los de John Doe y Richard Roe. Con mayor propiedad lingüística prodríamos usar Fulano de Tal y Mengano de Cual.

Si se formula una demanda contra un demandado desconocido alegadamente, pero que en realidad se conoce su nombre, tal demanda no surte efectos jurídicos.

Tan pronto el demandante descubra el verdadero nombre de la parte demandada en esa forma, deberá enmendar la alegación o el procedimiento sin demoras. Si nunca puede determinarse el nombre y si se trata de un presunto ausente según definido en el art. 32 del CC (31 L.P.R.A. sec. 131) será menester nombrarle un administrador *ad hoc* para defenderle en el proceso.

En el caso *Fuentes v. Tribunal de Distrito de P.R.,* 73 D.P.R. 959 (1952), el TS establece que cuando existiendo una parte indispensable *cuya identidad y nombre son conocidos,* el demandante entabla su demanda contra partes inexistentes o ficticias [John Doe y Richard Roe], tal demanda no interrumpe la prescripción de la acción y su enmienda posterior para incluirla una vez transcurrido el término para el ejercicio de la acción no retrotrae ese ejercicio a la fecha de la presentación de la demanda original y una demanda incoada contra personas ficticias es insuficiente e ineficaz en derecho para interrumpir el término prescriptivo de la acción contra una parte verdaderamente indispensable en ella.[20]

---

[19] Véase *Rivera Hernández v. Comtec Communication*, 171 D.P.R 695 (2007), en el cual el TS interpretó el significado e interpretación de la R. 15.3 interrelacionada con la R. 51.7, 1979 (esta última derogada).

[20] Véase también *Padín Espinosa v. Comp. de Fomento Industrial de P.R.*, 150 D.P.R. 403 (2000).

Ahora bien, si en efecto se desconoce el nombre del demandado, la presentación de la demanda contra el nombre ficticio—nombre sustituto—interrumpe la prescripción.

CAPITULO 12: CLASIFICACION Y ACUMULACION DE PARTES; EL *INTERPLEADER*

SECCIÓN

§ 1201. Clasificación

Las partes se clasifican como:

(1) indispensables.
(2) necesarias.
(3) propias.
(4) formales.

Esta clasificación no la hacen las reglas ni la hacía el CEC, 1933. Se trata de una clasificación originada por la jurisprudencia. Debe tomarse con cautela. En su utilización debe evitarse, como bien advirtió el TS en *Hernández Agosto v. López Nieves*, 114 D.P.R. 601, 606 (1983), caer en la actividad taxonómica excesiva, desligada de consideraciones pragmáticas o valorativas.

§ 1202. Partes indispensables; concepto

Las partes indispensables son aquellas de las que no se puede prescindir; las partes sin cuya presencia no pueden adjudicarse las cuestiones litigiosas ya que sus derechos quedarán afectados, *Cepeda Torres v. García Ortiz*, 132 D.P.R. 698 (1993). La indispensabilidad de una parte deviene del mandato constitucional que prohíbe que una persona sea privada de su libertad o propiedad sin el debido proceso de ley.[1] Por ejemplo: Un miembro de una sucesión compuesta por varios es parte indispensable en pleito contra la sucesión. Su ausencia constituye un defecto de parte indispensable y el tribunal deberá desestimar la acción si no es posible incorporar la parte ausente, ya que se adjudicarían derechos de una

---

1 Art. II, Sec. 7 de la Const. del E.L.A.

persona que no está sujeta a la jurisdicción del tribunal (R. 10.2(6), 2009). La sentencia que se emita en su ausencia es nula.[2]

El tercero ausente debe tener un interés común en el pleito que convierte su presencia en un requisito indispensable para impartir justicia completa o de tal orden que impida la confección de un decreto sin afectarlo. La justicia completa es aquella entre las partes y no la que se refiere a una parte y el ausente. El interés común tiene que ser uno real e inmediato. *Municipio de San Juan v. Bosque Real S.E.*, 158 D.P.R. 743 (2003); *Deliz Muñoz et als. v. Igartúa Muñoz*, 158 D.P.R. 403 (2003); *Romero v. Reyes Rivera*, 164 D.P.R. 721 (2005); *Infante Robles v. Maeso Hernández*, 165 D.P.R. 474 (2005); *Municipio de Ponce v. Autoridad de Carreteras*, 153 D.P.R. 1 (2000).

§ 1203. Partes necesarias; concepto

Son aquellas que tienen interés en el pleito y que deben ser unidas para que se pueda resolver toda la controversia, pero en su ausencia es posible adjudicar la controversia sin que se afecten sus derechos. Simplemente es preferible que esa parte esté presente. Por ejemplo: Ocurrido un accidente entre una parte y otra que a su vez tiene una compañía aseguradora, el demandante puede demandar a aquel que causó el daño sin necesidad de traer a la compañía aseguradora al pleito. Es conveniente que traiga la aseguradora al pleito ya que esa compañía tiene un interés en ese caso y dejarla fuera resultaría en una duplicidad de procesos para recobrar de ella. La compañía de seguros es parte necesaria, pero no indispensable, porque el caso podría verse en su ausencia. Si se tiene que cobrar de la aseguradora, el demandante tendrá que iniciar una nueva acción.

§ 1204. Partes propias; concepto

Las partes propias son aquellas que tienen interés en un asunto similar al litigio por lo que sería conveniente adjudicar tal interés, aunque no sea consustancial a los intereses presentes en la controversia trabada entre las partes litigantes.

Vamos a suponer que van tres personas caminando por un acera que son X, Y, y Z. B con su automóvil arrolla a los tres. X demanda a B. Y y Z no tienen nada que ver con esa demanda. Si recae sentencia, el principio de cosa juzgada no afectará a Y y a Z porque ellos no fueron parte en esta acción. Y puede demandar a B e igualmente puede hacerlo Z, y los casos podrían adjudicarse por separado y hasta podríamos concebir resultados distintos sencillamente porque no hay relación jurídica alguna entre X, Y y Z. Si concurren, como pueden hacerlo al pleito de X contra B, Y y Z serían partes propias.[3]

---

[2] *Unysis P.R., Inc. v. Ramallo Brothers Printing, Inc.*, 128 D.P.R. 842 (1991).

[3] La distinción entre la parte necesaria y la propia estriba en la posibilidad de otorgar un remedio completo a las partes que se encuentran ante el Tribunal y la facultad que se otorga al Tribunal para ordenar, incluso de oficio, la acumulación de la parte necesaria

§ 1205. Partes formales; concepto

Son las que están en el pleito meramente para suplir una formalidad, pero sus intereses no están implicados en el litigio. El fallo o sentencia no puede afectar directamente sus patrimonios. Son los casos en que una parte concurre para completar la personalidad jurídica de otra, pero la verdadera parte, la que puede ser sentenciada a una cosa o a la otra, no es la que concurre como parte formal, sino la que concurre como parte indispensable o necesaria o propia, según sea el caso.

Ejemplos de la parte formal lo son el padre con patria potestad o el tutor en acciones en que comparecen en representación del hijo o pupilo. (Ver Secs. 1110 y 1112, *ante*.)

§ 1206. La acumulación de partes

La acumulación de partes ocurre cuando se incorpora como demandante o demandado a más de una parte en un proceso. Es uno de los campos regulados con menor efectividad en nuestro derecho procesal civil. La R. 16, 2009, que gobierna esta materia dispone:

"16.1. *Acumulación indispensable:* Las personas que tengan un interés común sin cuya presencia no pueda adjudicarse la controversia, se harán partes y se acumularán como demandantes o demandadas, según corresponda. Cuando una persona que deba unirse como demandante rehúse hacerlo, podrá unirse como demandada.

"16.2. *Acumulación no indispensable:* El tribunal podrá ordenar la comparecencia de aquellas personas sujetas a su jurisdicción quienes, a pesar de no ser partes indispensables, deban ser acumuladas si se ha de conceder un remedio completo a las personas que ya sean partes en el pleito."

Alrededor de estas reglas y de la jurisprudencia que les dio base, se desarrolló un formalismo excesivo. Como señaló el TS de Puerto Rico en *Hernández Agosto v. López Nieves, supra* a la pág. 606, el tema de la indispensabilidad comenzó a atenderse "a través del análisis abstracto de conceptos tales como 'interés común', 'separabilidad de derechos' y otros asociados con el deseo de encajar determinadas situaciones dentro de los encasillados de 'parte necesaria' o 'parte indispensable'".

Para atender esa situación en 1966 se enmendó la R. 19 federal, contraparte de nuestra Regla 16. La nueva redacción de la R. 19 dispone así:

"Regla 19. Acumulación de partes, requerida para una justa adjudicación:

"(a) *Partes a ser acumuladas, si fuera posible.* (1) *A petición de parte.* Toda persona que fuera objeto de un emplazamiento y cuya acumulación no implicare

---

(R. 16.2) pero no así en el caso de la parte propia. Es una cuestión fáctica-jurídica difícil de desentrañar conceptualmente y tiene que enfocarse con eminente sentido práctico en torno a los intereses implicados en la demanda ante el Tribunal.

privar a la corte de su jurisdicción sobre la materia del pleito será acumulada como parte en el pleito: (A) si en su ausencia no fuera posible adjudicar totalmente la controversia a quienes ya fueran partes, o (B) si reclamare un derecho en relación con el objeto del pleito y su posición fuere tal que la adjudicación del pleito en su ausencia podría: (i) como cuestión de hecho perjudicar o dificultar su capacidad para proteger dicho derecho, o (ii) dejar a cualesquiera de las personas ya partes expuestas a un riesgo sustancial de incurrir en una responsabilidad doble, múltiple o de otro modo inconsistente con el derecho reclamado. (2) *Acumulación por orden de la Corte.* Si no hubiera sido acumulada según fuera requerido, la corte ordenará que sea traída como parte. Si una persona que deba unirse como demandante rehusare hacerlo, podrá ser unida como demandada o, en casos pertinentes, como demandante involuntaria. (3) *Jurisdicción.* Si la parte acumulada objetare la jurisdicción y su acumulación pudiera convertir en indebida la jurisdicción sobre el pleito, será separada del pleito.

"(b) *Cuando la acumulación no es posible.* Si a una persona que se le requiera ser acumulada, no pudiere ser traída como parte, la corte determinará si en equidad y a consciencia, el pleito deba continuar entre las partes ante la misma, o si deba ser desestimado, quedando en esa forma considerada indispensable la persona ausente. Los factores a ser tenidos en cuenta por la corte incluirán: (1) hasta qué punto una sentencia dictada en ausencia de la persona pudiera serle perjudicial o a aquellas que ya sean partes; (2) hasta qué punto el perjuicio pudiera aminorarse o evitarse mediante: (A) disposiciones protectoras, (B) la adecuación del remedio u, (C) otras medidas; (3) si una sentencia dictada en ausencia de la persona fuera adecuada; (4) si el demandante tuviere remedio adecuado si el pleito fuera desestimado por falta de acumulación." "[...]".

Lamentablemente, cuando revisamos nuestras Reglas en 1979 no adoptamos las normas recogidas en las enmiendas de 1966 a la R. 19 federal. Tampoco lo hicimos con nuestras Reglas del 2009. Esto es, no se aclara cuál debe ser el entrejuego de intereses que gobierne el análisis en este importante campo: proveer un remedio a las personas que son partes, no perjudicar como cuestión práctica los intereses de personas ausentes, evitar el riesgo de litigación múltiple. Tampoco intentamos proveer las directrices que provee la Regla 19(b) federal en torno a cómo producir el adecuado balance entre dichos intereses.

La redacción de las Rs. 19(a) y (b) federales representa un paso de avance en este campo y debe servir de orientación a nuestros abogados y jueces en la solución de los problemas de indispensabilidad de partes que se suscitan en nuestro quehacer jurídico.

La jurisprudencia también ayuda. *Hernández Agosto v. López Nieves*, *supra*, discute el problema de la indispensabilidad del Gobernador de Puerto Rico como parte en un pleito donde se impugnaba la legalidad de la ocupación de un cargo público por un funcionario.

Se plantea en apelación, por primera vez, que el Gobernador, quien no fue demandado originalmente, era una parte indispensable en el pleito en el cual el funcionario—Secretario de Agricultura—era el demandado. Sobre ese particular el Supremo señala que se trata de un asunto tan importante y relevante que puede presentarse por primera vez en apelación o, más aún, ser considerado por el tribunal *sua sponte*[4] y que el hecho de no haberse planteado en primera instancia no significaba una renuncia a presentar ese planteamiento.

Al discutir la expresión "interés común" contenida en la regla, el tribunal indica que no se refiere a cualquier interés en el pleito, sino a un interés que impida la preparación de un decreto judicial sin afectarlo. Asimismo, la frase "sin cuya presentación no pueda adjudicarse la controversia", se refiere a la persona o entidad que debería hacerse parte en el pleito para no afectar su interés en el mismo, pero dicho interés afectado tiene que ser de índole real e inmediato al extremo de impedir la preparación de un decreto judicial adecuado. Las palabras "remedio completo" significan el remedio entre las personas que ya son parte en el pleito y no el que pudiera obtenerse entre una parte y una parte ausente. En base a ese análisis se resolvió que el Gobernador no era una parte indispensable en el pleito, pues la sentencia no ordena al Gobernador a hacer nada ni tampoco afecta las opciones disponibles a éste. Su ausencia no impedía la confección de una adjudicación adecuada.

En *Romero v. S.L.G. Reyes, supra,* el TS determinó que el interés de un notario que autorizó una escritura simulada no le hace parte indispensable en el pleito en que se adjudica la simulación porque su responsabilidad civil o ética no queda afectada por la sentencia pero sí lo es un banco que tenga un gravamen hipotecario otorgado por el que adquirió el título mediante la escritura de compraventa simulada porque la nulidad del título vicia el gravamen hipotecario afectando de esa manera el derecho del banco.

A diferencia de lo resuelto en *Romero v. S.L.G. Reyes, supra,* el TS en *Pérez Rosa v. Morales Rosado,* 2007 T.S.P.R. 171, determinó que como el contrato entre las partes tuvo efecto jurídico, dado que el vicio en el consentimiento no tuvo efectos de nulidad y la hipoteca a favor del banco fue válida, el banco no se considera parte indispensable ya que su garantía no se verá menoscabada por la sentencia que se dicte. El TS en este caso aclaró que "no puede determinarse mecánicamente que siempre que haya un litigio sobre un inmueble, el acreedor hipotecario será una parte indispensable del procedimiento. La determinación de si debe acumularse una parte depende de los hechos específicos de cada caso particular."[5]

En *Hernández Agosto v. Romero Barceló,* 112 D.P.R. 407 (1982), analizando la indispensabilidad de los funcionarios retenidos en sus cargos por el Gobernador al ser reelecto por un nuevo término, el TS resolvió que los funcionarios no son partes indispensables en un recurso de *mandamus* que

---

[4] Esta norma es la lógica conclusión de lo dispuesto en la R. 10.8(b), 2009.

[5] Véase también, *Sánchez Encarnación v. Sánchez Brunet,* 154 D.P.R. 645 (2001).

procura que el Gobernador envíe a la Asamblea Legislativa los nuevos nombramientos. El tribunal explica que el propósito de la R. 16.1, 2009, es proteger a las personas ausentes de los efectos perjudiciales que pudiera tener la resolución del caso sin su presencia y evitar la multiplicidad de pleitos mediante un remedio efectivo y completo.

En *Granados Navedo v. Rodríguez Estrada I*, 124 D.P.R. 1 (1989), el TS establece como criterio a considerar en la determinación de acumulación de parte indispensable si la sentencia a dictarse en su momento le pondría fin a la controversia entre aquellos que ya son parte de la controversia. El hecho de que se trate de un procedimiento especial contemplado en la Ley Electoral no impide la acumulación de partes de acuerdo a la R. 16.1, 2009, siendo el criterio rector de la indispensabilidad uno a resolverse caso a caso.

Granados Navedo v. Rodríguez Estrada II, 124 D.P.R. 593 (1989), sigue la doctrina expuesta en *Hernández Agosto v. López Nieves* y *Granados I, supra*. Se indica que el propósito de la R. 16, 2009, es evitar la multiplicidad de litigios, proveer a las partes un remedio final, completo y efectivo en el mismo pleito y proteger a los ausentes de los efectos nocivos de una decisión sin su presencia. También se señala que los Tribunales de Puerto Rico cuando tratan asuntos relacionados con la acumulación indispensable tienen mayor flexibilidad que los tribunales federales, pues no confrontan los problemas procesales que significa la jurisdicción limitada sobre la materia, la competencia con arreglo al territorio y la confusión que traería a un jurado la multiplicidad de partes. Establece que la determinación de si una parte debe ser o no acumulada depende de aspectos a discutirse caso a caso. Cuando una parte es indispensable tiene que ser traída al pleito por la parte demandante y de no hacerse así, ello constituiría una violación del debido proceso de ley.

En *Sánchez Vilella v. E.L.A.*, 134 D.P.R. 503 (1993), se establece que la R. 16.1, 2009, se inspira en dos axiomas principales: la protección constitucional que impide que una persona sea privada de su libertad y propiedad sin un debido proceso de ley y la necesidad de que se incluya una parte indispensable para que el decreto judicial emitido sea completo.

En todo caso donde la libertad y propiedad de una persona se pueda ver afectada por una sentencia en la que esa parte no participó en el pleito que provocó su dictamen, se requiere que esa persona sea traída al pleito y que el tribunal adquiera jurisdicción sobre ésta mediante el emplazamiento. No incluir una parte indispensable es motivo para desestimar un pleito pero no constituye impedimento para que a solicitud de la parte interesada el tribunal conceda la oportunidad de traer al pleito la parte omitida siempre y cuando el tribunal pueda adquirir jurisdicción sobre ella.[6]

Cuando se demanda a una persona casada bajo el régimen de sociedad de gananciales y se pretende repetir contra la sociedad, hay que traer al pleito a la sociedad como parte indispensable. Opera el mismo principio cuando se trata de

---

[6] *Meléndez Gutiérrez v. E.L.A.*, 113 D.P.R. 811 (1983).

acciones de alimentos contra un alimentante que ha contraído nuevas nupcias bajo el régimen de capitulaciones matrimoniales. Hay que incluir al otro cónyuge como parte indispensable.[7]

En *Maldonado v. Cruz Dávila*, 161 D.P.R. 1 (2004), el TS señala que si el cónyuge casado por capitulaciones demuestra la validez de las mismas este debe ser excluido inmediatamente del pleito. A mi entender el cónyuge que se ha casado por capitulaciones no es parte indispensable en un pleito en que se reclame alimentos a su consorte a menos que se alegue en la demanda que las capitulaciones son nulas o que no excluyen en su responsabilidad en casos de reclamación de alimentos.

En el caso de *Bidot Almodóvar v. Urbino Valle y San Juan Racing Association, Inc.*, 158 D.P.R. 294 (2002), una escueta mayoría del TS resolvió que cuando se prueba el carácter ganancial del objeto de una reclamación formulada por uno de los cónyuges, ha de estimarse que la acción fue presentada a nombre de la sociedad de gananciales aunque ésta no haya sido incluida como parte en el pleito.

§ 1207. El demandante involuntario

Para que una parte indispensable pueda traerse al pleito cuando ésta no interesa unirse como demandante, la R. 16.1, 2009, provee en su última oración que: "Cuando una persona que deba unirse como demandante rehúse hacerlo, podrá unirse como demandada."

§ 1208. Efectos de no acumular una parte indispensable

La R. 18, 2009, dispone que: "La indebida acumulación de partes no constituirá motivo para desestimar un pleito." Las Rs. 10.2 y 10.8, 2009 establecen que en cualquier momento puede levantarse como defensa especial el dejar de acumular una parte indispensable. La R. 18, 2009, dispone asimismo, que "cualquier parte podrá ser incluida o eliminada por orden del tribunal, a iniciativa de éste o a moción de parte en cualquier estado del procedimiento bajo las condiciones que sean justas."

Interpretando estas reglas los comentaristas y la jurisprudencia nos dicen que si una parte indispensable no ha sido unida al pleito, el tribunal debe ordenar que dicha parte sea incorporada y en caso de que no se le acumule porque dicha parte esté fuera de la jurisdicción o por cualquier otra razón, procederá entonces la desestimación de la demanda.[8]

---

[7] *Cepeda Torres v. García Ortiz*, 132 D.P.R. 698 (1993); *Rodríguez Rodríguez v. Moreno Rodríguez*, 135 D.P.R. 623 (1994).

[8] Se cita este texto con aprobación en la opinión de *Aponte Caratini v. Román Torres*, 145 D.P.R. 477 (1998).

El defecto de parte indispensable puede levantarlo el tribunal *motu proprio* y en cualquier estado del procedimiento. La R. 18, 2009, deja este punto fuera de discusión.

§ 1209. La acumulación deseable de partes

La R. 16.2, 2009, trata del problema de las partes necesarias, las que no tienen que estar indispensablemente en el pleito, pero es deseable que lo estén. Por tanto, la R. 16.2, 2009, faculta al tribunal para ordenar la comparencia de aquellas personas sobre las cuales pueda ejercer su jurisdicción y que por ser partes necesarias han de ser acumuladas para conceder un remedio completo a las partes en el pleito.

Dejar de unir a una parte no constituye motivo de desestimación, siempre y cuando no medie una orden del tribunal para unirla y sea viable hacerlo.

§ 1210. La acumulación permisible

La R. 17.1, 2009, provee que:

"Podrá acumularse en un pleito cualquier número de personas, como demandantes o demandadas, si reclaman o se reclama contra ellas conjunta o separadamente, o en la alternativa, cualquier derecho a un remedio relacionado con o que surja del mismo acto, omisión, evento o serie de actos, omisiones o eventos siempre que cualquier cuestión de hecho o de derecho, común a todas, haya de surgir en el pleito. No será requisito que una parte demandante o parte demandada tenga interés en obtener o defenderse de todo el remedio solicitado. Podrá dictarse sentencia a favor de una o más partes demandantes de acuerdo con sus respectivos derechos a un remedio y contra una o más partes demandadas de acuerdo con sus respectivas responsabilidades."

Esta regla trata de las partes propias. (Véase § 1204, *ante*). Para que se permita la acumulación deben estar presentes dos factores:

(1) Que el derecho en cuestión surja del mismo evento, o serie de acciones, omisiones o eventos.

(2) Que tenga en común cualquier cuestión de hecho o de derecho. No se deben entender que todas las cuestiones litigiosas tengan que ser comunes, sino meramente algunas.

Esta regla también provee para que puedan incluirse demandantes o demandados que puedan ser responsables en la alternativa, es decir, que cuando un demandante no tiene seguridad de cuál de dos personas le es responsable, puede incluir a ambas para que si uno no responde, lo haga el otro.

La R. 17.2, 2009, provee para que el tribunal dicte las órdenes que crea oportunas en cualquier caso que se acumule un número de partes y para que conceda juicios separados a las partes que no sustentan reclamaciones entre sí, a fines de evitar dilación o perjuicio a dichas partes.

§ 1211. La indebida acumulación de partes

La R. 18, 2009 que explicamos anteriormente tiene aplicación, no solamente en casos de partes indispensables sino también en cuanto a toda clase de partes. La indebida acumulación debe levantarse por moción o por el tribunal *sua sponte.* Al levantarse esta objeción, el tribunal, si procediera, ordenará la eliminación de la parte indebidamente acumulada.

§ 1212. El procedimiento para obligar a partes reclamantes adversas a litigar entre sí (*Interpleader*)

El procedimiento para obligar a partes reclamantes adversas a litigar entre sí, llamado en inglés *interpleader*, provee un remedio mediante el cual una persona puede presentar una acción para que se obligue a litigar entre sí a personas o entidades distintas que le reclamen un mismo derecho con el objeto de que se resuelva cuál de las partes reclamantes adversas tiene el derecho reclamado (R. 19, 2009). Las reclamaciones entre sí deben ser justiciables, es decir, controversias genuinas surgidas entre partes opuestas que tengan un interés real en obtener un remedio judicial que haya de afectar sus relaciones jurídicas.[9]

El demandante se conoce en inglés como *stakeholder*. Las reclamaciones han de ser de tal naturaleza que el demandante estaría sujeto a una doble o múltiple responsabilidad.[10]

Al presentar la demanda el demandante puede aceptar la responsabilidad y afianzar el cumplimiento de la misma, o puede negarla. Puede darse el caso de que el demandante y el demandado y hasta un tercero interpongan una demanda de *interpleader*.

El procedimiento tiene tres etapas:

(1) Presentación de la demanda y determinación judicial de la necesidad de obligar a las partes reclamantes adversas a litigar entre sí.

(2) Los reclamantes litigan entre sí y se determina por el tribunal quién tiene el derecho.

(3) El demandante que niega la responsabilidad tendrá que litigar con el litigante victorioso, o tendrá que satisfacer la reclamación.

Este mecanismo ofrece protección contra las molestias y gastos que produce la litigación de pleitos múltiples y la posibilidad de pleitos contradictorios.

---

[9] *Ortiz v. Panel sobre el F.E.I.*, 155 D.P.R. 219 (2001).

[10] Mediante la Op. de Conformidad del Juez Asociado Hernández Denton, en *Anselmo García Distributors v. Sucn. García Sori*, 153 D.P.R. 427 (2001), se expresó que el mecanismo del *interpleader* es uno acertado para adjudicar la responsabilidad de una suma adeudada.

Correctamente utilizado puede lograr la pronta resolución de la controversia entre reclamantes adversos, economizando tiempo y gastos a las partes y al sistema judicial. *Zorniak Air Services, Inc. v. Cessna Aircraft Co.*, 132 D.P.R. 170 (1992).

CAPITULO 13: SUSTITUCION, INTERVENCION, INCORPORACION DE TERCEROS

§ 1301. La sustitución de partes

La sustitución de partes es un mecanismo procesal por el cual una persona que es parte en un pleito es sustituida por otra que viene a ocupar la posición que ocupaba originalmente la persona sustituida. Puede ocurrir como consecuencia de:

(1) Muerte de una de las partes;
(2) incapacidad de una de las partes;
(3) cesión de interés;
(4) disposición de ley.

La R. 22, 2009, gobierna esta materia. Cuando fallece una de las partes, y la reclamación no fuera una de esas que se extinguen por la muerte del titular[1]—acción de divorcio, por ejemplo—cualquiera de las partes en el procedimiento o sus abogados notificarán al tribunal dicha ocurrencia y también a las otras partes, dentro del término de 30 días contados desde la fecha en que se conozca el hecho de muerte. Los causahabientes o los representantes de la parte fallecida tienen entonces 90 días para solicitar la sustitución al tribunal, contados a partir de dicha notificación, y entonces el tribunal procederá a hacerla. Esta solicitud de sustitución deberá notificarse a las demás partes según lo dispuesto en la R. 67, 2009 y a las partes que no estén dentro del pleito según lo provisto en la R. 4, 2009. La R. 22.2, 2009 exige enmienda a la demanda para conformarla con la sustitución e incorporación de nuevas partes al pleito.

Si la sustitución no se hace dentro del término que diponga el tribunal, el pleito se desestimará sin perjuicio.

Esta R. 22.1, 2009 se aplica a casos pendientes ante el TPI, pero no así en el TS. Si el pleito se encuentra ya en esa etapa de última instancia, rige la R. 42 del RTS, la cual establece el mismo término de 30 días que concede la R. 22.1, 2009 para la notificación al tribunal contados desde la fecha en que se tenga

[1] La R. 22.1(a), 2009 establece que "si una parte fallece y la reclamacion queda por ello extinguida, se dictará sentencia desestimando el pleito".

conocimiento del fallecimiento, pero establece seis meses[2] para presentar la solicitud de sustitución desde que ésta se notifica. La R. 42 del RTS concede la facultad a los herederos de comparecer voluntariamente a ser admitidos como partes en el asunto, y si no vinieran voluntariamente la parte contraria puede solicitar que el hecho de la muerte se haga constar en los autos y que el pleito continúe en la forma que el TS ordene. Idéntico procedimiento para la sustitución establece la R. 82 del RTA para los casos que se encuentren pendientes ante el Tribunal de Apelaciones.

Si fallece una o más partes demandantes o demandadas que fueren parte en un pleito y el derecho reclamado en éste subsiste en favor de los demandantes o en contra de los demandados que sobrevivan, el pleito no se terminará, sino, que se continuará el mismo con los sobrevivientes hasta su conclusión, y se notificará al tribunal tomando nota del hecho de la muerte de los demandantes o demandados que hubieran fallecido (R. 22.1(c)).

Un procedimiento similar establece la R. 22.2, 2009, para el caso en que una parte se incapacite judicialmente. En estos casos el tribunal debe nombrar un tutor o defensor judicial y podrá permitir que el pleito continúe por o contra éstos.

De la sustitución en casos de cesión de interés se ocupa la R. 22.3, 2009, que dispone que en cualquier caso de cesión de interés podrá continuarse el pleito por o contra la parte original a menos que el tribunal, previa solicitud al efecto, disponga que el cesionario sea incorporado en el pleito o acumulado a la parte original. Nótese que en este caso la sustitución es optativa. Quiere decir que no es indispensable verificar la sustitución del cesionario por el cedente como parte ya que una vez cedido un bien o crédito litigioso la R. 22.3, 2009, permite que el caso continúe tramitándose por o en contra del titular original, o sea, del cedente. Véase *Municipio de San Juan v. Bosque Real S.E.*, *supra*. En esta opinión se cita con aprobación lo expuesto sobre este particular en esta obra.

En los casos en contra o a favor de funcionarios públicos en su capacidad oficial, también procede llevar a cabo una sustitución de partes cuando el funcionario fallezca, renuncie o de cualquier otro modo cese en el desempeño de su cargo. De esto trata la R. 22.4, 2009, la sustitución en estos casos es automática, es decir, opera por ministerio de la ley al instalarse el nuevo funcionario.

Cuando la sustitución se haga a moción de parte, ésta se efectúa presentando una moción que habrá de notificarse a todas las partes en el pleito.[3]

---

[2] Igual término de seis meses establecía la R. 22, 1979, el cual fue reducido con el propósito de aligerar los procedimientos y evitar perjuicios a las partes. Véase, Informe de Reglas de Procedimiento Civil, Secretariado de la Conferencia Judicial y Notarial, Tribunal Supremo, Marzo de 2008, pág. 252.

[3] Las contestaciones a interrogatorios o el Informe de Conferencia con Antelación al Juicio no son medios idóneos para incorporar partes a un proceso. *Rivera Castillo v. Municipio de San Juan*, 130 D.P.R. 683 (1992).

La persona que se pretende incorporar—el sustituto—debe ser notificada por los medios que provee la R. 4, 2009, es decir, mediante un emplazamiento para que el tribunal adquiera jurisdicción sobre su persona.

La sustitución puede hacerse bien por la parte contraria o bien por el sustituto. Si fallece una persona, su sucesión puede comparecer informando el hecho de la muerte del que era parte y solicitando que se sustituya a esa sucesión en lugar de aquel que era parte y ha fallecido. En ese caso la sustitución se realiza por los mismos sustitutos. Si ellos no lo hacen, la parte contraria también lo puede hacer, pero como los sucesores no están ante el tribunal, la parte contraria tiene que traerlos a través de un emplazamiento según provee la R. 4, 2009.

El TS en el caso *Zapata et al. v. Zapata et al.*, 156 D.P.R. 278 (2002) resolvió que no procede la sustitución del padre adoptante fallecido por los herederos forzosos (los padres del fallecido), sino que el pleito continúa con la participación de la madre adoptante. La *Ley de Adopción*, 32 L.P.R.A. sec. 2699 *et seq*., no les confiere el derecho a ser partes, sólo les confiere a los herederos forzosos el derecho a ser oídos a los efectos de establecer el desistimiento del fallecido al consentimiento de la adopción, el cual se presume según dispuesto en dicha Ley. (Véase, 32 L.P.R.A. sec. 2699o).

§ 1302. La intervención—Concepto

La intervención es la institución procesal mediante la cual un tercero puede constituirse en parte litigante en un proceso. Esta figura procesal está en íntima relación con la cuestión de las partes, su clasificación o posición en el proceso y con la doctrina de la cosa juzgada. La R. 21, 2009, se ocupa de la intervención. La intervención debe ser oportuna. El tribunal decidirá discrecionalmente si ha de permitirla dependiendo de la etapa en que se encuentre el proceso y lo que pretenda el interventor. Lo más importante a considerar es si esa intervención causaría dilación injustificada a las partes que ya están litigando.

Hay casos como el de *Rodríguez Quevedo v. Corte de Distrito de Ponce*, 68 D.P.R. 978 (1948) en que se ha permitido la intervención de un tercero en un proceso después de dictar la sentencia, pero en otros no se permitió cuando lo que quería el interventor era impugnar la sentencia porque todo depende de lo que pretende el tercero. Si el tercero pretende intervenir en relación a un bien embargado sobre el cual se va a ejecutar la sentencia, la intervención puede ser permitida ya que todo lo actuado en el pleito no se afecta. Véase también *Mercado Riera v. Tribunal Superior*, 89 D.P.R. 276, 281 (1963).

§ 1303. —Por derecho incondicional

La intervención por derecho incondicional es aquella en que el tribunal está obligado a permitir la entrada del interventor según provee la R. 21.1, 2009.

(1) Hay derecho a intervenir cuando la ley y las reglas confieren derecho incondicional a intervenir.[4] Sin embargo, la intervención de derecho está sujeta a la regla de que debe ser oportuna.

Por ejemplo: Al E.L.A. se le concede el derecho a intervenir en cualquier proceso en que se cuestione la validez o la constitucionalidad de una ley, orden ejecutiva, franquicia o reglamento administrativo del E.L.A. (R. 21.3, 2009). Por lo tanto, si en un proceso está cuestionada esa validez, el E.L.A. puede comparecer e intervenir como cuestión de derecho. En estos casos, cuando ni el E.L.A. o ningun funcionario o agencia es parte en el pleito, el tribunal deberá notificar la impugnación al Secretario de Justicia; y en los casos que estime necesario, ordenará su comparecencia.

(2) También hay derecho de intervenir cuando la sentencia haya de obligar al presunto interventor y su representación en autos sea inadecuada; *v.g.*: en el pleito subsidiario del accionista de una corporación, que puede llevarse como un pleito de clase, si los otros accionistas creen que su representación en el pleito no es adecuada, tienen el derecho incondicional a intervenir en el proceso y ser parte en él. El requisito de que la sentencia sea obligatoria quiere decir que constituye cosa juzgada en contra de los derechos del interventor.

(3) La tercera situación en la que hay un derecho incondicional a intervenir es cuando el tribunal pueda realizar una distribución o disposición de propiedad que afecte al interventor. Bajo este tipo de intervención caen las acciones *in rem* y los casos en que hay un fondo consignado en el tribunal sujeto a su poder de disposición y el interventor reclama un derecho a ese fondo o a parte de él y, además, los casos donde hay bienes embargados en que se puede disponer de la propiedad del interventor mediante el poder ejecutivo del tribunal. En todos estos casos el tercero tiene un derecho incondicional a intervenir.

El procedimiento establecido por la Ley de Tercería de 14 de marzo de 1907, fue recogido y atemperado por las Rs. 21.5, 21.6 y 21.7, 1979, equivalentes a las Rs. del 2009. Como la R. 21, 1979 ofreció un mecanismo rápido, sencillo y eficaz para reclamar algún derecho perteneciente a terceros o algún interés de éstos en una propiedad embargada por orden judicial, era innecesario mantener vigente la Ley de Tercería, y la misma fue expresamente derogada por la R. 72, 1979.

---

[4] En *Crespo v. Cintrón*, 159 D.P.R. 290 (2003), el Tribunal resolvió que los abuelos de un menor tienen legitimación activa amparada por legislación "para intervenir en los procedimientos de un defensor judicial para sus nietos cuando los intereses de los menores y de los padres sean claramente opuestos". Véase, además, *Rodríguez del Valle v. Corcelles Ortiz*, 135 D.P.R. 834 (1994), en el cual el TS reconoció el derecho del E.L.A. a intervenir en un pleito en que están involucrados los derechos de un menor víctima garantizados por la *Carta de Derechos de las Víctimas y Testigos de Delito*; además de invocar su poder de *parens patriae*.

La posesión inmediata de bienes embargados puede ser obtenida por el tercero interventor previa prestación de fianza que ha de cumplir las condiciones de la R. 21.7, 2009, y mediante los trámites de la R. 21.6, 2009.

§ 1304. —Permisible

Primero: Se permite la intervención cuando la ley concede un derecho condicional de intervenir.

Segundo: Se permite la intervención cuando hay una cuestión común de hecho o de derecho.

Tercero: Cuando la reclamación está basada en una ley o en una orden ejecutiva se permite la intervención al funcionario encargado de ponerla en vigor. En estos tres casos, permitir la intervención es discrecional del tribunal y dependerá de cómo afecte a los demás litigantes. Habrá que poner en la balanza los intereses de todos para determinar si se ha de permitir a un tercero intervenir en un proceso. La intervención permisible es más frecuente cuando existe una cuestión común de hecho o de derecho. Este es el caso de las partes propias.

Cuando un tercero tiene una reclamación común en cuanto a los hechos o el derecho, puede comparecer en autos en vez de iniciar un procedimiento separado y pedir que se autorice su intervención para reclamar al demandado. En este caso no se interviene por derecho incondicional sino sujeto a la discreción del tribunal. Puede que se solicite intervención tan pronto se inicia el pleito y si el tribunal cree que no lo debe permitir, no lo permitirá. Ahora, en los casos de derecho incondicional de intervenir, el tribunal tiene que permitir intervención si se le solicita oportunamente.

La diferencia entre la intervención permisible y la incondicional radica en el hecho de que si se solicita la incondicional oportunamente se tiene que conceder y es un error de derecho no concederla. En el caso de la permisible, aun cuando se solicite oportunamente, no tiene que ser concedida por el tribunal, porque está sujeta a su discreción. Como es a discreción del tribunal, podría concederla dependiendo si causa dilación o no en los procedimientos o si el permitir intervenir perjudicaría la adjudicación de los derechos de las partes originales.

§ 1305. —Procedimiento

Se presenta una solicitud dentro del pleito en transcurso en la cual se alegarán los motivos que provocan la intervención. Se alegará, por ejemplo, que hay una propiedad sujeta al poder de distribución o a la disposición del tribunal en la cual el interventor tiene un derecho, o se alegará que hay una cuestión común de hecho o de derecho, o el fundamento que tenga el interventor. Esa solicitud de intervención irá acompañada de la alegación que formularía el interventor de serle permitido intervenir en el pleito. Se puede intervenir como demandante o como demandado. Si lo que se quiere es intervenir como demandante, entonces la alegación que se acompañaría a la solicitud de intervención sería una demanda, y si se quiere intervenir como demandado, sería una contestación. La solicitud y la alegación se notificarán a todas las partes. El tribunal entonces resolverá sobre la procedencia de la intervención.

La decisión depende del equilibrio entre la economía procesal—resolver cuestiones relacionadas en un solo pleito—y el interés de evitar que los pleitos se compliquen y se eternicen. *Chase Manhattan Bank v. Nesglo Inc.*, 111 D.P.R. 767 (1981).

Si se deniega una solicitud de intervención por derecho incondicional a intervenir y en la denegatoria se adjudican cuestiones que se levantan posteriormente en una acción independiente, es argumentable, si están otros requisitos presentes, que la denegatoria tenga el efecto de la cosa juzgada sobre la acción independiente.[5]

§ 1306. La incorporación de terceros

Es el procedimiento mediante el cual un demandado puede traer al pleito a un tercero que no es parte en el pleito en ese momento para que sea responsable a él o a cualquier parte en el pleito por lo que se le reclama en la demanda.

La reglamentación de este mecanismo procesal conocido en el derecho anglosajón como práctica de terceros aparece en la R. 12, 2009. En Puerto Rico no había práctica de terceros bajo el CEC y se adopta el mecanismo en las Rs. 1943.

La incorporación de terceros persigue la eficacia judicial mediante la consolidación de reclamaciones que puedan surgir de unos mismos hechos en un solo proceso.[6]

Bajo la R. 12, 2009, un demandado puede, sin necesidad de solicitar permiso al tribunal, presentar una demanda contra tercero dentro del término de treinta días a partir de su contestación a la demanda incoada en su contra o de la réplica a una reconvención y entonces proceder con el diligenciamiento de la demanda y el emplazamiento. Fuera del mencionado término, el demandado deberá solicitar autorización al tribunal previa demostración de causa justificada.

Una vez se ha emplazado al tercero demandado y se ha adquirido jurisdicción sobre su persona, el tercero puede formular cualquiera de las siguientes alegaciones:

(1) Puede presentar sus defensas contra el tercero demandante según lo dispone las Rs. 6 y 10, 2009.

(2) Puede reconvenir contra el demandante contra tercero.

(3) Puede oponer contra el demandante primario todas las defensas que tenga el demandado primario, a pesar de que no exista reclamación del demandante primario contra el tercero demandado. Supongamos que la demanda no aduzca hechos constitutivos de causa de acción y el demandado primario no hubiera levantado esa defensa, entonces el tercero demandado puede oponer a la

---

[5] *Aponte Caratini v. Román Torres*, 145 D.P.R. 477 (1998).

[6] *Szendrey v. Hospicare, Inc.*, 158 D.P.R. 648 (2003); *Camaleglo v. Dorado Wings, Inc.*, 118 D.P.R. 20 (1986).

demanda del demandante primario la defensa que pudo haber opuesto el demandado original.

(4) Puede instar reclamaciones contra el demandante primario que surjan de la misma transacción o evento que motivó el pleito original.

(5) En la eventualidad de que el demandante primario enmiende su demanda para incluir al tercero demandado como demandado entonces el tercero demandado deberá defenderse de la demanda original como cualquier otro demandado.

En *Guzmán Adorno v. Otis Elevator, Inc.*, 135 D.P.R. 296 (1994), el TS atendió precisamente este último tema de la adversidad procesal entre demandante original y tercero demandado.[7] El tribunal parece inclinarse a reconocer muy liberalmente el surgimiento de ese estado de adversidad. Véase García Padilla A., *Procedimiento Civil*, 64 REV. JUR. UPR, Tomo 3-4, pág. 935 (1995).

El tribunal tiene discreción para desestimar una demanda contra tercero o proveer para un juicio por separado de la misma, si ésta se presenta en una etapa tardía del proceso debido a la falta de diligencia del demandante contra tercero. *Camaleglo v. Dorado Wings, Inc., supra.*

---

[7] El demandante original no tiene que enmendar la demanda para incluir al tercero pero ésta es la mejor práctica. *Guzmán Adorno, supra.*

PARTE 4

EL ASEGURAMIENTO Y LA FIANZA

CAPITULO 14: EL ASEGURAMIENTO

SECCIÓN

§ 1401. Concepto

El aseguramiento es una medida tomada por el tribunal a solicitud de parte en un pleito pendiente con el propósito de que la sentencia pueda ejecutarse. Para alcanzar esta finalidad, las leyes o reglas que proveen para el aseguramiento deben interpretarse con amplitud y liberalidad.[1]

§ 1402. Opciones

Hay diversas medidas de aseguramiento.[2] Se concede la que mejor asegure la reclamación del demandante y la que menos inconvenientes ocasione al demandado.[3]

Las opciones son: el embargo; la prohibición de enajenar; el embargo de bienes en posesión de un tercero; la reclamación y entrega de bienes muebles; la orden para hacer o desistir de hacer; la inscripción en el Registro de Sentencias y

---

[1] *León Jimenez v. Corte de Distrito de San Juan*, 52 D.P.R. 892 (1938).

[2] Las reglas llaman las medidas de aseguramiento, remedios provisionales y la doctrina civilista, medidas cautelares.

[3] *M. Quilichini Sucrs. Inc. v. Villa Investment Corp.*, 112 D.P.R. 322 (1982); *Freeman v. Tribunal Superior*, 92 D.P.R. 1 (1965).

la sindicatura.[4] Además de estas de medidas, la R. 56.1, 2009, faculta al tribunal a tomar cualquier medida que estime apropiada.[5]

§ 1403. Cuándo procede

Dispone la R. 56.1, 2009, que el aseguramiento puede obtenerse en cualquier etapa del proceso, tanto antes como después de dictada la sentencia.

El aseguramiento después de dictada la sentencia puede solicitarse antes o después de que la sentencia sea firme y ejecutable. *Vargas Cobián v. González Rodríguez*, 149 D.P.R. 859 (1999). En el último de estos casos, el aseguramiento se integra con el proceso de ejecución. Si se trata del cumplimiento de una obligación de tracto único, la medida de aseguramiento estará de tal forma integrada al proceso ejecutivo que carecerá de vida propia, no así cuando la sentencia imponga obligaciones de tracto sucesivo en cuyos casos el aseguramiento tendrá vida propia para permitir la repetida ejecución que requiera la sentencia. Este sería el caso, por ejemplo, de un embargo de salarios para el pago de una pensión alimenticia a un hijo menor de edad.

§ 1404. Fianza

Se requiere fianza para garantizar los daños que ocasione el aseguramiento. Esta regla está sujeta a varias excepciones.[6] El tema de la fianza para el aseguramiento se discute en el próximo capítulo en las secciones 1502, 1503 y 1504.

§ 1405. Procedimiento

La R. 56.1, 2009, según modificada por requisitos constitucionales de origen jurisprudencial, requiere que las medidas de aseguramiento se concedan, modifiquen o anulen por el juez a petición de parte, mediante moción que debe haber sido notificada a la parte contra la cual se solicita la medida y luego de la celebración de una vista. (R. 56.2, 2009).

Se exceptúan del requisito de notificación y vista la solicitud de embargo y la orden para hacer o desistir de hacer bajo determinadas circunstancias que veremos en adelante. (R. 56.2, 2009).

---

[4] Ver *Silva Oliveras v. Durán Rodríguez*, 119 D.P.R. 254 (1987), que reconoce como medidas de aseguramiento provisional la administración judicial.

[5] Otras medidas de aseguramiento lo son la anotación de sentencias en el Registro de la Propiedad gravando los bienes que tiene o pueda adquirir el demandado (30 L.P.R.A. sec. 1806) y la anotación preventiva bajo la Ley Hipotecaria (30 L.P.R.A. sec. 2401).

[6] Como por ejemplo, si el remedio se solicita una vez recae sentencia no se requiere la prestación de fianza dado a la presunción de corrección que gozan las sentencias dictadas por nuestros tribunales. Véase, *Vargas Cobián y otros v. González Rodríguez*, 149 D.P.R. 859 (1999).

El embargo de fondos pertenecientes a un municipio es un tema que también requiere atención de parte de la jurisprudencia.

La Ley de Municipios Autónomos, 21 L.P.R.A. sec. 4451, clasifica los bienes municipales como de dominio público y patrimoniales. Los primeros son los destinados al uso público como las plazas, calles, etc., los cuales se declaran inembargables. Los segundos se sujetan a todas las normas del CC en cuanto a su tráfico. Esto implica que son embargables.

Por otra parte, dicha Ley derogó el art. 12.08 de la Ley Municipal de 1980, 21 L.P.R.A. sec. 3458, que establecía que los fondos en poder del Secretario de Hacienda pertenecientes a cualquier municipio no podrán ser embargados. Esta derogación y las disposiciones en torno a los bienes municipales en general reflejan una política pública de embargabilidad de los bienes municipales que contradice la doctrina establecida en *Fornaris v. Municipio de Ponce*, 15 D.P.R. 65 (1909), e inspirada en doctrinas del Derecho anglosajón excluyendo del embargo los fondos municipales en general.

Aunque las compañías de seguros no son entes del Estado, por la naturaleza del negocio de seguros que está reglamentado por el Estado, los bienes de estas compañías están protegidos contra el embargo por el art. 40.130 del Código de Seguros, 26 L.P.R.A. sec. 4013.

§ 1411. Anotación preventiva de embargo

El embargo de bienes inmuebles se efectúa mediante anotaciones preventivas de embargo en el Registro de la Propiedad. Las anotaciones preventivas se canalizan a través de los Arts. 112 y 113 de la Ley Hipotecaria (30 L.P.R.A. secs. 2401 y 2402).[23]

La R. 56.7, 2009 establece que el tribunal puede cancelar una anotación preventiva de embargo en una propiedad inscrita en el Registro de la Propiedad, previa celebración de vista y prestación de fianza por la parte afectada por la anotación. El tribunal debe considerar la probabilidad de prevalecer de la parte que peticiona la anotación, el valor del inmueble o el derecho involucrado en la acción y la totalidad de las circunstancias.[24]

§ 1412. La orden para hacer o desistir de hacer

Como medida de aseguramiento, la R. 56.1, 2009, establece que el tribunal podrá dictar una orden para que la parte contra la cual se solicita el

---

[23] *Quiñones Reyes v. Registrador de la Propiedad de Aguadilla*, 2009 T.S.P.R. 63; *Infante Robles v. Maeso Hernández*, 165 D.P.R. 474 (2005); *E.R. Foods, Inc. v. Lee Optical*, 117 D.P.R. 566 (1986); *Banco Central v. Registrador de la Propriedad de Bayamón*, 111 D.P.R. 773 (1981).

[24] De otra parte, véase 30 L.P.R.A. sec. 2401, inciso (7), que establece el derecho a solicitar anotación preventiva en el Registro de la Propiedad al que tuviera derecho a exigirlo conforme a cualquier otra ley, además de la Ley Hipotecaria.

aseguramiento haga o desista de hacer cualesquiera actos específicos que resulten necesarios requerir o prohibir para que la sentencia sea efectiva en su día, y pueda hacerse justicia en el caso. Esta medida es igual en sus efectos al *injunction* preliminar establecido en la R. 57.1. Difiere del mismo en que es de aplicación general para los distintos tipos de litigios, mientras que el *injunction* preliminar solo se dicta en casos en que el remedio que se persigue es el *injunction*. También difiere del *injunction* preliminar en cuanto a la normativa procesal para expedir la orden que está prevista en la R. 56.5, 2009.

La R. 53, 2009 provee que "la expedición de un *injunction* preliminar se regirá exclusivamente por lo dispuesto en la Regla 57 y en las leyes especiales aplicables en todo caso en que el remedio principal solicitado sea un *injunction* permanente. A su vez, en el contexto de un pleito cuyo objetivo principal no sea la concesión de un *injunction*, la expedición de una orden de hacer o desistir de hacer como remedio provisional y supletorio para asegurar la sentencia se regirá por lo dispuesto en la Regla 56."

La R. 56, 2009 al igual que la R. 56, 1979 requiere la presentación de fianza para responder por todos los daños y perjuicios que la orden pueda causar. Se exceptúan los casos en que la obligación cuyo cumplimiento se reclama es líquida y exigible y conste en documento público o privado ante persona autorizada a tomar juramento, o que el litigante sea insolvente, o que la orden se solicite después de sentencia.

En la opinión de *Asoc. De Vecinos de Villa Caparra Sur v. Asoc. de Fomento Educativo*, 2008 T.S.P.R. 47 una mayoría del TS que se configuró con motivo de la muerte del Juez Fuster, quien opinó igual que el Juez Hernández Denton en la decisión original del tribunal, dictaminó por vía de reconsideración *post mortem* que en un caso de *injunction* bajo la Regla 57, para poner en vigor una servidumbre en equidad, se puede expedir una orden para desistir de hacer, bajo la R. 56.5, 1979, equivalente a la R. 56.5, 2009 y de esta manera obviar el requisito de fianza que establece la R. 57 para el *injunction* preliminar. Esta norma queda sin efecto en virtud de la R. 53, 2009.

El procedimiento para obtener la orden, para hacer o desistir de hacer bajo la R. 56, 2009, consiste en la presentación de una moción al efecto con notificación a la parte contraria después de iniciado el pleito. Luego de lo cual el tribunal señalará una vista evidenciaria para la consideración de la moción.

La orden puede concederse sin notificación a la parte adversa y sin vista si se demuestra al tribunal mediante hechos específicos por declaración jurada, que el solicitante sufrirá perjuicios, daños, o pérdidas irreparables antes de notificarse y de celebrarse una vista sobre la solicitud. También la orden podrá concederse de esta forma si el solicitante demuestra la existencia de circunstancias extraordinarias o la probabilidad de prevalecer mediante prueba documental fehaciente. (R. 56.5, 2009). Una orden así dictada será efectiva desde la fecha de la notificación a la parte contra la cual se solicita.

Cualquier parte afectada por una orden *ex parte* expedida en esta forma podrá en cualquier tiempo solicitar que se modifique o anule la misma y el tribunal debe dar precedencia a la consideración de esta solicitud sobre todos sus demás asuntos.

Si el solicitante de la orden para hacer o desistir de hacer no acredita que sufrirá perjuicio, daños o pérdidas; o no presenta prueba documental fehaciente o la demostración de circunstancias extraordinarias, el tribunal ordenará una contestación por la parte contra la cual se solicita la orden y el tribunal debe celebrar una vista previa antes de expedir la orden correspondiente. En la vista, el tribunal "posee discreción para limitar el tipo de evidencia que se admitirá [...], siempre que le provea a las partes una oportunidad justa y adecuada de presentar prueba y argumentar".[25]

§ 1412a. El Registro de Sentencias

El Registro de Sentencias que llevan los Registradores de la Propiedad en sus correspondientes distritos permite la inscripción en el mismo de las sentencias dictadas por los tribunales con el efecto de constituir un gravamen sobre todo inmueble del demandado—deudor por sentencia—no exento de embargo radicado en el distrito y sobre todos los inmuebles que el demandado adquiera posteriormente en dicho distrito. 30 L.P.R.A. sec. 1806.

Este gravamen no crea o constituye un interés o derecho de propiedad en los bienes así gravados; solamente da derecho a que se establezca un embargo sobre dichos bienes en exclusión de otros intereses adversos posteriores a la sentencia. El alcance de un gravamen por sentencia es el mismo que tiene la anotación preventiva hecha por embargo, secuestro o ejecución de sentencia en virtud de mandamiento judicial en cuanto a créditos posteriores. *Santiago v. E.L.A.*, 163 D.P.R. 149 (2004); *Crespo González v. Tribunal Superior*, 83 D.P.R. 568 (1961).

§ 1413. Sindicatura

La sindicatura consiste en poner bajo la administración de una persona designada por el tribunal, conocida por el Síndico, los bienes o el negocio de la parte contra la cual se solicita este remedio.

Dispone la R. 56.6 que no se nombrará ningún síndico a menos que se demostrare que ningún otro remedio provisional será efectivo para asegurar la efectividad de la sentencia.[26]

La sindicatura se obtiene mediante moción notificada a la parte adversa, y la celebración de una vista donde se acreditará la necesidad de la misma y su alcance, y luego de la prestación de la correspondiente finanza para responder por todos los daños y perjuicios que puedan causarse como consecuencia de la sindicatura. Además de esta fianza, requerida por la R. 56.3 dispone que el tribunal también podrá exigir una fianza al síndico para garantizar el fiel cumplimiento de su cargo.

---

[25] *Asoc. de Vecinos Villa Caparra Sur v. Asoc. de Fomento Educativo, supra.*

[26] Véase *Freeman v. Tribunal Superior, supra.*

§ 1414. Cualquier otra medida

Además de las medidas anteriormente enumeradas, el tribunal, previa moción, notificación, vista y requerimiento de fianza, podrá conceder cualquier otra medida que estime apropiada, según las circunstancias del caso, para asegurar la efectividad de la sentencia. (R. 56.1, 2009). Asimismo, el tribunal puede obligar al cumplimiento de una orden dictada bajo la R. 56, 2009 mediante la imposición de un desacato civil a la parte que incumpla. (R. 56.8, 2009).

CAPITULO 15: FIANZA

§ 1501. Concepto

La fianza es una garantía que bien a manera de obligación, depósito en dinero, o derecho real se establece para asegurar el cumplimiento de una obligación que dimana del proceso. La fianza en un proceso civil establece una obligación solidaria por lo cual el fiador no puede exigir la excusión de los bienes del fiado.[1]

§ 1502. La fianza con motivo del aseguramiento

La regla general de aseguramiento es que el tribunal exigirá al que solicita una medida de aseguramiento, la prestación de una fianza suficiente para responder por todos los daños y perjuicios que se causen como consecuencia del aseguramiento.

Se podrá conceder el aseguramiento sin la prestación de una fianza en cualquiera de los siguientes casos:

(1) Cuando la obligación es legalmente exigible y la misma surge de un documento público o privado otorgado ante un notario o un funcionario autorizado para administrar juramentos (R. 56.3, 2009).

(2) Cuando se tratare de un litigante insolvente que reúna las condiciones expresadas en la R. 56.3, 2009.

(3) Cuando se solicitare el aseguramiento después de dictada la sentencia en favor de quien lo solicita (R. 56.3, 2009). No es necesario que la sentencia sea firme.[2]

---

[1] *Antonio García v. The Commonwealth Insurance Co.*, 118 D.P.R. 380 (1987).

[2] *Vargas Cobián v. González Rodríguez*, 149 D.P.R. 859 (1999).

(4) Cuando quien solicita la medida que requiere fianza es el E.L.A. o sus funcionarios en su carácter oficial, una corporación pública o un municipio (R. 69.6(a), 2009).

(5) Cuando se solicita en un pleito de divorcio, relaciones de familia, de bienes gananciales, o de alimentos según disponga el tribunal (R. 69.6(b)(c), 2009).

(6) Cuando se trate de reclamaciones de salarios (32 L.P.R.A. sec. 3133).

(7) Cuando se trate de una reclamación de un trabajador contra un patrono no asegurado (11 L.P.R.A. sec. 16).

(8) Cuando se trate de un litigante indigente que viva en o fuera de Puerto Rico y que esté exento por ley del pago de aranceles y derechos de presentación. (Rs. 69.5(a) y 69.6(d), 2009).

(9) Cuando se trate de un reclamante que viva fuera de Puerto Rico y el pleito involucra una propiedad sita en Puerto Rico de la cual es copropietario y al menos otro de los copropietarios es un reclamante residente en Puerto Rico. (R. 69.5(b), 2009).[3]

(10) Cuando se trate de un reclamante comunero que vive fuera de Puerto Rico en un pleito para la disolución, liquidación, partición y adjudicación de bienes sitos en Puerto Rico. (R. 69.5(c), 2009).[4]

Los reclamantes indigentes a los que se refieren las Rs. 69.5 y 69.6 deben cumplir con la solicitud para litigar *in forma pauperis* que requiere la R. 18 del RTPI.

§ 1503. Monto

El monto de la fianza debe ser el suficiente para responder por todos los daños y perjuicios que se causen como consecuencia del aseguramiento (R. 56.3, 2009).

Al fijarse el monto de la fianza para trabar un embargo en aseguramiento de sentencia, debe tenerse presente que su cuantía no sea de tal naturaleza prohibitiva que frustre el propósito del demandante de asegurar la efectividad de la sentencia que en su día pueda recaer. Los factores principales para determinar el monto de la fianza requerida para un embargo en aseguramiento de sentencia son: (1) la utilidad que el bien a embargarse sirve al demandado; (2) la solidez de los argumentos o de la reclamación del demandante; (3) si el aseguramiento solicitado es el menos oneroso para garantizar la efectividad de la sentencia que pueda recaer, y (4) los posibles daños que se causarían al demandado.[5]

---

[3] Esta disposición incorpora en esencia lo establecido por el TS en *Vaillant v. Santander*, 147 D.P.R. 338 (1998).

[4] Esta disposición cobija básicamente lo dispuesto por el TS en *Sucn. Padrón v. Cayo Norte*, 161 D.P.R. 761 (2004).

[5] *Soc. de Gananciales v. Rodríguez Colón*, 116 D.P.R. 468 (1985).

§ 1503a. Fianza para levantar un embargo

La R. 56.3 provee para la retención de bienes muebles embargados prestando una fianza por la suma que el tribunal estime suficiente para responder por el valor de la propiedad embargada. El afianzamiento por el demandado de la suma embargada deja sin efecto el embargo.

El fiador que garantiza el valor de la propiedad embargada asume una posición de deudor solidario por el valor de la propiedad embargada con el demandado cuyos bienes fueron embargados. Si este demandado transige el pleito sin el consentimiento del fiador, el último queda relevado de su obligación solidaria.[6]

§ 1504. Otras instancias procesales en las cuales se requiere fianza

La R. 57.4, 2009 exige que cuando se solicita una orden de entredicho provisional o *injunction* preliminar, el solicitante tiene que prestar fianza para garantizar los daños y perjuicios que pueda causar ese *injunction.* Esta regla no está sujeta a las excepciones de la R. 56.3, 2009.

Otra regla que exige prestación de fianza es la R. 69.5 que trata sobre la fianza de los no residentes. Cuando una persona física o corporativa que no resida en Puerto Rico[7] presenta una demanda ante los tribunales del E.L.A., tendrá la obligación de presentar fianza para garantizar al demandado las costas y honorarios de abogado en que pudiera ser condenado ese demandante que no reside en Puerto Rico. El tribunal determinará el monto de la fianza pero ésta no será menor de $1,000.

En *Molina v. Corporación de Renovación Urbana y Vivienda*, 114 D.P.R. 295 (1983), el TS incorporó la condición de indigencia a las exenciones de prestación de fianza de no residente previstas en la R. 69.6 relativa a pleitos de divorcio, alimentos, etc.

§ 1505. Clasificación de las fianzas

Hay cuatro clases de fianzas:

(1) Personal.

(2) Fianza por compañía de seguros o corporación autorizada para la prestación de fianza.

(3) Fianza mediante el depósito por la totalidad.

(4) Fianza hipotecaria.

---

[6] *Antonio García v. The Commonwealth Insurance Co., supra.*

[7] En el caso de una corporación su no residencia se determina por el hecho de no haber sido organizada bajo las leyes del E.L.A. *Planned Credit of P.R., Inc. v. Page*, 103 D.P.R. 245 (1975).

§ 1506. La fianza personal

Es una obligación solidaria en que incurre el fiador con la parte a favor de quien se presta la fianza.

El fiador ha de ser persona con capacidad para obligarse (31 L.P.R.A. sec. 4971). La obligación de fianza debe acompañarse con una declaración jurada del fiador que puede hacerse en documento separado o dentro del propio documento de fianza. Conforme a la R. 69.1, 2009, la declaración jurada establecerá lo siguiente:

(1) Que el fiador es residente de Puerto Rico, y el lugar de su residencia.

(2) Que es dueño del inmueble ofrecido en garantía.[8]

(3) Que tiene bienes con exclusión de toda propiedad exenta por el doble del valor de la obligación después de cubrir todas sus deudas y responsabilidades.

(4) Una descripción suficiente para identificar los bienes con que cuenta.

(5) El valor actual estimado de los bienes.

(6) Los gravámenes sobre los mismos consten o no en el Registro de la Propiedad.

(7) Cualquier otra obligación de fianza que tenga el fiador.

(8) Cualquier otro impedimento conocido en el libre uso y disfrute de la propiedad.

En el caso que fueren dos o más fiadores que individualmente no alcanzaren el total de la fianza, hay que hacer constar que unidos equivale a un buen fiador.

§ 1507. Por corporaciones o por compañías de seguros

La R. 69.2, 2009, reconoce este tipo de fianza siempre y cuando la corporación que la preste, cumpla con todos los requisitos de ley que se exigen en Puerto Rico o en un estado de los Estados Unidos, para establecer corporaciones dedicadas a la prestación de fianzas o garantizar obligaciones exigidas por ley. Las corporaciones que se dedican al negocio de prestar fianzas o garantizar obligaciones exigidas por contratos privados o por ley son las compañías de seguros. Por eso llamo a esa fianza, "fianza por compañías de seguros". La forma de prepararla es similar a la forma de preparar el documento de fianza personal, pero en este caso no es menester la declaración jurada. La fianza prestada por una compañía de seguros por serlo mediante paga debe interpretarse liberalmente a favor del beneficiario.[9]

---

[8] Por la Ley Núm. 7 de 6 de mayo de 1966, se suprimió el requisito que establecía la regla original de 1958, de que el fiador declare que paga al Secretario de Hacienda contribución sobre el inmueble ofrecido en garantía.

[9] *Antonio García v. The Commonwealth Insurance Co.*, *supra*; *E.L.A. v. Urbanizadora Damiro, Inc.*, 112 D.P.R. 244, 248 (1982); *Olazabal v. United States Fidelity & Guaranty Co.*, 103 D.P.R. 448, 454 (1975).

§ 1508. Depósito por el total de la fianza

La tercera clase de fianza es la que se presta en depósito por la totalidad de la fianza y está prevista en la R. 69.3, 2009. Siempre que se requiera la prestación de una fianza, el tribunal puede ordenar y aceptar que en su lugar se haga un depósito ante el tribunal por el total de la fianza fijada. Sencillamente se deposita el monto de ésta en la secretaría del tribunal. La cantidad la debe depositar quien tenga la obligación de prestar la fianza para llevar a cabo un acto procesal. Aunque debe hacerse por la totalidad de la fianza, nada impide que una parte de ésta sea depositada y otra parte se realice por otro método de prestación distinto. Este depósito puede llevarse a cabo en efectivo, cheques certificados, transacciones, tarjetas de ATH, entre otras maneras según lo establezca la Oficina de Administración de los Tribunales.[10] El tribunal no tiene que impartir su aprobación a la consignación afianzatoria, antes de ser aceptada por el Secretario o por el alguacil o por cualesquiera funcionarios autorizados a recibir la misma.[11] Al recibir la totalidad de la fianza por uno de los métodos que permite la Unidad de Cuentas del tribunal, no se requiere ulterior trámite o verificación.[12] Ello es una excepción a lo establecido en la R. 69.7, 2009.

§ 1509. Hipotecaria

La cuarta clase de fianza que admite el ordenamiento procesal es la hipotecaria. En este caso es menester constituir una hipoteca mediante escritura pública sobre propiedad inmueble (R. 69.4, 2009). La propiedad ha de tener un valor que exceda por lo menos en una tercera parte la cuantía de la fianza fijada, el cual debe considerarse libre de cargas y gravámenes. El valor de la propiedad se acredita mediante una tasación de su valor actual en el mercado. En este caso la escritura pública constituye el documento de fianza. En ella se constituye una hipoteca a nombre de la persona a favor de quien haya de prestarse la fianza y se presenta al tribunal la escritura con la evidencia de la tasación acreditando el valor de la propiedad en el mercado.

§ 1510. Procedimiento para presentar la fianza al tribunal

La fianza se presenta en la secretaría del tribunal acompañada de una moción solicitando su aprobación y se refiere a un juez. El juez es el único autorizado para aprobar una fianza. Una vez aprobada, el secretario del tribunal deberá aceptarla y dar curso al procedimiento en cuestión para el cual se exija la fianza (R. 69.7, 2009).

---

[10] Informe de Reglas de Procedimiento Civil, Secretariado de la Conferencia Judicial y Notarial, Tribunal Supremo de Puerto Rico, Marzo de 2008, pág. 783.

[11] *Id.*

[12] *Id.*

§ 1511. Quiénes no pueden ser fiadores

No pueden ser fiadores los funcionarios del tribunal, incluyendo a los abogados. La R. 69.8, 2009, no solamente se refiere al abogado del pleito en que se vaya a prestar la fianza, sino a cualquier abogado. El abogado no puede ser fiador personal. En el caso de la fianza que se presta en depósito por la totalidad de ésta, el dinero en sí es la fianza, y el abogado podría prestarla. El que deposita el dinero no es fiador, la garantía la constituye el dinero, no la persona que lo facilita. Véase, además, el Canon 37 de Etica Profesional, 4 Ap. IX, C. 37.

§ 1512. Cancelación de la fianza

Conforme al principio de que después de sentencia no se requiere fianza para hacer valer las medidas de aseguramiento, la R. 69.9, 2009, dispone que al emitir el fallo definitivo a favor de quien solicitó el aseguramiento, se ordenará la cancelación de la fianza que prestó.

PARTE 5

LOS ESCRITOS, NOTIFICACIONES, TERMINOS, CITACIONES Y SANCIONES

CAPITULO 16: LOS ESCRITOS Y SU PRESENTACION

SECCIÓN

§ 1601. Concepto

Escrito es cualquier exposición contenida en un documento, llámese alegación, moción, orden, etc., destinado a formar parte del expediente o de los autos que constituyen el conjunto de las actuaciones de un proceso.

§ 1602. Encabezamiento

Toda alegación debe encabezarse en la forma dispuesta en la R. 8.1, 2009; sobre los demás escritos en la forma que refiere la R. 8.8, 2009. A saber: se consignará el nombre del tribunal, con especificación de la sala (Tribunal de Primera Instancia, Región Judicial de ________), el nombre de las partes, la naturaleza, la materia o el asunto del pleito;[1] el número de presentación que le ha otorgado la secretaría; y la denominación del escrito como tal, *e.g.*, demanda, moción, orden, etc.

En la demanda el encabezamiento incluirá el nombre de todas las partes, pero en los demás escritos bastará con el nombre del primer demandante o demandado con una referencia demostrativa de la existencia de otras partes. Cuando se trata de procedimientos de jurisdicción voluntaria se consignará el nombre del peticionario seguido de la frase *ex parte*.

En la práctica puertorriqueña se designa el encabezamiento de los escritos con el nombre del epígrafe. Debajo del epígrafe se designa hacia quién va dirigido el escrito, *e.g.*, Al Honorable Tribunal; Al Demandado.

---

[1] La especificidad en la titulación del escrito es un requerimiento que tiene propósitos administrativos y estadísticos, por lo que resulta insuficiente designar la alegación como "acción civil".

§ 1603. Exposiciones separadas en párrafos

Todo escrito separará las aseveraciones en párrafos, limitándose al contenido de cada párrafo a un solo conjunto de circunstancias. En todos los escritos subsiguientes se podrá hacer referencia al párrafo por su número y por el nombre del escrito y, además, el párrafo o los párrafos podrán incorporarse a escritos posteriores sin tener que reproducirlos, haciendo referencia a ellos de esta misma forma (Rs. 8.2 y 8.3, 2009).

Cuando un escrito formule más de una reclamación basada en un acto, omisión o evento independiente o más de una defensa afirmativa que no constituya una mera negación, se consignarán por separado para una mayor claridad expositiva.

§ 1604. Comparecencia y súplica

Conforme al uso y costumbre en la práctica puertorriqueña, el texto de todo escrito comienza identificando a la parte que comparece mediante el escrito y cierra con la súplica exponiendo lo que se interesa de parte del tribunal o de parte de a quién vaya dirigido el escrito. La súplica no forma parte del escrito pero sirve para interpretarlo.[2]

§ 1605. Idioma

Los escritos deberán formularse en español o inglés excepto los que suscriba una parte que no conozca el español o el inglés, los cuales podrán formularse en su idioma vernáculo acompañando la traducción al español o inglés (R. 8.7, 2009).[3] Vernáculo se refiere al idioma que hable cualquier persona que no sea el idioma español o inglés. La R. 8.7 establece que no será necesario ni obligatorio la traducción de escritos presentados en el idioma inglés, pero en los casos en que la justicia así lo amerita o cuando resulta indispensable para la adjudicación del caso o cuando una de las partes se representa por derecho propio y así se solicita, el tribunal ordenará la traducción al español. La R. 8.7, 2009 debe interpretarse restrictivamente para que no se entienda que una parte pueda requerir que las alegaciones, solicitudes, mociones o documentos que se hayan presentado en el idioma español tengan que ser traducidos al inglés.

La R. 8.7, 2009 no dispone a quién le corresponde sufragar los costos de una traducción, pero somos del criterio que por razones de justicia, le debe corresponder el costo a la parte que presentó el escrito en inglés.

Las Reglas de Procedimiento Civil adoptadas por el TS en el 2009 y remitidas a la Asamblea Legislativa para su consideración no contenían la incorporación del idioma inglés. Esta inclusión se hizo en virtud del P. de la C. 2249, entre otras enmiendas a otras reglas. No surge del Informe Positivo del P. de la C. 2249

---

[2] *Dorante v. Wrangler of Puerto Rico*, 145 D.P.R. 408 (1998).

[3] Véanse: *Pueblo de P.R. v. López Rosario*, 126 D.P.R. 845 (1990); *Pueblo de P.R. v. Tribunal Superior*, 92 D.P.R. 596 (1965) y *Hernández Torres v. Hernández Colón, et al.*, 127 D.P.R. 974 (1991).

presentado por la Comisión de lo Jurídico y de Etica de la Cámara de Representantes, la necesidad o indispensabilidad de equiparar el idioma inglés al español para la presentación de escritos. Nos parece poco sensato e impráctico esta inclusión debido a que nuestro sistema judicial dirige sus procedimientos y trámites en español, sin mencionar que nuestra Constitución, leyes y normativa sustantiva y procesal están escritas en español y que la mayoría de los puertorriqueños no hablan el idioma inglés. Ello va en contra del espíritu y filosofía procesal promulgada en la R. 1, 2009, haciendo el trámite más oneroso por la duplicidad innecesaria de escritos y poniendo una traba gravísima para el acceso a la justicia.

Los tribunales deben ser cautelosos y ser guardianes del debido proceso de ley de una parte que desconoce el idioma inglés. A manera de ejemplo: el tribunal debe cerciorarse del idioma en que fueron notificadas la demanda y el emplazamiento antes de dictar una anotación de rebeldía por incomparecencia del demandado, y si resultare que los documentos fueron escritos en inglés, debe utilizar su creatividad a los fines de que pueda advenir en conocimiento sobre la razón de la incomparecencia y considerar si ésta se debió por desconocimiento del inglés.

§ 1606. La firma de los escritos

Dispone la R. 9.1, 2009 que "[c]uando la parte en el pleito tenga representación legal, todo escrito será firmado por lo menos por un abogado o abogada de autos, quien incluirá en el escrito su nombre, su número de abogado(a) ante el Tribunal Supremo de Puerto Rico, número de teléfono y número de fax, y su dirección postal y dirección electrónica, según consten en el Registro del Tribunal Supremo de Puerto Rico".

En virtud de la Ley Núm. 121 de 13 de octubre de 2009, según enmendada por la Ley Núm. 135 de 6 de noviembre de 2009, los abogados deben indicar en cualquier escrito que presenten bajo su firma el número que le haya designado el TS al juramentar, el cual está consignado en el Registro de la Secretaría del TS en virtud de la R. 9(j) del RTS.[4]

También los abogados deben registrar toda su información en el Registro Unico de Abogados y Abogadas (RUA), lo que aspira a mantener una base de datos única, para de esta forma evitar los problemas de notificaciones a múltiples direcciones consignadas por los abogados. La inclusión de la dirección electrónica y el fax permiten que se aumenten los medios de comunicación entre

---

[4] Antes de esta enmienda, los abogados se identificaban ante los tribunales y consignaban en los escritos el número de colegiación del Colegio de Abogados de Puerto Rico. Al ser derogada la colegiación compulsoria por la Ley Núm. 121 de 13 de octubre de 2009, según enmendada por la Ley Núm. 135 de 6 de noviembre de 2009, la Asamblea Legislativa realizó una enmienda a la R. 9 y a otras adoptadas por el TS para conformarlas con el nuevo estado de derecho y eliminar toda referencia al número de colegiación.

las partes, a la vez que modernizan las reglas conforme las nuevas tendencias de la tecnología e informática.

Si la parte fuera una persona natural o física y no tuviera abogado, firmará por sí misma "y expresará su número de teléfono, número de fax, y su dirección postal y dirección electrónica". El derecho de las personas naturales o físicas a la autorrepresentación está limitado y su ejercicio regulado por la R. 9.4, 2009. (Véase, sec. 719, *ante*).

El abogado o la parte que se autorrepresenta deberá notificar inmediatamente al tribunal cualquier cambio en su número de teléfono, número de fax o en su dirección postal o electrónica.[5]

Si la parte es una persona jurídica tiene que estar representada por abogado so pena de nulidad en cuanto a las alegaciones que se formulen por sus agentes que no sean abogados.[6]

Como regla general, no es necesario juramentar los escritos. Sin embargo, algunas reglas así lo exigen, como en el caso de las contestaciones a interrogatorios o a los requerimientos de admisiones. *e.g.*, Rs. 31.1 y 33, 2009. También algunas leyes lo requieren: *e.g.*, hábeas corpus, 34 L.P.R.A. sec. 1742. El abogado que suscribe un escrito en un pleito contencioso no debe actuar a la vez como notario en relación con cualquier documento que haya que juramentar para fines del proceso.[7]

Conforme a la R. 9, 2009, "[l]a firma de un abogado o abogada o de la parte equivale a certificar que está hábil y disponible para cumplir con los señalamientos y las órdenes del tribunal, que ha leído el escrito y que; de acuerdo con su mejor conocimiento, información y creencia, formada luego de una investigación razonable, dicho escrito está bien fundado en los hechos y respaldado por el derecho y que no ha sido presentado con propósito de causar una injusticia, dilación u opresión o de aumentar el costo del litigio. En igual sentido se pronuncia el Canon 17 de Etica Profesional.

Estas disposiciones imponen una seria obligación al abogado y van encaminadas a exigir un mínimo de competencia y de escrupulosidad. Su incumplimiento puede ser sancionado económicamente o puede hasta producir la descalificación bajo la R. 9.3, 2009, o por violación a los Cánones de Etica con sanciones que pueden afectar hasta su ejercicio de la profesión.[8]

---

[5] Ver *Importaciones Vilca, Inc. v. Hogares Crea, Inc.*, 118 D.P.R. 679, 684 (1987); *Ortalaza García v. F.S.E.*, 116 D.P.R. 700 (1985).

[6] *Benito Muñoz, Inc. v. Productora Puertorriqueña de Alimentos, Inc.*, 109 D.P.R. 825 (1980).

[7] *Bermúdez y Longo, Inc. v. Puerto Rico Casting Steel Corp.*, 114 D.P.R. 808 (1983). Ver también *In re Hernández Rosario*, 170 D.P.R. 103 (2007). El notario público viene llamado a proteger los derechos de las partes que comparecen ante su presencia a otorgar documentos, por lo que debe ejercitar la neutralidad, la misma que es incompatible con la misión del abogado de inclinar la balanza a favor de su cliente.

[8] Véase *In re Silverio Orta*, 117 D.P.R. 14 (1986).

El TS interpretando el Canon 35 de Etica Profesional ha señalado que es impropio y censurable que un abogado en escritos ante los tribunales varíe o distorsione citas jurídicas o suprima parte de ellas para transmitir una idea contraria o que oculte citas pertinentes que le son conocidas.[9]

"Nuestra jurisprudencia, en repetidas ocasiones, ha reconocido y reiterado las responsabilidades y deberes del abogado no sólo para con su cliente, sino también para con el sistema judicial. Véanse: *Ramírez de Arellano v. Noguera, Srio. de Hacienda*, 85 D.P.R. 823 (1962); *Berríos Pagán v. U.P.R.*, 116 D.P.R. 88 (1985); *In re Cardona Alvarez,* 116 D.P.R. 895 (1986). La regla hace hincapié en la responsabilidad del abogado en el proceso civil y fortalece la autoridad judicial para la imposición de sanciones adecuadas. Impone a quien firme el deber afirmativo de realizar una investigación razonable sobre los hechos y el derecho aplicable antes de presentar el escrito. El criterio que utilizará el tribunal para determinar si el abogado o la parte cumplió con el mandato de esta regla será el de razonabilidad, atendiendo a las circunstancias del momento.

"Se hace extensiva a la parte que comparece pero la responsabilidad es impuesta al abogado que firma un escrito. A moción de parte o *motu proprio*, el tribunal podrá imponer las sanciones que estime adecuadas.

"Las sanciones por violación a la reglas que pueden ser impuestas contra el abogado, contra el cliente o contra ambos, aún cuando el abogado es quien tiene la responsabilidad de determinar cómo ha de llevar su caso." [10]

§ 1607. La denominación errónea de los escritos

La denominación errónea de un escrito no es motivo para invalidarlo.

La R. 71, 2009, enuncia un principio aplicable, no sólo a la demanda sino a toda clase de escrito que se presente ante el tribunal: "[c]ualquier defecto en la denominación del pleito [léase el escrito] o en la súplica del remedio no será óbice para que el tribunal conceda el remedio que proceda de acuerdo con las alegaciones y la prueba".[11]

Esta disposición se adoptó para eliminar el arcaísmo procesal de que si el demandante denominaba el pleito erróneamente o solicitaba el remedio que no era, fracasaba en su intento de que se le hiciera justicia.

§ 1608. Escritos al expediente judicial

Las Rs. del 1979 no regulaban los escritos que se presentaban al tribunal a los únicos fines de informar algún trámite o constar en autos el cumplimiento con una orden o regla. Es de uso y costumbre en la práctica puertorriqueña denominar

---

[9] *In re Marini Román*, 165 D.P.R. 801 (2005); *In re Silvagnoli Collazo*, 154 D.P.R. 533 (2001); *Reparto Ind. Corujo, Inc. v. Cabrera Distribs., Inc.*, 110 D.P.R. 777 (1981).

[10] *Jiménez Alvarez v. Silen Maldonado*, 131 D.P.R. 91 (1992).

[11] *Correa Negrón v. Pueblo*, 104 D.P.R. 286 (1975).

como "mociones informativas" estos escritos, que no van encaminados a solicitar acción del tribunal, sino meramente a hacer constar alguna información.

No obstante, la R. 8.6, 2009 dispone que estos escritos se titularán o se dirigirán "Al Expediente Judicial", y éstos se manejarán como cualquier otra moción pero no se elevarán a la consideración del juez.

§ 1609. La presentación de escritos

Todo escrito se presenta en la secretaría del tribunal (R. 67.5, 2009). Sin embargo, un juez puede permitir que un escrito le sea entregado a él debiendo indicar en el mismo la fecha en que le fue entregado y remitirlo inmediatamente a la secretaría que es donde se custodian los expedientes de los casos (los autos).

La R. 67.5, 2009 regula las llamadas "copias de cortesía", disponiéndose que una vez se presente el escrito en secretaría se podrá entregar a una persona autorizada en el despacho del juez, o notificársela por fax o correo electrónico. Esta regla es de utilidad para aquellos escritos que ameritan una intervención inmediata o cuando se trata de una situación de emergencia. La copia de cortesía al juez debe indicar que las demás partes han sido advertidas de que se entregó o notificó una copia adicional al juez. La forma en que se presente o se notifique el escrito al juez deberá ser la misma forma en que se entregue o notifique a las partes contrarias. Al reglamentarse de esta forma el trámite de las copias de cortesía se pretende suplir las deficiencias de ciertas Secretarías en procesar documentos que tienen que llegar al juez con cierta urgencia. En virtud del procedimiento que se establece los jueces de instancia deben recibir estas copias y actuar en torno a los planteamientos que de esa forma llegan a ellos.

La presentación de un escrito debe distinguirse de su notificación. Los escritos se presentan al tribunal; se notifican a las partes. Las normas que gobiernan la notificación no se aplican a la presentación de los escritos. Por ejemplo, la notificación de un escrito se efectúa al momento de depositarla en el correo, no así su presentación que no tiene lugar hasta que se recibe en el tribunal.[12]

La R. 67.1, 2009 establece que "toda orden emitida por el tribunal y todo escrito presentado por las partes será notificado a todas las partes. La notificación se efectuará el mismo día en que se emita la orden o se presente el escrito." La notificación a la otra parte de un escrito que no se presente al tribunal puede implicar una sanción disciplinaria contra el abogado.[13]

En cuanto a los escritos y documentos relacionados con el descubrimiento de prueba—deposiciones, interrogatorios, etc.—la obligación de presentarlos está subordinada a la necesidad de utilizarlos en alguna instancia. Las ofertas de sentencia no tienen que ser presentadas a secretaría.

---

[12] *Alvarez v. Sucesores de C. y J. Fantauzzi*, 27 D.P.R. 530 (1919); *La Capital de P.R. v. Tugwell, Gobernador*, 61 D.P.R. 865 (1943); *Lasalle Rodríguez v. Junta de Apelaciones sobre Construcciones y Lotificaciones*, 115 D.P.R. 805 (1984); *Maldonado v. Pichardo*, 104 D.P.R. 778 (1976).

[13] *In re Hernández Vargas*, 116 D.P.R. 689 (1985).

La presentación de determinados escritos—demanda, primera alegación del demandado, apelación, etc.—requiere el pago de derechos mediante la cancelación de sellos de rentas internas (32 L.P.R.A. secs. 1476 y 1477). El Secretario del tribunal está impedido de recibir el escrito si no se acompañan con los derechos correspondientes.[14]

§ 1610. Información sobre la parte a incluir en el primer escrito

En el 1995, la OAJP XVI; 34 L.P.R.A. Ap. XXIII dispuso que para que el tribunal pudiera notificar a las partes directamente cualquier sanción severa que pudieran sufrir como la desestimación o para otros fines, los abogados debían incluir en el primer escrito que presenten ante los tribunales el nombre, la dirección física y postal y el teléfono de su representado. Cualquier cambio posterior con relación a estos datos debían notificarlo con diligencia al tribunal.

Posteriormente esta orden administrativa se dejó sin efecto y su normativa se incorporó en la R. 21 del RTPI.

---

[14] *Maldonado v. Pichardo*, 104 D.P.R. 778 (1976); *López Rivera v. Matos García*, 101 D.P.R. 740 (1973) y *De Soto v. Clínica Industrial, Inc.*, 70 D.P.R. 850 (1950). De otra parte, véase, *Gran Vista I, Inc. v. Gutiérrez Santiago*, 170 D.P.R. 174 (2007).

CAPITULO 17: LAS NOTIFICACIONES

SECCIÓN

§ 1701. Concepto

La notificación procesal tiene dos acepciones: la acción de notificar a las partes un escrito que no sea la demanda, y la constancia documental de haber efectuado la notificación.

La notificación de los escritos a las partes es esencial para cumplir con el debido proceso de ley. La notificación es parte integral de una actuación judicial y para que una resolución u orden surta efecto, tiene que ser no solamente emitida por un tribunal con jurisdicción, sino también notificada adecuadamente a las partes ya que es a partir de la notificación que comienzan a cursar los términos establecidos.[1]

La falta de una notificación adecuada puede impedir que las partes procuren los remedios que tienen a su disposición enervando con ello las garantías del debido proceso de ley.[2]

§ 1702. Notificación por las partes

Se notificarán por la parte presentante a las otras partes en el pleito los siguientes escritos:

(1) Todas las alegaciones.

(2) Todas las mociones que las reglas no indiquen pueden ser consideradas *ex parte.*

(3) Todo escrito presentado al tribunal. (R. 67.1, 2009)

(4) Todo escrito relacionado con el descubrimiento de prueba.

§ 1703. Notificación por el tribunal

La secretaría notificará en el mismo día a todas las partes con copia de la orden, resolución o sentencia del tribunal, después de haber sido archivada en los

---

[1] *Caro Ortiz v. Cardona Rivera*, 158 DPR 592 (2003); *Ramos Ramos v. Westernbank Puerto Rico*, 171 D.P.R. 629 (2007).

[2] *Olivo Román v. Secretario de Hacienda*, 164 D.P.R. 165 (2005), *Río Construction Corp. v. Municipio de Caguas*, 155 D.P.R. 394 (2001).

autos.[3] La notificación de una orden por secretaría debe efectuarse el mismo día en que ésta se emite. (Rs. 65.3 y 67.1, 2009).

La copia de toda orden, resolución o sentencia se notificará a la última dirección que haya consignado en el expediente la parte que se representa por derecho propio o a la dirección del abogado que surge del Registro del Tribunal Supremo para recibir notificaciones, en cumplimiento con la R. 9, 2009. (R. 65.3(b)).

§ 1704. Notificación a las partes en rebeldía

La parte rebelde es aquella que rehúsa someterse a la jurisdicción del tribunal mediante su incomparecencia luego de emplazada o la que, habiendo comparecido en autos, incumple sus deberes procesales o se niega a acatar las órdenes del tribunal. Las partes en rebeldía por falta de comparecencia no tienen que ser notificadas por la parte actora de ningún escrito posterior a la demanda. Pero si se solicitare algún remedio nuevo o adicional contra dicha parte que no fue solicitado en la demanda, es necesario un nuevo emplazamiento para que el tribunal pueda conceder tal remedio.

Las órdenes, las resoluciones y la sentencia que emita el tribunal serán notificadas a las partes en rebeldía que hayan comparecido al pleito mediante el envío de las mismas por correo a la última dirección que haya consignado en el expediente la parte que se autorrepresenta o a la dirección del abogado que surge del Registro del Tribunal Supremo para recibir notificaciones, en cumplimiento con la R. 9, 2009.

En caso de partes en rebeldía que hayan sido emplazadas mediante edictos conforme la R. 4.6, 2009 o aquellas que nunca hayan comparecido al pleito o cuando se trate de demandados desconocidos, Secretaría expedirá un aviso de notificación de sentencia por edictos que será publicado por el demandante. El aviso se publicará en una sola ocasión en un periódico de circulación general en Puerto Rico dentro de los diez días de su notificación. El aviso de notificación de sentencia contendrá la información siguiente: 1) se titulará "Notificación por Edicto"; 2) la sala del TPI; 3) el número del caso; 4) el nombre del demandante; 5) el nombre del demandado a quien se le dirige la notificación; 6) la naturaleza de la reclamación; 7) la fecha de expedición; y 8) el término para apelar o revisar la sentencia. (R. 65.3(c) y (d)).[4]

---

[3] La Circular 19 de 13 de noviembre de 2000, emitida por la Oficina de Administración de los Tribunales promueve evitar que el archivo en autos de copia de la notificación de la sentencia y el depósito en el correo de ésta se hagan en fechas distintas, es decir, que la fecha de este último acto se haga en una fecha posterior.

[4] Debe verse el Comentario a la R. 65.3, 2009 expuesto en el Informe de Reglas de Procedimiento Civil del Comité Asesor Permanente sobre el alcance de esta regla. Informe de Reglas de Procedimiento Civil, *op. cit.*, págs. 752-754.

§ 1704a. No hay que notificar a partes no emplazadas

Las partes no emplazadas no tienen que ser notificadas.[5]

§ 1705. Cómo se hace la notificación

Si la parte ha comparecido representada por abogado, se notifica al abogado y no a la parte, a menos que el tribunal ordene que se haga a la parte misma (R. 67.2, 2009). Si más de un abogado representa a la misma parte, basta notificar a uno.[6]

Se notifica de varias maneras: entregando copia del escrito, remitiéndola por correo, o enviándola por fax o correo electrónico, en cumplimiento con las exigencias de la Rs. 9 y 67.2, 2009.

Se entrega copia:

(1) Poniéndola en manos del abogado.

(2) Dejándola en su oficina con su secretario u otra persona a cargo de la misma.

(3) Dejándola en un sitio conspicuo de la oficina en caso de que no haya nadie a cargo de ella.

(4) Dejándola en su domicilio o residencia habitual en poder de una persona mayor de 18 años si la oficina estuviere cerrada o si la persona a ser notificada no tuviera oficina.

La notificación por correo se hace enviando la copia del escrito en un sobre debidamente franqueado. La notificación queda perfeccionada y se considera hecha desde el momento en que se deposita en el correo. El envío no tiene que ser por correo certificado.[7] Cuando el escrito se notifica por fax o correo electrónico, la notificación queda perfeccionada al envío de éste.

Si no se conoce dirección alguna de la parte a ser notificada entonces la notificación podrá hacerse dejando la copia del escrito en poder del secretario del tribunal (R. 67.2, 2009).

La R. 65.3(f) 2009, provee para que cualquier parte pueda darse por notificada de cualquier orden, resolución o sentencia, firmando el original del documento y haciendo constar la fecha en que se ha dado por notificado.

§ 1706. El archivo en autos, constancia y certificación de la notificación

El uso y costumbre para acreditar la notificación de los escritos procesales presentados por las partes es consignar el hecho de la notificación al pie del escrito bajo la firma del abogado, lo cual equivale a una certificación de su veracidad, conforme a la R. 9, 2009.

---

[5] *Acosta v. Martín Marietta Services, Inc., y/o ABC, Inc.*, 142 D.P.R. 927 (1997).

[6] *Sánchez Torres v. Hospital Dr. Pila*, 158 D.P.R. 707 (2003).

[7] Los reglamentos del TS y del TA requieren el correo certificado para ciertas notificaciones.

La R. 46, 2009, dispone que "[s]erá deber del Secretario o Secretaria notificar a la brevedad posible, dentro de las normas que fije el TS, las sentencias que dicte el tribunal, archivando en autos copia[8] [*sic*] de la sentencia y de la constancia de la notificación y registrando la sentencia. La anotación de una sentencia en el Registro de Pleitos, Procedimientos y Providencias Interlocutorias constituye el registro de la sentencia. La sentencia no surtirá efecto hasta archivarse en autos copia de su notificación a todas las partes y el término para apelar comenzará a transcurrir a partir de la fecha de dicho archivo". (Ver Sec. 4104, *infra*.)

La R. 65.3(a), 2009, dispone que "[i]nmediatamente después de archivarse en autos copia [*sic*] de la notificación del registro y archivo de una orden, resolución o sentencia, el Secretario o Secretaria notificará tal archivo en la misma fecha a todas las partes que hayan comparecido en el pleito en la forma preceptuada en la Regla 67. El depósito de la notificación en el correo será aviso suficiente a todos los fines para los cuales se requiera por estas reglas una notificación del archivo de una orden, resolución o sentencia".[9]

Establece la R. 65.3(e), 2009 que el secretario hará constar en la copia de la constancia de la notificación la fecha y la forma en que se hizo la notificación y las personas que así fueron notificadas. Establece, además, que si la notificación se diligencia personalmente, el secretario unirá a los autos la certificación del alguacil o la declaración jurada de la persona particular.

Cuando el tribunal emita una orden que por su naturaleza deba ser notificada por el abogado o por la parte misma a cualquier otra parte, se deberá constar el diligenciamiento de dicha orden en el tribunal mediante una certificación que acredite el cumplimiento de todos los requisitos de la orden, con sujeción a lo dispuesto en la R. 9, 2009. (R. 67.3, 2009).

---

[8] Obviamente se refiere al original de la sentencia.

[9] El TS en *Sánchez Torres, et als. v. Hospital Dr. Pila, et als.*, 158 D.P.R. 255 (2002), indicó que una "notificación verbal en corte abierta de una determinación interlocutoria del Tribunal de Primera Instancia en un caso civil, no constituye la notificación que se requiere para activar el plazo dispuesto por ley para interponer una moción de reconsideración [...]".

CAPITULO 18: LOS TERMINOS

§ 1801. Concepto

Término es un plazo concedido por ley para realizar determinado acto procesal.

De conformidad con el principio de eventualidad, los actos procesales están concatenados por una serie de términos. Las reglas que se refieren a los distintos actos procesales establecen los términos aplicables a ellos.

Generalmente, los términos provistos por las leyes y reglas procesales son para que las partes actúen en determinado plazo y las consecuencias de la inacción varían con frecuencia. En ocasiones la parte se expone simplemente a que el juez resuelva el incidente sin contar con el beneficio de los argumentos contrarios. Otras veces la consecuencia es una sanción económica o disciplinaria que no trasciende de ese punto. Pero en un número, aunque reducido, de ocasiones la inacción acarrea la pérdida de algún derecho. Este es el caso, por ejemplo, del derecho de apelación, *Vélez v. Doe*, 79 D.P.R. 643 (1956); o de la moción de nuevo juicio, *Pueblo v. Matos Rodríguez*, 91 D.P.R. 635, 639 (1965). De ahí, que la jurisprudencia haya elaborado los conceptos de términos discrecionales, términos directivos, términos de estricto cumplimiento y términos fatales o jurisdiccionales.

En lo que concierne a los términos para resolver, el TS ha sido consecuente en aplicar la norma general de que estos términos son directivos, *Rodríguez v. Alcover*, 78 D.P.R. 822 (1955). Así lo decidió el TS en ese caso con respecto al término de cuarenta y cinco días que disponía la derogada R. 10 de las RTPI para dictar sentencia. También las Rs. del 2009 establecen términos de carácter directivo. Por ejemplo, la R. 70, 2009 establece que los casos contenciosos atendidos en sus méritos y las mociones de sentencia sumaria deberán resolverse dentro de los noventa días desde que queden sometidos y, en el término de treinta días, cualquier otra moción, los casos en rebeldía y otros asuntos judiciales. Igualmente, se considera directivo el término de sesenta días para el señalamiento de la conferencia judicial contados a partir de la presentación en Secretaría del Informe para el Manejo del Caso que dispone la R. 37.2, 2009. Otros términos directivos se activarán dependiendo de una situación procesal, como por ejemplo, aquel de sesenta días que provee la R. 52.2(b), 2009 para que el TA resuelva una controversia presentada ante su consideración, se activa cuando se encuentran paralizados los procesos en el tribunal de instancia.

Cuando una ley o regla ordena o permite a una parte hacer algo, cualquier efecto perjudicial resultante de su inacción es atribuible exclusivamente a dicha parte y no a otra. Y es lógico que así sea pues, a no ser que medien circunstancias que no vienen al caso, un litigante no debe sufrir las consecuencias de la inacción de la parte llamada a actuar.

En cambio, el término que las reglas procesales o de administración proveen para la actuación judicial está matizado por una concepción distinta. El juez debe estar guiado siempre por el término dispuesto en la regla o, de modo supletorio, por la disposición de las Reglas para la Administración del Tribunal de Primera Instancia, y en ambos casos, por su sentido del deber. Más aún, excepto cuando la propia ley establece el efecto de la inacción o cuando la inercia del juez de instancia da derecho al ejercicio del recurso extraordinario de *mandamus* o a que se tomen medidas correctivas o disciplinarias en su contra, pero jamás a la confiscación de una reclamación o de un derecho oportunamente exigido.

La promulgación de términos perentorios, para apremiar a los jueces a que decidan los asuntos que se presentan ante su consideración, cumple la importante función de que las partes obtengan una adjudicación oportuna de sus controversias y que la sociedad recobre lo antes posible el equilibrio que presupone quebrado todo pleito entre ciudadanos. Pero esta importante función no debe estar aprisionada por interpretaciones mecánicas que dejen al juez sin tiempo para actuar cuando se solicita su intervención en el postrer momento del plazo otorgado por ley para presentar la moción. *Pueblo de P.R. v. Mojica Cruz*, 115 D.P.R. 569 (1984).

§ 1802. La forma de computarlos

Al computar cualquier término prescrito por las reglas o por orden del tribunal o por cualquier ley aplicable,[1] no se contará el día en que se realice el acto, evento o incumplimiento que da lugar al decurso del término.[2]

Cuando el plazo prescrito sea menor de siete días, los sábados, domingos o días de fiesta legal, se excluirán del cómputo. Medio día feriado se considerará feriado en su totalidad (R. 68.1, 2009).

Supongamos que un demandado fue emplazado el 1ro de octubre. Para determinar el vencimiento de los 20 días para contestar no se incluye el día 1ro. De manera que el plazo vencería el día 21 de octubre. Si el día en que expira el término resulta ser sábado, domingo o día de fiesta legal, se extiende el plazo hasta el lunes o hasta el día siguiente.

Cuando se haya notificado un escrito o una orden o resolución por correo y un término deba comenzar a partir de la fecha de la notificación, la R. 68.3, 2009

---

[1] Ver *Hernández Lozano v. Shering Plough Products, Inc.*, 159 D.P.R. 367 (2003).

[2] Cuando en las reglas se habla de meses, se debe entender que son de 30 días. 31 L.P.R.A. sec. 8.

exige que al término se le añadan 3 días para compensar el tiempo que tarde la entrega postal.[3]

Esta regla deriva de la R. 67.2, 2009 que establece que la notificación por correo queda perfeccionada al momento de depositarse la misma en el correo. Se conceden tres días para la entrega a modo de no acortar el plazo. Esta disposición no es aplicable a los términos que se cuentan a partir del archivo en autos de copia de la notificación de la sentencia como lo son los términos para solicitar reconsideración o para apelar la sentencia.[4] (Ver Sec. 4104 *infra.*)

Los términos que se computen a partir del archivo en autos de copia de la notificación de una sentencia comenzarán a decursar a partir del depósito en el correo de la notificación del dictamen, cuando esta fecha sea distinta a la de su archivo en autos (R. 68.3, 2009).

§ 1803. Términos ordinarios o términos sujetos a prórroga—R. 68.2, 2009

Todos los términos que las reglas no declaran expresamente improrrogables pueden prorrogarse por el tribunal. Se denominan estos como términos ordinarios. La prórroga se gestiona presentando una moción solicitándola, la cual será concedida si concurren dos factores:

(1) Que se demuestre justa causa, y

(2) que se solicite antes de haber expirado el término concedido por las reglas, orden o por una prórroga.

Si el término ha expirado, no se puede prorrogar. Pero sí se puede solicitar que se autorice la actuación fuera del término establecido. En este caso la moción tendrá que alegar las circunstancias que concurrieron y que constituyen negligencia excusable para que el tribunal pueda permitir que se realice el acto fuera del término.

Los términos ordinarios también pueden acortarse conforme a lo dispuesto en la R. 68.2, 2009 .

De especial interés es el caso del término de 120 días que prescribe la R. 4.3(c), 2009, para el diligenciamiento de los emplazamientos. El término concedido en esta regla para el diligenciamiento sólo puede prorrogarse por el mismo tiempo que haya demorado Secretaría en la expedición de los emplazamientos, pero la petición para prorrogarlo debe hacerse dentro del plazo, previa demostración de justa causa. En el caso que Secretaría expida los emplazamientos el mismo día, la R. 4.3(c) no provee discreción al tribunal para extender el término. La concesión en este caso es *sui géneris* dado que el tribunal no tiene discreción para otorgar un término extensivo cualquiera porque la regla especifica claramente que éste equivaldrá al mismo tiempo que Secretaría haya demorado en la expedición de los emplazamientos. Vale aclarar que esta norma

---

[3] Términos para notificar alegaciones; interrupción, véanse las Secs. 2418 y 2419.

[4] *Insular Highway Products Inc. v. American International Insurance, Co.*, 2008 T.S.P.R. 153; *Vega Maldonado v. Alicea Huacuz*, 145 D.P.R. 236 (1998); *Gobernador de P.R. v. Alcalde de Juncos*, 121 D.P.R. 522 (1988).

no implica que en todo caso de demora en la expedición vaya a extenderse ipso facto el término. El demandante debe acreditar la existencia de justa causa para la prórroga y presentarla dentro del término establecido para el diligenciamiento. A diferencia de la R. 4.3(b) de 1979, la norma de la R. 4.3(c), 2009 es más leniente porque el demandante tiene dos oportunidades para el diligencimiento del emplazamiento, lo que debe mover a los jueces a ser más estrictos con el cumplimiento de dicho término. Más aún, cuando las Rs. de 2009 tienen el propósito primordial de agilizar los procedimientos ordinarios civiles.

Bajo el precepto de la R. 4.3(c) queda claro que la R. 68.2, 2009 no es de aplicación. La R. 68.2, 2009 sólo debe ser utilizada en virtud de otras reglas cuyos términos puedan prorrogarse sin la contención de límites tan precisos como los establecidos en la R. 4.3(c), 2009.

La R. 6.6, 2009 establece que "[t]oda solicitud de prórroga deberá acreditar la existencia de justa causa con explicaciones concretas debidamente fundamentadas. Cualquier solicitud de prórroga deberá presentarse antes de expirar el plazo cuya prórroga se solicita y hacerse conforme lo establece la Regla 68.2. El término de la prórroga empezará a contar al día siguiente del vencimiento del plazo cuya prórroga se solicita". La regla no da margen a duda sobre el comienzo del término de la prórroga, eliminando así la práctica de los abogados que solicitaban prórroga para que ésta comenzara desde que se dictaba por el juez.

Esta regla no debe manejarse con liberalidad por los tribunales puertorriqueños a fin de que pueda evitarse la consiguiente dilación en la terminación de los pleitos. Quizás la falla principal del funcionamiento de nuestros tribunales ha radicado en esto de las prórrogas. En este sentido, hace falta una determinación del TS consistente y rigurosamente aplicada de exigir que se justifique rigurosamente la justa causa que requiere la R. 6.6, 2009 para otorgar las prórrogas o la negligencia excusable cuando se trate de autorizar una actuación fuera de término. La R. 6.6, 2009 implanta una política estricta en la concesión de prórrogas y tiene el propósito de evitar las dilaciones injustificadas al proceso causadas por la alta proliferación de solicitudes de prórroga inmeritorias al tribunal.[5]

En sinnúmero de ocasiones el TS ha manifestado que "[l]las vaguedades y las excusas o planteamientos estereotipados no cumplen con el requisito de justa causa."[6] "Deberá demostrarse la existencia de justa causa con explicaciones

---

[5] Informe de Reglas de Procedimiento Civil, Secretariado de la Conferencia Judicial y Notarial, Tribunal Supremo de Puerto Rico, Marzo de 2008, pág. 85.

[6] *Febles v. Romar*, 159 D.P.R. 714 (2003). En el caso de *Bram v. Gateway Plaza, Inc.*, 103 D.P.R. 716 (1975), el TS hizo la siguiente expresión piadosa: "La rápida terminación de los pleitos es siempre deseable. Las prórrogas y suspensiones que otrora fueron causa del grave estancamiento en la administración de la justicia han de dar paso al nuevo ritmo de marcha acelerada que la Reforma Judicial impone en todos los procedimientos. Las prórrogas y extensiones de plazos se concederán sólo en circunstancias excepcionales de necesidad justificada."

concretas y particulares, debidamente evidenciadas, que le permitan al tribunal concluir que la tardanza o demora ocurrió por alguna circunstancia especial razonable."[7] La norma es clara, sólo debe concederse cuando el juez, luego de un examen cuidadoso de las explicaciones concretas que demuestran el incumplimiento y de la evidencia que lo sustenta, queda convencido de que si no la concede estaría incurriendo en una injusticia. El juez siempre debe guiarse en esta dirección, es decir, rigiéndose por lo dispuesto en el Canon 17 de Etica Judicial.

§ 1804. Términos improrrogables

Ciertos términos no pueden prorrogarse porque las reglas así lo prohíben. Se denominan estos términos como jurisdiccionales o fatales porque transcurren inexorablemente, no importa las consecuencias procesales que su expiración provoque. Cuando el legislador no dispone de manera clara la naturaleza jurisdiccional del término, no procede imponerle tal carácter.[8]

La R. 68.2, 2009, declara improrrogables—jurisdiccionales—los términos para:

(1) Solicitar enmiendas a las determinaciones sobre los hechos (R. 43.1, 2009).

(2) Presentar el memorando de costas (R. 44.1, 2009).

(3) Presentar la moción de reconsideración de una sentencia (R. 47, 2009).

(4) Presentar la moción de nuevo juicio (R. 48.2, 2009).

(5) Presentar la moción para dejar sin efecto la sentencia (R. 49.2, 2009).

(6) Presentar los recursos de apelación o *certiorari,* ante el TS y el término para presentar el recurso de apelación ante el TA (Rs. 52.2(a); 52.2(b), 2009).

(7) Notificar a las partes contrarias el escrito de apelación o de *certiorari* al TS (R. 39, RTS).

Los términos para presentar el recurso de *certiorari* ante el TA en casos que no sean de jurisdicción voluntaria o contra sentencias o resoluciones finales en recursos discrecionales dictadas por el TA para ante el TS, o contra cualquier resolución interlocutoria del TA para ante el TS son prorrogables por vía de excepción. (R. 52.2(b), 2009).

En el caso de los términos improrrogables, los tribunales carecen de jurisdicción para entender en el planteamiento si los escritos se presentan fuera de término.[9]

Los términos improrrogables se manifiestan después de dictada una sentencia en primera instancia y comienzan a contar desde el momento en que se archiva en los autos la constancia de que se ha notificado la sentencia, es decir, una copia del escrito de notificación (R. 46, 2009).

---

[7] *Lugo Rodríguez v. Suárez Camejo*, 165 D.P.R. 729 (2005).

[8] *Junta de Directores Coop. de Viviendas Jardines de San Francisco v. Ramos Sancho*, 157 D.P.R. 818 (2002).

[9] *Maldonado v. Pichardo*, 104 D.P.R. 778 (1976).

Sobre el cómputo de estos términos, sin embargo, debe tenerse presente que contrario al caso de los términos que arrancan desde el archivo en autos de la notificación como es el caso de las sentencias—determinaciones finales de la cuestión litigiosa—en el caso de las órdenes y resoluciones que se perfeccionan al ponerlas al correo, el término se computa añadiendo tres días al momento del envío por correo. Para aplicar correctamente esta norma, el contenido del escrito es determinante de su carácter. Así, un escrito que se denomine resolución, pero que sea una determinación final de una cuestión litigiosa, se considerará una sentencia para fines de los cómputos pero para que decurse el término aplicable hay que cumplir con lo dispuesto en la regla sobre el archivo en autos.

§ 1804a. Términos de estricto cumplimiento

Estos términos se sitúan a medio camino entre los términos prorrogables y los improrrogables. Se trata de un énfasis en su aplicación mediante la mecánica de una justa causa más estricta que la que se requiere para prorrogar los términos ordinarios.[10]

§ 1805. Términos para presentar oposición a mociones

La R. 8.4, 2009 proveen un término de 20 días para presentar una oposición argumentada a una moción escrita; de lo contrario, se entiende sometida la moción y sólo se señala la vista para discutir la moción si el tribunal así lo decide. Esta regla no es aplicable en aquellos casos en que por ley o por una regla específicamente se exige la celebración de una vista.

---

[10] Véase *Rojas Lugo v. Axtmayer Enterprises*, 150 D.P.R. 560 (2000); *García Ramis v. Serrallés Porrata-Doria y otros*, 171 D.P.R. 250 (2007); *Szendrey v. F. Castillo Family Properties, Inc., et al.*, 169 D.P.R. 873 (2007).

CAPITULO 19: LAS CITACIONES

§ 1901. Concepto

La citación es un llamamiento obligatorio que extiende el secretario de un tribunal o un abogado para que la persona a quien se dirige comparezca en determinada fecha, hora y lugar, para asistir a determinado acto procesal.[1]

§ 1902. Propósito

La citación como instrumento procesal persigue facilitar la prueba necesaria para acreditar los hechos en torno a los cuales se ha de aplicar el derecho. La prueba puede ser testifical o puede ser un documento, información almacenada electrónicamente, un objeto, o el resultado de una inspección. A la citación para testificar se le denomina en latín, *subpoena ad testificandum*, es decir: comparezca obligatoriamente a testificar bajo pena de ser castigado por desacato si no lo hace. A la citación para traer al acto procesal determinados documentos u objetos, se le denomina *subpoena duces tecum*, es decir, comparezca trayendo consigo tales y cuales documentos u objetos so pena de desacato. La citación es el único método de descubrimiento de prueba que puede ser utilizado para obtener evidencia de una persona que no es parte del pleito.

§ 1903. Forma y expedición de la citación

Una citación debe indicar el nombre del tribunal que la emite, la sala en que se encuentra el caso, el título del pleito, el número asignado al caso (R. 40.1, 2009) y el nombre de la persona o entidad a quien se dirige. Cuando ésta se expide para tomar testimonio debe indicar el lugar, la fecha y la hora en que la persona o el representante de la entidad debe comparecer. Si la citación es para la inspección, copia o producción de libros, documentos, información almacenada

---

[1] Véase *Irizarry Seda v. Almacenes Rodríguez Inc.*, 124 D.P.R. 794 (1989).

electrónicamente u objetos, debe indicar el lugar, la fecha y la hora en que se solicita la inspección, copia o producción, aparte de especificar los documentos u objetos a ser inspeccionados, copiados o a producir. Igual información debe proveer la citación cuando se realice para la inspección de un predio o propiedad incluyendo el lugar que se interesa realizar la inspección.

La R. 40.2(c) requiere que la producción, copia o inspección se realice en la región judicial que corresponda a la sala donde se encuentra el caso pendiente, sujeto a lo dispuesto en la R. 31, 2009.

El tribunal es quien emite las citaciones por ser el que tiene la potestad para exigir la comparecencia de una persona a juicio, vista o deposición o para que produzca o permita inspeccionar lo solicitado en la citación, bajo apercibimiento de desacato.[2] La emisión de la citación es en cierta forma la manifestación de un dictamen del juez y, su expedición, es su extensión por escrito. La R. 40.2, 2009 faculta al secretario del tribunal a expedir citaciones a instancia de una parte o del abogado del caso. También autoriza a los abogados a expedir citaciones, quienes actúan a tales efectos como funcionarios del tribunal. Las Reglas del 1979 y sus predecesoras solo facultaban al secretario del tribunal, lo que conllevó en muchas instancias retrasos e inconvenientes en la expedición por la carga de trabajo que usualmente tienen las Secretarías de los tribunales. Esta nueva potestad que se incorpora en las Rs. del 2009[3] había sido adoptada en la jurisdicción federal desde el 1991 por virtud de la Regla 45 de Procedimiento Civil Federal.

El abogado facultado a expedir citaciones es el admitido a ejercer la profesión en Puerto Rico y debe ser el que conste en el récord del caso, por lo que su facultad está limitada a la citación de las partes y testigos del caso. Una citación expedida por un abogado tendrá la misma fuerza y efecto que una expedida por el Secretario.[4] Cuando la citación se expida por un abogado no se requerirá para su eficacia[5] intervención judicial o el sello del tribunal, pero deberá efectuarla con diligencia según lo exige la R. 9, 2009 y observando el Canon 15 de Etica Profesional, el cual establece que "[u]n abogado debe tratar a los testigos y litigantes adversos con respeto y consideración."

---

[2] Informe de Reglas de Procedimiento Civil, Secretariado de la Conferencia Judicial y Notarial, Tribunal Supremo de Puerto Rico, Marzo de 2008, pág. 465.

[3] Las Rs. del 2009 contienen un formulario de citación que ilustra la forma y el contenido de una citación, de forma que facilite y uniforme su trámite. Véase Apéndice de Formularios.

Este formulario necesita adecuarse a la exigencia de la Sec. 10 de la Ley de Relaciones Federales para hacer referencia a "Estados Unidos de America, SS el Presidente de los Estados Unidos [...]".

[4] *Highland Tank & Mfg. Co. v. PS Intern., Inc.*, 227 F.R.D. 374, 380 (W.D. Pa. 2005).

[5] Para que la citación sea eficaz debe estar firmada por el abogado que la expide. *Atlantic Inv. Management, LLC v. Millennium Fund I, Ltd.*, 212 F.R.D. 395, 397 (N.D. Ill. 2002) citado en Baicker-Mckee, Janssen & Corr, Federal Civil Rules Handbook, Thomson West, 2009, pág. 958.

Una parte que se autorrepresente en un pleito no está facultada a expedir citaciones, por lo que en estos casos deberá únicamente ser expedida por el secretario del tribunal.

§ 1904. La citación para comparecencia de testigos a juicio o vista

La que expide el secretario, lleva el sello, y el nombre del tribunal especificando la sala, el título del pleito, y ordena a la persona a quien va dirigida que comparezca y preste declaración en la fecha, hora y lugar especificados en la citación. Por ser parte del proceso judicial, tiene que consignar lo prescrito en la sec. 10 de la Ley de Relaciones Federales.[6]

Se obtiene requiriendo al secretario que entregue al abogado o a la parte tantas citaciones como testigos la parte quiera hacer comparecer. El secretario no tiene que llenar la citación y viene obligado a entregarla en blanco en cuanto a los nombres de las personas a ser citadas. La parte que solicita la citación llenará los blancos antes de notificarla. No hay que presentar una moción al tribunal para que el secretario entregue las citaciones.

La citación a un testigo para que produzca evidencia documental, información almacenada electrónicamente u objetos, *subpoena duces tecum,* ordena además a la persona a quien va dirigida que traiga consigo determinada información guardada en formato electrónico o determinados documentos u objetos designados en la citación. La parte de la citación relativa al nombre del testigo y de los documentos, infomación almacenada electrónicamente u objetos también se entrega en blanco. Pero los documentos u objetos o la información archivada en formato electrónico se tiene que identificar concretamente. No es válido notificar una citación que sólo diga: "traiga todos los libros de contabilidad que usted tenga en su negocio". Tiene que especificar los documentos, libros u objetos en particular que se interesa que se traigan.

La que expida el abogado no necesita el sello del tribunal, pero sí un previo señalamiento consignado o no en la orden de calendarización que dispone la R. 37.3, 2009.

§ 1905. La citación para comparecer a una toma de deposición

Esta citación toma la forma y se expide de igual manera que las citaciones a juicio o vista. Cuando se requiera su expedición al secretario del tribunal, hay que acreditar que se ha hecho una notificación para toma de deposición siguiendo las reglas para la toma de deposiciones. Estas citaciones se requieren para hacer comparecer testigos, mas no a las partes a las cuales basta con notificarle la toma de su deposición para que estén obligadas a comparecer. Las citaciones a testigos para comparecer a deposiciones también pueden requerir la producción de

---

[6] El formulario de la OAT 723 para citaciones impropiamente omite la referencia a los Estados Unidos de América, SS el Presidente de los Estados Unidos.

documentos u objetos o información almacenada electrónicamente, sujeto a lo previsto en las Rs. 40.2 y 40.4, 2009 para evitar abuso y opresión.

La R. 40.2 establece una limitación en cuanto al lugar donde pueden ser citados testigos a deposiciones, disponiendo que un residente del Estado Libre Asociado únicamente puede ser requerido a deponer en el lugar donde resida o en el lugar donde estuviere empleado o que realice personalmente sus negocios. Si se quiere variar esto hay que solicitar una orden del tribunal. Ver *Irizarry Seda v. Almacenes Rodríguez, Inc.*, 124 D.P.R. 794 (1989).

Cuando se citare a una persona que no fuera residente del Estado Libre Asociado para tomarle una deposición, el tribunal con autoridad para emitir la citación lo es el tribunal del lugar en que se encuentre el testigo.[7] La citación se hará mediante una suplicatoria dirigida a la autoridad judicial competente donde se encuentre el testigo. La deposición se tomará en dicho país y su testimonio según lo dispuesto en la R. 25.2, 2009, el cual podrá ser transcrito y ello servirá en sustitución del testimonio. (R. 40.6, 2009) (Ver secs. 404, *ante*, y 2907, *infra*.)

La R. 40.6, 2009 adolece de una disposición respecto a la facultad del TPI para autorizar el diligenciamiento en Puerto Rico de citaciones para tomar deposiciones en casos tramitándose ante otros Estados, territorios o ante el Distrito de Columbia o países extranjeros. Debe enmendarse para ubicar un segundo párrafo que lea como sigue:

El Tribunal de Primera Instancia podrá autorizar citaciones o toma de deposiciones dirigidas a residentes del Estado Libre Asociado en procedimientos judiciales originados fuera del Estado Libre Asociado cuando se presente ante el tribunal la notificación para la toma de deposición autenticada conforme a lo dispuesto en 28 U.S.C. 1738 en casos ante tribunales de otros Estados, territorios o el Distrito de Columbia, o una suplicatoria expedida por el tribunal de un país extranjero. El tribunal determinará la procedencia de someter al residente de Puerto Rico a la jurisdicción citatoria del Estado que reclama su comparecencia y proveerá para que la deposición se tome dentro del Estado Libre Asociado.

§ 1906. Diligenciamiento de la citación

La citación se diligencia mediante su entrega personal a la persona citada y mediante la entrega de los derechos correspondientes a un día de comparecencia y el millaje concedídole por ley.[8] Será diligenciada con no menos de veinte días de antelación a la fecha de cumplimiento, con excepción de la citación para juicio

---

[7] La procedencia de la citación por el tribunal del lugar donde se encuentre el testigo puede estar sujeta a la existencia de contactos mínimos de la persona a ser citada con el Estado Libre Asociado. Ver sobre la aplicación de la doctrina de contactos mínimos a una situación análoga el caso *In re Jee*, 104 B.R. 289 (Bkrtcy. C.D. Cal. 1989).

[8] Es decir, deberá hacer entrega de un cheque o giro por la cantidad correspondiente a dieta y millaje según autorizado por el Reglamento para Fijar Gastos de Viaje, Dietas y Alojamiento para Testigos en los Casos Civiles promulgado por el Director Administrativo de los Tribunales el 17 de marzo de 2004.

o vista. La puede entregar cualquiera de las personas autorizadas para el diligenciamiento del emplazamiento que establece la R. 4.3, 2009. (R. 40.3, 2009). Si se hace a solicitud del Estado Libre Asociado o de un oficial o agencia del mismo no será necesario el pago de derechos de comparecencia y el millaje. La citación puede ser diligenciada en cualquier lugar de Puerto Rico no importa el tribunal o sala que la expida.

Aunque es permisible la citación de un testigo que se encuentra domiciliado fuera de Puerto Rico para que comparezca ante un tribunal del Estado Libre Asociado si están presentes los contactos mínimos y se siguen los procedimientos apropiados (ver sec. 404, *ante*), en la práctica no se justifica la onerosidad que esto entraña para la parte o para el testigo. En esos casos, lo que debe hacerse es tomar una deposición al testigo. Esta será admisible en evidencia en sustitución de la comparecencia personal del testigo conforme a lo dispuesto en las Rs. 29.1(c) y 40.6, 2009.

Si un testigo se oculta con el fin de evitar la entrega de una citación, el tribunal, previa presentación de una declaración jurada acreditativa de la ocultación del testigo y de la pertinencia de su testimonio, podrá dictar una orden disponiendo que la citación sea diligenciada por el alguacil, quien deberá cumplimentarla de conformidad, pudiendo al efecto allanar cualquier edificio o propiedad donde se halle el testigo (R. 40.8, 2009).

Para citar a un confinado en prisión se necesita la previa presentación de una solicitud jurada acreditativa de la pertinencia del testimonio interesado, para que el tribunal ordene su citación y comparecencia (R. 40.9, 2009).

§ 1907. Medidas protectoras; remedio contra una citación excesivamente onerosa

La R. 40.4(a) dispone que "[l]a parte que solicite la expedición de una citación o el abogado o abogada que expida una citación deberá tomar las medidas que considere razonables para evitar imponerle una carga o unos gastos onerosos a la persona sujeta a la citación. El tribunal que emita la citación podrá imponer sanciones a la parte o al abogado o abogada que incumpla con este deber, las cuales podrán incluir pérdida de ingreso y honorarios de abogado".

La persona a quien vaya dirigida podrá objetar la citación para la inspección, fotocopia o producción de información o para la inspección de un predio o propiedad, notificándole al abogado que la expidió o a la representación legal de la parte que la solicitó, dentro de los quince días de haberle sido diligenciada. De darse la objeción, la parte promovente de la citación no tendrá derecho a lo solicitado, pero podrá acudir ante el tribunal para que ordene el cumplimiento con lo solicitado en la citación, previa notificación a la persona citada. Si el tribunal ordena el cumplimiento, deberá dictar órdenes que protejan a la persona citada de cualquier gasto significativo que pueda surgir de la inspección, producción o fotocopia de la información. También se podrá objetar una citación para la toma de una deposición dentro del mismo término de quince días de haber sido entregada, pero cuando la citación es para requerir la comparecencia a juicio o vista, ésta podrá objetarse en cualquier momento. (R. 40.4, 2009).

La persona a quien va dirigida la citación debe demostrar que la solicitud que se le hace es irrazonable o es opresiva. El tribunal y las partes a través del tribunal tienen un poder virtualmente ilimitado para dirigirse a cualquier persona dentro del Estado Libre Asociado y exigirle que comparezca trayendo consigo determinados documentos. Se puede imponer una carga sumamente onerosa para la persona afectada y para su protección la regla provee para que se deje sin efecto la citación, si se demuestra que la misma es irrazonable o que es opresiva. El tribunal puede también imponer condiciones para autorizar una citación para producir documentos; por ejemplo, que la misma no tendrá lugar a menos que la parte que solicite la producción de los documentos anticipe los gastos de recopilarlos y presentarlos al tribunal.

La persona a quien se le exija la inspección o producción de determinados documentos, libros, información almacenada electrónicamente, objetos tangibles, o de un lugar, no tiene que comparecer al lugar de la inspección, a menos que se le exija también que preste testimonio en vista, juicio o deposición. (R. 40.4(b), 2009).

§ 1908. Deber de responder a una citación

La R. 40.5, 2009 establece que la persona sujeta a la citación tiene el deber de producir los documentos que le sean requeridos mediante citación, en la misma forma en que éstos se archivan en el curso ordinario de su negocio, y en su defecto, tendrá el deber de organizarlos e identificarlos en categorías según se le solicite. Cuando se objeta la citación por alegarse que lo requerido contiene información privilegiada o que está sujeto a una orden protectora, la alegación debe ser expresa y fundamentarse en una descripción de la naturaleza de los documentos, comunicaciones u objetos tangibles no producidos, de forma que le permita a la parte contraria refutar dicha objeción y poner en condiciones al tribunal para que resuelva la controversia. Los documentos, información u objetos que sean requeridos en la citación y que no formen parte de la controversia, deberán ser descubiertos para su producción, fotocopia o inspección, según la citación.

§ 1909. Archivo en autos del diligenciamiento

Después que se diligencia a la persona citada, el alguacil o la persona particular que hizo la notificación presenta una copia de la citacion a la secretaría para que se archive en los autos. Los hechos constitutivos del diligenciamiento se harán constar al dorso de la copia del diligenciamiento bajo juramento, si es por persona particular, o certificación en el caso del alguacil, de manera que la parte pueda demostrar que ha dado cumplimiento a todos los requisitos de ley para requerir la comparecencia del testigo. La declaración jurada o la certificación debe contener la fecha, la forma, y la manera en que se hizo el diligenciamiento, con especificación del nombre de la persona o entidad a la que fue entregada. (R. 40.3, 2009).

§ 1910. Consecuencias de no obedecer una citación

El dejar de obedecer, sin justa causa, una citación debidamente diligenciada podrá ser considerado como desacato al tribunal (R. 40.10, 2009). El diligenciamiento de la citación, igual que el emplazamiento, confiere al tribunal jurisdicción sobre la persona citada o llamada a comparecer, independientemente la haya expedido el secretario del tribunal o el abogado de récord del caso. Antes de la imposición del desacato, para cumplir con las garantías del debido proceso de ley, se exige previa notificación y la oportunidad de que la persona afectada se exprese.[9]

§ 1911. Presencia hace innecesaria la citación

La mejor práctica para traer un testigo ante el tribunal es mediante la citación formal siguiendo la forma requerida por las reglas. Sin embargo, esta citación es innecesaria si la persona comparece voluntariamente y se encuentra presente en el acto procesal en que tenga que testificar o presentar evidencia (R. 40.7, 2009).

---

[9] *In re Corso*, 328 B.R. 375 (E.D. N.Y. 2005), citado en Baicker-Mckee, Janssen & Corr, Federal Civil Rules Handbook, Thomson West, 2009, pág. 971.

CAPITULO 19-A: LAS SANCIONES

§ 1901-A. Concepto y propósito

Son sanciones las penas que el derecho procesal establece para obligar al respeto de la autoridad o de las normas que rigen el proceso. Las sanciones pueden imponerse a las partes, a los abogados, a los testigos, o a cualquier persona para vindicar la majestad de la ley o hacer efectiva la jurisdicción de los tribunales y sus pronunciamientos.

En este capítulo estudiaremos las normas generales relativas a la imposición de sanciones reservando la discusión de cada sanción en particular para el capítulo que le corresponde en esta obra de acuerdo con la naturaleza de la infracción.

El propósito de las sanciones puede ser disuasivo, punitivo o remediatorio. Es disuasivo en la medida en que la posibilidad de la aplicación de la sanción promueve el adecuado desenvolvimiento del proceso al disuadir de la infracción a las reglas.[1] Es punitivo cuando se persigue castigar al infractor y remediatorio cuando lo que busca la sanción es proveer un remedio a la infracción. En ocasiones la sanción es tanto punitiva como remediatoria.

El aumento en la litigación, la congestión de los calendarios de los tribunales, el abuso de los medios de descubrimiento de prueba, y la pobre calidad profesional de muchos abogados ha hecho necesario un mayor uso de las sanciones de parte de los jueces para llevar un mayor control de los casos.[2] En efecto las sanciones facilitan al tribunal los medios para promover la solución justa, rápida y económica de los casos que visualiza la R. 1, 2009. Las sanciones deben usarse con sabiduría calibrándolas para lograr los efectos que persiguen y evitando eso de que el remedio pueda ser peor que la enfermedad.

Las sanciones se distinguen de las consecuencias procesales, no penalizantes. Estas no requieren discreción judicial al imponerlas pues recaen para que el proceso continúe como resultado automático de que una parte no lleve a cabo

---

[1] La consistencia y el rigor con el cual los tribunales imponen las sanciones es de gran importancia para que éstas tengan efectos disuasivos más allá del caso al que se aplican.

[2] Ver *Amaro González v. First Federal Savings Bank*, 132 D.P.R. 1042 (1993), *Silva Recio v. Mayagüez Outboard Motor Club*, 105 D.P.R. 279, 283 (1976).

determinadas actuaciones. Así por ejemplo, cuando el demandado, debidamente emplazado, no contesta dentro del término reglamentario, la consecuencia es la anotación de su rebeldía para proceder a dictar sentencia tomando los hechos bien alegados como ciertos. O cuando se ha notificado un requerimiento de admisiones y el requerido no contesta dentro del término previsto, la consecuencia procesal es que los hechos objeto del requerimiento se tienen por admitidos.

§ 1902-A. Autoridad para imponer sanciones

El poder de los tribunales para sancionar surge del art. 2.017 de la Ley de la Judicatura de 2003, del art. 284 del Código Penal, de las Rs. 9.1, 9.3, 9.4, 23.1, 23.2, 34.2, 34.3, 34.4, 34.5, 34.6, 36.7, 37.1, 37.7, 39.2, 40.4, 40.10 y 44.2 de Procedimiento Civil, de la Regla 23 para la Administración del Tribunal de Primera Instancia, de la Regla 85 del Reglamento del Tribunal de Apelaciones, y de la Regla 49 del Reglamento del Tribunal Supremo.

Sin mayor análisis el TS ha expresado en los casos de *Pérez Pascual v. Vega Rodríguez*, 124 D.P.R. 529 (1989) y *Sterzinger v. Ramírez Ramírez*, 116 D.P.R. 762 (1985), que los tribunales tienen poder inherente para vindicar la majestad de la ley y hacer efectiva su jurisdicción y sus pronunciamientos.[3] En materia de desacato hay un amplio reconocimiento jurisprudencial al poder inherente para imponerlo. *Pueblo v. Santiago Lavandero*, 108 D.P.R. 647 (1979); *Pueblo v. García Rivera*, 103 D.P.R. 547 (1975); *Pueblo v. Escalera*, 95 D.P.R. 148 (1967); *Pueblo v. Fourquet*, 17 D.P.R. 1077 (1911).

El inciso (k) del art. 2.017 de la LJ 2003 establece por su parte que los tribunales tienen autoridad para realizar u ordenar cualquier acto que resulte necesario a fin de cumplir a cabalidad sus funciones. Esta disposición legislativa se refiere a lo mismo que el TS llama poder inherente. De lo que se trata es de un poder necesario para descargar la función constitucional de los tribunales; un poder consustancial a la jurisdicción sin el cual ésta no puede ejercer con eficacia.

El poder inherente para imponer sanciones permite una flexibilidad para escoger la sanción y ajustarla a los hechos y al propósito que se persigue que no existe en torno a las sanciones que específicamente se autorizan por las normas positivas del derecho anteriomente citadas en esta sección.

En el caso de *Chambers v. NASCO, Inc.*, 501 U.S. 1269, 112 S. Ct. 12 (1991), el Tribunal Supremo federal resolvió que el poder inherente de los tribunales federales para imponer sanciones ante conducta litigiosa de mala fe, no ha sido limitado por las disposiciones sobre sanciones que proveen las reglas federales de Procedimiento Civil y otras normas de derecho positivo federal. Además señaló que se puede hacer uso del poder inherente para sancionar ante conducta de mala

---

[3] Ver también *Arce v. Club Gallístico de San Juan*, 105 D.P.R. 305 (1976); *Mun. de Arecibo v. Almacenes Yakima del Atlantico, Inc.*, 154 D.P.R. 217 (2001); *In re Velázquez Hernández*, 162 D.P.R. 316 (2004); *In re Cruz Aponte*, 159 D.P.R. 170 (2003).

fe aún cuando alguna de esa conducta también fuera sancionable bajo algunas reglas federales.

El razonamiento de esta opinión sobre la inherencia del poder sancionador para el ejercicio del poder judicial, es igualmente aplicable a nuestro derecho constitucional y procesal. El mismo permitiría al TS ir más allá de sus escuetas expresiones sobre el poder inherente hechas en los casos de *Pérez Pascual* y *Sterzinger, supra.* Esto sería de gran utilidad para fundamentar con solidez un poder que bien utilizado puede ser sumamente eficaz para la buena marcha de los litigios ante nuestros tribunales.

En el caso de *Chambers, supra,* la flexibilidad del poder inherente para sancionar permitió al tribunal de instancia imponer, al recibir el mandato devolutivo de una apelación, la suma de aproximadamente de $1 millón de dólares como sanción reparadora y punitiva por los honorarios de abogados que en efecto pagó el demandante frente a un comportamiento litigioso que representaba un abuso deliberado de los mecanismos procesales para derrotar la reclamación del demandante mediante el hostigamiento, interminables tácticas dilatorias y el fomento vicioso de los costos del litigio.

Este tipo de sanción aplicada en *Chambers,* no es permisible bajo ninguna de las normas de derecho positivo puertorriqueño como tampoco lo es bajo las normas de derecho positivo federal. De ahí la importancia de darle una adecuada fundamentación al poder inherente de los tribunales y definir su alcance para aplicar sanciones que se ajusten a situaciones concretas o patrones de conducta litigiosa que estén más allá de los tipificados en las reglas.

Esta norma permitiría al TS reconocer, por ejemplo, la aplicación de la sanción de honorarios de abogados interlocutorios en toda la amplitud en que lo justifiquen las infracciones en cada caso en particular superando la estrechez normativa en que se situó en el caso de *Pérez Pascual, supra,* en el cual lo limitó por vía de excepción a infracciones de decretos de custodia ocurridas en casos de relaciones paterno-filiales.

Va sin decirlo que el ejercicio del poder inherente para sancionar debe llevarse a cabo con extremo cuidado. Ver *Chambers, ante.*

§ 1903-A. Clases de sanciones

Amonestación. Es la más leve de las sanciones. Consiste en llamar la atención mediante lenguaje más o menos vigoroso con o sin apercibimiento de lo que ocurrirá si se persiste en la conducta ofensiva. Puede aplicarse oralmente o por escrito.

Resarcimiento de gastos. Es la sanción que se impone en incidentes interlocutorios con el propósito de resarcir a una parte o al Estado por los gastos incurridos debido a una infracción procesal de parte del sancionado. Entiéndase por gastos todo desembolso para fines del incidente en cuestión incluyendo lo que se entiende por costas bajo la R. 44.1 y lo gastado en honorarios de abogado si es una suma razonable. Ejemplos de las reglas que autorizan una u otra de estas sanciones son:

R. 9.1, 2009 Permite sancionar a un abogado, por presentar un escrito evidentemente frívolo o con información falsa, simulada, difamatoria o indecorosa, o que se interpone para causar una injusticia, dilación, opresión o para aumentar el costo del litigio; o que hace uso de lenguaje ofensivo o soez. (Ver Sec. 1606, *supra.*)

R. 9.3, 2009 Permite imponer sanciones económicas o de otra naturaleza, y descalificar a un abogado por conducta que obstaculice la sana administración de la justicia o porque infrinja sus deberes hacia el tribunal, su cliente o sus compañeros abogados.

R. 9.4, 2009 Permite imponer las mismas sanciones que establece la R. 9.3 a una persona que se autorrepresenta.

R. 23.1, 2009 Permite imponer sanciones económicas o de cualquier otra índole por el incumplimiento con el deber de preservar prueba.

R. 23.2, 2009 conjuntamente con la R. 34.2(c) Permite conceder los gastos y honorarios de abogados, a la parte o deponente, o abogado victorioso por gestionar u oponerse a una orden protectora sobre el descubrimiento. (Ver Sec. 2808, *infra.*)

R. 34.3, 2009 Permite imponer diversas sanciones por desobedecer órdenes del tribunal con respecto a descubrir prueba.

R. 34.4, 2009 Permite conceder los gastos, incluyendo honorarios de abogado, ocasionados por incumplir un requerimiento para descubrir prueba. (Ver Secs. 3401-3404 *infra.*)

R. 34.5, 2009 Permite conceder los gastos, incluyendo honorarios de abogado, ocasionados con motivo de incumplimiento de comparecencia a deposiciones o contestar interrogatorios o no acceder a inspección. (Ver Sec. 3404 *infra.*) Permite, además, conceder los gastos, incluyendo honorarios de abogado ocasionados con motivo de notificar y dejar de asistir a una toma de deposición o de no citar al testigo (Ver Sec. 2915 *infra*).

R. 34.6, 2009 Permite imponer gastos y honorarios de abogado al Estado Libre Asociado por el incumplimiento con las disposiciones reglamentarias del descubrimiento de prueba (Rs. 23 a la 34, 2009).

R. 36.7, 2009 Permite conceder gastos, incluyendo honorarios de abogado, ocasionados por tener que refutar declaraciones juradas hechas de mala fe o para dilatar en apoyo o en contra de una moción de sentencia sumaria.

R. 37.1, 2009 Permite sancionar conforme la R. 23.1(e) por el incumplimiento con la obligación de actualizar, suplementar, corregir o enmendar la prueba o información intercambiada que surge del Informe para el Manejo del Caso.

R. 37.7, 2009 Permite imponer sanciones económicas de forma mandatoria a un abogado o parte por el incumplimiento con los términos, señalamientos u órdenes que dicte el tribunal conforme la R. 37, 2009. (Ver Sec. 3506 *infra.*)

R. 39.2, 2009 Permite la eliminación de alegaciones y hasta la desestimación y archivo del caso, como última alternativa luego de la imposición de sanciones al abogado y a la parte.

R. 40.4, 2009 Permite imponer sanciones a la parte o al abogado por causar una carga irrazonable o gastos onerosos a una persona citada, las cuales podrán incluir pérdida de ingreso y honorarios de abogado.

R. 40.10, 2009 Permite la imposición de desacato por desobedecer una citación sin causa justificada.

R. 44.2, 2009 Permite conceder costas y sanciones económicas interlocutorias por conducta constitutiva de demora, inacción, abandono, obstrucción o falta de diligencia en perjuicio de la eficiente administración de la justicia. (Ver Sec. 4206 *infra.*)

Rs. 85 RTA[4] y 49 RTS Permiten imponer sanciones por el TA y el TS con motivo de recursos frívolos, dilatorios, etc., ante estos tribunales. Las sanciones incluyen resarcimiento por gastos, costas y honorarios de abogado en favor del Estado, de cualquier parte o de su abogado. Por su parte, el Art. 4.008, LJ de 2003 también faculta al TA a imponer sanciones económicas cuando determine que un recurso es frívolo; que se presentó para retrasar; o que existe conducta constitutiva de demora, abandono, obstrucción o falta de diligencia en perjuicio de la eficiente administración de la justicia.

Cumplimiento específico y limitaciones a actuaciones procesales. Es la sanción dirigida a obligar a una parte al cumplimiento específico de un deber procesal. *E.g.*, R. 34.2, (a) y 34.3, 2009. En cuanto a infracciones sobre el descubrimiento de prueba, la mecánica coercitiva de esta sanción consiste en ordenar el cumplimiento y, de no cumplirse,[5] entonces proceder a: condenar por desacato, o declarar hechos probados a los efectos del pleito, o prohibir sostener determinadas reclamaciones u oponer determinadas defensas, o presentar determinada materia en evidencia, o eliminar las alegaciones del infractor o parte de ellas, o suspender los procedimientos hasta que se acate la orden, o desestimar

---

[4] En materia de sanciones ésta es la Regla mejor redactada de nuestro ordenamiento procesal. Refleja también la política más progresista en torno a la flexibilidad para aplicar las sanciones.

[5] Ver *Valentín González v. Crespo Torres*, 145 D.P.R. 887 (1998).

el pleito o parte del mismo, o dictar sentencia en rebeldía, o imponer a cualquier parte, testigo o abogado una sanción económica incluyendo pago de gastos y honorarios de abogado, o cualquier combinación de estas medidas u otras que se estimen justas. (Ver Secs. 3402-3403, *infra*).

Al imponer cualquiera de estas limitaciones se debe considerar su efecto sobre el proceso. Si el mismo fuera determinante del resultado de la adjudicación final, entonces la imposición de otras sanciones para obtener el resultado que se persigue es lo más indicado.[6]

Desestimación de la demanda o del recurso con el efecto de adjudicación en los méritos. Es la sanción máxima, la pena de muerte procesal, contra una parte.

A nivel de instancia, esta sanción es vehiculada por la R. 39.2, 2009, que dispone que si el demandante dejare de cumplir con las reglas o con cualquier orden del tribunal, el tribunal a iniciativa propia o a solicitud del demandado, podrá decretar la desestimación del pleito o de cualquier reclamación contra él. (Ver Sec. 3902).

La R. 39.2 dispone además, la desestimación y archivo a iniciativa del tribunal, cuando no se hubiere efectuado trámite alguno durante los últimos seis (6) meses a menos que tal inactividad se justifique.

Igualmente la R. 34.3(b)(3) permite al tribunal de instancia desestimar una acción o dictar sentencia en rebeldía en contra de una parte que incumpliere una orden para descubrir prueba.

A nivel del TA o del TS el recurso puede desestimarse por no haberse hecho las gestiones para perfeccionar el mismo o porque no se haya proseguido con la debida diligencia o de buena fe.[7] R. 83(B), RTA; R. 32(b), RTS.

Desacato. Varias reglas disponen que determinadas infracciones pueden ser sancionadas como desacato. (*E.g.* R. 34.3(a); R. 36.7; R. 40.10). La sanción del desacato puede ser de naturaleza civil si lo que se persigue es un fin reparador—obligar a alguien a hacer algo—o de naturaleza criminal si lo que se persigue es castigar al infractor.

El art. 284 del Código Penal, establece que "[i]ncurrirá en delito menos grave toda persona que realice cualquiera de los siguientes actos:

---

6 *Valentín González v. Crespo Torres, supra.*

7 En *Pueblo v. Rivera Toro*, 2008 T.S.P.R. 31, el TS revocó un dictamen desestimatorio de una apelación del Tribunal de Apelaciones e impuso una sanción económica al abogado por $2,500 por falta de diligencia con la entrega de una transcripción de la prueba oral. En este caso, el TA desestimó una apelación sin haber impuesto sanciones menos severas, como sanciones económicas al abogado, además de que no hubo apercibimiento de las consecuencias del incumplimiento. Con respecto a a la desestimación de causas criminales, el TS expresó: "[e]s lógico razonar, sin embargo, que si en el campo civil el mecanismo de la desestimación debe ser el último recurso para preservar la dignidad y la disciplina en los tribunales, más aún debe serlo en el campo criminal en el cual está en juego la reputación y libertad de un ser humano".

(a) Perturbe el orden, cause ruido o disturbio o se conduzca en forma desdeñosa o insolente hacia un tribunal de justicia o un juez durante el desarrollo de una investigación judicial o una sesión, tendiendo con ello directamente a interrumpir los procedimientos o menoscabar el respeto debido a su autoridad, o en presencia del jurado mientras esté en estrado o deliberando en alguna causa.

(b) Desobedezca cualquier decreto, mandamiento, citación u otra orden legal expedida o dictada por algún tribunal.

(c) Demuestre resistencia ilegal y contumaz a prestar juramento o llenar los requisitos como testigo en una causa pendiente ante cualquier tribunal, o se niegue sin excusa legítima a contestar cualquier interrogatorio legal después de haber jurado o llenado dichos requisitos.

(d) Exprese crítica injuriosa o infamatoria de los decretos, órdenes, sentencias o procedimientos de cualquier tribunal que tienda a desacreditar al tribunal o a un juez.

(e) Publique cualquier informe falso o manifiestamente inexacto sobre procedimientos judiciales, a sabiendas de su falsedad."

El Art. 284 del Código Penal "provee para la imposición de una sentencia de reclusión o multa en respuesta a que la conducta ha ofendido la autoridad y dignidad del tribunal en sus diferentes manifestaciones."[8]

La jurisprudencia por su parte renoce el poder inherente de los tribunales para castigar por desacato, *Pueblo v. Lamberty González*, 112 D.P.R. 79, 81 (1982) , y establece la prisión cumpulsoria indefinida—hasta que se cumpla con lo ordenado—como castigo para el desacato civil.[9] La naturaleza civil o criminal del desacato no depende de la naturaleza del proceso civil o criminal en que se impone sino del fin que se persigue con la sanción.

No puede usarse el desacato civil por incumplimiento de orden de pago de pensión alimentaria, cuando se usa como medida punitiva y no reparadora sin que se hubiese hecho gestión previa válida con las exigencias del debido proceso de ley para cobrar la pensión.[10]

Existen otras fuentes de derecho que permiten la imposición del desacato como sanción, a saber: Art. 2.017(j), LJ 2003; Art. 687 del CEC, 32 L.P.R.A. sec. 3533 (desobediencia a un auto de injunction); 8 L.P.R.A. sec. 529 (reclusión carcelaria del alimentante); 33 L.P.R.A. sec. 517 (Ley de Desacato); 32 L.P.R.A. sec. 2874 (por violar resolución que fija un estado provisional de derecho) Art. 34-a Código Político, 2 L.P.R.A. sec. 154a (incumplimiento ante la Asamblea Legislativa); 33 L.P.R.A. sec. 517-518, entre otras.

Otras sanciones son: la condena de costas por sentencia, R. 44.1 (Ver Secs. 4201-4207, *infra*); la condena en honorarios de abogado por sentencia (Ver Secs. 4401-4402, *infra*); la condena por intereses por sentencia, R. 44.3(b) (Ver Sec.

---

[8] Nuevo Código Penal de Puerto Rico, Comentado por Dora Nevares-Muñiz, Ed. 2005, Instituto para el Desarrollo del Derecho Inc., págs. 370-371.

[9] *Pueblo v. Pérez Díaz*, 99 D.P.R. 788, 798 (1971).

[10] *Alvarez Elvira v. Arias Ferrer*, 156 D.P.R. 352 (2002).

4303, *infra*); la descalificación del abogado, R. 9.3 (Ver sec. 718 *infra)*, o la suspensión del ejercicio de la abogacía; y aquella que el tribunal estime justa y necesaria para alcanzar los fines de la justicia. Art. 2.017, LJ de 2003, R. 34.3(b).

§ 1904-A. Consideraciones al imponer sanciones

La imposición de una sanción debe perseguir una finalidad procesal concreta que el tribunal tiene que tener presente al imponerla. Esta finalidad debe ser coherente con los fines del proceso.

Como norma se debe imponer la sanción menos severa que cumpla el propósito de encausar el proceso.

Esta norma surge clarísima de las decisiones del Tribunal Supremo de Puerto Rico. Por ejemplo, en el aso de *Arce v. Club Gallístico de San Juan*, 105 D.P.R. 305 (1976), el TS revocó la desestimación de una demanda por falta de actividad procesal bajo la R. 39.2, 2009, al percatarse que el responsable de la inactividad era el abogado de la parte demandante y la sustituyó por una sanción de $250.00 por concepto de honorarios de abogado en favor de la parte demandada recurrida ante el TS.

Al imponer una sanción, el tribunal debe precisar lo siguiente:

1) La naturaleza y efectos procesales de la infracción; si fue intencional o por negligencia; si violentó directamente una orden del tribunal o una regla; si es una conducta aislada o forma parte de un patrón; si existen circunstancias que justifiquen, mitiguen, o excusen la infracción. Ver *Chambers*, *ante*, y 8A Wright, Miller & Marcus, Federal Practice and Procedure Civil, sec. 2284, 2d ed.

2) La persona apropiada a ser sancionada: la parte, su representación legal, el testigo, etc. En una serie de casos el TS ha implantado una política de proteger a las partes de la conducta negligente de los abogados imponiendo la sanción a éstos pero no a las partes. En *Maldonado Ortiz v. Secretario de Recursos Naturales*, 113 D.P.R. 494, 498 (1982), el TS se expresó así: "Planteada ante un tribunal una situación que, de acuerdo con la ley y la jurisprudencia aplicable, amerita la imposición de sanciones, éste debe, en primer término, imponerlas al abogado de la parte. Si dicha acción disciplinaria no produce frutos positivos, procederá la imposición de la severa sanción de la desestimación de la demanda o la eliminación de las alegaciones, tan solo después que la parte haya sido debidamente informada y/o apercibida la situación y de las consecuencias que pueda tener el que la misma no sea corregida". Pero cuando el récord demuestra que la parte tenía conocimiento de la situación procesal e incumplió órdenes del tribunal, procede la desestimación. *Dávila Mundo v. Hospital San Miguel, Inc.*, 117 D.P.R. 807 (1986).

3) El margen de discreción que tiene el tribunal bajo la fuente que le confiere la autoridad para imponer la sanción y para escoger entre sanciones a imponerse.

4) El momento apropiado para imponer la sanción.

§ 1905-A. Consideraciones especiales al imponer una sanción que priva a la parte de un remedio judicial

Cuando la sanción a imponerse por la infracción de la regla disponga del caso como lo hace la desestimación o la eliminación de las alegaciones, la exclusión de prueba[11] y la sentencia en rebeldía, ésta sólo debe imponerse excepcionalmente y luego de considerar los siguientes factores:

1. La política que favorece la adjudicación del litigio en su fondo. *Valentín González v. Crespo Torres, supra*, *Echevarría Jiménez v. Sucesión de Pérez Meri*, 123 D.P.R. 664, 673 (1989).
2. La política que fomenta la disposición justa, rápida y económica del caso; *Amaro González v. First Federal Savings Bank*, 132 D.P.R. 1042, 1052 (1993).
3. El grado al cual la parte a ser sancionada actuó deliberadamente y supo o debió haber sabido las consecuencias de sus actos.[12]
4. El grado de responsabilidad de la parte como tal en la acción que se va a sancionar;[13]
5. Los méritos y la importancia de la reclamación;
6. El impacto sobre otras partes y sobre el interés público; y
7. La disponibilidad de sanciones menos severas para alcanzar el mismo propósito.[14]

---

[11] *Valentín González v. Crespo Torres, supra.*

[12] En *Valentín González, supra*, el TS revoca una sentencia dictada a base de testimonio por no haberse sometido un testigo a una deposición, porque la parte que lo presentó no actuó con contumacia o mala fe respecto a la toma de deposición solicitada sino que más bien cooperó en facilitarla siendo responsable la parte que interesaba la deposición de no solicitar la sanción del desacato para obligar al testigo a comparecer.

En *Amaro González, supra*, manejando el concepto de negligencia en su aplicación a un incumplimiento de contestar interrogatorios, el TS bajo la R. 34.4, 1979, señala que aún cuando esté presente el mismo, no procede la desestimación sin antes recurrir a sanciones de menor consecuencia. Pero en *Dávila Mundo v. Hospital San Miguel, Inc.*, 117 D.P.R. 807 (1986), el TS expresó que: "El interés de que los pleitos se vean en los méritos amerita protección, pero no puede bajo toda circunstancia prevalecer sobre los intereses, igualmente justos, de la parte que ha sido diligente en que se resuelva el caso prontamente y se termine la incertidumbre y los intereses del público en general en evitar la congestión de los calendarios y las demoras innecesarias en el trámite judicial, promoviendo así la solución justa, rápida y económica de las controversias".

[13] En *Maldonado Ortiz v. Secretario de Recursos Naturales*, 113 D.P.R. 494 (1982), se distingue para efectos de la sanción desestimatoria entre la responsabilidad del abogado y la de la parte cuya responsabilidad surge una vez se entera de su responsabilidad procesal y la incumple personalmente.

[14] En *Amaro González v. First Federal Savings Bank, supra*, el TS demuestra hasta donde está dispuesto a llegar aplicando esta política para proteger litigantes humildes de la negligencia de sus abogados. Frente a un récord craso de incumplimiento en la contestación de unos interrogatorios de parte de los demandantes, el TS rehusa imponer la sanción desestimatoria porque los demandantes no estaban adecuadamente informados

§ 1906-A. Procedimiento para imponer sanciones

La extensión y naturaleza del procedimiento para imponer la sanción depende del momento en que se comete la infracción—puede ser en corte abierta—y de la naturaleza de la infracción misma y de la sanción a imponerse. No precisa en todos los casos una vista oral y evidenciaria para hacerlo. Se puede imponer una sanción a solicitud de parte o *motu proprio* por el tribunal. En este último caso—a menos que la infracción sea en corte abierta—la imposición se inicia por una orden a la parte a ser sancionada para mostrar al tribunal la causa por la cual no deba imponerse la sanción. La sanción desestimatoria debe imponerse luego de una adecuada notificación a la parte, no sólo a su abogado,[15] del hecho de que va a ser impuesta por determinada infracción y de que se le brinde a quien va a ser afectado por ella la oportunidad de ser oido.

Hay sanciones como las que provee la R. 34.3, 2009, para el incumplimiento con lo requerido en el descubrimiento de prueba, que solo pueden imponerse luego de mediar una orden previa del tribunal la cual luego se incumple por la parte que será objeto de la sanción.[16]

A menos que la infracción o la sanción sea de menor cuantía y obvia, el tribunal debe emitir una orden con conclusiones de hecho y de derecho para imponer la sanción. Las conclusiones de derecho deben justificar la imposición de la sanción específica que se impone y lo inadecuado de sanciones menos severas para resolver el problema. Esto facilitará la revisión de la orden a nivel apelativo.

Para aplicar la sanción del desacato hay que seguir el procedimiento previsto en la R. 242 de Procedimiento Criminal que requiere la celebración de una vista para aplicar la sanción cuando la conducta constitutiva del desacato no tiene lugar en presencia del juez. *Pérez Pascual v. Vega Rodríguez, supra.*

---

de los incumplimientos de su abogado, y determina que lo procedente es imponer una multa al abogado. No es coherente, sin embargo, con la política el hecho de que solo se le imponga una multa de $500.00 al abogado, lo cual le resta eficacia a la sanción económica.

15 *Amaro González v. First Federal Savings Bank, supra.*

16 *Valentín González v. Crespo Torres,* 145 D.P.R. 887 (1998).

PARTE 6

EL EMPLAZAMIENTO

CAPITULO 20: EL EMPLAZAMIENTO

SECCIÓN

§ 2001. Concepto y generalidades

El emplazamiento es un acto procesal mediante el cual se comunica al demandado la demanda presentada en su contra y se le requiere a comparecer en autos para formular la alegación que proceda. Tiene por objeto adquirir jurisdicción sobre la persona del demandado llamándolo para que comparezca en juicio a defenderse o a hacer uso de su derecho.[1]

En el derecho procesal puertorriqueño la palabra emplazamiento se usa en dos acepciones. Por una parte se llama emplazamiento al escrito que contiene el llamamiento y por otra se aduce al acto de entregar el escrito y la demanda al demandado.

Mediante el emplazamiento el tribunal adquiere jurisdicción sobre la persona del demandado. La validez o nulidad del proceso y de la sentencia que se dicte en él, en caso de que el demandado no comparezca voluntariamente, dependen de que se hayan seguido todos los requisitos establecidos en la R. 4, 2009.[2]

---

[1] *Márquez v. Barreto*, 143 D.P.R. 137, 142 (1997); *Banco Central Corp. v. Capitol Plaza, Inc.*, 135 D.P.R. 760 (1994); *Peguero v. Hernández Pellot*, 139 D.P.R. 487 (1995).

[2] *Providencia Rivera Ocasio v. Sucesión Pérez Rivera*, 165 D.P.R. 228 (2005); *Rodríguez v. Nasrallah*, 118 D.P.R. 93 (1986).

Cualquier defecto en el emplazamiento queda subsanado si el demandado comparece en autos y no impugna el emplazamiento. *Vázquez Ortiz v. López Hernández*, 160 D.P.R. 714 (2003).

El emplazamiento es un acto complejo y rodeado de tecnicismos. Hay una serie de disposiciones en la R. 4, 2009, a las cuales hay que dar estricto cumplimiento. Son reglas o normas de carácter impositivo, de las cuales no se puede dispensar. La razón de esta rigurosidad es que el emplazamiento se mueve dentro del campo del Derecho constitucional y más específicamente dentro del derecho del demandado a ser oído y notificado de cualquier reclamación en su contra.[3] *Banco Popular v. Negrón*, 164 D.P.R. 855 (2005).

Es requisito del debido proceso de ley que a una parte se le notifique de todo proceso en su contra para que tenga la oportunidad de asistir al juicio, presentar prueba y ser oído.[4] Debido a que el acto de emplazar a un demandando es un imperativo constitucional del debido proceso de ley, el TS ha expresado en diversas ocasiones que "en forma alguna viene obligado un demandado a cooperar con el demandante en la realización por éste del diligenciamiento del emplazamiento. Los demandados tienen un derecho a ser emplazados conforme a derecho y existe en nuestro ordenamiento una política pública de que la parte demandada debe ser emplazada debidamente para evitar fraude y que se utilicen procedimientos judiciales para privar a una persona de su propiedad sin el debido proceso de ley."[5]

El demandado puede levantar como defensa cualquier defecto del emplazamiento mediante una de las mociones bajo la R. 10.2. Estas mociones constituyen lo que bajo la práctica anterior a las reglas se conocía como la comparecencia especial a fines de impugnar el emplazamiento. Es el remedio que las reglas proveen para que un demandado, aún compareciendo, pueda impugnar todos los errores cometidos al realizarse el emplazamiento. Esta moción debe presentarse en la primera oportunidad y no deben presentarse otras mociones y

---

[3] Una sentencia dictada sin notificación de la demanda y oportunidad de ser oída carece de todos los atributos de una determinación judicial, es una usurpación y opresión judicial y nunca puede ser sostenida donde la justicia se administra justicieramente. *Mundo v. Fuster*, 87 D.P.R. 363 (1963); *Pagán v. Rivera Burgos*, 113 D.P.R. 750 (1983).

[4] Véanse: *Nazario Morales v. A.E.E.*, 2007 T.S.P.R. 211; *Rivera Hernández v. Comtec Communication*, 171 D.P.R. 695 (2007); *Lucero v. San Juan Star Co.*, 159 D.P.R. 494 (2003); *Alvarez Elvira v. Arias Ferrer*, 156 D.P.R. 352 (2002); *Claudio Camacho v. Casillas Mojica*, 100 D.P.R. 761 (1972); *Sociedad de Gananciales v. Martínez*, 99 D.P.R. 820 (1971); *Caribbean Ins. Co. v. Tribunal Superior*, 98 D.P.R. 919 (1970); *United Fireworks Mfg. Co. v. Tribunal Superior*, 96 D.P.R. 362 (1968); *Colón Gandía v. Tribunal Superior*, 93 D.P.R. 225 (1966); *Sociedad de Gananciales v. Tribunal Superior*, 85 D.P.R. 892 (1962); *Hernández Torres v. Zapater Martinez*, 82 D.P.R. 777 (1959).

[5] *Providencia Rivera Ocasio v. Sucesión Pérez Rivera, supra*; *Quiñones Román v. Cía ABC*, 152 D.P.R. 367 (2000); *First Bank of P.R. v. Inmobiliaria Nac. Inc.*, 144 D.P.R. 901 (1998).

otras alegaciones, ya que implicaría una renuncia a los defectos en el emplazamiento. Una moción posterior levantando esos defectos sería tardía y no prosperaría.

¿Cuál sería el propósito del legislador en permitir a un demandado que comparezca a impugnar un emplazamiento si el propósito del emplazamiento es traer a ese demandado al tribunal? El ya sabe que hay un pleito. Con la misma facilidad que presenta la comparecencia especial impugnando el emplazamiento, o sea la moción bajo la R. 10.2, puede presentar una contestación.

Hay un derecho a ser emplazado debidamente y una política pública de que los demandados deben ser emplazados debidamente para evitar el fraude y que se utilicen procedimientos judiciales para privar a una persona de su propiedad sin el debido procedimiento de ley. Esa política pública de que se haga bien el emplazamiento pesa más en este caso que el principio de economía procesal. Se permite al demandado impugnar el emplazamiento a fines de asegurar el estricto cumplimiento de las reglas sobre emplazamientos de parte de los demandantes.

§ 2002. Efectos

El emplazamiento tiene los siguientes efectos procesales:

(1) Constituye la relación procesal.

(2) Le da jurisdicción al tribunal sobre la persona del demandado.

(3) Confiere al actor el derecho de pedir la anotación de la rebeldía del demandado que deliberadamente no comparezca dentro del plazo concedídole y a obtener sentencia en su día.

En cuanto a los efectos del emplazamiento en torno al derecho material, debemos señalar la diferencia que existe en cuanto a la prescripción adquisitiva y la extintiva. La interrupción de la prescripción extintiva se produce con la mera presentación de la demanda en el tribunal.[6] La prescripción adquisitiva, por el contrario, se interrumpe, según el art. 1845 del CC (31 L.P.R.A. sec. 5266) por la citación hecha al poseedor—el emplazamiento—aunque sea por mandato de juez incompetente, pero ese trascendental efecto no se produce cuando la citación es nula por falta de formalidades legales en el supuesto de que el actor desista o caduque la instancia.

La sentencia del Tribunal Supremo de España de 4 de enero de 1901 dice que para interrumpir la prescripción adquisitiva es lógico que se requiera la intimación al demandado que posee, al paso que en cuanto a la prescripción extintiva la mera presentación de la demanda produce dicha interrupción.

En cuanto a los frutos, el art. 380 del CC (31 L.P.R.A. sec. 1466) prescribe que el poseedor de buena fe los hace suyos mientras no sea interrumpida la posesión, lo cual debe leerse en relación con el art. 1845 (31 L.P.R.A. sec. 5266) que nos dice que la misma se interrumpe por la citación judicial—emplazamiento. Tiene también el emplazamiento el efecto de constituir en mora

---

[6] *Feliciano v. Autoridad de Acueductos y Alcantarillados*, 93 D.P.R. 655 (1966).

al demandado de acuerdo con el art. 1053 (31 L.P.R.A. sec. 3017) y de la sentencia de 27 de marzo de 1890 del TS de España.

§ 2003. Comienzo del pleito y la expedición del emplazamiento

Un pleito comienza con la presentación de la demanda en el tribunal (R. 2, 2009). La parte demandante presentará el formulario de emplazamiento conjuntamente con la demanda, para su expedición inmediata por el Secretario o Secretaria (R. 4.1, 2009). Podrán expedirse tantos emplazamientos como demandados existan. La R. 4.1, 2009 adopta la mejor práctica establecida por el TS en *Banco de Desarrollo Económico v. A.M.C. Surgery*, 157 D.P.R. 150 (2002), a los efectos de que le impuso al demandante la obligación de presentar el emplazamiento junto a la demanda y gestionar que Secretaría lo expida de inmediato.

La obligación que recae sobre el demandante bajo la R. 4.1, 2009 debe interpretarse conjuntamente con las Rs. 2 y 65.2, 2009, en términos de que si el demandante presenta solamente la demanda sin que vaya acompañada del emplazamiento, debe entenderse que el pleito ha comenzado y que el Secretario no puede rechazar la presentación de la demanda por razón de que el demandante no entregó los formularios de emplazamiento. El Secretario no tiene autoridad para rechazar documento alguno por incumplimiento con requisitos formales impuestos por las Rs. del 2009 o por cualquiera otra reglamentación. (R. 65.2, 2009). Ello pretende salvaguardar posibles problemas sobre prescripción de la causa de acción dado que la presentación de la demanda es una de las formas en que puede interrumpirse un término prescriptivo.

Las Rs. del 2009 proveen un formulario de emplazamiento personal a los fines de facilitar y unifomar su trámite en los tribunales. Véase Apéndice de Formularios.

§ 2004. Clases de emplazamientos

Los emplazamientos se clasifican por la forma de diligenciarlos y por el domicilio del demandado. El emplazamiento personal es aquel que se lleva a cabo mediante la entrega de la demanda y del emplazamiento al demandado. El emplazamiento por edictos es aquel que se diligencia mediante la publicación de edictos en periódicos de circulación general. Estos dos mecanismos para emplazar, junto con la solicitud de renuncia al emplazamiento personal de la R. 4.5, son las únicas formas provistas en las Rs. del 2009 para emplazar a personas que se encuentren en Puerto Rico.

El emplazamiento conforme al domicilio del demandado es aquel que se lleva a cabo mediante la R.4.3(b). Cuando un tribunal tenga jurisdicción bajo la R.3.1, 2009 para entender sobre un asunto, caso o controversia contra un demandado no domiciliado en Puerto Rico, la R. 4.3(b), 2009 provee cinco maneras para emplazarlo, a saber: 1) emplazamiento personal; 2) de la manera en que esté prescrito en el lugar donde se llevará a cabo el emplazamiento según los tribunales de jurisdicción general de dicho lugar; 3) mediante carta rogatoria al país extranjero donde se encuentre el demandado; 4) por edictos conforme la R. 4.6, 2009; y, 5) conforme disponga el tribunal. (R. 4.3(b), 2009). Cada una de estas formas de emplazar tiene su normativa especial. La R. 4.3(b), 2009 no establece prelación de un método sobre otro cuando se trata de emplazar a demandados no domiciliados, aunque el tribunal, en el ejercicio de su sana discreción, podría ordenar que el demandante agote primero un método para emplazar antes de recurrir a otro. De la misma manera, una ley estatal o federal puede establecer una forma distinta de diligenciar.

La regla general es que el demandado debe ser emplazado personalmente y que sólo por vía de excepción cuando concurren las circunstancias previstas en las Rs. 3.1 ó 4.6 puede emplazarse de distinta manera según disponen las Rs. del 2009.

§ 2005. Escrito de emplazamiento personal

El escrito de emplazamiento personal:

(1) Deberá estar firmado por el secretario del tribunal.

(2) Llevará el nombre y el sello del tribunal.

(3) Especificará la sala.

(4) Consignará los nombres de las partes litigantes.

(5) Será dirigido al demandado.

(6) Hará constar el nombre, la dirección postal, el número de teléfono y de fax, la dirección electrónica y el número que conste en el Registro del Tribunal Supremo del abogado del demandante.[7] Si no tuviese abogado se harán constar los datos relativos al demandante. Los requisitos de número de teléfono, fax, dirección electrónica y de registro solo pueden ser directivos pues la dirección postal por si sola llena el requisito funcional para fines de la notificación. Es decir, la omisión de proveer uno de estos no puede dar lugar a la nulidad del emplazamiento.

(7) El plazo dentro del cual la R. 10.1, 2009 exige que comparezca el demandado, apercibiéndole de que de así no hacerlo podrá dictarse sentencia en rebeldía en su contra, concediendo el remedio solicitado en la demanda o cualquier otro, si el tribunal, en el ejercicio de su sana discreción, lo entiende procedente.

---

[7] No puede anularse un emplazamiento expedido donde no consta el nombre y dirección del abogado de la parte demandante cuando éste acompaña al mismo copia de la demanda en que constan dichos datos. A mayor abundamiento la R. 9.1 2009 exige que "todo escrito será firmado por lo menos por un abogado o abogada de autos quien incluirá en el escrito su nombre, su número de abogado(a) ante el Tribunal Supremo de Puerto Rico, número de teléfono y número de fax, y su dirección postal y dirección electrónica, según consten en el registro del Tribunal Supremo de Puerto Rico." Véase dicha normativa bajo las Rs. del 1979 en *Sociedad de Gananciales v. Tribunal Superior*, 85 D.P.R. 892 (1962).

(8) Contendrá el encabezamiento que requiere la Ley de Relaciones Federales, sec. 10: Estados Unidos de América S.S., el Presidente de los Estados Unidos, Estado Libre Asociado de P.R., porque se trata de una diligencia judicial, y según la referida sección todas las diligencias judiciales tienen que contener esa afirmación.

§ 2006. Diligenciamiento del emplazamiento personal

El emplazamiento personal será diligenciado por el alguacil o cualquier persona que haya cumplido dieciocho años de edad que sepa leer y escribir y que no sea la parte o su abogado, ni sus parientes dentro del cuarto grado de consanguinidad o segundo de afinidad y que no tenga interés en el pleito entregando una copia del escrito de emplazamiento y una copia de la demanda al demandado en sus propias manos o haciéndolas accesibles en su inmediata presencia.[8] Al entregar la copia del emplazamiento, la persona que haga el diligenciamiento hará constar al dorso de la copia del emplazamiento sobre su firma, el lugar, la fecha, el modo de la entrega y el nombre de la persona a quien hizo la entrega.[9] Más tarde cuando se devuelve el escrito original del emplazamiento a los autos se tiene que hacer constar otros hechos que se conocen como la prueba del diligenciamiento. Pero ahora estamos tratando de la copia que se le entrega al demandado, y al dorso de esa copia hay que hacer constar fecha, lugar, modo y persona a quien se hace la entrega por el propio emplazador. Si el emplazamiento se entrega a otra persona que no sea el propio demandado, aún cuando sea su esposa, su secretaria, o su padre, es nulo el diligenciamiento.

El propósito de que se haga constar al dorso del emplazamiento la fecha y el lugar de la entrega consiste en garantizar al demandado en forma fehaciente el punto de partida del cual comenzará a constar su término para contestar la demanda. Cuando se le entrega copia del emplazamiento tiene la constancia al dorso que dice “Se la entregué a fulano en tal sitio y en tal fecha”. De ahí se contarán los 30 días que tiene el demandado para contestar. Así, si el demandante pretende anotar la rebeldía antes de tiempo, el demandado podrá demostrar al tribunal la fecha exacta en que se le emplazó.

El acto de diligenciar un emplazamiento se lleva a cabo usualmente de distintas maneras dependiendo de la persona a emplazar. Se ocupa de ello la R. 4.4, 2009:

---

[8] El TS interpretando la R. 40, 1979 sobre citaciones expresó que una citación no tiene que ser entregada a la mano; basta que se deje en un lugar accesible en su presencia. *P.P.D. v. Admor. Gen. de Elecciones*, 111 D.P.R. 199, 270 (1981). Esta normativa fue adoptada para el diligenciamiento personal del emplazamiento.

[9] Las Rs. del 2009 incluyen un Formulario de Emplazamiento a los fines de uniformar el trámite y así promover la rapidez de su expedición. Véase Apéndice de Formularios.

(1) A una persona mayor de edad se le emplaza entregándole copia de la demanda y del emplazamiento en la forma antes dicha, o si esa persona ha nombrado a un agente o apoderado, con facultad de recibir emplazamientos, podría diligenciarse el emplazamiento en la persona del apoderado. El diligenciante debe exigir prueba documental de la autoridad conferida al apoderado cuando el emplazamiento se hace de esta manera.

(2) A una persona menor de 14 años dc edad se le emplaza entregándole copia del emplazamiento y de la demanda a su padre o madre con patria potestad o a su tutor. Si éstos no se encuentran en Puerto Rico, se le entregará a la persona que tenga al menor a su cargo o bajo su custodia o con quien viva. Si el menor no reside con sus padres o tutor, pero éstos se encuentran en Puerto Rico, el emplazamiento se entregará a la persona que lo tenga a su cargo o bajo su custodia, o con quien viva, y al padre, madre o tutor.

(3) Si el menor es mayor de 14 años, entonces se le emplaza entregando copia a esas mismas personas y además al propio menor.

(4) A un loco se le emplaza entregando copia del emplazamiento y de la demanda al loco y al encargado de la institución en que se encuentre, y si está incapacitado hay que entregarle copia, además de a él, al tutor. Si el loco no se encuentra en una institución, ni tiene tutor, entonces queda debidamente emplazado si se le entrega a él. Ahora, si el demandante o su abogado, o la persona que diligencia el emplazamiento, tiene fundamento para creer que la persona emplazada está incapacitada mentalmente, está en la obligación de poner en conocimiento del tribunal esa creencia.

(5) A un confinado se le emplaza entregándole copia del emplazamiento y de la demanda al director de la institución y al preso personalmente.

(6) En cuanto a las corporaciones organizadas bajo las leyes del Estado Libre Asociado de Puerto Rico, el art. 12.01 de la Ley General de Corporaciones de 2009, Ley Núm. 164 de 16 de diciembre de 2009, provee que se emplazarán de la manera siguiente:

"A. Se emplazará a cualquier corporación organizada en el Estado Libre Asociado entregando personalmente una copia del emplazamiento a cualquier oficial o director de la corporación en el Estado Libre Asociado, o al agente inscrito de la corporación en el Estado Libre Asociado, o dejándola en el domicilio o residencia habitual de cualquier oficial, director o agente inscrito (si el agente inscrito es un individuo) en el Estado Libre Asociado, o en la oficina designada u otra sede de negocios de la corporación en el Estado Libre Asociado. Si el agente inscrito fuere una corporación, se podrá efectuar el emplazamiento a través de dicha corporación en calidad de agente, mediante la entrega en el Estado Libre Asociado de una copia del emplazamiento al presidente, vicepresidente, secretario o subsecretario o cualquier director del agente residente corporativo. El emplazamiento diligenciado mediante la entrega de una copia en el domicilio o residencia habitual de cualquier oficial, director o agente inscrito, o en la oficina designada u otra sede de negocios de la corporación en el Estado

Libre Asociado, para ser eficaz, deberá dejarse en presencia de un adulto por lo menos seis (6) días previos a la fecha del señalamiento del procedimiento judicial y el emplazador informará claramente la forma de diligenciamiento en la notificación de la misma. Si la comparecencia ha de ser inmediata, el emplazamiento deberá entregarse en persona al oficial, director o agente residente.

"B. Cuando mediante la debida diligencia no pudiere emplazarse una corporación entregando el emplazamiento a cualquier persona autorizada para recibirlo, según lo dispuesto en el inciso (A) [...], tal emplazamiento, se diligenciará según lo dispuesto en las Reglas de Procedimiento Civil del Estado Libre Asociado." La R. 4.4(e) dispone que el emplazamiento podrá entregarse a un oficial, gerente administrativo o agente general, o cualquier otro agente autorizado para reciber emplazamientos. La capacidad del agente para cualificar bajo esta regla se mide por la probabilidad de que el emplazamiento que recibe llegue a las manos de quien tiene la responsabilidad de defender la corporación judicialmente.[10]

La R. 4.4(e), 2009, incluye como personas que pueden recibir emplazamientos a nombre de la corporación al gerente administrativo y al gerente general, y la R. 4.6, 2009, viabiliza el emplazamiento por edictos.

(7) En cuanto a las corporaciones foráneas, la Ley de Corporaciones de 2009 establece que se emplazarán como se indica a continuación:

"Artículo 13.11.—Emplazamiento a una corporación foránea

"A. El agente residente de una corporación foránea, autorizada a hacer negocios en el Estado Libre Asociado, será el agente de la corporación para fines de cualquier emplazamiento a la corporación foránea o entrega a tal corporación de toda orden, notificación o reclamación requerida o permitida por ley. Ante la falta de un agente residente, todo oficial, director o agente de la corporación que se encuentre en el Estado Libre Asociado será considerado el agente de la corporación para fines de cualquier emplazamiento a la corporación foránea o entrega a tal corporación de toda orden, notificación o reclamación requerida o permitida por ley.

"B. Se podrá emplazar una corporación foránea por correo registrado o certificado con acuse de recibo, dirigido al secretario de la corporación foránea en su oficina designada, según se consigna en su solicitud para un certificado de autorización o en su informe anual más reciente si la corporación foránea:

"1. No tiene agente residente o no se puede emplazar al agente residente con diligencia razonable;

"2. ha dejado de hacer negocios en el Estado Libre Asociado con arreglo al Artículo 13.12 [...]; o

"3. se le ha revocado su certificado de autorización con arreglo al Artículo 13.15 [...].

---

[10] *Quiñones Román v. Cía. ABC*, 152 D.P.R. 367 (2000).

"Artículo 13.13.—Emplazamiento de una corporación foránea que no haya cumplido con los requisitos

"A. Se entenderá que toda corporación foránea que haga negocios en el Estado Libre Asociado sin obtener autorización conforme al Artículo 13.01 de esta Ley, habrá designado y constituido al Secretario de Estado como su agente para recibir emplazamientos en caso de cualquier acción, demanda o procedimiento en su contra ante cualquier tribunal del Estado Libre Asociado que surgiere o se desarrollare de cualquier negocio que llevare a cabo en el Estado Libre Asociado. Llevar a cabo negocios en el Estado Libre Asociado se considerará el consentimiento de tal corporación para que el emplazamiento así entregado tenga la misma fuerza y validez legal como si se hubiera emplazado a un oficial o agente en persona en el Estado Libre Asociado."

Las corporaciones foráneas tambien pueden ser emplazadas siguiendo lo dispuesto en la R. 4.4(e). Un gerente operacional de un supermercado es un sujeto idóneo para emplazar a través de su persona a una corporación foránea.[11]

Pero, "[u]na corporación doméstica independiente que tenga un contrato de distribución, represente un producto en la isla y opere para fomentar sus intereses de negocios no se constituye, como regla general, por el hecho de que el suplidor tenga cierto grado de control y supervisión sobre ella para asegurar se mantenga la calidad del producto y se logre un mercado adecuado, en el agente o representante de la corporación foránea suplidora del producto para propósitos de la Ley General de Corporaciones. Tampoco esto la convierte en 'agente', o 'gerente administrativo', o 'agente general' de su suplidora para propósitos de la Regla 4.4(e) de Procedimiento Civil."[12]

(8) A las sociedades puede emplazárseles a través de la persona del socio gestor designado en el contrato social y si no se designare socio gestor, bastará con emplazar a cualquiera de los socios, toda vez que de acuerdo con el art. 1586 del CC (31 L.P.R.A. sec. 4357) todos los socios se considerarán apoderados en ese caso.

A la sociedad legal de gananciales se emplaza haciendo entrega de copia del emplazamiento y la demanda a ambos cónyuges. (R. 4.4(e), 2009). Esta regla adopta la mejor práctica implantada por el TS bajo las Rs. del 1979 en *Pauneto Rivera v. Núñez Borges*, 115 D.P.R. 591 (1984).

(9) Al Estado Libre Asociado se le emplaza entregándole copia de la demanda al Secretario de Justicia o a una persona designada por éste.

(10) Cuando la demanda es contra un funcionario o una instrumentalidad del Estado Libre Asociado, que no sea una corporación, se emplaza a dicho funcionario entregándole copia del emplazamiento y de la demanda al funcionario, o al jefe ejecutivo de dicha instrumentalidad y al Secretario de Justicia o a una persona designada por él. La distinción entre las corporaciones

---

[11] *Quiñones Román, supra.*

[12] *Pou v. American Motors Corp.*, 127 D.P.R. 810, 829 (1991).

públicas y los funcionarios o instrumentalidades del gobierno central que formula este inciso para fines de emplazar conjuntamente o no al Secretario de Justicia, debe hacerse extensiva mediante enmienda a las reglas a todas las instrumentalidades del gobierno central, a las cuales aunque no son corporaciones públicas, el legislador le ha conferido la facultad en sus leyes orgánicas de demandar o ser demandadas con independencia de que el Estado Libre Asociado sea parte en el pleito. Sobre esto véase § 1104, *ante*. El caso de *Canchani v. Corporación de Renovación Urbana y Vivienda (CRUV)*, 105 D.P.R. 352 (1976), requiere hoy día la notificación al Secretario de Justicia en estos casos. Pero la fundamentación de ese precedente en la estructura, poderes y financiamiento de las corporaciones públicas, no es coherente con los criterios administrativos que determinan la intervención del abogado del Estado.

(11) A un municipio o a una instrumentalidad municipal se le emplaza entregando copia de la demanda al alcalde o a la persona designada por éste (R. 4.4(h), 2009).

§ 2007. Término para diligenciar

La R. 4.3(c), 2009 requiere que el emplazamiento sea diligenciado dentro del término de ciento veinte (120) días a partir de la presentación de la demanda[13] o de la fecha de expedición del emplazamiento por edicto.[14] La Secretaría tiene el deber de expedir los emplazamientos el mismo día en que se presenta la demanda. De no expedirlos el mismo día, el tiempo que demore su expedición equivaldrá al mismo tiempo en que se extenderá el término para diligenciar los emplazamientos previa solicitud de prórroga oportuna, es decir, dentro del término de ciento veinte (120) días. La solicitud de prórroga debe cumplir con las normas de la R. 6.6, 2009. Transcurrido el término o su prórroga sin que el emplazamiento haya sido diligenciado, "el tribunal deberá dictar sentencia decretando la desestimación y archivo sin perjuicio". Si el demandante incumple en un subsiguiente intento con el término establecido la desestimación y archivo por el incumplimiento "tendrá el efecto de una adjudicación en los méritos".

Aunque existe el deber de Secretaría de expedir los emplazamientos el mismo día en que se presenta la demanda, el demandante tiene el deber de gestionar que la Secretaría expida el emplazamiento a tiempo. *Banco de Desarrollo Económico v. A.M.C. Surgery*, 157 D.P.R. 150 (2002).[15] No puede cruzarse de brazos so pretexto de que el tiempo que demore Secretaría será el mismo tiempo que se le concederá de prórroga para diligenciar el emplazamiento, ya que ésta no se

[13] *Monell v. Mun. de Carolina*, 146 D.P.R. 20 (1998).

[14] No debe confundirse con la fecha de notificación de la orden del juez autorizando que se expida el emplazamiento por edicto. El término de 120 días comienza desde que Secretaría lo expide.

[15] Véase en *Sánchez Rodríguez v. Administración de Corrección y otros*, 2009 T.S.P.R. 186, la consideración especial que realiza el TS—bajo los hechos particulares del caso—al ser un confinado el demandante.

concede automáticamente. El promovente de la prórroga viene obligado a justificar con referencia a hechos y circunstancias meritorias, la razón o motivo para extender el término antes de vencer.[16] Esta justificación es lo que constituye la justa causa que autoriza la acción prorrogante del TPI.[17] El que se esté llevando a cabo descubrimiento de prueba o que el demandado tenga conocimiento constructivo de la demanda no es justa causa.[18]

De otra parte, si Secretaría expide el mismo día la R. 4.3(c), 2009 no da margen discrecional al juez para que prorrogue el término para el diligenciamiento. La regla es clara en el sentido de que la prórroga solo se concede en caso de tardanza en la expedición del emplazamiento, de lo contrario estamos ante un término improrrogable. En este sentido, no puede recurrirse a la R. 68.2, 2009 para que el juez conceda una prórroga al término para emplazar debido a que estaría en contravención a la intención legislativa.[19]

Normalmente se debe emplazar al demandado a la mayor brevedad, porque si bien la presentación de una demanda es bastante para iniciar el proceso, según provee la R. 2, y para señalar que la pendencia del litigio ha nacido, casi todos los efectos del proceso y desde luego, los que en medida mayor o menor afecten al demandado, ni nacen, ni pueden nacer, sin que del procedimiento tenga él conocimiento.[20]

---

[16] *Reyes Díaz v. E.L.A.*, 155 D.P.R. 799 (2001).

[17] *Monell v. Mun. de Carolina, supra.*

[18] *Monell v. Mun. de Carolina, supra.*

[19] La Ley Núm. 17 de 12 de mayo de 2009 enmendó la R. 4.3, 1979 para disponer que el término para diligenciar el emplazamiento comienza desde la presentación de la demanda. En cuanto a la expedición de los emplazamientos, el legislador dispuso que "el tiempo que demore [Secretaría] será el mismo tiempo adicional que los tribunales otorgarán para diligenciar los emplazamientos una vez las partes presenten oportunamente una solicitud de prórroga para diligenciar el emplazamiento de su demanda." Añadió además que el término "sólo podrá ser prorrogado por cualquier otra razón, por un término razonable a discreción del tribunal si el demandante demuestra justa causa para la concesión de la prórroga y solicita la misma dentro del término original". Esta última oración fue eliminada por el TS en la adopción de las Reglas de Procedimiento Civil por virtud de la Resolución *In re: Aprobación de las Reglas de Procedimiento Civil de Puerto Rico*, 2009 T.S.P.R. 143. Cuando la Asamblea Legislativa consideró las Reglas según remitidas por el TS esta disposición no fue reincorporada, solo modificó la regla para que el término del diligenciamiento fuese 120 días y para que la desestimación y archivo por un primer incumplimiento fuese sin perjuicio. Habida cuenta del estudio y análisis de que fue objeto esta regla tanto por el TS como por la Asamblea Legislativa, fuerza concluir que dado que el incumplimiento con el diligenciamiento ya no cuenta con la drástica sanción de la desestimación con perjuicio, y que el texto que concedía al juez discreción para permitir la prórroga fue eliminado, el término para el diligenciamiento no puede ser prorrogado cuando Secretaría expide el mismo día en que se presenta la demanda.

[20] Véase § 2002.

El término de 120 días aplica para todas las formas de diligenciamiento del emplazamiento dispuestas en las Rs. del 2009, con excepción de la carta rogatoria. (Véase sec. 2012, *infra*).

§ 2008. Emplazamiento por edictos—Cuándo se puede hacer

La R. 4.6 establece un procedimiento para sustituir la entrega personal cuando ésta no puede efectuarse por no poderse localizar al demandado en Puerto Rico. Este procedimiento puede usarse en cualquiera de los siguientes casos:

(1) Cuando el demandado estuviere fuera de Puerto Rico.

(2) Cuando estando en Puerto Rico no pudiera ser localizado después de realizadas las diligencias pertinentes.

(3) Cuando el demandado se oculte para no ser emplazado.

(4) Cuando el demandado sea una corporación extranjera sin agente residente o persona autorizada para recibir emplazamientos en Puerto Rico. En estos casos se acreditará al tribunal que no ha sido posible emplazar a alguno de los oficiales, directores o agentes de la corporación según lo provee la Ley General de Corporaciones.[21]

§ 2009. —Procedimiento para realizarlo

El emplazamiento por edicto exige el estricto cumplimiento de las normas que lo autorizan so pena de nulidad.[22]

Se efectuará de la siguiente forma:

(1) Se presentará la demanda y el secretario expedirá un emplazamiento ordinario como si se fuera a emplazar personalmente al demandado.

(2) El demandante encomendará a alguna persona idónea—el demandante no lo es, *Pagán v. Rivera Burgos*, 113 D.P.R. 750 (1983)—para que emplace al demandado. Esa persona hará las diligencias pertinentes.

(3) Se presentará entonces una moción para que se ordene que el demandado sea citado por edictos. Esta moción irá acompañada por una declaración jurada conocida como el afidávit de méritos donde se demostrará con datos específicos a satisfacción del tribunal que se han hecho las diligencias para emplazar personalmente al demandado y/o que se manifiesta uno de los casos previstos por la R. 4.6[23] y que existe una reclamación que justifica la concesión de un remedio contra la persona que ha de ser emplazada o que dicha persona es parte apropiada en el pleito.[24]

---

[21] Véase Art. 1311A de la Ley General de Corporaciones de 2009.

[22] *Matos v. Agrait, Juez*, 59 D.P.R. 291 (1941); *Ortiz v. Crescent Trading Co.*, 69 D.P.R. 501 (1949); *Marrero v. Váquez Egean*, 135 D.P.R. 174 (1994); *Márquez v. Barreto*, 143 D.P.R. 137 (1997).

[23] *Lanzó Llanos v. Banco de la Vivienda*, 133 D.P.R. 507, 515 (1993); *Pagán v. Rivera Burgos*, 113 D.P.R. 750 (1983); *Mundo v. Fuster*, 87 D.P.R. 363 (1963).

[24] *Reyes v. Oriental Fed. Savs. Bank*, 133 D.P.R. 15 (1993).

Hay otras maneras de demostrar estos hechos al tribunal. Por ejemplo, mediante la constancia jurada de la imposibilidad del diligenciamiento personal en el documento de emplazamiento y además jurando la demanda. La demanda ordinariamente no se jura, pero en caso que haya que emplazar por edictos el demandante podría jurar su demanda a fines de demostrar al tribunal que tiene una buena y justa causa de acción para que ordene la citación por edictos. Al exponer que el demandado se encuentra fuera de Puerto Rico o que se oculta, es necesario explicar detalladamente de dónde surge el conocimiento del demandante sobre los hechos y hay que expresar con exactitud todas las gestiones que se hayan realizado para localizar al demandado. Es decir, no se pueden alegar conclusiones; hay que presentar los hechos que llevan a esas conclusiones. *Banco Popular v. Negrón, supra.*

(4) Presentada en forma la solicitud al tribunal para que se expida la orden de publicación de edictos, el tribunal discrecionalmente expedirá la orden autorizando la publicación por edictos. La orden, de acuerdo con la R. 4.6 de 2009, dispondrá que la publicación se haga en un periódico de circulación general una sola vez. No es necesario que el periódico se publique los siete días de la semana. La adecuacidad de la circulación depende de la variedad del contenido del periódico y en segundo lugar del alcance de su circulación. *Banco Popular v. Negrón, supra.* Dispondrá, además, que dentro de los 10 días siguientes a la publicación del edicto se dirija al demandado por correo certificado con acuse de recibo, o cualquier otra forma de servicio de entrega de correspondencia con acuse de recibo, una copia del emplazamiento y de la demanda presentada al lugar de su última dirección física o postal conocida. La dirección debe ser tal que razonablemente probabilize que el demandado se entere del pleito en su contra. *Rivera Báez v. Jaume Andújar*, 157 D.P.R. 562 (2002). Si se justifica por declaración jurada que a pesar de los esfuerzos realizados, con expresión de los mismos, no ha sido posible localizar residencia alguna del demandado, el tribunal excusará el cumplimiento de la disposición relativa al envío del sobre conteniendo la copia del emplazamiento y de la demanda, porque la ley nunca exige actos inútiles.

El edicto tendrá la siguiente información:

(1) Título—Emplazamiento por Edicto.

(2) Sala del Tribunal de Primera Instancia.

(3) Número del caso.

(4) Nombre del demandante.

(5) Nombre del demandante a emplazarse.

(6) Naturaleza del pleito.[25]

(7) Nombre, dirección y teléfono del abogado del demandante.

(8) Nombre de la persona que expidió el edicto.

---

[25] Si el edicto informa sólo una causa de acción y la demanda contiene dos causas de acción, no podrá dictarse sentencia válida en cuanto a la acción no informada. *Márquez v. Barreto*, 143 D.P.R. 137 (1997).

(9) Fecha de expedición.

(10) Término dentro del cual la persona así emplazada deberá contestar la demanda según se dispone en la R. 10.1, 2009, y advertencia a los efectos de que si no contesta la demanda correspondiente, con copia a la parte demandante, se le anotará la rebeldía y se dictará sentencia concediendo el remedio solicitado sin más citarle ni oírle.

Si la demanda fuere enmendada en cualquier fecha anterior a la de la comparecencia del demandado que hubiere sido emplazado por edictos, dicha demanda enmendada deberá serle notificada en la forma dispuesta por la regla de emplazamiento aplicable al caso.

En el caso de demandados ausentes de Puerto Rico, el demandante podrá sustituir la publicación del edicto por la entrega personal al demandado, de copias de la demanda y del emplazamiento diligenciándolas, conforme a lo dispuesto en la R. 4.3, 2009).

§ 2010. El emplazamiento de demandados desconocidos

Cuando se trata de demandados desconocidos, su emplazamiento se hará por edictos, dándose cumplimiento sustancial a las disposiciones de la R. 4.6, sin que sea necesario un diligenciamiento negativo, ni que se expida emplazamiento dirigido a dicho demandado. El caso del demandado desconocido se da cuando hay una persona que tiene o puede tener un derecho y se interesa demandarla, pero se desconoce quién es. En ese caso el único aviso que se puede dar es el aviso por edictos. Los edictos son publicados en un periódico, al público en general, para que el interesado comparezca en defensa de sus derechos.

En esos casos sería completamente inútil un emplazamiento ordinario. Por tanto, se procede inmediatamente a la publicación de edictos, acreditándose únicamente que se desconoce a las personas que deben ser demandadas.

Esto aplica tanto al demandado cuyo nombre e identidad se desconocen, como ocurre con un pagaré extraviado, como el demandado cuya identidad es conocida pero se desconoce su verdadero nombre, como ocurre en los casos en que se conoce el nombre del causante pero se desconoce el de los miembros de la sucesión.[26]

§ 2011. El emplazamiento de personas que no están domiciliadas en Puerto Rico

La R. 4.7 de 1979 establecía casuísticamente las circunstancias bajo las cuales se podía emplazar a un demandado no domiciliado en Puerto Rico. Las Rs. del 2009 derogaron esta regla y establecieron en su lugar la norma general sobre los contactos mínimos contenida en la R. 3.1, 2009. En esos casos se emplazará conforme provee la R. 4.3(b), 2009.

---

[26] *Nuñez González v. Jiménez Miranda*, 122 D.P.R. 134 (1988).

§ 2012. Enmiendas

La R. 4.8, 2009 dispone: "En cualquier momento, a su discreción y en los términos que crea justos, el tribunal puede permitir que se enmiende cualquier emplazamiento o la constancia de su diligenciamiento, a menos que se demuestre claramente que de así hacerlo se perjudicarían sustancialmente los derechos esenciales de la parte contra quien se expidió el emplazamiento."

El emplazamiento, el diligenciamiento y la prueba del diligenciamiento pueden ser enmendados. Si se hicieron incorrectamente se pueden enmendar para hacerlos correctamente a discreción del tribunal, el cual considerará el perjuicio que el permitir la enmienda pueda causar a la parte contra quien se expidió el emplazamiento.[27]

§ 2013. Emplazamiento mediante carta rogatoria

La carta rogatoria es un mecanismo de notificación procesal de una jurisdicción judicial a otra de distinto país con el fin de obtener determinadas diligencias necesarias para la consecución del procedimiento judicial que se tramita en la primera. Se conoce también como "suplicatoria", "exhorto" o "comisión rogatoria". En el caso de emplazamiento a un demandado no domiciliado, la carta rogatoria es un vehículo procesal destinado a la autoridad judicial de otro país con el fin de adquirir jurisdicción sobre una persona que no se encuentra en Puerto Rico pero que conforme la R. 3.1, 2009 hizo contactos suficientes para activar nuestro poder jurisdiccional. Para el perfeccionamiento de una carta rogatoria el demandante debe cumplir con los convenios internacionales aplicables en los que Estados Unidos es un Estado Parte, lo que implica que lo ha firmado y ratificado. El Convenio de la Haya sobre la Notificación o Traslado en el Extranjero de Documentos Judiciales y Extrajudiciales en Materia Civil o Comercial del 15 de noviembre de 1965, que fue erigido para mejorar la asistencia judicial, simplificar y acelerar el procedimiento de notificación o traslado de documentos judiciales y extrajudiciales en el extranjero, del cual Estados Unidos es parte signataria, gobierna el asunto de los emplazamientos a personas que se encuentren en países extranjeros. El Tribunal Supremo de los Estados Unidos ha decidido que es mandatorio el emplazamiento acorde lo dispuesto en la Convenio de la Haya de 1965, cuando ésta es de aplicabilidad y si los países involucrados son signatarios de la Convención.[28]

De otra parte, la Convención Interamericana sobre Exhortos o Cartas Rogatorias puesta en vigor el 30 de enero de 1975, junto con su Protocolo

---

[27] *García v. Restaurante El Tropical*, 154 D.P.R. 249 (2001).

[28] *Volkswagenwerk Aktiengesellschaft v. Schlunk*, 486 U.S. 694, 108 S. Ct. 2104 (1988), citado en Baicker-Mckee, Janseen & Corr, Federal Civil Rules Handbook, Thomson West, 2009, pág. 233. Véase además, *Mayoral-Amy v. BHI Corp.*, 180 F.R.D. 456, 459 n.3 (S.D. Fla. 1998) también citado en Baicker-Mckee, Janseen & Corr, *op cit.*

Adicional firmado el 8 de mayo de 1999, de los cuales Estados Unidos es parte, aplica "a los exhortos o cartas rogatorias expedidos en actuaciones y procesos en materia civil o comercial por los órganos jurisdiccionales de uno de los Estados Partes" y que tenga como objeto, entre otros, "[l]a realización de actos procesales de mero trámite, tales como notificaciones, citaciones o emplazamientos en el extranjero".[29] La Convención Interamericana establece la forma de transmisión de exhortos o cartas rogatorias (art. 4); los requisitos para su cumplimiento (arts. 5 al 9); su tramitación (arts. 10 al 13), entre otros asuntos. Bajo el Protocolo Adicional antes mencionado, Estados Unidos designó como la autoridad central que debe desempeñar las funciones que se le asignan en la Convención y en el Protocolo Adicional al Departamento de Justicia de los Estados Unidos, Oficina de Asistencia Judicial Internacional (División Civil).

Debido a la particularidad del mecanismo de la carta rogatoria para emplazar a un demandado no domiciliado, el término de 120 días para el diligenciamiento del emplazamiento no puede ser aplicable. El demandante es responsable de "efectuar las diligencias pertinentes para consumar la carta rogatoria y acreditar dichas diligencias al tribunal dentro del fijado término de [120 días]."[30]

§ 2014. Mecanismo para sustituir el emplazamiento personal

Con el propósito de evitar los gastos de llevar a cabo un emplazamiento la R. 4.5, 2009 provee el siguiente procedimiento de notificación:

"(b) La parte demandante podrá notificar a la parte demandada que ha presentado una acción en su contra y solicitarle que renuncie a ser emplazada. La notificación y solicitud de renuncia deberá:

(1) Hacerse por escrito y dirigirse a la parte demandada, si es una persona natural mayor de edad, o a un(a) oficial, gerente administrativo(a) o agente general, o a cualquier otro(a) agente autorizado(a) por nombramiento o designado(a) por ley para recibir emplazamientos, si se trata de una corporación, una compañía, una sociedad, una asociación o cualquiera otra persona jurídica.

(2) Enviarse por correo certificado con acuse de recibo y entrega restringida a la parte demandada o a la persona autorizada por ésta.

(3) Estar acompañada de copia de la demanda, debidamente sellada con la fecha y hora de presentación e identificar el tribunal en el que fue presentada.

(4) Notificar a la parte demandada de las consecuencia de cumplir o de no cumplir con la solicitud de renuncia.

(5) Informar a la parte demandada que si acepta la renuncia deberá firmar la solicitud aceptando que la misma fue voluntaria y no como producto de coacción, y devolverla dentro del término de veinte (20) días desde la fecha en

---

[29] Véase, Art. 2 de la Convención Interamericana sobre Exhortos o Cartas Rogatorias.

[30] Informe de Reglas de Procedimiento Civil, Secretariado de la Conferencia Judicial y Notarial, Tribunal Supremo de Puerto Rico, Marzo de 2008, pág. 38.

que se envió la solicitud, o de treinta (30) días si la parte demandada se encuentra fuera de Puerto Rico.

(6) Proveer a la parte demandada una copia adicional de la solicitud de renuncia, así como un sobre pre dirigido.

Si la parte demandada no completa la solicitud de renuncia, el tribunal le impondrá el pago de los gastos en que se haya incurrido en el diligenciamiento del emplazamiento, a menos que demuestre justa causa para no completar la solicitud.

(c) Una parte demandada que devuelva la renuncia al emplazamiento dentro del término establecido en el subinciso (5) anterior, deberá notificar su contestación a la demanda dentro de los treinta (30) días después de la fecha en que se devuelva la solicitud de renuncia.

(d) La parte demandante presentará la solicitud de renuncia al diligenciamiento del emplazamiento ante el tribunal y la acción debe proceder como si el emplazamiento y la demanda se hubiesen diligenciado al momento de la aceptación de la renuncia, y no podrá requerirse prueba alguna del diligenciamiento del emplazamiento.

(e) Una parte demandada que incumpla con la solicitud de renuncia al emplazamiento pagará aquellos gastos en que incurra la parte demandante para el diligenciamiento del emplazamiento, además de los gastos en honorarios de abogado o abogada para la preparación de la moción solicitando el pago por los gastos de emplazamiento."

El inciso (f) de esta regla establece que el mecanismo de renuncia no puede utilizarse para emplazar a menores de edad o personas incapacitadas. Tampoco podrá utilizarse para emplazar al E.L.A., sus agencias, corporaciones, instrumentalidades, municipios o funcionarios en su carácter oficial o personal. En estos casos se aplicarán las disposiciones de la R. 4.4, 2009 correspondientes.

El mecanismo de renuncia podría ser utilizado contra cualquier otra parte en casos donde puedan estar involucradas las partes antes mencionadas y, de la misma forma, el E.L.A. o una persona menor de edad o incapaz podría utilizar este mecanismo para emplazar.

Las Rs. del 2009 contienen un modelo de este mecanismo de renuncia al emplazamiento personal titulado Notificación de Demanda y Solicitud de Renuncia al Emplazamiento. Véase Apéndice de Formularios.

CAPITULO 21: LA PRUEBA DEL DILIGENCIAMIENTO DEL EMPLAZAMIENTO

SECCIÓN

§ 2101. Diligenciamiento personal

Es esencial acreditar en autos que el emplazamiento se hizo para que puedan seguirse los procedimientos ulteriores en caso de no comparecer el demandado a contestar.

La persona que diligencia un emplazamiento tiene que dejar constancia en los autos del mismo. Si el diligenciamiento lo hace el alguacil bastará con que lo certifique bajo su firma, pero si se trata de una persona particular tendrá que dejar constancia del diligenciamiento mediante una declaración jurada ante un funcionario autorizado para tomar juramentos en Puerto Rico.

La constancia del diligenciamiento se realiza al dorso del original del emplazamiento. Siempre hay que devolver el original del emplazamiento al tribunal pues el mismo es parte de los autos y junto con la certificación del alguacil o el juramento del diligenciamiento, constituirá la prueba de que el tribunal adquirió jurisdicción sobre la persona del demandado. El TS ha resuelto que si se dicta sentencia en rebeldía y diez días después se archiva en el tribunal sentenciador la constancia del diligenciamiento, la sentencia dictada previamente es nula, pues la constancia posterior del diligenciamiento no subsana el defecto.[1]

Si la persona que diligencia el emplazamiento no hace constar que es mayor de 18 años de edad, el diligenciamiento es nulo y viciará cualquier sentencia dictada en rebeldía independientemente de que el secretario en su affidávit de juramento diga que el diligenciante era mayor de edad.[2]

Tampoco es suficiente decir "que se practicó el emplazamiento en el domicilio del demandado en determinada calle" sin expresar el nombre de la ciudad. En otras palabras, es indispensable que conste en el diligenciamiento que la persona que lo hizo era mayor de 18 años de edad cuando lo practicó, que no era parte en la acción y el lugar expresando la ciudad donde se verificó el diligenciamiento. La falta de uno de estos requisitos entraña nulidad.

En vista de lo dicho en los párrafos anteriores podrá parecer extraña la aseveración de la R. 4.8 de 1958 repetida en las reglas de 1979 y en la R. 4.7, 2009 a los efectos de que "la omisión de presentar prueba del diligenciamiento no surtirá efectos en cuanto a su validez". Pero esta aparente incongruencia se

---

[1] *Torres & Enseñat v. Alfaro*, 24 D.P.R. 731 (1917).

[2] *Andino v. Knight*, 20 D.P.R. 198 (1914); *Serrano v. Berdiel et al.*, 22 D.P.R. 445 (1915).

explica como sigue: El que no se haya presentado prueba en autos sobre el diligenciamiento debidamente practicado en un caso no afecta la validez de ese diligenciamiento. Sin embargo, la corte no podrá actuar válidamente hasta tanto se acredite en los autos el diligenciamiento. Véase *Maldonado v. Colón*, 68 D.P.R. 340 (1948).

§ 2102. Diligenciamiento por edictos

En caso de que la notificación del emplazamiento se haga por edictos se probará su publicación mediante la declaración jurada del administrador o agente autorizado del periódico acompañada de un ejemplar del edicto publicado, y de un escrito del abogado que certifique haber depositado en el correo copia del emplazamiento y de la demanda.

La R. 4.7, 2009, que regula esta materia también dispone que "[e]n el caso comprendido en la Regla 4.6, se presentará el acuse de recibo de la parte demandada." Esta redacción es particularmente desacertada debido a que este requisito no será posible de cumplir cuando no se sabe la residencia del demandado o cuando éste se oculte para no ser emplazado. En esos casos no puede haber el contacto con el demandado para que suscriba un acuse de recibo.

§ 2103. Otros diligenciamientos

La R. 4.7, 2009 establece que el diligenciamiento de los emplazamientos comprendidos en la R. 4.3(b)(2) y (5) se acreditará mediante una declaración jurada que establezca el cumplimiento con todos los requisitos establecidos en las Reglas y del lugar donde se encuentre el demandado o por la orden del juez. Es decir, bajo la R. 4.3(b)(2) el demandante debe acreditar en la declaración jurada haber dado cumplimiento con las exigencias legales para el diligenciamiento de un emplazamiento del lugar donde se encuentre el demandado y, bajo la R. 4.3(b)(5), deberá acreditar que cumplió con la forma dispuesta y ordenada por el juez.

La R. 4.7, 2009 no establece la forma en que se acreditará al tribunal la prueba del emplazamiento mediante carta rogatoria. Para ello debe atenderse lo dispuesto en los convenios internacionales aplicables. (Véase sec. 2012, *ante*).

En el caso de renuncia al diligenciamiento del emplazamiento personal comprendido en la R. 4.5, 2009, el demandante "presentará la solicitud de renuncia al diligenciamiento del emplazamiento ante el tribunal y la acción debe proceder como si el emplazamiento y la demanda se hubiesen diligenciado al momento de la aceptación de la renuncia, y no podrá requerirse prueba alguna del diligenciamiento del emplazamiento." La solicitud de renuncia hace las veces de la prueba del diligenciamiento. Debe acreditarse además que el demandado consintó en ser emplazado mediante el mecanismo de la renuncia al diligenciamiento personal y evidenciar la fecha en que comenzó a decursar el término para la contestación a la demanda. De la misma forma, si un demandado admite haber sido emplazado o comparece al tribunal, el demandante no tiene que presentar prueba del diligenciamiento por resultar innecesaria.

PARTE 8

LAS ALEGACIONES Y MOCIONES

CAPITULO 22: ALEGACIONES EN GENERAL

§ 2201. Concepto

Las alegaciones son los escritos mediante los cuales las partes presentan los hechos en que apoyan o niegan sus reclamaciones o defensas.

§ 2202. Propósito

El propósito de las alegaciones según la doctrina procesal anglosajona anterior a las reglas federales es presentar al tribunal los hechos en que las partes apoyan o niegan el derecho en controversia, precisando aquellos que aceptándose por ambas partes han de tenerse como ciertos, y aquellos que quedarán controvertidos y sobre los cuales las partes presentarán en su oportunidad las pruebas para que el tribunal dirima la controversia y formule las conclusiones procedentes. La reforma procesal en los Estados Unidos, reflejada en las reglas federales, cuestionó ese objetivo de las alegaciones, y pretendió sustituirlo por el de informar a la parte contraria—a grandes rasgos—de la reclamación o defensas en su contra.

Los juristas norteamericanos, los abogados postulantes y los jueces federales no quedaron muy satisfechos con este cambio que se introdujo en las reglas federales y en 1952 se propuso que las reglas fueran enmendadas para volver al sistema clásico.

La controversia es la siguiente: ¿Cuál debe ser el objetivo de las alegaciones? ¿Deben las alegaciones presentar los hechos en controversia, fijar los que están aceptados y los que se niegan y trabar los *issues*? ¿O debe ser el objetivo meramente dar notificación a la otra parte de que existe una reclamación y que la otra parte notifique en forma general su defensa?

Los propulsores de las reglas sostienen que el sistema anterior no cumplía su proclamado objetivo. Reconocen el propósito como bueno, pero mantienen que la forma extensa y detallada, en que se alegaba, no llegaba a aclarar ni precisar ninguna cuestión y que la forma más adecuada para aclarar y deslindar las cuestiones en controversia no debe ser a través de las alegaciones sino a través de los medios de descubrimiento de prueba.

En *Bell Atlantic Corp. v. Twombly*, 550 U.S. 544, 127 S. Ct. 1955 (2007), el Tribunal Supremo Federal en un caso de *antitrust* ante la consideración de una moción de desestimación por razón de que la reclamación no aducía hechos constitutivos que den lugar a la concesión de un remedio tuvo la oportunidad de reinterpretar la Regla 8 de Procedimiento Civil Federal, equivalente a la R. 6.1, 2009, y determinó que si bien la regla no requiere alegaciones bien elaboradas y detalladas, sí supone que las alegaciones deben contener una relación fáctica suficiente, que aceptada como cierta, establezca que la reclamación del remedio es plausible de su faz,[1] es decir, que guíe al juzgador a hacer una inferencia razonable de que el demandado es responsable de la conducta alegada. Se describió el estándar de plausibilidad como aquel que requiere hechos suficientes que logren una expectativa razonable de que en el descubrimiento de prueba se revelará la evidencia que los demuestre.[2] Bajo este estándar no basta exponer meras aseveraciones conclusorias o la simple enunciación de los elementos de la causa de acción. Este estándar se siguió en *Ashcroft v. Iqbal*, 129 S. Ct. 1937 (2009), y aclaró el alcance de la determinación de *Bell Atlantic Corp.*, *supra*, extendiendo dicha normativa a toda reclamación civil.[3] Más adelante comentaremos sobre el estándar de plausibilidad para considerar una moción de desestimación por razón de que la reclamación no aduce hechos constitutivos que justifiquen la concesión de un remedio y el análisis de los tres pasos establecidos en *Ashcroft v. Iqbal*, *supra*. (Véase Sec. 2604, *infra*).

El análisis de la demanda por el Supremo Federal en *Ashcroft*, *supra*, a base del estándar de plausibilidad resultó controversial y dividió el Tribunal 5 a 4. Lo cual demuestra lo elusivo que es este tipo de valoración de las alegaciones. Puesto que nuestro TS ha seguido la pauta que en la interpretación de las reglas federales iguales a las nuestras ha establecido el Supremo Federal, anticipamos que el criterio mayoritario en *Ashcroft*, *supra*, será el que se seguirá en Puerto Rico. No se debe perder de vista, sin embargo, las dificultades que entraña su aplicación como lo demuestra la opinión disidente del Juez Souter con quien concurrieron los jueces Stevens, Ginsberg y Breyer.

El Comité Asesor Permanente que revisó las Reglas del 1979 se planteó el problema que se suscitó en *Bell Atlantic Corp*, *supra* y adoptó una solución, la

---

[1] "We do not require heightened fact pleading of specifics, but only enough facts to state a claim to relief that is plausible on its face." *Bell Atlantic Corp. et al.*, *supra*.

[2] En su aplicación al caso, el Tribunal Supremo Federal en *Bell Atlantic Corp. et al.*, *supra*, expresó lo siguiente: "we hold that stating such a claim requires a complaint with enough factual matter (taken as true) to suggest that an agreement was made. Asking for plausible grounds to infer an agreement does not impose a probability requirement at the pleading stage; it simply calls for enough fact to raise a reasonable expectation that discovery will reveal evidence of illegal agreement".

[3] Este caso derogó la doctrina de que para declarar con lugar una moción de desestimación por falta de causa de acción se requería que se estableciera fuera de toda duda que el demandante no podía probar hechos algunos que le hicieran acreedor de un remedio.

cual aunque no incorpora el estándar de plausibilidad, se encamina en la misma dirección. A esos efectos enmendó la R 6.1, 1979 que solo requería que la demanda contuviera "una relación sucinta y sencilla de la reclamación demostrativa de que el peticionario tiene un derecho a un remedio" para requerir que la demanda contenga "una relación sucinta y sencilla de los *hechos demostrativos* de que la parte peticionaria tiene derecho a un remedio."

§ 2203. Clases de alegaciones

Son dos: (1) la alegación que formula una reclamación, (2) la alegación que formula una defensa.

La R. 5.1, 2009, determina conforme al carácter de las partes las alegaciones que por vía de reclamación o defensa se permitirán en el proceso. Esta limitación acorta la etapa de las alegaciones enmarcándola entre los parámetros de reclamación y defensa. Se evita así el desparramiento procesal de múltiples alegaciones.

Las alegaciones permitidas por la R. 5.1, 2009, son:

(1) Alegación primaria: la demanda. Es una alegación que formula una reclamación.

(2) Contestación. La que formula la defensa del demandado.

(3) Reconvención. Reclamación que formula el demandado contra el demandante. También se le llama contrademanda.

(4) Réplica es la contestación que formula el demandante contra la reconvención.

(5) Demanda contra coparte. La que se presenta por una parte contra otra que comparte su misma posición procesal. Por ejemplo: la que presenta un codemandado contra otro codemandado.

(6) Contestación a la demanda contra coparte.

(7) Demanda contra tercero. La reclamación que se formula contra un tercero que no es parte en el pleito alegando que este tercero es el responsable de todo o en parte de lo que se reclama contra quien demanda al tercero o responsable a cualquier otra parte en el pleito.

(8) Contestación a la demanda contra tercero. Defensas que formula el tercero demandado.

Esas son las únicas alegaciones permitidas. Se prohíbe cualquier otra alegación, excepto que el tribunal discrecionalmente puede permitir que se presente una réplica a una contestación o a una contestación de tercero.

§ 2204. Pleito por estipulación de hechos

Las alegaciones son el medio para presentar los hechos que dan base a la reclamación o a la defensa en el caso. De resultar un desacuerdo entre las partes sobre los hechos aseverados en ellas, corresponderá al tribunal determinar, mediante el examen de la prueba, los hechos que han de tenerse por ciertos para aplicar las normas sustantivas.

Pero ocurre que las partes pueden estar de acuerdo sobre los hechos que dan lugar a la controversia. En ese caso no existe necesidad de formular alegaciones. El pleito se someterá al tribunal para su decisión mediante una estipulación sobre los hechos suscrita por ambas partes. Tampoco habrá necesidad de vista para la presentación de pruebas. La R. 5.2, 2009, provee el mecanismo procesal aplicable a esta situación. Este mecanismo complementa la R. 59, 2009, que incorporó a sus incisos las disposiciones de la ley sobre las sentencias declaratorias que quedó derogada.

El procedimiento consiste en presentar al tribunal una estipulación de hechos acompañada de una declaración jurada acreditativa de que existe una controversia real y efectiva, y que dicha estipulación se presenta de buena fe para que el tribunal decida los derechos de las partes. Es requisito indispensable que exista la controversia real y efectiva para activar la función jurisdiccional; de lo contrario, podría estar solicitándose una opinión consultiva que el tribunal no está autorizado a emitir.[4]

Sometido el caso en función de la estipulación de hechos y la declaración jurada, el tribunal procederá a decidirlo conforme a los hechos estipulados pero en total libertad para determinar el derecho aplicable.

El pleito por estipulación de los hechos previsto en la R. 5.2, 2009, para adelantar el principio de la economía procesal, es distinto a las estipulaciones que sobre los hechos puedan hacerse durante el curso de un proceso encausado en función de alegaciones. Este tipo de estipulación es parcial y presupone la existencia de alegaciones y de prueba sobre otras materias. *Díaz Ayala v. E.L.A.*, 153 D.P.R. 675 (2001). Véase Sec. 3801a, *infra*.

---

4 *E.L.A. v. Aguayo*, 80 D.P.R. 552 (1958).

CAPITULO 23: CONTENIDO DE LAS ALEGACIONES

§ 2301. En general

El nombre que se le dé a una acción no es determinante de su naturaleza. (R. 71, 2009). La naturaleza de una acción se determina en virtud de los hechos contenidos en las alegaciones y el derecho aplicable.

Las alegaciones presentan al tribunal los hechos que dan lugar a la reclamación o a la defensa, pero sólo los hechos esenciales para la aplicación de la norma. Por ejemplo, si una alegación se basa en el hecho de que una persona es dueña de una propiedad, basta con alegar ese hecho, y no es necesario entrar en la consideración de que se la compró a fulano de tal, por un precio tal, etc. Basta con alegar al último hecho, o el hecho que produce las consecuencias jurídicas relevantes al proceso (Ver sec. 2202, *ante*).

Las alegaciones no deben contener cuestiones de derecho, salvo las defensas afirmativas. No se formulan alegaciones sobre el derecho aplicable al caso. En una demanda lo único que hay que alegar son los hechos que dan lugar a la reclamación. No es necesario señalar en ella las leyes que le dan el derecho al reclamante. El derecho no hay que alegarlo porque se presume que el tribunal conoce el derecho. El tribunal toma conocimiento judicial de las leyes del Estado Libre Asociado.

Los tribunales del Estado Libre Asociado no pueden tomar conocimiento judicial de las leyes extranjeras. Tiene que probarse la ley extranjera aplicable de conformidad con las reglas de evidencia. En ese caso, hay que alegar el derecho aplicable.[1]

Las partes no vinculan al juez mediante alegaciones, mociones o estipulaciones que formulen sobre la interpretación de determinados preceptos de ley. La función de hallar el derecho es privativa del juez. En virtud de esa facultad el tribunal está en libertad de aplicar la norma que estime pertinente y

---

[1] Cuba y Puerto Rico fueron provincias españolas hasta el año 1898, por lo cual el tribunal toma conocimiento judicial de que las leyes de Cuba y las de Puerto Rico eran iguales; presumiéndose, en defecto de prueba en contrario, que continúan lo mismo y no es necesario presentar prueba de la identidad de la legislación de ambos países. *Lókpez Finlay v. Sotelo Taboas*, 70 D.P.R. 501 (1949).

adecuada aunque sea separándose de tales alegaciones, admisiones y acuerdos de los litigantes. Véase *Coll Watlington v. Picó*, 82 D.P.R. 27 (1960).

§ 2302. Aseveración de capacidad

Bajo la R. 7.1 vigente no es necesario acreditar la capacidad de las partes para demandar o ser demandadas, ni la capacidad de una parte para demandar o ser demandada en una capacidad representativa, ni la existencia legal de una persona jurídica que se hiciere parte. Cuando cualquiera de las partes tuviere razones para impugnar la capacidad de la parte contraria, sí podrá atacar la misma, aseverando los pormenores dentro de su conocimiento, que le niegan a la parte contraria la capacidad jurídica necesaria para demandar o ser demandada o su existencia legal, o la capacidad representativa que alegue ostentar.[2]

§ 2303. Fraude o error

Cuando se imputa fraude o error de una parte, en una alegación (R. 7.2, 2009) hay que detallar o pormenorizar los hechos constitutivos del fraude o del error. Sin embargo, la malicia, la intención y el conocimiento y cualquier otra actitud mental de una persona pueden aseverarse en términos generales.

§ 2304. Tiempo y lugar

Las aseveraciones sobre tiempo y lugar (R. 7.3, 2009) son siempre necesarias para determinar la suficiencia de una alegación. Para que la parte contraria tenga información adecuada sobre la reclamación contra ella, y se pueda precisar la competencia del tribunal, es indispensable que en las alegaciones se especifique la fecha en que surge la reclamación y el lugar donde la misma surgió. Por la fecha se podrán determinar inmediatamente las cuestiones relativas a la prescripción, y por el lugar se podrá determinar la competencia del tribunal. Así, las aseveraciones de tiempo y lugar son esenciales y siempre deben ser formuladas. Ver *Alamo Pérez v. Supermercado Grande*, 158 D.P.R. 93 (2002).

§ 2305. Daños especiales

Las reclamaciones de daños y perjuicios, por lo general, plantean dos clases de daños: generales y especiales. Los daños generales son aquellos que necesariamente tienen que haber sido sufridos por el reclamante con motivo del accidente o con motivo de los hechos que dan lugar a la reclamación. Por ejemplo, si hay un accidente de automóviles y una persona sufre daños sobre su persona, constituyen daños generales los sufrimientos mentales y las angustias

---

[2] No se puede impugnar la capacidad de una demandante cuando ya el caso ha ido a juicio y existe una sentencia contra el demandado, y cuando además existe una estipulación entre las partes sin que se hiciera reserva alguna sobre la capacidad de la demandante.

padecidas por esta persona con motivo de sus lesiones. Basta aseverar esos daños en forma general, debido a que la parte contraria quedó informada por el mero hecho de que ocurrió el accidente que afectó la persona de la parte contraria. Todo el mundo sabe que una persona que sufre daños sobre su persona tiene que necesariamente haber experimentado sufrimientos y angustias mentales con relación a los mismos.

Ahora bien, esa persona puede haber tenido otros daños que llamamos especiales (R. 7.4, 2009). Por ejemplo, al haberse visto obligada a dejar de trabajar por una semana, sufre el daño adicional por la pérdida de ingresos durante esa semana. El mero hecho de haber ocurrido el accidente no es suficiente para que la parte contraria sepa que esta parte sufrió tales daños. Por lo tanto, las reglas requieren que esos daños, por ser especiales, siempre se especifiquen. De no hacerse, el tribunal no podrá concederlos en su sentencia. Véase: *Rivera Colón v. Díaz Arocho*, 165 D.P.R. 408 (2005); *Díaz Colón v. Marshak Auto Dist. Inc.*, 95 D.P.R. 690 (1968).

Si bien es necesario especificar el concepto de los daños especiales, no lo es especificar su cuantía. En realidad en las demandas de daños no es necesario especificar cuantía alguna. El valor de los daños lo fijará el tribunal. De manera que basta con detallar los daños en las aseveraciones y formular una súplica general a los efectos de que el demandante reclama daños por la cantidad global que estime adecuada.

§ 2306. Descripción de inmuebles

En las alegaciones en que se reclame un derecho sobre un inmueble o cuando se haga en una alegación cualquier aseveración sobre un inmueble éste deberá ser descrito con tal precisión que pueda ser identificado (R. 7.5, 2009). En torno a la acción reivindicatoria y al interdicto posesorio existe una copiosa jurisprudencia que sostiene que cuando la demanda reivindicatoria o de interdicto posesorio no describe específicamente el inmueble objeto de la acción, la demanda no expone hechos constitutivos de la causa de acción y debe ser desestimada. El fundamento que se atribuye a esa doctrina es que si no se precisan los linderos y una descripción exacta del inmueble indicando su naturaleza, el distrito, y el barrio en que está sito, sus colindantes, etc., cuando sea necesario ejecutar la sentencia o alguna providencia interlocutoria, el alguacil no tendrá una descripción adecuada del inmueble a que se refiere la acción y no podrá hacer efectiva la sentencia.

CAPITULO 24: PRINCIPIOS APLICABLES A LAS ALEGACIONES QUE FORMULAN RECLAMACIONES; DEFENSAS; RECONVENCIONES; ENMIENDAS

§ 2401. Normas especiales sobre las alegaciones presentando reclamaciones

Estas alegaciones deberán contener una relación sucinta y sencilla de la reclamación apoyada en hechos demostrativos de que el peticionario tiene derecho a un remedio.[1] Las alegaciones tienen el propósito de notificar a grandes rasgos los hechos demostrativos de las reclamaciones para que la otra parte comparezca a defenderse.[2] Los hechos alegados se interpretarán de forma favorable al reclamante para facilitar el amparo judicial.[3] En segundo término, la alegación contendrá una solicitud del remedio a que se crea tener derecho. Esta solicitud de remedio se conoce como la súplica. Se podrán solicitar remedios alternativos o de diversa naturaleza.

---

[1] En la etapa inicial de un caso, al presentar la demanda, el demandante no está obligado a alegar todos los hechos probatorios, o sea, no tiene que exponer con detalle todos los hechos en que basa su reclamación. *Tenorio Betancourt v. Hospital Dr. Pila*, 159 D.P.R. 777 (2003); *Alamo v. Supermercado Grande Inc.*, 158 D.P.R. 93 (2002); *Sánchez Montalvo v. Autoridad de los Puertos*, 153 D.P.R. 559 (2001).

[2] *Id.*

[3] *García Gómez v. E.L.A.*, 163 D.P.R. 800 (2005); *Rivera Rivera v. Insular Wire Products Corp.*, *infra*.

La R. 6.1, 2009, al igual que su equivalente federal, impone al demandante una obligación relativamente leniente.[4] Un demandante cumple con la exigencia de la regla notificando al demandado de su reclamación y del remedio de tal modo que permita al demandado formular su contestación.[5] En este respecto, nuestras reglas y las federales difieren de la obligación que se le exige al demandante en otras jurisdicciones estatales de elaborar con detalles los hechos que sustentan la alegación.[6] No obstante, si bien el deber que se le exige al demandante es bastante liberal y se le requiere brevedad en su exposición, la alegación debe aún contener la suficiencia fáctica que se necesita para que el demandado reciba una adecuada notificación sobre lo que se le reclama y la base que la sustenta. El demandante debe alegar hechos suficientes que eleven su reclamación más allá del nivel especulativo y la empujen a través de la línea de lo "concebible" a lo "plausible".[7] El estándar de plausibilidad para la suficiencia de las alegaciones erigido por la Corte Suprema Federal en *Bell Atlantic Corp. v. Twombly*, 550 U.S. 544, 127 S. Ct. 1955 (2007), extendido a todo tipo de reclamación civil en *Ashcroft v. Iqbal*, 129 S. Ct. 1937 (2009), expresamente derogó la interpretación laxa de la regla federal establecida en el 1957 en *Conley v. Gibson*,[8] la cual dictaminó que una reclamación no podía ser desestimada por razón de que no aduce hechos constitutivos para la concesión de un remedio, a menos que el juzgador no tuviese duda alguna que la reclamación del demandante no es posible bajo ningún conjunto de hechos que éste pudiese probar. El estándar de plausibilidad requiere que las alegaciones contengan una relación fáctica suficiente, que aceptada como cierta, establezca que la reclamación del remedio es plausible de su faz.[9] (Véase sec. 2202, *ante*)

El TS ha reiterado una y otra vez que no hay que especificar en las demandas bajo qué disposición legal se reclama. Basta con que de los hechos que esquemáticamente se alegan surja una causa de acción bajo cualquier ley. Los tribunales conceden lo que en derecho procede, independientemente de que el remedio hubiese sido específicamente solicitado en las súplicas o en las alegaciones.[10]

Todas las alegaciones se interpretarán con el propósito de hacer justicia. Lo cual equivale a decir que no se interpretarán en tal forma que se requieran

---

[4] Baicker-Mckee, Janssen & Corr, Federal Civil Rules Handbook, Thomson West, 2009, pág. 322.

[5] *Id.* Véase, *Dura Pharmaceuticals Inc. v. Broudo*, 544 U.S. 336, 346-347, 125 S. Ct. 1627 (2005).

[6] Baicker-Mckee, Janssen & Corr, op cit., págs. 322-323.

[7] Baicker-Mckee, Janssen & Corr, op. cit., pág. 323.

[8] 355 U.S. 41, 45-46, 78 S. Ct. 99 (1957).

[9] *Bell Atlantic Corp. et al., supra.*

[10] *Dorante v. Wrangler of Puerto Rico,* 145 D.P.R. 408 (1998); *Magriz Rodríguez v. Empresas Nativas Inc.*, 143 D.P.R. 63 (1997); *Rivera Flores v. Compañía, ABC*, 138 D.P.R. 1 (1995); *Neca Mortgage Corp. v. A & W Developers S.E.*, 137 D.P.R. 860 (1995).

aseveraciones técnicas o frases sacramentales, sino que se considerarán liberalmente al interpretarse, tomando todos los hechos en conjunto y determinando en esa forma si surge una reclamación o defensa válida.

§ 2402. Normas aplicables a alegaciones presentando defensas

Las alegaciones presentando defensas expondrán todas las defensas contra la reclamación que tenga la parte contra la cual se reclama.

La R. 6.2, 2009, establece las siguientes normas al efecto: La parte en contra de la cual se reclama expondrá en términos sucintos y sencillos sus defensas contra cada reclamación interpuesta y una relación de los hechos que demuestran que éstas le asisten y admitirá o negará las aseveraciones en que descanse la parte contraria. En caso de incumplimiento parcial o total por parte del demandado, el tribunal a iniciativa propia o a solicitud de parte, podrá ordenar que satisfaga las exigencias de la R. 6.2(a), 2009.

Hay dos clases de defensas: defensas afirmativas las cuales son defensas trayendo materia nueva—materia no alegada en la demanda—y las defensas que constituyen una negación de lo expuesto en la reclamación.

La contestación tiene que admitir o negar los hechos enumerados en los distintos párrafos de la demanda. Si el demandado no tuviere el conocimiento o suficiente información para formar opinión en cuanto a algunas de las aseveraciones expuestas, lo hará constar así. Si procede de este modo, la parte demandada "estará obligada a investigar la veracidad o falsedad de la aseveración negada por falta de información y conocimiento, y a enmendar su alegación dentro del término que fije el tribunal en la conferencia inicial o, en o antes de la fecha señalada para la conferencia con antelación al juicio. Si a la parte respondiente no le es posible constatar las aseveraciones así negadas, luego del uso de los métodos de descubrimiento disponibles y de otras diligencias razonables, deberá enmendar su alegación para negarla". La consecuencia de no admitir o negar la aseveración por falta de información o creencia tendrá el efecto de que éstas se considerarán admitidas, de forma que relevan a la parte demandante de presentar prueba para probar lo aseverado.

Las negaciones impugnarán en lo sustancial las aseveraciones que se niegan y expresarán de forma afirmativa la versión de los hechos negados por la parte que presenta la alegación responsiva. Cuando el que hace una alegación intente de buena fe negar solamente una parte de una aseveración o una condición a una aseveración, especificará aquella parte de ella que sea cierta y negará el resto. En otras palabras, cuando hay un hecho aseverado en la demanda, que es en parte cierto y en parte falso, el que contesta dice: "Acepto el hecho tal en tal o cual parte y niego el resto."

Los hechos admitidos o no negados en la contestación a la demanda o a una reconvención, demanda contra tercero o en el término que fije el tribunal, relevan al reclamante de la responsabilidad de presentar prueba sobre los mismos y deberán tenerse por ciertos.[11]

La parte podrá negar específicamente cada una de las aseveraciones o párrafos de la alegación en su contra, o podrá negar en forma general todas las aseveraciones o párrafos de dicha alegación, con excepción de aquellas aseveraciones o párrafos que admita expresamente; pero si la parte se propone negar de buena fe todas las aseveraciones expuestas en dicha alegación, podrá hacerlo mediante una negación general sujeto a lo establecido en la R. 9.1, 2009.[12]

§ 2403. Exposiciones incompatibles o alternativas

En cualquier alegación una parte podrá exponer su reclamación o defensa en dos o más formas, alternativa o hipotéticamente. Cuando se hicieren dos o más exposiciones en la alternativa, y una de ellas de haberse hecho independientemente fuere suficiente, la alegación no se considerará insuficiente por el hecho de que lo fueron una o más de las exposiciones alternativas. Una parte también podrá formular cuantas reclamaciones o defensas tuviere, aunque fueran incompatibles (R. 6.5, 2009).

Por ejemplo: En una acción de daños contra dos demandados, se puede alegar que uno es responsable único y exclusivo del accidente, y en la alternativa que de no serlo es conjuntamente responsable con el otro demandado. Las reglas permiten alegar en esa forma porque la verdad es que en muchos de los casos la parte demandante no puede de buena fe precisar la responsabilidad de las partes contrarias. Cualquier clase de reclamación o cualquier clase de defensa puede hacerse en esta forma. Por ejemplo, la defensa de negligencia comparada se puede formular aseverando que el reclamante o fue parcialmente responsable de los daños que reclama o fue totalmente responsable de ellos. Se pueden solicitar remedios en la alternativa también.

Todo esto estará sujeto a la R. 9.1, 2009, o sea, que por el solo hecho de estar firmada por ese abogado se produce una certificación de que el abogado ha leído el escrito y que de acuerdo con su mejor información o creencia, está bien fundado.

§ 2404. Defensas afirmativas

Son defensas afirmativas las que presentan planteamientos sustentados por cuestiones de hecho o de derecho que no consisten en negaciones de los hechos alegados en la reclamación contra la cual se formulan. Estas defensas se incluyen

---

[11] *Díaz Ayala v. E.L.A.*, 153 D.P.R. 675 (2001).

[12] Se ha resuelto que no puede negarse por falta de información un hecho que es de conocimiento público o de fácil comprobación. El hacerlo entraña la aceptación de los hechos alegados. *Berríos Pagán v. U.P.R.*, 116 D.P.R. 88 (1985); *Montero Saldaña v. American Motors Corp.*, 107 D.P.R. 452 (1979).

en la contestación y van dirigidas a derrotar de un todo o modificar parcialmente lo que pretende la reclamación.

Las defensas afirmativas no constituyen contrarreclamaciones. Sólo tienen el propósito de derrotar la reclamación contra la cual se formulan. Si una reconvención fuera erróneamente denominada como defensa afirmativa, la R. 6.3, 2009, provee para que se considere como reconvención y no como defensa afirmativa.

La R. 6.3, 2009, nos brinda las siguientes como ejemplos de defensas afirmativas: transacción, exoneración, laudo y adjudicación, prescripción adquisitiva o extintiva, pago, renuncia, negligencia, aceptación como finiquito, coacción, asunción de riesgo, falta de causa de un contrato, falta de diligencia, exoneración por quiebra, ilegalidad, impedimento, autorización, cosa juzgada, fraude y cualquier otra materia constitutiva de excusa o de defensa afirmativa. Como nuestro proceso es rogado los tribunales no pueden levantar las defensas afirmativas por su propia iniciativa salvo la falta de jurisdicción.[13] Estas deben plantearse de forma clara, expresa y específica al responder a una alegación o se tendrán por renunciadas, a menos que surja del descubrimiento de prueba los hechos que sustentan la defensa afirmativa, lo que en tal caso deberá presentarse una enmienda a la alegación pertinente sin dilación alguna.

Las defensas afirmativas tienen que plantearse aseverando los hechos que las sustentan conforme la R. 6.2(a), 2009. Por ejemplo, si plantea la defensa de cosa juzgada es necesario establecer el pleito anterior en que se presentó la reclamación y los hechos demostrativos de la identidad de las causas y de las partes. Si meramente se alega "cosa juzgada", la alegación es insuficiente y se renuncia a la defensa.

Las defensas afirmativas se distinguen de las defensas privilegiadas, las cuales se refieren a planteamientos procesales tales como: falta de jurisdicción sobre la persona, dejar de exponer una reclamación que justifique la concesión de un remedio o dejar de incluir una parte indispensable. Ver sec. 2604, *infra*. Estas defensas, contrario a las afirmativas, aunque pueden presentarse en la contestación, también pueden presentarse por moción previa a la contestación y algunas de ellas pueden levantarse incluso en cualquier etapa del proceso. Ver R. 10.8(b) y (c), 2009.

La defensa afirmativa que no se plantea en la contestación queda renunciada y no puede plantearse en ninguna etapa posterior del proceso, bien sea en el juicio, en una moción de relevo, o en un recurso, o en una acción independiente en contra de la sentencia.[14] No obstante, si los hechos que la fundamentan se

[13] *Alamo v. Supermercado Grande, Inc.*, 158 D.P.R. 93 (2002), *Federación de Pescadores Playa Picúas, Inc. v. U.S. Industries, Inc.*, 135 D.P.R. 303 (1994).

[14] *Marín Kuilan v. Teddy Díaz Fastening Systems, Inc.*, 142 D.P.R. 499 (1997); *Figueroa v. Banco de San Juan*, 108 D.P.R. 680 (1979); *Rodríguez v. Tribunal Superior*, 102 D.P.R. 290 (1974); *Olmeda Nazario v. Sueiro Jiménez*, 123 D.P.R. 294 (1989); *Epifanio Vidal, Inc. v. Suro*, 103 D.P.R. 793 (1975).

conocen con posterioridad a la presentación de la contestación y con motivo del descubrimiento de prueba, la defensa afirmativa no se tendrá por renunciada y deberá plantearse en la alegación pertinente inmediatamente.

Sin embargo, si la prueba establece la defensa afirmativa, es decir, si el demandado enmienda las alegaciones mediante la prueba que se presenta en juicio, el tribunal puede considerar la defensa afirmativa aunque no haya sido planteada en la contestación.[15]

§ 2405. Consecuencias de no negar

Las aseveraciones contenidas en cualquier alegación que requiera una alegación responsiva y que no se refieran al monto de los daños, se tendrán por admitidas si no se negaren en la alegación responsiva. Las aseveraciones contenidas en una alegación que no requiera ni admita una alegación responsiva se tendrán por negadas. (R. 6.4, 2009).

Si en la demanda se alegan, por ejemplo, seis conjuntos de hechos bajo 6 párrafos y el demandado en su contestación niega cuatro de ellos y con relación a los otros, no dice nada, se tienen por admitidos. Esto es debido a que la demanda es una alegación que exige una contestación.

Cuando en una contestación se formulan defensas como transacción, prescripción, cosa juzgada, etc., que son materias nuevas, tales hechos no se tienen por admitidos porque la contestación no exige una alegación responsiva de parte del demandante. Se entiende, en virtud de la R. 6.4, 2009, que el demandante niega todas esas defensas expuestas por el demandado sin que tenga que expresar ni formular una alegación para decirlo.[16]

§ 2406. Reconvención compulsoria

La R. 11.1, 2009, obliga a la parte demandada a formular al tiempo de su contestación cualquier reclamación que tenga contra la parte adversa, si surge de la acción u omisión o evento que motivó la reclamación de la parte demandante y no requiere para su adjudicación la presencia de terceros sobre quienes el tribunal no puede adquirir jurisdicción.[17] Naturalmente, que si esa reclamación fuera objeto de otro proceso, no tendría que ser formulada.

---

[15] *J.E. Candal & Co. v. Rivera*, 86 D.P.R. 508 (1962).

[16] La oración final de la R. 5.1, 2009, autoriza al tribunal para exigir una réplica a una contestación o a una contestación de tercero.

[17] Procesalmente se establece que de una parte entender que no procede una reclamación en su contra, no es válida la presentación de una reconvención que se pretenda fundamentar en la improcedencia de la demanda. Por el contrario el demandado debe exponer las defensas de rigor acorde con las disposiciones de la Regla 10.2 de las de Procedimiento Civil. De esa forma, y ante la ausencia de una válida causa de acción, la sanción judicial por el uso indebido de los procedimientos legales se podría traducir en una condena en costas y honorarios de abogado y, cuando proceda, intereses legales por temeridad dentro del mismo pleito.

Se conoce esta reconvención como la reconvención compulsoria u obligatoria debido a que si no se formula se renuncia la causa de acción que la motiva[18] y quedarán totalmente adjudicados los hechos y reclamaciones que puedan surgir de esa transacción o evento sin que el demandado pueda en una ocasión posterior formular una reclamación que de ellos haya surgido.

Expresamente se ha indicado que, "Si los demandantes han actuado de mala fe y temerariamente al presentar esta demanda, el remedio que tienen a su favor los demandados es la concesión en su día de honorarios de abogado". *Pereira v. Hernández González*, 83 D.P.R. 160, 165 (1961); *Jiménez Alvarez v. Silén Maldonado*, 131 D.P.R. 91 (1992).

La única excepción a dicho principio jurídico son situaciones extraordinarias y excepcionales de persecución maliciosa. Véase *Fonseca v. Oyola*, 77 D.P.R. 525 (1954); *Jiménez Alvarez v. Silén Maldonado, supra.* En el caso de *Berríos, et al. v. International General Electric (P.R., Inc.)*, 88 D.P.R. 109 (1963), se expresó por el Honorable Tribunal Supremo de Puerto Rico:

> "En el 1928 este Tribunal adoptó la doctrina del derecho común inglés y de la minoría de los Estados Unidos de la Unión Americana al resolver en el caso de *López de Tord & Zayas v. Molina*, 38 D.P.R. 822 (1928), que en Puerto Rico no existe la acción civil de daños y perjuicios por persecución maliciosa como consecuencia de un pleito civil. Posteriormente, en el caso de *Díaz v. Distribuciones R.C.A. Víctor, Inc.*, 47 D.P.R. 562 (1934), se indicó que 'ciertos pleitos maliciosos por su naturaleza pueden causar daños, exigiéndose que se deban alegar y probar daños específicos para justificar la concesión de una indemnización'".

El único precedente donde se ha sostenido una causa de acción de daños y perjuicios fundamentada en persecución maliciosa por motivo de un pleito civil fue en *Fonseca v. Oyola, supra.* No obstante, en el referido caso estaban presentes circunstancias extraordinarias que fueron reseñadas por el Tribunal Supremo en la que se destacan que, "[...] la prueba demostró la institución maliciosa, por parte del demandado, de varias acciones de desahucio sin causa probable, [...] acosando a la demandante tanto con su conducta y actuaciones como con dichos pleitos fundados todos en la alegada falta de pago de un canon en exceso de aquel permitido por la reglamentación federal".

De esa forma queda establecida la necesidad de establecer circunstancias excepcionales para validar una causa de acción fundamentada en el hecho de haber sido demandado. Ello resultará de aquellas ocasiones en las cuales se pueda demostrar circunstancias excepcionales de persecución maliciosa.

Sin embargo, "[u]n demandado puede—por vía de reconvención permisible bajo la Regla 11.2 de Procedimiento Civil, y como reclamación contingente bajo la Regla 14.2—dentro de la acción en que se le hayan embargado bienes en aseguramiento de sentencia, reclamar por los daños que tal embargo le haya ocasionado. *Rodón v. Fernández Franco*, 105 D.P.R. 368 (1976).

[18] *Neca Mortgage Corp. v. A. & W. Developers S.E.*, 137 D.P.R. 860 (1995), citando *Sastre v. Cabrera Raldiris*, 75 D.P.R. 1 (1953). Ver también 6 *Wright & Miller*, sec. 1417.

Una reconvención es compulsoria si existe una relación lógica entre la reclamación presentada en la demanda y la que es objeto de la reconvención; cuando los hechos esenciales de ambas reclamaciones están tan vinculados que la economía judicial exige que se ventilen de conjunto. Si las cuestiones de hecho y de derecho entre ambas son las mismas; si la doctrina de *res judicata* impediría una acción independiente; si ambas reclamaciones surgen de la misma prueba y si están vinculadas lógicamente, estamos ante una reconvención compulsoria.

¿Qué efectos tiene el que haya prescrito la reclamación que sería objeto de la reconvención compulsoria al momento de presentarse la demanda?

Si la demanda se presentó antes de vencer el término de la reclamación objeto de la reconvención, la interrupción de la prescripción favorece al demandado en cuanto a la formulación de su reconvención.[19] Si el término para formular la reconvención estuviera vencido al momento de presentarse la demanda que obliga a una reconvención compulsoria, la prescripción no quedaría interrumpida y por tanto prosperaría la defensa de prescripción.

El dejar de presentar una reclamación compulsoria, da lugar a la defensa de cosa juzgada contra cualquier ejercicio posterior de la causa de acción que dejó de presentarse por esa vía.[20] El Tribunal Supremo reconoció la aplicabilidad de la doctrina de las reclamaciones compulsorias a reclamaciones ejercitadas por vía de una acción independiente estando pendiente el litigio original. El Tribunal Supremo se expresó así: "Las reconvenciones a que hace referencia la Regla 13(a)[21] [actual Regla 11.1], son compulsorias y el no presentarlas en obediencia a los términos de la Regla 13(a) impide que el demandado que dejó de presentar la reconvención presente una acción independiente basada en la misma transacción o evento que motivó la acción original".[22]

§ 2407. Reconvención permisible

La contestación puede contener por vía de reconvención o de contrademanda cualquier reclamación, de cualquier índole, que tenga la parte demandada contra la parte demandante aunque no surja de la acción u omisión, o evento que motivó la reclamación del demandante. Se llama permisible no porque sea discrecional admitirla, sino porque si no se formula, no se renuncia; la reclamación no resulta afectada y se puede instar en otro procedimiento. Esta regla persigue la economía procesal. Véase: *Rodón v. Fernández Franco*, 105 D.P.R. 368 (1976).

---

[19] *Febo Ortega v. Tribunal Superior*, 102 D.P.R. 405 (1974).

[20] *Sastre v. Cabrera Raldiris*, 75 D.P.R. 1 (1953).

[21] En lo que se refiere a este caso, igual a la actual Regla 11.1.

[22] *Sastre v. Cabrera Raldiris*, *supra*, a la pág. 3.

§ 2408. Las reconvenciones para derrotar o aminorar la reclamación

Se les conoce en el derecho anglosajón como el *set-off*[23] y el *recoupment* y están contenidas en la R. 11.3, 2009, que reza así: "Una reconvención puede disminuir o derrotar la reclamación de la parte adversa y también puede reclamar un remedio por cantidad mayor o de naturaleza diferente al solicitado en la alegación de la parte adversa."

El *set-off* y el *recoupment* persiguen aminorar o extinguir la reclamación del demandante. Ninguna de estas dos defensas persigue un remedio afirmativo, en otras palabras, al demandado no le interesa obtener un remedio a su favor, por la cantidad que alegadamente le adeuda el demandante. Lo que le interesa es oponer por vía de defensa esta reclamación para cancelar o aminorar lo que contra él reclama el demandante.

Cuando se formula el *set-off* la obligación que se opone debe ser líquida, determinada o exigible; en el caso del *recoupment* no tiene que ser líquida.

§ 2409. La reconvención cuando el demandante es el Estado

Cuando el demandante es el Estado Libre Asociado o un funcionario o agencia, la reconvención está sujeta a los límites aplicables a las reclamaciones contra éstos dispuestos por la Ley Núm. 104 de 29 de junio de 1955 (32 L.P.R.A. sec. 3078).

§ 2410. Réplica

Toda reconvención denominada como tal en la contestación exige una contestación del demandante. Se denomina réplica a esta contestación.

§ 2411. Demanda contra coparte

La demanda contra coparte es la que formula una parte contra otra que ya se encuentra incluida en el proceso en la misma condición de quien formula la demanda.

Esta demanda podrá contener cualquier alegación que surja del acto, omisión o evento que motive la demanda original, o de una reconvención en el pleito, o que esté relacionada con cualquier propiedad que constituya el objeto de la demanda original (R. 11.6, 2009). La demanda contra coparte podrá contener una reclamación al efecto de que la parte contra la cual se dirige es, o puede ser, responsable al demandante contra coparte de la totalidad o de parte de una reclamación contra él en el pleito. La demanda contra coparte puede presentarse sin permiso del tribunal dentro de los 30 días contados a partir de la fecha de presentación de la contestación de todas las partes demandadas. Entiéndase contados desde que el último codemandado emplazado contesta la demanda o

---

[23] El *set-off* corresponde a la institución de la compensación del Código Civil (31 L.P.R.A. secs. 3221 *et seq.*) pero el *recoupment* no tiene equivalencia.

que haya expirado el término. Si no se presenta dentro del referido término, la parte codemandada que interesa su presentación deberá solicitar autorización al tribunal, previa demostración de justa causa.

Esta demanda está limitada a eventos o cuestiones relacionadas con el pleito principal. No puede recurrirse a ella para formular reclamaciones totalmente independientes del litigio.

§ 2412. Acumulación de reclamaciones

Por acumulación de reclamaciones se entiende la presentación de dos o más reclamaciones por una parte en un mismo proceso (R. 14, 2009).[24]

Cualquier parte podrá acumular en su alegación tantas reclamaciones independientes o alternativas, como tenga contra la parte adversa. (R. 14.1, 2009)

Pueden acumularse también, según provee la R. 14.2, 2009, reclamaciones contingentes, es decir, reclamaciones que dependan para su procedencia de que otra reclamación sea llevada a su terminación. Contingente quiere decir que puede suceder o no suceder. El hecho contingente debe vincular las acciones que se pretenden acumular y no puede haber ocurrido al momento de presentación de la demanda. La acumulación de reclamaciones contingentes puede llevarse a cabo tanto en el caso en que existe un sólo demandado como en el caso en que los demandados son varios. Igualmente puede acumularse la reclamación contingente en una reconvención así como en una demanda contra coparte o contra terceros.

En el caso de *Rodón v. Fernández Franco*, 105 D.P.R. 368 (1976), se permitió al demandado acumular bajo la R. 14.2 una reconvención por daños y perjuicios sufridos como consecuencia de un supuesto embargo ilegal trabado en virtud de la demanda que había sido presentada en el caso. El mecanismo de la 14.2 permite que el tribunal dicte primero la sentencia desestimando la acción en la cual se ha trabado el embargo y luego proceda a adjudicar los daños por tratarse de un embargo ilegal.

En este caso el TS descartó el argumento de falta de madurez de la reclamación por embargo ilegal. De acuerdo con nuestra jurisprudencia esta acción surge cuando ha recaído sentencia firme declarando sin lugar la demanda en virtud de la cual se trabó el embargo. El mecanismo acumulatorio de acciones contingentes bajo la R. 14.2 supera el problema de falta de madurez. "Aunque su causa de acción no madura ni es exigible hasta que recaiga sentencia que resuelva el pleito original a su favor, nada impide que el tribunal reciba prueba y resuelva todas las reclamaciones—la del demandante y la reconvención—como parte de una misma sentencia. El tribunal siempre tendrá la facultad discrecional de ordenar juicios por separado, y recibir prueba sobre la reclamación original y dejar pendiente la admisión de prueba y decisión sobre la reconvención hasta tanto se resuelva la reclamación principal". *Rodón*, *supra*, a la pág. 378.

---

[24] Consolidación de pleitos, véase la § 3601; Juicio por separado, véase la § 3602.

En *García Larrinúa v. Lichtig*, 118 D.P.R. 120 (1986)—saneamiento por evicción—el TS resolvió que la R. 14.2 permite una demanda contra coparte a pesar de que se alegó que dicha demanda no estaría madura hasta que se prive al comprador por sentencia firme de todo o parte de la cosa comprada.

La jurisprudencia considera la R. 14.2 un importante vehículo para maximizar la economía y pronta adjudicación de los litigios que la R. 1 postula como objetivo de nuestro ordenamiento procesal.

Las reclamaciones pueden acumularse en el mismo pleito, pero el tribunal no puede resolver la contingente hasta tanto se resuelva la principal. Por ejemplo, las acciones de reivindicación y frutos. Se reclama una propiedad que ha estado en posesión de mala fe de un tercero, por número de años y que ha producido frutos. Si procede la reivindicación, la acción de frutos será resuelta porque es contingente al resultado de la reivindicación. Otros ejemplos son el divorcio y división de sociedad de gananciales,[25] filiación y reclamación de herencia.

§ 2413. Enmiendas—Expresas o formales

Cualquier parte podrá enmendar sus alegaciones en cualquier momento antes de habérsele notificado una alegación responsiva o si su alegación es de las que no admiten contestación (alegación responsiva) y el pleito no ha sido señalado para juicio, podrá de igual modo enmendarlas en cualquier fecha dentro de los 20 días de haber notificado su alegación.[26]

Si el pleito ha sido señalado para juicio o si han transcurrido 20 días de haber notificado la contestación entonces la parte demandada tendrá que obtener el permiso del tribunal para enmendar su alegación o el consentimiento por escrito de la parte contraria. La solicitud de autorización al tribunal para enmendar las alegaciones debe ir acompañada de la alegación enmendada en su totalidad, por lo que no basta exponer meramente el extracto de la alegación enmendada.

Igualmente si la demanda ha sido contestada, el demandante la puede enmendar, solicitando permiso del tribunal o mediante el consentimiento por escrito de la parte contraria. Una parte notificará su contestación a la alegación enmendada dentro del término que le reste para contestar la alegación original o dentro de los 20 días de haberle sido notificada la alegación enmendada, el de estos plazos que sea más largo, a menos que el tribunal lo ordene de otro modo.

Según la R. 13.1, 2009, este permiso se concederá liberalmente, cuando la justicia así lo requiera. Sin embargo, la liberalidad no puede implicar perjuicio a la parte contraria o demora indebida en el proceso por una solicitud formulada en

---

[25] *Márquez v. Barreto*, 143 D.P.R. 137 (1997), "La acción contingente es usual en la práctica procesal, sin más limitación que no la podrá resolver el tribunal hasta que se resuelva la reclamación principal de la cual depende, o sea, hasta que la acción principal advenga final y firme."

[26] R. 13.1, 2009, y la R. 11.6, 2009, sobre enmiendas a la contestación para incluir una reconvención debe aplicarse tomando en consideración la R. 13.1.

una etapa avanzada del mismo.[27] En *Epifanio Vidal, Inc. v. Suro*, 103 D.P.R. 793 (1975), el TS se expresó así: "La liberalidad de la Regla 13.1 para conceder enmiendas no es infinita; está condicionada por un juicioso ejercicio de discreción que ha de ponderar por el momento en que se solicitan, su impacto en la pronta adjudicación de la cuestión litigiosa, la razón o ausencia de ella para la demora e inacción original del promovente de la enmienda, el perjuicio que la misma causaría a la otra parte y hasta la naturaleza y méritos intrínsecos de la defensa que tardíamente se plantea."

Estos principios se reafirman en *Romero v. Reyes Rivera*, 164 D.P.R. 721 (2005). En este caso se autoriza una enmienda a la demanda en la conferencia con antelación al juicio con el propósito de incluir una nueva teoría.

En *Sierra Quiñones v. Rodríguez Luciano*, 163 D.P.R. 738 (2005), el TS autoriza una enmienda a la demanda planteada al determinar que la originalmente presentada no aduce causa de acción, por cuanto el demandado no demostró que ello le perjudicaba y la enmienda solo variaba la teoría no los hechos esenciales inicialmente alegados.

El criterio fundamental contra las enmiendas tardías es el perjuicio que la enmienda le causa a la parte oponente.

§ 2414. —Tácitas

Las alegaciones no solamente se enmiendan expresamente, o sea, enmendando la alegación mediante otro escrito, sino que se enmiendan también por la prueba que se presente en juicio. En ese caso, hay una enmienda tácita a las mismas que se produce cuando con el consentimiento expreso o implícito de las partes se someten a juicio cuestiones no suscitadas en las alegaciones (R. 13.2, 2009). *Romero v. Reyes Rivera, supra.*

Veamos un ejemplo: Supongamos que en un caso de daños y perjuicios no se han reclamado daños especiales. En el juicio se presenta evidencia sosteniendo daños especiales. La parte contraria puede objetarla porque está fuera de las alegaciones, pero supongamos que no la objeta. Al recibirse prueba sobre ese hecho, se entiende que se están sometiendo al tribunal, con el consentimiento implícito de las partes, cuestiones no suscitadas en las alegaciones. Al ser así sometidas, serán consideradas por el tribunal, el cual deberá resolverlas, tal y cual hubieran formado parte de las alegaciones. La demanda quedó enmendada por la prueba que se presentó en el juicio.[28]

Si se objetare la evidencia por el fundamento de ser ajena a las cuestiones suscitadas en las alegaciones, el tribunal podrá entonces permitir que se enmienden, siempre que con ello se facilite la presentación del caso y la parte que presenta la enmienda demuestre justa causa por la cual no pudo presentar la enmienda con anterioridad, y que la admisión de tal prueba no perjudicaría la

---

[27] *Torres Cruz v. Municipio de San Juan*, 103 D.P.R. 217 (1975).

[28] Véase también *Canales Velásquez v. Rosario Quiles*, 107 D.P.R. 757 (1978).

reclamación o defensa de la parte contraria.[29] Contrario al carácter liberal de la R. 13.2, 1979, la R.13.2, 2009 impone el peso de la prueba a la parte promovente de la enmienda y libera a la parte afectada por ésta de la obligación que le imponía la regla del 1979 de demostrar al tribunal que la enmienda afectaba su reclamación o defensa. El tribunal, al resolver la moción para conformar las alegaciones con la prueba, tomará en consideración el efecto de la enmienda sobre el resultado del caso y el perjuicio que le causa a la parte que se opone a la suspensión o continuación de la vista.

Esta forma de enmendar las alegaciones no es permisible respecto a una moción de sentencia sumaria.[30] Tampoco es aplicable en los casos en que se ha anotado la rebeldía al demandado por falta de comparecencia y se presenta prueba para fines de la sentencia.

§ 2415. Retroactividad de las enmiendas

La regla general expuesta en la R 13.3, 2009 es que siempre que la reclamación o defensa expuesta en la alegación enmendada surja de la conducta, del acto, de la omisión o del evento expuesto en la alegación original, las enmiendas se retrotraerán a la fecha de la alegación original.

En cuanto a las enmiendas para sustituir al demandado las mismas se retrotraerán a la fecha de la alegación original sí, además de cumplirse con la regla general y dentro del término prescriptivo, el demandado que se trae mediante la enmienda tuvo conocimiento de la causa de acción pendiente, de tal suerte que no resulte impedido de defenderse en los méritos y que de no haber sido por un error en cuanto a la identidad del verdadero responsable la acción se hubiera instituido originalmente en su contra.

En mi opinión esta misma norma debe seguirse en cuanto a la adición de otro demandado, es decir no solo respecto a la sustitución del demandado original. Claro está lo relativo a la identidad del verdadero responsable hay que adaptarlo a la situación de una adición de otro demandado. Sin embargo, si se trata de un deudor solidario no aplican estas normas porque la demanda contra uno de los deudores solidarios interrumpe la prescripción en cuanto a todos.[31]

En cuanto a la retroactividad de las enmiendas para incluir a otro o a otros demandantes la R 13.3 requiere que además de cumplirse con la regla general se

---

[29] Aún cuando una aseguradora no haya alegado específicamente en la contestación a una demanda la defensa afirmativa de que el asegurado se ha negado a cooperar con la aseguradora, dicha defensa puede entenderse alegada si se presenta prueba clara e inequívoca, no objetada por la parte contraria, de que dicha falta de cooperación ha ocurrido y que por ello debe eximírsele de responsabilidad, ya que en ese caso se considerarán enmendadas las alegaciones para conformarlas con la prueba. *Valle v. Sucesión Wiscovitch*, 88 D.P.R. 86 (1963).

[30] *Mayagüez Hilton Corp. v. Betancourt*, 156 D.P.R. 234 (2002).

[31] Arts. 1094 y 1874 CC. Véase *García Molina v. Gobierno de la Capital*, 72 D.P.R. 138 (1951).

establezca que "la parte demandada haya tenido conocimiento dentro del término prescriptivo de la existencia de la causa de acción de los reclamantes que se quieren acumular como demandantes y de su participación en la acción original."

Estas disposiciones fueron añadidas a la Regla 13.3 por la Legislatura. Las mismas provienen de la opinión del TS en el caso de *Arce Bucetta v. Motorola Electrónica, et als.*, 2008 T.S.P.R. 59. En *Arce Bucetta, supra*, el TS sigue la opinión de *Page v. Benefit Guaranty Corp.*, 130 F.R.D. 510 (1990) la cual nos ayuda a entender el lenguaje un tanto extraño de la nueva Regla 13.3 a los efectos de que para que la enmienda para incluir un nuevo demandante se retrotraiga a la fecha de la presentación de la demanda, el demandado tiene que haber tenido conocimiento dentro del término prescriptivo de la existencia de la causa de acción del demandante y de la *participación del demandado en la acción original.*

En *Page, supra,* la participación de los nuevos demandantes en la acción original consistió en que por tratarse de una demanda de clase desde el momento en que el demandado aceptó que la clase se redefiniera para incluir a los nuevos demandantes sin que el periodo prescriptivo hubiera vencido, el demandado ya tenía conocimiento de la participación de los nuevos demandantes en la causa de acción. Por otra parte, la opinión de *Page, supra*, presenta una serie de ejemplos de situaciones donde el demandado tuvo conocimiento de la acción original que nos ayudan a darle el sentido correcto a la norma establecida por la Legislatura.[32]

[32] "Notice to a defendant of the claims of additional plaintiffs must have two basic components in order to permit relation back: notice of the existence of their claims and of the involvements of the new plaintiffs in the original action. "Not only must the adversary party have had notice about operational facts, but it must have had fair notice that a legal claim existed in and was in effect being asserted by the party belatedly brought in" (knowledge of potential cause of action inadequate; plaintiff to be added must be involved in litigation).

"One way of accomplishing notice is informal. Often the original complaint on its face reveals the existence of additional claimants, and possibly in combination with some conduct by plaintiffs or the defendant, justifies an inference that the new claimants were in facto "involved" in the action. (language in complaint referring to new plaintiffs plus settlement negotiations including additional plaintiffs); (language in complaint referring to new plaintiffs plus defendant's contacting insurer regarding their claims); (language in complaint referring to new plaintiffs in addition to filing of consent to sue forms by new plaintiffs.)

"Sometimes the relationship between the original and new plaintiffs forms an "identity of interest" adequate to support a finding of notice (mother and child); (controlling shareholder and corporation); Again, "the point of the court's consideration of identity of interest is that factor ensures that the old and the new plaintiff was in effect involved in [the proceeding] unofficially from an early stage." Citas omitidas. *Page v. Benefit Guaranty Corp, supra.*

§ 2416. Términos para notificar las alegaciones

La R. 10.1, 2009, establece los siguientes términos para notificar[33] las alegaciones responsivas:

(1) Si el demandado ha sido emplazado personalmente, en o fuera de Puerto Rico, tiene un término de 30 días para presentar su contestación. Ese término de 30 días es prorrogable.

(2) Si el emplazamiento se hiciere por edictos el demandado tiene un término de 30 días para contestar a contar desde la fecha de publicación del edicto.

(3) Si el Estado Libre Asociado, sus municipios, sus funcionarios, o una de sus instrumentalidades, que no fuere una corporación pública, fuere parte de un pleito "cualquier parte" notificará su contestación a la demanda, a una demanda contra coparte o su réplica a una reconvención dentro del término improrrogable de 60 días. Véase Ley Núm. 66 de 5 de julio de 1988.

(4) El término para presentar la contestación a la demanda contra coparte o a la demanda contra terceros o para presentar la réplica contra una reconvención es de 10 días contados a partir de la fecha de la notificación de cualquiera de esas alegaciones.

(5) El término para contestar una demanda enmendada es de 20 días a partir de su notificación o dentro del término que le reste para contestar la alegación original, cualquiera de estos plazos que sea más largo.[34]

(6) El término para contestar una demanda bajo el mecanismo de renuncia al emplazamiento personal es de 30 días contados desde la fecha en que el demandado devuelve la solicitud de renuncia. Ello aplica a demandados en o fuera de Puerto Rico.

Las Rs. de 2009 no establecen término para notificar la contestación a la demanda cuando el emplazamiento se realiza mediante carta rogatoria, o mediante la forma prescrita por ley en el lugar en que se llevará a cabo el emplazamiento dispuestos en la R. 4.3(b)(2) y (3), 2009. Entendemos que el término—pues alguno tiene que haber—debe ser uno razonable que a nuestro juicio debe ser uno de 30 días a partir del día en que se acredite que el emplazamiento se llevó a cabo siguiendo los procedimientos previstos en el lugar donde se llevó a cabo.[35]

§ 2417. Interrupción de los términos

Los términos relacionados en la sección que precede se interrumpen mediante la presentación de cualquiera de las mociones que permite la R. 10, 2009, o por

---

[33] La regla debe enmendarse en mi opinión para agregar presentar a notificar de tal forma que el término sea el mismo para ambos actos.

[34] Los términos en general, véanse las §§ 1801 a 1805.

[35] Véase *De la Haba v. Gay & Co.*, 52 D.P.R. 585 (1938).

moción de sentencia sumaria.[36] Las mociones que permite la R. 10, 2009 son las siguientes:

(1) Moción de desestimación por falta de jurisdicción sobre la materia; falta de jurisdicción sobre la persona; insuficiencia del emplazamiento; insuficiencia del diligenciamiento del emplazamiento; dejar de exponer una reclamación que justifique la concesión de un remedio; dejar de acumular una parte indispensable (R. 10.2, 2009).

(2) Moción para solicitar una exposición más definida (R. 10.4, 2009).

(3) Moción eliminatoria (R. 10.5, 2009).

Presentada una de esas mociones o la moción de sentencia sumaria, el término se interrumpe automáticamente y volverá a contar de la manera siguiente:

(1) Si el tribunal deniega la moción o pospone su resolución hasta que se celebre el juicio en sus méritos, la alegación responsiva deberá ser notificada dentro de los 10 días siguientes a la notificación de la orden del tribunal.

(2) Si el tribunal declara con lugar una moción para una exposición más definida, deberá notificarse copia de la alegación responsiva dentro de los 10 días siguientes a la notificación de la exposición más definida.

(3) Si la moción que se presenta fuera una moción eliminatoria, y se declara con lugar, tendría que llevarse a cabo la eliminación de la materia impertinente, presentarse la demanda enmendada y entonces contaría un término de 10 días para que el demandado presente su contestación.

Esta interrupción del término opera solamente en caso de mociones de la R. 10, 2009[37] y de mociones de sentencia sumaria.

Por eso cuando se presenta una moción de traslado es necesario acompañarla con una moción de prórroga.

Al expirar el término para contestar una reclamación, sin que la parte reclamada haya presentado su alegación responsiva—contestación—o haya dejado de defenderse en otra forma, la parte reclamante podrá solicitar del secretario del tribunal que anote la rebeldía (R. 45.1, 2009).

A estos efectos el secretario examinará los autos para determinar si la parte reclamada ha sido emplazada, si se tratare del demandado, y si obra en los autos contestación u otra defensa del reclamado. Comprobada la incomparecencia, el

---

[36] R. 10.1, 2009.

[37] La R. 10.6, 2009, dispone que las defensas enumeradas del (1) al (6) en la R. 10.2, la moción para que se dicte sentencia por las alegaciones mencionadas en la R. 10.3, 2009, y la moción eliminatoria mencionada en la R. 10.5, 2009, se dilucidarán en los méritos en o antes de la conferencia inicial. No se menciona la moción para solicitar una exposición más definida (R. 10.4, 2009).

Debido a que la propia R. 10.3, 2009, exige que la moción para que se dicte sentencia por las alegaciones ha de presentarse después que todas estas hayan sido presentadas, no se la ha incluido entre las que tienen la virtualidad de interrumpir los términos.

secretario anotará la rebeldía. Los alcances de la anotación de rebeldía se estudian más adelante.[38]

[38] Véanse las §§ 2701 a 2708. La R. 45.1, 2009, contiene un último párrafo que dispone que la omisión de anotar la rebeldía no es un defecto que trascienda a la sentencia afectada por su validez, siguiendo la jurisprudencia.

CAPITULO 25: MOCIONES EN GENERAL

§ 2501. Concepto

La palabra moción viene del latín, de la palabra *motio:* mover. Una moción es cualquier solicitud que se formula al tribunal durante el transcurso del pleito, para moverlo a que tome determinada acción. Una moción no es una alegación.

Sería un error definir la moción como un acto de parte que pretende o persigue una resolución, un auto o una orden interlocutoria en el pleito. Si fuéramos a definir la moción como aquella solicitud que persigue uno de esos proveimientos incurriríamos en un error, porque si bien es cierto que muchas mociones persiguen ese objeto, hay otras que persiguen una resolución definitiva del pleito. De manera que no podemos limitar el concepto de las mociones exclusivamente a aquellas solicitudes que persiguen órdenes, autos o resoluciones interlocutorias. Muchas persiguen ese fin, pero otras persiguen una adjudicación definitiva y concluyente del proceso.

Una orden de un tribunal, un auto, o una resolución es un pronunciamiento que no adjudica los méritos de la controversia principal que plantea un litigio. La adjudicación definitiva y concluyente del proceso se produce mediante la sentencia y los proveimientos a las cuestiones interlocutorias son los que se conocen como resoluciones, órdenes o autos. Puede darse el caso que el tribunal provea a una moción de desestimación con una resolución, pero si lo que hace el tribunal es adjudicar en definitiva el pleito, aunque se le llame resolución, lo que ha dictado el tribunal es una sentencia. Puede darse el caso que el tribunal provea con una sentencia a una solicitud a la que debe proveer con una resolución; lo que se llama sentencia no será tal, si no termina el pleito, y será entonces una resolución.

Las mociones en muchas ocasiones llevan apellido. Así tenemos la moción de desestimación, la de sentencia sumaria, la de reconsideración, etc. Se trata de uso y costumbre, no de una exigencia reglamentaria, si bien tal denominación resulta muy útil para fines administrativos y para fines de orientación al juzgador.

§ 2502. Trámite

La R. 8.4, 2009 establece el trámite para la presentación y consideración de mociones en solicitud de orden de la manera siguiente:

La moción deberá señalar con particularidad los fundamentos legales y argumentos en que se basa, y exponiendo el remedio u orden que se interesa. Deberá venir acompañada de cualquier documento o affidávit que sea necesario para su resolución.

Cualquier parte que se oponga a una moción deberá presentar su oposición fundamentada dentro de los veinte (20) días siguientes a ser notificada de la moción. Dicha oposición deberá ser acompañada por cualquier documento o affidávit necesario para su resolución. Si no se presentare oposición dentro de dicho término de veinte (20) días la moción se entenderá sometida.

Toda moción se considerará sometida para resolución, sin celebración de vista, a menos que el tribunal *motu proprio*, o a solicitud de la parte, resuelva a su discreción señalarla para vista. Esta regla no es aplicable a aquellas mociones que por disposición de ley requieran la celebración de una vista.

En caso de que alguna de las partes no cumpla con lo aquí dispuesto se podrá desestimar la moción, eliminar las alegaciones del demandado, condenar al pago de honorarios de abogado o dictar cualquiera otra orden que fuere justa.

CAPITULO 26: MOCIONES CON ANTELACION AL JUICIO MAS IMPORTANTES

§ 2601. Moción de desestimación bajo la R. 10.2, 2009—Concepto

La moción de desestimación bajo la R. 10.2, 2009, es aquella que formula el demandado antes de presentar su contestación solicitando que se desestime la demanda presentada en su contra. Se puede amparar en cualquiera de los siguientes fundamentos:

(1) Falta de jurisdicción;
(2) falta de jurisdicción sobre la persona;
(3) insuficiencia del emplazamiento;

(4) insuficiencia del diligenciamiento del emplazamiento[1];

(5) dejar de exponer una reclamación que justifique la concesión de un remedio;

(6) dejar de acumular una parte indispensable.[2]

Estas defensas pueden, a opción del demandado, plantearse en la contestación en vez de a través de la moción de desestimación.

También se puede solicitar la desestimación por no cumplir con las Reglas de Procedimiento o por incumplir una orden del tribunal, R. 39.2, 2009. Esta moción de desestimación se presenta al ocurrir el incumplimiento en cualquier etapa del proceso. Lo más común es que se presente en relación con incidentes en torno al descubrimiento de prueba, la conferencia con antelación a juicio o la inactividad procesal. Este tipo de moción de desestimación se discute en esta obra cuando se tratan las materias dentro de las cuales surge el incumplimiento.

§ 2602. —Falta de jurisdicción sobre la materia

La R. 10.2(1), 2009 establece la falta de jurisdicción sobre la materia como primer fundamento para la moción de desestimación. A partir de la eliminación de los tribunales de Distrito y Municipales, ya no existe en el TPI un problema de falta de jurisdicción sobre la materia. Lo que sí puede haber es falta de jurisdicción propiamente dicha.

§ 2603. —Falta de jurisdicción sobre la persona

Se trata de un fundamento que puede manifestarse tanto en relación con la persona del demandado—por ejemplo un no domiciliado—o por defectos del emplazamiento pero en estos casos la regla contempla que estos fundamentos como fundamentos se planteen por separado. Esta defensa no es privilegiada y el demandado renuncia a ella si comparece voluntariamente y realiza un acto sustancial que lo constituye en parte en el pleito.[3]

El Estado Libre Asociado puede plantear su defensa de inmunidad del soberano por vía de moción de desestimación por motivo de falta de jurisdicción sobre la persona, ya que si el soberano no ha renunciado a su inmunidad para ser demandado en determinados casos se entiende que el tribunal no tiene jurisdicción sobre la persona del soberano (R. 10.2(2), (3) y (4), 2009.[4]

---

[1] En *Puerto Rico Wire Products, Inc. v. Crespo & Asociados*, 2008 T.S.P.R. 189, se determinó que una desestimación con perjuicio por insuficiencia en el diligenciamiento del emplazamiento en contra de un contratista principal y a favor del dueño de una obra, en un litigio por reclamación de dinero, no constituye impedimento colateral por sentencia en una reclamación instada por los materialistas en contra del dueño de la obra.

[2] R. 10.2 (2009).

[3] *Medina Garay v. Medina Garay*, 161 D.P.R. 806 (2004).

[4] Véase la Ley de Reclamaciones y Demandas Contra el Estado, (32 L.P.R.A. secs. 3077 a 3084).

Un demandado se somete voluntariamente a la jurisdicción del tribunal al cumplir con las órdenes del tribunal y, a solicitud de éste, presentar documentos pertinentes dirigidos a dilucidar la reclamación en su contra. Esto se conoce como la sumisión voluntaria y derrota la defensa de falta de jurisdicción sobre la persona.[5]

§ 2604. —Dejar de exponer una reclamación que justifique la concesión de un remedio

Al resolver una moción de desestimación por este fundamento, el tribunal toma como ciertos todos los hechos alegados e interpreta las aseveraciones de la demanda en la forma más favorable posible para el demandante formulando en su favor todas las inferencias que puedan asistirle.

No obstante, la Corte Suprema Federal en *Ashcroft v. Iqbal*, *supra*, desarrolló el mecanismo de examen y evaluación para la consideración de este tipo de moción desestimatoria, siguiendo la nueva doctrina establecida en *Bell Atlantic Corp. v. Twombly*, *supra*. Básicamente, el tribunal debe identificar los elementos que establecen la causa de acción y las meras alegaciones concluyentes que no pueden presumirse como ciertas. El tribunal debe aceptar como ciertos todos los hechos bien alegados en la demanda eliminando del análisis las conclusiones legales y los elementos de la causa de acción apoyados por aseveraciones conclusorias. Luego de brindarle veracidad a los hechos bien alegados, debe determinar si a base de éstos la demanda establece una reclamación plausible que justifique que el demandante tiene derecho a un remedio, guiado en su análisis por la experiencia y el sentido común. De determinar que no cumple con el estándar de plausibilidad, el tribunal debe desestimar la demanda y no permitir que una demanda insuficiente proceda bajo el pretexto de que con el descubrimiento de prueba pueden probarse las alegaciones conclusorias. Véase *Ashcroft v. Iqbal*, *supra*, a las págs. 13-16, 19-22.

Este análisis derogó en lo federal la interpretación laxa de las reglas equivalentes a nuestras Rs. 6.1 y 10.2, 1979 en el sentido de que la moción de desestimación únicamente procedería cuando de los hechos alegados no podía concederse remedio alguno a favor del demandante. La R. 6.1, 2009 se orienta hacia el "rationale" de las decisiones de la Corte Suprema Federal al requerir "una relación sucinta y sencilla de los hechos demostrativos de que la parte peticionaria tiene derecho a un remedio [...]"

§ 2605. —Omisión de acumular una parte indispensable

El último fundamento de desestimación que nos da la R. 10.2, 2009, es dejar de acumular una parte indispensable, que debe leerse en relación a la R. 18, 2009, (Véanse secs. 1202 y 1208, *ante*) que dice que éste no es motivo para desestimar

---

[5] *Vázquez Ortiz v. López Hernández*, 160 D.P.R. 714 (2003); *Rodríguez Oquendo v. Petrie Retail Inc. D.I.P.*, 167 D.P.R. 509 (2006).

el pleito, sino que el tribunal ordenará que se traiga al pleito la parte indispensable. Procederá la desestimación únicamente cuando sea imposible traer al pleito a la parte indispensable.

§ 2606. Forma de plantear la moción de desestimación

Las mociones de desestimación, bajo la R. 10.2, 2009, por regla general, se deciden a base de lo expuesto en la alegación contra la cual se dirigen. "Si se alega falta de jurisdicción sobre la persona, el Juez podrá: (1) evaluar la moción tomando en consideración sólo las alegaciones de la demanda, o (2) analizar los documentos y declaraciones juradas, si alguno, conjuntamente con las alegaciones y los documentos y contradeclaraciones juradas que presente el demandante en su oposición, o (3) señalar una vista evidenciaria, o (4) posponer la decisión para después de la vista en su fondo.

Si el juez decide evaluar la moción de desestimación tomando en cuenta las alegaciones de la demanda deberá tomar como ciertos los hechos bien alegados en la demanda, demanda contra tercero, demanda contra coparte, o reconvención, según fuere el caso. Bajo esas circunstancias, el demandante derrota la moción si demuestra que se han alegado hechos suficientes que, *prima facie*, de probarse, confieren al tribunal jurisdicción sobre la persona del no domiciliado a base de la Regla 3.1, 2009 o sea y que se satisfacen los requisitos mínimos de debido procedimiento de ley de las Constituciones de Puerto Rico y Estados Unidos."[6] (Véase Sec. 404, *ante*).

Si se alega que una demanda no aduce causa de acción,[7] esta defensa se determinará a base de la faz de esa demanda. Por lo general la moción para desestimar no será considerada a base de materia extraña o sea materia fuera de la alegación. Cuando se presenta una moción de desestimación acompañada de prueba, la R. 10.2, 2009 la transforma en lo que verdaderamente es: una moción sobre sentencia sumaria; y dispone que sea considerada como si fuera tal. Véase *Torres Ponce v. Jiménez*, 113 D.P.R. 58 (1982).

La moción de desestimación propiamente dicha admite los hechos alegados en la demanda o en la alegación contra la cual se formula. El que formula la moción hace el siguiente planteamiento: "Yo acepto para los propósitos de mi moción de desestimación que todo lo que se dice en esta demanda es cierto, pero aun así, no aduce una reclamación que justifique la concesión de un remedio, o no se ha unido una parte indispensable, o el tribunal no tiene jurisdicción, etc." Es decir, a los efectos de considerar esta moción no se ponen en duda los hechos aseverados porque se ataca por un vicio intrínseco de la demanda o del proceso seguido.[8]

---

[6] *Molina Avilés v. Supermercado Amigo, Inc.*, 119 D.P.R. 330 (1987), citado con aprobación en *Peguero v. Hernández Pellot*, 139 D.P.R. 487 (1995), nota al calce 15. Véase además, *Shuler v. Shuler*, 157 D.P.R. 707 (2002).

[7] *Rivera Rivera v. Trinidad*, 100 D.P.R. 776 (1972); *Figueroa v. Tribunal Superior*, 88 D.P.R. 122 (1963).

[8] *Dorante v. Wrangler of Puerto Rico*, 145 D.P.R. 408 (1998), y casos allí citados.

Cuando un demandado impugna la jurisdicción sobre su persona mediante la presentación de una moción para desestimar el tribunal puede: (1) simplemente evaluarla tomando en consideración solo las alegaciones de la demanda; (2) analizar los documentos y declaraciones juradas acompañadas, conjuntamente con las alegaciones y los documentos y contradeclaraciones juradas que presente el demandante en su oposición; (3) señalar para vista preliminar evidenciaria, o (4) posponer la cuestión para decidirla después de la vista en su fondo al resolver el caso.[9]

Al resolver un planteamiento de falta de jurisdicción sobre la persona sólo a base de las alegaciones, los hechos que no estén bien alegados y las conclusiones de derecho en las alegaciones no deben ser considerados por el tribunal. El demandante derrota la desestimación si demuestra que se han alegado hechos suficientes que, *prima facie*, de probarse, confieren al tribunal jurisdicción sobre la persona del no domiciliado a base de la regla de largo alcance, R. 3.1, 2009 y que se satisfacen los requisitos mínimos de debido procedimiento de ley.[10]

Cuando con una moción de desestimación por falta de jurisdicción sobre la persona se acompañan documentos y declaraciones juradas, para el demandante prevalecer tendrá que presentar documentos y contradeclaraciones juradas que acrediten, *prima facie*, hechos que demuestren que hay jurisdicción sobre la persona del demandado no domiciliado.[11]

Cuando el tribunal considera una moción de desestimación de un no domiciliado, por alegada falta de jurisdicción sobre la persona, sin celebrar vista, si el tribunal determina que *prima facie* se ha establecido el requisito de jurisdicción sobre la persona del demandado, la moción de desestimación se derrota. Esto, sin embargo, no releva al promovente de la acción de demostrar, mediante preponderancia de la prueba en el juicio en su fondo, que dicha jurisdicción existe.[12]

Si para resolver una moción de desestimación por falta de jurisdicción sobre la persona, el tribunal celebra una vista preliminar evidenciaria sobre la cuestión jurisdiccional, R. 10.6, 2009, el demandante está obligado a establecer, por preponderancia de la prueba que existe jurisdicción sobre la persona del no domiciliado conforme las disposiciones constitucionales del debido procedimiento de ley y la regla de largo alcance, R. 3.1, 2009 vigente.[13]

§ 2607. —Consolidación y renuncia de defensas

Cuando se formule una de las mociones de desestimación, exposición más definida, o eliminatoria de la R. 10, 2009, deben formularse conjuntamente cualesquiera otras de dichas mociones que la parte promovente pueda presentar.

---

[9] *Molina Avilés v. Supermercado Amigo, Inc.*, 119 D.P.R. 330 (1987).

[10] *Id.*

[11] *Id.*

[12] *Id.*

[13] *Molina Avilés, supra.*

Si no las acumula, se entienden renunciadas a menos que no se trate de una defensa de carácter privilegiada.

Las reglas no pueden permitir que todas estas mociones se presenten separadamente porque se dilataría el proceso innecesariamente. Todas se deben formular conjuntamente y resolverse de una vez por el tribunal. Por ejemplo, si se formula una moción de desestimación por dejar de exponer una reclamación que justifique la concesión de un remedio, sin acumular una moción eliminatoria que pudiera formularse, no se puede formular la moción eliminatoria posteriormente.[14]

Las únicas defensas que no se renuncian por no ser acumuladas en esta forma son las privilegiadas.

§ 2608. —Defensas privilegiadas

La moción de desestimación es el vehículo usual, pero no único, para plantear las defensas privilegiadas.

Se llaman privilegiadas las defensas que pueden plantearse en cualquier momento durante el proceso. R. 10.8(b) y (c). Son éstas:

(1) La defensa fundada en haber dejado de exponer una reclamación que justifique la concesión de un remedio. Puede levantarse en cualquier momento, debido a que si la demanda no aduce causa de acción, el tribunal no puede conceder un remedio a base de hechos alegados y probados que no den lugar a un remedio.

(2) La defensa de haber omitido acumular una parte indispensable.

(3) El dejar de exponer una defensa legal a una reclamación. Esta defensa puede levantarse por el demandante mediante moción para que se dicte sentencia por las alegaciones.

(4) La R. 10.8(c), 2009, que establece la cuarta defensa privilegiada arrastra un error conceptual que viene de la traducción de la correspondiente regla federal que se plasmó en nuestra R. 10.8, 1958. Se trata de la referencia como defensa privilegiada al concepto anglosajón de jurisdicción sobre la materia. Bajo la L.J. 2003 el TPI es el único tribunal de instancia y por tanto todo caso o controversia es de su competencia en esa etapa. Lo que puede darse es una falta de jurisdicción como tal por ser un asunto que competa a una agencia administrativa o a la esfera federal.

La R. 10.8(c) debe enmendarse para que se refiera a falta de jurisdicción solamente.

---

[14] Las Rs. 10.2 y 10.7, 2009, expresamente establecen que la formulación de una de las defensas incluidas en la regla como la nulidad del emplazamiento, no se entenderá renunciada porque venga acompañada de otra defensa que vaya a los méritos de la reclamación como el no aducir hechos que justifiquen la concesión de un remedio.

§ 2609. Moción para solicitar una exposición más definida

La moción para solicitar una exposición más definida de que nos habla la R. 10.4, 2009, viene a constituir una versión menguada del pliego de especificaciones (*bill of particulars*), y no desempeña la función de su antecesor, que tuvo una gran importancia bajo los sistemas procesales anglosajones del pasado. A través del pliego de especificaciones se obtenía mucha información para fines de preparación para el juicio. Hoy día esa función la realizan los medios de descubrimiento de prueba: deposiciones, interrogatorios, examen físico, requerimiento de admisiones, etc.

La moción hoy queda reducida al caso en que una alegación fuere tan ambigua que no fuere razonable exigirle una alegación responsiva a la parte contra la cual se dirige. Por ejemplo, una alegación es tan vaga, ambigua, imprecisa, que el demandado no la entiende. Entonces puede formular una moción para solicitar una exposición más definida.[15] Declarada con lugar la moción, en la cual se señalaran los defectos de la alegación y la exposición deseada, el tribunal concederá 10 días a la parte para que realice las especificaciones requeridas y de no cumplirse con esa orden, se podrá eliminar la alegación defectuosa (R. 10.4, 2009).

§ 2610. Moción eliminatoria

La moción eliminatoria está gobernada por la R. 10.5, 2009. El propósito de esta moción es la eliminación de las alegaciones de cualquier defensa insuficiente, de materia redundante, impertinente o difamatoria. Esta moción no es favorecida por los tribunales, y únicamente procede cuando existe un caso claro de incidencia en una de las causales de eliminación.[16]

La moción debe presentarse antes de alegar contra la alegación que contiene la materia cuya eliminación se solicita. Si esa alegación fuera una de las que no requieren alegación responsiva, entonces deberá presentarse 10 días después de haber sido notificada. El tribunal puede ordenar la eliminación de una aseveración o puede ordenar la eliminación de la alegación en su totalidad o de una moción en su totalidad.

Se ha dicho que el criterio para determinar si debe eliminarse cierta materia de las alegaciones, consiste en determinar a base de las Reglas de Evidencia, si esa materia sería admisible como prueba en el juicio. La moción eliminatoria en inglés se conoce como *motion to strike*. El "standard" aplicable al adjudicar esta moción es el mismo que se utiliza para adjudicar una moción de desestimación basada en que la demanda no aduce hechos constitutivos de causa de acción.

---

[15] *Santiago Ferrer v. Rodríguez Cintrón*, 72 D.P.R. 266 (1951).

[16] Sólo debe ordenarse una eliminación si la alegación no tiene relación alguna con la cuestión en controversia o si es claramente redundante, inmaterial, impertinente o escandalosa. *Rossy v. Tribunal Superior*, 80 D.P.R. 729 (1958).

§ 2611. Moción para que se dicte sentencia a base de las alegaciones

Existe controversia entre las alegaciones cuando los hechos aseverados por una parte no son aceptados por la parte contraria. El acto del juicio se hace necesario cuando entre las alegaciones de las partes existen hechos pertinentes en controversia. Si no hay controversia en las alegaciones no hay necesidad de celebrar un juicio para recibir prueba sobre hechos que se tienen por ciertos a base de las alegaciones.[17] En ese caso el tribunal podrá dictar sentencia a base de las alegaciones (R. 10.3, 2009). La moción para que se dicte sentencia por las alegaciones se considerará, naturalmente, no a base de prueba alguna, sino de lo que está expuesto en las alegaciones. El tribunal aplicará el derecho a las alegaciones y dictará la sentencia que corresponda.

Esta moción debe presentarse cuando todas las alegaciones estén presentadas. No se puede presentar antes de que se haya presentado la contestación porque sería prematura porque los hechos aseverados en la demanda no estarían aceptados. O como pasó en el caso de *Sepúlveda Vda. de Ducheny v. Casanova,* 72 D.P.R. 62 (1951), habiendo una reconvención sin contestarse no se podía dictar sentencia por las alegaciones.

Sucede muchas veces que en las alegaciones se aseveran hechos ciertos que se niegan frívolamente, y surge una aparente controversia. La moción sobre sentencia por las alegaciones puede acompañarse con prueba fehaciente de los hechos negados para eliminar la aparente controversia. Cuando se acompaña la moción para que se dicte sentencia por las alegaciones con prueba extrínseca se trata en realidad de una moción de sentencia sumaria; por eso la R. 10.3, 2009, dice: "Si en una moción en la que se solicite sentencia por las alegaciones se exponen materias no contenidas en dichas alegaciones y éstas no son excluidas por el tribunal, la moción deberá considerarse como una solicitud de sentencia sumaria [...]". El tribunal automáticamente la convierte en lo que debió ser: una moción de sentencia sumaria, a fines de que se siga el procedimiento previsto en cuanto a estas mociones.

§ 2611a. Mociones a resolver antes de la conferencia inicial

La R 10.6, 2009 requiere que las mociones de desestimación bajo la R. 10.2—falta de jurisdicción sobre la materia o la persona; deficiencias del emplazamiento o del diligenciamiento; falta de causa de acción o de parte indispensable—, la moción para que se dicte sentencia por las alegaciones de la R. 10.3 y la moción eliminatoria de la R. 10.5 se adjudiquen antes de la conferencia inicial o de no haberse hecho eso, que se adjudiquen en la propia conferencia inicial. En mi opinión esta regla debe aplicarse también a las mociones de sentencia sumaria presentadas antes de la conferencia inicial.

---

[17] *Partido Acción Civil v. E.L.A.*, 150 D.P.R. 359 (2000); *Montañez v. Hospital Metropolitano*, 157 D.P.R. 96 (2002).

§ 2612. Moción de sentencia sumaria—Concepto

La moción de sentencia sumaria es aquella que solicita que se dicte sentencia a favor del promovente a base de prueba que a la moción se acompaña sin necesidad de que se celebre vista en su fondo porque en realidad no existe controversia real sobre ningún hecho material en el caso.[18] Cuando surge de la moción y de la prueba que ésta acompaña que no existe controversia sustancial de hechos esenciales y pertinentes procede que el tribunal dicte sentencia sumaria, ya sea total o parcial.

Su finalidad fue muy bien expuesta por el TS en el caso *Padín v. Rossi*, 100 D.P.R. 259, 263 (1971) cuando señaló que "usada con sabio discernimiento, la sentencia sumaria es un valioso mecanismo procesal para descongestionar los calendarios judiciales. No debemos reducir su eficacia con limitaciones que en nada contribuyen a una mejor administración de justicia, pero que pueden retardarla." Lamentablemente la actitud del TS a lo largo de los años hacia la sentencia sumaria no ha sido esa, sino más bien la actitud reservada que se observa hacia un mecanismo de excepción favoreciéndose la disposición de los pleitos tras juicio en su fondo. Véase: *Management Administration Services Corp. v. E.L.A.*, 152 D.P.R. 599 (2000); *Consejo de Titulares del Condominio Parkside v. MGIC Financial Corp.*, 128 D.P.R. 538 (1991); *Corporation of the Presiding Bishop C.J.C. of L.D.S. v. Purcell*, 117 D.P.R. 714 (1986).

Sin embargo, en *Ramos Pérez v. Univisión Puerto Rico, Inc.*, 2010 T.S.P.R. 15, el TS da un giro a la política cautelar en contra de su expedición[19] y de la filosofía interpretativa y de aplicación que había estado expresando del mecanismo de sentencia sumaria, y le da una efectividad real con el rigor necesario para darle eficacia a este mecanismo.

El TS ha desarrollado una doctrina para favorecerla en los casos en que la prensa es objeto de demandas por la publicación de informaciones libelosas contra los ciudadanos.

Fundamentado en la ficción jurídica, contraria a toda realidad, de que la prolongación de un pleito contra un periódico puede tener un efecto paralizante o disuasivo (*chilling effect*) sobre el ejercicio de la libertad de prensa, el TS ha exaltado la sentencia sumaria para adjudicar en contra de los ciudadanos las demandas contra los periódicos por libelo. Véase: *Colón Pérez v. Televicentro de*

---

[18] *Toro Avilés v. Puerto Rico Telephone Company*, 2009 T.S.P.R. 163; *E.L.A. v. Cole Vázquez*, 164 D.P.R. 608 (2005); *Sierra Quiñones v. Rodríguez Luciano*, 163 D.P.R. 738 (2005); *Roth v. Lugo*, 87 D.P.R. 386 (1963); *Mercado Riera v. Mercado Riera*, 87 D.P.R. 566 (1963). Si los hechos no están en controversia y el pleito sólo presenta una cuestión de derecho, está en orden disponer del asunto mediante sentencia sumaria. Véanse también: *Pérez v. Concepción*, 104 D.P.R. 83 (1975); *Padín v. Rossi*, 100 D.P.R. 259 (1971); *R & R Shoe Corp. v. García Rodríguez*, 95 D.P.R. 571 (1967); *C. Brewer P.R., Inc. v. Francisco Vega Otero, Inc.*, 92 D.P.R. 443 (1965).

[19] *Roth v. Lugo*, 87 D.P.R. 386 (1963); *Valcourt Questell v. Tribunal Superior*, 89 D.P.R. 827 (1964).

Puerto Rico, 2009 T.S.P.R. 43; *Cabrero Muñiz v. Zayas Seijo*, 167 D.P.R. 766 (2006); *Méndez Arocho v. El Vocero de P.R.*, 130 D.P.R. 867 (1992); *Oliveras v. Paniagua Diez*, 115 D.P.R. 257 (1984); *García Cruz v. El Mundo, Inc.*, 108 D.P.R. 174 (1978).

La asimetría entre el poder de un ciudadano demandante contra un periódico demandado no puede ser ni mayor ni más evidente. Difícilmente podemos concebir que unos dueños de periódicos con todo el poder que tienen sobre la opinión pública y además asegurados contra todo riesgo resulten paralizados en el ejercicio de su derecho de publicar por temor a la justicia. Al contrario, el verdadero efecto paralizante es el que sufre un tribunal al tener que decidir un caso en contra a un periódico.

§ 2613. —Propósito

La moción de sentencia sumaria persigue el propósito de obtener un remedio rápido y eficaz por vía de sentencia, dispensando del juicio cuando la parte que la promueve puede acreditar al tribunal que no existe una controversia genuina y sustancial con relación a los hechos esenciales y pertinentes a la norma jurídica a aplicar en el litigio. La moción de sentencia sumaria no se considera a base de las alegaciones como se considera la moción de desestimación o como se considera la moción para que se dicte sentencia a base de las alegaciones. La moción de sentencia sumaria controvierte las alegaciones, ante una aparente controversia en las mismas, al presentar al tribunal evidencia que acredita los hechos como han sido aseverados por la parte promovente.

La moción de sentencia por las alegaciones únicamente procede cuando no hay hechos en controversia en las alegaciones. La moción de sentencia sumaria procede aun cuando de las alegaciones existan hechos en controversia, si la parte que la promueve puede demostrar, que aun cuando de las alegaciones surja una aparente controversia, en el fondo, penetrando hasta la sustancia probatoria, esa controversia no existe.

La parte contra la cual se presenta una moción de sentencia sumaria tiene que defenderse de la moción refutando la prueba presentada por el promovente.[20]

En otras palabras, si se presenta una moción solicitando sentencia sumaria, apoyada en documentos u otra evidencia, la parte contraria tiene, a su vez, que

[20] La parte contra quién se promueve una moción de sentencia sumaria no puede cruzarse de brazos y descansar en sus alegaciones, si no que tiene que refutar los hechos alegados mediante presentación de prueba. *Sánchez Montalvo v. Autoridad de los Puertos*, 153 D.P.R. 559 (2001); *Luan Investment v. Rexach Construction Co.*, 152 D.P.R. 652 (2000). Sin embargo, el mero hecho de que el promovido no se oponga, no implica necesariamente que ésta proceda, ya que debe proceder en derecho. *Corp. of the Presiding Bishop v. Purcell*, 117 D.P.R. 714 (1986). Véase, además, *Quest Diagnostics of Puerto Rico, Inc. v. Municipio de San Juan*, 2009 T.S.P.R. 77.

traer evidencia para sostener sus alegaciones y no puede descansar en lo que digan esas alegaciones para derrotar la moción de sentencia sumaria.[21]

§ 2614. —Cuándo puede presentarse

La R. 36.1, 2009, dispone que el demandante puede presentar la moción de sentencia sumaria 20 días después de la fecha del emplazamiento del demandado. El demandado puede solicitar sentencia sumaria a su favor en cualquier momento. No obstante, la Rs. 36.1 y 36.2 establecen el término límite para su presentación, el cual no podrá extenderse más allá de los 30 días siguientes a la fecha límite establecida por el tribunal para el descubrimiento de prueba. La sentencia que haya de dictarse puede ser a favor o en contra de cualquier parte en el pleito (R. 36.3, 2009).

El término de 20 días para el demandante no es aplicable cuando el demandado ha solicitado sentencia sumaria a su favor, ni es aplicable a un demandante contra coparte, ni a un contrademandante. Sí es aplicable, a mi juicio, al demandante contra tercero.

§ 2615. —Cuándo procede

La sentencia sumaria procede cuando por medio de la evidencia que se acompaña en apoyo de la moción queda demostrado que no hay controversia sustancial en cuanto a los hechos esenciales y pertinentes a la aplicación de la norma y que como cuestión de derecho debe dictarse la misma. Aquella parte que solicita una sentencia sumaria en un pleito viene obligada a demostrar que no hay controversia genuina sobre los hechos del caso a ser juzgada. Es deber del juzgador determinar si existe una controversia de hechos sustancial; y si la hay, debe dirimirse en el juicio correspondiente. *Valcourt Questell v. Tribunal Superior*, 89 D.P.R. 827 (1964). La ausencia de controversia de hechos es la base sobre la cual ha de dictarse sentencia sumaria, ya que de existir tal controversia no podría dictarse y habría que celebrar un juicio para resolver la controversia en torno a los hechos.[22] La sentencia sumaria no puede dictarse a iniciativa propia del tribunal. Tiene que serlo a solicitud de parte.[23] Sin embargo, el tribunal puede dictar sentencia sumaria en contra de la parte que solicita que se dicte sentencia sumaria a su favor. *Partido Acción Civil v. E.L.A.*, 150 D.P.R. 359 (2000).

El caso de *Jusino Figueroa v. Walgreens de San Patricio, Inc.*, 155 D.P.R. 560 (2001) resume la política del TS sobre la sentencia sumaria. Nos indica que para

---

[21] La parte contraria no podrá descansar solamente en las aseveraciones o repulsas contenidas en sus alegaciones, sino que vendrá obligada a contestar en forma tan detallada y específica, como lo hubiera hecho la parte promovente, exponiendo aquellos hechos materiales que cree que intenta probar, y si no contestara bajo juramento, deberá dictarse sentencia en su contra. *Fuentes v. Secretario de Hacienda*, 85 D.P.R. 492 (1962).

[22] *E.L.A. v. Cole Vázquez*, *supra*; *Valcourt Questell v. Tribunal Superior*, *supra*.

[23] *González v. Alicea*, 132 D.P.R. 638 (1993).

prevalecer en una moción de sentencia sumaria es necesario demostrar afirmativamente que se cuenta con evidencia aceptable, admisible y suficiente para ser presentada en un juicio. El solo hecho de no presentar evidencia que controvierta la presentada por la parte promovente no implica que el Tribunal tenga que emitir la sentencia sumaria. La sentencia sumaria es un mecanismo procesal discrecional extraordinario que únicamente debe concederse cuando la evidencia que se presente con la moción establezca con claridad la existencia de un derecho, de manera que solo procederá en casos claros cuando el Tribunal tenga ante sí la verdad sobre todos los hechos esenciales y pertinentes. Siendo la sentencia sumaria un remedio discrecional, el principio rector para su utilización es el sabio discernimiento del juzgador, ya que mal utilizada puede prestarse para despojar a un litigante de su día en corte. Cualquier duda acerca de la existencia de una controversia sobre los hechos medulares del caso deberá resolverse contra la parte que la solicita. Ver también *Asociación de Pescadores de Punta Figueras, Inc. v. Marina de Puerto del Rey*, 155 D.P.R. 906 (2001); *García Rivera v. Enríquez Marín*, 153 D.P.R. 323 (2001); *Management Administration Services Corp. v. E.L.A.*, 152 D.P.R. 599 (2000); *Rosario Ortiz v. Nationwide Mutual Insurance Co.*, 158 D.P.R. 775 (2003); *Nissen Holland v. Genthaller*, 2007 T.S.P.R. 197.

El mecanismo de sentencia sumaria no es el apropiado para resolver casos en donde hay elementos subjetivos de intención, propósitos mentales o negligencias o cuando el factor de credibilidad sea esencial.[24] Tampoco debe utilizarse en casos muy complejos o que involucren el interés público.[25]

§ 2616. —Procedimiento

La R. 36.3 establece un esquema bien detallado de lo que debe contener una solicitud de sentencia sumaria. La regla especifica que ésta contendrá lo siguiente: "1) una exposición breve de las alegaciones de las partes; 2) los asuntos litigiosos o en controversia; 3) la causa de acción, reclamación o parte respecto a la cual es solicitada la sentencia sumaria; 4) una relación concisa y organizada en párrafos enumerados, de todos los hechos esenciales y pertinentes sobre los cuales no hay controversia sustancial, con indicación de los párrafos o las páginas de las declaraciones juradas u otra prueba admisible en evidencia donde se establecen los mismos, así como de cualquier otro documento admisible en evidencia que se encuentre en el expediente del tribunal; 5) las razones por las cuales debe ser dictada la sentencia, argumentando el derecho aplicable, y 6) el remedio que debe ser concedido."

Toda relación de hechos expuesta en la moción de sentencia sumaria debe ser sustentada a base de la evidencia que ésta acompaña, y se considerarán admitidos

---

[24] *Jusino Figueroa v. Walgreens of San Patricio, Inc.*, *supra*; *Elías Vega v. Chenet*, 147 D.P.R. 507 (1999); *Piñero González v. A.A.A.*, 146 D.P.R. 890 (1998).

[25] *González v. Hospital*, 168 D.P.R. 127 (2006). De otra parte, véase, *Ramos Pérez v. Univisión Puerto Rico, Inc.*, 2010 T.S.P.R. 15.

a menos que su opositor los controvierta. No obstante, el tribunal no estará obligado a considerar aquellos hechos que no se encuentren sustentados junto con el señalamiento específico de los párrafos o las páginas de las declaraciones juradas o de la prueba admisible en evidencia donde éstos se establecen. De igual forma, tampoco estará obligado a considerar aquellas partes de las declaraciones juradas o de cualquier otra evidencia a la cual no se haya hecho referencia.

La moción de sentencia sumaria alegará que de conformidad con la evidencia que se acompaña, no existe controversia real y sustancial en cuanto a cualquier hecho esencial y pertinente al fallo de las alegaciones y que la parte tiene derecho a que se dicte sentencia a su favor.

Para sostener la moción de sentencia sumaria pueden presentarse, entre otras, las siguientes piezas de evidencia: certificaciones, documentos públicos, admisiones de la parte contraria, deposiciones, contestaciones a interrogatorios, declaraciones juradas o affidávits, y hasta prueba oral.

El propósito de presentar esta prueba es ir más allá de las alegaciones y demostrar al tribunal que aun cuando exista o surja una aparente controversia de las mismas, en la realidad, tal controversia no existe.

La evidencia más frecuentemente usada en la moción de sentencia sumaria es la declaración jurada. Las reglas contienen disposiciones especiales en cuanto a estos affidávits o declaraciones juradas (R. 36.5, 2009). De no cumplir con ellas el affidávit sería insuficiente y no podría utilizarse como base para sostener la moción de sentencia sumaria. Las declaraciones juradas para sostener u oponer a la moción de sentencia sumaria deben basarse en el conocimiento personal del demandante y demostrar afirmativamente que el declarante está capacitado para testificar en cuando a su contenido: contendrán únicamente aquellos hechos que sean admisibles como evidencia en el juicio en su fondo.

Si en esas declaraciones juradas se hace referencia a documentos, deben unirse a las mismas copias juradas o certificadas de dichos documentos y notificarse conjuntamente con la declaración que es a su vez notificada con la moción.

Este requisito en torno a las declaraciones juradas está hermanado con el propósito de la sentencia sumaria de evitar un juicio inútil. Hay que demostrar afirmativamente que se cuenta con la evidencia capaz de ser presentada en el juicio. Por eso se requiere que las declaraciones juradas demuestren afirmativamente el conocimiento personal y la calificación del testigo, también que se requiera que se presenten únicamente hechos admisibles como evidencia en juicio.

El esquema discriminatorio elaborado por el TS para favorecer las mociones de sentencia sumaria que presentan los periódicos en contra de los ciudadanos que les reclaman por difamación (Sec. 2612, *ante*), ha prohijado lo que el TS llama la modalidad de la sentencia sumaria por insuficiencia de la prueba.

En el caso de *Medina Morales v. Merck, Sharp & Dhome, Química de P.R., Inc.*, 135 D.P.R. 716 (1994), el TS nos explica que: "[b]ajo la modalidad de la sentencia sumaria por insuficiencia de prueba, después de que las partes hayan realizado un adecuado y apropiado descubrimiento de prueba, el promovente puede presentar su moción de sentencia sumaria alegando insuficiencia de prueba por parte del promovido. La moción puede acompañarla con todos los documentos relacionados con el descubrimiento de prueba o sin documento alguno, si éstos obran en el expediente del tribunal. La parte promovente tiene el peso de demostrarle al tribunal que la parte promovida no cuenta con evidencia admisible suficiente para probar, por lo menos, un elemento esencial indispensable para su caso. Puede, además, acompañar su moción con evidencia afirmativa, no necesariamente obtenida mediante la utilización de los mecanismos de descubrimiento de prueba, que niegue algún elemento esencial de la reclamación de la parte promovida.

"Con relación a la moción de sentencia sumaria que se acompaña con evidencia afirmativa, sigue diciendo el TS, la parte promovida podrá derrotarla con sólo presentar una oposición acompañada con prueba que controvierta o que rebata la evidencia afirmativa presentada por el promovente. Esta prueba en oposición a la sentencia sumaria puede ser admisible en evidencia o una, que aunque no sea admisible en la forma presentada, podría convertirse en prueba admisible o dar lugar a prueba admisible.

"Bajo cualquiera circunstancias, concluye el TS, al presentarse una moción de sentencia sumaria por insuficiencia de la prueba, la parte promovente tiene el peso afirmativo de demostrar que se ha llevado a cabo un descubrimiento de prueba completo, adecuado y apropiado o sea que ha explorado concienzudamente la posibilidad de la existencia de evidencia admisible. Esto significa que tiene que poner al tribunal en posición de evaluar la adecuacidad del descubrimiento de prueba que realizó". Ver también *Pérez Rosado v. El Vocero de P.R.*, 149 D.P.R. 427 (1999).

§ 2617. —Oposición

La parte a quien se notifica la moción de sentencia sumaria tiene la obligación de formular una oposición dentro de los 20 días de su notificación. La R. 36.3, 2009 también establece un marco detallado de lo que debe contener una contestación a una solicitud de sentencia sumaria. La regla indica que la contestación debe contener, además de las primeras tres exigencias que se le requiere a la solicitud de sentencia sumaria, lo siguiente: 1) una relación concisa y organizada, con una referencia a los párrafos enumerados por la parte promovente, de los hechos esenciales y pertinentes que están realmente y de buena fe controvertidos, con indicación de los párrafos o las páginas de las declaraciones juradas u otra prueba admisible en evidencia donde se establecen los mismos, así como de cualquier otro documento admisible en evidencia que se encuentre en el expediente del tribunal; 2) una enumeración de los hechos que no están en controversia, con indicación de los párrafos o las páginas de las declaraciones juradas u otra prueba admisible en evidencia donde se establecen los mismos, así como de cualquier otro documento admisible en evidencia que se encuentre en el expediente del tribunal, y 3) las razones por las cuales no debe ser dictada la sentencia, argumentando el derecho aplicable.

La parte contra la cual se solicita sentencia sumaria no puede descansar en sus alegaciones. Si, por ejemplo, en su contestación negó la existencia de un documento público y se presenta una moción de sentencia sumaria, acompañada del documento, no puede cruzarse de brazos, tiene que oponer evidencia en contrario. Si nada hace y la moción procede como cuestión de derecho, se dictará sentencia sumaria en su contra.[26]

La R. 36.3(c) de 2009 lo expresa en esta forma: "Cuando se presente una moción de sentencia sumaria y se sostenga en la forma provista en esta Regla 36, la parte contraria no podrá descansar solamente en las aseveraciones o negaciones contenidas en sus alegaciones, sino que estará obligada a contestar en forma tan detallada y específica como lo haya hecho la parte promovente. De no hacerlo así, se dictará la sentencia sumaria en su contra si procede."

Para decidir una moción de sentencia sumaria, el tribunal puede, a su discreción, celebrar una vista para escuchar los argumentos de las partes pero no para recibir prueba oral controvertida pues al decidir sobre una sentencia sumaria, el tribunal no puede entrar en la credibilidad de los testigos. Véase: *López Rivera v. E.L.A.*, 127 D.P.R. 530 (1990).

El TS ha resuelto en el caso de *Jorge et al. v. Universidad Interamericana*, 109 D.P.R. 505 (1980), que al resolver una moción de sentencia sumaria:

> "[...] toda inferencia que se haga a base de los hechos y documentos obrantes en los autos debe tomarse desde el punto de vista más favorable a la parte que se opone a la solicitud de sentencia sumaria, y [...] toda duda en cuanto a si hay hechos relevantes en controversia debe resolverse contra la parte que solicita la sentencia sumaria."

§ 2618. —Protección al litigante para contestar

Puede darse el caso en que en el comienzo de un litigio o en el transcurso del mismo se presente una moción de sentencia sumaria y la parte contra la cual se ha presentado no esté en condiciones de oponerse a la misma en la forma que tiene que oponerse. Entonces entra en función la R. 36.6, 2009. "Si de las declaraciones juradas de la parte que se oponga a la moción resulta que ésta no puede, por las razones allí expuestas, presentar mediante declaraciones juradas hechos esenciales para justificar su oposición, el tribunal podrá denegar la solicitud de sentencia o posponer su consideración concediéndole a la parte promovida un término razonable para que pueda obtener declaraciones juradas, tomar deposiciones, conseguir que la otra parte le facilite cierta evidencia, o dictar cualquier otra orden que sea justa."

---

[26] *Mercado Vega v. U.P.R.*, 128 D.P.R. 273 (1991); *Fuentes v. Secretario de Hacienda*, 85 D.P.R. 492 (1962).

Véase que el planteamiento tiene que hacerse mediante declaración jurada. Además, las razones justificando la inhabilidad tienen que ser persuasivas. *García Rivera v. Enríquez Marín*, 153 D.P.R. 323 (2001).

§ 2619. —Memorándum

Generalmente las mociones de sentencia sumaria van acompañadas de un alegato sobre la procedencia de la moción como cuestión de derecho. Ese memorando puede presentarse al momento de presentar la moción o después de celebrada la vista, si el tribunal señala la moción para vista.

§ 2619a. Cuándo se dictará la sentencia sumaria

Procede dictar sentencia sumaria si de las alegaciones, deposiciones y admisiones hechas junto con las declaraciones juradas—si las hubiere—u otros documentos pertinentes, se demostrare al tribunal que no hay controversia real en un pleito en cuanto a ningún hecho material y que como cuestión de derecho debe dictarse sentencia sumaria a favor de la parte que la solicita. *Valcourt Questell v. Tribunal Superior, supra.*

§ 2620. Providencias cuando no procede la sentencia sumaria

Si existe controversia de hechos no procede la moción como cuestión de derecho, el tribunal declarará la moción "sin lugar", pero tomará ciertas providencias que facilitarán la tramitación ulterior del litigio. Por ejemplo, en caso de daños y perjuicios el tribunal puede dictar sentencia sumaria de naturaleza interlocutoria[27] decidiendo únicamente la cuestión de responsabilidad legal, aunque exista una controversia real sobre la cuantía de los daños.

De no proceder la moción o no concederse todo el remedio solicitado, el tribunal está obligado, de conformidad con lo que provee la R. 36.4, 2009, a resolver la moción mediante una determinación de los hechos esenciales y pertinentes sobre los cuales no hay controversia y los que están realmente y de buena fe controvertidos, ordenando los procedimientos ulteriores que sean justos en el pleito. Al celebrarse el juicio, se considerarán probados los hechos así especificados y se procederá de conformidad. Véase *Rosario Ortiz v. Nationwide Mutual Ins. Co.*, 158 D.P.R. 775 (2003).

§ 2621. Moción de recusación del juez—Concepto

La moción de inhibición o de recusación del juez es aquella que tiene por objeto evitar que determinado juez entienda en un litigio.

---

[27] Este proveimiento no dispone del caso en su fondo y no es apelable pues no es una sentencia final. *Camaleglo v. Dorado Wings, Inc.*, 118 D.P.R. 20 (1986).

§ 2622. —Fundamentos

Es un principio de derecho universalmente reconocido que ninguna persona debe sentarse como juez en su propio caso o en un caso en que esté materialmente interesado, o en que la parcialidad o el prejuicio sea motivo de incapacidad para que un juez intervenga en una causa. Los estatutos que tratan sobre la inhibición tienen el propósito de otorgar a cada litigante un juicio imparcial y justo ante un juez desinteresado. "El espíritu de nuestras leyes demanda que cada caso sea justa e imparcialmente juzgado y que ningún juez debe pensar en presidir en la vista de un caso en el cual de buena fe está tan seriamente cuestionada."[28]

Es requisito fundamental del debido proceso de ley que el juez conceda a las partes un juicio justo e imparcial.[29]

Este requisito, a veces, es imposible lograrlo cuando el juez se encuentra en alguna de las situaciones definidas en la R. 63.1, 2009 que son básicamente las expuestas en el Canon 20 de Etica Judicial, que lo descalifican para actuar como tal. Se presume que de hallarse en una de esas circunstancias se encontraría prejuiciado a favor de alguna de las partes o en contra de alguna de ellas.

La R. 63.1 establece las siguientes circunstancias que dan lugar a la inhibición o a la recusación obligatoria[30] del juez:

"(a) Por tener prejuicio o parcialidad hacia cualquiera de las personas o los abogados o abogadas que intervengan en el pleito o por haber prejuzgado el caso.[31] El estándar ético es objetivo: si una persona razonable, con conocimiento de todas las circunstancias, tendría dudas sobre la imparcialidad del juez. *In re Campoamor Redín*, 150 D.P.R. 138 (2000).

"(b) por tener un interés personal o económico en el resultado del caso.

"(c) por existir un parentesco de consanguinidad o afinidad dentro del cuarto grado con (el)(la) fiscal, procurador(a) de asuntos de familia, defensor(a) judicial, procurador(a) de menores o con cualquiera de las partes o sus representantes legales en un procedimiento civil.

"(d) por existir una relación de amistad de tal naturaleza entre el juez o jueza y cualquiera de las partes, sus abogados o abogadas, testigos u otra persona involucrada en el pleito que pueda frustrar los fines de la justicia.

"(e) por haber sido abogado(a) o asesor(a) de cualquiera de las partes o de sus abogados(as) en la materia en controversia, o fiscal en una investigación o

---

[28] *Peña v. García Cintrón*, 45 D.P.R. 44 (1933).

[29] Véase *Valentín Cruz v. Torres Marrero*, 80 D.P.R. 463 (1958); *Aetna Life Ins. Co. v. Lavoie*, 475 U.S. 813, 106 S. Ct. 1580, 89 L. Ed. 2d 823 (1986).

[30] "[...] un juez *deberá* inhibirse" (R. 63.1).

[31] La imputación de parcialidad o prejuicio debe cimentarse en cuestiones personales serias, no triviales ni judiciales; es decir en una actitud originada extrajudicialmente en situaciones que revistan sustancialidad. *Ruiz Rivera v. Pepsico de P.R. Inc.*, 148 D.P.R. 586 (1999).

procedimiento criminal en el que los hechos fueron los mismos presentes en el caso ante su consideración.

"(f) por haber presidido el juicio del mismo caso en un tribunal inferior o por haber actuado como magistrado(a) a los fines de expedir una orden de arresto o citación para determinar causa probable en la vista preliminar de un procedimiento criminal.

"(g) por intervenir en el procedimiento una persona natural o jurídica que le haya facilitado o gestionado algún préstamo en el que no se hayan dispensado las garantías o condiciones usuales.

"(h) cuando en calidad de funcionario(a) que desempeña un empleo público, haya participado como abogado(a), asesor(a) o testigo esencial del caso en controversia.

"(i) cuando una de los abogados o abogadas de las partes sea abogado(a) de los jueces o juezas que han de resolver la controversia ante su consideración o lo haya sido durante los últimos tres años,[32] o

"(j) por cualquier otra causa que pueda razonablemente arrojar dudas sobre su imparcialidad para adjudicar o que tienda a minar la confianza pública en el sistema de justicia."[33]

Si bien el abogado debe ser prudente y juicioso para evitar la presentación de solicitudes de recusación que carezcan de los elementos necesarios que fundamenten alguna de las causas que esboza la R. 63.1, 2009, el TS en *In re Marchand Quintero*, 151 D.P.R. 973 (2000) aconsejó que "el abogado, en el descargo de su responsabilidad como representante de su cliente, debe actuar sin temor cuando tiene motivos fundados para solicitar la inhibición de un juez. Debe, sin embargo, ser cauteloso sobre todo cuando el motivo de inhibición que invoca acusa conducta del juez reñida con la ética judicial. Y mientras más grave sea la imputación, mayor debe ser su ponderación de las bases de la misma." Véase, además, *Lind Flores, et als. v. Suiza Dairy Corp., et als.*, 160 D.P.R. 485 (2003).

---

[32] En los Comentarios a los Cánones de Etica Judicial sobre este inciso (i), equivalente al inciso (h) del Canon 20 de Etica Judicial, se establece lo siguiente: "una representación legal ocurrida hace más de tres años no motivaría la inhibición de las juezas o de los jueces [...], por considerarse remota. Sin embargo, independientemente del número de años, la inhibición no necesariamente procede cuando la representación legal se ofreció en un caso donde la jueza o el juez hubiese sido demandado anteriormente en su carácter oficial o en su carácter personal en el ejercicio de sus funciones oficiales al amparo de la Ley Núm. 9 de 26 de noviembre de 1975, según enmendada."

[33] Un ejemplo de esta causal lo sería el parentesco de un testigo crucial con el juez. Véase Negrón Portillo, *El Juez y la Apariencia de Imparcialidad*, BOLETÍN JUDICIAL, Año 5, Núm. 4, Oct.-Dic. 1983, pág. 33.

§ 2623. —Procedimiento

La inhibición puede producirse de dos maneras: (1) a iniciativa del juez; (2) a solicitud de parte por recusación.

Si la inhibición se produce a iniciativa del juez, ésta debe tener lugar tan pronto éste tenga conocimiento de la causa para inhibirse y efectuarse mediante resolución escrita y fundamentada. (Canon 20 Etica Judicial)

Si la inhibición es por recusación, ésta se promueve mediante una solicitud de recusación.

El procedimiento es el siguiente: Se presenta una solicitud de recusación al juez que se pretende recusar dentro de los 20 días de la fecha en que se conoce la causa que la motiva, con expresión de los hechos específicos en los cuales se fundamenta e incluirá la prueba que los sustenta.

No es buena práctica tratar el asunto informalmente con el juez. *In re Marchand Quintero*, 151 D.P.R. 973 (2000). Esta solicitud irá acompañada por una declaración jurada. En ella es que se exponen los hechos constitutivos de la causal de inhibición, bien hechos demostrativos de que el juez está interesado en el resultado del caso, bien hechos de parentesco, bien hechos demostrativos de relaciones de abogado, asesor o fiscal, o hechos demostrativos de relaciones de prejuicio, etc.

Esta solicitud debe presentarse antes de que el magistrado comience a actuar de fondo en el caso.[34] El derecho a solicitar la inhibición es renunciable y la parte, que conociendo las causas de inhibición se somete al magistrado, renuncia al derecho de solicitar la inhibición.

Al presentarse la solicitud de recusación debidamente fundamentada, si el juez decide que procede su inhibición lo hará constar mediante una resolución especificando el inciso de la R. 63.1 que la motivó, sin especificar los hechos que le dan base, pero cuando se invoca el inciso (j), deberá detallar las circunstancias específicas. Esta resolución será notificada a todas las partes y el caso será transferido a otro juez.

Si el juez concluye que no procede su inhibición, se abstendrá y remitirá los autos al juez administrador para que éste designe un juez que resuelva la solicitud de recusación. La R. 63.2, 2009 le impone al juez asignado un término de 30 días para resolver la solicitud una vez quede sometida.

Si el promovente de la solicitud no cumple con las formalidades de la regla, como por ejemplo, presentar una solicitud sin juramentar, el juez no tiene que pasar juicio sobre ella debido a que el escrito carece de eficacia, por lo que puede continuar con los procedimientos del caso.[35]

---

[34] No procede solicitar la inhibición del juez que actuó en el TPI mediante el Recurso de Apelación contra la sentencia dictada por dicho juez. *Departamento de la Familia v. Soto*, 147 D.P.R. 618 (1999).

[35] *Martí Soler v. Gallardo Alvarez*, 170 D.P.R. 1 (2007). Véase además el propósito del juramento en *Piñero v. Martínez Santiago*, 104 D.P.R. 587, 590 (1976).

La última oración de la R. 63.2, 2009 establece una norma que evita lo que se conoce en la esfera federal como el "judge shopping".[36] Esta reprobable práctica persigue conseguir la inhibición de jueces mediante la inclusión de abogados que a sabiendas produzcan dichas inhibiciones. Esta normativa prohíbe, una vez un juez haya comenzado a intervenir en un caso, la unión al caso de abogados cuya intervención produzca la inhibición.

§ 2624. Aplicabilidad de la R. 63, 2009, al TS y al TA

La R. 63, 2009 no limita su aplicación al TPI. A mi juicio, debe ser aplicada tanto por el TA como por el TS con respecto a sus magistrados.

Aunque el TS ha tratado de distinguir en función de la necesidad de ciertas mayorías, la situación de sus jueces *vis-á-vis* de la de los jueces del TPI—*Corporación de P.R. para la Difusión Pública v. Unión General de Trabajadores*, 156 D.P.R. 631 (2002); *Noriega Rodríguez v. Hernández Colón*, 120 D.P.R. 267 (1988)—lo cierto es que ausentes circunstancias concretas, es decir, no hipotéticas, de necesidad, sienta mal que el más alto tribunal se exima a sí mismo de normas como las de la R. 63, 2009, enderezadas a garantizar el fundamental principio de imparcialidad en la justicia.[37] Sin duda, los magistrados del TS son sumamente escrupulosos y prestos a inhibirse a iniciativa propia. Pero el principio de que si el juez no lo ha hecho que sea otro juez, en este caso el pleno, quien tome la determinación frente a una solicitud de recusación, es tan consustancial al debido proceso de ley que la más alta magistratura no debe rehuirlo.

En cuanto al TA el Reglamento aprobado por el TS para este tribunal apelativo exige la inhibición y permite la recusación por las causas establecidas por ley, entiéndase la R. 63, 2009, y los Cánones de Etica Judicial (R. 9(A), RTA). La solicitud de recusación debe ser jurada. Se refiere al juez cuya inhibición se solicita primero y si éste no la concede, pasa a otro panel del TA para ser resuelta (R. 9(C), RTA).

§ 2625. Moción para transferencia de vista

Toda moción que tenga como propósito suspender o transferir una vista antes del juicio se hará por escrito y en la misma se expondrán los fundamentos para la solicitud. La parte promovente de la moción deberá sugerir al menos tres fechas para el nuevo señalamiento, después de haber verificado que la parte contraria no tenga conflicto respecto a las fechas sugeridas. (R. 8.5, 2009)

Solo podrá formularse una moción verbalmente el día de la vista solo si ocurriesen circunstancias extraordinarias no anticipables.

---

[36] *Meléndez v. Caribbean Int'l, News*, 151 D.P.R. 649 (2000).

[37] Ver *Ramírez de Ferrer v. Mari Brás*, 142 D.P.R. 941 (1997); *In re Colton Fontán*, 141 D.P.R. 571 (1996).

Cualquier estipulación que hicieren las partes y sus abogados para suspender una vista requerirá el consentimiento del juez.

PARTE 8

LA REBELDIA

CAPITULO 27: CONCEPTO, CAUSAS Y EFECTOS

SECCIÓN

§ 2701. Concepto

La rebeldía es la posición procesal en que se coloca la parte que ha dejado de ejercitar su derecho a defenderse o de cumplir un deber procesal.

§ 2702. Fundamentos

(1) *La no comparecencia.*—Se trata del caso de que una vez emplazado, el demandado no se persona en autos, es decir, no comparece. En este caso el demandado no ha utilizado el derecho que tiene a comparecer a defender sus derechos.

Ningún demandado tiene el deber de comparecer al proceso. Tiene el derecho o facultad de hacerlo. Si no lo hace, entra en función la mecánica de la rebeldía para que el proceso continúe desenvolviéndose sin el personamiento de este demandado en autos. Este demandado no ha incumplido un deber; sencillamente optó por no asistir y dejar que el proceso continúe sin su comparecencia. Esta actitud equivale a una renuncia a realizar ciertos actos procesales que a su derecho pudieran convenir.

(2) *Rebeldía por no alegar dentro del término concedido por la ley.*—Se trata del caso en que el demandado comparece mediante alguna moción y posteriormente no formula su contestación o la alegación que corresponda a tiempo. Es decir no ejercita su derecho a defenderse.

(3) *Negarse a descubrir su prueba cuando la parte contraria la ha requerido para ello mediante alguno de los medios de descubrimiento de prueba.*—Por ejemplo, si el demandante notifica al demandado que le ha de tomar su deposición, el demandante puede solicitar sentencia en rebeldía contra el demandado por haber dejado de cumplir con un deber procesal. Igualmente, si se

notifica un interrogatorio (Rs. 34.3 y 34.5) que el demandado rehúsa contestar, también se puede dictar sentencia en rebeldía en su contra.[1]

(4) Incumplimiento de una orden del tribunal.[2]

§ 2703. Anotación

Si la rebeldía de que se trata es por la causal de no haber comparecido o no haber alegado a tiempo,[3] entonces el acto procesal que se realizará contra esa parte será la anotación de la rebeldía (R. 45.1, 2009).

La parte interesada formulará una moción dirigida al secretario del tribunal acompañada o no, según sea el caso, de una declaración jurada, interesando la anotación de rebeldía.[4] La declaración jurada establecería el hecho de que no se ha recibido contestación de parte del demandado y además el hecho de que fue emplazado. Con independencia de la declaración jurada, el secretario del tribunal puede constatar estos hechos de los autos que tiene bajo su custodia.

La anotación de rebeldía es una nota en los autos que toma el secretario donde sencillamente dice algo como lo siguiente: "Que no habiendo comparecido el demandado dentro del término que le concede la ley, se le anota la rebeldía en tal fecha."

En cuanto a la tercera causal, que es la de negarse a descubrir prueba, no es indispensable hacer una anotación de rebeldía, pero puede hacerse (R. 45.1, 2009). En estos casos es menester una orden previa ordenando el cumplimiento con el descubrimiento requerido, antes de dictar sentencia la cual sólo puede dictarse por el tribunal (R. 34, 2009). Véase § 3403.

---

[1] Cuando la parte actora a quien se le han sometido interrogatorios, intencionalmente no contesta los mismos—esto es, sin que exista justificación alguna para no hacerlo—el tribunal de instancia tiene discreción para desestimar la acción interpuesta. Véase: *Reyes v. Mayagüez Transport, Co.*, 86 D.P.R. 273 (1962); *Cobián v. Ashford Travel, Inc.*, 104 D.P.R. 24 (1975); *Hartman v. Tribunal Superior*, 98 D.P.R. 124 (1969); *Díaz Colon v. Marshak Auto Dist. Inc.*, 95 D.P.R. 690 (1968).

[2] *Ocasio Méndez v. Kelly Services, Inc.*, 163 D.P.R. 653 (2005); *Supermercado Grande v. Alamo Pérez*, 158 D.P.R. 93 (2002).

[3] Alegaciones, sus términos y la interrupción de éstos, véanse las secs. 2416 y 2417.

[4] En *Vizcarrondo Morales v. MVM*, 2008 T.S.P.R. 164, el TS resolvió que bajo el procedimiento sumario para reclamaciones laborales de la Ley Núm. 2 de 17 de octubre de 1961, 32 L.P.R.A. § 3118 *et seq.*, los tribunales de instancia carecen de discreción para negarse a anotarle la rebeldía a un patrono que no contesta la querella laboral dentro del término correspondiente ni presenta una solicitud de prórroga juramentada para extender el término para su contestación. Véase, además, *Ocasio Méndez v. Kelly Services Inc.*, 163 D.P.R. 653 (2005), sobre la determinación del TS en cuanto a la falta de discreción que tienen los jueces de instancia para conceder una solicitud para tramitar por la vía ordinaria una querella instada bajo la Ley Núm. 2, *supra*, cuando el querellado la solicita fuera del plazo para contestar la querella y por tanto, en rebeldía.

La omisión de anotar la rebeldía no afecta la validez de la sentencia que se dicte.[5]

§ 2704. Consecuencias

Los efectos de la rebeldía son los siguientes:

(1) La rebeldía admite todos los hechos bien alegados en la demanda o de la alegación que se haya formulado contra el rebelde[6] y autoriza al tribunal para que dicte sentencia si ésta procede como cuestión de derecho.

(2) En segundo lugar, equivale a una renuncia de toda notificación posterior conforme dispone la R. 67.1, 2009, que trata sobre la notificación.[7]

(3) Si se trata de la rebeldía de una parte que ha comparecido hay que notificarle de todo, tiene derecho a comparecer a la vista, contrainterrogar, impugnar la cuantía y apelar la sentencia.[8] También puede oponer las defensas de falta de jurisdicción o falta de causa de acción. No puede sin embargo presentar prueba a menos que sea para contrainterrogar los testigos o impugnar la cuantía reclamada. *Master Concrete Corp. v. Fraya*, 152 D.P.R. 616 (2000).

Exceptuándose las alegaciones posteriores que soliciten remedios nuevos o adicionales, las cuales deberán notificarse, y la sentencia.[9]

§ 2705. Solicitud de sentencia en rebeldía

Una vez anotada la rebeldía, la parte demandante procederá a solicitar sentencia en rebeldía. Esta sentencia podrá dictarse por el secretario del tribunal en algunos casos y se dictará por el propio tribunal en otros.

---

[5] R. 45.1, 2009, párrafo final.

[6] R. 45.1, 2009, *Continental Ins. Co. v. Isleta Marina, Inc.*, 106 D.P.R. 809 (1978). Un hecho mal alegado, por ejemplo, en forma de conclusión, no queda admitido. *Rivera Rivera v. Insular Wire Products Corp.*, 140 D.P.R. 912 (1996).

[7] Un demandado renuncia a presentar pruebas contra las alegaciones de la demanda y a levantar sus defensas afirmativas, allanándose a que se dicte sentencia de acuerdo a la solicitud de sentencia sumaria, cuando permite que se anote su rebeldía.

Dictada sentencia en rebeldía, el demandado no puede impugnar dicha sentencia mediante una moción de relevo de sentencia donde levante cuestiones sustantivas que proceda levantar antes de la sentencia como defensas afirmativas o después de la sentencia en un recurso de apelación.

No es necesario que un secretario de un tribunal notifique la anotación de una rebeldía y el correspondiente señalamiento del caso para vista a un demandado que no ha comparecido al pleito. *González v. Chávez*, 103 D.P.R. 474 (1975).

[8] *Vélez Borges v. Boy Scouts of America*, 145 D.P.R. 528 (1998); *Continental Ins. Co. v. Isleta Marina, Inc.*, 106 D.P.R. 809 (1978).

[9] R. 65.3(c); *Cruz Viera v. Registrador de la Propiedad*, 118 D.P.R. 911 (1987).

esos casos solamente hay que notificar la alegación enmendada (Rs. 67.1, 42.4 y 13.1, 2009).

El hecho de que el demandado quede en rebeldía no hace indispensable que se dicte sentencia en su contra. La sentencia se dictará si procede como cuestión de derecho.[15]

§ 2708. Cuándo se dejará sin efecto la anotación o la sentencia en rebeldía

La anotación de rebeldía puede dejarse sin efecto por cualquier causa justificada. Los tribunales son sumamente liberales para dejar sin efecto anotaciones de rebeldía.[16]

Cuando ya se ha dictado sentencia en rebeldía es más difícil dejarla sin efecto. Hay que entrar por los canales de la R. 49.2, 2009, que fija taxativamente los casos en que puede dejarse sin efecto una sentencia[17]

---

[15] *Vélez Borges v. Boy Scouts of America*, 145 D.P.R. 528 (1998); *Continental Ins. Co. v. Isleta Marina, supra*; *Rivera Rivera v. Insular Wire Products Corp.*, 140 D.P.R. 912 (1996).

[16] *Díaz v. Tribunal Superior*, 93 D.P.R. 79 (1966).

[17] Véase *Neptune Packing Corp. v. Wackenhut Corp.*, 120 D.P.R. 283 (1988).

PARTE 9

LOS PROCEDIMIENTOS PARA DESCUBRIR O PERPETUAR PRUEBA

CAPITULO 28: PROPOSITO Y ALCANCE

SECCIÓN

§ 2801. Concepto

Las Reglas de 2009 proveen una serie de mecanismos que las partes pueden utilizar para descubrir, obtener o perpetuar la prueba necesaria para sustanciar sus alegaciones en el acto del juicio.[1] Son éstos de diversa índole y se les denomina en conjunto: los medios de descubrimiento de prueba.[2]

§ 2802. Propósito del descubrimiento

El propósito es el siguiente:

(1) Precisar las cuestiones en controversia actuando como un mecanismo auxiliar a las alegaciones, conforme a la política procesal de las reglas respecto de las alegaciones, las cuales vienen llamadas meramente a ofrecer una notificación general de los hechos esenciales a la reclamación o defensa.[3]

(2) Facilitar a las partes la consecución de evidencia.[4]

---

[1] Ver *Rivera Durán v. Banco Popular de P.R.*, 152 D.P.R. 140 (2000) citando con aprobación esta obra.

[2] La tendencia moderna en el ámbito del procedimiento civil es a facilitar el descubrimiento de prueba de forma tal que se coloque al juzgador en la mejor posición posible para resolver justamente; un amplio y adecuado descubrimiento de prueba antes del juicio facilita la tramitación de los pleitos y evita los inconvenientes, sorpresas e injusticias que surgen cuando las partes ignoran hasta el día de la vista las cuestiones que son objeto del litigio. *E.L.A. v. Casta Developers*, 162 D.P.R. 1 (2004).

[3] *Sierra Berdecía v. Tribunal Superior*, 81 D.P.R. 554, 560 (1959).

[4] Las partes tienen derecho a descubrir toda la información relacionada con su caso independientemente de quien la posea. *Rivera Durán v. Banco Popular de P.R.*, 152 D.P.R. 140 (2000). Una parte que tiene conocimiento de ciertos hechos puede interrogar a otra sobre ellos con el fin de facilitar la presentación de la prueba en juicio. *Autoridad de Fuentes Fluviales v. Corte de Distrito de Bayamón*, 66 D.P.R. 844 (1947).

(3) Evitar sorpresas en el juicio.
(4) Facilitar la búsqueda de la verdad, piedra de toque de la justicia.
(5) Perpetuar prueba.[5]

§ 2803. Medios

Los medios son:
(1) Las deposiciones.
(2) Los interrogatorios.
(3) La inspección de documentos[6] u otros objetos, incluyendo el examen de propiedad en disputa.
(4) El examen físico o mental.
(5) El requerimiento de autenticidad de documentos y admisión de hechos.[7]

§ 2804. Orden y término para utilizarlos

Los medios de descubrimiento pueden ser utilizados en cualquier orden, por ejemplo, primero se puede requerir un examen físico y luego tomar una deposición, o viceversa. Igualmente el uso de los mismos por una parte no precluye el uso simultáneo por otra.

El término para utilizarlos se determinará en la orden de calendarización que el juez tenga a bien adoptar conforme la complejidad de las controversias y la cantidad de partes involucradas en el pleito.[8] Una vez las partes sometan el *Informe para el Manejo del Caso* que exige la R. 37.1, 2009, en donde detallarán toda la información y la prueba que hayan intercambiado; especificarán la que falta por intercambiar y el calendario para la utilización de los mecanismos de descubrimiento, el juez podrá emitir una orden de calendarización en la que calendarice el descubrimiento de prueba acordado entre las partes o determinado en la Conferencia Inicial y precise el término para concluir con la etapa del descubrimiento de prueba.

García Rivera v. Enríquez Marín, 153 D.P.R. 323 (2001). En esta opinión se cita con aprobación lo expuesto en esta obra.

5 *Id.*

6 Incluye información almacenada electrónicamente.

7 Somos conscientes de que el TS ha expresado en *Rosado v. Tribunal Superior*, 94 D.P.R. 122 (1967) que estrictamente hablando el requerimiento no es un medio de descubrimiento de prueba.

8 La R. 23.4, 2009 establece que los mecanismos para el descubrimiento de prueba no podrán ser utilizados hasta tanto la parte demandada haya presentado contestación a la demanda. Esta disposición no es cónsona con otras disposiciones que establecen las reglas sobre el descubrimiento de prueba. La Asamblea Legislativa considera al entrar en prensa este libro los proyectos, P. del S. 1463 y P. de la C. 2540 para eliminar dicha disposición.

§ 2805. Alcance

Las Reglas de 2009 establecen el alcance del descubrimiento de prueba en general en la R. 23.1, a saber:

"Las partes podrán hacer descubrimiento sobre cualquier materia, no privilegiada, que sea pertinente al asunto en controversia en el pleito pendiente, ya se refiera a la reclamación o defensa de cualquier otra parte, incluso la existencia, descripción, naturaleza, custodia, condición y localización de cualesquiera libros, información almacenada electrónicamente, documentos u otros objetos tangibles y la identidad y dirección de personas que conozcan hechos pertinentes.

"No constituirá objeción el que la información solicitada sea inadmisible en el juicio, siempre que exista una probabilidad razonable de que dicha información conduzca al descubrimiento de evidencia admisible."

Las reglas limitan el descubrimiento a materia pertinente. El concepto de pertinencia en materia de las Reglas de Evidencia significa relación lógica con los hechos a establecer en el caso. Por ejemplo, se ha decidido por el TS que no se justifica el descubrimiento de prueba para conocer la capacidad económica del deudor cuando ello no es un elemento de la reclamación incoada o no es pertinente.[9]

En el descubrimiento se puede investigar todo lo pertinente, pero tiene un radio más amplio que en el juicio en su fondo, porque en juicio está subordinado a las reglas de admisibilidad de evidencia.[10] Se admite pues el descubrimiento de todos los asuntos—admisibles en juicio o no—que puedan tener cualquier relación posible con la materia que es objeto del litigio, aunque no estén relacionados con las controversias específicas que han sido esbozadas en las alegaciones. Basta que exista una probabilidad razonable de relación con el asunto en controversia. *García Rivera v. Enríquez Marín*, 153 D.P.R. 323 (2001).

Las normas que excluyen de juicio cierta prueba por tener carácter de privilegiada, sí privan en materia de descubrimiento.[11] Se trata de normas de orden público en protección de las comunicaciones entre ciertas personas, a saber: religioso y creyente; abogado y cliente; médico y paciente; marido y mujer; contador o contador público autorizado y cliente; consejero y víctima de delito; psicoterapeuta y paciente; procesos de métodos alternos para la solución de conflictos; secretos del negocio, entre otros.[12]

---

[9] *General Electric Credit & Leasing of P.R. Inc. v. Concessionaires, Inc.*, 118 D.P.R. 32, 41-43 (1986).

[10] *Rivera Durán v. Banco Popular, supra.*

[11] Véase Capítulo V. Privilegios; Reglas 501 a 518 de Evidencia de 2009.

[12] Véanse Reglas 503 a 508, 510 a 511, 513, 516 de Evidencia de 2009.

El término privilegiado utilizado en la R. 23 sobre las limitaciones al descubrimiento aplica únicamente a los privilegios dispuestos en las Reglas de Evidencia. *Autopistas de P.R. y Cía S.E. v. Autoridad de Carreteras y Transportación*, 167 D.P.R. 361 (2006);

Estas comunicaciones no podrán investigarse mediante los medios de descubrimiento. Aunque las planillas de contribución sobre ingresos no son documentos privilegiados, el derecho a la intimidad exige que el descubrimiento en torno a las mismas se limite a lo estrictamente pertinente.[13]

El descubrimiento debe ser amplio y liberal.[14] Si la condición económica de la parte no se relaciona con la causa de acción, la misma no puede ser objeto de descubrimiento, salvo en incidente de aseguramiento de sentencia (R. 56, 2009) o de ejecución de sentencia (R. 51, 2009).[15] Si se admite la capacidad económica para satisfacer alimentos no procede descubrimiento sobre ella en una demanda por alimentos. *Ferrer García v. González*, 162 D.P.R. 172 (2004);[16] *Chévere v. Levis Goldstein*, 150 D.P.R. 525 (2000).

Una parte podrá descubrir documentos, objetos, listas y declaraciones de testigos que, con anterioridad al pleito o para el juicio, hayan sido preparados por o para otra parte, o por o para el representante de dicha parte, incluyendo su abogado, consultor, fiador, asegurador o agente (R. 23.1(b), 2009). Estarán fuera del alcance del descubrimiento las impresiones mentales, conclusiones, opiniones o teorías legales sobre el caso, del abogado o de cualquier otro representante de una parte. Esto último equivale a una ampliación del privilegio del abogado y

---

E.L.A. v. Casta Developers, 162 D.P.R. 1 (2004); *Rivera Alejandro v. Algarín López*, 112 D.P.R. 830, 833 (1982). Aquí también se resolvió que no son descubribles las opiniones de un médico demandado sobre asuntos relacionados con el diagnóstico y tratamiento brindado por otro médico demandado cuando el primero no ha participado en esos asuntos.

La norma sentada en *Rivera Alejandro v. Algarín López*, *supra*, aplica a casos de médicos que compartían oficinas o estén asociados de alguna forma. *Boitel Santana v. Cruz*, 129 D.P.R. 725 (1992).

No es descubrible la comunicación habida entre un menor víctima de delito y sus consejeros por estar comprendido dentro de los privilegios consignados en las Reglas de Evidencia. El Estado puede intervenir en interés del menor a prevenir el descubrimiento injustificado de asuntos privilegiados o de materia contenida en el expediente del fiscal que atendió el juicio criminal. *Rodríguez del Valle v. Corcelles Ortiz*, 135 D.P.R. 834 (1994).

[13] *Rullán v. Fas Alzamora*, 166 D.P.R. 742 (2006). Aunque la prohibición de divulgar el contenido de las planillas no equivale a un privilegio evidenciario, éstas no pueden ser objeto de descubrimiento de prueba indiscriminado. El TS sostiene que sólo se podrá divulgar la información contenida en las planillas que sea estrictamente pertinente a la controversia en cuestión. *Rodríguez v. Scotiabank de P.R.*, 113 D.P.R. 210 (1982).

[14] *Rivera Durán v. Banco Popular*, *supra*; *Berrios Falcón v. Torres Merced*, 2009 T.S.P.R. 69.

[15] *General Electric Credit and Leasing of P.R., Inc. v. Concessionaires, Inc.*, 118 D.P.R. 32 (1986).

[16] *Ferrer García*, *supra*, nos muestra las ocasiones en que se tomara en cuenta la capacidad económica para el descubrimiento de pruebas en caso de alimentos de menores cuando se alega que no hay capacidad económica para satisfacer la pensión alimenticia.

cliente cuyo ámbito se limita a las comunicaciones habidas entre ellos y una protección a la gestión de otros representantes de la parte.

La R. 23.1(b), 2009, es una norma de derecho puertorriqueño menos limitativa que la regla excluyente de todo lo que sea el "producto del trabajo del abogado" que prevalece en el ámbito federal estadounidense bajo la doctrina de *Hickman v. Taylor*, 329 U.S. 495 (1947).

Sin embargo, en el caso de *Ades v. Zalman*, 115 D.P.R. 514 (1984), el TS pasó por alto lo prescrito en esta regla en cuanto al descubrimiento de documentos preparados para el juicio por o para el abogado y protegió unos expedientes judiciales recopilados como preparación para el juicio de ser descubiertos mediante una deposición acompañada de una citación para presentación de dichos expedientes cuya deposición se pretendía tomar al abogado de la parte. Esta opinión resucitó en Puerto Rico la doctrina de *Hickman* restableciendo el requisito de justa causa—no poder obtener la información de otra manera—como premisa para deponer al abogado y requerirle la documentación.

Pero en el caso de *Aponte Rivera v. Sears Roebuck de P.R., Inc.*, 129 D.P.R. 1042 (1992), el TS sin plantearse el rumbo jurisprudencial que había tomado en *Ades*, *supra*, retorna al cauce de la R. 23.1(b), 2009, y valida en ella lo prescrito en cuanto a declaraciones de testigos como materia descubrible situándonos fuera de la doctrina de *Hickman*.

Queda por verse si el TS limitará a *Ades*, *supra*, estrictamente a la toma de deposiciones de abogados para fines de exigir justa causa o si habrá de excluir del ámbito de lo descubrible, los documentos u objetos que no sean las declaraciones de testigos preparados para fines del pleito, cuando se pretenda descubrir éstos por cualquier otro medio que no sea la deposición del abogado.

La R. 23.1(c), 2009, establece la mecánica para el descubrimiento de prueba pericial. Una parte podrá requerir mediante interrogatorios a cualquier otra que suministre el nombre y la dirección de los peritos que haya consultado y de los que intente presentar en el juicio. Respecto a estos últimos, podrá requerirse a la parte que exprese la materia sobre la cual el perito se propone declarar, así como un resumen de sus opiniones y una breve expresión de las teorías, hechos o argumentos que sostienen las mismas (R. 23.1(c), 2009).

Si se interesare deponer al perito de la parte contraria tendría que solicitarse permiso al tribunal, el cual fijará las condiciones bajo las cuales lo permite. R. 23.1(c)(1) *in fine*. En ese caso el tribunal ordenara a la parte que solicita el descubrimiento al pago de los honorarios del perito por el tiempo invertido en el descubrimiento (R. 23.1(c)(3)).[17]

---

[17] La R. 23.1(c)(4), 2009, no tiene nada que ver con el alcance del descubrimiento que es la materia que reglamenta la R. 23.1, 2009. Se trata de una disposición facultando al tribunal a reclutar su propio perito—pagado por uno o ambos litigantes—cuando lo estime apropiado. Es una saludable disposición que estaría mejor ubicada en las Reglas de Evidencia que son las que ordenan el acto del juicio y que en Derecho puertorriqueño se tratan por separado del Derecho procesal civil.

§ 2806. Alcance frente al Estado

En Puerto Rico se le dio rango constitucional al derecho de obtener información del gobierno deduciéndolo del derecho a la libertad a expresión en el caso de *Soto v. Giménez Muñoz, Secretario de Justicia*, 112 D.P.R. 477 (1982). Este caso resuelve que el Estado no puede restringir de forma absoluta el acceso al público a la información en poder del gobierno y que cualquier restricción a ese acceso debe obedecer a un interés apremiante cuyo propósito no sea limitar la libertad de expresión.

En *Ortiz Rivera v. Bauermeister*, 152 D.P.R. 161, 175 (2000), el TS consigna que: "Por el estrecho vínculo que existe con los derechos a libertad de expresión, asociación, y a pedir al gobierno reparación de agravios, el derecho de acceso a información es uno fundamental".[18] El artículo 409 del CEC (32 L.P.R.A. sec. 1781) erige un derecho general de acceso a la información pública en poder del Estado. Este articulado dispone que "[t]odo ciudadano tiene derecho a inspeccionar y sacar copia de cualquier documento público de Puerto Rico, salvo lo expresamente dispuesto en contrario por la ley".[19] Ello, sin embargo, no significa que el derecho es absoluto e ilimitado, pero por tratarse de un derecho fundamental, cualesquiera barreras que el Estado levante como fundamento para denegar un pedido de información, están sujetas a un escrutinio estricto de parte de la judicatura.

La norma básica con relación a la aplicabilidad de las normas de descubrimiento de prueba al gobierno cuando éste es un litigante en un pleito civil, es que le son aplicables como a cualquier otro litigante. Esta norma quedó sentada en *Sierra Berdecía v. Tribunal Superior*, 81 D.P.R. 554 (1959), en donde el TS resolvió que:

> "[...] es indudable que en un pleito civil ni el gobierno ni los funcionarios tienen el *privilegio general* de no revelar información de carácter oficial" (pág. 557).

El art. 1170 del Código Civil establece que: "[s]on documentos públicos los autorizados por un notario o empleado público competente, con las solemnidades requeridas por la ley" (31 L.P.R.A. sec. 3271). También son públicos aquellos documentos descritos en el art. 1(b) de la Ley para la Administración de Documentos Públicos de Puerto Rico, 3 L.P.R.A. sec. 1001(b):

---

[18] El caso de *Colón Cabrera v. Caribbean Petroleum Corp.*, 170 D.P.R. 582 (2007) apoya la doctrina diciendo que el Estado tiene que tener una razón justificada para negarse a descubrir un documento.

[19] Véase *Trans Ad de Puerto Rico, Inc. v. Junta de Subastas Autoridad Metropolitana de Autobuses*, 2008 T.S.P.R. 110, en donde se determinó que, luego de adjudicado la buena pro de una subasta, el expediente que contiene la documentación recopilada en la tramitación de ésta está sujeto a la inspección de cualquier ciudadano.

> "Todo documento que se origine, conserve o reciba en cualquier dependencia del Estado Libre Asociado de Puerto Rico de acuerdo con la ley o en relación con el manejo de asuntos públicos y que de conformidad con lo dispuesto en la sec. 1002 de este título, se haga conservar permanentemente o temporalmente como prueba de las transacciones o por su valor legal".

"Como regla general", indica el TS en *Ortiz Rivera v. Panel sobre el Fiscal Especial Independiente (FEI)*, 155 D.P.R. 219 (2001), "el Estado, incluyendo la Rama Judicial, sólo puede reclamar válidamente la secretividad de información pública en un número limitado de supuestos, a saber, cuando: (1) una ley (o un reglamento) así específicamente lo declara; (2) la comunicación está protegida por alguno de los privilegios evidenciarios que pueden invocar los ciudadanos; (3) revelar la información puede lesionar derechos fundamentales de terceros; (4) se trate de la identidad de un confidente conforme a la Regla 32 de Evidencia, 32 L.P.R.A. Ap. IV [equivalente a la Regla 515 de Evidencia de 2009]; o (5) sea información oficial conforme a la Regla 31 de Evidencia [equivalente a la Regla 514 de Evidencia de 2009]".

La R. 514 de Evidencia, reza así:

> "A. Según usada en esta Regla, "información oficial" significa aquélla adquirida en confidencia por una persona que es funcionaria o empleada pública en el desempeño de su deber y que no ha sido oficialmente revelada ni está accesible al público hasta el momento en que se invoca el privilegio.
>
> "B. Una persona que es funcionaria o empleada pública tiene el privilegio de no divulgar una materia por razón de que constituye información oficial. No se admitirá evidencia sobre la misma si el Tribunal concluye que la materia es información oficial y que su divulgación está prohibida por ley, o que divulgar la información en la acción sería perjudicial a los intereses del gobierno".

El propósito de esta regla es evitar que se lesione el interés público por la indebida divulgación de lo que hasta entonces es información oficial confidencial. La misma fue interpretada en el caso de *Santiago v. Bobb*, 117 D.P.R. 153, 159 (1986), y ratificada en la opinión del caso de *López Vives v. Policía de P.R.*, 118 D.P.R. 219 (1987). Ver también *Torres Ramos v. Policía de P.R.*, 143 D.P.R. 783 (1997).

El Estado, como depositario de las funciones que emanan de la soberanía del pueblo, no puede negar caprichosamente y sin justificación aparente, la información recopilada en su gestión pública. *Soto v. Giménez Muñoz, supra*, a la pág. 489.

Dice el TS:

> "Consecuentemente opinamos que la Asamblea Legislativa puede aprobar legislación para sustraer del escrutinio público determinados documentos e informes que estén ligados a la fase investigativa o preventiva del crimen y

que por su naturaleza, pongan innecesariamente en riesgo los resultados de una investigación en curso, la vida de informantes, confidentes y testigos, así como la de los propios empleados y funcionarios del Estado, o que de cualquier modo afecten la seguridad pública. No obstante, como excepción al fin, toda legislación que pretenda ocultar información a un ciudadano bajo el palio de la confidencialidad, debe ser interpretada restrictivamente a favor del derecho del pueblo a estar informado."[20] *Soto v. Giménez Muñoz*, *supra*, a la pág. 495.

§ 2807a. Obligación de preservar prueba

El deber de preservar evidencia que puede ser relevante en un litigio es exigible tanto para la parte involucrada en una acción civil, como para la persona—aún no parte—que ha sido apercibida de que puede instarse una reclamación en su contra. A ésta última se le exige también preservar evidencia si se lo requiere un deber legal o ético, si voluntariamente asumió dicha obligación o si surge de las circunstancias particulares del caso. Debido a los adelantos tecnológicos y a la facilidad con que se puede producir, alterar y destruir información pertinente al litigio se incorporó esta exigencia en la R. 23.1(d), 2009.[21]

Esta exigencia aplica a todo tipo de prueba, inclusive la almacenada electrónicamente, que se encuentre bajo el control, posesión o custodia de la parte o persona apercibida de una reclamación en su contra. La destrucción o la alteración significativa de evidencia, o el fallo en preservar evidencia de forma apropiada para que otro la utilice como evidencia en un litigio pendiente o razonablemente previsible se conoce como *spoliation* (expoliación) en la jurisdicción federal.[22] Nuestro Código Penal lo tipifica de cierta forma en su artículo 291 al disponer que "[t]oda persona que sabiendo que alguna prueba documental o cualquier objeto pudiera presentarse en cualquier investigación, procedimiento, vista o asunto judicial, legislativo o administrativo, o cualesquiera otros trámites autorizados por ley, la destruya o esconda con el propósito de impedir su presentación, incurrirá en delito grave de cuarto grado". En el ámbito civil, el incumplimiento de la parte con su obligación de preservar está sujeto a sanciones económicas o de cualquier otra índole que el tribunal entienda procedente, inclusive la imposición de desacato. (R. 23.1(e), 2009; último párrafo).

---

[20] Para una exposición más amplia de este problema, véase López Pérez, *El Privilegio Ejecutivo frente al Derecho a la Información Pública*, 34 REV. D. P. 345 (1995).

[21] Informe de Reglas de Procedimiento Civil, Secretariado de la Conferencia Judicial y Notarial, Tribunal Supremo de Puerto Rico, Marzo de 2008, pág. 265.

[22] *West v. Goodyear Tire & Rubber Co.*, 167 F.3d. 776, 779 (2d Cir. 1999). Véase, Gregon P. Stone & Kelly M. Klaus, *A Case Study in the Developing Law of Spoliation*, 20 Tr. Prac. 7, Summer, 2006.

La parte promovente del descubrimiento de prueba tiene el peso de la prueba, por lo que debe demostrar con prueba fehaciente que la parte promovida se niega a descubrir lo solicitado por haber destruido o incumplido con su deber de preservar prueba pendiente de litigio o razonablemente utilizable en un pleito futuro. (R. 34.3(d), 2009).

El deber de preservar prueba almacenada electrónicamente es un gran reto en estos días. Si bien es cierto que la destrucción o alteración de prueba y hasta el fallo de preservar evidencia puede incurrirse de forma intencional o negligente, existen sistemas de información que eliminan bases de datos rutinariamente y si no se hiciera un apercibimiento o requerimiento de preservación a tiempo, no puede responsabilizarse a la parte promovida por la destrucción de la información que se encuentre sujeta a destrucción rutinaria. Bajo este supuesto, se creó la R. 34.3, 2009 la cual establece que "[...] [e]l tribunal no podrá ordenar la imposición de sanciones bajo esta regla a una parte por no proveer información almacenada electrónicamente, que demuestre que se ha perdido como resultado de la operación rutinaria de buena fe del sistema de almacenamiento electrónico de información, salvo que antes de efectuar dicha operación se le haya requerido a la parte preservar prueba". En las jurisdicciones norteamericanas es común el envío de las llamadas *preservation letters.* Estas se utilizan con el propósito de recordarle a la parte contraria sobre su deber de preservar prueba, especialmente aquélla que se encuentra en formato electrónico y que es más susceptible y fácil de destruirse.[23] También podría ser utilizada como evidencia del requerimiento para una subsiguiente reclamacion por expoliación.[24] Los jueces también pueden emitir órdenes para preservar evidencia desde bien temprano el litigio.

Se ha indicado en la jurisprudencia norteamericana que "para que prospere la imposición de una sanción por incumplimiento con la obligación de preservar evidencia, se requiere que se demuestre que existía una obligación o deber de preservar evidencia, ya sea que ésta surge de un contrato, acuerdo, estatuto, regla administrativa o política establecida; porque voluntariamente asumió dicho deber; existen circunstancias especiales o, porque específicamente se le solicitó a la parte preservar la evidencia.[25]

El alcance del deber de preservar unido al deber de proveer la prueba requerida mediante el descubrimiento debe guiarse bajo un estándar de razonabilidad y ponderse bajo las limitaciones establecidas en la R. 23.2, 2009. Particularmente, la que establece que puede limitarse el descubrimiento cuando

---

[23] Véase, George L. Paul & Bruce H. Nearon, The Discovery Revolution: E-Discovery Amendments to the Federal Rules of Civil Procedure, Chicago: American Bar Association, 2006, págs. 41-42.

[24] *Id.*

[25] 101 ALR 5th 61, citado en Informe de Reglas de Procedimiento Civil, Secretariado de la Conferencia Judicial y Notarial, Tribunal Supremo de Puerto Rico, Marzo de 2008, pág. 266.

los costos para obtener la prueba exceden el beneficio que ésta puede aportar al caso. (R. 23.2(a)(iv)).

§ 2807b. Obligación continua de actualizar e informar

Una parte que haya contestado a una solicitud de descubrimiento por el medio que sea, tendrá el deber continuo de actualizar, corregir o enmendar y de notificar a la parte contraria de toda información adicional[26] que obtenga con posterioridad a dicha solicitud y que esté relacionada con la materia objeto de dicho descubrimiento, siempre que el tribunal se lo ordene o que la parte tenga conocimiento de que el material entregado está incorrecto o incompleto y que la información adicional o correctiva no se ha dado a conocer a la otra parte, o que la parte tenga conocimiento de que la información provista en la contestación del interrogatorio, el requerimiento de producción de documentos o el requerimiento de admisiones está incompleta o incorrecta y que la información adicional o correctiva no se ha dado a conocer. (R. 23.1(e), 2009).[27]

§ 2808. Las limitaciones y órdenes protectoras

Las Rs. de 1943, 1958 y 1979 establecieron las órdenes protectoras para conjurar los abusos a que se presta el uso de los medios de descubrimiento de prueba, los cuales se colocan procesalmente en manos de las partes sin requerir, por lo general, intervención del juez. Las Reglas vigentes (2009) mantienen el mismo esquema protector, pero añaden ciertas limitaciones al descubrimiento de prueba, y a tales efectos la R. 23.2, 2009, lo precisa y amplía de la manera siguiente:

"(a) El tribunal, a iniciativa propia o a solicitud de parte, podrá limitar el alcance de los métodos de descubrimiento de prueba si determina lo siguiente: (i) que la prueba que se pretende descubrir es un duplicado de otra prueba o es irrazonablemente acumulativa; (ii) que la prueba puede obtenerse mediante otra forma más conveniente, menos onerosa y costosa para la parte a quien se le solicita; (iii) que la parte que solicita la prueba haya tenido oportunidad de obtenerla, o (iv) que los costos para obtener la prueba exceden el beneficio que ésta puede aportar al caso.

"(b) A solicitud de una parte o de la persona en relación con la cual se utiliza el descubrimiento, presentada mediante moción acompañada de una certificación indicativa de que ésta ha intentado de buena fe resolver la controversia sobre el descubrimiento conforme lo dispuesto en la Regla 34.1, y por justa causa, el tribunal podrá emitir cualquier orden que se requiera en justicia para proteger a

---

[26] Véase *Berrios Falcón v. Torres Merced*, 2009 T.S.P.R. 69, sobre el deber de informar a la parte contraria de cualquier prueba que se obtenga y se pretenda utilizar durante el juicio.

[27] Esta norma está erróneamente incluida bajo la R. 23, 2009 cuyo título es el alcance de los medios de descubrimiento.

dicha parte o persona de hostigamiento, perturbación u opresión, así como de cualquier molestia o gasto indebido. La orden del tribunal podrá incluir una o más de las medidas siguientes:

"(1) Que no se lleve a cabo el descubrimiento.

"(2) Que el descubrimiento se realice en conformidad con los términos y las condiciones que se dispongan, incluyendo la designación de fecha y sitio.

"(3) Que se lleve a cabo el descubrimiento por un método diferente al seleccionado por la parte que lo interesa.

"(4) Que no se lleve a cabo el descubrimiento de ciertas materias, que se limite su alcance o que son irrelevantes y no conducen al descubrimiento de evidencia admisible.

"(5) Que se realice el descubrimiento en presencia de aquellas personas autorizadas para ello por el tribunal.

"(6) Que una deposición, una vez sellada, sea abierta únicamente por orden del tribunal.

"(7) Que un secreto comercial u otra información confidencial no sea divulgada o que lo sea únicamente bajo ciertas condiciones.

"(8) Que las partes presenten simultáneamente, en sobre sellado, determinados documentos o informes para ser abiertos de acuerdo con las instrucciones del tribunal.

Si la moción solicitando una orden protectora es denegada en todo o en parte, el tribunal podrá, bajo aquellos términos y condiciones que sean justos, ordenar que la parte solicitante provea o permita el descubrimiento así interesado. Las disposiciones de la Regla 34 serán de aplicación en lo concerniente a la concesión de gastos y honorarios en relación con dicha moción." Ver *Rodríguez Rosado v. Syntex (F.P.), Inc.*, 160 D.P.R. 364 (2003).

Nótese que la parte que interesa la orden protectora, antes de acudir en auxilio al tribunal, debe acreditarle mediante certificación que ha intentado de buena fe resolver la controversia y que ha sido infructuoso sus intentos de llegar a un acuerdo con la otra parte.

El aumento en el número de casos complejos ante los Tribunales ha forzado otro enfoque complementario a las órdenes protectoras. Muchos de estos casos no sólo presentan problemas de complejidad sino también de asimetría en recursos económicos entre las partes. Igualmente el relajamiento de la ética profesional y el cobro de honorarios por hora ha dado lugar al muy rentable uso extendido de los medios de descubrimiento. Todo ello ha redundado en el abuso de estos medios y en una descarnada violación de los principios procesales proclamados por la R. 1, 2009, en pro de una administración de la justicia económica, rápida y eficaz.[28] Por ello, el Comité Asesor de las Reglas de

---

[28] En *Ades v. Zalman*, *supra*, el TS brinda el siguiente resumen de lo que son los abusos:

"El ideal de justicia aborrece los extremos. Se presta a abusos. Tales abusos en el uso de los mecanismos sobre descubrimiento de prueba es una posibilidad real. Para curarlos

Procedimiento Civil consideró insoslayable facultar al juez para que pudiera *motu proprio* limitar el uso de los mecanismos de descubrimiento.

Esta facultad es cónsona con el nuevo enfoque que permea las Rs, 2009 sobre el sano intervencionismo del juez en el caso, de forma que sea un ente protector, cuando la justicia así lo exija, contra el abuso de los medios de descubrimiento de prueba pues las órdenes protectoras como reacción a un perjuicio potencial o causado no son un mecanismo que fomente la economía procesal o la justicia rápida y eficaz.[29]

Los tribunales apelativos no deben interferir con el ejercicio de la facultad discrecional del tribunal de instancia en materia de descubrimiento de la prueba salvo prejuicio o parcialidad, abuso craso o error en la aplicación de la norma procesal o sustantiva.[30]

§ 2809. Reclamo de privilegios; divulgación inadvertida de información

La R. 23.3, 2009 dispone que cuando una parte retiene información que le ha sido requerida mediante alguno de los mecanismos de descubrimiento alegando que contiene materia privilegiada o protegida en contemplación de la preparación

---

no existen recetas mágicas ni antídotos instantáneos. Las modalidades varían. El término 'abuso de descubrimiento de prueba' ha sido utilizado como un concepto único, pero incluye diversos aspectos. Así, es adecuado subdividir 'abuso' en 'uso impropio' y 'sobreutilización'. Cuando nos referimos a 'uso impropio', incluimos no sólo las violaciones directas a la regla, como faltar a responder a un requerimiento de descubrimiento dentro del tiempo límite establecido, sino también a más sutiles intentos de acosar u obstruir al oponente, como darle respuestas inadecuadas o requerirle información que claramente se encuentra fuera del ámbito del descubrimiento. Por 'sobreutilización', por su parte, puede ser subdividida en problemas de 'profundidad' y de 'extensión'; con 'profundidad' nos referimos a requerimiento de descubrimiento de materia que podría ser relevante pero que es simplemente excesiva, y por 'extensión' nos referimos al requerimiento de descubrimiento que va a materias demasiado remotas del caso." (Traducción nuestra). C.A. Wright, *Law of Federal Courts*, 4ta. ed., St. Paul, Minnesota, West Pub. Co., 1938, pág. 542. *Ades v. Zalman*, 115 D.P.R. 514, 518, (1984).

[29] El Canon 11 de Etica Judicial, sobre la intervención del juez, reza de la siguiente manera: "[a]unque es función y derecho de las abogadas y los abogados presentar el caso de sus respectivos clientes y clientas en la forma más favorable a sus méritos, es ministerio fundamental de la judicatura velar por que no se cometa una injusticia. Las juezas o los jueces son partícipes en la búsqueda de la verdad y la determinación de lo que es justo. A esos fines, deberán intervenir durante el curso de cualquier procedimiento judicial para evitar dilaciones injustificadas, para esclarecer cualquier asunto o impedir una injusticia. No obstante, se abstendrán de unirse en solidaridad con cualesquiera de las partes mediante interrogatorios injustificados, pronunciamientos sobre los méritos de la causa o comentarios impropios o perjudiciales. Tampoco realizarán gestiones que constituyan intervenciones indebidas con testigos, prueba documental o cualquier aspecto del proceso judicial."

[30] *Rodríguez Rosado v. Syntex (F.P.), Inc.*, 160 D.P.R. 364 (2003); *Rivera Durán v. Banco Popular*, *supra*.

para el juicio, ésta debe hacer el reclamo del privilegio de forma expresa y fundamentada al tribunal, detallando la naturaleza de la prueba retenida de forma que, sin revelar el privilegio, la otra parte pueda estar en condiciones de refutarla y argumentar sobre la aplicabilidad del privilegio.

Cuando una parte divulga inadvertidamente información que contiene materia privilegiada, ésta deberá dirigir su reclamo y los fundamentos en los que se basa a la parte que recibió la misma. Una vez notificada, ésta deberá devolver la información inmediatamente, retenerla o destruirla, así como cualquier copia que posea de ésta y no podrá divulgarla hasta que el reclamo sea resuelto por el tribunal. La parte que recibió el reclamo puede acudir al tribunal con un sobre sellado para la adjudicación del mismo.

La R. 23.3, 2009 impone un deber a cada una de las partes involucradas en esta disputa, a saber: 1) le impone a la parte que recibió el reclamo el deber de tomar las medidas razonables correspondientes para recuperar la información en caso de que la hubiese divulgado antes del reclamo, y 2) le impone a la parte que produjo la información el deber de preservar la evidencia hasta que el reclamo sea resuelto.

Aunque la R. 23.3, 2009 no dispone término para realizar el reclamo, las partes deben ser cautas y hacer los reclamos en un tiempo razonable de forma que no se entienda como una renuncia al privilegio. La estimación de este término dependerá de la magnitud del descubrimiento y la complejidad del mismo.[31]

---

[31] Informe de Reglas de Procedimiento Civil, Secretariado de la Conferencia Judicial y Notarial, Tribunal Supremo de Puerto Rico, Marzo de 2008, pág. 272.

CAPITULO 29: LAS DEPOSICIONES

§ 2901. Concepto

Una deposición es el testimonio bajo juramento de una persona que ha sido obtenido siguiendo el procedimiento establecido en las reglas, brindando la oportunidad a la parte contraria para repreguntar.[1]

No es necesario que la otra parte repregunte, lo importante es que se le brinde la oportunidad de hacerlo. Se distingue una deposición de un afidávit o una declaración jurada en que si bien en ambos casos las declaraciones se toman bajo juramento, el afidávit o declaración jurada es una declaración *ex parte,* en la cual la parte contraria no ha tenido la oportunidad de contrainterrogar al declarante.

---

[1] El TS ha citado con aprobación la definición de la deposición de Pallares que no se ajusta a la figura de la deposición que dibujan nuestras reglas por carecer del elemento del contrainterrogatorio. La definición es la siguiente: "Declaración que precediendo juramento (en la actualidad se le ha sustituido por la promesa de decir la verdad), que se recibe al reo, o testigo u otro en alguna causa civil o negocio civil. Llámase deposición o que depone, asienta, o afirma lo que ha llegado a su noticia o sobre lo que se le pregunta." Pallares, E., *Diccionario de Derecho Procesal Civil*, 14 ed. Méjico, Ed. Porrúa, 1981, pág. 234, según citado en *Ades v. Zalman*, 115 D.P.R. 514 (1984), cita precisa a la pág. 517.

§ 2902. Clasificación—Propósito

Podemos clasificar las deposiciones con arreglo a dos criterios:

(1) Por su propósito:

(A) Deposiciones para descubrir prueba.

(B) Deposiciones para perpetuar testimonio.

De las primeras se ocupa la R. 23, 2009, y de las últimas la R. 24, 2009.

(2) Por el método como se llevan a cabo:

(A) Examen oral—R. 27, 2009.

(B) Preguntas escritas—R. 28, 2009.

§ 2903. Usos de la deposición

Se utiliza la deposición para:

(1) Descubrir prueba.

(2) En sustitución de testimonio.

El uso de una deposición para sustituir el testimonio en juicio está determinado por la filosofía y normativa que inspira nuestro derecho probatorio contenido en las Reglas de Evidencia.

El testimonio de un testigo tiene que ser presentado mediante su comparecencia personal en el acto del juicio para que la otra parte tenga la oportunidad de repreguntarle y para que el juzgador pueda aquilatarlo. Gran parte de la comunicación entre lo seres humanos es gestual. Hay gestos expresivos y vacilaciones o tonos de voz, que dan color o matices de verdad o mentira a un testimonio que no se pueden reflejar en forma alguna en la transcripción escrita de un testimonio. Atendiendo a esa realidad se requiere que todo testimonio se preste personalmente ante el tribunal.

Ahora bien, hay que distinguir entre las declaraciones de partes y de testigos. Lo que diga una parte constituye una admisión y la obliga a aceptar el hecho que ha admitido como verdad para fines del pleito. Lo que diga un testigo no es admisible en esa forma. El testigo tiene que ir personalmente a declarar y someterse al interrogatorio de la otra parte.

Las deposiciones se pueden tomar tanto a partes como a testigos que no sean parte en el caso. Personas con conocimientos relativos al caso pueden ser sometidas a una deposición, al igual que una de las partes. Si la deposición es de una parte o de un funcionario, director o agente administrador de una asociación pública o privada o de una corporación que sea parte, podrá utilizarse dicha deposición por la parte adversa para cualquier propósito en el juicio. La parte que toma la deposición puede presentarla en el juicio y utilizarla para establecer determinados hechos a base de admisiones o puede ofrecerla como evidencia para impugnar o desacreditar el testimonio de esa parte.

Si se trata del testimonio de un testigo, siempre puede utilizarse por la parte que la tomó para impugnar el testimonio del deponente como testigo en juicio. Pero podrá utilizarse para sustituir la declaración personal del testigo solo en los siguientes casos:

(1) Cuando el testigo ha fallecido.

(2) Cuando el testigo se encuentra fuera de Puerto Rico y resultare muy oneroso requerir su presencia, excepto que se probare que la ausencia del testigo fue motivada por la parte que ofrece la deposición.

(3) Cuando el testigo no puede comparecer o declarar por razón de su avanzada edad, enfermedad o incapacidad física.

(4) Cuando la parte que ofrece la deposición no ha podido conseguir la comparecencia del testigo mediante citación.

(5) Mediante una solicitud especial notificada a la parte contraria que demuestre que existen circunstancias tan extraordinarias que harían deseable que se permita usar la deposición en interés de la justicia.[2]

El tribunal dándole la debida consideración e importancia a que se presente la declaración del deponente en corte abierta resolverá si la admite o no la admite.

Estos son los únicos casos en que se puede utilizar una deposición de un testigo como prueba de los hechos pertinentes a un proceso y prescindir de su presencia en juicio.

Cualquier objeción que haya a la declaración del testigo puede formularse contra la deposición al presentarse en juicio. El hecho de que se tome una deposición no convierte al deponente en testigo de la parte que la toma pero cuando se somete como evidencia de esa parte, sí se le constituye en testigo propio.

Puede ofrecerse sólo parte de una deposición en evidencia; no es necesario someter la deposición completa; pero sujeto al derecho de la otra parte de someter el resto.

§ 2904. Deposiciones para perpetuar testimonio

El propósito de estas deposiciones no es descubrir la prueba de la parte contraria.[3]

El propósito es perpetuar o tener una constancia auténtica de un testimonio necesario para el que lo toma en alguna acción que tiene por objeto presentar en el futuro. Es el caso en que se contempla la presentación de una demanda y no se puede por alguna circunstancia dar comienzo al pleito. Sin embargo, hay un

---

[2] R. 29.1(c), 2009.

[3] Véase *Radio Noroeste Broadcasting, Inc. v. Rodríguez Carrión*, 113 D.P.R. 304 (1982), donde se reconoce la legitimidad de un descubrimiento incidental a la perpetuación de un testimonio, lo cual es el objeto de estas deposiciones.

En *Cortinovis v. Ruiz, Lloréns Pharmaceuticals*, KLAN0100766 (2001 T.S.P.R. 2193), el Tribunal de Apelaciones sostuvo que "como condición para que proceda una deposición antes del pleito se requiere, a tenor de la norma establecida, que exista el peligro de que el testimonio no esté disponible por el tiempo necesario, pueda perderse o desaparecer y deba en su consecuencia perpetuarse. Bajo tales circunstancias es permisible utilizar dicho vehículo incidental para descubrir prueba [...] no puede ser utilizada para incoar demanda."

testimonio que se sabe que va a ser necesario presentar cuando llegue el día del juicio, *e.g.*: puede desearse perpetuar el testimonio de un testigo de avanzada edad. Se corre el peligro de que se muera y se pierda su testimonio. Para perpetuarlo se le toma una de las deposiciones previstas en la R. 24, 2009.

§ 2905. —Procedimiento

La persona que desee perpetuar su propio testimonio o el de otra persona, presentará una petición ante el tribunal con la competencia para entender del pleito que en el futuro proyecta iniciar, y en esa petición hará constar:

(1) Que espera ser parte de un pleito en el cual puede entender el tribunal, pero que por el presente le es imposible iniciar o lograr su iniciación por otra persona.

(2) La cuestión que entraña el pleito en expectativa y su interés en el mismo.

(3) Los hechos que desea establecer mediante el testimonio propuesto y las razones que tenga para interesar su perpetuación.

(4) Los nombres, o una descripción de las personas que el peticionario espera habrán de ser partes adversas y sus direcciones si fueren conocidas.

(5) Los nombres y direcciones de personas que han de ser interrogadas y el contenido del testimonio que espera obtener de cada una.

(6) La forma en que interesa tomar la deposición, ya sea mediante examen oral o por preguntas escritas.

La petición será notificada en la misma forma que un emplazamiento. Las partes serán las que han de ser partes contrarias en el pleito en ciernes. Si el tribunal queda satisfecho después de celebrada una vista con notificación a la parte que será contraria, ordenará que se tome la deposición y ésta se tomará siguiendo el procedimiento para tomar las deposiciones con el objeto de descubrir prueba, según dispone la R. 27.1, 2009.

Para perpetuar testimonios también se pueden tomar deposiciones cuando un caso está en apelación y se contemplan ulteriores procedimientos (R. 24.2, 2009).

§ 2906. Toma oral de las deposiciones para descubrir prueba.—Cuándo se pueden tomar

La regla general es que se pueden tomar en cualquier momento después de iniciado el pleito y no es necesario pedir permiso al tribunal para hacerlo (R. 27.1, 2009).

La excepción a esta regla es para el demandante que quiera tomar deposiciones dentro del término que tiene la parte demandada para contestar la demanda, que necesita permiso del tribunal para hacerlo, a no ser que el demandado iniciare dentro de ese término sus diligencias de descubrimiento, o en el caso de deposiciones de personas que vayan a ausentarse de Puerto Rico.[4]

---

[4] En este último supuesto la R. 27.1(b), 2009 permite al demandante tomar una deposición dentro de los 20 días de emplazado el demandado si expresa que el deponente

§ 2907. —Notificación y citación del deponente

La parte que desee tomar una deposición notificará su propósito por escrito a todas las partes contrarias con razonable anterioridad y no menos de 20 días de antelación a la fecha en que la haya de tomar (R. 27.2, 2009).

La notificación hará constar lo siguiente: (1) fecha, (2) hora, (3) lugar en que se tomará la deposición, (4) método por el cual se tomará la deposición, (5) nombre y dirección de la persona o personas a ser examinadas, si su nombre fuere conocido; si no lo fuere bastará con una descripción general suficiente para identificar la persona.

Si la deposición a tomar es la de la parte contraria basta con la notificación a su abogado para que la parte esté obligada a comparecer y someterse a la deposición.

Si se trata de un testigo que no es parte en el pleito, debe diligenciarse una citación oficial sobre su persona de conformidad con lo que provee la R. 40, 2009, para asegurar su comparecencia; de lo contrario el testigo no tiene obligación de comparecer, ni la parte contraria tiene la obligación de traerlo.[5]

Tanto la parte contraria como los testigos pueden ser obligados a presentar documentos en la toma de la deposición. La notificación en ambos casos debe relacionar los documentos requeridos.

Una corporación pública o privada, un departamento o agencia gubernamental o una sociedad o asociación privada puede ser sujeto de una deposición. La R. 27.6, 2009, requiere que cuando se vaya a deponer a una de estas entidades se describa con razonable particularidad las cuestiones sobre las cuales versará la deposición. La parte promovente puede, además, designar el oficial, director, agente o empleado de la corporación a quien interese examinar mediante la deposición. De no hacerlo, la entidad debe designar a la persona o personas con el mayor conocimiento sobre las cuestiones que se examinarán para que testifique en su nombre o a nombre de la organización, y podrá señalar las materias sobre las cuales testificará cada persona en su representación.

Si la entidad no fuere parte en el litigio, la citación deberá advertir a la misma su deber de hacer tal nombramiento o designación. Ver: *Alvarado Colón v. Alemañy Planell*, 157 D.P.R. 672 (2002).

Si se ha de citar a un testigo que no es parte en el pleito y éste se encuentra fuera del Estado Libre Asociado de Puerto Rico, es necesario incorporar al tribunal del lugar donde se encuentre el testigo para efectuar la citación con

---

se propone salir de la jurisdicción del Estado Libre Asociado de Puerto Rico y que no estará disponible luego para ser examinado oralmente. La firma de un abogado en una notificación bajo estas circunstancias equivale a certificar que los hechos son ciertos. Su firma también estará sujeta a las disposiciones de la R. 9, 2009. Al entrar en prensa este libro, la Asamblea Legislativa considera los proyectos, P. del S. 1463 y el P. de la C. 2540 para aumentar el término a 30 días.

[5] *Alvarado Colón v. Alemañy Planell*, 157 D.P.R. 672 (2002); *Castro Vidal v. Metropolitan Hosp. & Nursing Home, Inc.*, 118 D.P.R. 142 (1986).

carácter obligatorio por ley. Si el testigo se encuentra en un Estado de la Unión, en un territorio o en el Distrito de Columbia, se tomarán los pasos indicados para estas citaciones en la legislación del lugar donde se encuentre. Si se encuentra en una nación extranjera, la R. 25.2, 2009, provee para citarle mediante una suplicatoria (*letters rogatory*) expedida por el tribunal del Estado Libre Asociado y dirigida a: "A la autoridad judicial competente en (aquí el nombre del país)". Sobre estas citaciones fuera del Estado Libre Asociado, ver sec. 1905, *ante*; R. 40.6, 2009.

La disponibilidad del testigo para testificar voluntariamente, hace innecesaria la citación o la suplicatoria. En el caso de que el testigo que se encuentre fuera de Puerto Rico sea director, oficial, agente, o empleado de una entidad corporativa que es parte demandada en el pleito, tampoco es necesaria la citación o suplicatoria, pues la entidad corporativa tiene la responsabilidad de producir al testigo en el lugar en que ha de tomársele la deposición.

§ 2908. —Lugar para la toma de deposición

Cuando se trata de un testigo, su deposición deberá tomarse en los siguientes lugares:

(1) Si el testigo es residente del Estado Libre Asociado, podrá ser requerido para que comparezca a ser interrogado, únicamente en el lugar donde reside, o estuviere empleado, o realice personalmente sus negocios o en cualquier otro lugar conveniente que fije el tribunal. Se persigue evitar que a través del procedimiento para la toma de deposiciones controlado por una parte, se pueda atropellar a un testigo obligándolo a comparecer a sitios distantes con los gastos y pérdida de tiempo que esto significa. También se puede estipular por las partes el lugar donde haya de tomarse la deposición.

(2) El testigo que no reside dentro del Estado Libre Asociado podrá ser requerido para que comparezca al lugar en que se le notifique la citación o a cualquier lugar conveniente fijado por orden del tribunal.

Esta regla prevalece tratándose de testigos, pero no en cuanto a partes. A las partes no hay que citarlas. Unicamente hay que notificar al abogado. Por tanto si la parte contraria en un pleito reside en Florida, en Nueva York o donde sea, se le puede obligar a que venga a Puerto Rico porque está sometida a la jurisdicción del tribunal. No obstante este poder, resulta incuestionable la alternativa que tiene la parte sujeta a la deposición para negarse a ello y solicitar que se le deponga mediante el conveniente método para tomar deposiciones a distancia que provee la R. 27.4, 2009 o bajo cualquiera otro. Bajo este supuesto, podría utilizar como fundamento "que la prueba puede obtenerse mediante otra forma más conveniente, menos onerosa y costosa para la parte a quien se le solicita" (R. 23.2(ii), 2009).

La R. 27.5, 2009, faculta al tribunal para dictar cualesquiera órdenes necesarias para prorrogar o acortar el plazo para tomar la deposición, y para regular la fecha, el sitio y el orden, y las demás materias contenidas en las Rs.

27.2 y 27.3, 2009, de acuerdo con la conveniencia de las partes, de los testigos y de la justicia (R. 27.5, 2009). El procedimiento de toma de deposiciones está bajo el control de las partes. Se puede utilizar en una forma opresiva, y para evitarlo se permite a la parte contraria o al testigo a quien se le va a tomar la deposición solicitar del tribunal que modifique los términos de la toma de la deposición. Por ejemplo, que disponga que se tome en otra fecha o en otro lugar o que no se investiguen ciertas materias. Puede darse el caso en que se pida al tribunal una orden para que la deposición no se tome. En un caso que lo justifique el tribunal puede ordenar que no se tome la deposición.

En caso de deposiciones a partes, los abogados de las partes deben discutir sobre el alcance del descubrimiento en la *Reunión para el Manejo del Caso* que exige la R. 37.1, 2009 y exponer sus respectivos planteamientos en el *Informe para el Manejo del Caso*, de forma que el juez conozca la postura de cada parte para que en la Conferencia Inicial dictamine las órdenes y limitaciones que entienda procedente y las esboce en la orden de calendarización que dirigirá todo el proceso.

§ 2909. —Personas ante quienes pueden tomarse las deposiciones

Las deposiciones se pueden tomar ante cualquier persona autorizada en Puerto Rico o en los Estados Unidos o en el lugar en que se tome, para tomar juramentos, como son los jueces, secretarios de tribunales o los notarios. El tribunal puede designar a una persona que no tenga autorización por ley para que se tome la deposición ante él.

La R. 25.2, 2009, establece que en países extranjeros las deposiciones se tomarán ante las siguientes personas: (1) personas allí autorizadas para tomar juramento; (2) personas comisionadas especialmente para tomar dicho juramento por el tribunal del Estado Libre Asociado, y (3) la persona apropiada designada por el tribunal extranjero correspondiendo a la suplicatoria del tribunal del Estado Libre Asociado. (Ver sec. 404, *ante*).

La R. 25.3, 2009, dispone que no se tomará ninguna deposición ante una persona que fuere pariente dentro del cuarto grado de consanguinidad o segundo de afinidad o empleado o abogado de cualquiera de las partes, salvo lo dispuesto en la R. 26, 2009, o que fuere pariente en los grados ya indicados o empleado de tal abogado o estuviere interesado pecuniariamente en el pleito.

§ 2910. —Examen del deponente

Estará presente el abogado de la parte que va a tomar la deposición y el abogado de la parte contraria, pero si éste no comparece la deposición puede tomarse en su ausencia. Estará presente también el deponente, un taquígrafo y el funcionario encargado de tomar la deposición. No es necesario que la persona que administre el juramento permanezca en la toma de la deposición una vez el deponente sea juramentado (R. 25.1, 2009).

El primer paso consiste en la toma de juramento o afirmación al deponente en la práctica se juramenta también al taquígrafo que va a tomar el testimonio, pero las reglas no requieren esto último. No obstante, la R. 26, 2009 dispone para la juramentación del taquígrafo y el traductor, si fuera necesario, por uno de los abogados presentes en la deposición, pero facultado a base de la estipulación entre las partes.

Luego se procede al examen oral del deponente en la misma forma como se procedería ante el tribunal, según provee la R. 27.7, 2009.

La R. 27.7, 2009 regula la forma en se harán las objeciones durante la toma de una deposición y la conducta que deberán proyectar los abogados, las partes y demás participantes en el proceso. La regla general es que las objeciones se anotan en el récord y la contestación será dada por el deponente, sujeto a la objeción, quedando preservado el derecho de la parte a solicitar del tribunal el remedio apropiado. Sólo podrán presentarse y fundamentarse aquellas objeciones que tengan como propósito preservar algún privilegio o que se entiendan renunciadas si no se interponen. Las objeciones deben ser consignadas de forma clara, sucinta y sencilla de forma que el abogado que la formule no le sugiera la contestación al deponente.

En deposiciones realizadas con el propósito de perpetuar testimonio, deberán presentarse las objeciones que sean necesarias para que la parte que pretenda perpetuar dicho testimonio pueda reformular su pregunta y salvar las objeciones que entienda procedente.

Todo deponente está obligado a contestar cada pregunta que se le formule, excepto: 1) para preservar un privilegio; 2) para poner en vigor alguna limitación impuesta por orden del tribunal; o, 3) cuando la pregunta sea impropia o su contestación pueda causar perjuicio a una persona. Por lo tanto, un abogado no puede instruir a un deponente a que no conteste salvo para preservar materia privilegiada o para poner en vigor alguna limitación que haya impuesto el tribunal. Cualquier negativa a contestar o instrucción encaminada a ese fin deberá estar acompañada con una expresión clara y sucinta para el récord de los fundamentos en que se basa. De ello ocurrir, podrá realizarse una conferencia telefónica con el juez que preside la sala para que los abogados puedan plantearle la controversia suscitada y pueda obtenerse una determinación que resuelva la controversia en el acto. El juez tendrá que emitir un acta sobre su determinación mediante resolución la cual será notificada a todas las partes. De no estar disponible el juez en el momento en que se le llame, la deposición deberá continuar sobre todo aquel asunto no relacionado a la controversia.

Ningún abogado puede interrumpir una deposición con el propósito de comunicarse con el deponente ni podrá ordenar que se detenga el récord, salvo estipulación en contrario por todas las partes, la cual deberá consignarse para el récord antes de que comience el interrogatorio del deponente. Se prohíbe además que se realicen comentarios o manifestaciones que interfieran con el interrogatorio del deponente. (R. 27.7, 2009).

Después que la parte que interesa tomar la deposición examine al deponente, la parte contraria tiene su turno de repreguntas. La re-pregunta no está limitada al testimonio directo como lo estaría en el juicio, puede entrarse en toda materia pertinente a la evidencia a presentarse en el juicio y que no sea privilegiada.

En el caso de *In re González Carrasquillo*, 164 D.P.R. 813 (2005), el TS señala que: "[a]unque la toma de una deposición no es tan formal como una vista ante un juez, sigue siendo una parte esencial del proceso judicial. Conforme a ello, para su buen funcionamiento, los abogados siempre deben procurar que en las deposiciones prevalezca un ambiente de decoro y solemnidad. [...] La conducta de un abogado durante la toma de una deposición de insistir constantemente en sugerirle a su cliente las contestaciones o indicarle que no contestara las preguntas del abogado de la otra parte, y, peor aún, indicando que tenía derecho a así actuar, resulta en una clara violación a todas las reglas que regulan los procedimientos antes los tribunales, a la buena práctica de la abogacía y está reñida con el buen funcionamiento del sistema adversativo de derecho".[6]

Puede ocurrir que una parte no pueda asistir a la toma de la deposición; en ese caso las reglas le permiten someter a un pliego de preguntas para que sea el funcionario el que le formule las preguntas al deponente a nombre de la parte que no quiso o no pudo asistir. Una parte no tiene la obligación de asistir a la toma de deposición de un testigo, tiene el derecho de hacerlo, pero no la obligación.

§ 2911. —Examen, lectura, enmienda y firma de la deposición

La deposición puede ser tomada o grabada mediante taquigrafía, estenografía, o cualquier método de grabación video-magnetofónico o digital que garantice la preservación e integridad del proceso y permita la reproducción de la grabación (R. 27.3, 2009).

Tomada la deposición, el taquígrafo tendrá 45 días para entregar la transcripción de la deposición a la parte promovente de la misma, quien la presentará al deponente dentro de los 10 días de su entrega para su examen y lectura, a menos que las partes y el deponente renuncien a ello, lo cual deberá constar del acta. Aunque las Reglas de Procedimiento Civil no obligan a los taquígrafos, sí obligan a las partes y a sus abogados, por lo que las partes promoventes de una deposición deben asegurarse que entre los acuerdos que realicen con el taquígrafo se estipule que la transcripción de la deposición no pueda extenderse más de 45 días, más aún cuando su transcripción es obligatoria con independencia del método de grabación utilizado, salvo estipulación en contrario de todas las partes. (R. 27.7(a)).

---

[6] Aunque este comportamiento es claramente censurable por el TS, como violatorio de los Cánones de Etica Profesional bajo la vigencia de las Rs. de 1979, el Comité Asesor de las Reglas de Procedimiento Civil estimó importante enmendar la R. 27.7, con el fin de exponer claramente las pautas de conducta por las que deberán regirse los abogados durante la toma de deposiciones.

Cualesquiera enmiendas de forma o de sustancia que el deponente deseare hacer, deberá presentarlas dentro de los 30 días de habérsele entregado la transcripción y serán anotadas en la misma deposición por la persona autorizada para tomarla, quien hará constar las razones dadas por el deponente para hacerlas. Nótese que esta persona no enmendará la transcripción de la deposición sino que acompañará el pliego de enmiendas que someta el deponente haciéndolo formar parte de la deposición.

Cuando todas las partes estipulen que no se transcriba la deposición y el testimonio haya sido reproducido mediante cinta, video u otro método de grabación, el deponente también tendrá un término de 30 días a partir de su entrega, a menos que las partes y el deponente renuncien a ello, lo cual deberá constar del acta. Las enmiendas de forma o de sustancia que el deponente entienda procedente realizar deberán presentarse en un documento que acompañe la copia de la cinta, video o método de grabación utilizado.

La deposición enmendada o sin enmendar, según sea el caso, será firmada por el deponente, a menos que las partes mediante estipulación renuncien a su firma, esté enfermo, o no pueda ser encontrado, o se niegue a firmar.

Las partes y el deponente pueden, y es frecuente hacerlo, estipular que una vez transcrita la deposición, el funcionario la firme sin necesidad de que lo haga el deponente, y la remita al tribunal.

Si la deposición no fuere firmada por el deponente, el funcionario la firmará, y hará constar en el acta,[7] el hecho de la renuncia, enfermedad o ausencia o negativa del deponente, así como la razón que dé para no hacerlo, si alguna hubiere dado, y entonces la deposición podrá usarse para cualquier propósito como si el deponente la hubiere firmado.

La R. 27.7(a) dispone que la parte promovente de la deposición pagará el costo de la comparecencia del taquígrafo, de la transcripción y de la copia del deponente. También le requiere que supla copias adicionales de la transcripción a costo de la parte que la solicite, a menos que el tribunal lo disponga de otra forma.

En cuanto a deposiciones tomadas en países extranjeros, la R. 25.2, 2009, establece que: "La prueba obtenida como resultado de una suplicatoria no debe ser excluida meramente por el fundamento de que no constituye una transcripción *verbatim*, o por que el testimonio no se tomó bajo juramento o por no cumplir con algún requisito similar a los exigidos para las deposiciones tomadas dentro de Puerto Rico." Además de ello, la R. 40.6, 2009 permite que la transcripción de una deposición a un deponente que se encuentra fuera de Puerto Rico pueda ser utilizada en sustitución del testimonio.

---

[7] De acuerdo con la R. 27.7, 2009, el funcionario que toma la deposición levantará un acta con el testimonio del testigo. En la práctica se renuncia a ese requisito, sustituyéndolo por la trascripción o grabación del testimonio.

§ 2912. Deposiciones *in forma pauperis*

Para los casos en que el litigante no cuente con suficientes medios económicos para sufragar los costos de una toma de deposición, la R. 25.1, 2009, permite que acreditada la condición mediante declaración jurada el tribunal disponga cualquier método para tomar la deposición que crea conveniente.

§ 2913. Deposiciones por teléfono, videoconferencia u otros medios electrónicos

La R. 27.4, 2009 es una alternativa novel para resolver el frecuente problema de las suspensiones de las deposiciones por razón de que los abogados y las partes no puedan coincidir físicamente en un lugar para el interrogatorio de un deponente. Igualmente, cumple al propósito de promover la economía procesal y la celeridad del descubrimiento en casos de deponentes o partes que se encuentran fuera de Puerto Rico, evitando así costos de viaje, alojamiento y comparecencia.

Esta R. 27.4, 2009 permite que las partes estipulen por escrito la toma de una deposición por teléfono, videoconferencia o por cualquier otro método electrónico a distancia, como las *webcams* mediante internet. El tribunal, a solicitud de parte, puede también ordenar que la deposición se tome por uno de estos medios.[8]

La notificación a las partes se hace de la misma forma en que se notifica para una deposición en persona. Es decir, la notificación debe diligenciarse con 20 días de antelación y en ella especificar la fecha, la hora, el lugar y el método que se utilizará para tomar la deposición. Los deponentes que sean testigos deben ser citados conforme la R. 40, 2009. La notificación o citación puede ir acompañada de un requerimiento para la producción de documentos y objetos los cuales deben ser provistos con razonable anticipación a la fecha en que se habrá de tomar la deposición. Una vez la parte promovente reciba lo requerido, deberá entregar copias de toda la documentación a la persona que grabará la deposición y a las demás partes notificadas.

Cuando el promovente de la deposición comparece por teléfono, videoconferencia u otro medio, debe hacer los arreglos pertinentes para asegurar la comparecencia de las demás partes de la misma forma. Cuando el promovente

---

[8] Amparándose en la R. 27.4, 1979 [sustituida por la R. 27.3, 2009], el TS promulgó unas reglas mediante resolución de 30 de diciembre de 1981 para la grabación y el uso de deposiciones mediante cintas de vídeo. La toma de estas deposiciones requiere una solicitud al tribunal el cual fijará las condiciones para tomar la deposición y para la conservación de la cinta. La resolución contempla que la deposición así tomada pueda ser utilizada para perpetuar el testimonio de un testigo que no pueda estar disponible el día del juicio, para sustituir inspecciones oculares, y para la presentación de prueba en general. Aún cuando los litigantes no recurren a estas reglas con frecuencia, dado al carácter extrajudicial generalizado que permea el descubrimiento de prueba, éstas deben actualizarse conforme los nuevos adelantos tecnológicos.

de la deposición interese asistir personalmente al lugar donde se encuentre el testigo, cualquier parte podrá comparecer por teléfono, videoconferencia u otro medio electrónico a distancia, siempre que realice los arreglos pertinentes con la persona que tomará o grabará la deposición y con la parte promovente de la misma.

El lugar de la deposición en estos casos es donde el deponente contesta las preguntas ante una persona autorizada por ley para tomar el juramento y recibir el testimonio.

§ 2914. —Certificación, entrega y custodia

El notario o la persona autorizada al efecto certificará en la transcripción de la deposición que tomó juramento al deponente y que la transcripción o reproducción es fiel y exacta del testimonio. Indica la R. 27.9(a), 2009 que cuando la deposición sea transcrita, se colocará el original de la deposición en un sobre en el cual se consignará el título o epígrafe del pleito y lo siguiente: "Deposición de Fulano de Tal" (deponente) y la entregará a la parte que la tomó, quien a su vez deberá entregarla al deponente.

La parte que tomó la deposición notificará a la parte contraria que la deposición le ha sido entregada al deponente. Además, las Rs. de 2009 le imponen la obligación de conservarla y producirla en juicio, si fuera a utilizarla.

Mediante el pago de honorarios razonables el funcionario o el taquígrafo suministrará una copia de la deposición a cualquier parte en el pleito o al deponente.

§ 2915. Consecuencias por no comparecer

Las consecuencias de no comparecer a la toma de una deposición las expone la R. 34.5, 2009.

Si una parte dejare de comparecer a la toma de una deposición y de proceder a tomarla—la parte que ha notificado de que va a tomar una deposición—el tribunal podrá ordenar a esa parte que pague a la otra el importe de los gastos razonables en que hubiesen incurrido ella y su abogado para comparecer, incluyendo una suma razonable para honorarios de abogado.

Si se trata de una deposición que la parte le va a tomar a un testigo y ese testigo no comparece y la parte no lo citó formalmente, mediante el procedimiento de citación que provee la R. 40, 2009, entonces recaen sobre la parte las mismas consecuencias, debido a su negligencia al no citar debidamente al testigo. Si lo hubiera hecho y el testigo no hubiera comparecido entonces la parte quedaría excusada. Más adelante veremos las consecuencias que pueden recaer sobre una parte de quien se interese tomar la deposición la cual no comparezca o no permita que se le interrogue.

CAPITULO 30: LOS INTERROGATORIOS

§ 3001. Concepto

Son un pliego de preguntas que se dirige a la parte contraria para que las conteste bajo juramento y remita las contestaciones a la parte proponente. No hay contrainterrogatorio. Las preguntas se proponen exclusivamente a la parte contraria. No pueden dirigirse a testigos que no sean partes en el pleito.

Deben distinguirse de las deposiciones por preguntas escritas en las que media un funcionario que propone oralmente preguntas y repreguntas al deponente.

El interrogatorio es un medio muy efectivo y económico para el descubrimiento de prueba. Contrario a la deposición que acarrea gastos considerables, los interrogatorios implican muy pocos gastos.

No existe límite, bajo las disposiciones de la Regla 30 de las de Procedimiento Civil, en cuanto al número de preguntas en un interrogatorio ni en cuanto al número de interrogatorios por una parte. *Meléndez Piñero v. Levitt & Sons of P.R., Inc.*, 104 D.P.R. 895 (1976). No obstante, si bien es amplio el ámbito del descubrimiento mediante interrogatorios escritos, el tribunal puede rechazarlos o limitarlos de resultar opresivos, onerosos o injustos,[1] o porque dieran base a las limitaciones de la R. 23.2, 2009.

§ 3002. Alcance

Es el establecido por la R. 23.1, 2009, y discutido anteriormente. Se puede solicitar, además, que con las contestaciones se envíe una lista de los testigos incluyendo los peritos que piensa utilizar la parte contraria con un breve resumen de lo que se propone declarar cada uno, y copias de los escritos, libros, documentos, fotografías o cualquier otra clase de escrito que tenga la parte contraria y que piense utilizar en el juicio.[2]

La parte a quien le requiere que envíe copia de escritos o documentos[3] no tiene la obligación de hacerlo. Tiene las siguientes alternativas: puede enviarla si quiere, o puede notificar a la parte que la interesa, que los pone a su disposición en algún lugar apropiado para que los examine (R. 30.3, 2009).

---

1 *Sierra Berdecía v. Tribunal Superior*, 81 D.P.R. 554 (1959).

2 R. 23.1(b). Ver *E.L.A. v. Casta Developers*, 162 D.P.R. 1 (2004).

3 Entiéndase incluida la información almacenada electrónicamente.

Se puede proponer un interrogatorio sobre cuestiones que no sean de conocimiento personal de la parte a quien se propone el interrogatorio, si ésta tiene los medios de obtener la información.[4]

Como los interrogatorios se proponen sólo a las partes, éstas deben contestar aunque no conozcan personalmente determinados hechos si pueden obtener la información necesaria. Su admisión de que los hechos han ocurrido en determinada forma basta para los fines del proceso. También puede obligarse a la parte a quien se le propone el interrogatorio a que haga una búsqueda dentro de sus libros, documentos y archivos para suministrar información. La extensión de la búsqueda debe estar dentro de un margen de razonabilidad; no puede imponerse una búsqueda sumamente onerosa.

Se puede interrogar sobre opiniones o contenciones relacionadas con los hechos o el derecho, pero el tribunal por causa justificada podrá ordenar que dicho interrogatorio no sea contestado o que lo sea en el momento y la forma que el tribunal juzgue oportuno (R. 30.2, 2009). Véase también la R. 23.1(c)(1) sobre los interrogatorios relativos a peritos y la R. 23.1(b) sobre las opiniones del abogado de la parte.

§ 3003. Término para notificarlos

Los interrogatorios pueden notificarse al demandante en cualquier momento después de iniciada la acción y al demandado luego de que expire el término concedido por las reglas para contestar la demanda, pero su extensión no puede excederse más allá del tiempo establecido por el tribunal en la orden de calendarización.

Los medios de descubrimiento de prueba: interrogatorios, deposiciones, examen físico, inspección de documentos, etc., son acumulativos en su uso, no excluyentes. El hecho de que se utilice uno de ellos no excluye el uso de los demás (R. 23.4, 2009). Puede primero enviarse un interrogatorio y luego tomarse una deposición o primero tomarse una deposición y luego enviar los interrogatorios. Los interrogatorios no están limitados a un grupo o a determinado número de grupos de interrogatorios. Se puede notificar primero un pliego de interrogatorios, y luego otro, y si hay tiempo, otro más pero no con el propósito de oprimir a la otra parte o causarle inconvenientes y molestias. Si las preguntas que se hacen son con el objeto de causar inconveniencias, el tribunal ordenará que no se contesten.

§ 3004. Procedimiento

Los interrogatorios se notifican a las partes mediante un escrito que contiene las preguntas. Este escrito se notifica como cualquier otro, es decir, siguiendo lo prescrito en la R. 67, 2009. La parte que recibe el interrogatorio tiene un término de 30 días para contestar las preguntas bajo juramento (R. 30.1, 2009).

---

4 Véase: *Sierra Berdecía v. Tribunal Superior*, 81 D.P.R. 554 (1959).

El tribunal tiene facultad de extender o reducir el término, por motivos justificados. Las preguntas son enumeradas, y al contestar el interrogatorio no hay que repetir la pregunta; basta dar el número de la pregunta y la contestación. La contestación debe ser clara y específica. No se admiten contestaciones evasivas o incompletas. Cuando la parte contraria conteste en esa forma, la parte que propone el interrogatorio puede acudir al tribunal para que dé una orden a la parte recalcitrante para que conteste específicamente. La moción incluirá una transcripción literal de la pregunta, la contestación que se objeta, y los fundamentos en que se basa la objeción.

No obstante, antes de acudir en auxilio al tribunal, la parte debe realizar esfuerzos razonables, con prontitud y de buena fe con la parte que se niega a contestar debidamente el interrogatorio para llegar a acuerdos sobre las contestaciones. En caso de que las gestiones resulten infructuosas, la parte promovente del interrogatorio deberá presentar una moción al tribunal en la que certifique y particularice cada trámite realizado para tratar de resolver la controversia extrajudicialmente. (R. 34.1, 2009)

El tribunal puede imponer sanciones económicas por verse precisado a dictar una orden (R. 34.2(c), 2009).

Si la parte a la cual se dirige el interrogatorio tiene objeciones al mismo debe exponerlas por medio de moción formulando sus razones para ello, sujeto a la R. 34.3, 2009, y acompañando copia del interrogatorio objetado. Si la objeción fuera parcial, deberá contestar la parte no objetada. Si no lo hace no puede formularlas posteriormente. Se entienden renunciadas. Las objeciones tienen que ser claras y específicas. Objeciones como que los interrogatorios causan molestias o son opresivos, presentan conclusiones que son insuficientes para obtener un remedio del tribunal. Se precisan los hechos concretos que constituyen la opresión para que el tribunal pueda valorar el planteamiento frente a lo que persigue el descubrimiento y otras formas de alcanzar el objetivo.[5]

Las contestaciones a los interrogatorios se envían a la parte que los propone sin que se presenten al tribunal. La parte que lo propuso podría hacer uso de ellos ante el tribunal en el momento que sea necesario. (R. 67.4, 2009).

---

[5] Véase *Meléndez v. Levitt & Sons of P.R., Inc.*, 104 D.P.R. 895 (1976) y *Concreto Mixto, Inc. v. Tribunal Superior*, 90 D.P.R. 567 (1964).

CAPITULO 31: INSPECCION DE DOCUMENTOS, OBJETOS O PROPIEDADES

§ 3101. Concepto

El requerimiento de inspección de documentos, información almacenada electrónicamente, objetos o propiedades consiste de una solicitud formulada por escrito por una parte a otra con el propósito de acceder a prueba documental o electrónica, objetos muebles, o propiedad inmuebles para sustanciar sus alegaciones (R. 31.1, 2009).

§ 3102. Alcance

El alcance de este medio de descubrimiento es el mismo que establece la R. 23.1, 2009, para los medios en general.

§ 3103. Procedimiento

Cuando una parte interesa que se produzcan documentos, información almacenada electrónicamente, fotografías o cualquier objeto o propiedad inmueble en poder de otra de las partes o sus agentes con el propósito de examinarlos, copiarlos o fotografiarlos, lo hace formulando un requerimiento por escrito.

Esta solicitud para examinar documentos, información almacenada electrónicamente u objetos en posesión de otra persona procede exclusivamente en cuanto a la prueba en posesión de las partes en litigio, y no en cuanto a prueba que pueda estar en posesión de un tercero que no sea parte en el pleito.[1]

---

1 En cuanto a evidencia poseída por un tercero, hay dos maneras mediante las cuales la parte puede examinar la misma o traerla ante el tribunal:

(1) Se puede diligenciar una citación al tercero para la toma de una deposición o para su comparecencia a vista o juicio y, a través de la R. 40.1, 2009, obligarlo a traiga consigo a la toma de deposición o para el juicio o vista toda aquella evidencia que la parte interesa examinar. Véanse, *García Rivera v. Enriquez Marín*, 153 D.P.R. 323 (2001) citando con aprobación esta obra y *Fantauzzi v. Tribunal Superior de Aguadilla*, 103 D.P.R. 113 (1974).

(2) Mediante una citación para requerir la producción, inspección o copia de lo requerido o para la inspección de predios o propiedad bajo la posesión, custodia o control de la persona citada, conforme la R. 31, 2009 (R. 40.2(c) y (d), 2009).

Sin embargo, si la parte requerida tiene acceso legítimo a los documentos en poder de tercera persona, la parte puede ser requerida a que los obtenga para atender la solicitud de descubrimiento. Véase *García Negrón v. Tribunal Superior*, 104 D.P.R. 727 (1976).

El requerimiento identificará los documentos, la información electrónica, objetos o el inmueble cuya inspección se solicita. Hay que señalar concretamente qué documentos, qué papeles, qué libros, qué cartas, qué fotografías o qué cosas se interesa inspeccionar. No se puede formular una solicitud para inspeccionar en forma generalizada toda la base de datos guardada en formato electrónico o todos los documentos, papeles, libros, etc., que se encuentren en posesión de la parte contraria y que sean relevantes o contengan evidencia pertinente al pleito. La existencia de los documentos u otros objetos se podrá determinar mediante el uso de los interrogatorios o de las deposiciones.

La solicitud deberá especificar la fecha, la hora, el lugar y el modo de hacer la inspección y cómo tomar las fotografías (si se interesa fotografiar los objetos) y cómo hacer las copias, y deberá contener los términos y condiciones que se estimen justos. La parte contraria debe responder a la solicitud dentro de 15 días aceptando u objetando la inspección o partes de la misma. En este último caso, la parte deberá exponer los fundamentos que sustenten la objeción. Luego de cumplir con las disposiciones de la R. 34.1, 2009, el solicitante puede acudir al tribunal al amparo de la R. 34.2, 2009 a los fines de obtener una orden para verificar la inspección.

§ 3104. Término

El requerimiento para la inspección de documentos, información almacenada electrónicamente, objetos o propiedades inmuebles puede notificarse a la parte demandante en cualquier momento luego de iniciado el pleito y a cualquier otra parte luego de que haya expirado el término que tiene el demandado para contestar la demanda, pero su utilización no puede exceder el tiempo establecido por el tribunal en la orden de calendarización. (Rs. 31.2 y 37.3, 2009)

§ 3105. Forma de presentar los documentos

La R. 31.2, 2009, *in fine,* provee que la parte que produce los documentos deberá presentarlos tal y como se mantienen en el curso ordinario de los negocios, pudiendo sólo organizarlos e identificarlos para que correspondan con cada objeto especificado en la solicitud. En caso de que el requerimiento sea para producir información almacenada electrónicamente, "la parte requerida podrá producir la información en la forma o formas en que ordinariamente son mantenidas o en la forma o formas en que se pueda usar o comprender razonablemente. La parte que tenga la información almacenada electrónicamente en más de una forma sólo la producirá en una de dichas formas" (R. 31.2, 2009; último párrafo).

CAPITULO 32: EL EXAMEN FISICO O MENTAL

§ 3201. Concepto

El examen físico o mental es el medio de descubrimiento de prueba que permite a una parte someter a un examen médico a cualquiera de las partes en el litigio respecto a su condición física o mental (R. 32). *Otero Prann v. Delbrey Rivera*, 144 D.P.R. 688 (1998); *Pena Fonseca v. Pena Rodríguez*, 152 D.P.R. 820 (2000).

§ 3202. —Cuándo procede

El examen físico y mental de la persona se permite en todo pleito en el cual el estado mental o físico de una parte, incluyendo el grupo sanguíneo o la estructura genética de ésta, estuviere en controversia. La R. 32.1, 2009 permite también a una parte someter a examen físico o mental a una persona bajo la tutela, custodia o patria potestad de otra parte en el pleito.

El caso típico es el de las acciones de indemnización por daños físicos o mentales a la persona. Cuando el reclamante alega que en determinado accidente sufrió tales o cuales daños sobre su persona, pone en controversia su estado físico o mental. También una acción de filiación pone sobre el tapete judicial el grupo sanguíneo o la estructura genética del hijo y del padre. En un caso de custodia de niños menores de edad, también podría someterse a las partes a exámenes siquiátricos para determinar si están o no en condiciones de atender al menor. Antes de la vigencia de la R. 32, 2009, no era posible someter bajo esta Regla al menor a un examen físico o mental por no ser el menor parte en el pleito. *Otero, supra*.

Sin embargo, en *Pena Fonseca v. Pena Rodríguez, supra*, el TS determinó que, conforme a la facultad de *parens patriae* de los tribunales y sus poderes inherentes, éstos pueden someter a menores en pleitos de custodia a evaluaciones sicológicas o siquiátricas por peritos del tribunal o a solicitud de parte por peritos privados. Para ello, el tribunal legisló el siguiente procedimiento: En primer lugar, debe someterse a los menores a un examen por un perito del tribunal. Hecho esto, la parte solicitante tiene que demostrar como cuestión de umbral que se justifica que se tomen pruebas adicionales a las que efectuó el perito del tribunal. Entonces el tribunal debe sopesar los intereses de quién peticiona frente al derecho de intimidad de los menores, tomando en consideración los siguientes factores: la naturaleza del examen solicitado y lo intrusivo del mismo; la edad del menor involucrado; el efecto o la carga emocional o física que el examen o evaluación adicional conllevará para el menor; el valor probatorio que este testimonio pericial tendrá sobre la controversia legal planteada ante el tribunal y la evidencia disponible a las partes y al tribunal en ese momento.[1]

§ 3203. —Procedimiento

El procedimiento se inicia mediante moción, aseverando la necesidad de practicar, para los fines del pleito, el examen físico o mental de la parte contraria; se alegará que el estado físico o mental de esa parte está en controversia y además se nombrará el profesional autorizado por ley para efectuarlo que la parte promovente propone que realice dicho examen, la fecha en que lo ha de hacer, el lugar, el alcance del examen y las condiciones bajo las cuales practicará el mismo. Por ejemplo, si se interesa sacar radiografías o exámenes de laboratorio, etc., así se especificará (R. 32.1, 2009).

La orden del tribunal autorizando el examen especificará la fecha, el lugar, el modo, el alcance y las condiciones bajo las cuales habrá de realizarse. Puede que sean las mismas condiciones que propone el que interese realizar el examen, pero el tribunal tiene absoluta discreción para proteger a la parte a quien se ha de examinar.

§ 3204. —Informe del examinador

Realizado el examen o la prueba, si lo solicitare la persona examinada, la parte a cuya instancia se hizo, le entregará dentro de los 45 días de la fecha del examen o prueba, una copia del informe del examinador haciendo constar sus determinaciones (R. 32.2, 2009). Si se exige copia del informe, se renuncia a todo privilegio con relación a los exámenes o pruebas a las que se haya sometido la persona examinada. La parte que tomó el examen puede exigir al que se examinó, que le someta un informe similar de cualquier examen mental o físico, efectuado anterior o posteriormente. Si la parte examinada rehusare entregar dicho informe, el tribunal podrá exigir que se haga dicha entrega bajo aquellas condiciones que sean justas, y si el profesional autorizado por ley dejare de rendir tal informe, el tribunal podrá excluir su testimonio si éste fuere presentado en el juicio.

Al solicitar y obtener un informe del examen físico o mental ordenado por el tribunal o al tomar la deposición del examinador, la parte examinada renuncia a cualquier privilegio que pueda tener en el pleito o en cualquier otro que presente la misma controversia, con relación al testimonio de toda otra persona que le haya examinado o pueda examinarla en el futuro sobre su estado mental o físico.[2]

---

[1] Véase *Pena Fonseca v. Dpto. de la Familia*, 164 D.P.R. 949 (2005), secuela del caso *Pena Fonseca v. Pena Rodríguez*, *supra*.

[2] Sobre los privilegios que protegen la relación médico y paciente y aquellos que protegen la del psicoterapeuta y paciente, véase las Rs. 506 y 508 de Evidencia de 2009.

CAPITULO 33: REQUERIMIENTO DE ADMISIONES Y AUTENTICIDAD DE DOCUMENTOS

§ 3301. Concepto

El requerimiento de admisiones o autenticidad de documentos es un escrito que una parte le dirige a otra para que admita la certeza de ciertos hechos o la autenticidad de ciertos documentos. Vehicula en el proceso la norma de "a admisión de parte, relevo de prueba."

§ 3302. Alcance

El alcance es el mismo que fija la R. 23.1, 2009, para los medios de descubrimiento de prueba. Cualquier admisión de parte sólo surte efectos a los fines del pleito pendiente y no podrá ser usada contra ella en ningún otro procedimiento (R. 33(b), 2009).

§ 3303. Propósito

El propósito de este mecanismo procesal es facilitar la preparación del caso para juicio, eliminando la necesidad de presentar prueba sobre hechos que no están verdaderamente en controversia aún cuando exista una aparente controversia en las alegaciones. Muchas veces las partes niegan innecesariamente ciertos hechos de las alegaciones lo cual pone a la parte que presenta la aseveración negada en la obligación de presentar prueba en el juicio sobre ese extremo. Para evitar la necesidad de presentar esa prueba en juicio, y aliviar la carga probatoria de las partes, se instituyó este mecanismo que se conoce como el requerimiento de admisiones. Tiene dos aspectos:

(1) Puede requerir la admisión de autenticidad de documentos.

(2) Puede requerir la admisión de la certeza de determinados hechos, o de opiniones sobre hechos, o sobre la aplicación de la ley a los hechos (R. 33(a) 2009).

El requerimiento de admisiones es de gran utilidad para evitar las respuestas evasivas o ambiguas que muchas veces se brindan a los interrogatorios o en las deposiciones por cuanto el requerido tiene que admitir o negar la veracidad de los hechos según se formulan en el requerimiento.[1]

También cierra la puerta de escape vía el negar por falta de información pues, como se verá, hay que acreditar ciertos hechos para recurrir a ese tipo de contestación.

§ 3304. —Cuándo procede

Una vez comenzado el pleito, puede ser notificado al demandante en cualquier momento, y al demandado únicamente cuando haya transcurrido el término para que conteste la demanda, pero su uso no puede excederse más allá del tiempo establecido por el tribunal en la orden de calendarización que establece la R. 37.3, 2009.

§ 3305. Procedimiento

Se desenvuelve sin la intervención del tribunal en la misma forma que en las deposiciones y los interrogatorios. Se prepara un pliego formulando cada materia por separado, requiriendo a la parte contraria a que dentro de un término de 20 días o el especificado por orden del tribunal admita como ciertos los hechos que se le refieren en el requerimiento o se le requiere para que admita la autenticidad de los documentos, copias de los cuales acompañarán al requerimiento. La parte contraria viene obligada a contestar bajo juramento u objetar dentro del término concedido.

§ 3306. —Contestación

Al recibir el requerimiento la parte puede:

(1) *No hacer nada.*—En ese caso, expirado el término de 20 días de la regla, o el concedido, se tendrán por admitidos los hechos o la autenticidad de los documentos. En otras palabras, para que se tengan por admitidos los hechos no es necesario que la parte contraria haga algo; no tiene que presentar una contestación.

(2) *Negar.*—Si la parte interesa negar, debe formular una declaración jurada negando específicamente las cuestiones sobre las cuales se requiere la admisión o expresando detalladamente las razones por las cuales esa parte no puede ni admitir ni negar dichas cuestiones. Toda negación deberá responder cabalmente a la sustancia de la admisión requerida y cuando la buena fe exija que se niegue solamente una parte de una cuestión sobre la cual se requiere la admisión, deberá especificarse lo que sea cierto y negar el resto.

(3) *Negar por falta de información.*—Si rechaza el requerimiento de admisiones debido a la falta de conocimiento o información de la parte requerida, la parte deberá demostrar además en su declaración jurada que no cuenta con

---

[1] Véase *Audiovisual Language v. Sistema de Estacionamiento Natal Hermanos*, 144 D.P.R. 563 (1997); *Rosado v. Tribunal Superior*, 94 D.P.R. 122 (1967).

medios razonables para obtener dicha información o adquirir el conocimiento. El requerimiento puede requerir admisiones sobre materias de que la parte contraria no tenga conocimiento personal. La parte requerida tiene la obligación de adquirir conocimiento si le es posible sin gran molestia; y si insiste en negar por esos fundamentos, tiene que además jurar que no cuenta con medios razonables para obtener la información a que se refiere el requerimiento.

La parte que hace el requerimiento tiene derecho a cuestionar la suficiencia de las contestaciones u objeciones de la parte contra quien se formula, mediante moción que se ordene que se conteste o que se dé por admitido lo requerido (R. 33(a), 2009).

§ 3307. Relevo de admisión

La admisión formulada bajo un requerimiento se considera definitiva como prueba de los hechos admitidos, a menos que la parte que hizo la admisión solicite al tribunal, bajo la R. 33(b), 2009, ser relevado de los efectos de dicha admisión.[2] "Un litigante debe tener derecho a retirar una admisión sólo si demuestra que incurrió en un error honesto al hacerla y que dicho error derrota la justicia básica del caso".[3]

---

[2] En *Rivera Prudencio, et al. v. Municipio de San Juan*, 170 D.P.R. 149 (2007), el TS mantuvo una orden del TPI que dio por admitidos un requerimiento de admisiones. En dicho caso expresó lo siguiente "[n]o podemos refrendar la dejadez y desidia de una parte que con sus actuaciones promueve la dilación de los procedimientos judiciales. Ante el incumplimiento [...] en realizar actos afirmativos para responder el requerimiento cursado, a pesar de haber sido apercibido de las consecuencias de no actuar cumplidamente, entendemos que no erro el foro apelado en mantener vigente la orden de dar por admitidos el requerimiento de admisiones".

[3] *Pérez Cruz v. Fernández Martínez*, 101 D.P.R. 365, 377 (1973).

CAPITULO 34: CONSECUENCIAS DE NEGARSE A DESCUBRIR

§ 3401. En general

Como se ha visto en los capítulos anteriores, los medios de descubrimiento de prueba se colocan bajo el control de las partes por las Reglas y la intervención del tribunal se limita a la emisión de órdenes protectoras para evitar abusos y establecer límites en su extensión. Pero, con frecuencia ocurre que los litigantes se resisten a descubrir la prueba que se les solicita. De esa situación se ocupa la R. 34 (2009).

Dicha regla utiliza una mecánica coactiva para requerir el cumplimiento con las normas del descubrimiento expuestas en las Rs. 23 a 33 (2009) que le anteceden. Se pueden imponer sanciones económicas o incluso una condena por desacato civil que implica cárcel hasta que se cumpla con la orden del tribunal. Pero más allá de las sanciones coactivas, si no se acata la orden del Tribunal, se pueden imponer consecuencias procesales que lleven a una sentencia adversa contra el litigante rebelde.

Se pueden derivar innumerables motivos y circunstancias por las que puede originarse una controversia relacionada con el descubrimiento de prueba. Unas controversias ameritan la intervención del tribunal, pero otras pueden ser resueltas por las partes sin tener que recurrir al juez evitando así un recargo innecesario a la labor judicial.

§ 3402. Controversias en torno al descubrimiento

Las constantes solicitudes requiriendo la intervención judicial—avaladas bajo la vigencia de las Rs. del 1979—para resolver controversias sobre el descubrimiento de prueba recargaron innecesariamente el despacho del juez y su función judicial. Con el propósito de minimizar lo anterior, la R. 34.1, 2009 impone una condición que debe cumplir la parte que desee acudir en auxilio de algún remedio al tribunal. Para activar el poder coactivo del tribunal la parte que interese su intervención debe certificar que ha realizado esfuerzos razonables, con prontitud y de buena fe con la parte contraria para intentar resolver el problema sobre el descubrimiento y que éstos han sido infructuosos. Entiéndase que el tribunal no deberá considerar moción alguna que no venga acompañada de una acreditación que detalle las diligencias realizadas por el promovente que justifican la intervención del tribunal.

§ 3403. Moción y orden

El poder coactivo del tribunal se activa mediante la presentación de una moción que cumpla las exigencias de la R. 34.1, 2009 y al amparo de la R. 34.2 (2009) para que el tribunal ordene a quien se niega al descubrimiento a cumplir con lo dispuesto en las reglas. Si ha lugar la moción, el tribunal tiene la obligación de imponer sanciones—gastos y honorarios—al abogado o a la parte que se negó a descubrir.[1] Si no ha lugar, las impone en sentido contrario. Todo esto con el fin de fomentar el cumplimiento voluntario con las normas del descubrimiento y reducir la necesidad de intervención del Tribunal.

En el caso de *Girard Industries Corp. v. Tribunal Superior*, 103 D.P.R. 680 (1975), el TS tuvo ocasión de pronunciarse sobre el problema que plantea la resistencia al descubrimiento en torno a la justicia rápida y eficaz. Dijo así:

> "Nos pareció que había calado ya el claro mensaje de este Tribunal condenando toda resistencia sutil o abierta al franco descubrimiento de prueba. Es parte de la obligación de jueces y abogados abandonar toda práctica que con el tiempo impuso a nuestro sistema de justicia, fama de exasperante lentitud. La reforma no ha de quedarse en los tomos de leyes. Hay el firme propósito de insuflarle la energía necesaria para terminar con hábitos y recursos que dañan el concepto cabal de lo justo."

El TS puede lograr mucho mejor este propósito a través de su cotidiana actividad jurisdiccional. Lo importante es la consistencia en la normativa procesal que emana del tribunal y la voluntad de hacer uso de lo previsto en la R. 34 (2009) para abrir al descubrimiento o terminar los pleitos. Una vez los tribunales inferiores y los abogados tengan certidumbre en cuanto a las normas y las actuaciones del TS resulten predecibles, todo caerá en su sitio.

Durante la vigencia de las Rs. del 1979, en el caso de *Amaro González v. First Federal Savings Bank*, 132 D.P.R. 1042 (1993), el TS hizo un esfuerzo de formulación doctrinal y de voluntad judicial para encarar este problema.

Este caso se inicia con una demanda por parte de 200 residentes de Ciudad Cristiana contra el *First Federal Savings* imputándole responsabilidad solidaria por su conocimiento de la contaminación existente en esa zona que hacía inhabitables las casas que el banco había financiado. El banco inició las gestiones de descubrimiento de prueba notificando a la parte demandante un pliego de interrogatorio para ser contestado por separado y bajo juramento por cada uno de los demandados. Luego de varios incidentes relacionados con dichos

---

[1] La regla usa el impositivo de impondrá. Ver 8B *Wright & Miller*, sec. 2288. Para no imponerlas hay que establecer una justificación.

interrogatorios las partes llegaron a una serie de acuerdos relacionados con las respuestas. Cuando se sometieron las respuestas, el banco solicitó la desestimación por la alegada negativa intencional de los demandantes contestar los interrogatorios. La moción fue denegada por el tribunal de instancia. Recurrieron al TS vía *certiorari* incoando en su favor la doctrina de *Hartman v. Tribunal Superior*, 98 D.P.R. 124 (1969).

La opinión emitida por el Juez Rebollo hace una recapitulación de la doctrina sobre la imposición de sanciones. Comienza por distinguir el caso de Hartman del presente por cuanto Hartman interpreta la R. 34.4 de 1958 que permitía la desestimación del pleito cuando la parte intencionalmente se negaba a descubrir. Establece que la R. 34.4, 1979 [equivalente a la R. 34.5, 2009] elimina el lenguaje que hacía referencia a la intencionalidad, pero que la jurisprudencia anterior sigue vigente por lo tanto, no se debe imponer sanciones drásticas como la desestimación cuando no ha habido intención, en donde lo que procede es la sanción pecuniaria. Para proteger a la parte de las actuaciones negligentes de su abogado, procede imponer sanciones en primer término al abogado de la parte.[2] Si eso no funciona procede la sanción drástica de la desestimación o eliminación de alegaciones una vez la parte ha sido informada de la situación y de las consecuencias si no se corrige la misma.[3]

No obstante, en aquellos casos extremos donde no hay duda de la irresponsabilidad o contumacia de la parte, procede la imposición contra ella de sanciones.

Luego del análisis anterior el TS nos dice:

> "De igual manera, y en la armonía con lo expresado, la tendencia jurisprudencial ha sido la de imponer sanciones económicas, en primera instancia, contra aquella parte que observa una conducta censurable bajo nuestro ordenamiento civil procesal. Esta "suavización" de la sanción así como el postergar la imposición de sanciones drásticas y severas como último recurso al cual se deba acudir, responde a la política judicial imperante, por un lado, de que los casos se ventilen en sus méritos y, por otro lado, de que estos se resuelvan de forma justa, rápida y económica. En el pasado, la imposición de sanciones de índole económico contra una parte ha sido utilizado con efectividad por nuestros tribunales en el área del descubrimiento de prueba, para motivarla a agilizar esta etapa procesal. Esta práctica, por parte de nuestros tribunales de instancia, ha ido ganando terreno en nuestro

---

[2] Lamentablemente el T.S. solo impuso una sanción de $500.00 al abogado que por cinco años no contestó adecuadamente los interrogatorios no obstante varias órdenes del TPI, demostrando el TS de esta manera una falta de voluntad al imponer el monto de la sanción.

[3] Véase *Maldonado Ortiz v. Secretario de Recursos Naturales*, 113 D.P.R. 494 (1982).

ordenamiento y constituye, al presente, un sabio método para aligerar los procesos judiciales."[4]

§ 3404. Consecuencias de no obedecer la orden

Expedida una orden para descubrir evidencia, bien sea compareciendo a la toma de una deposición, contestando una pregunta en ella, precisando una contestación a un interrogatorio bajo la R. 30 (2009), presentando documentación bajo la R. 31 (2009), o sometiéndose a un examen físico bajo la R. 32 (2009), si la parte a quien fue dirigida rehusare cumplir, el tribunal puede aplicar conforme a la jurisprudencia antes señalada la sanción que en justicia corresponda de acuerdo con la R. 34.3 (2009).[5]

También puede imponer la sanción que entienda correspondiente cuando la parte promovente del descubrimiento justifica con prueba fehaciente que la otra parte se niega a descubrir lo solicitado por haber destruido o incumplido con su deber de preservar prueba pendiente del litigio o razonablemente utilizable en un pleito futuro. (R. 34.3(d), 2009; Véase sec. 2807a, *ante*)

Las sanciones son:

(1) Desacato, excepto en los casos de órdenes para someterse a examen físico o mental.

(2) Considerar los hechos objeto del descubrimiento o cualesquiera otros probados, a los efectos del pleito de conformidad con la reclamación de la parte que obtuvo la orden.

(3) Impedir a la parte que incumpliere sostener u oponerse a determinadas reclamaciones o defensas o prohibirle la presentación de determinada evidencia.

(4) La eliminación de las alegaciones o parte de las mismas o la suspensión de todos los procedimientos hasta que la orden sea acatada, o la desestimación de la demanda o el pronunciamiento de una sentencia en rebeldía contra la parte que incumpliere.[6]

---

4 *Amaro González v. First Federal Savings Bank, supra.*

5 Sin la orden no proceden estas sanciones, *Valentín González v. Crespo Torres*, 145 D.P.R. 887 (1998) ahora bien, la orden tiene que ser justa, es decir ajustarse a la infracción si no lo es pueden plantearse problemas de debido proceso. 8B *Wright & Miller*, sec. 2283. Si una parte rehusare obedecer una orden para someterse a pruebas genéticas, el tribunal podrá aplicar cualquiera de las sanciones de la R. 34.3, 2009. *Vincentí Damiani v. Saldaña Acha*, 157 D.P.R. 37 (2002).

6 Los tribunales tienen discreción para desestimar una acción si la parte actora intencionalmente no contesta los interrogatorios formulados por la parte contraria. *Reyes v. Mayagüez Transport Co.*, 86 D.P.R. 273 (1962).

A los efectos de demostrar el "incumplimiento intencional" de una parte al no contestar un interrogatorio, no es necesario probar "intención maliciosa" alguna de dicha parte. *Díaz Colón v. Marshak Auto Dist. Inc.*, 95 D.P.R. 690 (1968).

Un tribunal tiene facultad para imponer las sanciones drásticas que autoriza la R. 34 contra una parte que "intencionalmente" deja de descubrir prueba, aún cuando no se

(5) La imposición de una sanción económica a la parte, testigo o abogado que incumpliere.

(6) La imposición del pago de gastos y honorarios de abogado a la parte que incumpliere o a su abogado o a ambos.

El tribunal aplicará a los hechos concretos del incumplimiento que tenga ante sí la sanción o las sanciones en orden sucesivo que mejor correspondan conforme a las admoniciones jurisprudenciales del TS a los fines de una justicia rápida, económica y eficaz. Ver secs. 1904-A, 1905-A, *ante*.

§ 3405. Incumplimiento con requerimientos de admisiones o autenticidad de documentos

En cuanto a los requerimientos para admitir la autenticidad de cualquier documento o la veracidad de cualquier asunto previstos bajo la R. 33, 2009, dicha regla provee que en caso de incumplimiento la parte que ha requerido las admisiones podrá mediante moción cuestionar la suficiencia de las contestaciones u objeciones. El tribunal podrá ordenar que se dé por admitido lo requerido o que se notifique una contestación enmendada o determinar que se dispondrá del requerimiento en una conferencia con antelación al juicio. Además, podrá imponer sanciones vía la R. 34.2(c), 2009.

La R. 34.4, 2009, por otra parte dispone que el tribunal podrá además exigir a la parte que incumple el pago de los gastos razonables incurridos en obtener tal prueba para el juicio, incluyendo honorarios de abogado.

§ 3406. Sanciones contra el Estado

El gobierno debe ser tratado como cualquier otro litigante en la aplicación de las reglas de descubrimiento. *Martínez Rivera v. Tribunal Superior*, 85 D.P.R. 1, 10 (1962). Sin embargo, la R. 34.6, 2009 permite sancionar económicamente el incumplimiento gubernamental con los medios de descubrimiento mediante la imposición del pago de los gastos incurridos por la parte contraria y de honorarios de abogado únicamente cuando el tribunal haya efectuado una vista previa a tales efectos. Es decir, el tribunal no podrá imponer sanciones contra el Estado a menos que su determinación esté precedida de una vista en la que se le brinde oportunidad a cada parte a que exprese sus posturas con respecto a la sanción.

Este requisito limitativo al poder coercitivo judicial fue una medida legislativa impuesta mediante la Ley Núm. 220 de 29 de diciembre de 2009 que enmendó las Reglas del 2009 adoptadas por el TS. Esta medida va en contra del sano intervencionismo del juez en el proceso, de la economía y la celeridad procesal. No hallamos razón por la cual un tribunal tenga que condicionar su autoridad y esperar hasta la celebración de una vista para imponer una sanción que lo que

---

recurra al tribunal para obtener una orden al efecto. *Hartman v. Tribunal Superior*, 98 D.P.R. 124 (1969).

intenta en primera instancia es corregir una conducta contraria a las disposiciones procesales sobre el descubrimiento. De por sí, el tribunal ostenta la discreción para fijar una vista cuando así lo entienda procedente, pero no debe confinarse a que ello deba ocurrir siempre. Resulta una enmienda innecesaria y generadora de vistas inmeritorias.

Este privilegio que sólo se aplica al Estado y no a las corporaciones públicas, debe ser objeto de revisión legislativa, pues es legado de la vieja doctrina de la inmunidad del soberano que cuadra mal con un sistema de constitucionalidad democrática.

Sin embargo, independientemente de las disposiciones de esta R. 34.6, 2009, los otros incisos de la R. 34, 2009, permiten la imposición de sanciones a los abogados como tales. La exención del Estado no debe interpretarse como que incluye a firmas de abogados que lo representen para efectos de esas sanciones contempladas en la R. 34, 2009.

PARTE 10

MANEJO DEL CASO; CASOS COMPLEJOS; CONSOLIDACION DE PLEITOS; Y COMISIONADOS ESPECIALES

CAPITULO 35: MANEJO DEL CASO

SECCIÓN

§ 3501. Concepto y Generalidades

El manejo del caso persigue implantar el objetivo de obtener una disposición justa, rápida y económica del litigio. El mismo se viabiliza mediante la intervención temprana del juez asignado a atender el caso para tomar control del caso precisando los asuntos fácticos y jurídicos en controversia, intentar estipulaciones o la transacción del proceso y encauzar los eventos interlocutorios como las mociones y el descubrimiento hasta la adjudicación final del litigio.

Con ese fin se estableció la R. 37, 2009 que versa sobre el manejo del caso. La misma fue objeto de una atención especial del Comité Asesor Permanente de las Reglas de Procedimiento Civil el cual recabó la ayuda de un subcomité integrado por jueces superiores con amplia experiencia en la práctica del manejo del caso.

El Comité Asesor consideró esta regla una transformación esencial y necesaria, con miras a propulsar una rápida solución de las reclamaciones. Su informe nos dice que la visión global de esta iniciativa va dirigida "a que el tribunal tome un control más efectivo del caso desde una etapa temprana; que los abogados sean más activos y se adentren en el proceso y, que se acelere la resolución de los casos de una manera más expedita. Esta visión procede, en gran parte, de la establecida por la *Comisión Futurista de los Tribunales* que, entre otros elementos importantes, señaló sobre la necesidad del cambio de enfoque en el papel del juez, para que sea más facilitador y creador de soluciones, bajo un enfoque preventivo y con visión interdisciplinaria y la importancia de que los tribunales respondan con agilidad y estén atemperados a los cambios sociales, económicos y de otra naturaleza."

El Comité también nos indica que "esta propuesta procura que la parte demandante o su abogado hayan examinando y evaluado sus reclamaciones antes de presentar la demanda, toda vez que muy prontamente, el abogado de la parte demandante estará obligado a reunirse con el abogado de la parte o partes contrarias a fin de hacer el primer descubrimiento de prueba y de calendarizar ciertos asuntos especificados en la Regla 37.1."

El manejo del caso bajo la R. 37, 2009 es requisito en todos los casos civiles contenciosos, excepto en los casos de relaciones de familia; en los procesados en rebeldía bajo la R. 45, 2009; en los llevados sumariamente bajo la R. 60, 2009; en los regulados por leyes especiales; o en los casos de sentencias declaratorias, en los cuales se utilizará a discreción del juez.

§ 3502. Reunión para el manejo del caso

La R. 37.1, 2009 impone la obligación al abogado del demandante de coordinar con los abogados de las partes contrarias la fecha de una reunión para el intercambio de la información y la prueba que se tenga sobre el caso; y para establecer acuerdos entre las partes, entre otros asuntos. La reunión debe llevarse a cabo no más tarde de los 40 días siguientes de la última contestación del demandado o de la contestación del último codemandado emplazado o tercero demandado o de que haya expirado el término para contestar. Aunque recae la responsabilidad de la coordinación en el abogado del demandante, las demás partes deben ser diligentes y cooperar de buena fe para que ésta se realice en el tiempo provisto en la regla. Si no actuaran de esa forma, el abogado del demandante no puede cruzarse de brazos so pretexto de la falta de cooperación de las partes contrarias, por lo que a nuestro juicio debe acudir en auxilio al tribunal para que ordene la comparecencia. El propósito es que comparezcan a la reunión todas las partes involucradas y que pueda delimitarse las controversias entre cada una de éstas.

Aunque la R. 37.1, 2009 no lo dispone expresamente, pero tomando en consideración la incorporación de los medios tecnológicos en las Rs. del 2009, estimo que esta reunión para el manejo del caso puede llevarse a cabo mediante teléfono, videoconferencia, teleconferencia o por cualquier método de comunicación a distancia, aunque es preferible que se realice en persona, es decir, que todos los abogados se reúnan físicamente en un lugar para intercambiar la información que se exige de forma preliminar en dicha etapa y discutir los asuntos dispuestos en la R. 37.1, 2009.

De ordinario, entre los asuntos que deberán discutir y la información que deberán intercambiar se encuentran los siguientes:

a) Intercambiar copia legible de todo documento, material audiovisual o información almacenada electrónicamente bajo custodia, posesión o control, que cualquier parte pueda usar en apoyo de las alegaciones o defensas formuladas.

b) En los casos de división y liquidación de bienes, intercambiar un inventario, una descripción y la valoración estimada por las partes, y copia de todos aquellos documentos requeridos mediante ley o reglamento para la tramitación del caso.

c) Intercambiar el nombre, la dirección y el número de teléfono de toda persona que pueda tener información relevante del caso que pueda ser objeto de descubrimiento de prueba, y un resumen de dicha información.

d) Evaluar la necesidad o conveniencia de designar un(a) comisionado(a), bien sea un(a) administrador(a) judicial, contador(a) partidor(a), liquidador(a), tasador(a), síndico(a), árbitro(a), tutor(a), perito(a), comisionado(a) especial, administrador(a) ad hoc o cualquier otro recurso humano, para lo cual incluirán el nombre de un(a) candidato(a) por acuerdo o de dos candidatos(as) con quienes previamente hayan conversado y que estén disponibles para aceptar la encomienda.

e) Intercambiar el nombre, la dirección, el número de teléfono y el currículum vítae de cualquier persona perita consultada o de aquellas que se proponen utilizar, incluso los(as) peritos(as) de ocurrencia. Proveer un resumen de sus opiniones y una breve expresión de las teorías, hechos o argumentos que las sostiene y el término para la presentación de los informes periciales.

f) Preparar un plan itinerario de todo descubrimiento de prueba que se propongan realizar, incluyendo las fechas para su cumplimiento y para las deposiciones de partes, testigos y personas peritas, si alguna han de hacer. Incluirán los mecanismos de descubrimiento de prueba que utilizarán, si alguno, y el término dentro del cual se realizará.

g) Evaluar el caso conforme a la reglamentación relativa a los métodos alternos para la solución de conflictos.

h) Informar los pleitos relacionados pendientes, por presentarse o sujetos a consolidación.

i) Estipulaciones para facilitar la tramitación del litigio.

j) Transacciones.

Los asuntos dispuestos en la R. 37.1, 2009 no deben ser considerados como una enunciación exhaustiva de los asuntos que deben considerar las partes, sino que es lo mínimo a evaluar en dicha etapa. Evidentemente, no todo lo que requiere la R. 37.1, 2009 será de aplicación a todos los casos, ya que ello dependerá de las particularidades de cada causa de acción.

Por ejemplo, sólo en los casos sobre división y liquidación de bienes se exigirá que las partes intercambien el inventario, la descripción y la valoración estimada por las partes de los bienes en litigio y copia de todos aquellos documentos requeridos por ley o reglamento para la tramitación del caso.

Como resultado de la reunión, los abogados deben preparar conjuntamente el *Informe para el Manejo del Caso* el cual contendrá los acuerdos alcanzados en la reunión para el manejo del caso, la información intercambiada, la que falta por intercambiar y el itinerario para el descubrimiento de prueba, entre otros asuntos. Las Rs. del 2009 proveen un formulario con instrucciones que facilitan el trámite y la perfección del *Informe para el Manejo del Caso*. (Véase Apéndice de Formularios).[1]

De acuerdo con el Informe del Comité Asesor Permanente, el formulario se incluye con el propósito de establecer la forma y el contenido que debe tener el *Informe para el Manejo del Caso*. El mismo tiene fuerza de ley, lo cual requiere que se dé cumplimiento a sus disposiciones como si fueran parte de la R. 37, 2009.[2]

El *Informe para el Manejo del Caso* puede realizarse vía fax, por correo electrónico, teleconferencia o por cualquier medio de comunicación a distancia. Este *Informe* se presenta en la Secretaría del tribunal dentro de los 10 días (término de cumplimiento estricto) siguientes a la fecha de la reunión para el manejo del caso y deberá estar firmado por cada uno de los abogados de las partes. La firma de cada abogado certifica que a su mejor conocimiento y creencia la información que se provee en el *Informe* es la correcta y que en la misma fecha de presentación al tribunal se ha notificado a las partes y que todas ellas están de acuerdo con su contenido. En el *Informe para el Manejo del Caso* las partes deben proveer al tribunal tres fechas disponibles en común para la celebración de la conferencia inicial, la conferencia con antelación al juicio y el juicio.[3] La fecha que sugieran para la conferencia inicial no deberá ser más tarde de los 60 días siguientes a la fecha de presentación del *Informe* en el tribunal. En virtud del *Informe* el juez calendarizará la conferencia inicial o, en la eventualidad de que la considere innecesaria, señalará la conferencia con antelación al juicio o el juicio.

El incumplimiento injustificado con los requerimientos y los términos dispuestos en la R. 37.1, 2009 conlleva de forma mandatoria la imposición de sanciones económicas, la cual dependerá de la magnitud del incumplimiento.

---

1 El formulario no contiene un encasillado para consignar lo requerido en la R. 37.1(c), lo cual no se limita a proveer los testigos que se utilicen en juicio sino que alcanza a toda persona con información relevante al caso. La información debe proveerse en el informe mediante un *adendum*, de igual forma debe proveerse cualquier información adicional que no quepa en los encasillados.

2 Sus disposiciones tienen fuerza de ley pues son una parte accesoria e integral de las Reglas de Procedimiento Civil aprobadas por el Tribunal Supremo. Así lo expresó el TS en su Resolución de 4 de septiembre de 2009 al adoptar las Reglas de Procedimiento Civil: "[e]ste Tribunal adopta las siguientes Reglas de Procedimiento Civil de Puerto Rico, que incluyen un Apéndice de Formularios para ilustrar la forma y el contenido de algunos escritos, y se hacen formar parte integral de esta Resolución". *In re: Aprobación de las Reglas de Procedimiento Civil de Puerto Rico*, 2009 T.S.P.R. 143.

3 Aunque el formulario lee "o el juicio" esto debe leerse como "y" pues el propósito es que se provea fechas de común acuerdo entre los abogados para tanto la conferencia con antelación al juicio como para el juicio.

§ 3503. Conferencia inicial

Luego de evaluar el *Informe para el Manejo del Caso*, el juez determinará si señala una conferencia inicial, la conferencia con antelación al juicio o el juicio. Si decidiera señalar la conferencia inicial, ésta tendrá lugar dentro de los 60 días siguientes a la fecha en que las partes presenten el *Informe para el Manejo del Caso*. La misma debe celebrarse preferiblemente en cámara.[4] La R. 37.2, 2009 enuncia los asuntos a ser considerados en la conferencia inicial:

a) Las controversias sobre jurisdicción o competencia.

b) La acumulación de partes o reclamaciones.

c) Las enmiendas a las alegaciones.

d) Las estipulaciones sobre los hechos y documentos, de tal forma que se evite un descubrimiento adicional y la presentación de prueba innecesaria.

e) Los hechos materiales controvertidos y el derecho aplicable.

f) Evaluar el caso conforme a la reglamentación relativa a los métodos alternos para la solución de conflictos.

g) Los límites, el alcance y el término final para concluir el descubrimiento de prueba pendiente.

h) La expedición de órdenes protectoras.

i) El término para presentar mociones dispositivas.

j) El término para presentar enmiendas a las alegaciones, conforme lo dispuesto en la Regla 6.2 (c).

k) La separación de las controversias para adjudicación independiente.

l) Los pleitos relacionados pendientes, por presentarse o su consolidación.

m) El intercambio del inventario, la descripción y valoración estimada por las partes de los bienes, y copia de todos aquellos documentos requeridos mediante ley o reglamento para la tramitación del caso.

n) La posibilidad de certificar el caso como un caso de litigación compleja.

o) La conveniencia de someter preliminarmente cuestiones litigiosas a un(a) comisionado(a), administrador(a) judicial, contador(a) partidor(a), liquidador(a), tasador(a), síndico(a), árbitro(a), tutor(a), perito(a), administrador(a) ad hoc o cualquier otro recurso humano.

p) Las estipulaciones para facilitar la tramitación del caso.

q) Las transacciones.

r) Señalar la fecha del juicio.

s) Cualesquiera otras medidas para facilitar la más pronta tramitación del pleito.

---

[4] Las Reglas del RTPI deben enmendarse para proveer que la conferencia inicial, la conferencia con antelación al juicio y otras conferencias que provee la R. 37, 2009 se lleven a cabo en cámara. No veo posible llevar a cabo con efectividad lo que requieren estas Reglas—el diálogo tiene que fluir—con la formalidad que hay que discutir los asuntos en Sala y para récord. En cámara se debe llevar una minuta por el Secretario o Secretaria de Sala y los acuerdos deben vertirse en la orden que corresponde emitir al juez.

De ordinario, la conferencia inicial es el primer evento procesal en el cual los abogados o las partes autorrepresentadas tendrán contacto directo con el juez que presidirá el caso. Además de los asuntos enunciados en la R. 37.2, 2009, es recomendable que el juez aproveche este primer encuentro substancial para sentar la tónica de la litigación y sobre lo que éste espera del comportamiento de todos los participantes en el proceso. En esta etapa inicial, es preferible que el juez establezca las pautas y exija corrección, diligencia, profesionalismo, buena fe, sentido común, eficiencia y cooperación durante todo el proceso. Debe cerciorarse que los abogados o partes autorrepresentadas conozcan de las consecuencias si incumplen injustificadamente con los términos, las órdenes y los señalamientos del tribunal, para lo cual deberá advertirles sobre la imposición mandatoria de sanciones que autoriza la R. 37.7, 2009 y que se tomarán las medidas necesarias si se considera que una parte está siendo objeto de hostigamiento, abuso o víctima de tácticas dilatorias o de cualquier otra conducta lesiva a la sana administración de la justicia.[5]

Es importante que en la conferencia inicial el juez establezca los límites, el alcance y el término que tendrán las partes para concluir con el descubrimiento de prueba. El juez podrá señalar cuantas conferencias estime necesarias con el propósito de dirigir los procedimientos relativos al descubrimiento de prueba o para cualquier otro asunto que requiera mayor consideración.

§ 3504. Orden de calendarización

La orden de calendarización es el mandato emitido o adoptado por el juez que gobierna los trámites e instancias procesales del caso. Esta orden servirá de guía procesal tanto a las partes como al propio juez.

En los casos en que el juez celebre una conferencia inicial, éste deberá emitir una orden para la calendarización del proceso que recoja las disposiciones y acuerdos alcanzados en dicha conferencia. En caso de no celebrarla, por considerarla innecesaria a la luz de lo evaluado en el Informe para el Manejo del Caso, el juez dictará una orden de calendarización adoptando las disposiciones y acuerdos suscritos por los abogados en dicho Informe y dicha orden gobernará los eventos procesales.

La orden de calendarización instrumenta el mandato de la R. 1, 2009 de facilitar "el acceso a los tribunales y el manejo del proceso para garantizar una solución justa, rápida y económica de todo procedimiento". A estos efectos toda orden de calendarización debe calendarizar todos los eventos procesales hasta la fecha del juicio. Para ello el formulario para el Informe para el Manejo del Caso requiere que los abogados de las partes provean tres fechas disponibles para la conferencia inicial, para la conferencia con antelación al juicio y para el juicio. A base de ello el juez calendarizará el proceso. Una orden de calendarización que

---

[5] Véase las recomendaciones que se plantean en 3-16 Moore's Federal Practice - Civil § 16.36, (Matthew Bender 3d ed.).

atender estos casos, constituir comités de timón de abogados, celebración de conferencias, depósito central de documentos, notificación limitada de escritos, y presentación de recursos. Algunas se sitúan en el terreno fronterizo de lo que corresponde al poder de reglamentación del TS y lo que es propiamente materia de unas reglas de procedimiento civil.

§ 3503-A. Criterios para la designación de un caso como complejo

La R. 5, RCCLC establece que para considerar un caso como complejo se tomará en consideración uno o más de los criterios que se exponen a continuación: multiplicidad de partes, alegaciones, defensas, testigos; volumen extenso de evidencia; peritaje; intrincadas controversias de hechos o de derecho que exigen prueba documental y testifical, abundante o inusual; naturaleza compleja del remedio; complejidad en la etapa apelativa; casos certificados como pleitos de clase; naturaleza del caso; intensidad de la actividad en la etapa preliminar al juicio; controversias de carácter novel; casos de responsabilidad civil como consecuencia de desastres naturales; y cualquier factor que fomente la necesidad de una administración o manejo judicial temprano para evitar retrasos y cargas innecesarias a las partes y al sistema judicial.[1]

Cada caso es diferente. Se tienen que ponderar cuáles de los factores anteriores aconsejan que el caso se trate como uno complejo y a la luz de los mismos o quizás de uno solo de ellos tratarlo como complejo para fines de su manejo mediante las reglas especiales que para ello se proveen.

§ 3504-A. Determinación

La determinación de un caso como complejo corresponde al juez administrador de la región judicial. La misma se lleva a cabo a solicitud de parte o a instancia propia del juez al cual el caso resulte asignado. Si se trata de varios casos en distintas regiones judiciales la determinación se remite por los jueces administradores al Juez Presidente quien designará uno de los jueces administradores para que haga la determinación de si el caso es o no complejo. Hecha la determinación de caso complejo, el juez presidente designa entonces a un juez del TPI para que atienda todos los casos comprendidos en la determinación con independencia de la región en que fueron presentados.[2]

Esta regla pretende salvar el problema de consolidar casos en distintas regiones judiciales, lo cual está más allá de la facultad de un juez en una región judicial. Lo hace a través de la intervención del Juez Presidente quien en el ejercicio de su poder de administración de los tribunales, hace la designación del juez que puede por su parte consolidar los casos. Si esto no estuviera acompañado por la anuencia de las partes a someterse al juez de la otra región, *quaere* si se cura el defecto a la luz de lo dispuesto en la R. 3.2, 2009.

---

1 Ver *López del Castillo v. Baxter Health Care Corp.*, 163 D.P.R. 628 (2005).

2 R. 4, RCCLC.

En *Vives Vázquez v. E.L.A.*, 142 D.P.R. 117 (1996); el TS resuelve que, a su nivel, procede asignar un solo juez con carácter itinerante para que el TPI considere un caso complejo con múltiples acciones por daños y perjuicios contra el Estado, las cuales tenían elementos comunes de hecho y de derecho que fueron presentadas en distintas salas del TPI. Sin embargo, este caso no resuelve que el juez designado pueda forzar a las partes que no prestan su anuencia a tramitar su acción en una región que no fue aquélla en que la presentaron y a la cual correspondía conforme a la R. 3.2, 2009.

§ 3505-A. Autoridad del juez designado

En estos casos de litigación compleja el juez debe proyectar y analizar los problemas potenciales que puedan surgir y las partes deben mover el caso. Aún cuando nuestro derecho es rogado, frente a un caso complejo al juez se le exige que estructure el método para lograr y garantizar una solución justa, rápida y económica. En este tipo de caso el juez debe ser un ente más activo, capaz de ser uno creativo al formular órdenes para el manejo eficiente del caso y es a quien se le presenta el caso y lo evalúa de forma tal que logre la solución de los conflictos entre las partes. En estos casos los jueces tienen que estar dispuestos a intervenir mediante la emisión de guías y órdenes apropiadas para conjurar los problemas en sus inicios y es indispensable que, desde su comienzo, identifiquen los problemas potenciales y tomen el control del caso.

La intervención no puede ser impensada o improvisada. Requiere entendimiento del caso, dirección clara a los litigantes, decisiones rápidas y oportunas y firmeza para encauzar el proceso frente al voluntarismo u oportunismo de las partes.

Se toma control mediante la emisión de órdenes de programación y planeamiento del proceso. Estas órdenes se elaboran en conferencias con los abogados. Las mismas usualmente proveen un plan y una programación para la identificación de las cuestiones controvertidas de hechos y de derecho; limitaciones para adicionar partes o enmendar alegaciones; la acumulación de autos; la presentación de mociones; la extensión del descubrimiento;[3] la secuenciación de las vistas y determinaciones sobre diferentes aspectos del litigio, *e.g.* negligencia y daños; o la presentación de testimonio pericial.

En el caso de *Vellón Maldonado v. Squibb Mfg. Inc.*, 117 D.P.R. 838 (1986), el TS resuelve que constituye un abuso de discreción, revocable mediante *certiorari*, el que el TPI deniegue en un caso complejo la adjudicación, separada y secuenciada de las cuestiones de negligencia y de daños, solicitada mediante propuesta de una de las partes demandantes en una conferencia sobre el estado procesal del caso.

---

[3] Mediante Resolución de 3 de mayo de 1989, el TS estableció unas Guías para Dirigir la Fase de Descubrimiento de Prueba en Casos Complejos.

§ 3506-A. Conferencias

A los fines expuestos en la pasada sección, la R. 12, RCCLC requiere que el tribunal celebre un mínimo de tres conferencias con antelación a juicio: la conferencia inicial que es la conferencia en la cual se estructura el planeamiento del proceso, la conferencia de seguimiento a los asuntos determinados en la conferencia inicial y la conferencia final en la cual se formula el plan para el juicio. Además el tribunal puede disponer conferencias adicionales de seguimiento.

En la emisión de las órdenes de programación y planeamiento y en la conducción del proceso, los jueces requieren de la asistencia de los abogados de las partes no sólo para clarificar las cuestiones de hecho y de derecho, sino también para recibir de ellos propuestas creativas, justas, prácticas y eficaces para la programación y el planeamiento de los eventos procesales. En algunos casos complejos el tribunal debe establecer procedimientos para seleccionar uno o más de los abogados de las partes para autorizarlos a actuar en representación de otros abogados y sus clientes respecto a determinados aspectos del litigio.

§ 3507-A. Comités Timón

La R. 9, RCCLC, provee que para el manejo de un caso complejo el juez designado puede constituir mediante resolución comités timón de abogados para la representación legal de los intereses comunes de las partes demandantes y demandadas. El propósito es consolidar los planteamientos que se hacen ante el tribunal a través de un grupo representativo de los abogados de las partes el cual, conforme a la R. 10, RCCLC, asume una responsabilidad legal particular respecto a la representación de los intereses comunes y es objeto conforme dispone a la R. 9, RCCLC, de una remuneración especial.

§ 3508-A. Notificación limitada de escritos en casos complejos

Cuando se trate de un asunto de interés común en un caso complejo, todo escrito presentado por los miembros de uno de los comités timón será notificado solamente a los miembros del comité timón que representa al grupo contrario. R. 14(A)(1), RCCLC.

Cuando se trate de un asunto de interés particular de pocas partes o individual de una parte, todo escrito que sea presentado por las partes será notificado a los miembros del comité timón del grupo al que pertenece, a los miembros del comité timón que representa el grupo contrario y a cualquier otra parte concernida.

La R. 14(B) prescribe la manera de llevar a cabo la notificación limitada que la misma permite.

§ 3509-A. Notificaciones del tribunal en casos complejos

La R.15, RCCLC, provee para que toda sentencia del tribunal sea notificada a todos los abogados de las partes concernidas pero las órdenes o resoluciones interlocutorias del tribunal solo tienen que ser notificadas a los miembros de los comités timón, los cuales a su vez tienen que dar aviso de la notificación a cada parte que compone su respectivo grupo dentro de cuarenta y ocho horas.

§ 3510-A. Recursos en casos complejos

Las Reglas 16 y 17 proveen disposiciones especiales para facilitar la tramitación de los recursos de apelación o *certiorari* en los casos complejos. Las mismas permiten que en asuntos de interés común, los recursos se lleven por el comité timón en favor de todas las partes afectadas y en cuanto a los asuntos de interés particular, estos tienen que llevarse por las partes individuales afectadas. Así mismo se proveen normas encaminadas a limitar la presentación de recursos contra resoluciones interlocutorias.

La R. 17, RCCLC, liberaliza las reglas aplicables al apéndice de los recursos al establecer que "[e]n el apéndice no será necesario incluir una copia literal de todas las alegaciones de las partes, bastando que se incluya copia de una sola de las demandas y una sola de las contestaciones".

CAPITULO 36: LA CONSOLIDACION Y LOS JUICIOS POR SEPARADO

§ 3601. La consolidación de pleitos

Consolidación de pleitos significa la unión en un solo proceso de dos o más acciones interpuestas por separado para fines de la vista de una cuestión en común, o del juicio solamente o para fines de todo ulterior procedimiento; podría denominarse también acumulación de autos (R. 38.1, 2009). Véase *Vives Vázquez v. E.L.A.*, 142 D.P.R. 117 (1996). Como regla general, la consolidación de dos pleitos no tiene el efecto de que automáticamente las partes y alegaciones de uno se conviertan en partes y alegaciones del otro.[1]

En el caso de *Vives Vázquez v. E.L.A.*, *supra*, el TS, citando a *Granados Navedo v. Rodríguez Estrada II*, 124 D.P.R. 593, 608 (1989), señaló que la finalidad de la consolidación es evitar la proliferación de acciones, lograr la economía procesal y evitar la indeseable probabilidad de que surjan fallos incompatibles relacionados con un mismo incidente.

Se distingue de la acumulación de acciones[2] porque las acciones que se acumulan se tramitan conjuntamente en todas las fases del proceso.

La acumulación de autos es distinta; supone procesos distintos pendientes ante el tribunal, que para fines de economía de tiempo y de esfuerzo, se consolidan en uno solo.

También hay que distinguir la consolidación de pleitos de la acumulación de partes.[3] Acumular partes es hacer a dos o más personas demandadas o demandantes y el proceso, como en el caso de la acumulación de acciones, se tramita conjuntamente desde el principio hasta el final.

Todas las reglas relativas a la consolidación tienen un propósito en común que es resolver distintas reclamaciones de forma simultánea. En el caso de acumulación de acciones, el demandante puede incluir todas las que tenga contra el demandado aunque no exista relación alguna entre ellas. Si se trata de una reconvención, el demandado está obligado a presentar la reclamación que se desprende de los hechos alegados en la demanda en su contra pero queda en libertad de ejercitar otras acciones que no se desprendan de dichos hechos cuando lo crea oportuno. En el caso de acumulación de partes, la Regla de la indispensabilidad obliga a acumular cuando el proceso puede afectar los derechos

---

[1] *Hospital San Francisco, Inc. v. Secretaria de Salud*, 144 D.P.R. 586 (1997); *Cuadrado Mestre v. García Ramirez*, 99 D.P.R. 154 (1970).

[2] Acumulación de reclamaciones, véase la § 2412.

[3] Acumulación de partes, véanse las §§ 1201 a 1212.

de quien no es parte, y la Regla de la permisibilidad autoriza la acumulación cuando las reclamaciones surjan del mismo acto, omisión, evento o serie de actos, omisiones o eventos siempre que cualquier cuestión de hecho o de derecho, común a todas, hubiere de surgir en el pleito.

En cuanto a la consolidación de pleitos, la R. 38.1, 2009, lo permite cuando entrañen cuestiones comunes de hecho o de derecho y el TS ha señalado que no es necesario que la totalidad de las cuestiones de hecho y de derecho sean idénticas; que la existencia de consideraciones particulares sólo a algunos de los casos no impide que se conceda la consolidación; que las cuestiones comunes pueden serlo de hecho o de derecho y no se requiere que lo sean de ambos; que tampoco se requiere que exista identidad entre las partes en los pleitos a consolidarse aunque es un aspecto que puede pesar sobre el ánimo del juzgador, y que las acciones a consolidarse no tienen necesariamente que ser de igual naturaleza.[4]

Los abogados deben notificar en el *Informe para el Manejo del Caso* que exige la R. 37.1, 2009 si existen pleitos relacionados pendientes, que vayan a presentarse o que estén sujetos a consolidación, de forma que el tribunal quede informado y pueda tomar la acción correspondiente en la Conferencia Inicial. "De esta forma puede garantizarse si la consolidación propende a una solución justa, rápida y económica, con miras a alcanzar la más eficiente administración de la justicia y reducir la posibilidad de resultas inconsistentes"[5]

La R. 15 del RTPI establece que si el tribunal ordena la consolidación de pleitos, la vista para ello deberá verse ante el juez que presida el caso pendiente de mayor antigüedad. No obstante, la vista puede ventilarse ante el juez que presida el caso de presentación más reciente si media su anuencia y así lo estipulen las partes. El Juez Administrador tiene discreción para reasignar las causas de acción ya consolidadas, según sirva al mejor interés de la justicia. (R. 15(C), RTPI).

La consolidación de pleitos puede ser ordenada a iniciativa del tribunal, o solicitada por una de las partes cuando existe entre los casos a ser consolidados una cuestión común de hecho o de derecho.[6] En este caso el tribunal de instancia debe dictar sentencias distintas para cada uno de los pleitos. Al recurrir en esos casos debe recurrirse de cada una de las sentencias en recursos separados.

La consolidación procede tanto a nivel de instancia como a nivel apelativo.[7]

---

[4] *Vives Vázquez v. E.L.A.*, *supra*, pág. 414.

[5] Informe de Reglas de Procedimiento Civil, Secretariado de la Conferencia Judicial y Notarial, Tribunal Supremo de Puerto Rico, Marzo de 2008, pág. 446.

[6] Cuando la demanda en uno de los pleitos consolidados debió formularse como reconvención compulsoria en el otro, la consolidación de los procesos tiene el efecto de convertirlos en uno solo, contrario a la regla general de que tal fusión de partes y alegaciones no se produce en virtud de la consolidación. *Cuadrado Mestre v. García Ramirez*, 99 D.P.R. 154 (1970).

[7] *Otero Prann v. Delbrey Rivera*, 144 D.P.R. 688 (1998). Véase además, *Crespo Quiñones v. Santiago Velázquez*, 2009 T.S.P.R. 125.

En la opinión de *Vives Vázquez, supra*, el TS concluye que pueden consolidarse pleitos tramitándose en diferentes salas territoriales. Se ampara para ello en el poder inherente para reglamentar los procesos judiciales y el carácter unificado del sistema judicial puertorriqueño. El poder inherente de la Rama Judicial carece de ese alcance que le atribuye el TS. La competencia territorial es una materia reglamentada por la Legislatura la cual, conforme al Art. 5, Sec. 6, de la Constitución, comparte con el TS la facultad para establecer las reglas de procedimiento civil. Las reglas vigentes establecen la competencia territorial y la mecánica para alterarla en virtud del sistema unificado existente en la Rama Judicial. Esta mecánica requiere del consentimiento de las partes y de la anuencia de los jueces para investir con competencia a salas que no la tienen.

La R. 3.6(b), 2009, está predicada en la autonomía competencial de cada sede del TPI en cuanto a los asuntos que por ley le corresponden. A menos que la consolidación de casos en diferentes sedes geográficas se ordene de una instancia superior, no es jurídicamente viable tal consolidación a nivel del TPI salvo mediante acuerdo voluntario entre todas las partes en los distintos casos y la anuencia de los diversos magistrados. En otras palabras y a manera de ejemplo, no es coherente con el ordenamiento procesal vigente que un juez del TPI en San Juan ordene la consolidación de casos ventilándose fuera de San Juan con uno ventilándose en San Juan.

§ 3602. Juicios por separado

En los casos en que hay una acumulación de reclamaciones[8] y una acumulación de partes, la vista en los méritos se celebra conjuntamente para todas las partes y acciones. En virtud de la R. 38.2, 2009, por razón de conveniencia de las partes o para evitar perjuicio, el tribunal puede ordenar juicio por separado en cualquier demanda, demanda contra coparte, demanda contra tercero, o de cualquier cuestión litigiosa independiente o de cualquier número de demandas y podrá dictar sentencia separadamente en cuanto a cada una de esas acciones según la R. 42.3, 2009.[9]

En *Vellón Maldonado v. Squibb Mfg., Inc.*, 117 D.P.R. 838, 859 (1986), y en *Zorniak Air Services, Inc. v. Cessna Aircraft Co.*, 132 D.P.R. 170 (1992), el TS indicó los factores que deben ser considerados por el tribunal sentenciador al decidir si procede una moción para adjudicar por separado una controversia que sea parte de una reclamación. Los factores son: (1) si resolver la controversia dispondría del caso o de una parte sustancial del mismo; (2) si la prueba para resolver una controversia es independiente a la de los demás asuntos; (3) si las controversias o la prueba necesaria para adjudicar alguna de esas controversias o la prueba necesaria para adjudicar alguna de esas controversias están muy

---

8 Acumulación de reclamaciones, véase la § 2412.

9 *Torres Capeles v. Rivera Alejandro*, 143 D.P.R. 300 (1997).

relacionadas entre sí, y (4) si el procedimiento al separar las controversias resulta más rápido o económico según la experiencia general.

CAPITULO 37: LOS COMISIONADOS ESPECIALES

§ 3701. Concepto

Se trata de un árbitro, auditor o examinador designado por el tribunal para llevar a cabo cierta función procesal (R. 41.1, 2009).[1]

El nombre de comisionados especiales lo adoptó la comisión que preparó las Reglas de 1958, que se preocupó un poco más que su predecesora, es decir la comisión que preparó las Reglas de 1943, sobre la propiedad en el uso del lenguaje, y fue mantenido por las Reglas de 1979. La regla correspondiente de 1943 era la R. 46 y a los comisionados especiales se les llamaba en esa regla *masters* cual se les designa en las reglas federales y en la *common law*. La institución de los comisionados especiales tiene procedencia muy antigua y viene de los tiempos en que el Canciller de Inglaterra administraba justicia. El Canciller, en ocasiones, cuando se trataba de asuntos complicados que le podían ocupar mucho tiempo, designaba a un comisionado especial para asistirle, que se le llamaba *master in chancery* de donde viene el nombre de *master* que prevalece en la *common law*.

El comisionado especial es un funcionario designado por el tribunal y en quien éste delega determinados poderes para que formule ciertas determinaciones o conclusiones en un proceso. El comisionado especial puede servir de árbitro, de auditor o de examinador.

El tribunal puede designar cualquier persona para servir como comisionado especial. No se limita a abogados o contadores o a miembros de una profesión en particular. El tribunal seleccionará la persona a ser nombrada de acuerdo con la misión que le va a encomendar.

§ 3702. Propósito de la designación

La misión del comisionado especial consiste en hacer investigaciones, intervenciones, o determinaciones para fines del proceso.

Puede ser árbitro porque el tribunal puede darle la facultad de decidir entre las pretensiones o entre las posiciones contrapuestas entre las partes. Puede ser auditor porque su función puede estar limitada al estudio independiente de libros,

---

1 *Mayagüez Hilton Corp. v. Betancourt*, 156 D.P.R. 234 (2002).

cuentas o sistemas de contabilidad. Puede ser un examinador porque el comisionado especial puede ser designado únicamente para que presida las vistas en el caso y transmita al récord la prueba que presenten las partes. Puede ser un monitor que en casos complejos el tribunal designa para asegurarse del cumplimiento de sus órdenes o sentencias.[2]

El propósito en la designación de un comisionado especial consiste en facilitar la labor judicial.

§ 3703. Cuándo se designará

La encomienda de un asunto a un comisionado es la excepción, no la regla.[3] Se nombra un comisionado cuando están planteadas cuestiones sobre cuentas o cómputos difíciles sobre daños o casos que comprendan asuntos sumamente técnicos o complejos que requieran de conocimiento pericial. No procede, por ejemplo, cuando sólo se plantea la interpretación de una estipulación que adjudica los derechos de las partes.[4] Tampoco procede la designación cuando una parte demuestra que el nombramiento ocasionaría una dilación innecesaria en los procedimientos o costos irrazonables.

El TS y el TA podrán encomendar un asunto a un comisionado en cualquier caso o procedimiento de jurisdicción original.[5]

Los abogados de las partes deben evaluar en la Reunión para el Manejo del Caso sobre la necesidad o conveniencia de la designación de un comisionado, bien sea un administrador judicial, contador, partidor, liquidador, tasador, síndico, árbitro, tutor, perito, comisionado especial, administrador *ad hoc*, o cualquier otro recurso humano, para lo cual incluirán el nombre de un candidato por acuerdo o de dos candidatos con quienes previamente hayan conversado y que estén disponibles para aceptar la encomienda. (R. 37.1(d), 2009). Luego de que lo informen al tribunal, el juez determinará durante la Conferencia Inicial si procede la designación.

---

[2] En casos complejos que requieren conocimientos científicos y técnicos así como destrezas gerenciales, y la evaluación de una variedad de condiciones sociales tales como las que presentan las escuelas, las prisiones, y las instituciones segregadas, los tribunales federales han recurrido al uso de los comisionados especiales—monitores—previstos en la R. 53 federal—R. 41, 2009 para poner en vigor sus sentencias (9C, *Wright & Miller*, sec. 2605).

[3] El nombramiento de un comisionado especial es un remedio excepcional y para hacerlo el juzgador debe hacer una exigente evaluación de todos los factores envueltos. *Vélez Ruiz v. E.L.A.*, 111 D.P.R. 752 (1981); *Meléndez Piñero v. Levitt & Sons of P.R., Inc.*, 104 D.P.R. 895 (1976); *Cestero Jiménez v. Pérez de Jesús*, 104 D.P.R. 891 (1976).

[4] *Sterzinger v. Ramírez Ramírez*, 116 D.P.R. 762 (1985).

[5] Esta disposición de la R. 41.2, 2009, estaría mejor ubicada en el Reglamento del TS y del TA.

§ 3704. Nombramiento

El comisionado puede ser nombrado a solicitud de parte o a iniciativa del tribunal. Se hace la encomienda a través de lo que se conoce como la orden de referencia. Esta orden especificará:

(1) La persona designada como comisionado.

(2) Los poderes específicos que ha de tener el comisionado.

(3) Las cuestiones que se encomiendan para su intervención.

(4) La forma en que ha de proceder con relación a su encomienda.

(5) El término razonable dentro del cual el comisionado deberá rendir su informe (R. 41.3, 2009).

Si al tribunal interesa que el comisionado reciba toda la prueba puede autorizarlo, y así lo especificará en la orden de referencia. Si solamente se le refiere una de las cuestiones se dirá qué se ha de hacer con relación a esa cuestión litigiosa. Se especificará también si se ha de recibir prueba, si ha de realizar una investigación y si se han de formular conclusiones de hecho y de derecho con relación a las cuestiones litigiosas encomendadas.

La orden puede especificar la fecha, el lugar y la hora para realizar las vistas, pero normalmente esto se deja a la discreción del comisionado. La orden puede también relevar al comisionado de la obligación de transmitir al tribunal con su informe una transcripción de las notas taquigráficas de las vistas. La regla general es que si la orden nada dice sobre el particular dicha transcripción tiene que someterse.

§ 3705. Poderes del comisionado

Son, en primer lugar, aquellos que le sean otorgados y especificados con particularidad en la orden de referencia. En segundo lugar y de conformidad con la R. 41.3, 2009, el comisionado preside las vistas que se celebren ante él y regula los procedimientos. Las vistas se llevan a cabo muchas veces como si fuera ante el tribunal. En otras ocasiones se conducen con informalidad. El comisionado tiene poder para juramentar los testigos y para examinarlos.

Puede, a su propia iniciativa, examinar a las partes y puede exigir que se produzcan libros y comprobantes de contabilidad o prescribir la forma en que se presentarán ante él los estados de cuentas para su intervención. Normalmente son las partes las que tienen la absoluta discreción de determinar la evidencia que presentarán, pero en estos asuntos, que se le encomiendan a los comisionados, éstos se pueden tomar su propia iniciativa.

§ 3706. Procedimientos ante el comisionado

Cuando se haga el nombramiento de un comisionado, el secretario le entregará inmediatamente una copia de la orden de referencia. A menos que la orden dispusiera otra cosa, el comisionado notificará a las partes o a sus abogados la fecha y el lugar para la primera reunión, que deberá celebrarse dentro de los 20 días siguientes a la orden del tribunal.

Las partes podrán obtener la comparecencia de testigos ante el comisionado mediante la expedición de citaciones conforme lo dispone la R. 40, 2009.

Presentada toda la evidencia, o terminada la investigación, el comisionado viene obligado a rendir un informe al tribunal sobre todos los asuntos que le han sido encomendados y, si lo ha exigido la orden, hará conclusiones de hecho y de derecho y las expondrá en el informe, el cual presentará en la secretaría del tribunal en la fecha señalada en la orden, acompañará una transcripción de los procedimientos, de la evidencia y de los *exhibits* originales. El secretario notificará inmediatamente la presentación del informe a todas las partes. Antes de someter el informe, el comisionado puede someter un proyecto del mismo a los abogados de todas las partes con el fin de recibir sus sugerencias.

Al ser notificadas del informe por el secretario, las partes, dentro de los 20 días siguientes a la notificación, podrán notificar por escrito sus objeciones al informe.

El tribunal considerará las objeciones que propongan las partes al informe del comisionado y lo aceptará o lo adoptará como suyo, o lo modificará o lo rechazará en todo o en parte,[6] guiándose por la siguiente norma: Las determinaciones de hechos serán sostenidas, a menos que sean claramente erróneas.[7] Sujeto a esa regla, el tribunal resolverá las objeciones que se presentaren. El tribunal puede exigir que se presente evidencia adicional o devolver el informe al comisionado con sus instrucciones.

La regla de que las cuestiones de hecho podrán ser modificadas si son claramente erróneas tiene una excepción, y es en el caso en que las partes hayan estipulado que esas conclusiones que haga el comisionado serán finales. Entonces el tribunal pasará por alto las cuestiones de hecho y solamente considerará las cuestiones de derecho. Este tipo de estipulación no es frecuente.

El comisionado especial es un funcionario remunerado, y su retribución se realiza con cargo a las partes. El tribunal fijará los honorarios del comisionado y éstos se cargarán a la parte que el tribunal ordene,[8] o podrán satisfacerse de cualquier fondo que estuviere en el pleito bajo la custodia y gobierno del tribunal en la forma en que éste decidiere. El comisionado no podrá retener su informe para asegurar el cobro de sus honorarios, pero cuando la parte a quien se ordene el pago no lo hiciere después de notificada la orden al efecto dentro del plazo que

---

[6] El tribunal de instancia no viene obligado en sus determinaciones de hecho a duplicar el contenido y las necesarias implicaciones del informe de un comisionado a quien las partes han referido una cuestión para ser determinada por éste. *Farber Electric & Plumbing Co. v. Professional Realty Corp.*, 85 D.P.R. 459 (1962).

[7] El tribunal tiene esta facultad aún cuando, en su orden refiriendo el caso al Comisionado, haya establecido que las determinaciones sean finales. *Mayagüez Hilton Corp. v. Betancourt*, 156 D.P.R. 234 (2002).

[8] *Rosario v. Autoridad de Tierras de P.R.*, 97 D.P.R. 324 (1969).

En todos los casos, el proceso concluye con la determinación que denominamos sentencia. Sin embargo, hay sentencias que suponen una adjudicación del caso en función de un juicio en los méritos—en el fondo—de la controversia, otras que disponen de la demanda perentoriamente o por desistimiento del proceso de parte del actor y otras que se dictan con motivo de un acuerdo entre las partes.

La R. 42.1, 2009, define sentencia como "cualquier determinación del Tribunal de Primera Instancia que resuelva finalmente la cuestión litigiosa y de la cual pueda apelarse."[1]

Esta definición es útil en la medida en que incluye dentro del concepto de sentencia a las resoluciones que emiten los tribunales tales como las resoluciones de desestimación que en efecto constituyen adjudicaciones finales del pleito y son en realidad sentencias que disponen del mismo.[2] La definición, sin embargo, comete el error de condicionar el concepto de sentencia a aquellas determinaciones de las cuales pueda apelarse o solicitarse revisión. Si bien ese es el caso en torno a la mayoría de las sentencias, no obstante, en los casos de sentencias por transacción o por consentimiento, no cabe la apelación y no por ello dejan de tener el carácter de sentencias, de ser ejecutorias y de gozar de la presunción de la cosa juzgada.

Estudiaremos las formas de terminar el proceso en el siguiente orden: Primero las que lo concluyen por acuerdo entre las partes; segundo, las que no se producen tras una adjudicación en los méritos de la controversia, y finalmente, las que se producen tras esa adjudicación.

§ 3801a. Estipulación

Antes de estudiar las formas de terminar el proceso, vamos a considerar la estipulación como un mecanismo para promover la economía procesal, e incluso, en algunos casos cuando la estipulación tiene carácter transaccional, puede terminar el proceso; pero eso se verá en la próxima sección.

La estipulación, nos dice el TS, constituye una admisión judicial que implica un desistimiento formal de cualquier contención contraria a ella. Existen diversas clases: (1) las que constituyen admisiones de hecho y dispensan del requisito de probar tales hechos; (2) las que reconocen derechos y tienen el alcance de una adjudicación respecto de tales derechos, y (3) las que formulan un curso de acción, como por ejemplo, que se someta un asunto a un comisionado especial. Las estipulaciones tienen como finalidad evitar dilaciones, inconvenientes y gastos, y su uso debe alentarse. Por ello, las Rs. 37.1 y 37.2, 2009 exigen a las partes que viabilicen las estipulaciones que propendan a facilitar la tramitación del pleito desde bien temprano el proceso.

---

[1] *García Morales v. Padró Hernández*, 165 D.P.R. 324 (2005); *De Jesús Maldonado v. Corp. Azucarera de P.R.*, 145 D.P.R. 899 (1998); *Cárdenas Maxán v. Rodríguez*, 119 D.P.R. 642 (1987).

[2] Véase: *Sánchez v. Municipio de Cayey*, 94 D.P.R. 92 (1967).

Las estipulaciones deben interpretarse liberalmente, de forma compatible con la intención de las partes y el propósito de hacer justicia. Si existe duda sobre la intención se debe adoptar la contención más favorable a la parte en cuyo favor se hizo la estipulación.

Las estipulaciones sobre hechos y pruebas obligan tanto a las partes como al juez, más no así las relativas a cuestiones de derecho. La regla relativa a cuestiones de derecho se refiere a estipulaciones sobre el derecho como tal. Sin embargo, las partes pueden ceder o transar sus derechos como tengan a bien sin que el tribunal pueda negarse a aceptar tales estipulaciones o transacciones. Como regla general, los jueces deben aceptar los convenios y estipulaciones a los que lleguen las partes para finalizar un pleito, o un incidente dentro del mismo cuando éstos no atenten contra la moral y el orden público. La estipulación tiene el efecto de cosa juzgada una vez aprobada por el tribunal y obliga a las partes a su cumplimiento.

No debe utilizarse el término "estipulación" como sinónimo de "transacción".[3]

Sobre las normas anteriores establecidas por el TS, ver *Ramos Rivera v. E.LA.*, 148 D.P.R. 118 (1999).[4]

§ 3802. Transacción—Concepto

La transacción es un convenio, contrato o estipulación por virtud del cual las partes mediante concesiones recíprocas ponen fin a un pleito ya comenzado.[5]

Como se trata de un contrato es natural que las Reglas de Procedimiento no se ocupen de él, dejando su reglamentación al Código Civil (arts. 1709 a 1718; 31 L.P.R.A. secs. 4821 a 4830).[6] Sin embargo, precisa notar que si bien los efectos de la transacción repercuten mayormente en el ámbito sustantivo no dejan de tener su alcance procesal y era de esperarse que las reglas proveyeran para su tramitación procesal. Pero, lo que no ofrecen las reglas nos lo da la práctica, a la que acudimos para desenvolver la tramitación procesal de la transacción.

§ 3803. —Procedimiento

El acuerdo de las partes se consigna en un escrito llamado normalmente estipulación el cual se presentará en autos.

---

[3] *Mun. de San Juan v. Professional Research & Community Services*, 171 D.P.R. 219 (2007).

[4] Ver también *Pueblo v. Suárez Alers*, 167 D.P.R. 850 (2006); *Díaz Ayala v. E.L.A.*, 153 D.P.R. 675 (2001); *P.R. Glass Corp. v. Tribunal Superior*, 103 D.P.R. 223 (1975); *Coll Watlington v. Picó*, 82 D.P.R. 27 (1960).

[5] *Canino v. Santiago Bellaflores, Inc.*, 78 D.P.R. 778 (1955); *Ramos Rivera v. E.L.A., supra*.

[6] Véase *Sagardía De Jesús et als. v. Hospital Auxilio Mutuo*, 2009 T.S.P.R. 173; *U.S. Fire Insurance Company v. A.E.E.*, 2008 T.S.P.R. 160; *López Tristani v. Maldonado Carrero*, 168 D.P.R. 838 (2006); *Rivera Rodríguez v. Rivera Reyes*, 168 D.P.R. 193 (2006).

En virtud de dicho escrito el tribunal dicta sentencia aprobando la estipulación y haciendo la misma formar parte de la sentencia. Esto entraña la ventaja de que la sentencia será ejecutable si alguna de las partes no cumpliera con lo convenido relevando así a la parte perjudicada de seguir un nuevo proceso para el cumplimiento de la transacción. (Véase el art. 1715 del Código Civil, 31 L.P.R.A. sec. 4827.)

También se sigue la práctica de promover el desistimiento por estipulación cuando se ha verificado una transacción. Esta práctica se acomoda bien a los casos en que las prestaciones recíprocas que integran la transacción se cumplen de inmediato, no así a los casos en que el cumplimiento es futuro por las razones expresadas en el párrafo anterior.

La transacción tiene el carácter de cosa juzgada.[7]

§ 3804. La oferta de sentencia

La oferta de sentencia es una proposición por escrito que hace el demandado o la parte contra la cual se reclama a aquel que reclama, en el sentido de que el demandado se allana a que el tribunal dicte sentencia en su contra bajo los términos que expone en su oferta de sentencia (R. 35.1, 2009). Una oferta de transacción hecha por un demandante no se considera una oferta de sentencia bajo la R. 35.1, 2009 por lo que su rechazo no presupone la imposición de gastos, costas y honorarios de abogado.[8]

§ 3805. —Forma de hacerla

La oferta de sentencia se hace fuera de autos sin que intervenga el tribunal. Se formula por escrito notificando mediante correo certificado a la parte contraria en cualquier momento antes de los 20 días inmediatamente anteriores al comienzo del juicio—para evitar más costas—la cual debe contestar dentro de 10 días si acepta o rechaza la oferta. La oferta debe incluir el pago de las costas devengadas hasta el momento en que se formula.[9] De lo contrario, es insuficiente. La oferta de sentencia también debe especificar quién hace la oferta y a quién se dirige; debe establecer la cantidad, si alguna, que se ofrece por concepto de daños; la cantidad total o propiedad y condiciones ofrecidas. Si se acepta, el secretario del

---

[7] A tenor con la ley de Puerto Rico y los principios generales del derecho, una sentencia dictada aprobando una transacción de un caso en todas sus partes es definitiva y constituye cosa juzgada. *Sangiovanni Hernández v. Dominicana de Aviación*, 556 F.2d 611 (1977); *Canino v. Santiago Bellaflores, Inc.*, 78 D.P.R. 778 (1955).

[8] No obstante, una oferta de sentencia que provenga de una parte demandante-reconvenida puede ser considerada al amparo de la R. 35.1, 2009 si la suma ofrecida pone fin a la reclamación realizada en su contra mediante la reconvención y está dispuesto a pagar la suma ofrecida. *Ortiz Muñoz v. Rivera Martínez*, 170 D.P.R. 869 (2007).

[9] Véase *Martínez Fernández & Cía. v. García*, 68 D.P.R. 391 (1948), y además *Hermandad Unida de Carpinteros y Ebanistas de América, AFL-CIO v. V. & E. Engineering Constr. Co.*, 115 D.P.R. 711, 714-715 (1984).

tribunal queda facultado para dictar la sentencia que corresponda. Es una sentencia de conformidad entre las partes.

En reclamaciones sobre daños y perjuicios, si después de adjudicada mediante sentencia la responsabilidad de una parte la contraria desea hacer una oferta en cuanto a la cuantía de los daños o la extensión de la responsabilidad, podrá notificar dicha oferta hasta 20 días antes de la vista señalada para determinar estos extremos (R. 35.1, 2009).

§ 3806. —Consecuencias de no aceptar

Si la oferta no se acepta dentro del plazo de 10 días se tiene por retirada. En caso que la sentencia que eventualmente dicte el tribunal sea igual[10] o menos favorable a la que le propuso el demandado al demandante, el demandante tendrá que pagar las costas, los gastos y los honorarios de abogado incurridos con posterioridad a esa fecha.

En *Morell Corrada v. Ojeda*, 151 D.P.R. 864 (2000), el TS requiere una determinación de temeridad para imponer estas sanciones a partir de la razonabilidad de la oferta.[11] Esta norma es contraria a la eficacia de la mecánica operacional de la regla.

La falta de aceptación de una oferta de sentencia no cierra la puerta a la posibilidad de presentar otra.

La R. 35.1, 2009 establece que las ofertas de sentencia no son admisibles para probar responsabilidad.

§ 3807. Oferta de pago

La oferta de pago es similar a la de sentencia pero únicamente procede en los casos de cobro de dinero. En este caso el demandado debe alegar conforme a la R. 35.2, 2009, que antes de presentarse la demanda ofreció al demandante la suma total que se le adeudaba y depositar ésta en el tribunal. Por ejemplo, el demandante reclama $200; el demandado alega que sólo debe $100. Este hace una oferta de pago y además deposita en la secretaría del tribunal los $100 a favor del demandante. Si el demandante no acepta y resulta que esa alegación es cierta, el demandante no podrá cobrar costas y tendrá que pagarlas así como los gastos y honorarios de abogado.

Esta regla está diseñada para evitar que la forma de imposición de costas y honorarios de abogado a favor de la parte victoriosa sea utilizada como un medio de lucro.

§ 3808. Depósito en el tribunal

Se trata de una regla que permite a las partes depositar en el tribunal cualquier cantidad o cualquier objeto mueble que esté en disputa en un pleito para que

[10] Véase *Ramallo Brothers v. Federal Express Corp.*, 129 D.P.R. 499 (1991).

[11] Ver también *Rivera Alvarez v. El Vocero*, 160 D.P.R. 327 (2003).

quede custodiado allí durante el transcurso del litigio y que sea retirado solamente mediante una orden del tribunal. Dentro del proceso pendiente se presenta una moción para hacer el depósito y si el tribunal la aprueba se depositará el objeto de la moción en secretaría y queda allí bajo la custodia del secretario hasta que el tribunal mediante una orden autorice que se retire.

El depósito, aunque no termina el proceso, es una demostración de buena fe del litigante que le protegerá en cuanto al pago de costas, honorarios u otras responsabilidades que le pueden devenir al retener el bien litigioso bajo su poder.

Esta figura procesal no es la misma que la consignación establecida en el Código Civil.[12]

§ 3809. Sentencia por consentimiento

La sentencia por consentimiento es aquella que se dicta sin la celebración de un juicio o sin haberse iniciado el pleito fundada en el consentimiento de una persona, ya sea por dinero debido o que haya de deber o para asegurar a otra contra responsabilidades contraídas a favor de la parte demandada. Reglamenta la misma la R. 35.4, 2009 cuyos antecedentes son:

El Código de Enjuiciamiento Civil de 1904, en sus artículos finales, contenía las normas que han servido de fuente formal a la R. 35.4, 2009, que regula la sentencia por consentimiento.

En el derecho anglosajón se conocían dos formas de sentencia por consentimiento: aquélla que se dictaba en un pleito ya iniciado, antes de la celebración del juicio, cuando la parte demandada aceptaba o se allanaba a las pretensiones de la parte demandante; y la que se dictaba sin haberse instituido acción alguna, previa aceptación jurada por la parte que pudiera resultar demandada, de la certeza de los hechos constitutivos, y en consecuencia solicitando que se dictara sentencia en su contra.

El Código de Enjuiciamiento Civil de California, en sus arts. 1132 a 1134, reconocía la segunda categoría (*decision without action*) y la jurisprudencia pertinente asimilaba la misma a la primera categoría (*decision without trial*) con idénticos efectos. Cuando se tradujeron los artículos antes citados para constituir los arts. 358 a 360 del CEC de 1904 (32 L.P.R.A. secs. 1561 a 1563), se utilizó la frase "sin celebración de juicio" en lugar de la traducción exacta del texto inglés original, que hubiera sido "sin la interposición de acción o demanda."

Los requisitos para obtener este tipo de sentencia eran de obligatorio cumplimiento. La jurisprudencia del Tribunal Supremo de California sostenía que esto era así tanto para la primera como para la segunda categoría. Nuestro TS, sin embargo, declaró en *González v. López Quiñones*, 46 D.P.R. 843 (1934), que la violación de las normas taxativas del art. 359 del Código de Enjuiciamiento Civil producía la nulidad de la sentencia por consentimiento

---

[12] La consignación prevista en el art. 1130 del CC se hermana mucho más con la oferta de pago pues supone el ofrecimiento previo y el rechazo del acreedor como condicionantes para el depósito—consignación—en el tribunal.

únicamente cuando se trataba de casos de confesión de reclamaciones respecto de las cuales no se hubiera promovido previamente acción alguna, y no la de aquéllas en las cuales la confesión se hacía después de presentada la demanda y emplazado el demandado.

Para las primeras, la exposición jurada por la parte demandada era indispensable. Para las segundas, bastaba un simple escrito de allanamiento suscrito por el abogado de autos, según nuestro más alto Tribunal.

En el caso *E.L.A. v. Isla Verde Investment Corp.*, 98 D.P.R. 255 (1970), el Juez Asociado Carlos V. Dávila, emitiendo la opinión del tribunal, declaró que la sentencia por confesión es un procedimiento sumario por convenio, consagrado por el *common law* y autorizado por nuestro Código de Enjuiciamiento Civil, mediante el cual una parte confiesa que adeuda a otra determinada cantidad y acepta que un tribunal dicte sentencia en su contra, sin más, pero viniendo la parte promovente de su obtención obligada a cumplir estrictamente con el procedimiento de ley, al extremo que la más leve variación usualmente la invalida.

Al redactarse las Reglas de 1979, se introdujo la 35.4,[13] sin precedentes en las de 1958 o las federales, que recogió el texto de los arts. 358 y 359 del Código de Enjuiciamiento Civil, que quedaban derogados, tal y como habían sido interpretados.

§ 3810. —Procedimiento

La sentencia por consentimiento procede tanto en el caso de haberse iniciado un pleito como en el de no haberse iniciado éste. En el primer supuesto, debe solicitarse lógicamente antes de la celebración del juicio.

El fundamento de sentencia será el consentimiento, y el contenido de la misma ha de ser bien por dinero debido o que haya de deber, bien para asegurar contra responsabilidades eventuales contraídas a favor del demandado, o por ambas cosas.

Deberán observarse estrictamente en su solicitud las formas prescritas por la R. 35.4, 2009.

Las sentencias por consentimiento serán registradas y notificadas por el secretario del tribunal y desde la fecha misma de su registro tendrán el carácter de finales y firmes, como es lógico, pues sería absurdo y una violación del principio de los actos propios el admitir que fueran recurridas por alguna de las partes que *ab initio* la consintió.

El consentimiento de la parte—quien debe tener capacidad legal para obligarse—afectada por la sentencia deberá aparecer por escrito y bajo juramento. La regla dice por el demandado, pero es obvio que si no se ha establecido aún pleito alguno no existe tal demandado, sino una parte obligada o afectada. En el escrito deberá hacerse constar:

---

[13] Equivale casi de forma idéntica a la R. 35.4, 2009.

(1) Que el que suscribe y jura autoriza para que se dicte sentencia en su contra por una suma determinada.

(2) En caso de que fuera por dinero debido o que haya de deberse, expondrá concisamente, bajo igual juramento, los hechos constitutivos y el origen de la deuda, y demostrará que la suma consentida se debe o se deberá en justicia.

(3) En caso de que fuera con el fin de garantizar al demandante contra una responsabilidad eventual, expondrá bajo juramento concisamente los hechos constitutivos de la responsabilidad y demostrará que la suma consentida no excede del importe de dicha responsabilidad.

El tribunal debe pasar juicio sobre el consentimiento antes de que la sentencia sea registrada y notificada a las partes por el secretario. Las sentencias por consentimiento no pueden ser recurridas, pero son anulables por los mismos motivos que se consignan en la R. 49.2, 2009, así que, si las penas del perjurio no fueren suficiente prevención contra la confección fraudulenta de una situación jurídica, está previsto el remedio contra la posible existencia de fraude, sin que para esos casos exista término para interponer dicho remedio.[14]

Si bien este mecanismo procesal resulta útil cuando se quiere obtener una sentencia sin necesidad de un proceso, su modalidad y riguroso ritual dentro de un proceso ya iniciado no tiene sentido. Una mera estipulación aprobada por el tribunal puede disponer por sentencia con carácter final no recurrible, si así se pacta, de cualquier clase de reclamación, incluyendo las que tipifica la R. 35.4, 2009, para autorizar la sentencia por consentimiento.

---

[14] No es de aplicación a una moción de relevo de sentencia por motivo de fraude al tribunal el término fatal de seis meses dentro del cual radicarla que dispone la R. 49.2 de Procedimiento Civil. *G.A.C. Finance Corp. v. Rodríguez Cuchi*, 102 D.P.R. 213 (1974).

CAPITULO 39: DESESTIMACION Y DESISTIMIENTO

§ 3901. Desestimación—Concepto

En su acepción más amplia el término desestimación incluye todo pronunciamiento judicial que resuelva un pleito desfavorablemente para el demandante. Pero al utilizar el término para describir uno de los medios anormales para concluir el proceso, aludimos solamente a las resoluciones que ponen fin a un proceso sin dirimir las cuestiones de fondo o los méritos del mismo (R. 39.2, 2009).[1]

§ 3902. Efecto de la Desestimación

La desestimación tiene el efecto de una adjudicación en los méritos salvo que sea por falta de jurisdicción o de parte indispensable. R. 39.2(c) *in fine*.

§ 3903. —Clases

Pueden clasificarse las desestimaciones con arreglo a los fundamentos que producen las resoluciones desestimatorias:

(1) Desestimaciones bajo la R. 10.2, 2009.

(2) Desestimación por no cumplir con una orden del tribunal.

(3) Desestimación por no haber presentado prueba que justifique la concesión de un remedio.[2]

(4) Desestimación por dejar de proseguir el proceso.

---

[1] Como regla general, constituye una acción drástica de un tribunal sentenciador—que puede conducir a la negativa del derecho a ser oído a cabalidad—el desestimar un pleito sin los elementos de juicio que ofrece una prueba que haga posible encontrar el derecho que le es aplicable. *Martín Santos v. C.R.U.V.*, 89 D.P.R. 175 (1963). Véase además, *Sierra Quiñones v. Rodríguez Luciano*, 163 D.P.R. 738 (2005).

[2] La facultad del tribunal a tenor con la R. 39.2 de declarar con lugar una moción de desestimar es estrictamente discrecional y debe ser ejercitada después de sereno y cuidadoso escrutinio de la prueba. En caso de duda, es preferible requerir al demandado para que presente su caso. *Feliciano v. Autoridad de Acueductos y Alcantarillados*, 93 D.P.R. 655 (1966); *Irizarry v. Autoridad de las Fuentes Fluviales*, 93 D.P.R. 416 (1966); *Díaz v. Tribunal Superior*, 93 D.P.R. 79 (1966); *De la Matta v. Carreras*, 92 D.P.R. 85 (1965). Véase, también, *Lebrón Correa v. Díaz Troche*, 166 D.P.R. 89 (2005).

Anteriormente se trataron las primeras dos clases de desestimación (secs. 2601-2608 y 3402); ahora hemos de considerar las últimas dos.

La desestimación por no haberse presentado prueba que justifique la concesión de un remedio se produce en juicio al concluir de presentar la prueba el demandante. La moción al efecto se formula verbalmente. Esta moción se conoce en el derecho procesal anglosajón con el nombre de moción de *nonsuit.*

A los fines de resolverla el tribunal debe determinar los hechos probados hasta ese momento según su criterio y en ausencia de prueba en contrario. *Romero Arroyo v. E.L.A.*, 139 D.P.R. 576 (1995). A su discreción puede negarse a dictar sentencia hasta que toda la prueba haya sido presentada (R. 39.2(c), 2009).[3] Si resulta que no existe prueba sobre cualquier aspecto esencial y necesario de las alegaciones controvertidas para conceder algún remedio al demandante deberá declararse con lugar la moción.[4] En ese caso el tribunal deberá formular determinaciones sobre los hechos probados para proceder a desestimar la acción (R. 39.2, 2009).

El presentar una moción de desestimación por este fundamento no entraña una renuncia del demandado a presentar su prueba en caso de que la moción sea declarada sin lugar. Pero el haber presentado tal prueba equivale a la renuncia de la moción para fines de apelación.[5] En ese caso, si la prueba del demandado aportara lo que le faltó a la del demandante, no podría señalarse como error el resolver equivocadamente la moción como fundamento para la apelación de la sentencia.

La desestimación por dejar de proseguir el proceso tiene lugar cuando el demandante ha dejado de cumplir con su deber de impulsar el proceso por un período injustificadamente largo de tiempo (R. 39.2, 2009). En Derecho procesal español esta figura procesal se conoce bajo el nombre de la caducidad de instancia la cual define Jaime Guasp como "la extinción del proceso que se produce por su paralización durante cierto tiempo en que no se realizan actos procesales de parte." Esta desestimación puede decretarse a instancia de parte pero normalmente se produce a iniciativa del tribunal.[6] A esos efectos dispone la R. 39.2(b), 2009:

"El tribunal ordenará la desestimación y el archivo de todos los asuntos civiles pendientes en los cuales no se haya efectuado trámite alguno por cualquiera de las partes durante los últimos seis meses, a menos que tal inactividad se le justifique oportunamente. Mociones sobre suspensión o transferencia de vista o de prórroga no serán consideradas como un trámite a los fines de esta regla."

---

[3] *Roselló Cruz v. García*, 116 D.P.R. 511 (1985); *Morales Vda. de Zayas v. Pepsi Cola Bottling Co. of P.R.*, 114 D.P.R. 772 (1983).

[4] *Figueroa Piñero v. Miranda & Eguía, Inc.*, 83 D.P.R. 554 (1961).

[5] *Encarnación Luengo Vda. de Fernández v. Fernández*, 83 D.P.R. 636 (1961).

[6] La desestimación por falta de instancia o por abandono de un pleito constituye una adjudicación en los méritos y, por lo tanto, cosa juzgada. *Costas Purcell v. Tribunal Superior*, 88 D.P.R. 10 (1963).

El TS observa la misma política restrictiva en torno a las desestimaciones bajo esta R. 39.2, 2009, que la que observa en cuanto a otras desestimaciones. Se favorece la resolución de los conflictos por sentencia en su fondo.[7] Pero en casos en que no hay duda de la crasa falta de diligencia de la parte contra quien se impone la sanción y no median circunstancias que atenúan la misma, procede la desestimación bajo esta regla con el efecto de la cosa juzgada.[8]

"El tribunal dictará una orden en todos dichos asuntos, la cual se notificará a las partes y al abogado o abogada, requiriéndoles dentro del término de diez (10) días desde que el Secretario o Secretaria les notifique, que expongan por escrito las razones por las cuales no deben desestimarse y archivarse los mismos."

La justificación de esta regla que fue tomada literalmente de la R. 11, RTPI de 1960, hoy reemplazada por la R. 23, RTPI, modificando el principio rogatorio al facultar al tribunal para tomarse tal iniciativa se encuentra en la necesidad de mantener descongestionados los calendarios. El aumento en la litigiosidad no permite contemplaciones hacia los litigantes que afronten sus deberes procesales con morosidad.

En el caso de *Municipio de Arecibo v. Almacenes Yakima del Atlántico, Inc.*, 154 D.P.R. 217 (2001), el TS resuelve que antes de desestimar un caso por inactividad procesal bajo la R. 39.2(b) el tribunal debe en primera instancia imponer una sanción al abogado de la parte y si esta no surte efecto positivo, se debe notificar a la parte misma de la situación y de las consecuencias que pueda tener el que la misma no sea corregida, para luego proceder si no lo son a la desestimación. Esta opinión se inspira en la mejor tradición del "ay bendito" puertorriqueño. La misma propende a alargar los procesos y a restar eficacia al mecanismo de sanciones.

§ 3904. Desistimiento—Concepto

El desistimiento, como la palabra indica, consiste en que una de las partes, o todas, desisten de la tramitación de la acción ante el tribunal (R. 39.1, 2009). El desistimiento encarna uno de los principios básicos del proceso: el principio dispositivo según el cual el demandante tiene derecho a disponer de su acción.

§ 3905. —Procedimiento y efectos

Se lleva a cabo de la siguiente manera: Si en el proceso no ha sido presentada la contestación o una moción de sentencia sumaria, el demandante puede desistir de su acción mediante la mera presentación de un aviso de desistimiento que se presentará ante el tribunal. El tribunal ordenará obligatoriamente el archivo y

---

[7] *Sucesión de Rosario v. Sucesión de Cortijo*, 83 D.P.R. 678 (1961).

[8] *Banco de la Vivienda de P.R. v. Carlo Ortiz*, 130 D.P.R. 730 (1992).

sobreseimiento de la acción sin discreción para obrar de otra forma.[9] Nótese que el escrito que se presenta es un aviso y no una moción.

Si se ha presentado una contestación o una moción de sentencia sumaria las partes podrán desistir del pleito mediante una estipulación de desistimiento, y tampoco tiene que mediar una orden del tribunal en ese caso. En ambos casos, cuando se presenta el aviso de desistimiento o la estipulación de desistimiento, el desistimiento es sin perjuicio, lo que quiere decir que al desistirse en esa forma por primera vez no se produce una adjudicación sobre los méritos del caso. Por lo tanto el demandante puede volver a presentar la acción; no hay cosa juzgada.[10]

Cuando ya se ha desistido una vez y se hace por segunda vez, la parte queda impedida de presentar la acción por tercera vez porque se produce el efecto de la cosa juzgada.

Si se ha presentado una contestación o una moción de sentencia sumaria y la parte contraria no quiere estipular con el demandante para desistir del pleito, éste tendrá que presentar una moción al tribunal para que se permita desistir y el tribunal podrá conceder el desistimiento bajo los términos y condiciones que estime procedentes. Generalmente, los términos y condiciones que se imponen por el tribunal al conceder un desistimiento consisten en requerir a su discreción a la parte que interesa desistir que se pague a la parte contraria las costas y honorarios de abogado.

No puede desistirse de un pleito de clase sin permiso del tribunal. No procede desistirse por segunda vez de una causa de acción en favor de un menor sin permiso del tribunal.

---

[9] *Tenorio v. Hospital Dr. Pila*, 159 D.P.R. 777 (2003); *Agosto Ortiz v. Municipio de Río Grande*, 143 D.P.R. 174 (1997); *Kane v. República de Cuba*, 90 D.P.R. 428 (1964).

[10] *De la Matta v. Carreras*, 92 D.P.R. 85 (1965).

CAPITULO 40: LAS PRUEBAS Y EL JUICIO

§ 4001. Presentación de prueba

En los capítulos anteriores hemos estudiado las formas de terminación del proceso en primera instancia que no alcanzan la parte lógico-final del mismo que es la del juicio y la sentencia en el fondo. De eso se ocupan los próximos dos capítulos.

Si bien el fin propio e institucional del proceso civil consiste en la resolución de los conflictos, no es menos cierto que tal resolución tiene que apoyarse sobre la determinación de los hechos que dan lugar a los conflictos. Corresponde al juzgador formar un juicio sobre los hechos y en función de las determinaciones sobre los hechos acontecidos que deriven de su juicio, se procederá a la aplicación del derecho y al fallo que es la parte operativa de la sentencia.

La etapa probatoria y del juicio es una etapa fundamental del proceso. Sin embargo, por tradición académica determinada por la sistemática del derecho anglosajón, estas materias no se estudian en Puerto Rico como parte del Derecho procesal civil. Se estudian como materia separada bajo el concepto de evidencia. Esta materia está reglamentada en Puerto Rico por las Reglas de Evidencia. Dichas reglas son aplicables tanto a procesos civiles como a procesos de carácter penal.

El acto del juicio en Puerto Rico es oral en todos los procesos. En la vista se presentan todas las pruebas—documentales, periciales, testificales, etc.—ante el juez. Los testigos y peritos declaran oralmente y son objeto de pregunta y repregunta por los abogados de las partes ante el juez. Luego de presentadas las pruebas en el proceso civil, se somete el caso para decisión del tribunal, el cual dependiendo de la complejidad del mismo, y de la laboriosidad y carga de trabajo del juez, puede emitir su sentencia en cuestión de días, semanas o meses. No obstante, la R. 70, 2009 impone un término directivo al juez para que resuelva los casos contenciosos atendidos en sus méritos dentro de los 90 días desde que quedan sometidos para su adjudicación, salvo que el tribunal conceda un término a las partes para que presenten memorandos de derecho, en cuyo caso la fecha de sometimiento se entenderá extendida por la duración del término que disponga el tribunal o hasta la presentación de los memorandos, lo que ocurra primero.

No hay duda que la oralidad acelera considerablemente la tramitación del proceso. A su vez la inmediación del juez a los testigos y peritos así como la interacción adversarial de los abogados en torno a los testigos, permite una valoración muy superior de la credibilidad de los testimonios a la que se logra en función de la lectura de éstos mediante el examen de los testigos sólo por el juez como se lleva a cabo en buena medida en los países de orientación civilista.

hiciera un comisionado (véase § 3706) y que el tribunal adopte, serán consideradas como determinaciones del tribunal.

(3) *Conclusiones de derecho* (R. 42.2, 2009).—Luego el tribunal hará conclusiones de derecho, consignando los principios o normas de derecho aplicables.[5] Es propio aquí citar las leyes, jurisprudencia y autoridades pertinentes.

(4) *La sentencia.*—Aplicando las conclusiones de derecho a las determinaciones de hechos el tribunal emitirá la sentencia que es la parte dispositiva con los pronunciamientos correspondientes, es decir, con los mandatos del juzgador. Es la sentencia la que tiene eficacia material, adjudicando lo que corresponda a las partes, dictaminando o declarando lo procedente, desestimando la acción o condenando como proceda.[6]

Esta forma de emitir la sentencia garantiza en algo a las partes que su causa no será juzgada con arbitrariedad. El juez tiene que considerar la prueba que le fue presentada a la luz de las reglas de evidencia y luego tiene que especificar cuál es el derecho aplicable al caso. Encuadrados los hechos bajo la norma de derecho, se produce el fallo. *Andino v. Topeka, Inc.*, 142 D.P.R. 933 (1997).

No se necesita formular determinaciones de hechos o conclusiones de derecho al resolver mociones que pueden disponer finalmente de un pleito bajo la R. 10, 2009, o al dictar sentencia sumaria por las alegaciones o en rebeldía.[7]

Si se trata de una sentencia dictada por moción de desestimación por insuficiencia de la prueba, sí es menester formular conclusiones.

El propósito de eximir la resolución de desestimación de mociones y sentencias sumarias de la formulación de determinaciones o conclusiones estriba en evitar dilación en el proceso. También pueden las partes estipular al respecto, y el tribunal usar su discreción por la índole del asunto para no hacer las determinaciones de hechos o conclusiones de derecho.

---

claro y manifiesto error por parte del tribunal apelado, sus determinaciones de hecho pueden alterarse en apelación. *Sierra Berdecía v. Vélez*, 86 D.P.R. 585 (1962).

Véanse también *Insurance Co. of P.R. v. Tribunal Superior*, 100 D.P.R. 405 (1972); *Quiñones Rodríguez v. Rivé Gómez*, 95 D.P.R. 668 (1968); *Ortiz Rivera v. Agostini*, 92 D.P.R. 187 (1965).

[5] El fin primordial de la declaración de hechos probados y conclusiones de derecho es determinar si las conclusiones de hecho y de derecho a que llegó el tribunal sentenciador estuvieron justificadas o no. *Meléndez Arroyo v. Metro Taxicabs, Inc.*, 68 D.P.R. 766 (1948); *Firpi v. Pan American World Airways, supra.* Véase, además, *Carattini, et als. v. Collazo Systems Analysis, Inc.*, 158 D.P.R. 345 (2003).

[6] "Es sólo la porción o parte dispositiva de la 'sentencia' la que constituye la sentencia [...] donde se adjudican y determinan las controversias del caso y donde se definen los derechos de las partes." *Cárdenas Maxán v. Rodríguez*, 119 D.P.R. 642, 656 (1987).

Las conclusiones de hecho no son dispositivas, sino fundamentan la sentencia. *Cárdenas Maxán v. Rodríguez, supra.*

[7] *Roldán Rosario v. Lutrón, S.M., Inc.*, 151 D.P.R. 883 (2000).

Lamentablemente, en casos donde las reglas no lo requieren, nuestros tribunales de instancia siguen la antigua práctica de resolver casi todo mediante extensas resoluciones. Bajo las reglas vigentes, un "con lugar" o "sin lugar" es suficiente.

§ 4103. Remedio

Toda sentencia concederá el remedio a que tenga derecho la parte a cuyo favor se dicte, aun cuando ésta no haya solicitado tal remedio en sus alegaciones.[8] Sin embargo, una sentencia en rebeldía no será distinta en calidad o en cuantía a lo que se haya solicitado[9] (R. 42.4, 2009). El demandado tiene el derecho, pero no el deber, de comparecer al pleito. No se puede permitir que se formule cualquier pronunciamiento contra una persona que no está tomando parte en el proceso. La R. 42.4, 2009, debe leerse en relación con la R. 71, 2009, que dice que cualquier defecto en la súplica del pronunciamiento—remedio—no será óbice para que el tribunal formule el pronunciamiento—conceda el remedio—que proceda de acuerdo con las alegaciones posteriores o de la prueba.

§ 4104. Notificación y registro de la sentencia

Toda sentencia se prepara por escrito en un documento y, una vez firmado, pasa a secretaría. Los jueces de Puerto Rico rara vez deciden un caso al concluir la vista. Generalmente, cuando termina una vista, el juez pregunta a las partes si dan el caso por sometido. La vista concluye con la contestación en la afirmativa de las partes. Sometido el caso, el tribunal prepara la sentencia.[10] Ese documento, debidamente firmado, se envía a la secretaría para su notificación, archivo y registro. La R. 46, 2009, establece los siguientes deberes para el secretario:

(1) Notificar la sentencia a todas las partes, cuanto antes, extremo de suma importancia si se tiene en cuenta que ciertos efectos de la sentencia surgen a partir del día en que se dicta, por ejemplo, los intereses legales de cualquier cantidad concedida en la misma (R. 44.3, 2009).

La R. 24(E) RTPI implícitamente requiere que el Secretario notifique la sentencia dentro de un término de diez días laborables después de haberse enviado la sentencia a secretaría.[11]

---

[8] *Ortiz Rivera v. P.R. Tel. Co.*, 162 D.P.R. 715 (2004); *Soto López v. Colón Méndez*, 143 D.P.R. 282 (1997); *Torres Capeles v. Rivera Alejandro*, 143 D.P.R. 300 (1997). El tribunal debe dictar la sentencia con base en lo probado y no necesariamente en lo alegado. *González Muñiz v. Sucesión Martín Quiñones*, 83 D.P.R. 765 (1961); *Dávila v. Valdejully Delpín*, 84 D.P.R. 101 (1961).

[9] Véase también, § 2707.

[10] En aquellos casos en que el juez lo tiene a bien, éste puede, conforme al Canon 9 de Etica Judicial, solicitar a las partes la preparación de proyectos de sentencia para el uso que el tribunal considere pertinente.

[11] La R. 12(E) del RTPI versa de la siguiente forma: "El Secretario o Secretaria deberá archivar en autos copia de las sentencias, órdenes o resoluciones y de la

La notificación se hace, normalmente, enviando por correo a las partes copia de la sentencia y del escrito o cédula de notificación.[12]

(2) Acto seguido, el secretario archivará en autos copia de la sentencia y constancia de la notificación. Esta constancia es el original del escrito de notificación a que nos referimos anteriormente, en el cual se consignan la fecha en que se dictó la sentencia, la fecha de envío por correo y la fecha en que se une a los autos. Esta diligencia de archivo tiene gran trascendencia.[13] Pues de ahí parten los efectos de la sentencia en general y los términos para solicitar remedios o presentar recurso contra la sentencia. Si la fecha del archivo en autos no coincide con la de la puesta al correo, los términos decursan a partir de la última. R. 68.3, 2009.

(3) Finalmente, la sentencia será registrada, es decir, consignada mediante una breve anotación que exprese la sustancia y naturaleza del documento, en un libro que se llama "Registro de Pleitos, Procedimientos y Providencias Interlocutorias" (R. 66, 2009). El TS ha declarado que el registro no es un acto jurisdiccional, sino ministerial del secretario.[14]

§ 4105. Efectividad de la sentencia

La sentencia es efectiva a partir del archivo en autos de la constancia de su notificación a las partes. Desde la fecha de esta diligencia se cuenta el término para apelar. Si la sentencia no se notifica a una parte la misma carece de eficacia y los términos para solicitar remedios o presentar recurso contra ella no decursan.[15]

§ 4106. Distinción entre sentencia final, firme y ejecutoria

Una vez que se archiva en autos la notificación y se registra la sentencia, ésta se considera final.

A partir de ese momento los derechos y obligaciones de las partes quedan adjudicados y la sentencia goza de una presunción de corrección, *Vargas Cobián*

---

constancia de la notificación simultánea de éstas a todas las partes dentro de un término no mayor de diez (10) días laborables de haberse recibido en Secretaría dichas sentencias, órdenes o resoluciones. El mismo día del archivo en autos de éstas, el Secretario o la Secretaria deberá depositar en el correo dicha notificación"

[12] Dictada una sentencia en un caso y notificada copia de la misma a las partes por correo, si no surge que haya sido devuelta al tribunal, se presume el recibo de dicha notificación por el destinatario.

Véase también *Albaladejo v. Vilella Suau*, 106 D.P.R. 331 (1977) y *Valldejuli Rodríguez v. Secretario de Hacienda*, 89 D.P.R. 17 (1963).

[13] La R. 24(E) RTPI establece un término no mayor de diez días laborables a partir de recibirse en secretaría el documento de sentencia para cumplir este trámite.

[14] *Cartagena v. Dávila*, 32 D.P.R. 270 (1923).

[15] *Medio Mundo Inc. v. Rivera*, 154 D.P.R. 315 (2001). Véase, de otra parte, *Vélez Seguinot, v. A.A.A.*, 164 D.P.R. 772 (2005).

v. González Rodríguez, 149 D.P.R. 859 (1999). La adjudicación se presume válida y correcta hasta tanto sea reconsiderada, modificada o revocada mediante un remedio o recurso. La sentencia se convierte en firme según el transcurso del tiempo. Es firme una vez transcurrido el término para pedir reconsideración o apelar sin que esto se haya hecho, o al concluir el proceso apelativo.

Normalmente al convertirse en firme la sentencia se convierte también en ejecutoria, es decir, que causa ejecución, que se puede ejecutar. Pero algunas sentencias por su naturaleza o por sus propios términos no son ejecutorias hasta vencido un término posterior al de la apelación.

Por ejemplo, en un desahucio la ejecución de la sentencia—efectuar el lanzamiento—no se puede llevar a cabo hasta dentro de un término de 10 días, en algunos casos, desde que la sentencia es final y firme.[16] En los casos en que se haya determinado insolvencia económica de una familia, el término será de 20 días contados desde la notificación a los departamentos del Estado designados a brindar servicios a la familia afectada. Véase 32 L.P.R.A. sec. 2836.

§ 4107. Sentencias relativas a reclamaciones o partes múltiples

En aquellos casos que entrañan reclamaciones o partes múltiples, *e.g,* procesos donde hay una demanda y una demanda de intervención, o una demanda contra coparte, o donde haya más de una reclamación que adjudicar,[17] o donde figuren varios demandantes o demandados, el tribunal tiene que seguir un procedimiento especial para dictar sentencia si no adjudica todas las reclamaciones de una vez.

Existe más de una reclamación que adjudicar cuando de los hechos alegados surge el derecho a dos o más remedios no contenidos el uno dentro del otro. Así, por ejemplo, una demanda de ejecución de hipoteca entraña la de cobro del

---

[16] **Sentencia final y definitiva.** Es la que pone fin al pleito, a los efectos de un recurso a una instancia superior. No significa sentencia firme, es decir, inapelable. *Véanse Johnson & Johnson Int. v. Mun. de San Juan*, 2007 T.S.P.R. 226; *García Morales v. Padró Hernández, supra*; *Feliberty v. Soc. de Gananciales*, 147 D.P.R. 834 (1999); *Cárdenas Maxán v. Rodríguez*, 119 D.P.R. 642 (1987); *Camaleglo v. Dorado Wings*, 118 D.P.R. 20 (1986).

Sentencia ejecutoria. Significa sentencia consentida o confirmada en última instancia que ha adquirido firmeza y autoridad de cosa juzgada. *Ramírez v. Registrador de la Propiedad*, 96 D.P.R. 342 (1968).

Sentencia final. Es la que pone término a una reclamación judicial y contra la cual cabe recurso de apelación. *Suárez Morales v. E.L.A.*, 162 D.P.R. 43 (2004); *Ramos de Szendrey v. Colón Figueroa*, 153 D.P.R. 534 (2001); *U.S. Fire Ins. Co. v. A.E.E.*, 151 D.P.R. 962 (2000); *Pueblo v. Central Cambalache*, 59 D.P.R. 60 (1941); *Bolívar v. Aldrey, Juez*, 12 D.P.R. 273 (1907).

Sentencia firme. Es aquélla contra la que no cabe recurso de apelación. *Suárez Morales v. E.L.A., supra*; *Bolívar v. Aldrey, Juez*, 12 D.P.R. 273 (1907).

[17] Una demanda presenta reclamaciones múltiples cuando de los mismos hechos que alega, surge o se origina más de un derecho o causa de acción. *First Federal Savings Bank v. Nazario González*, 138 D.P.R. 872 (1995).

dinero garantizado con la hipoteca y no presenta dos reclamaciones distintas. No procede en ese caso el uso del mecanismo previsto en la R. 42.3, 2009, para dictar sentencia parcial con carácter de finalidad.[18]

La R. 42.3, 2009, permite que en los casos que entrañen reclamaciones o partes múltiples, el tribunal puede dictar sentencia en particular sobre una u otra de las reclamaciones sin necesidad de esperar a que esté en condiciones de dictar sentencia sobre todas las reclamaciones.

Al dictar sentencia adjudicando alguna de las reclamaciones el tribunal debe disponer que no existe razón para posponer dictar sentencia sobre tal reclamación hasta la resolución total del pleito, y debe ordenar expresamente que se registre sentencia. El tribunal le imparte carácter de finalidad a la sentencia parcial mediante esas conclusiones especiales.[19] La misma es susceptible de reconsideración, a tenor con la R. 47, 2009; puede dar base a una moción de nuevo juicio por cualquiera de las razones de la Regla 48; puede dar base a la moción para determinaciones adicionales, con el efecto de interrumpir el término para recurrir, *U.S. Fire Ins. Co. v. Autoridad de Energía Eléctrica*, 151 D.P.R. 962 (2002), y contra la misma se dan los recursos de la R. 52, 2009. Estas sentencias se deben denominar sentencias parciales finales. *U.S. Fire Ins. Co.*, *supra*.

En *Cárdenas Maxán v. Rodríguez*, 119 D.P.R. 642 (1987), el TS resolvió que una estipulación de desistimiento por transacción que presenta una de dos partes demandadas tiene que ser autorizada mediante sentencia en la cual se siga la norma de la R. 43.5, 1979 [correspondiente a la R. 42.3, 2009]. Si así no se hace, y la sentencia que se dicta contra el otro demandado no autoriza la transacción, esta última no adquirirá finalidad si por su parte tampoco siguió el mecanismo previsto en la R. 43.5, 1979 [correspondiente a la R. 42.3, 2009].

---

[18] *First Federal Savings Bank v. Nazario González*, 138 D.P.R. 872 (1995); *Torres Martínez v. Belford Torres Ghigliotty, et als*, *supra*.

[19] Ver *Ramos de Szendrey v. Colón Figueroa*, 153 D.P.R. 534 (2001), en cuyo caso se hace referencia a esta obra de Derecho Procesal al resolver que el mecanismo de finalidad para adjudicaciones en caso de reclamaciones o partes múltiples que proveía la R. 43.5, 1979 [equivalente a la R. 42.3, 2009], no opera cuando lo que se adjudica es solo una controversia en un pleito que plantea dos o más controversias pero que contiene una sola reclamación. Véase también el caso de *García Morales v. Padró Hernández*, 165 D.P.R. 324 (2005).

PARTE 12

LAS COSTAS, INTERESES Y HONORARIOS DE ABOGADO

CAPITULO 42: COSTAS

§ 4201. Concepto

Son costas los gastos, necesariamente incurridos en la tramitación de un pleito o procedimiento, que un litigante debe reembolsar a otro por mandato de ley o por determinación discrecional del juez (R. 44.1, 2009).[1]

A manera de ejemplo, los siguientes gastos han sido reconocidos por el TS como costas: sellos de presentación de la demanda, gastos de emplazamiento, sellos cancelados para efectuar un embargo, transcripción de evidencia para presentar en apelación, fianza de embargo o de no residente, transportación de testigos, alojamiento y comidas de testigos, tomas de deposiciones, gastos en copias fotostáticas, gastos para obtener mapas y fotografías para presentar en evidencia, etc.[2]

§ 4202. La condena al pago de las costas

La parte perdidosa en instancia o en apelación debe ser condenada en la sentencia al pago de las costas de la parte victoriosa (R. 44.1, 2009). La imposición de costas a la parte perdidosa es mandatoria.[3]

---

[1] Véase *Colón Santos v. Cooperativa de Seguros Múltiples de Puerto Rico*, 2008 T.S.P.R. 32; *Rodríguez Cancel v. Autoridad de Energía Eléctrica*, 116 D.P.R. 443 (1985); *Hermandad Unida de Carpinteros y Ebanistas de América, AFL-CIO v. V. & E. Engineering Constr. Co.*, 115 D.P.R. 711 (1984); *Nudelman v. Ferrer Bolívar*, 107 D.P.R. 495 (1978); *Piñero Fernández v. Martínez Santiago*, 104 D.P.R. 587 (1976); *Garriga v. Tribunal Superior*, 88 D.P.R. 245 (1963).

[2] *Garriga v. Tribunal Superior, supra*, págs. 258-259.

[3] *Garriga v. Tribunal Superior, supra*.

§ 4203. Propósito y alcance

Todo proceso lleva consigo ciertos gastos mayores o menores según su duración, y la complejidad de los problemas de orden procesal y de orden sustantivo que plantea.

La satisfacción de esos gastos suscita, a su vez, un problema de orden procesal, un problema para las partes, para terceras personas y para el Estado. Es el problema de las costas. Las costas deben ser distinguidas de los gastos procesales. Unicamente podrá considerarse costa aquel gasto razonable que sea causa inmediata o directa del pleito.[4]

Por ejemplo, la compensación como gastos por los honorarios de peritos, en concepto de costas, no es automática a favor de la parte victoriosa en el pleito. El tribunal debe evaluar la naturaleza y utilidad de la intervención del perito, a la luz de los hechos particulares del caso, al pasar juicio sobre si procede o no el pago. La parte reclamante tiene el deber de demostrar que el testimonio pericial presentado era necesario para que prevaleciera su teoría sobre el pleito.[5]

El TS ha decidido que no son costas los gastos ordinarios de las oficinas de los abogados de las partes tales como sellos de correo, material de oficina, transportación de los abogados, transcripciones opcionales de evidencia, o deposiciones innecesarias.[6]

Los derechos judiciales que se pagan en sellos de rentas internas siempre son considerados como costas pero no alcanzan a cubrir los gastos de funcionamiento de la administración de justicia. Se trata de una contribución especial de los que utilizan de estos servicios al sostenimiento de los mismos, y al ser exigido por ley, siempre es recobrable por el litigante victorioso.

Las costas obligan a aquellos que utilizan los servicios judiciales a llevar una carga mayor en costear estos servicios que los contribuyentes en general. Son además un factor que detiene la litigiosidad. Una justicia totalmente gratuita traería toda clase de litigios ante los tribunales.

Se desalientan los litigios, pero ello no quiere decir que una persona que no tenga suficientes medios no pueda defender sus derechos, pues puede acogerse al beneficio de pobreza.

---

[4] Es el propósito de la R. 44, 2009 resarcir a la parte victoriosa los gastos necesarios y razonables incurridos con motivo de un litigio. *Comisionado Electoral Partido Nuevo Progresista v. Presidenta Comisión Local de Elecciones del Precinto de Maunabo*, 166 D.P.R. 513 (2005); *Ferrer Delgado v. Tribunal Superior*, 101 D.P.R. 516 (1973).

[5] Las costas que contempla la R. 44, 2009 son gastos: (a) necesarios, (b) incurridos, y (c) razonables, y un tribunal no deberá aprobar gastos innecesarios, superfluos o extravagantes.

Los tribunales tienen amplia discreción para fijar las costas que un litigante perdidoso debe reembolsar al litigante vencedor. *Rodríguez Cancel v. Autoridad de Energía Eléctrica*, 116 D.P.R. 443 (1985).

[6] *Pereira v. International Basic Economy Corp.*, 95 D.P.R. 28 (1967).

Las costas se satisfacen durante el transcurso del proceso por cada una de las partes pero la parte victoriosa recobrará de la perdidosa aquellas costas en que ha incurrido. Las costas no incluyen honorarios de abogado.[7]

El Estado puede ser condenado a pagar costas y honorarios de abogado.[8] Cuando el tribunal determine que el Estado o sus municipios, agencias o instrumentalidades ha procedido con temeridad o frivolidad debe imponerle en su sentencia el pago de honorarios de abogado, excepto en los casos en que esté expresamente exento por ley del pago de honorarios de abogado. En ese tenor, la jurisprudencia ha interpretado que en los casos de cobro de dinero y daños y perjuicios no procede la imposición de honorarios de abogado al Estado. La imposición de honorarios de abogados contra el Estado en estos casos ha sido rechazada por considerarse un daño punitivo, lo cual está vedado por virtud del Art. 8 de la Ley Núm. 104 de 29 de junio de 1955, 32 L.P.R.A. secs. 3077 *et seq.*[9]

No obstante, el TS en *Ortiz y otros v. Municipio de Lajas*, 153 D.P.R. 744 (2001), dejó la puerta abierta a la posibilidad de imponer contra un municipio el pago de honorarios de abogado bajo el Art. 2 de la Ley de Reclamaciones Laborales (32 L.P.R.A. sec. 3115).[10] Al hacer la determinación que la acción no surgía bajo dicha legislación laboral, el TS dejó en *quaere* si un municipio se

---

7 *Roldán Medina v. Serra*, 105 D.P.R. 507 (1976); *Carrillo v. Samaeit Westbulk*, 385 F. Supp. 119 (1974), modificada por 514 F.2d 1214 (1975), *certiorari* denegado por 423 U.S. 1014 (1975); *Insurance Co. of P.R. v. Tribunal Superior*, 100 D.P.R. 405 (1972); *Pereira v. International Basic Economy Corp.*, 95 D.P.R. 28 (1967); *Montañez Cruz v. Metropolitan Constr. Corp.*, 87 D.P.R. 38 (1962); *Sucesión de Arroyo v. Municipio de Cabo Rojo*, 81 D.P.R. 434 (1959); *De Soto v. Clínica Industrial, Inc.*, 70 D.P.R. 850 (1950).

8 *Acevedo v. E.L.A*, 91 D.P.R. 796 (1965).

9 No obstante, la Asamblea Legislativa ha adoptado legislación especial en la cual, por vía de excepción, ha extendido la responsabilidad civil del Estado al pago de daños punitivos, sin embargo, ello no puede sobrepasar los límites de las cuantías establecidas por la Ley Núm. 104, *supra*, para reclamaciones contra el Estado. *Guardiola Alvarez v. Departamento de la Familia*, 2009 T.S.P.R. 41.

Para ejemplos de daños punitivos contra el Estado véanse la Ley Núm. 44 del 2 de julio de 1985, 1 L.P.R.A. § 501 *et seq.* (suma igual al doble de los daños sufridos por el empleado víctima de discrimen por discapacidad); Ley Núm. 69 de 6 de julio de 1985, 29 L.P.R.A. secs. 1321 *et seq.* (suma igual al doble de todos daños que hubiese generado el discrimen por razón de sexo) y la Ley Núm. 17 del 22 de abril de 1988, 29 L.P.R.A. sec. 155 *et seq.* (suma igual al doble del importe de los daños de la víctima en casos de hostigamiento sexual en el empleo).

10 El Art. 2 de la Ley de Reclamaciones Laborales versa: "En todo caso radicado ante los tribunales de Puerto Rico por un trabajador o empleado en que se reclame cualquier derecho o suma de dinero contra su patrono, al amparo de la legislación laboral federal o local [...] y en que se conceda la reclamación en todo o en parte, se condenará al patrono al pago de honorarios de abogado."

considera un "patrono" para efectos de la Ley de Reclamaciones Laborales y por tanto, merecedor de ser condenado al pago de honorarios de abogado.

Al Estado debe tratársele como a cualquier litigante de manera que la sanción por honorarios de abogado sólo dependa de la determinación que realice el tribunal en cuanto a si se incurrió en conducta constitutiva de temeridad o frivolidad a los fines de la imposición sancionatoria y no condicionarla a que sólo pueda imponerse en casos particulares o en virtud de estatutos especiales. Este es un privilegio del Estado que permite la temeridad de las agencias en la tramitación de los litigios. El resultado ha sido que los pleitos contra el Estado son los más que se dilatan y en los cuales mayor arbitrariedad se manifiesta al fijar posiciones porque éste no está expuesto en la mayoría de los casos a la sanción de honorarios por su conducta temeraria.

El pacto previo a la acción judicial para sufragar las costas y honorarios de abogado que es común en los pagarés y otros documentos negociables es válido en derecho. Pero el mismo no releva al tribunal de cuantificar las cosas que tendrán que acreditarse como en cualquier otro caso.[11]

§ 4204. Procedimiento

El procedimiento para reclamar las costas tiene por objeto determinar o concretar las mismas y es el siguiente: Después de dictada la sentencia la parte victoriosa presenta un memorando consignando sus costas el cual notifica a la parte contraria.[12] Cuando la parte se esté autorrepresentando se requiere que el memorando esté jurado, pero cuando se encuentre representada por abogado bastará con una certificación. En ambos casos se deberá consignar que al mejor entender de la parte o del abogado todas las partidas de gastos incluidas son correctas y que todos los desembolsos eran necesarios para la tramitación del pleito o procedimiento. Ese memorando se debe presentar dentro de un término improrrogable de 10 días a partir de la fecha en que se notifique la sentencia (R. 44.1(b), 2009). *Burlington Air Express Inc. v. Municipio de Carolina*, 154 D.P.R. 588 (2001). Si la parte contraria no impugna ese memorando de costas el tribunal puede aprobar el memorando o si entiende que hay alguna partida objetable concederá una vista al proponente y tomará la decisión que corresponda.

La parte contraria tiene a su vez 10 días para oponerse al memorando de costas, pasados los cuales se entenderá que no ha hecho oposición y el tribunal mediante una resolución aprobará o desaprobará el mismo.

La R. 44.1(c) de 2009 se ocupa de las costas en la etapa apelativa las cuales podrán ser reclamadas por la parte victoriosa presentando el memorando de costas ante el Tribunal de Primera Instancia que decidió inicialmente el caso

---

[11] *A. Alvarez & Hnos. v. Corte de Distrito Judicial de San Juan*, 35 D.P.R. 222 (1926).

[12] La ausencia del juramento es un defecto fatal que invalida el memorando y no puede someterse pasados los 10 días. *Piñero Fernández v. Martínez Santiago*, 104 D.P.R. 587 (1976).

dentro de un término de diez días a partir de la devolución del mandato en dicho tribunal. Se seguirá luego el mismo procedimiento que al dictarse la sentencia por el tribunal de instancia. Si la parte victoriosa en apelación fue la parte perdidosa en instancia, se convierte en parte victoriosa para efectos de reclamar las costas de instancia, y el procedimiento y término es el aquí prescrito.[13] También se pueden recobrar los gastos necesarios incurridos por dicha parte victoriosa en la tramitación del recurso apelativo tanto en el Tribunal de Apelaciones como en el Tribunal Supremo, según corresponda.

Los gastos necesarios y razonables en los que incurra la parte victoriosa para ejecutar la sentencia dictada a su favor también pueden ser recobrables en virtud de lo preceptuado en la R. 51.10, 2009. Se seguirá el mismo procedimiento establecido en la R. 44.1, 2009 pero el memorando de costas deberá ser presentado dentro de los 10 días siguientes a la fecha en que se hizo efectiva la totalidad de la sentencia. Tales costas pueden representar cantidades sustanciales incurridas en gastos de edictos, comisión del alguacil por venta judicial, etc.[14]

§ 4205. Beneficio de pobreza

Hay litigantes que no pueden contribuir a los gastos de hacer justicia. El remedio que provee la ley es el beneficio de pobreza. 32 L.P.R.A. sec. 1482. El objeto de éste es dispensar del pago de costas a estas personas. El procedimiento para reclamar el beneficio de pobreza consiste en presentar al secretario del tribunal una declaración jurada exponiendo la imposibilidad de pagar los derechos. No tiene que demostrarse que la parte es absolutamente insolvente.[15]

A esta declaración jurada se acompañará copia de la demanda con el propósito de demostrar al tribunal que la parte a quien se va a conceder el beneficio de pobreza tiene una reclamación meritoria. El tribunal no concederá el beneficio de pobreza al litigante temerario. El tribunal puede conceder o negar el beneficio de pobreza, puede también pedir que se someta prueba adicional o información adicional para conceder el beneficio de pobreza. Igualmente se puede conceder el beneficio de pobreza a un demandado.

El recurso de hábeas corpus está expresamente exento de pago de costas y derechos arancelarios (32 L.P.R.A. sec. 1477(K)(L)(M)).

---

[13] *Ferrer Delgado v. Tribunal Superior*, 101 D.P.R. 516 (1973).

[14] El arancel de los derechos que deberán pagarse a los alguaciles se recobran de la persona contra quien se dicte la sentencia. "[. . .] Los derechos autorizados por la presente por una orden de ejecución de embargo, costas por anuncio de venta y tanto por ciento por cobrar la suma por la que se hace el embargo deberán cobrarse de la persona contra quien se ha dictado el fallo, en la forma en que la orden de ejecución se indique como ha de cobrarse dicha suma." 32 L.P.R.A. sec. 1477(E).

[15] *Gran Vista I, Inc. v. Gutiérrez Santiago*, 170 D.P.R. 174 (2007); *Camacho v. Corte de Distrito de Bayamón*, 67 D.P.R. 802 (1947).

§ 4206. Costas y sanciones interlocutorias

La R. 44.2 provee para la imposición de costas y sanciones económicas interlocutorias. Lee como sigue: "El tribunal podrá imponer costas interlocutorias a las partes y sanciones económicas en todo caso y en cualquier etapa a una parte o a su representante legal por conducta constitutiva de demora, inacción, abandono, obstrucción o falta de diligencia en perjuicio de la eficiente administración de la justicia. [...] Las cantidades recaudadas por sanciones económicas impuestas a las partes o a sus abogados(as) ingresarán al Fondo Especial de la Rama Judicial [...] Las sanciones económicas que el tribunal imponga al Estado Libre Asociado de Puerto Rico o sus agencias, corporaciones o instrumentalidades se concederán a favor de la parte contraria en el pleito".

Esta R. 44.2, 2009 se divide en dos partes. En primera instancia, permite al tribunal imponer costas interlocutorias a una parte o a su abogado a favor de la otra parte en el pleito, sin distinción alguna. Es decir, sea el Estado parte o no del pleito, la parte perdidosa del asunto interlocutorio deberá pagar las costas si así se lo impusiere el tribunal. Los gastos a resarcirse bajo esta primera parte, de acuerdo con el TS, son aquellos que cualifican como costas bajo la 44.1 con la excepción por la naturaleza del caso—violación de decreto de custodia provisional—de los honorarios de abogado los cuales también podrán ser considerados como costas, en estas circunstancias, bajo la R. 44.2.[16]

En segundo lugar, autoriza al tribunal a imponer sanciones económicas a una parte o a su abogado por conducta que constituya demora, inacción, abandono, obstrucción o falta de diligencia en perjuicio de la eficiente administración de la justicia. En esta vertiente tampoco hace distinción en cuanto a la imposición de la sanción económica pero sí en cuanto al beneficiario de la misma. Cuando se le imponga la sanción económica al Estado o al abogado que esté representándolo en el procedimiento, la cantidad monetaria se concederá a favor de la otra parte, entiéndase la parte que sufrió perjuicio por la conducta reprobable manifestada. No obstante, cuando sea una parte o su representante legal quien incurra en dicha conducta, la cantidad ingresará a un fondo especial de la Rama Judicial. Nos parece acertada la creación de esta distinción pues de dicho fondo especial el Departamento de Hacienda retiene un 2%, de los cuales el 20% se dirige para los gastos operativos en dicho departamento y el restante 80% pasa al Fondo General del Estado Libre Asociado. Por ello, si las sanciones económicas contra el Estado se dispusieran a favor de dicho fondo especial, no tendría sentido alguno la sanción punitiva contra el Estado dado que el presupuesto de las agencias se nutre del mismo fondo general.[17]

---

[16] El monto de los honorarios de abogado bajo esta circunstancia se calibra no por la temeridad como se hace bajo la R. 44.1(d), sino por los gastos efectivamente incurridos en pagar al abogado con motivo de la infracción que da lugar a la concesión de los honorarios como parte de las costas.

[17] Cabe destacar que aunque la Ley Núm. 47 de 30 de julio de 2009, que enmienda la Ley Núm. 235 de 12 de agosto de 1998, dispone expresamente que "[e]l (la) Secretario(a)

Esta segunda parte es más amplia en cuanto a la variedad de sanciones que permite pues bajo el concepto de sanciones económicas cabe todo el resarcimiento de gastos, sean técnicamente costas o no, al igual que multas de índole punitiva con el propósito de penalizar determinado comportamiento.

En el caso de *Ortalaza García v. Fondo del Seguro del Estado (F.S.E.)*, 116 D.P.R. 700 (1985), el TS utilizó la segunda parte de la R. 44.2 para sancionar el incumplimiento con el requisito de notificar inmediatamente cambios de dirección del abogado impuesto por la R. 9, 1979 [correspondiente a la R. 9.1, 2009].

La R. 44.2 es una regla importante porque permite las sanciones interlocutorias tan necesarias para mover el proceso. Debe enmendarse para que constituya un instrumento sancionador más eficaz para encauzar los litigios civiles. A esos efectos debe permitir al tribunal escoger entre una mayor variedad de sanciones y en torno a la parte en favor de la cual se sancione.

§ 4207. Efecto de no cancelar los derechos

La sec.1481 del Título 32 de L.P.R.A. dispone que cualquier documento que se presente sin los sellos de rentas internas que constituyen el medio de satisfacer los derechos judiciales será nulo y sin valor. El efecto puede ser fatal cuando se trata del recurso de apelación ya que hay un término jurisdiccional para tramitarlo. Si se presenta el escrito de apelación sin el sello, el tribunal de apelación carecerá de jurisdicción según fue resuelto en el caso de *González v. Jiménez*, 70 D.P.R. 165 (1949).[18]

---

de Hacienda podrá retener únicamente hasta el dos por ciento (2%) del importe de los recaudos por concepto de *derechos pagados* en causas civiles", y no menciona que ello incluye el importe de los recaudos por concepto de sanciones económicas, dado que la enmienda a la R. 44.2, 2009 se realizó con posterioridad a la Ley Núm. 47, *supra*, nos parece acertado que se haga una distinción en cuanto a las sanciones monetarias al Estado, ya que podría darse igual manejo a este tipo de recaudo.

[18] Validez de documento sin sellos. Un escrito se tiene por no presentado ante un tribunal y no interrumpe el plazo dentro del cual tiene que ser presentado, cuando no se le han adherido los correspondientes sellos de rentas internas, ya que por ese motivo es nulo e ineficaz. *Meléndez v. Levitt & Sons of P.R., Inc.*, 106 D.P.R. 437 (1977); *Maldonado v. Pichardo*, 104 D.P.R. 778 (1976). Véase, además, *Gran Vista I, Inc. v. Gutiérrez Santiago*, *supra*.

CAPITULO 43: INTERESES

§ 4301. Concepto y propósito

Los intereses son una condena pecuniaria que mandatoriamente se impone a la parte perdidosa mediante el pago del interés legal sobre la cuantía de la sentencia y, además, sobre las costas y honorarios de abogado, si éstos se conceden, con el fin de desalentar la presentación de demandas frívolas, de evitar la posposición del cumplimiento de las obligaciones, y estimular el pago de sentencias en el menor tiempo posible. R. 44.3(a), 2009.

§ 4302. Intereses en sentencias que ordenan el pago de dinero

En toda sentencia que ordena el pago de dinero, se incluirán mandatoriamente intereses al tipo que fije por reglamento la Junta Financiera de la Oficina del Comisionado de Instituciones Financieras y que esté en vigor al momento de dictarse la sentencia.[1] Se computan sobre la cuantía de la sentencia desde la fecha en que se dictó la sentencia y hasta que ésta sea satisfecha incluyendo costas y honorarios de abogado.[2] El tipo de interés se hará constar en la sentencia (R. 44.3(a), 2009).

Si se apela la sentencia y el tribunal de apelación reduce la cuantía, los intereses se computan:

(a) Si la revocación de la sentencia fue total y en el nuevo juicio el tribunal condena de nuevo al demandado, los intereses se computan desde la fecha de esta segunda sentencia;

---

[1] En el caso de *Gutiérrez Calderón v. Autoridad de Acueductos y Alcantarillados y otros*, 167 D.P.R. 130 (2006), el TS determinó que conforme al poder delegado por la Asamblea Legislativa, la Junta Financiera no actúa de forma arbitraria ni caprichosa al establecer distintas tasas de interés, una para los entes gubernamentales incluyendo las corporaciones públicas y otra para las entidades privadas.

[2] En los casos de expropiación forzosa el tribunal debe considerar las variaciones en las tasas de interés cuando exceda de un semestre el tiempo transcurrido desde la incautación de la propiedad hasta el pago de la justa compensación por el Estado. "La imposición de los intereses debe computarse dividiendo el periodo de tiempo en diferentes semestres y aplicando a cada semestre la tasa de interés efectiva en ese semestre". *Autoridad de Carreteras v. Adquisición de 8,554.741 m2 en Ponce, et als.*, 2007 T.S.P.R. 178.

(b) si el TA meramente modifica la sentencia y reduce la cuantía, los intereses se retrotraen a la nueva cuantía, pero desde la fecha de la sentencia del tribunal inferior.[3]

El Estado y sus instrumentalidades responden de estos intereses. *Montañez López v. U.P.R.*, 156 D.P.R. 395 (2002).

§ 4303. Intereses por temeridad

La R. 44.3(b) provee: "El tribunal también impondrá a la parte que haya procedido con temeridad el pago de intereses al tipo que haya fijado la Junta en virtud del inciso (a) y que esté en vigor al momento de dictarse la sentencia desde que haya surgido la causa de acción en todo caso de cobro de dinero y desde la presentación de la demanda, en caso de daños y perjuicios, y hasta la fecha en que se dicte sentencia a computarse sobre la cuantía de la sentencia, excepto cuando la parte demandada sea el Estado Libre Asociado de Puerto Rico, sus municipios, agencias, instrumentalidades o funcionarios(as) en su carácter oficial. El tipo de interés se hará constar en la sentencia."

La exención al Estado no ampara las corporaciones públicas como la Autoridad de Energía Eléctrica.[4]

---

[3] *Riley v. Rodríguez Pacheco*, 124 D.P.R. 733 (1989).

[4] *Rodríguez Cancel v. Autoridad Energía Eléctrica*, 116 D.P.R. 443 (1985).

CAPITULO 44: LA CONDENA POR HONORARIOS DE ABOGADO

SECCIÓN

§ 4401. Concepto

La condena en pago de honorarios de abogado es una sanción pecuniaria que se impone al litigante que ha procedido con temeridad o frivolidad en el proceso.[1]

La cuantía impuesta como tal sanción pertenece a la parte en cuyo favor se concede y no a su abogado.[2]

Como se ha dicho anteriormente, los honorarios de abogado no constituyen parte de las costas.[3]

§ 4402. Criterios para imponer la condena

La condena se impone cuando conforme a la discreción del tribunal, una parte ha procedido con temeridad o frivolidad en el proceso.[4] (R. 44.1(d), 2009). Se considera temeraria toda conducta que haga necesario un pleito que se pudo evitar; que lo prolongue innecesariamente; o que requiera a la otra parte efectuar gestiones innecesarias.[5] Sobre esta disposición, el TS ha expresado "que un litigante actúa con temeridad cuando con terquedad, obstinación, contumacia e insistencia en una actitud desprovista de fundamentos, obliga a la otra parte, innecesariamente a asumir las molestias, gastos, trabajo e inconvenientes de un pleito".[6]

Se impone por haber ocupado innecesariamente el tiempo de la administración de justicia. El propósito es desalentar esa práctica y resarcir a la parte que fue

---

1 *Pereira v. IBEC.*, 95 D.P.R. 28 (1967); *Garriga v. Tribunal Superior, supra.*

2 *Colón v. All American Life & Casualty Co.*, 110 D.P.R. 772 (1981); *Lozada v. Roig, Sucesores*, 73 D.P.R. 266 (1952); *Casals v. Rosario*, 34 D.P.R. 77 (1925).

3 *Sucesión de Arroyo v. Municipio de Cabo Rojo*, 81 D.P.R. 434 (1959).

4 La determinación de si un litigante ha procedido con temeridad descansa en la sana discreción del tribunal sentenciador.

La condena en honorarios de abogado es imperativa cuando el tribunal sentenciador concluye que una parte ha sido temeraria. *Montañez Cruz v. Metropolitan Constr. Corp.*, 87 D.P.R. 38 (1962).

5 *P.R. Oil Company Inc. v. Dayco Products Inc.*, 164 D. P.R. 486 (2005); *Blás v. Hosp.*, 146 D.P.R. 267 (1998). Véanse también *Santiago Colón v. Supermercados Grande*, 163 D.P.R. 778 (2005); *Colón Santos v. Cooperativa de Seguros Múltiples de Puerto Rico*, 2008 T.S.P.R. 32.

6 *Flores Berger v. Colberg y otros*, 2008 T.S.P.R. 90.

víctima de ese litigio temerario o frívolo en una parte de los gastos en que incurrió.[7] (R. 44.1(d)).

La temeridad se determina en virtud de la claridad del derecho aplicable y de los hechos demostrablemente ciertos.

La cuantía de los honorarios se determina a discreción del tribunal en virtud de: (1) el grado de temeridad; (2) el trabajo realizado; (3) la duración y naturaleza del litigio; (4) la cuantía envuelta; (5) y el nivel profesional de los abogados.[8]

Cuando la cuestión de derecho que se ventila en el proceso es de carácter novel, no procede una condena por honorarios de abogado.[9]

Incurre en temeridad que da lugar a la condena de honorarios de abogado el demandado que se arriesga a litigar un caso del que surge su negligencia *prima facie*.[10]

Existe temeridad, que acarrea la imposición de honorarios de abogado, (1) cuando el demandado contesta una demanda y niega su responsabilidad total, aunque la acepte posteriormente; (2) se defienda injustificadamente de la acción; (3) no admite francamente su responsabilidad limitada o parcial, a pesar de creer que la única razón que tiene para oponerse a la demanda es que la cuantía es exagerada, o (4) si se arriesga a litigar un caso del que *prima facie* se desprende su negligencia. El que una parte niegue un hecho que le consta ser cierto también constituye temeridad.[11]

Una parte demandada que, una vez se presenta demanda en su contra evita ser emplazada y utiliza subterfugios para impedir que la parte demandante ejerza su derecho al aseguramiento de sentencia, asume una conducta que justifica la imposición de honorarios de abogado por razón de temeridad.

Para resolver si una parte ha sido temeraria o no un tribunal puede tomar en consideración la conducta observada por las partes antes de presentarse la acción judicial y antes de ser emplazada la parte demandada.[12]

Según dispone la R. 44.1(d), 2009 se puede imponer al Estado una suma por concepto de honorarios de abogado en la sentencia que recaiga en su contra

---

[7] *Lozada v. Roig, Sucesores*, 73 D.P.R. 266 (1952).

[8] *Blás Toledo v. Hospital Nuestra de la Señora de la Guadalupe, supra*; *Velázquez Ortiz v. U.P.R.*, 128 D.P.R. 234 (1991); *Sucesión de Trías v. Porto Rico Leaf Tobacco Co.*, 59 D.P.R. 229 (1941).

[9] "Ante una situación de hechos innegables, o un estado de derecho claro, el hecho de que se trate de un asunto nunca antes considerado en esa jurisdicción no constituye excusa para una conducta o actuación obstinada, contumaz, temeraria o frívola." Véase también: *Muñiz v. Vda. de Suárez*, 52 D.P.R. 563 (1938).

[10] *Pérez Cruz v. Hospital La Concepción*, 115 D.P.R. 721 (1984).

[11] *Oficina de Ética Gubernamental v. Román González*, 159 D.P.R. 401 (2003); *Domínguez Vargas v. Great American Life Assurance Company of Puerto Rico, Inc.*, 157 D.P.R. 690 (2002); *Blás Toledo v. Hospital Nuestra de la Señora de la Guadalupe, supra*; *Fernández Marino v. San Juan Cement Co.*, 118 D.P.R. 713 (1987).

[12] *Raoca Plumbing & Sprinkler Corp. v. Trans World Assurance Co.*, 114 D.P.R. 464 (1983).

cuando haya procedido con temeridad o frivolidad, excepto en los casos en que por ley esté exento. (Véase sec. 4203, *ante*). Pero los tribunales pueden condenar al Estado al pago de honorarios de abogado cuando sus funcionarios desacatan una orden de *injunction*.[13] Al Estado no debe exceptuársele en ningún caso del pago de honorarios de abogado dado que ello fomenta una actitud litigiosa contraria a la economía procesal. A las corporaciones públicas y a los municipios bajo ciertas circunstancias se les puede condenar al pago de honorarios de abogados. *Banco Bilbao Vizcaya v. González Zayas*, 155 D.P.R. 589 (2001).[14]

En cuanto a los procesos administrativos adjudicativos, la autorización que concede la L.P.A.U. para la imposición de honorarios de abogado se limita a la existencia de temeridad. En *Declet Ríos v. Departamento de Educación*, 2009 T.S.P.R. 188, el TS determinó que bajo el palio de la *Ley Federal de Educación Especial*, 20 U.S.C. sec. 1415(i)(3)(B), el único foro con autoridad para conceder honorarios de abogado por el trabajo realizado durante una vista administrativa es el tribunal y no el oficial examinador. Bajo esta situación particular, "el padre o madre de un niño o niña con impedimentos que es parte prevaleciente [...] podrá acudir tanto al Tribunal de Primera Instancia o al Tribunal de Distrito Federal para que se le otorguen los mismos".

---

13 *De León v. Socorro Lacot, Sría. de Instrucción*, 116 D.P.R. 687 (1985).

14 Véase, de otra parte, *Montañez López v. U.P.R.*, 156 D.P.R. 395 (2002).

PARTE 13

LOS REMEDIOS CONTRA SENTENCIAS U ORDENES

CAPITULO 45: INTRODUCCION

§ 4501. Concepto

Son remedios contra sentencias u órdenes aquellos que provee el Derecho procesal para que se deje sin efecto o se modifique una sentencia u orden por el propio tribunal que la dictó.

En nuestro ordenamiento son: la moción de reconsideración, la moción de nuevo juicio, la moción de relevo, la moción para corregir errores de forma, por inadvertencia u omisión y la moción para formular determinaciones de hecho o conclusiones de derecho adicionales.

CAPITULO 46: MOCION DE RECONSIDERACION

§ 4601. Concepto

La moción de reconsideración es aquella mediante la cual la parte adversamente afectada persigue que se modifique o se deje sin efecto una sentencia, resolución u orden (R. 47, 2009). Es el mecanismo procesal para que el tribunal sentenciador pueda modificar su fallo. *Castro v. Sergio Estrada Auto Sales, Inc.*, 149 D.P.R. 213 (1999).

En *Insular Highway v. A.I.I.*, 2008 T.S.P.R. 153, el TS expresó que "[l]os tribunales tienen el poder inherente de reconsiderar sus determinaciones y enmendarlas sustancialmente, a solicitud de parte o *motu proprio*, siempre que todavía retengan jurisdicción sobre el caso."[1]

Al solicitar la reconsideración pueden exponerse fundamentos no expuestos antes de que se haya dictado la sentencia o resolución, pero no pueden formularse por primera vez planteamientos que necesiten apoyo en prueba no presentada en juicio.[2] En otras palabras, se pueden presentar al tribunal nuevos argumentos sobre los hechos o el derecho que no se presentaron antes a fines de que reconsidere la resolución o la sentencia que ha dictado, o se puede volver a argumentar en otra forma lo que ya se discutió antes, para demostrar al tribunal que se ha cometido un error y que debe reconsiderar su pronunciamiento.

En el caso de *Díaz Ayala v. E.L.A.*, 153 D.P.R. 675 (2001), el TS abrió la puerta para solicitar reconsideración en función de prueba que no se presentó en la vista pero que se había alertado a la parte a cuyo favor se dictó sentencia de la existencia de dicha prueba. Este caso se amparó en unas expresiones que por vía de *obiter dicta* se habían hecho por el propio TS en el caso de *U.S. Fidelity & Guaranty Co. v. Tribunal Superior*, 85 D.P.R. 131 (1962), a los efectos de que los tribunales conservan discreción para admitir por vía de reconsideración o por otro medio, una póliza de seguros en evidencia luego de dictada la sentencia con el propósito de establecer los límites.

---

[1] Véase, de otra parte, *Cosme v. Hogar Crea, Cooperativa de Seguros Múltiples de PR*, 159 D.P.R. 1 (2003). Véase, también, *Interior Developers, Inc. v. Municipio de San Juan*, 2009 T.S.P.R. 191.

[2] *Cividanes v. López Acosta*, 22 D.P.R. 79 (1915), pero véase *Fantauzzi Rivera v. E.L.A.*, 111 D.P.R. 124 (1981) para un sezgo contrario.

Considero errada la decisión del TS en el caso de *Díaz Ayala v. E.L.A.*, *supra*, e igualmente la de *U.S. Fidelity & Guaranty Co. v. Tribunal Superior*, *supra*, en la medida en que permiten la discrecional presentación de prueba posterior a la sentencia por vía de la moción de reconsideración. Se reconsidera lo que previamente se consideró, no algo nuevo. La presentación de evidencia con posterioridad a la sentencia, es una excepción en el proceso que debe estar sujeta siempre a los criterios de la R. 49.2 que existe para atender este tipo de situación. Estos criterios como el de negligencia excusable son los que, en buen ordenamiento procesal, justifican el uso de la discreción judicial para permitir la presentación de prueba con posterioridad a la sentencia.[3]

§ 4602. Objetivo

La moción de reconsideración persigue dar la oportunidad al tribunal que dictó el fallo para enmendar o corregir el error que pueda haber cometido.[4] El TS favorece que antes de elevar un recurso ante esa superioridad se presente al juez que dictó la sentencia o que dictó la resolución o cursó la orden, una moción de reconsideración para que tenga la oportunidad de corregir sus errores y así evitar que incurran las partes en los gastos que representa un recurso. No obstante, no se requiere que se pida la reconsideración como requisito indispensable para elevar un recurso.[5]

§ 4603. Término

El término para presentar la moción de reconsideración es de 15 días. Este término es de cumplimiento estricto cuando se persigue la reconsideración de una órden o resolución, comenzando a decursar desde la fecha de su notificación. El término para reconsiderar sentencias es improrrogable[6] y jurisdiccional. Este último se cuenta a partir del archivo en autos de la notificación de la sentencia pero si ésta difiere de la fecha en que se puso al correo la notificación entonces se cuenta a partir de esta última.[7] Si el tribunal recibe una moción de

---

3 Ver *Rivera Meléndez v. Algarín Cruz*, 159 D.P.R. 482 (2003).

4 *Reyes Díaz v. E.L.A.*, 155 D.P.R. 799 (2001); *Castro Martínez v. Sergio Estrada Auto Sales, Inc.*, 149 D.P.R. 213 (1994); *Dávila v. Collazo*, 50 D.P.R. 494 (1936).

5 *Pueblo v. Tribunal de Distrito de P.R.*, 74 D.P.R. 838 (1953). Pero en los recursos provenientes de agencias administrativas la práctica más prudente es atenerse a lo dispuesto en la legislación correspondiente sobre la solicitud de reconsideración por el organismo administrativo, antes de recurrir a un tribunal de sistema judicial. Véase: *Plaza Ríos v. Fondo del Seguro del Estado*, 110 D.P.R. 727 (1981); *Martínez v. Junta de Planificación*, 109 D.P.R. 839 (1980). *Rivera Rivera v. Municipio de Carolina, certiorari*, 140 D.P.R. 131 (1996); *Gobernador de P.R. v. Alcalde de Juncos*, 121 D.P.R. 522 (1988); y *Santiago Dávila v. Fondo del Seguro del Estado*, 113 D.P.R. 627 (1982).

6 Según dispone la R. 68.2, 2009.

7 El término de 15 días establecido por la Regla 47 de Procedimiento Civil es fatal, y si bien es posible presentar varias mociones de reconsideración dentro del mismo, una

reconsideración de una sentencia fuera de término, lo único que puede hacer es declararse sin jurisdicción para entender en ella.[8] La moción tiene que notificarse a la parte contraria dentro del término de quince días, pero este plazo es de cumplimiento estricto. Es decir no es jurisdiccional. La mejor práctica es notificarla el día de su presentación.

La R. 47 de 1979 fue enmendada por el Comité de Reglas de Procedimiento Civil para establecer que la moción de reconsideración de una sentencia interrumpa automáticamente el término para recurrir. Con ello se eliminó la disposición que requería que el tribunal considerara la moción dentro del término de 10 días de presentada, porque de lo contrario, la misma se entendía rechazada de plano. Aunque esto fuera así, ello no impedía que el tribunal considerara la moción posteriormente creando en muchas ocasiones una incertidumbre jurisdiccional. Según se desprende de sus comentarios explicativos, el Comité acordó enmendar la regla debido a que "este requisito ha ocasionado grandes controversias en la práctica, que a su vez han generado muchísima interpretación jurisprudencial [...]".[9] De forma similar expusimos en las ediciones anteriores de esta obra cuando expresamos lo siguiente: "[t]oda esta complejidad que rodea la interrupción del término para recurrir con motivo de la presentación de una moción de reconsideración podría evitarse si la regla se enmendara para que la

---

vez expirado caduca el derecho a pedir nuevamente la reconsideración de la sentencia. *Barreto v. Sherris Caribbean, Inc.*, 92 D.P.R. 859 (1965); *Rodríguez v. Rodríguez*, 98 D.P.R. 744 (1970); *Insular Highway Products, Inc. v. American International Insurance Co.*, 2008 T.S.P.R. 153.

Este término no se extiende por la R. 68.3. 2009 que provee tres (3) días adicionales en la notificación por correo. *Vega Maldonado v. Alicea Huacuz*, 145 D.P.R. 236 (1998).

Una notificación de la resolución del TPI adjudicando la moción de reconsideración en la que no se le advierte a las partes el derecho a apelar no constituye una notificación defectuosa que impide que comience a decursar el término jurisdiccional para ir en apelación. Véase *Moreno González v. Cooperativa de Ahorro y Crédito de Añasco*, 2010 T.S.P.R. 17. (sentencia)

[8] Presentada una moción de reconsideración de sentencia fuera de término, el tribunal carece de jurisdicción para entender en procedimientos ulteriores, por lo que es inexistente en derecho cualquier resolución que dicte en el caso, y no se interrumpe el periodo dentro del cual solicitar revisión de la sentencia. *Reyes Díaz v. E.L.A.*, 155 D.P.R. 799 (2001); *López Rivera v. Autoridad de Fuentes Fluviales*, 89 D.P.R. 414 (1963). Véase también *Barletta v. Tribunal Superior*, 100 D.P.R. 690 (1972) y *Builders Insurance Co. v. Tribunal Superior*, *ante*.

Sin embargo, una moción titulada de reconsideración que en sustancia cumpla con los requisitos de la moción de relevo, R. 49.2, 2009, puede ser acogida por el tribunal como moción de relevo aunque se haya presentado después de los quince (15) días pero dentro del término previsto en la R. 49.2, 2009. *Vega Maldonado v. Alicea Huacuz*, 145 D.P.R. 236 (1998); *Pagán Navedo v. Rivera Sierra*, 143 D.P.R. 314 (1997); *Barreto v. Sherris Caribbean, Inc.*, 92 D.P.R. 859 (1965).

[9] Informe de Reglas de Procedimiento Civil, Secretariado de la Conferencia Judicial y Notarial, Tribunal Supremo de Puerto Rico, Marzo de 2008, pág. 551.

presentación de esta moción interrumpa sin más y en todos los casos el decurso del término para recurrir, hasta tanto se haya adjudicado la misma en la forma que sea. Así se ha dispuesto respecto a las mociones de reconsideración de las sentencias del TA."

No obstante lo anterior, la R. 47, 2009 dispone que "[l]a moción de reconsideración debe exponer con suficiente particularidad y especificidad los hechos y el derecho que la parte promovente estima que deben reconsiderarse y fundarse en cuestiones sustanciales relacionadas con las determinaciones de hechos pertinentes o conclusiones de derecho materiales." Indica, además, que "[l]a moción de reconsideración que no cumpla con las especificidades de esta regla será declarada "sin lugar" y se entenderá que no ha interrumpido el término para recurrir". Por lo tanto, la interrupción del término se condiciona al cumplimiento de unos requisitos de fondo por los que debe pasar juicio el tribunal. La incorporación de estos requisitos en la R. 47, 2009 persigue un fin loable, es decir, pretende evitar la práctica dilatoria de presentar mociones frívolas e inmeritorias que sólo persiguen la interrupción del término para recurrir. Por ello, el juez ante quien se presente una moción de reconsideración frívola debe declararla "sin lugar" inmediatamente de forma que se eviten problemas de índole jurisdiccional, como los que se suscitaron bajo la R. 47 de 1979.

Una vez se presenta una moción de reconsideración en cumplimiento con los requisitos de fondo, el término para recurrir comenzará a decursar nuevamente desde la fecha en que se archiva en autos copia de la notificación de la resolución resolviendo la moción.

Esta resolución debe estar fundamentada. Si se declara "con lugar" la razón para fundamentarla será el por qué de la reconsideración. Si se declara "sin lugar" es necesario fundamentarla pues de no hacerse así se creará una confusión con el "no ha lugar" que prescribe la regla ante la ausencia de los requisitos de fondo, lo cual puede crear un problema sobre si se interrumpió o no el término para apelar.

Dispone la R. 43.1, 2009 que cuando una parte interesa presentar una moción de enmiendas o determinaciones iniciales o adicionales, de reconsideración o de nuevo juicio, éstas deben presentarse en un solo escrito. Ello procura que el término para recurrir no se vea continuamente interrumpido por la presentación consecutiva de mociones pre etapa apelativa y se pueda agilizar el proceso. El tribunal debe resolver de la misma forma, es decir, debe emitir una sola resolución resolviendo todas las mociones que le fueron presentadas porque desde la fecha en que ésta se notifique es que comienza a decursar el término para recurrir.

§ 4604. Reconsideración de sentencias de los tribunales apelativos

Los efectos de una moción de reconsideración ante el TPI y ante el TA, en cuanto a la interrupción de los términos apelativos, no son los mismos.[10]

La reconsideración de las sentencias del TA y del TS se gobierna por la R. 47, 2009, y las disposiciones de los reglamentos de estos tribunales. A nivel del TA, aplica la R. 47, 2009 y la R. 84 RTA, que dispone lo siguiente:

"(A) Cualquier moción de reconsideración sobre cualquier asunto civil o criminal, deberá ser presentada dentro del plazo improrrogable de quince (15) días contados a partir del archivo en autos de copia de la notificación de la resolución o sentencia del Tribunal de Apelaciones.[11]

"La presentación oportuna de una moción de reconsideración paralizará los términos para apelar o recurrir ante el Tribunal Supremo.

"El término para apelar o recurrir al Tribunal Supremo comenzará a contarse de nuevo a partir del archivo en autos de copia de la notificación de la resolución o sentencia del Tribunal de Apelaciones que resuelva definitivamente la moción de reconsideración.

"(B) La moción de reconsideración discutirá sólo los asuntos específicos, respecto de los cuales la parte promovente considere que el Tribunal erró en la determinación de hecho o en la aplicación del derecho.

"Dentro de diez (10) días desde la presentación de la moción de reconsideración o en el término que determine el Tribunal, la parte promovida podrá presentar su oposición, luego de lo cual la moción de reconsideración quedará sometida para adjudicación. El Tribunal podrá resolver una moción de reconsideración en cualquier momento

"(C) Las mociones de reconsideración serán resueltas, en lo posible, por el mismo panel que haya emitido la decisión, asignándose su atención para el correspondiente informe a un Juez(a) distinto(a) de quien suscribió la orden, resolución o sentencia original.

"(D) No se permitirá la presentación de más de una moción de reconsideración por la misma parte, de haber sido denegada la primera. [...]"[12]

La norma que prevalece respecto al TPI que permite que una moción de reconsideración se tome como una de relevo de sentencia bajo la R. 49.2, 2009 no aplica al TA. En este nivel no procede el relevo de sentencia. *De Jesús Viñas v. González Lugo*, 170 D.P.R. 499 (2007).

Para solicitar reconsideración de una sentencia del TS, el procedimiento se establece en la R. 45 RTS:

---

[10] *Hernández v. Marxuach Construction Co.*, 142 D.P.R. 492 (1997).

[11] Vencido el término de 15 días sin presentarse la moción el TA queda sin jurisdicción sobre el recurso, incluso para considerar una reconsideración en base a falta de jurisdicción. *Junta de Planificación v. Frente Unido Pro Defensa del Valle de Lajas*, 165 D.P.R. 445 (2005).

[12] Véase *Interior Developers, Inc. v. Municipio de San Juan*, 2009 T.S.P.R. 191.

"(a) Diez (10) días laborables después de haber sido enviada a las partes copia de la decisión o resolución del Tribunal en un caso, el(la) Secretario(a) enviará el mandato al tribunal revisado, a no ser que se haya presentado una moción de reconsideración dentro de dicho período, o que el Tribunal haya ordenado la retención del mandato.

"(b) Toda moción de reconsideración deberá presentarse dentro del plazo jurisdiccional de los diez (10) días laborables mencionado en el inciso (a) de esta Regla y no deberá exceder de diez (10) páginas. No se aceptará un memorando de autoridades por separado ni una petición de prórroga para fundamentar una reconsideración presentada. Las citas de autoridades deberán discutirse en el cuerpo de la moción. El(la) Secretario(a) denegará de plano cualquier solicitud de prórroga para presentar una moción de reconsideración o un escrito en apoyo de ésta.

"(c) Una vez resuelta la moción de reconsideración, si ésta fuese denegada, el mandato se enviará tres (3) días laborables después de haber sido enviada a las partes la copia de la resolución. Sólo se permitirá una reconsideración subsiguiente. La moción de reconsideración subsiguiente deberá presentarse dentro del plazo de tres (3) días antes mencionado.

"(d) Si como resultado de una reconsideración el Tribunal enmendare o de alguna forma modificare su sentencia u opinión, la parte afectada podrá presentar una moción de reconsideración dentro del plazo de diez (10) días laborales contados desde la notificación del archivo en autos de copia de la notificación de la sentencia u opinión enmendada o de la resolución que enmiende la opinión o sentencia, según fuere el caso."

§ 4605. Efectos de la reconsideración de la moción sobre otras partes

La paralización de los términos para recurrir al Supremo que dispone la R. 84 del RTA beneficia a todas las partes en el recurso.

§ 4606. Procedimientos administrativos

Lo dispuesto en la R. 47, 2009 respecto a los efectos de una moción de reconsideración es aplicable al proceso administrativo. *Pérez Vélez v. VPH Motors Corp.*, 152 D.P.R. 475 (2000).[13] De acuerdo a *Flores Concepción v. Taíno Motors Inc.*, 168 D.P.R. 504 (2006), una agencia administrativa tiene jurisdicción para acoger una moción de reconsideración aún después de transcurrido el término establecido, siempre y cuando no haya transcurrido el término para acudir en revisión ante el TA y no se haya presentado algún recurso ante ese foro.

---

[13] *Florenciani Valentín v. Administración de los Sistema de Retiro de los Empleados del Gobierno y la Judicatura*, 162 D.P.R. 365 (2004).

CAPITULO 47: MOCION DE NUEVO JUICIO

§ 4701. Concepto

La moción de nuevo juicio se dirige al TPI y persigue que se deje sin efecto el fallo y que se celebre un nuevo juicio como su nombre indica (R. 48, 2009).

§ 4702. Fundamentos para solicitarlo

De conformidad con la R. 48, 2009, el nuevo juicio podrá ser solicitado por los siguientes motivos:

(1) Cuando se descubra prueba esencial,[1] la cual a pesar de una diligencia razonable, no pudo descubrirse ni presentarse en el juicio.

(2) Cuando no sea posible preparar una exposición en forma narrativa de la evidencia u obtener una transcripción de los procedimientos.

(3) Cuando la justicia sustancial así lo requiere.[2]

La única que requiere explicación de estas causales es la primera, que es la que más frecuentemente se utiliza. Para que pueda concederse un nuevo juicio bajo el fundamento del descubrimiento de prueba esencial se requiere que la nueva evidencia que se haya obtenido, no sea meramente evidencia acumulativa, es decir, de la misma naturaleza que otra ya presentada para abundar sobre un punto que la parte no logró establecer en el juicio.[3] Tiene que ser evidencia de otro carácter, distinta a la que se presentó, que establezca las cuestiones que no se pudieron establecer. Por ejemplo, si la parte presentó dos testigos que dijeron que los hechos habían ocurrido de determinada manera, no puede presentar una moción de nuevo juicio basada en el hecho de que tiene un tercer testigo que va a decir lo mismo que dijeron aquellos dos, porque eso es evidencia acumulativa. Ahora bien, si la parte encontrara un documento que sostuviera lo que dijeron aquellos dos, eso es evidencia de otro carácter, y puede presentarse como evidencia esencial, siempre y cuando verse sobre la cuestión en controversia, pues tampoco se puede solicitar nuevo juicio a base de que se ha descubierto evidencia con relación a cuestiones periféricas.

Por otro lado, la prueba tampoco puede ser meramente para impugnar la credibilidad de los testigos de la parte contraria. Ese tipo de evidencia no se

---

[1] Puesto que la presentación de una moción de nuevo juicio por este fundamento tiene el término improrrogable de 30 días, la moción de relevo permite descansar en este fundamento para solicitar que se deje sin efecto una sentencia.

[2] Véase *Fuentes González v. Badillo*, 160 D.P.R. 444 (2003).

[3] *Riley v. Rodríguez de Pacheco*, 119 D.P.R. 762 (1987).

considera evidencia a ser presentada en apoyo de una moción de nuevo juicio. La parte que solicita nuevo juicio debe demostrar afirmativamente que ejerció la debida diligencia para localizar la evidencia recientemente descubierta cuando se fue a celebrar el juicio y que, por algunas razones que también demostrará, no pudo obtenerla.

§ 4703. Término

En caso de que el nuevo juicio se solicite por el tercer motivo—cuando la justicia sustancial lo requiere—la moción de nuevo juicio deberá ser presentada dentro de 15 días de haberse archivado en los autos copia de la notificación de la sentencia.

Si se solicita por el primer motivo—descubrimiento de nueva evidencia—la moción podrá ser presentada antes de la expiración del término para apelar la sentencia previa notificación a la otra parte, la celebración de vista y la demostración de haberse ejercitado la debida diligencia. *First Bank of P.R. v. Inmobiliaria Nacional Inc.*, 144 D.P.R. 901 (1998).

Cuando esté basada en la R. 48.1(b), 2009, o sea, cuando no sea posible preparar una exposición en forma narrativa de la evidencia u obtener una transcripción de los procedimientos, podrá presentarse dentro de un término de 30 días después de conocida la imposibilidad de preparar una exposición narrativa de la prueba (R. 48.2, 2009).

La R. 43.1, 2009 establece que si la parte interesada en presentar una moción de nuevo juicio, desea además solicitar la reconsideración de la sentencia y determinaciones iniciales o adicionales, deberá presentar todas estas peticiones en un solo escrito.

Los términos son improrrogables y si no se presenta la moción dentro de esos términos, el tribunal carece de jurisdicción para entender en ella.

Cuando una moción de nuevo juicio se basa en declaraciones juradas, éstas se notifican con la moción y la parte contraria tendrá 15 días—prorrogables—después de ser notificada para notificar contradeclaraciones juradas en oposición (R. 48.3, 2009).

También se puede conceder nuevo juicio a iniciativa del tribunal y el tribunal puede hacerlo dentro de los 15 días siguientes al registro de la sentencia por cualquiera de las razones que pudiera haber concedido un nuevo juicio a moción de parte. La orden concediendo nuevo juicio expondrá las razones en que se fundamenta (R. 48.4, 2009).

El tribunal, bien a moción de parte o bien a iniciativa propia, puede conceder un nuevo juicio sobre todas o sobre algunas de las cuestiones litigiosas. En un caso de daños y perjuicios, por ejemplo, puede conceder un nuevo juicio sobre los daños sin entrar en la cuestión de negligencia, o concederlo sobre la cuestión de negligencia sin entrar en la cuestión de daños.

capricho el pleito ya adjudicado [...]" *Ríos v. Tribunal Superior*, 102 D.P.R. 793, 794 (1974).

Bajo los poderes que le confiere la R. 49.2, 2009, el tribunal puede dejar sin efecto totalmente una sentencia, orden o procedimiento. Puede también reabrir el caso o solamente modificar parte de la sentencia, orden o procedimiento.

En el procedimiento federal y en los estados donde se ha adoptado esta regla, la misma sustituye los antiguos autos o *writs* de *audita querella, coram nobis*, y el *bill of review*. Estos eran autos o *writs* extraordinarios expedidos por los tribunales de la *common law* para revisar sus sentencias u órdenes; tenían nombres distintos, debido a que se expedían para distintas circunstancias.

La regla federal recoge toda la doctrina con relación a todos estos autos; la unifica; la sistematiza; y establece el procedimiento moderno a seguir. En Puerto Rico nunca existieron estos *writs* o autos como figuras jurídicas establecidas por el derecho positivo aunque la jurisprudencia del TS los menciona, sobre todo el de *coram nobis,* de forma similar a aquella en que se incorporan los anglicismos a la lengua popular.

En *Correa Canales v. Marcano Gracia,*[3] el TS aclara que una moción de relevo no pueda servir para impugnar cuestiones substantivas que debieron levantarse antes de la sentencia como defensas afirmativas, o luego de la sentencia en un recurso de revisión.

Una moción denominada de reconsideración que aduzca los fundamentos que aparecen en la próxima sección de este libro puede ser considerada como una moción bajo la R. 49.2, 2009, aún si es presentada después de los quince (15) días pero antes de los seis (6) meses del archivo en autos de copia de la notificación de la sentencia.[4]

En *De Jesús Viñas y otros v. González Lugo*, 170 D.P.R. 499 (2007), el TS hizo la aclaración de que el TA "carece de jurisdicción para entender en una moción de relevo de sentencia y, en consecuencia, para acoger una moción de reconsideración presentada tardíamente como una de relevo".

§ 4801a. Aplicabilidad

La R. 49.2, 2009, aplica solo a sentencias, órdenes o procedimientos de carácter final en el proceso. No aplica a sentencias cuya finalidad es indefinida como las relativas a custodia o alimentos. Tampoco aplica a resoluciones interlocutorias. El término fatal de seis meses que la misma provee solo tiene sentido al aplicarlo a determinaciones que concluyen el proceso.

La norma de la regla del caso no opera automáticamente al resolver una petición para que se deje sin efecto una orden interlocutoria. La misma, junto a otros factores como la etapa en que se encuentra el proceso y los daños que se le

---

[3] 139 D.P.R. 856 (1996), citando a *Rodríguez v. Tribunal Superior*, 102 D.P.R. 290 (1974). Véase también *Olmeda Nazario v. Sueiro Jiménez*, 123 D.P.R. 294 (1989).

[4] *Vega Maldonado v. Alicea Huacuz*, 145 D.P.R. 236 (1998); *Pagán Navedo v. Rivera Sierra*, 143 D.P.R. 314 (1997).

puedan causar a alguna de las partes, debe sopesarse contra la validez y alcance de los fundamentos que se aducen para que se deje sin efecto la resolución en cuestión y como estos fundamentos inciden sobre los méritos del caso. *Central Green Co. v. United States*, 531 U.S. 425 (2001).

§ 4802. Fundamentos para la moción de relevo

La moción se dirige a la discreción del tribunal y conforme a la R. 49.2, 2009, son fundamentos para conceder la moción de relevo, los siguientes:

(1) Error, inadvertencia, sorpresa o negligencia excusable;

(2) descubrimiento de evidencia esencial que, a pesar de una debida diligencia, no pudo haber sido descubierta a tiempo para solicitar un nuevo juicio de acuerdo con la Regla 48;

(3) fraude (incluso el que hasta ahora se ha denominado "intrínseco" y también llamado "extrínseco"), falsa representación u otra conducta impropia de una parte adversa;

(4) nulidad de la sentencia;

(5) la sentencia ha sido satisfecha, renunciada o se ha cumplido con ella, o la sentencia anterior en que se fundaba ha sido revocada o de otro modo dejada sin efecto, o no sería equitativo que la sentencia continuara en vigor, o

(6) cualquier otra razón que justifique la concesión de un remedio contra los efectos de una sentencia.

§ 4803. —Discrecionalidad

Independientemente de la existencia de uno de los fundamentos anteriores, el relevar a una parte de una sentencia, orden o procedimiento es una decisión discrecional[5] del tribunal salvo en los casos de nulidad,[6] o cuando la sentencia ha sido satisfecha.

La jurisprudencia ha establecido los siguientes fundamentos para el ejercicio de la discreción judicial en torno a las mociones de relevo:

---

[5] El dejar sin efecto una sentencia es discrecional de los tribunales de instancia. *Nater Cardona v. Ramos Muñiz*, 162 D.P.R. 616 (2004); *Southern Construction Co. v. Tribunal Superior*, 87 D.P.R. 903 (1963); *Garriga Gordils v. Maldonado Colón*, 109 D.P.R. 817 (1980).

Cuando del examen de la prueba presentada en un procedimiento para cuestionar una resolución que dejó sin efecto una sentencia a tenor con la R. 49.2(a) de Procedimiento Civil resulta que el tribunal abusó de su discreción al determinar que la omisión que dio lugar a la sentencia se debió a error, inadvertencia, sorpresa o negligencia inexcusable de la parte contra la cual se dictó—conclusión errónea que no tiene apoyo en la prueba—procede dejar sin efecto la resolución aludida que anuló la sentencia. *Díaz v. Tribunal Superior*, 93 D.P.R. 79 (1966); *Fine Art Wallpaper v. Wolff*, 102 D.P.R. 451 (1974) y *Sabater v. Corporación de Desarrollo Económico del Pastillo, Inc.*, *certiorari*, 140 D.P.R. 497 (1996), opinión disidente del Juez Fuster.

[6] *Montañez Rivera v. Policía de Puerto Rico*, 150 D.P.R. 917 (2000).

(1) La existencia de una defensa válida que oponer a la reclamación del peticionario. Aunque por sí sólo este fundamento no sostiene una moción de relevo, es requisito que debe estar presente junto a los otros mencionados en la R. 49, 2009, para dar lugar al relevo.

(2) La ausencia de perjuicio a la otra parte de conceder el tribunal el relevo solicitado.

(3) El perjuicio que sufriría la parte promovente de no ser concedido el remedio solicitado.

(4) La diligencia del promovente de la solicitud en la tramitación del caso.[7]

Asumiendo que se establecen los fundamentos anteriores para el ejercicio de la discreción, pasemos a discutir los anteriores fundamentos que requiere la regla para la moción de relevo.

§ 4804. —Error, inadvertencia, sorpresa o negligencia excusable

El error como fundamento para la moción de relevo puede ser un error de la parte promovente o de la parte adversa o del juez, pero ha de ser un error extrínseco a la sentencia u orden como, por ejemplo, el que podría alegar un menor contra una sentencia dictada en su contra en ausencia de tutor o defensor judicial. Para establecer este error, es necesario presentar la prueba extrínseca a los autos que lo acredita.[8]

No es un error susceptible de fundamentar una moción de relevo el error de apreciación o valoración de la prueba; tampoco lo es el error de derecho. Estos últimos son fundamentos para reconsideración o apelación pero no para el relevo. La moción de relevo no es un sustituto para la apelación.[9]

La inadvertencia, la sorpresa y la negligencia excusable son también fundamentos para dejar sin efecto una sentencia, orden o resolución. Negligencia se califica como la negligencia excusable. No puede dejarse sin efecto una sentencia por negligencia crasa. Si, por ejemplo, un abogado lleva dos pleitos y en uno se ordena la suspensión de una vista, pero en el otro no, y sin embargo el abogado interpreta que la suspensión se aplica a los dos y no comparece, y se dicta sentencia, podrá fundarse en el hecho de que ha habido negligencia excusable para solicitar que se deje sin efecto la sentencia. Ahora, si un abogado tiene un solo caso y le notifican un señalamiento y no comparece porque se le

---

[7] *Reyes Díaz v. E.L.A.*, 155 D.P.R. 799 (2001); *Neptune Packing Corp. v. Wackenhut Corp.*, 120 D.P.R. 283, 291, 292 (1988); *Dávila Mundo v. Hospital San Miguel, Inc.*, 117 D.P.R. 807 (1986).

[8] Véase *Insular Highway Products, Inc. v. American International Insurance Co.*, 2008 T.S.P.R. 153.

[9] *Rodríguez v. Tribunal Superior*, 102 D.P.R. 290 (1974); *Correa Canales v. Marcano Gracia*, ante; *Banco Central Corp. v. Gelabert Alvarez*, *certiorari*, 131 D.P.R. 1005 (1992).

olvidó sin tener motivos especiales para que se le haya olvidado, en este caso se trataría de una negligencia crasa y la R. 49.2, 2009, no sería de aplicación.[10]

§ 4805. —Descubrimiento de evidencia

El descubrimiento de evidencia esencial que a pesar de una debida diligencia no puede haber sido descubierta a tiempo para solicitar un nuevo juicio de acuerdo con la R. 48, 2009, es fundamento adecuado para una moción de relevo.[11] Este fundamento es similar al de la solicitud de nuevo juicio por descubrimiento de evidencia esencial y se aplican a él las mismas limitaciones y entra en función cuando ya ha vencido el término para solicitar el nuevo juicio que es de 30 días a partir de la notificación de la sentencia.

§ 4806. —Fraude

Cuando una sentencia, orden o procedimiento se ha producido debido al engaño, fraude o falsa representación de una de las partes, como por ejemplo el ocultar al tribunal que la otra parte está incapacitada legalmente, o presentar testimonio perjuro determinante del resultado del proceso y estos hechos no eran susceptibles de ser descubiertos antes del juicio ejercitando una diligencia razonable, procede que se deje sin efecto la sentencia, si se cumple con los criterios antes mencionados para mover la discreción del tribunal.[12] Las alegaciones falsas en una demanda no constituyen *per se* fundamentos para concluir que hubo fraude al tribunal.[13]

El fraude al tribunal se refiere a casos poco usuales que envuelven más allá de un daño a un litigante en particular, y los tribunales han rechazado invocar este concepto cuando la alegada actuación fraudulenta se dio entre las partes y no tuvo efecto directo en la integridad del proceso judicial.[14]

§ 4807. —Nulidad de sentencia

Una sentencia es nula cuando la misma se ha dictado sin jurisdicción o cuando al dictar la misma se ha quebrantado el debido procedimiento de ley.[15]

---

[10] *Fine Art Wallpaper v. Wolff*, 102 D.P.R. 451 (1974); *Olmeda Nazario v. Sueiro Jiménez, ante*; *Neptune Packing Corp. v. Wackenhut Corp., ante*; y *Garriga Gordils v. Maldonado Colón*, 109 D.P.R. 817 (1980).

[11] Véase la § 4802.

[12] Véase *Suárez Fuentes v. Tribunal Superior*, 88 D.P.R. 136 (1963); *Municipio de Coamo v. Tribunal Superior*, 99 D.P.R. 932 (1971); *In re Santos Vías*, 122 D.P.R. 881 (1988); R. 49.2(c).

[13] *Pardo Santos v. Sucn. Stella Royo*, 145 D.P.R. 816 (1998).

[14] *Pardo Santos v. Sucn. Stella Royo, supra.*

[15] *E.L.A. v. Tribunal Superior*, 86 D.P.R. 692, 697-698 (1962). *Rodríguez Figueroa v. Registrador de la Propiedad*, 75 D.P.R. 712, 718 (1953).

Falta de jurisdicción puede significar falta de jurisdicción en términos absolutos, o falta de jurisdicción sobre la persona, o defectos en el emplazamiento.

Quebrantamiento del debido procedimiento de ley es un concepto mucho más amplio y pueden haber tantas manifestaciones del mismo como principios del debido procedimiento existen y que se hayan quebrantado en un caso en especial.

Estos dos son los únicos fundamentos de nulidad de sentencias en nuestro Derecho procesal. Cada uno se dividirá en variadas manifestaciones, pero esencialmente éstos son los dos fundamentos que producen la nulidad de las sentencias u órdenes. Una sentencia puede aplicar el derecho equivocadamente y en ese sentido la sentencia puede ser errónea, pero errónea no es equivalente a nula.

Bajo este fundamento no hay margen de discreción como la hay en el caso de los otros fundamentos. Si se determinó que la sentencia era nula, tiene que dejarse sin efecto independientemente de los méritos que pueda tener la defensa o la reclamación del perjudicado. Puede haber muchísima dificultad legal en determinar si la sentencia es nula o no, pero después que se llega a esa conclusión, tiene que dejarse sin efecto.

§ 4808. —Cuando la sentencia ha sido satisfecha o renunciada o se ha cumplido con ella o la sentencia anterior en que se fundaba ha sido revocada o de otro modo dejada sin efecto, o no sería equitativo que la sentencia continuara en vigor

La sentencia tiene normalmente efecto prospectivo y su ejecución puede realizarse en cualquier momento dentro de un término de 5 años después de dictada o dentro de un término de 15 años, presentando una nueva acción para ejecutar la sentencia.

Puede ocurrir que una sentencia haya sido satisfecha. Por ejemplo, una persona a quien la han condenado a pagar una suma de dinero y que la ha pagado. Si el acreedor de mala fe insiste en ejecutar la sentencia ocultando el hecho de que ha sido satisfecha, se relevará de ella al deudor sin discreción en contrario.

En el caso de una sentencia de *injunction* a perpetuidad para que una persona se abstenga de realizar determinada actuación a perpetuidad, dicha sentencia puede tornarse injusta por un cambio de circunstancias que no aconsejen que se le imponga a esa persona la limitación que otras circunstancias aconsejaban y en este caso también procede discrecionalmente el relevo de la sentencia.

§ 4809. —Otras razones

El último fundamento para la moción de relevo lo expone la regla en una norma bastante amplia cuyo contenido será determinado caso por caso por los tribunales: "cualquier otra razón que justifique la concesión de un remedio contra los efectos de una sentencia."

Bajo este inciso caería el fraude cometido por un coparte o la circunstancia en que se encuentre una parte que no pueda apelar por haber transcurrido el término, pero pueda demostrar fehacientemente al tribunal que dictó la sentencia que, como cuestión de hecho, no fue notificada de la misma dentro del término para apelar.

La concesión de una moción de relevo por este fundamento está sujeta al requisito de la discrecionalidad discutida en la § 4803.[16]

§ 4810. Término

El término para solicitar un remedio bajo la R. 49.2, 2009, es un término razonable que no excederá de 6 meses a partir del registro de la sentencia. Este término, con las excepciones que en adelante explicamos, es de naturaleza fatal.[17] El término decursa aún cuando esté pendiente un recurso ante un tribunal apelativo.[18]

Bajo ciertas circunstancias una moción presentada dentro de los 6 meses puede ser tardía. Cuando, por ejemplo, se descubre la evidencia esencial a los 90 días de haberse registrado la sentencia, la parte tiene la obligación de presentar su moción, dentro de pocos días después de haber descubierto la evidencia esencial y no disfruta del término completo de 6 meses para hacerlo. Bajo esa circunstancia la razonabilidad del término está determinada por la fecha en que se descubrió la evidencia. De manera que las mociones bajo la R. 49.2, 2009, deben presentarse dentro de un término razonable y éste no puede exceder de 6 meses.[19]

---

[16] Veáse *Rivera González v. P.R. Retail Stores, Inc.*, 2008 T.S.P.R. 98, en donde el Juez Asociado Rebollo López emite una opinión disidente en la que cita con aprobación nuestro tratado en contra de un "no ha lugar" a la expedición de un certiorari emitido por la mayoría del TS. En su disidencia expresa, en el contexto de que pueden haber otras razones que justifiquen la concesión de un remedio contra los efectos de una sentencia, lo siguiente: "[d]eterminar que la afirmación hecha por un abogado, bajo juramento, de que no recibió una correspondencia es insuficiente para rebatir la presunción que establece la [...] Regla 16(24) de Evidencia [correspondiente a la R. 304(23) de Evidencia, 2009], equivale a devaluar a la honrosa profesión de la abogacía; sobre todo cuando consideramos que se trata de un compañero que ha practicado la profesión por 38 años." En dicho caso aún cuando la actuación del abogado, en caso de ser falsa su alegación de que no recibió la notificación, estaba sujeta a penalidades de naturaleza criminal por perjurio, ello no movió la discreción de la mayoría del TS para expedir el certiorari y disponer que era causa meritoria para el relevo de la sentencia.

[17] *Piazza Vélez v. Isla del Río, Inc.*, 158 D.P.R. 440 (2003); *Banco Santander P.R. v. Fajardo Farms Corp.*, 141 D.P.R. 237 (1996).

[18] *Piazza Vélez*, *supra*.

[19] El TS resolvió en *Sánchez Ramos v. Troche Toro*, 111 D.P.R. 155 (1981), en relación con la solicitud de dos ex cónyuges al tribunal de instancia que conoció de su divorcio interesando de mutuo acuerdo la enmienda de la sentencia en cuanto a las cantidades asignadas por concepto de pensiones alimenticias, presentada casi seis años después de dictada dicha sentencia, lo siguiente:

El término de seis meses no es aplicable a mociones de relevo fundamentadas en inexistencia del emplazamiento y fraude al tribunal (R. 49.2, 2009). El concepto de fraude al tribunal es más estrecho que el del fraude que contempla la 49.2(c). Se trata de un fraude de la naturaleza de un soborno al juez o de un complejo de esquema de falsedades para influir sobre el ánimo del tribunal. Un mero perjurio no es fraude al tribunal aunque constituya fraude bajo el concepto más amplio.

En el caso de *Banco Santander P.R. v. Fajardo Farms Corp.*, *supra*, el TS llega a la misma conclusión que este tratado pero por otro camino en cuanto a la inaplicabilidad del plazo de seis (6) meses a las mociones por inexistencia del emplazamiento o fraude al tribunal. En vez de interpretar la R. 49.2, 2009, como aquí se hace a los efectos de que el término no es aplicable a ese tipo de mociones, el TS considera que las mismas pueden tratarse como acciones independientes y por tanto adjudicables por el tribunal vencido el plazo de los seis (6) meses.

Si una sentencia del TPI es modificada sustancialmente por el TA o el TS el término para pedir relevo ante el TPI de la sentencia según modificada comienza a contarse a partir de la remisión del mandato al TPI.[20]

§ 4811. Divorcio

Por razones de orden público las disposiciones de la R. 49, 2009, no son aplicables a pleitos de divorcio, excepto aquellos que se refieren a fraude y nulidad de sentencia.[21] Es fácil comprender que un divorcio crea un nuevo *status* y a su vez permite a las partes crear otro nuevo *status,* y que la aplicación de esta

---

"Por regla general los tribunales deben resistirse a alterar sus pronunciamientos finales y firmes para no inquietar la estabilidad y certeza del derecho. Es contrario a esa certeza y al orden público dejar al arbitrio de las partes litigantes por tiempo indefinido la enmienda de una sentencia y aprobar su pacto dirigido a modificar el estado de derecho, que respondió en su día a una realidad vital, para acomodarlo a eventos y desarrollos post sentencia.

"Tiene resuelto este tribunal que la moción para relevar a una parte de una sentencia por error o inadvertencia (hoy R. 49.2) debe radicarse dentro de un término razonable, el cual no podrá exceder de seis meses a partir de la fecha en que la sentencia fue dictada. *Great American Ins. Co. v. Corte de Distrito de Bayamón*, 67 D.P.R. 564 (1947); *Pueblo v. 632 Metros Cuadrados de Terreno*, 74 D.P.R. 961 (1953); *Alcázar v. Corte de Distrito de Ponce*, 67 D.P.R. 727 (1947). El término de seis meses es fatal en su acción extintiva de derecho. *Zorilla v. Tribunal Superior*, 91 D.P.R. 864, 867 (1965); *Municipio de Coamo v. Tribunal Superior*, 99 D.P.R. 932, 937 (1971). La R. 49.2 es categórica en su disposición de que la moción 'se presentará dentro de un término razonable, pero en ningún caso después de transcurridos seis (6) meses de haberse registrado la sentencia [...]' y el término no ha variado desde que regía esta materia el art. 140 del Código de Enjuiciamiento Civil".

[20] *Piazza Vélez, supra.*

[21] *Pardo Santos v. Sucn. Stella Royo, supra.*

regla en cuanto a sus fundamentos de menos importancia pública no debe permitirse, frente a la situación que se podría dar dejando sin efecto una sentencia de divorcio por tales fundamentos. Se haría más daño que bien permitiendo que se dejara sin efecto una sentencia de divorcio por esos fundamentos.[22]

§ 4812. Efectos interlocutorios

La moción bajo la R. 49.2, 2009, no afecta la finalidad de la sentencia ni suspende sus efectos hasta tanto sea resuelta favorablemente.

Hemos visto que la moción de reconsideración interrumpe el término para recurrir y también la moción de nuevo juicio y la de enmiendas bajo la R. 43.2, 2009, también. Por el contrario, si se presenta la moción de relevo dentro del término para recurrir, no tiene ningún efecto con relación al mismo. El término de apelación sigue agotándose y los efectos de la sentencia siguen siendo los mismos hasta tanto el tribunal actúe sobre la moción y la resuelva favorablemente.

La moción tampoco suspende los efectos de la sentencia. A manera de ejemplo: Está la sentencia en vías de ejecución. Se están publicando edictos para vender la propiedad del demandado en pública subasta y se presenta una moción bajo la R. 49.2, 2009. El demandado no puede requerir al alguacil que suspenda la subasta, a base de la presentación de la moción. La moción sencillamente llama la atención al tribunal sobre ciertos hechos y es la actuación del tribunal, si es favorable, la que podrá dejar sin efecto la sentencia y suspender la subasta. La mera presentación de la moción no tiene el efecto de suspender los efectos de la sentencia. Puede, sin embargo, acompañarse la moción para que se deje sin efecto la sentencia con una moción en auxilio de la jurisdicción del tribunal para que éste detenga la subasta hasta tanto considere y resuelva la moción que ha sido presentada.

§ 4813. Cuando se ha interpuesto un recurso

Mientras esté pendiente una apelación, el tribunal apelado no podrá conceder ningún remedio bajo la R. 49.2, 2009, salvo con permiso del tribunal de apelación. Una vez que el tribunal de apelación dicte su sentencia, tampoco podrá concederse ningún remedio bajo la R. 49.2 que sea inconsistente con el mandato que es la orden del tribunal de apelación al tribunal apelado sobre la sentencia o lo que dispone el tribunal de apelación con relación a dicha sentencia.

La R. 49.2, 2009, prohíbe al tribunal apelado que conceda cualquiera de los remedios previstos en ella cuando un caso ha sido apelado y resuelto si el remedio resultara inconsistente con el mandato que ha dictado el tribunal de apelación. Ahora, sí se podría conceder un remedio estando el caso en apelación

---

[22] *Nater Cardona, supra*; *Hernández Torres v. Zapater Martinez*, 82 D.P.R. 777 (1961).

o habiendo sido ya resuelto si se sigue el procedimiento que marca la propia regla para que se conceda tal remedio y que consiste en lo siguiente:

(1) Se presenta ante el tribunal apelado la moción bajo la R. 49.2, 2009, y se informa al tribunal apelado que el caso se encuentra en apelación o ya resuelto por el tribunal de apelación.

(2) El tribunal apelado determinará si estaría dispuesto a conceder el remedio. De estarlo dictaría una orden informando a las partes que estaría dispuesto a conceder el remedio que se solicita en la moción.

(3) Se presentará entonces una moción del interesado ante el tribunal de apelación informándole de la moción que ha presentado en el tribunal recurrido y del hecho de que ese tribunal está dispuesto a conceder el remedio y se solicitará el permiso del tribunal de apelación para que el tribunal recurrido conceda el remedio.

(4) Procederá entonces la resolución del tribunal de apelación concediendo el permiso o denegándolo, según sea el caso.

(5) El tribunal recurrido dictará resolución concediendo el remedio si ha sido autorizado.

Esta es la forma de solicitar un remedio bajo la R. 49.2, 2009, en los casos en que la acción instada está en apelación o en que la apelación ya ha sido resuelta. En este caso también el término razonable de 6 meses gobierna la presentación de las mociones, según dispone la propia regla, que dice: "En ambos casos, la moción de relevo deberá siempre presentarse ante el tribunal apelado dentro del término antes señalado [...]," es decir, seis meses. La imposición del término a estas últimas circunstancias es irrazonable. Los trámites para perfeccionar una apelación, someterla al tribunal y para resolverla, siempre exceden de 6 meses. De modo que el término precluye el uso de la regla.

§ 4814. Acción independiente

La R. 49.2, 2009, no afecta el poder del tribunal para considerar una acción independiente contra la sentencia. La acción podría ser una de nulidad de sentencia por falta de jurisdicción o por fraude al tribunal, y se trataría de una demanda y un procedimiento distinto a aquel en que se produjo la sentencia. Cuando se trae la acción independiente, el término de 6 meses no es aplicable.[23]

La demanda puede presentarse dentro del término prescriptivo que tenga la acción independiente de acuerdo con el derecho sustantivo que es de 15 años. Véase *Atanacia Corp. v. Jorge M. Saldaña, Inc.*, 133 D.P.R. 284 (1993).

Bajo los fundamentos de fraude al tribunal y falta de jurisdicción, puede recurrirse a la acción independiente. Pero los otros fundamentos hay que presentarlos por moción dentro del procedimiento que produjo la sentencia que se pretende anular o dejar sin efecto.

---

[23] *Calderón Molina v. Federal Land Bank*, 89 D.P.R. 704 (1963); *Banco Santander P.R. v. Fajardo Farms Corp.*, 141 D.P.R. 237 (1996).

Impide la doctrina de cosa juzgada que una parte vuelva a litigar en una acción independiente de las cuestiones que planteó o pudo haber planteado en una solicitud de relevo de sentencia. No puede usarse la acción independiente para impugnar por errónea la validez de una sentencia y de los procedimientos de ejecución en un caso civil, ni para levantar cuestiones sustantivas que debieron haberse planteado como defensas afirmativas en la acción original.[24]

Puede ejercitarse la acción independiente para relevar a una parte de una sentencia en los casos en que ha transcurrido el término fatal de seis meses de haberse registrado la sentencia, siempre y cuando las circunstancias sean de tal índole que el tribunal pueda razonablemente concluir que mantener la sentencia constituiría una grave injusticia contra una parte que no ha sido negligente en el trámite de su caso y que, además, tiene una buena defensa en los méritos.[25]

Procede la acción independiente para relevar a una parte de una sentencia en casos en que se trata de obtener la declaración de nulidad de una sentencia.[26]

Una parte puede ejercitar la acción independiente establecida en la R. 49.2, 2009, para relevarla de una sentencia obtenida mediante fraude, error o accidente, cuando dicha parte se ha visto impedida de presentar sus defensas por maquinaciones y argucias de otra parte, siempre y cuando no haya sido negligente en el trámite de su caso o haya incurrido en falta.[27]

Adolece de defecto procesal una acción independiente de nulidad de sentencia basada en fraude cuando en la misma no se expone detalladamente las circunstancias que constituyen el mismo.[28]

Puede instarse una acción independiente para modificar una sentencia sobre custodia o alimentos pero la mejor práctica es solicitarlo en el proceso en que fue dictada la sentencia.[29]

§ 4815. Aplicación de la R. 49.2, 2009 a los foros administrativos

Los foros administrativos pueden relevar a una parte de una decisión adversa bajo los mismos criterios que gobiernan el relevo de sentencia bajo la R. 49.2, 2009.[30]

---

[24] *Vázquez Ortiz v. López Hernández*, 160 D.P.R. 714 (2003); *Figueroa v. Banco de San Juan*, 108 D.P.R. 680 (1979).

[25] *Figueroa v. Banco de San Juan, supra.*

[26] *Id.*

[27] *Id.*

[28] *Id.*

[29] *Vázquez Ortiz v. López Hernández*, 160 D.P.R. 714 (2003).

[30] *Vega Rodríguez v. Empresas Tito Castro Inc.*, 152 D.P.R. 79 (2000).

CAPITULO 49: MOCION PARA CORREGIR ERRORES DE FORMA, INADVERTENCIA U OMISION

§ 4901. Concepto

La moción para corregir errores de forma, inadvertencia u omisión es aquella que va dirigida a la corrección de errores de esa naturaleza en una sentencia u orden o en otra parte del expediente. Se regula por la R. 49.1, 2009, pero también se considera la facultad para hacer correcciones de este tipo como una de carácter inherente al poder judicial.[1]

§ 4902. Procedimiento

Los errores de expresión o los cometidos por inadvertencia u omisión en la sentencia, órdenes u otras partes del expediente podrán corregirse por el tribunal en cualquier momento a su propia iniciativa o a moción de cualquier parte, previa notificación si así se ordenare (R. 49.1, 2009).

---

[1] En *Security Insurance Co. v. Tribunal Superior*, 101 D.P.R. 191, 203-204 (1973), el TS se expresó de la manera siguiente: "En varias ocasiones hemos hecho reconocimiento de la facultad inherente que tienen los tribunales de corregir los errores de forma que aparezcan de sus récords. *Sucn. Rosario v. Sucn. Cortijo*, 83 D.P.R. 678 (1961); *González v. Santini & Co.*, 26 D.P.R. 553 (1918). Véase Cappali, *Rule 49 Relief: The Last Refuge of Sinner and Saint*, 40 REV. JUR. U.P.R., 145, 156 (1971). Este poder se ha usado para corregir errores del secretario del tribunal al anotar la sentencia. *Pueblo v. Miranda*, 56 D.P.R. 601 (1940). También la hemos usado para añadirle a una sentencia remedios adicionales que se deriven del remedio concedido originalmente. Por ejemplo, añadir la concesión de intereses cuando la sentencia original condenaba al pago de una cantidad principal. *Concepción v. Latoni*, 63 D.P.R. 693 (1944), revocado por otros motivos en *Zequeira v. Municipal Housing Authority (CRUV)*, 95 D.P.R. 738, 744 (1968); *Shaw v. Rodríguez*, *supra*. Al reconocimiento del derecho de propiedad se le ha adicionado *nunc pro tunc* la condena de entregar los frutos, *Martínez v. Delgado*, *supra*, y el decreto de un auto posesorio, *Cintrón v. A. Hartman & Co.*, 43 D.P.R. 179 (1932). A la desestimación de una tercería se le ha añadido posteriormente la condena a pagar lo percibido por el tercerista en la venta de ciertos bienes tomados en posesión por éste durante el procedimiento, *González v. Santini & Co.*, *supra*. Para dar una descripción completa en la sentencia de la propiedad disputada, *Cintrón v. A. Hartman & Co.*, *supra*; para conceder costas en la sentencia cuando éstas se reconocen en la opinión, *Lawton v. Rodríguez*, 41 S.P.R. [D.P.R.] 447 (1930); para eliminar de la sentencia a un codemandado que no fue emplazado, *Bennett v. Boschetti*, 31 D.P.R. 855 (1923); para dejar sin efecto el archivo erróneo de un caso bajo la Regla 11 de Administración del Tribunal de Primera Instancia [derogada], *Sucn. Rosario v. Sucn. Cortijo*, *supra*."

Según reza la R. 49.1, 2009, no hay obligación de notificar una moción de esta naturaleza a menos que el tribunal lo ordenare expresamente por entender que, en cuanto a determinados fundamentos, la notificación es necesaria. Esta norma es consistente con la economía procesal en vista de la naturaleza muy particular de la moción bajo la R. 49.1.

Cuando se ordena por el tribunal una corrección conforme a la R. 49.1, 2009, la corrección se hace ahora por antes (*nunc pro tunc*). Es decir, con efecto retroactivo. Véase: *Security Insurance Co. v. Tribunal Superior*, 101 D.P.R. 191 (1973). No procede la enmienda *nunc pro tunc* ante una cuestión de interpretación de ley.[2]

El tipo de corrección que contempla la R. 49.1, 2009, es el error de forma, el error clerical como, por ejemplo, dice la sentencia: "Se condena al demandante Juan Santiago" cuando en realidad se llama Juan Pérez, y el tribunal cometió error al llamarle Juan Santiago. El tribunal puede corregir este error en su sentencia o en cualquier escrito del expediente donde aparezca en cualquier momento. También pueden corregirse en esa misma forma fechas equivocadas, cantidades equivocadas, cómputos matemáticos erróneos y descripciones de propiedad equivocadas. Ver *García v. Restaurante El Tropical*, 154 D.P.R. 249 (2001).

Cuando la notificación a las partes sea adecuada, aunque se haga constar en el volante de la notificación que la segunda sentencia había sido emitida anteriormente de la fecha actual que constaba en la sentencia, se trata de un mero error oficinesco que podrá ser enmendado *nunc pro tunc*.[3]

En el caso de *Insurance Co. of P.R. v. Tribunal Superior*, 100 D.P.R. 405 (1972), el TS autorizó la enmienda a una sentencia final y firme para que incluyera intereses por temeridad además de honorarios de abogado. En *Banco Popular de P.R. v. Tribunal Superior*, 82 D.P.R. 242 (1961), el TS denegó el uso de la regla en cuanto a un cálculo matemático de cánones a reintegrar porque no se trataba de un mero error u omisión, sino de la interpretación de unos incisos de la ley de alquileres razonables que incidían sobre el cómputo.[4]

De haberse formalizado un recurso contra la sentencia, solamente podrán corregirse los errores clericales o de forma antes de que el expediente sea remitido por el tribunal de primera instancia al tribunal que va a revisar. Después que el expediente esté ante el tribunal de apelación sólo podrán corregirse los errores clericales o de forma con el permiso del tribunal de apelación.

---

[2] *Infante de Arce v. Montalvo Mulero*, 165 D.P.R. 757 (2005). Véase también, *Coriano Hernández v. Kmart Corp.*, 154 D.P.R. 523 (2001).

[3] *Vélez Seguinot v. Autoridad de Acueductos y Alcantarillados*, 164 D.P.R. 772 (2005); *Ramos Ramos, v. Westernbank Puerto Rico*, 171 D.P.R. 629 (2007).

[4] Véase: *García López v. Méndez García*, 102 D.P.R. 383 (1974).

CAPITULO 50: MOCION PARA DETERMINACIONES DE HECHOS Y CONCLUSIONES DE DERECHO ADICIONALES

§ 5001. Concepto

La moción para determinaciones de hechos y conclusiones de derecho adicionales es aquella que se presenta bajo la R. 43.1, 2009, para que el tribunal que dicta una sentencia la corrija mediante enmiendas formulando determinaciones de hecho—a base de la prueba presentada en juicio—o conclusiones de derecho pertinentes al fallo.

Esta moción es improcedente si la sentencia si dicta bajo las disposiciones de las Rs. 10.2 ó 10.3, 2009. *Roldán Rosario v. Lutrón, S.M., Inc.*, 151 D.P.R. 883 (2000), tampoco procede si en vez de una sentencia se trata de una resolución. Ver *U.S. Fire Insurance Co. v. Autoridad de Energía Eléctrica*, 151 D.P.R. 962 (2000). Sin embargo sí puede presentarse ante una sentencia sumaria aunque ésta no requiere que se formulen determinaciones de hechos.[1]

§ 5002. Fundamentos

Cualquiera de las partes—no sólo la parte perdidosa—puede solicitar al tribunal que corrija—enmiende—sus determinaciones de hechos o conclusiones de derecho iniciales o formule determinaciones de hecho o conclusiones de derecho adicionales a las que inicialmente formuló para que la sentencia quede adecuadamente fundamentada.

La moción debe exponer con suficiente particularidad y especificidad los hechos que el promovente estima probados y debe fundamentarse en cuestiones sustanciales relacionadas con determinaciones de hechos pertinentes o conclusiones de derecho materiales. Ausentes éstos, la moción no surte efectos jurídicos y no puede alargar el término para apelar.[2]

---

[1] *Vega Rodríguez v. Telefónica de P.R.*, 156 D.P.R. 584 (2002). También puede presentarse bajo el procedimiento sumario laboral instado al amparo de la Ley Núm. 2 del 17 de octubre de 1961, 32 L.P.R.A. § 3118 *et seq*. Véase *Alicea Aguayo v. R & G Mortgage Corp.*, 169 D.P.R. 36 (2006).

[2] *Roldán Rosario v. Lutrón S.M., Inc.*, 151 D.P.R. 883 (2000). Véase, de otra parte, *García Hernández, et als. v. Hormigonera Mayaguezana, Inc.*, 2007 T.S.P.R. 149.

Esta regla prohíbe la interposición de subsiguientes mociones que solicitan determinaciones de hechos y conclusiones cuando la sentencia enmendada es enteramente igual a la original.[3]

El derecho que otorga la R. 43.1, 2009 a solicitar determinaciones adicionales, no está supeditado a una posible apelación y de hecho en una apelación pueden suscitarse planteamientos sobre estos mismos asuntos sin necesidad de que se haya presentado una moción de esta naturaleza ante el tribunal de instancia.

§ 5003. Término

La moción debe presentarse dentro del término improrrogable de 15 días[4] después de archivada en autos copia de la notificación de la sentencia.[5] (R. 43.1, 2009). Si se presenta fuera del término el tribunal carece de jurisdicción para considerarla. Sin embargo, el término para notificar a las partes que decursa de la misma manera es solo de estricto cumplimiento.[6]

La moción de determinaciones de hechos adicionales se notificará a las demás partes en el pleito dentro de los quince (15) días establecidos por esta Regla para presentar la misma ante el tribunal. El término para notificar será de cumplimiento estricto.

La moción interrumpe el término para apelar, el cual decursa nuevamente al notificarse y archivarse en autos copia de la resolución declarando con lugar, o denegando la solicitud o dictando la sentencia enmendada según sea el caso (R. 43.2, 2009). Sin embargo, una moción que no especifique las determinaciones de hecho adicionales que concretamente se interesan se tomará como una moción de reconsideración y no interrumpirá el término.[7] Si por el contenido de la moción no surgen las determinaciones adicionales que la moción debe solicitar, entonces el término no queda interrumpido.[8]

Versa la R. 43.1, 2009 que "[s]i una parte interesa presentar una moción de enmiendas o determinaciones iniciales o adicionales, reconsideración o de nuevo juicio, éstas deberán presentarse en un solo escrito y el tribunal resolverá de igual manera."

Luego de adjudicada una moción para determinaciones adicionales no es permisible presentar otra. Si se hace no surtirá efectos jurídicos y no interrumpirá el término para recurrir. En caso de mediar unas nuevas determinaciones la parte afectada puede por su parte presentar una moción sobre determinaciones adicionales. También podría hacerlo la parte promovente si se dictase una nueva sentencia, sustancialmente distinta a la original, siempre y cuando la moción

---

[3] *Carattini v. Collazo System Analysis Inc.*, 158 D.P.R. 345 (2003).

[4] Véase R. 68.2, 2009.

[5] *Canales Velásquez v. Converse de P.R., Inc.*, 129 D.P.R. 786 (1992).

[6] *Sucesión de Jiménez Sanes v. Pérez Cirino*, 153 D.P.R. 527 (2001); *Szendrey v. F. Castillo Family Properties, Inc.*, 169 D.P.R. 873 (2007).

[7] *Andino v. Topeka, Inc.*, 142 D.P.R. 933 (1997).

[8] *Andino v. Topeka, Inc., supra.*

vaya dirigida a nuevas determinaciones en la nueva sentencia. Estas mociones permisibles interrumpen el término para recurrir. *Carattini v. Collazo System Analysis, Inc.*, 158 D.P.R. 345 (2003).

PARTE 14

LOS RECURSOS

CAPITULO 51: NOCIONES GENERALES

SECCIÓN

§ 5101. Concepto

Son recursos los medios que provee el Derecho procesal para impugnar ante un tribunal de jerarquía superior una sentencia, resolución u orden de un organismo inferior o de otra rama del gobierno. Se trata de una continuación del proceso. No se inicia una nueva acción al elevarse el recurso. La *litis* permanece pendiente.

Los recursos vehiculan las revisiones por los tribunales de apelación de tribunales o de organismos de la Rama Ejecutiva del Gobierno. Cuando se trata de estos últimos, los recursos facultan a los tribunales a emitir la última palabra en cuanto a la aplicación procesal y sustantiva del Derecho administrativo. El recurso en ese sentido subordina a todo el poder gubernamental a la facultad jurisdiccional de la Rama Judicial, alta sacerdotisa del Derecho.

§ 5102. Propósito de los recursos

El propósito de los recursos es corregir los errores de los tribunales inferiores u organismos administrativos.[1]

En la normativa que establece el Derecho procesal sobre esta materia, se debaten y armonizan dos intereses dignos de protección, a saber: el interés de la inmutabilidad de las sentencias, resoluciones u órdenes, o sea, la certidumbre jurídica de las mismas contra el interés de proteger a las partes de sentencias, resoluciones u órdenes injustas. Es de importancia que los fallos produzcan certeza en cuanto a la relación de las partes litigantes de tal forma que éstas sepan con seguridad a qué atenerse. Por eso, los fallos son o deben ser inmutables una vez transcurrido todo el proceso. Pero, reconociendo la posibilidad del error, del abuso del poder, el ordenamiento procesal, aspirando a una justicia más perfecta, concede a las partes los recursos que vienen a ser medios de fiscalización de la justicia dispensada por los tribunales inferiores o por los organismos administrativos.

§ 5103. La competencia revisoria en general

La competencia para revisar sentencias de tribunales inferiores o de organismos administrativos a través de los recursos se llama, tradicionalmente, en el sistema procesal anglosajón: la jurisdicción apelativa.[2]

Podemos definir la jurisdicción apelativa o la competencia para revisar, como la autoridad conferida a un tribunal de jerarquía superior para revisar, revocar, anular, modificar o confirmar las sentencias o resoluciones de un tribunal de jerarquía inferior o de un organismo administrativo, cuando dichas decisiones son elevadas ante el organismo de jerarquía superior conforme a derecho.[3]

Los procedimientos que establecen los distintos recursos contra sentencias y resoluciones de tribunales inferiores no son de entronque constitucional. El

---

[1] *Otero Fernández v. Alguacil, Tribunal Superior*, 116 D.P.R. 733 (1985).

[2] Ver *El Pueblo de P.R. v. Pérez Rodríguez*, 159 D.P.R. 554 (2003) y *Semidey Ortiz, et al. v. Consorcio Sur-Central (ASIFAL)*, 2009 T.S.P.R. 184, donde se cita con aprobación esta obra.

[3] *Id.*

derecho a que un tribunal de jerarquía superior revise las decisiones de un organismo inferior es de origen estatutario. Por tanto, toca a la Asamblea Legislativa definir el alcance del mismo y concederlo con las limitaciones que tenga a bien hacer. La apelación es un remedio que sólo existe cuando es concedido por estatuto o por algún precepto constitucional.[4]

Una vez concedido el derecho a recurrir dentro del proceso judicial, éste no se convierte en un derecho inherente o inalienable. Tratándose de un derecho estatutario, la competencia revisoria está estrictamente limitada a la que se concede en el estatuto que la establece sin perjuicio de lo que anteriormente señalamos sobre la revisión de lo administrativo.

Cuando se confiere la competencia revisoria, ello conlleva la concesión de aquellos poderes necesarios para hacer efectiva esa competencia. Es decir, los poderes que sean necesarios para proteger el objeto del pleito y la efectividad de la sentencia que pueda dictarse en el recurso.

Así, un tribunal revisorio puede dictar autos en auxilio de su jurisdicción y frecuentemente lo hace. Por ejemplo, el TPI dicta una resolución para anular una anotación de embargo en los libros del Registro de la Propiedad. Se recurre de esta resolución. Sabemos que el TA toma tiempo para decidir, de manera que al momento de solicitar que se expida el recurso, la parte puede solicitar del tribunal que expida una orden en auxilio de su jurisdicción dirigida al Registrador de la Propiedad para que no cancele el embargo o la anotación hasta tanto el TA decida el recurso.

Los diferentes ordenamientos jurídicos y las diversas organizaciones de los tribunales en los distintos países proveen variados sistemas de revisión. Los recursos toman formas diferentes en estos países ajustándose así, a las organizaciones de sus tribunales. Por esto existe una gran variedad de sistemas para recurrir.

Los recursos que permiten las leyes de Puerto Rico no están hoy limitados por exigencias de cuantía. Para entablar un recurso en Puerto Rico, no se toma en consideración la cuantía objeto del litigio.

En relación con las decisiones de los organismos administrativos existe una teoría de que, aún cuando la Asamblea Legislativa no provea un recurso para la revisión judicial, tiene que existir algún vehículo para acceder de lo administrativo a lo judicial, en función de otra doctrina; la de acceso constitucional a los tribunales. Véase la opinión concurrente del Juez Negrón García en *Pérez Acevedo v. Superintendente de la Policía*, 126 D.P.R. 827 (1990); *Bonilla v. Chardón*, 118 D.P.R. 599 (1987); y *Dávila v. E.L.A.*, 128 D.P.R. 419 (1991).

En el caso de *Torres Solano v. Puerto Rico Tel. Co.*, 118 D.P.R. 198 (1987), el TS expresó que el poder judicial tiene facultad inherente para velar que ninguna actuación u orden de un organismo administrativo afecte los derechos sustanciales de una parte cuando la decisión es arbitraria, caprichosa, o

---

[4] *Aponte Correa v. Policía de P.R.*, 142 D.P.R. 75 (1996).

claramente errónea en derecho. Por otro lado, en el caso de *Bonilla v. Chardón*, 118 D.P.R. 599 (1987) el TS afirmó que la revisión judicial se presume, en ausencia de una prohibición estatutaria. Además de *Bonilla v. Chardón, supra*, véase *Hernández Colón v. Policía de Puerto Rico*, 2009 T.S.P.R. 154; *López Rosas, v. Comisión Estatal de Elecciones*, 161 D.P.R. 527 (2004); *Rivera Colón v. Director Administrativo de Tribunales*, 144 D.P.R. 808 (1998); *Ortiz Serrano v. González (Alcaide), Hábeas Corpus*, 131 D.P.R. 849 (1992).[5]

Antes de aprobarse, en 1988, la Ley de Procedimiento Administrativo Uniforme, 3 L.P.R.A. secs. 2101, *et seq.* en aquellos casos en que las leyes orgánicas de las agencias no disponían para la revisión judicial, esta revisión se canalizaba mediante el uso de los remedios extraordinarios como el *mandamus*, el *injunction*, y otros. Hoy día la revisión debe canalizarse mediante la más amplia interpretación. El recurso general de revisión ante el TA, establecido en dicha ley, excepto cuando se planteen las circunstancias que activan la jurisdicción primaria del TPI que discutimos a continuación.

La doctrina de accesibilidad al foro judicial para la revisión de decisiones administrativas no debe confundirse con la doctrina de jurisdicción primaria la cual deslinda el foro administrativo y el judicial para propósitos del comienzo—no la revisión—de un proceso para intervenir con una actuación oficial de un funcionario u organismo de la administración. Véase *Municipio de Arecibo v. Municipio de Quebradillas, certiorari* en reconsideración, 161 D.P.R. 109 (2004); *Rivera Ortiz v. Municipio de Guaynabo, certiorari*, 141 D.P.R. 257 (1996); *Vega Lozada v. J. Pérez y Cía.*, Revisión, 135 D.P.R. 746 (1994); y *Puerto Rico Tel. Co. v. Unión Independiente Empleados Telefónicos*, Apelación, 131 D.P.R. 171 (1992).

La apertura al foro judicial en primera instancia para corregir desmanes administrativos, se manifiesta generalmente en casos de violación a derechos de entronque constitucional. La misma viabiliza el uso de los remedios extraordinarios como el *injunction*, el *mandamus*, e incluso la sentencia declaratoria para iniciar el proceso ante el TPI. En esos casos, debe acreditarse que el procedimiento ordinario de revisión judicial de la decisión administrativa no resultaría adecuado para corregir el agravio en forma oportuna y que posponer la acción judicial causará al demandante daños irreparables.[6]

---

[5] En *Federación de Maestros de Puerto Rico v. Molina Torres*, 160 D.P.R. 571 (2003), el TS resolvió "que la determinación que hace la Comisión de Relaciones del Trabajo para el Servicio Público al resolver si inicia o no una querella por prácticas ilícitas no constituye una "orden final" a los efectos de revisar la misma ante el foro apelativo intermedio. Dicha determinación depende en su totalidad de la discreción de la Comisión y, por consiguiente, no está sujeta a […] ser revisada judicialmente." Sobre la revisión judicial de laudos de arbitraje véase *Corporación del Fondo del Seguro del Estado v. Unión de Médicos de la Corporación del Fondo del Seguro del Estado*, 170 D.P.R. 443 (2007).

[6] *Bonilla v. Chardón*, 118 D.P.R. 599 (1981).

§ 5104. Historia de los recursos en el Derecho procesal puertorriqueño

El recurso que existía en Puerto Rico en materia civil cuando éramos provincia española era el de casación. Este estaba limitado a la revisión de errores incurridos en el quebrantamiento de forma o de infracción a la ley. Más sencillamente dicho, se limitaba a la revisión de cuestiones de derecho: procesales o sustantivas. "En los sistemas de casación, el tribunal no sustituye su criterio por el de Primera Instancia, sino que le devuelve el caso de haberse infringido algún precepto de ley."[7]

Poco después de ocurrir el cambio de soberanía, se aprobó la Ley del 12 de marzo de 1903, pág. 58, que dispuso lo siguiente:

"[E]l Tribunal Supremo de Puerto Rico constituirá de aquí en adelante un Tribunal de Apelación y no un Tribunal de Casación. En sus deliberaciones y fallos en todos los asuntos, tanto en lo civil como en lo criminal, dicho Tribunal no se limitará solamente á infracciones de ley ó quebrantamientos de forma, según fueren señalados, alegados ó salvados por los litigantes, ó según se hiciera constar en sus exposiciones y excepciones sino que con el más alto fin de justicia, el Tribunal puede también entender en todos los hechos y tramitaciones en la causa tal como aparecieren en autos, considerando en igual forma sus méritos para la mejor administración de justicia y del derecho, y evitar injusticias y demoras." (4 L.P.R.A. sec. 36, derogada; 4 L.P.R.A. sec. 23m.)

Esta ley alteró radicalmente el sistema de revisión. Modificó una jurisdicción de casación limitada a cuestiones de derecho y abrió las puertas al TS para entrar de lleno en todas las cuestiones de hecho y de derecho. Este sistema de revisión, mediante el amplio recurso de apelación, duró hasta 1958.

El 26 de junio de 1958 fueron aprobadas las Leyes Núms. 115 y 120[8] por la Asamblea Legislativa. Modificaron substancialmente el sistema de apelación, con motivo de la congestión de casos que para esa fecha existía en el TS de Puerto Rico.

Estas leyes limitaron el recurso de apelación en casos civiles a aquellos que entrañaban importantes cuestiones de índole constitucional, establecieron el recurso de revisión que era de alcance similar al de apelación anterior al 1958, pero que se concedía sólo a discreción del TS, establecieron además el recurso de certificación, limitaron significativamente los recursos directos al TS de las decisiones de los organismos administrativos, y canalizaron el resto hacia el Tribunal Superior, Sala de San Juan.

El Tribunal Superior tenía competencia revisoria sobre las sentencias del TD.

Así se instrumentó el ejercicio de la competencia revisoria en Puerto Rico hasta el 1992. En ese año, con motivo del aumento en la litigiosidad ocasionado por el crecimiento poblacional y económico del país y del alto número de decisiones del Tribunal Superior que el TS se negaba a revisar, se creó el

---

[7] Trías Monge, *Choque de dos Culturas, op cit.* pág. 102.

[8] 4 L.P.R.A. secs. 35 y 37.

Tribunal de Apelaciones y se estableció el recurso de apelación contra todas las sentencias del Tribunal Superior.

El Tribunal de Apelaciones creado en 1992 fue disuelto en 1993 para resucitarlo bajo el nombre de Tribunal de Circuito de Apelaciones por la LJ de 1994. Esta última fue enmendada en varios sentidos por la Ley Núm. 248 de 25 de diciembre de 1995.[9] Finalmente la LJ 2003 le devolvió el nombre original al tribunal intermedio.

Posteriormente, debido a las dilaciones excesivas en los procesos llevados en instancia en muchos casos a causa de las peticiones ilimitadas al TA para revisar órdenes y resoluciones interlocutorias emitidas por el TPI, el TS en función de su prerrogativa constitucional de adoptar reglas procesales en materia civil, mediante Resolución de 4 de septiembre de 2009, limitó la expedición del recurso de *certiorari* por el TA para revisar órdenes y resoluciones interlocutorias dictadas por el TPI. La Asamblea Legislativa, por su parte, añadió otras instancias por las que se puede recurrir de órdenes y resoluciones interlocutorias al TA mediante la Ley Núm. 220 de 29 de diciembre de 2009. Véase sec. 5515a, *infra*.

A partir de dichas enmiendas, los recursos existentes bajo el sistema procesal puertorriqueño vigente en materia civil, son los siguientes:

Recursos ante el TPI.—Recursos de apelación o revisión (juicio *de novo*) contra las decisiones de sus organismos administrativos, a saber: el Departamento de Hacienda,[10] la Comisión Estatal de Elecciones,[11] la Comisión para Ventilar Querellas Municipales,[12] las decisiones de los Municipios, el

---

[9] El aspecto más importante de las enmiendas que introdujo esta ley fue transferir la competencia revisoria de las decisiones de organismos administrativos del TS al TA.

[10] Dicta la Sec. 4.1 de la L.P.A.U. que las resoluciones, órdenes y providencias emitidas por el "Secretario de Hacienda con relación a las leyes de rentas internas del Estado Libre Asociado de Puerto Rico, [...] se revisarán mediante la presentación de una demanda y la celebración de un juicio de novo, ante la sala con competencia del Tribunal de Primera Instancia. [...]"

[11] Reza el Art. 1.016 de la Ley Electoral, 16 L.P.R.A. § 3016a que "[c]ualquier parte afectada por una resolución, determinación y orden de la Comisión Estatal podrá dentro de los diez (10) días siguientes a la notificación de la misma recurrir ante el Tribunal de Primera Instancia mediante la radicación de un escrito de revision. La parte promovente tendrá la responsabilidad de notificar copia del escrito de revisión a la Comisión Estatal y a cualquier parte afectada. El Tribunal de Primera Instancia celebrara una vista en su fondo, recibirá evidencia y formulará las determinaciones de hecho y conclusiones de derecho que correspondan. El tribunal deberá resolver dicha revisión dentro de un término no mayor de veinte (20) días, contados a partir de la fecha de presentación de la misma. [...]"

[12] Expresa el Art. 18.010 de la Ley Núm. 81 de 30 de agosto de 1991, Ley que crea la Comisión para Ventilar Querellas Municipales que "[c]ualquier parte adversamente afectada por una decisión emitida bajo las disposiciones de este Capítulo podrá solicitar su reconsideración y revisión judicial de conformidad con la "Ley de Procedimiento Administrativo Uniforme del Estado Libre Asociado de Puerto Rico". El Tribunal

Negociado de Conciliación y Arbitraje del Departamento del Trabajo y Recursos Humanos y la Policía de Puerto Rico en casos de cancelaciones de licencias de escuelas y detectives privados.

Recursos ante el TA.—Recursos de apelación contra las sentencias del TPI en casos que se originan en dicho tribunal; de revisión contra los organismos administrativos en general;[13] de *certiorari* contra ciertas resoluciones u órdenes del TPI o sentencias del TPI resultado de su función revisoria.

Recursos ante el TS.—Recursos de *certiorari*, contra las sentencias, resoluciones y órdenes del TA; de apelación, contra las sentencias del TA que entrañan pronunciamientos de inconstitucionalidad, o la existencia de un conflicto entre sentencias del TA en casos apelados ante ese tribunal; gubernativos, contra las calificaciones de los Registradores de la Propiedad; de certificación de cuestiones procedentes de tribunales federales o tribunales estatales apelativos o de los territorios; o en torno a asuntos pendientes de carácter novel, que entrañen conflictos en las decisiones del TA o que planteen cuestiones de alto interés público que incluyan cuestiones sustanciales de índole constitucional ante el TA, o el TPI.

§ 5105. Principios hermenéuticos en cuanto a la normativa para tramitar los recursos

Puesto que los recursos son de origen estatutario y en vista de que, según viéramos en la sec. 5104, los estatutos y los reglamentos que gobiernan los mismos han variado notablemente desde el principio de este siglo hasta tan recientemente como el año 2003, es imprescindible situar la extensa jurisprudencia del TS interpretativa de la normativa de los recursos, dentro del marco estatutario que produjo dicha jurisprudencia. Un examen retrospectivo de la misma revela que se han venido acumulando unas decisiones interpretativas sobre otras a lo largo de este siglo, sin hacer en muchas ocasiones, las expresiones revocatorias o derogatorias necesarias para una clara inteligencia sobre la vigencia de los precedentes. Por lo tanto, corresponde a quien estudia cada una de las materias relativas a los recursos colocar dichos precedentes dentro de sus marcos estatutarios para poder calibrar su vigencia y pertinencia en la actualidad.

La normativa en cuanto a los términos para presentar los recursos y los términos relativos a las mociones que interrumpen esos términos es de carácter impositiva, rígida, e inalterable. De ahí, los conceptos que usa la jurisprudencia para referirse a ellos como, por ejemplo: términos fatales o jurisdiccionales, improrrogables, y otros.

En cuanto a otros requisitos, el rigor con que se hará cumplir la norma instrumental varía. Algunas decisiones se inclinan hacia cierta liberalidad o

---

Superior, Sala de San Juan, será el tribunal con competencia para atender las solicitudes de revisión judicial [...]"

[13] Se exceptúan los Registros de la Propiedad.

tolerancia al incumplimiento, en aras de producir un resultado justo en torno a la controversia que genera el proceso.[14] Pero véase, sin embargo: *In re Reglamento del Tribunal Supremo*, 116 D.P.R. 670 (1985); *Partido Nuevo Progresista (PNP) v. Rodríguez Estrada*, 123 D.P.R. 1 (1988). Además, *Muñiz Alcaraz v. Muñoz López, certiorari*, 139 D.P.R. 252 (1995) y *Cárdenas Maxán v. Rodríguez*, 119 D.P.R. 642 (1987).

Al aprobar la LJ 2003, la Asamblea Legislativa, que establece la normativa bajo la cual se autorizan y se tramitan los recursos ante los tribunales apelativos, formuló una política de liberalidad respecto a los procedimientos a seguirse en el Tribunal de Apelaciones. En el Art. 4.004 se dispone que el reglamento del TA que debe ser aprobado por el TS, tendrá como propósito principal proveer un acceso fácil, económico y efectivo al TA, y requiere que el mismo contenga reglas dirigidas a reducir al mínimo el número de recursos desestimados por defectos de forma o de notificación, y que provean para la corrección de éstos, y que permitan la comparecencia efectiva de apelantes por derecho propio y en forma *pauperis*.

§ 5106. Los recursos como vehículos de la competencia para revisar

El legislador puertorriqueño confiere la competencia para revisar las sentencias, resoluciones u órdenes de tribunales inferiores o de los organismos administrativos mediante los recursos que se estudian en este capítulo y los subsiguientes. Es decir, el legislador precisa el modo, grado y alcance de la revisión que estatutoriamente permite a través de estas figuras jurídicas que denominamos recursos. Por consiguiente, el estudio de la competencia para revisar las sentencias, resoluciones u órdenes de tribunales o de organismos administrativos se lleva a cabo mediante el estudio de los recursos establecidos para tal revisión.

§ 5107. Factores que afectan la recurribilidad de una sentencia—La existencia de competencia revisoria

Como hemos visto, el derecho a recurrir dentro de la Rama Judicial es de procedencia estatutaria y tiene lugar exclusivamente en aquellos casos designados por la ley que concede tal derecho. Por tanto, si la ley no hace recurrible determinada sentencia o resolución, el tribunal de superior instancia no tiene competencia, jurisdicción o facultad alguna para revisar. No importa cuán meritoria sea la revisión, no importa lo injusta que sea la sentencia, si la ley no le

---

[14] *Gran Vista I, Inc. v. Gutiérrez Santiago*, 170 D.P.R. 174 (2007); *Vega Ríos v. Caribe General Electric Products, Inc.*, 160 D.P.R. 682 (2003); *Rivera Santiago v. Municipio de Guaynabo, Hon. Héctor O'Neill García*, 154 D.P.R. 98 (2001); *Rodríguez Santiago v. Sucn. Manuel Martínez*, 151 D.P.R. 906 (2000); *Droguería Central v. Diamond Pharmaceuticals Serv., Inc.*, 150 D.P.R. 62 (2000); *Villanueva v. Hernández Class*, 128 D.P.R. 618 (1991); *The Coca Cola Co. v. Municipio de Carolina,* Revisión, 130 D.P.R. 213 (1992).

concede al tribunal la facultad para revisarla no puede ser revisada; lo que procede es que el tribunal se declare sin competencia o sin jurisdicción.

Cuando se trata de recurrir de lo administrativo a lo judicial, privan otras normas como hemos apuntado anteriormente.

§ 5108. —La finalidad

Para que una sentencia o decisión administrativa sea recurrible tiene que ser final. Una sentencia o decisión administrativa que no es final, no es recurrible mediante los recursos de apelación o de revisión.

Sentencia final es aquella que adjudica la cuestión en controversia, que dispone de la acción en forma concluyente, o que no contempla intervención adjudicativa posterior del tribunal.[15]

Para que una sentencia adquiera finalidad, es necesario que se haya archivado en autos copia de la notificación de la misma a las partes y que se haya registrado.

Los principios procesales de concentración de los eventos y de celeridad militan en contra de la revisión de resoluciones interlocutorias. Es inconveniente para el desenvolvimiento lógico y orgánico del proceso que se recurra de las distintas resoluciones que recaen en los diversos actos procesales que finalmente han de culminar en una sentencia final. Si se recurre por vía de *certiorari* de estas distintas resoluciones, se interrumpe la marcha ordenada, la buena marcha de la *litis*. Aunque ello es así, determinados asuntos que son adjudicados mediante resolución, y otros interlocutoriamente, como pueden vulnerar derechos libertarios, económicos y propietarios, deben ser objeto de revisión inmediata y no postergar su revisión hasta que el caso finalice y pueda irse en apelación. La R. 52.1, 2009 esboza un catálogo limitado de asuntos meritorios que pueden ser revisados y que en la ponderación entre la buena marcha procesal v. la reivindicación de derechos, hace justicia mediadora.

§ 5109. El objeto del recurso

Los recursos se formulan contra el fallo, contra la parte dispositiva y no contra la opinión que pueda emitir el tribunal y sus conclusiones.[16] Lo que agravia es la

---

[15] Véase § 4106.

[16] *Semidey Ortiz v. Consorcio Sur-Central (ASIFAL)*, 2009 T.S.P.R. 184; *Pueblo v. Pérez Rodríguez*, 159 D.P.R. 554 (2003); *Medio Mundo, Inc. v. Rivera*, 154 D.P.R. 315 (2001); *Flores Santiago v. Domínguez*, 146 D.P.R. 45 (1998); *Zavala Vázquez v. Municipio de Ponce, certiorari*, 139 D.P.R. 548 (1995); *La Menor Vélez Rodríguez v. Amaro Cora*, Revisión, 138 D.P.R. 182 (1995); *Banco de la Vivienda v. Carlo Ortiz, certiorari*, 130 D.P.R. 730 (1992); *Zorniak Air Services, Inc. v. Cessna Aircraft Co.*, 132 D.P.R. 170 (1992); *Pueblo v. Hernández Maldonado*, 129 D.P.R. 472 (1991); *Sifontes Ramos v. Oliver Exterminating Services Corp.*, 1991 PR Sup. LEXIS 173; *Dolphin Int'l of P.R., Inc. v. Ryder Truck Lines*, 127 D.P.R. 869 (1991); *El Vocero de P.R. v. Junta de Planificación*, 121 D.P.R. 155 (1988); *Cárdenas Maxán v. Rodríguez*, 119 D.P.R. 642

parte dispositiva, o sea, el fallo, el cual es el objeto del recurso. Ver *Pueblo v. Pérez Rodríguez*, *supra*, donde se cita con aprobación esta obra.

A su vez, los recursos se formulan contra la totalidad de las sentencias o contra parte de ellas. Se explica entonces la posibilidad de recurrir exclusivamente de alguno de los pronunciamientos de la sentencia, sin necesidad de recurrir de toda ella. Por ejemplo, si se dicta una sentencia que declara con lugar una demanda de reivindicación y se adjudica una partida de frutos a favor del demandante, éste puede recurrir exclusivamente del pronunciamiento sobre los frutos, si no está conforme, sin necesidad de recurrir contra el pronunciamiento de la reivindicación.

Ahora bien, téngase presente que el tribunal de apelación no considerará un planteamiento en cuanto a la parte de la sentencia de la cual no se haya recurrido; *La Sociedad Legal de Gananciales Quintana Martínez v. Valentín, et al.*, 99 D.P.R. 255 (1970); *Fuertes y Guillermety v. A.R.P.E., certiorari*, 130 D.P.R. 971 (1992); *Gorbea v. Tribunal Superior*, 104 D.P.R. 138 (1975).

Si se recurre de la totalidad de la sentencia, podrá revisarse cualquier resolución interlocutoria que incida perjudicialmente sobre la sentencia recurrida.

El efecto de que el objeto del recurso sea la parte dispositiva de la sentencia y no la opinión del tribunal es que cuando las conclusiones de hecho o de derecho estén equivocadas, si por otros motivos puede sostenerse lo dispuesto en la sentencia, no se revocará ni se modificará la misma.[17] El tribunal que revisa la sentencia la sostiene por cualesquiera motivos que puedan existir para sostenerla, aún cuando el tribunal que la dictó pueda haberla pronunciado por motivos equivocados.

Igualmente la revocará si existen fundamentos de derecho para revocar aunque los mismos no hayan sido planteados ni resueltos por el tribunal sentenciador.[18]

Pero no se vaya a pensar que en un recurso contra una sentencia no se atacan las conclusiones de hecho y las conclusiones de derecho del juez inferior. Sí se atacan, pero con el propósito de vulnerar el fallo que depende de esas conclusiones.

En el recurso no se puede pretender ni jamás obtenerse más de lo que pudo ser concedido por el tribunal del cual se recurre. No se trata de un proceso nuevo, sino de una continuación. Por tanto, no se puede esperar más de lo que se pudo esperar y obtener mediante la sentencia recurrida.

(1987); *Sánchez Betancourt v. Eastern Air Lines, Inc.*, 114 D.P.R. 691 (1983); *Collado v. E.L.A.*, 98 D.P.R. 111 (1969); *Rodríguez v. Serra*, 90 D.P.R. 776 (1964); *Romany v. El Mundo, Inc.*, 89 D.P.R. 604 (1963).

[17] *Medio Mundo, Inc. v. Rivera*, 154 D.P.R. 315 (2001); *Vega Maldonado v. Alicea Huacuz*, 145 D.P.R. 236 (1998); *Pagán Navedo v. Rivera Sierra*, 143 D.P.R. 314 (1997); *Sánchez Betancourt v. Eastern Air Lines, Inc.*, 114 D.P.R. 691 (1983) y *Dolphin Int'l of P.R., Inc. v. Ryder Truck Lines*, 127 D.P.R. 869 (1991).

[18] *Santiago Cruz v. Hernández Andino*, 91 D.P.R. 709 (1965).

§ 5110. Las partes en los recursos

El interés de recurrir surge del agravio o del gravamen que puede constituir la sentencia para las partes ante el tribunal de primera instancia. Tan agraviada puede ser la parte conceptuada, normalmente victoriosa, como la perdidosa, ya que la sentencia puede contener varios pronunciamientos. Cada una de las partes puede recurrir contra los pronunciamientos de la sentencia que la agravien. En ese caso, una sola parte es apelante y apelada a la vez.

La parte que no recurre, en nada puede beneficiarse del recurso, aunque sí puede perjudicarse. A aquel que recurre, no se le puede imponer una sentencia más onerosa que la que ya se le había impuesto por el tribunal recurrido, si la parte adversa no recurre.

Las copartes que no se adhieran al recurso, o sea, que no recurran al unísono, no les favorecerán los resultados del mismo. Sin embargo, si el interés en el pleito de las copartes está ligado al interés del recurrente por vínculos de solidaridad, en ese caso les puede beneficiar el recurso.[19]

Por ejemplo, una apelación llevada por un condómino de una propiedad, cuando los demás no recurren—en un pleito de reivindicación—si el tribunal apelativo resuelve que la propiedad era de todos los condueños, esa sentencia les beneficiará.

Los recursos se dan para resolver el agravio que causa la sentencia al recurrente, no para dilucidar cuestiones abstractas de derecho. Si la cuestión se tornase académica ello es jurisdiccionalmente inconsecuente de derecho porque la parte deja de estar perjudicada o porque el tribunal apelativo no puede proveer un remedio por acontecimientos que lo impiden, no procede el recurso. Véase *El Vocero de P.R. v. Nogueras Cartagena*, 138 D.P.R. 103 (1995).

Un tercero, o sea, uno que no fue parte ante el tribunal inferior, no puede recurrir de la sentencia.

El derecho a recurrir es renunciable y su renuncia es frecuente por estipulación. El que cumple o acepta los beneficios de una sentencia también renuncia a su derecho a recurrir. El que consiente una sentencia por estipulación, también pierde su derecho a recurrir. En otras palabras, el derecho a recurrir es uno de tantos derechos estatutarios y como la mayoría de los derechos puede renunciarse. Esta renuncia no es contraria al orden público. Generalmente, cuando existe interés de que una sentencia advenga final y firme, de inmediato se renuncia expresamente al derecho a recurrir de las partes.

Todas las partes cuyos intereses puedan ser adversamente afectados por el recurso son partes necesarias. La notificación a las demás partes dentro del término para presentar el recurso es un requisito jurisdiccional. *Medina Garay v. Medina Garay*, 161 D.P.R. 806 (2004). El escrito inicial del recurso tiene que señalar los nombres de las partes recurrentes y recurridas, apelantes o apeladas,[20]

---

[19] *Baco, Administrador del Fondo del Seguro del Estado v. ANR Construction Corp.*, 163 D.P.R. 48 (2004).

[20] Rs. 16A(1), 34A(1), 59A(1), RTA; Rs. 17d, 20(f), RTS.

si no se designa el nombre de la parte contra quien se lleva el recurso, a quien se pretende perjudicar con el recurso, o sea, la parte que fue beneficiada con la sentencia y no se notifica a esa parte del recurso, éste puede ser desestimado. Si se trata de una agencia administrativa, su falta de designación como parte puede impedir que el tribunal asuma jurisdicción. El efecto de no hacer parte y de no notificar del recurso sería que ese recurso jamás podría perjudicar a quien no fue hecho parte y que no fue notificado.

En los recursos ante el TA o el TS, las partes que fallecieran pueden ser sustituidas de conformidad con lo que proveen la R. 42, RTS y la R. 82, RTA.

La intervención de terceros que no fueron parte ante el tribunal inferior no se admite ante el TA o el TS excepto en el carácter de *amicus curiae* (R. 43, RTS; R. 81, RTA). El *amicus* no queda sujeto a la jurisdicción del tribunal de tal forma que la sentencia sea ejecutable sobre él.

El *certiorari* se lleva contra la parte contraria (R. 34A(1), RTA; R. 20(f), RTS).[21]

§ 5111. Cuestiones a considerar y resolver

Las normas generales relativas a los recursos definen los contornos y el alcance de las cuestiones que son propias para ser consideradas a nivel apelativo y de las resoluciones o decisiones que son propias de los tribunales de apelación. Por tribunales de apelación nos referimos a todos los tribunales que componen el Tribunal General de Justicia y que ejercen algún tipo de competencia revisoria.

Todo recurso implica un señalamiento de que el tribunal u organismo administrativo recurrido cometió un error al emitir su fallo. El señalamiento del error o de los errores es parte fundamental del escrito inicial del recurso. Si se omite una discusión fundamentada del señalamiento del error cometido, el tribunal apelativo carece de jurisdicción.[22]

La regla fundamental en materia revisoria es que el tribunal apelativo no revocará o modificará la sentencia del tribunal apelado si no se le demuestra que éste cometió un error perjudicial a la parte recurrente. La R. 50, 2009, lo expresa de la manera siguiente: "Ningún error en la admisión o exclusión de prueba y ningún error o defecto en cualquier decisión u orden, o en cualquier acto realizado u omitido por el tribunal, o por cualquiera de las partes, dará lugar a la concesión de un nuevo juicio o a que se deje sin efecto, modifique o de otro modo se altere una sentencia u orden a menos que el tribunal considere que la negativa a tomar tal acción resulta incompatible con la justicia sustancial. Durante el curso del procedimiento, el tribunal deberá hacer caso omiso de

---

[21] En la práctica forense puertorriqueña, se llamaba *certiorari* clásico al que se autorizaba por la Ley de 10 de marzo de 1904, art. 670 CEC 1933; 32 L.P.R.A. 3491. Llamábase *certiorari* especial, a todo otro recurso de *certiorari* estatuido por ley o por las Reglas de Procedimiento. Hoy día solo se usa el concepto de *certiorari*.

[22] *Morán Ríos v. Martí Bardisona*, 165 D.P.R. 356 (2005).

cualquier error o defecto en éste que no afecte los derechos sustanciales de las partes."

Así se ha decidido, que aún cuando las alegaciones cuya eliminación se solicita fueren redundantes e inmateriales, el error al no eliminarlas, en ausencia de perjuicio, carecería de importancia. *Santiago Ferrer v. Rodríguez Cintrón*, 72 D.P.R. 266 (1951); el permitir a un testigo que conteste una pregunta no justifica la revocación de la sentencia, si el error al hacerlo no resulta perjudicial; *Zalduondo v. Méndez Bas*, 74 D.P.R. 637 (1953); incluso la admisión de prueba no admisible carece de importancia cuando no ha habido perjuicio, *Ramírez Cuerda v. Yumet Mendez*, 42 D.P.R. 514 (1931).

A continuación estudiamos, en breve síntesis, la amplia normativa, mayormente de origen jurisprudencial, que define el contorno y alcance de la actuación revisoria.

§ 5111a. Cuestiones jurisdiccionales

Las cuestiones relativas a la jurisdicción de un tribunal apelativo deben resolverse con preferencia a cualesquiera otras.[23]

§ 5112. —Prueba presentada ante el tribunal de apelación

Al considerar un recurso, el tribunal de apelación no puede admitir prueba presentada por vez primera ante dicho tribunal. De así hacerlo, estaría actuando como tribunal de instancia.[24]

Sin embargo, el tribunal apelativo puede tomar conocimiento judicial de hechos que no hayan sido objeto de tal conocimiento por el tribunal apelado.[25]

§ 5113. —Prueba aliunde

El recurso tiene que resolverse en virtud de los autos que se elevan ante el tribunal de apelación. No es dable que el tribunal considere materia que no se encuentre en los autos que tiene ante su consideración.[26]

§ 5114. —Cuestiones sobre las cuales no se tomó excepción ante el tribunal inferior

Bajo el CEC 1933 era necesario tomar excepción, es decir, consignar expresamente en el récord que no se estaba de acuerdo con las decisiones adversas del tribunal de instancia a lo largo del proceso para poder plantear las cuestiones suscitadas ante el tribunal de apelación. Este requisito se eliminó con

---

[23] *Arriaga Rivera v. F.S.E.*, 145 D.P.R. 122 (1998).

[24] *Rivera Meléndez v. Algarín Cruz*, 159 D.P.R. 482 (2003); *Ortiz Rivera v. Panel sobre el F.E.I.*, 155 D.P.R. 219 (2001); *Catoni v. Aybar Muñoz*, 60 D.P.R. 645 (1942).

[25] *Rivera Meléndez*, *supra*; R. 201(E) de Evidencia, 2009.

[26] *Abella Blanco v. Piñero, Gobernador*, 66 D.P.R. 690 (1946) y *Banuchi de la Rosa v. Corte de Distrito de Aguadilla*, 64 D.P.R. 112 (1944).

las Reglas de 1943. Desde entonces, no es necesario tomar excepción formal de las decisiones del tribunal inferior para plantearlas ante el tribunal de apelación.[27]

Esto no quiere decir, que durante el curso de un juicio no sea necesario objetar la prueba que se considera inadmisible como evidencia de ciertos hechos. Si tal objeción no se formula, se entiende renunciada.[28] Lo que sí quiere decir es que si el tribunal de instancia declara sin lugar la objeción, no es necesario tomar excepción de su pronunciamiento para luego plantearlo ante el tribunal de apelación.

§ 5115. —Cuestiones no planteadas por el recurrente ante el tribunal de apelación

En aras de impartir justicia, un tribunal apelativo tiene la facultad inherente para considerar y resolver errores patentes que surjan de un recurso aunque no hayan sido levantados por las partes.[29] Estos casos en efecto derogan la vieja doctrina de que una cuestión que no es específicamente planteada por los señalamientos de error, ni abiertamente presentada por la argumentación en algunos de los alegatos, no será discutida o resuelta por el tribunal apelativo.

§ 5116. —Cuestiones no planteadas ante el tribunal inferior

El tribunal apelativo no considerará cuestiones que no fueron planteadas por las partes ni consideradas por el tribunal inferior.[30] Pero ésta no es una norma inquebrantable. Ver *Sánchez Betancourt v. Eastern Air Lines, Inc.*, 114 D.P.R. 691 (1983). No procede invocar como error ante el TS una determinación del TPI que no fue objeto del recurso de apelación ante el TA pues tal determinación advino final y firme.[31]

§ 5117. —Cuestiones que varían la teoría del caso ante el tribunal inferior

Hasta el 1959, el TS sostuvo la doctrina que de ordinario una parte no puede variar en apelación la teoría de su caso en el tribunal inferior. Véase *Sucesión de Escalera Falu v. Barreto Aldahondo*, 81 D.P.R. 596 (1959). En otros casos, *Coll Watlington v. Picó*, 82 D.P.R. 27 (1960) y *Morales Mejías v. Metropolitan*

---

[27] *Blanes Mangual v. Mestre*, 83 D.P.R. 392 (1961).

[28] *Pueblo v. Rivera Nazario*, 141 D.P.R. 865 (1996).

[29] *Flores Berger v. Colberg y otros*, 2008 T.S.P.R. 90; *Rivera Alvarez, v. El Vocero, et al.*, 160 D.P.R. 327 (2003); *Hons. Castro, Cabán v. Depto. de Justicia*, 153 D.P.R. 302, 312 (2001); *Hernández Hernández v. Espinosa*, 145 D.P.R. 248 (1998); *Vega v. Yiyi Motors*, 146 D.P.R. 373 (1998).

[30] *López Castro v. Atlantic Southern Insurance Co.*, 158 D.P.R. 562 (2003); *Murcelo v. H.I. Hettinger & Co.*, 92 D.P.R. 411 (1965); *Gaztambide v. Sucesión de Ortiz Pericchi*, 70 D.P.R. 412 (1949); *C.E.S. v. Roselló,* Revisión, 137 D.P.R. 83 (1994); *Orta v. Padilla Ayala*, Revisión, 131 D.P.R. 227 (1992).

[31] *Rodríguez Medina v. Pérez Torres*, 164 D.P.R. 368 (2005).

Packing & Warehousing Co., 86 D.P.R. 3 (1962), el TS empezó a variar esta doctrina. Señaló que planteada por primera vez una cuestión de derecho cuya solución bastara para dictar un fallo final, el tribunal no se negaría a considerarla y a resolverla en aras de la justicia y la verdad. En tales circunstancias, se comenzó a aceptar la variación de la teoría del caso a través del recurso revisorio. Ya en 1965, el TS abandonaba totalmente la doctrina que había aplicado hasta el 1959. Abría las puertas a la variación de la teoría del caso a nivel apelativo.[32]

La variación de la teoría del caso es otra forma de enfocar las mismas cuestiones que suscitan las dos secciones anteriores: las cuestiones no planteadas por el recurrente ante el tribunal *ad quem* o ante el tribunal *a quo*.

La doctrina que se asienta desde *Coll v. Picó*, *supra*, no descansa la facultad del tribunal de apelación sobre disposiciones legislativas concretas que así lo permitan como se hacía en *Pueblo v. Aletriz Romero*, 85 D.P.R. 646 (1962). Las disposiciones que sostuvieron a *Aletriz Romero*, *supra*, 4 L.P.R.A. sec. 36 [derogada] y 34 L.P.R.A. sec. 1171, en parte han sido derogadas pero la norma que se establece en ese caso subsiste a través de la doctrina de *Coll v. Picó*, *supra*, que le reconoce a los tribunales en cualquier instancia la facultad de determinar el derecho aplicable a los hechos del caso con independencia de los planteamientos de las partes, incluso de estipulaciones sobre el derecho que hayan otorgado las partes.[33]

§ 5118. —Cuestiones no resueltas expresamente por el tribunal inferior

En el nivel apelativo, se presume que todo planteamiento hecho ante el tribunal inferior fue considerado y resuelto adversamente, aunque la determinación no conste expresamente en los autos.[34]

§ 5119. —Cuestiones discrecionales

La norma general es que los tribunales apelativos no intervendrán con el uso de las facultades discrecionales de los tribunales inferiores.[35] Sin embargo, si en el ejercicio de sus facultades discrecionales, un tribunal inferior lesionare los

---

[32] *Santiago Cruz v. Hernández Andino*, 91 D.P.R. 709 (1965); *Sánchez Betancourt v. Eastern Air Lines, Inc.*, *supra*; *Granados Navedo v. Rodríguez Estrada*, 124 D.P.R. 1 (1989).

[33] Véase *Crespo Quiñones v. Santiago Velázquez*, 2009 T.S.P.R. 125, Op. Disidente, Juez Presidente del TS, Hon. Hernández Denton; *Ortiz Rivera v. Puerto Rico Telephone Co. Telephone Technology System, Inc.*, 162 D.P.R. 715 (2004); *Vega v. Yiyi Motors, Inc.*, 146 D.P.R. 373, 383 (1998); *Ríos Quiñones v. Adm. Servs. Agrícolas*, 140 D.P.R. 868, 871 (1996); *Rodríguez Cruz v. Padilla Ayala*, 125 D.P.R. 486, 511-512 (1990).

[34] *Carrión Pacheco v. Lawton*, 43 D.P.R. 311 (1932); *Martorell v. Crédito y Ahorro Ponceño*, 43 D.P.R. 90 (1932).

[35] *Banco de San Juan v. Corte de Distrito*, 32 D.P.R. 392 (1932) y *Ramírez de Arellano v. Noguera, Srio. de Hacienda*, 85 D.P.R. 823 (1962).

derechos de las partes, el tribunal apelativo intervendrá para corregir lo que hubiere de exceso o de injusto en el uso de tales facultades discrecionales.[36]

En una serie de casos, el TS ha aplicado la norma de discrecionalidad a la fijación de la indemnización a ser concedida en pleito de daños y perjuicios. Por tanto ha dicho que en apelación no se intervendrá con la cuantía concedida, a no ser que se demuestre un claro abuso de esa discreción.[37]

Esta norma realmente no guía las determinaciones del TS sobre la revisión de las cuantías adjudicadas por los tribunales inferiores como indemnización por daños. Las actuaciones del TS en numerosos casos como, por ejemplo, *Valdés Molina v. Santurce Realty, Inc.*, 105 D.P.R. 108 (1976); *Carrasquillo v. Lippitt & Simonpietri, Inc.*, 98 D.P.R. 659 (1970); *Toro Mercado v. Porto Rican & American Ins. Co.*, 87 D.P.R. 658 (1963); *Lafontaine v. Municipio de Rio Grande*, 79 D.P.R. 583 (1956); *Baralt v. Báez García*, 78 D.P.R. 123 (1955); y *Feliciano Coro v. Sundem*, 78 D.P.R. 1 (1955), nos indican que no hay el margen de discreción que implica la norma. La realidad es que el TS subjetivamente hace su propia apreciación de la razonabilidad de la cuantía adjudicada y la confirma o modifica según su propia valoración.[38]

La norma que realmente prevalece es la enunciada en *Rodríguez Cancel v. Autoridad de Energía Eléctrica*, 116 D.P.R. 443 (1985), a los efectos de que se abandonará la norma de abstención judicial que implica la regla de discrecionalidad cuando se señalan y se someten a la consideración del TS circunstancias comprobadas que ameritan una modificación de las cuantías concedidas.

§ 5120. —Cuestiones sobre determinaciones en cuanto a los hechos fundamentadas en testimonio oral

La R. 42.2, 2009, que se ocupa de la declaración de hechos probados y conclusiones de derecho como elementos integrantes de las sentencias, establece que: "Las determinaciones de hechos basadas en testimonio oral no se dejarán sin

---

[36] *Guzman Matías v. Vaquería Tres Monjitas, Inc. et al.*, 169 D.P.R. 705 (2006); *García Rubiera v. Asociación de Suscripción Conjunta de Seguro de Responsabilidad Obligatorio*, 165 D.P.R. 311 (2005); *Ortiz Rivera v. Agostini*, 92 D.P.R. 187 (1965).

[37] *San Vicente Frau v. Policía de P.R.*, 142 D.P.R. 1 (1996); *Santaella Negrón v. Licari*, 83 D.P.R. 887 (1961); *Martínez v. United States Casualty Co.*, 79 D.P.R. 596 (1956); *Goose v. Hilton Hotels Int'l, Inc.*, 79 D.P.R. 523 (1956); *Dávila Diaz v. Autoridad de Tierras*, 78 D.P.R. 859 (1955); *Sociedad de Gananciales v. Cruz Menéndez*, 78 D.P.R. 349 (1955); *Prado Martorelli v. Quiñones,* 78 D.P.R. 322 (1955); *Baralt v. Báez García*, 78 D.P.R. 123 (1955); *Rodríguez v. American Railroad Co.,* 43 D.P.R. 493 (1932).

[38] Véase *Sagardía De Jesus et als. v. Hospital Auxilio Mutuo y otros*, 2009 T.S.P.R.173; *Vázquez Figueroa v. E.L.A.*, 2007 T.S.P.R. 168.

efecto a menos que sean claramente erróneas,[39] y se dará la debida consideración a la oportunidad que tuvo el tribunal sentenciador para juzgar la credibilidad de las personas testigos. Las determinaciones de hechos de un comisionado o comisionada, en tanto y en cuanto el tribunal las adopte, serán consideradas como determinaciones de hechos del tribunal."

En el caso de *Figueroa Lugo v. American Railroad Co.*, 64 D.P.R. 335 (1944), el TS señaló que: "Al juez sentenciador ante el cual deponen los testigos, y quien tiene la oportunidad de verlos y observar su manera de declarar, de apreciar sus contradicciones, dudas, vacilaciones y de ir formando gradualmente en su conciencia, la convicción en cuanto al derecho al remedio solicitado, corresponde por ley apreciar la prueba y juzgar acerca de la credibilidad de los testigos [...]"

A los fines de la evaluación de prueba testifical por un tribunal apelativo, la existencia de prueba conflictiva no implica error manifiesto que justifique intervenir con la evaluación de la prueba y adjudicación de credibilidad que hizo el juzgador de hechos. Corresponde a éste dirimir el conflicto en la prueba.[40]

En *Sanabria v. Sucesión González Martínez,* 82 D.P.R. 885 (1961), cita precisa a la pág. 993, el TS expuso: "La imposibilidad de reproducir ante los tribunales de apelación o de revisión los elementos puramente expresionales de los testimonios orales, le impuso a dichos tribunales de apelación o revisión, la obligación de respetar la apreciación que el juez sentenciador hiciera, de aquellos elementos de la credibilidad que se desprenden espontáneamente de la conducta del testigo, mientras presta declaración ante un juez de hechos."

Sin embargo, en *Sanabria, supra,* el TS creyó necesario ir más allá de las reglas anteriormente citadas sobre la prevalencia de la apreciación de la prueba oral hecha por el tribunal inferior ante el tribunal apelativo. "Basta reflexionar un momento", dijo el TS, "para darnos cuenta de lo absurdo que podría resultar en la práctica judicial sobreponer la percepción rudimentaria de los elementos expresionales de la credibilidad a la concepción razonada de los elementos lógicos de la credibilidad." *Sanabria, supra,* a la pág. 994.

Este razonamiento llevó al TS a establecer una nueva regla sobre la prevalencia en apelación de las determinaciones de hechos llevadas a cabo por el tribunal inferior. Esta regla prevalece hoy. La misma establece que las conclusiones de hechos pueden dejarse sin efecto por el tribunal de apelación, aunque haya evidencia que la sostenga, porque son claramente erróneas cuando están en conflicto con el balance más racional, justiciero y jurídico de la totalidad de la prueba presentada.[41]

---

[39] La mera existencia de prueba conflictiva no constituye error manifiesto. Precisamente, la función del tribunal de instancia es dirimir el conflicto en la prueba conflictiva. *López Vicil v. I.T.T. Intermedia, Inc.*, 142 D.P.R. 857 (1997).

[40] *López Vicil v. I.T.T. Intermedia, Inc.*, 142 D.P.R. 857 (1997).

[41] *Krans Bell y otros v. Santarrosa y otros*, 2007 T.S.P.R. 219; *Méndez Rodríguez v. Morales Molina*, 142 D.P.R. 26 (1996); *Del Toro Lugo v. E.L.A., Revisión*, 136 D.P.R. 973 (1994); *Lasso v. Iglesia Pentecostal, Revisión*, 129 D.P.R. 284 (1991); *Ramos Acosta*

Con independencia de la doctrina anterior, el TS también ha sostenido que intervendrá con la apreciación de la prueba, si se demuestra que el juez sentenciador actuó con pasión, prejuicio o parcialidad en la apreciación de la misma.[42]

§ 5121. —Cuestiones sobre determinaciones de hechos en torno a las cuales el tribunal apelativo está en iguales condiciones que el tribunal apelado para apreciar la prueba

El tribunal apelativo está en las mismas condiciones que el tribunal sentenciador para aquilatar la credibilidad de un testigo cuyo testimonio se prestó por deposición.[43]

En la apreciación o evaluación de la prueba pericial, el tribunal apelativo está en las mismas condiciones que el tribunal sentenciador para apreciarla.[44]

En la apreciación de la prueba documental, el tribunal de apelación se encuentra en las mismas condiciones que el tribunal sentenciador.[45]

Cuando el juez que falla el pleito no es el que intervino en el juicio, el tribunal de apelación se encuentra en igualdad de condiciones que él para pesar la prueba y resolver los conflictos que de ella puedan surgir.[46]

En un caso resuelto en virtud de una transcripción de las alegaciones y de la prueba sometida por estipulación de las partes, en que el juez no vio ni oyó declarar a los testigos, el tribunal de apelación se encuentra en idénticas

---

v. Caparra Dairy, Inc., 113 D.P.R. 357 (1982); *Quintana Tirado v. Longoria*, 112 D.P.R. 276 (1982); *Maryland Casualty Co. v. Quick Constr. Corp.*, 90 D.P.R. 329 (1964).

[42] *Rivera Figueroa v. A.A.A.*, 2009 T.S.P.R. 162; *Mercado Rivera v. Universidad Católica de P.R.*, 143 D.P.R. 610 (1997); *López Vicil v. I.T.T. Intermedia, Inc.*, 142 D.P.R. 857 (1997); *Quiñones López v. Manzano Pozas*, 141 D.P.R. 139 (1996); *Pérez v. Cruz Batista*, 70 D.P.R. 933 (1950).

[43] *Feliciano Coro v. Sundem*, 78 D.P.R. 1 (1955); *Castro Boyrie v. Meléndez Lind*, 82 D.P.R. 573 (1961).

[44] *Basora Defilló v. Pico, Srio. de Hacienda*, 88 D.P.R. 1 (1963); *E.L.A. v. Fonalledas Córdova*, 84 D.P.R. 573 (1962); *Díaz Ortiz v. Fondo del Seguro del Estado*, 126 D.P.R. 32 (1990); *Alonso García v. Comisión Industrial*, 103 D.P.R. 712 (1975); *Ortiz Rodríguez v. Autoridad de las Fuentes Fluviales (A.F.F.)*, 94 D.P.R. 546 (1967); *González Rivera v. Junta de Retiro para Maestros*, 93 D.P.R. 70 (1966); y *Concepción Guzmán v. Autoridad de Fuentes Fluviales*, 92 D.P.R. 488 (1965).

[45] *Miranda v. Editorial El Imparcial, Inc.*, 99 D.P.R. 601 (1971); *Castrillo v. Maldonado*, 95 D.P.R. 885 (1968); *West India Machinery & Supply Co. v. Secretario de Hacienda*, 89 D.P.R. 115 (1962); *Central Igualdad, Inc. v. Secretario de Hacienda*, 83 D.P.R. 45 (1961); *P.P.D. v. Romero Barceló*, 111 D.P.R. 8 (1981); *Díaz de Diana v. A.J.A.S. Insurance Co.*, 110 D.P.R. 471 (1980); *Armstrong e Hijos, Sucrs., Inc. v. Ortiz Santiago*, 105 D.P.R. 634 (1977); y *Ortiz v. Cruz Pabón*, 103 D.P.R. 939 (1975).

[46] *International General Electric Co. v. Colón Delgado*, 62 D.P.R. 574 (1943); *Davis h/n/oc Best Sellers Realty v. Daubón*, 140 D.P.R. 654 (1996); *Cruz v. Sierra Maya*, Revisión, 133 D.P.R. 871 (1993).

condiciones que el tribunal sentenciador para llevar a cabo la apreciación de la prueba.[47]

§ 5121a. Cuestiones de hechos que surgen de documentos no incluidos en el apéndice

Un tribunal apelativo no debe considerar un señalamiento de error que se sustenta en la interpretación o alcance de un documento presentado en evidencia ante el TPI pero que no tiene ante sí por no haber sido incluido en el apéndice del recurso.[48] El tribunal podría, sin embargo, solicitar al TPI el envío del documento o el envío de todos los autos, para entonces considerar el error.

§ 5122. Resolución y disposición del caso

En virtud de la normativa anterior y de la que posteriormente discutiremos, al examinar cada recurso existente en particular, el tribunal de apelación está investido jurisdiccionalmente para revocar, modificar, o confirmar la sentencia recurrida, así como para devolver el caso al tribunal apelado con instrucciones para ulteriores procedimientos.

Para revocar una sentencia dictada por el TA se requiere una mayoría de los Jueces del TS que intervengan en la consideración del recurso. Regla 4(a) RTS, *Oficina de Etica Gubernamental v. Igartúa de la Rosa*, 157 D.P.R. 826 (2002).

§ 5123. Mandato

El tribunal apelativo comunica su decisión al tribunal apelado mediante lo que se conoce como el mandato. Este es el escrito que imparte o le niega efectividad a la sentencia del tribunal apelado. Una vez emitido el mandato el tribunal de apelación pierde jurisdicción sobre el caso. *Pérez Suarez, Ex Parte v. Departamento de la Familia*, 147 D.P.R. 556, 571 (1999). Pero en circunstancias muy excepcionales, e.g. la falta de jurisdicción para originalmente entender en el recurso, un tribunal de apelación puede reclamar el mandato para tomar una determinación en bien de la justicia. *Piazza Vélez v. Isla del Río, Inc.*, 158 D.P.R. 440 (2003).

---

[47] *Ortiz Ríos v. Viera*, 59 D.P.R. 358 (1941); *López v. Rexach*, 58 D.P.R. 143 (1941).

[48] *Blás Toledo v. Hospital Nuestra de la Señora de la Guadalupe, et al.*, 146 D.P.R. 267 (1998).

CAPITULO 52: CLASES DE RECURSOS

§ 5201. Recursos ante el TPI

El TPI revisa sólo seis instancias de actuaciones administrativas. Estas son:

(1) Las del Secretario de Hacienda con relación a las leyes de rentas internas, Ley Núm. 247 de 25 de diciembre de 1995, art. 5 (3 L.P.R.A. sec. 2171); 13 L.P.R.A. secs. 281-290.

(2) Las de la Comisión Estatal de Elecciones emitidas de conformidad con el art. 1.016 de la Ley Electoral, 16 L.P.R.A. sec. 3016a.

(3) Las solicitudes de la Comisión para Ventilar Querellas Municipales para suspender a un alcalde de empleo y sueldo, mientras se conducen los procedimientos ante dicha Comisión. 21 L.P.R.A. sec. 4856.

(4) Las decisiones de los funcionarios y organismos municipales. 21 L.P.R.A. sec. 4702.

(5) Los laudos de los árbitros del Negociado de Conciliación y Arbitraje del Departamento del Trabajo y Recursos Humanos, en virtud de lo acordado en los convenios colectivos del trabajo. 3 L.P.R.A. sec. 2102.

(6) Cancelaciones de licencias de escuelas de detectives privados. Ley Núm. 108 de 28 de junio de 1965, art. 25; 25 L.P.R.A. sec. 285.

Según indicamos en la sec. 5103, el TPI puede, por vía de la doctrina de la jurisdicción primaria, actuar por excepción, en torno a decisiones administrativas que vulneren derechos constitucionales mediante el uso de los remedios extraordinarios como el *mandamus* o el *injunction.* En esos casos, no estamos ante un recurso, sino ante un proceso iniciado en primera instancia.

§ 5202. Recursos ante el TA

El recurso de apelación ante el TA vehicula la revisión obligatoria de toda sentencia final de la cual se apele ante el TA, en casos originados ante el TPI.[1]

El recurso de *certiorari* ante el TA instrumenta la revisión discrecional de parte de ese tribunal de las resoluciones u órdenes del TPI en materia civil.[2]

El recurso de revisión instrumenta ante el TA la revisión obligatoria de las decisiones, reglamentos, órdenes y resoluciones de cualquier organismo administrativo de la Rama Ejecutiva del Gobierno, con excepción de los

---

[1] LJ 2003, Art. 4.006(a); Parte II RTA.

[2] LJ 2003, Art. 4.006(b); Parte IV RTA; Veáse R. 52.1, 2009 y sus limitaciones.

Registros de la Propiedad, de acuerdo con los términos y condiciones establecidas por la Ley Núm. 170 de 12 de agosto de 1988, conocida como la "Ley de Procedimiento Administrativo Uniforme."[3] A ello le exceptuamos también como lo explicaremos en el Cap. 55, *infra*, la revisión de la actuación, determinación final o resolución de la Oficina de Gerencia, de la Junta Adjudicativa, de los Municipios Autónomos con Jerarquía de la I a la V, o de un profesional autorizado según lo establece el Art. 12.1 de la *Ley para la Reforma del Proceso de Permisos de Puerto Rico*, Ley Núm. 161 de 1 de diciembre de 2009.

§ 5203. Recursos ante el TS

El recurso de *certiorari* a ser librado discrecionalmente por el TS, procede contra toda sentencia, resolución u orden emitida por el TA contra la cual no proceda el recurso de apelación,[4] y para revisar dictámenes de la Junta Revisora de Permisos y Uso de Terrenos. Funcionalmente este es el recurso de mayor importancia ante el TS.

El recurso de apelación ante el TS procede para revisar obligatoriamente una sentencia del TA en un caso civil cuando ésta haya determinado la inconstitucionalidad de una ley, resolución conjunta, resolución concurrente, de la Asamblea Legislativa o de una regla, reglamento de un organismo gubernamental, o de una ordenanza municipal.[5]

El recurso de apelación ante el TS procede obligatoriamente, cuando se plantee la existencia de un conflicto entre sentencias del TA en casos civiles apelados ante ese tribunal.[6]

El recurso de certificación procede discrecionalmente para revisar *motu proprio* o a solicitud de parte, cualquier asunto pendiente ante el TPI o el TA que plantee la existencia de un conflicto entre decisiones del TA, o cuestiones noveles de derecho o de alto interés público que incluyan una cuestión constitucional sustancial o que le sea certificado por un tribunal federal o de cualquier jerarquía apelativa estatal[7] en donde estén implicados cuestiones de derecho puertorriqueño que puedan determinar el resultado del caso.[8]

---

[3] LJ 2003, Art. 4.006(c); Parte VII RTA. El alcance de este recurso ante el TA debe interpretarse expansivamente en vista de la doctrina de la necesaria accesibilidad al foro judicial de la revisión de las decisiones administrativas que fuera objeto de nuestro comentario, en la § 5103 *ante*. Obsérvese, que si bien la vía de acceso genérica anteriormente lo era el Tribunal Superior, ahora debe serlo el TA, en vista de la competencia general que para estas revisiones le concede el legislador.

[4] LJ 2003, art. 3.002(d); Parte V, RTS.

[5] LJ 2003, art. 3.002(b); R. 17, RTS.

[6] LJ 2003, art. 3.002(c).

[7] La R. 52.2(d), 2009 adoptada por el TS y enmendada por la Ley Núm. 220 de 29 de diciembre de 2009 amplió la competencia del TS para atender autos de certificación provenientes de tribunales apelativos estatales norteamericanos y no solamente de los

A diferencia de la discreción concedida al TS para atender autos de certificación intrajurisdiccional e interjurisdiccional en virtud de la R. 52.2, 2009, el RTS y la LJ, 2003, la Ley Núm. 7 de 9 marzo de 2009, la cual declaró estado de emergencia fiscal al Gobierno de Puerto Rico, obliga su expedición por nuestro más alto foro judicial. El art. 69 de la Ley Núm. 7, *supra*, expresa que el TS "expedirá un auto de certificación a solicitud de parte para traer inmediatamente ante sí y resolver cualquier asunto pendiente ante el Tribunal de Primera Instancia o ante el Tribunal de Apelaciones cuando se plantee la validez o constitucionalidad de esta Ley especial o cualquier impugnación a la misma de cualquier naturaleza."

El recurso gubernativo procede para revisar obligatoriamente la calificación final de un documento hecha por un Registrador de la Propiedad.[9]

§ 5204. *Certiorari* clásico

Como resultado de la política legislativa de restringir el poder judicial en manos del TS evidenciada por la LJ, 1994 unos meses después de publicada la tercera edición de este libro que en esta sección postulaba la flexibilidad que permitía el *certiorari* clásico al TS para atender directamente asuntos de especial importancia pública resueltos por el TPI, la Asamblea Legislativa eliminó el *certiorari* clásico existente en Puerto Rico desde 1904. La ley que efectuó este despojo jurisdiccional sobre el TS es la Núm. 151 del 18 de diciembre de 1997. Por el valor histórico que pueda tener, reproducimos la sec. 5204 original de este libro como nota al calce a la presente.[10]

---

certificados por los foros judiciales estatales de mayor jerarquía. Esta modificación enmienda el art. 3.002 de la LJ, 2003 y la R. 25, RTS.

[8] LJ 2003, art. 3.002(e)(f); Parte VI, RTS; R. 52.2(d), 2009.

[9] LJ 2003, art. 3.002(g); Parte VII, RTS.

[10] Según señaláramos anteriormente, la jurisprudencia puertorriqueña distingue entre lo que llama el *certioriari* clásico que es el establecido con carácter genérico por la Ley de 10 de marzo de 1904, 32 L.P.R.A. secs. 3491 *et seq.* y los *certiorari* especiales que son los establecidos por distintas leyes para instrumentar la revisión de las actuaciones de determinados organismos judiciales o administrativos. Los recursos de *certiorari* para ante el TS o el TA, mencionados en las secciones anteriores, tienen el carácter de *certiorari* especiales bajo esa clasificación de la jurisprudencia puertorriqueña.

Enfoquemos ahora el *certiorari* clásico para precisar su ubicación, contorno, procedimiento y alcance bajo la LJ 1994.

El recurso de *certiorari* clásico es un auto procedente del derecho común inglés, que se hizo extensivo al ordenamiento jurídico puertorriqueño, en virtud de la Ley de Marzo 10, 1904, la que se incorporó a nuestro Código de Enjuiciamiento Civil de 1933, así como los artículos 670 a 674 (32 L.P.R.A. secs. 3491 a 3493). [Los arts. 670 a 674, codificados como 32 L.P.R.A. secs. 3491 a 3493, fueron exceptuados de derogación por la R. 72, tanto de las de 1958 como las de 1979, y hoy constituyen parte de lo que esa última denomina "Ley de Recursos Extraordinarios."] Se expedía el auto de *certiorari* a nombre del Rey; e iba dirigido a jueces o funcionarios de las cortes inferiores. Les ordenaba elevar los autos de una causa pendiente ante ellos, con el fin de que el peticionario pudiese recibir más segura y más rápida justicia, administrada por el mismo Rey o por los jueces que él pudiese designar para conocer del caso. No se concedía el auto de *certiorari,* a menos que se tratáse de revisar funciones judiciales. [*Texas Co. (P.R.), Inc. v. Junta de Comisionados*, 49 D.P.R. 934 (1936).]

Con independencia de la existencia de este recurso, en la *common law* en muchos estados de la unión norteamericana, y en el ámbito federal se configuró estatutoriamente la figura del *certiorari.* Por consiguiente, se produjeron distintos matices del recurso y hay que atenerse a la legislación concreta en cada estado que la tiene o a la federal para precisar el contenido, el alcance y el proceso relacionado con este recurso.

En Puerto Rico, el recurso fue establecido por la Ley de 10 de marzo de 1904, que confirió la facultad para expedir autos de *certiorari* al TS y al Tribunal Superior en aquellos casos en que el procedimiento adoptado no estuviera de acuerdo con las prescripciones de ley. Arts. 670, 671, CEC 1933; 32 L.P.R.A. secs. 3491, 3492.

La definición del auto, según el art. 670, es la siguiente:

"El auto de *certiorari* es un auto expedido por un tribunal superior a otro inferior, [Según esta regla, el *certiorari* clásico no procede para revisar actuaciones de organismos administrativos. *Carreras v. Comisión de la Policía Insular*, 60 D.P.R. 549 (1942).] por el cual se exige del último la remisión al primero de una copia certificada de las diligencias pendientes en el tribunal inferior o los autos de alguna causa ya terminada, en aquellos casos en que el procedimiento adoptado no esté de acuerdo con las prescripciones de la ley, y con objeto de terminar los procedimientos cuando el tribunal inferior rehusare hacerlo fundado en bases erróneas."

Hasta la decisión recaida en el caso *Pérez Segovia v. Tribunal de Distrito de San Juan*, 69 D.P.R. 4 (1948), el TS había sostenido invariablemente que el *certiorari* procedía solamente para revisar errores de procedimiento o de jurisdicción y no para corregir errores de derecho sustantivo; pero en la decisión de este caso el TS resolvió que "este tribunal tiene poder discrecional de expedir autos de *certiorari* para revisar errores cometidos por las cortes inferiores no importa la naturaleza del error imputado." Además, dispuso que quedarán revocados expresamente los casos (debió haber dicho los pronunciamientos o decisiones de los casos) que "resuelven que bajo el artículo 670 el *certiorari* procede solamente para revisar errores de procedimiento o de jurisdicción." No obstante, agrega la decisión del caso que comentamos, "las cortes deben utilizarlo con cautela y solamente por razones de peso."

La existencia de otro recurso—apelación o *certiorari* especial—para revisar la sentencia, orden o resolución, no impide como cuestión de derecho la expedición de un *certiorari* clásico pero es un factor que el tribunal tomará muy en cuenta al decidir si expide el auto o no. *García Méndez v. Corte de Distrito de Aguadilla*, 50 D.P.R. 703 (1936); *Mercado Riera v. Corte de Distrito de Ponce*, 71 D.P.R. 789 (1950); *Rodríguez Serra v. Tribunal Municipal*, 74 D.P.R. 656 (1953).

Con motivo de la creación del TA por la LJ 1994, la Ley 10 de marzo de 1904 fue enmendada por la Ley Núm. 250 de 25 de diciembre de 1995 para conferir la facultad de expedir autos de *certiorari* sólo al TS y al TA. Ello privó al Tribunal Superior de esa facultad. Esta concesión jurisdiccional fue reiterada por la Legislatura en la nueva R. 55, legislada bajo la Ley Núm. 249 de 25 de diciembre de 1995, como autoridad para expedir remedios extraordinarios, conferida por separado al *certiorari* especial que se instituye en la R. 53, 1979, según enmendada.

La facultad para expedir ese *certiorari* clásico, en el caso del TA, abre una vía paralela a la prevista en el art. 4002 de la LJ 1996 para la revisión de las actuaciones del TPI. En cuanto al TS sucede lo mismo respecto a la revisión de las actuaciones del TA, pero a la vez se abre una vía de circunvalación del TA, que permite la revisión directa de actuaciones del TPI.

Las enmiendas a la Ley de 10 de marzo de 1904 no modificaron la definición del auto de *certiorari* que se encuentra en el art. 670 del CEC 1933, 32 L.P.R.A. sec. 3491. En virtud de esta definición, el TS podría usar el auto de *certiorari* para revisar sentencias, órdenes o resoluciones del TPI, por cuanto se trata de un tribunal de inferior jerarquía al TS y la definición del auto no condiciona su ejercicio al tribunal de inmediata inferior jerarquía. [Véase *Corominas v. Alfaro*, 19 D.P.R. 581 (1913).]

Sin embargo, el uso de esa facultad no ha quedado previsto en las disposiciones relativas al *certiorari* que contienen las enmiendas efectuadas al Reglamento del TS para adecuarlo a la LJ 1994. (Parte V, RTS). Su importancia es innegable, en tanto y en cuanto expedita la revisión del TPI por el TS en materias que pueden ser de alto interés público y de necesidad apremiante pero que, por no ser de carácter constitucional, estén fuera de la vía de la certificación.

También el recurso de *certiorari* clásico permite al TS valerse del mismo para adjudicar planteamientos meritorios formulados por vía de otros recursos que no cumplen con requisitos de forma o de fondo o con los términos para ser resueltos por la vía escogida por el recurrente. *Lincoln Savings Bank v. Figueroa Ramirez*, 124 D.P.R. 388 (1989).

El *certiorari* clásico es un proceso especial, autónomo. Tiene existencia independiente del proceso judicial que resulta ser el objeto del auto de *certiorari*. Es un proceso que tiene otro proceso por objeto. Por ello el tribunal inferior se convierte en la parte demandada, pues no es el mismo proceso que continúa como ocurre con los recursos de apelación o de *certiorari* especial.

El *certiorari* clásico es un remedio de naturaleza civil, aunque puede utilizarse para lograr la revisión de una resolución en un proceso criminal.

La expedición del auto es discrecional. [*Pueblo v. Tribunal Superior*, 81 D.P.R. 904 (1960).] Debe expedirse con cautela y por razones de peso. Consecuencia de esto es, que la denegatoria del auto—que no tiene que ser fundamentada [*Pérez v. Corte de Distrito de San Juan*, 58 D.P.R. 450 (1941); *Bigio Rodriguez v. Corte de Distrito de San Juan*, 46 D.P.R. 448 (1934).]—no implica una decisión en los méritos del asunto que era objeto de la solicitud de *certiorari*. No indica la ausencia de error, sino que el tribunal no cree prudente ejercer su discreción para intervenir en ese momento. *Pueblo v. Carrión Rivera*, 111 D.P.R. 825 (1981).

Sólo aquella parte que lo haya sido en el tribunal inferior puede solicitar un auto de *certiorari* clásico del tribunal con jurisdicción para expedirlo. Pero en casos excepcionales, en que una persona que no fue parte ante el tribunal inferior es afectada por la resolución que dicte el tribunal inferior, ésta puede solicitar la expedición del auto. *Towner, Gobernador v. Corte de Distrito de San Juan*, 39 D.P.R. 505 (1929); *Amadeo v. Rossy*, 21 D.P.R. 350 (1914).

A la parte que solicita el *certiorari* clásico se le llama peticionario. La parte demandada es el tribunal inferior. [*Stiechll v. Corte Municipal de Rio Piedras*, 61 D.P.R. 519 (1943).] Debe especificarse en el título de la petición del auto el nombre del juez del tribunal inferior que dictó la resolución o sentencia cuya revisión se interesa. Esta es la práctica aprobada por el TS en el caso de *Marín v. Acosta Quintero*, 30 D.P.R. 96 (1922). El *certiorari* especial se presenta contra la parte adversa ante el tribunal inferior.

El hecho de que se designe el juez o al demandado o a la parte contraria en el otro proceso, como la parte demandada en un *certiorari* clásico en vez de al tribunal, no es un defecto sustancial y sólo da lugar a la corrección o enmienda del título del *certiorari* si el tribunal inferior acató el auto. *Marín v. Acosta Quintero*, 30 D.P.R. 96 (1922).

Los jueces recurridos rara vez comparecen a sostener su resolución o sentencia. En ocasiones lo hacen, por sí o por medio de abogado. Pero lo corriente es que el juez contra quien se presenta un *certiorari* remita al tribunal de superior jerarquía el récord del proceso y descanse en que la parte contraria en el proceso que dió lugar al *certiorari*, defienda la resolución recurrida ante el tribunal que expide el *certiorari.*

A esos efectos, la parte contraria tiene el derecho a intervenir en el proceso del *certiorari. Martínez v. Tribunal Superior*, 79 D.P.R. 453 (1956); *Rigau v. Corte de Distrito de Mayagüez*, 56 D.P.R. 209 (1940). Pero esta intervención es únicamente a los fines de sostener la corrección de las actuaciones del tribunal recurrido. No es con el propósito de obtener una resolución distinta o una modificación que le beneficie. No puede ganar nada más allá de lo que contiene la resolución llevada ante el tribunal de superior jerarquía.

La ley nunca ha fijado término para presentar la solicitud del auto de *certiorari* clásico. [*Pueblo v. Tribunal Superior*, 81 D.P.R. 904 (1960); *Torres Arzola v. Policía de P.R.*, 117 D.P.R. 204 (1986).] Se trata de un proceso autónomo, por lo cual no existe ni puede existir un término fijado dentro del proceso ordinario. Constituye una acción independiente y no hay término para presentarla. Sin embargo un recurso de *certiorari* clásico puede ser desestimado porque el peticionario haya incurrido en tardanza injustificada, [*Pueblo v. Tribunal Superior*, *supra*.] es decir, que haya dejado transcurrir un tiempo demasiado extenso entre el momento que se dictó la resolución y el momento en que se presenta la petición de *certiorari* ante el tribunal que corresponde.

El contenido de la solicitud no está reglamentado en la Ley de 10 de agosto de 1904. Esta hacía aplicable el procedimiento que dispone la ley que instituyó el hábeas corpus. Sin embargo, hay que tomar esto con mucha cautela, porque muchas de aquellas disposiciones no son de aplicación al recurso de *certiorari.* Por ejemplo, el hábeas corpus puede pedirlo cualquier persona, sin embargo el *certiorari* tiene que solicitarlo la parte que lo fue en el proceso que se va a revisar. No puede solicitarlo otra persona en nombre de ella. En un caso el abogado compareció como la parte peticionaria. [*Báez v. Corte*, 50 D.P.R. 970 (1936).] El TS resolvió que tenía que ser la parte que lo había sido en el proceso ante el tribunal inferior. El derecho de pedir, la legitimación, se lo concede la ley a la parte afectada por la irregularidad en el proceso que participa.

La Ley Núm. 250, *supra*, que enmendó la Ley de 10 de marzo de 1904 para otorgar la competencia en *certiorari* al TA además del TS y privar de ella al antiguo Tribunal Superior, ahora TPI, varió el artículo que remitía al procedimiento de hábeas corpus como el procedimiento a seguir en casos de *certiorari* y lo sustituyó por el siguiente lenguaje:

"Todos los autos de *certiorari* expedidos por cualquier tribunal, de acuerdo con las disposiciones de las secs. 3491 a 3493 de este Capítulo, llevarán estampados el sello del tribunal que los expediere, y todos los autos serán solicitados del modo y forma dispuesta por las secs. 3491 a 3493 de este Capítulo, así como por las disposiciones aplicables de la Ley de la Judicatura de Puerto Rico de 1994, por las Reglas de Procedimiento Civil y

Criminal, y por las reglas que de conformidad con tales leyes y reglas apruebe el Tribunal Supremo." 32 L.P.R.A. sec. 3493.

Lo único que ha aprobado el TS en materia de reglamentación que parece referirse al *certiorari* clásico se encuentra en la R. 20(8), RTS. Esta disposición lee como sigue:

"Cuando se trate de sentencias, decisiones, resoluciones, órdenes o providencias interlocutorias dictadas por el Tribunal de Circuito de Apelaciones para las cuales no se hubiere establecido un procedimiento específico para ser revisadas por el Tribunal Supremo, éstas podrán ser revisadas mediante el remedio extraordinario de *certiorari* y el recurso se formalizará PRESENTANDO la solicitud."

Llama la atención el hecho de que esta regla sólo se haya incluido en el Reglamento del TS y no se haya provisto algo similar en el Reglamento del TA. Además es de notar que sólo se refiere a sentencias o resoluciones del TA y no se mencionan las del TPI. Por otra parte, la reglamentación que sigue para la tramitación es la que deriva de la LJ 1994, aplicable a los *certiorari* especiales que ésta instituye, y se aparta del procedimiento del *certiorari* clásico. Todo esto me lleva a la conclusión de que el TS no ha aprobado, al día de hoy, las reglas que requiere esta disposición de ley para la tramitación del *certiorari* clásico. Considero, sin embargo, aplicables al *certiorari* clásico ciertas disposiciones de las Rs. 53 y 54 aprobadas por la Legislatura en 1995 para ajustar los procedimientos en torno a los recursos a la LJ 1994.

La petición deberá hacerse conforme a lo previsto en la R. 53.3, 1979 que, según enmendada para atemperarla a la LJ 1994, dispone:

"El escrito de *certiorari*:

"(1) especificará los nombres de las partes peticionarias;

"(2) especificará cualquier otro recurso sobre el mismo caso que esté pendiente a la fecha de radicación;

"(3) señalará el tribunal de apelación ante el cual se recurre;

"(4) especificará las citas de las disposiciones legales que establecen la jurisdicción y competencia del tribunal de apelación;

"(5) designará la sentencia, resolución u orden, o la parte de la misma, de la cual se recurre;

"(6) contendrá una relación fiel y concisa de los hechos del caso;

"(7) contendrá señalamientos y discusión de los errores que a juicio del peticionario cometió el tribunal recurrido, y

"(8) en las solicitudes de *certiorari* ante el Tribunal de Circuito de Apelaciones, el apéndice dispuesto en la Regla 54.4."

La petición deberá ser jurada. *Ortiz del Rivero v. Corte de Paz de las Piedras*, 53 D.P.R. 38 (1938). Pero el TS ha decidido que si los autos del caso son elevados al tribunal de superior jerarquía por el tribunal inferior, el defecto del juramento de la petición queda subsanado. *Pueblo v. Tribunal de Distrito de P.R.*, 74 D.P.R. 838 (1953).

Cuando se presenta la solicitud o petición de *certiorari*, el tribunal realiza un juicio preliminar altamente discrecional en relación con la solicitud. Si resuelve no entender en el mismo, lo rechaza con un simple "no ha lugar", y ahí concluye el recurso de *certiorari*.

Si decide entender en el asunto, el tribunal expide el auto que es una orden dirigida al tribunal inferior para que remita al tribunal de superior jerarquía los autos del caso para ser revisado. Esta decisión no prejuzga la controversia; sólo indica una disposición a revisar.

El auto ordena al secretario del tribunal que expida un mandamiento dirigido al tribunal inferior. Este mandamiento contendrá el sello del tribunal y, además como es un diligenciamiento judicial, estará redactado en la forma que lo dispone la sec. 10 de la Ley de Relaciones Federales. Se copia la orden del tribunal que expide el auto y se requiere que remita al tribunal inferior los autos del caso. *Ortiz del Rivero v. Corte de Paz de las Piedras*, 53 D.P.R. 38 (1938).

Este mandamiento sustituye, o viene a ser, el emplazamiento, en un proceso ordinario. Hace las veces del emplazamiento.

El auto será diligenciado por el alguacil sobre la persona del juez recurrido. Ni éste, ni la parte contraria, se enteran del proceso de *certiorari* iniciado hasta tanto se expide el auto. Si el tribunal, en el uso de su discreción, le da un "no ha lugar" a la petición, ni el juez ni la parte contraria se enteran.

La expedición del auto de *certiorari* clásico suspende todos los procedimientos que se siguen ante el tribunal inferior. *Méndez y Compañía v. Corte de Distrito de San Juan*, 57 D.P.R. 845 (1941).

¿Qué tiene que hacer el tribunal recurrido al recibir el mandamiento expedido por el secretario del tribunal de superior jerarquía?

Lo único que tiene que hacer el juez recurrido es remitir los autos del proceso que se seguía ante él al secretario que ha expedido el mandamiento.

¿Qué tiene que hacer la parte contraria?

Debe presentar un escrito donde dará cuenta que es la parte contraria o favorecida por la resolución del tribunal inferior y que interesa intervenir en el procedimiento de *certiorari*. La intervención procede de derecho y la parte interventora puede optar por acompañarla con una moción de desestimación o un escrito de oposición.

El peticionario presentará su alegato dentro de un término prorrogable de 30 días a partir de la expedición del auto (R. 54.6, 1979). La parte recurrida o la interventora presentarán el suyo dentro de un término de 30 días prorrogable también después de presentado el del peticionario.

La revisión de la resolución o sentencia del tribunal recurrido se realiza exclusivamente a base de los autos o del diligenciado, como se le llama a los autos en materia de *certiorari*. No puede presentarse prueba aliunde, prueba extraña a ese récord para sostener el recurso. *Cardona Piquet v. Juez Municipal de Aguadilla*, 41 D.P.R. 35 (1930).

La resolución final puede resolver en definitiva que no procede la solicitud del *certiorari*. En este caso, la resolución del tribunal anulará el auto expedido.

Ahora, si se determina que sí procede, entonces, lo corriente, lo usual, es anular la resolución o sentencia impugnada. Pero, sin embargo, el tribunal podrá también dictar la resolución o sentencia que corresponde. El propio juez recurrido en el *certiorari* clásico puede, a su vez, recurrir de la sentencia o resolución dictada por el TA ante el TS.

Las normas hasta aquí discutidas sobre la tramitación del *certiorari* clásico se han presentado en este apretado resumen y en esta sección de la obra por tratarse de un recurso que carece de una reglamentación especial en los reglamentos del TS, y del TA y a la vez que un recurso, cuya jurisdicción para expedirlo comparten el TA y el TS conforme a la R. 55, 1979 y a las enmiendas al art. 670 del CCE 1933 efectuadas por la Ley Núm. 250 de 25 de diciembre de 1995.

CAPITULO 53: NORMAS GENERALES SOBRE LOS TERMINOS PARA ENTABLAR LOS RECURSOS

§ 5301. En general

El procedimiento para formalizar los recursos es sumamente técnico. El principio impositivo del derecho procesal se manifiesta a plenitud. La inobservancia de los requisitos de ley o reglamentarios en casi todos los casos implica la desestimación del recurso. Sin embargo, ténganse presentes los comentarios sobre las formalidades y la justicia, hechos en la sec. 5105.

Las normas relativas a los términos sobre la tramitación de los recursos se recogen en la LJ 2003, las Rs. de 2009, los reglamentos del TS y del TA, y en las leyes especiales.

§ 5302. Cómputo de los términos para iniciar los recursos

Como regla general los términos para iniciar los recursos son de carácter improrrogable; no se pueden prorrogar ni por el tribunal revisor ni por el revisado. (R. 68.2, 2009).[1]

Se dice también, que los términos para iniciar los recursos son de carácter jurisdiccional. Significa que no son prorrogables y que un recurso iniciado fuera

---

[1] Un tribunal no puede prorrogar el plazo para la presentación de un recurso judicial bajo las disposiciones de la R. 68.2, la que se refiere a la facultad del tribunal para, por justa causa y bajo las condiciones en ella expresadas, prorrogar o reducir un término. *Maldonado v. Pichardo*, 104 D.P.R. 778 (1976).

El término para presentar en la Secretaría del TS una solicitud de revisión termina a las 5:00 p.m. del trigésimo día, a tenor con la R. 9(a) del Reglamento del Tribunal, que dispone el cierre de esa oficina. *Tim Mfg. Co. v. Shelley Enterprises, Inc.*, 107 D.P.R. 530 (1978). La vieja costumbre de presentaciones después de las 5:00 p.m., y en la residencia del Secretario, es ya inoperante. La hora que habrá de considerarse a efectos del cierre, es la del tribunal.

de término no puede considerarse por el tribunal. El hecho de que un recurso no se inicie dentro del término previsto por ley se puede plantear por las partes en cualquier momento e igualmente por el tribunal por ser cuestión de jurisdicción.[2]

Los términos para recurrir decursan a partir del archivo en autos de copia de la notificación de la sentencia[3] en los recursos de apelación ante el TA o ante el TS. En recursos de *certiorari* ante estos tribunales, el término decursa a partir de la notificación de la sentencia, resolución u orden, excepto en recursos de jurisdicción voluntaria o de *certioraris* ante el TS sobre sentencias del TA dictadas en recursos de apelación en los cuales decursa a partir del archivo en autos de copia la notificación de la sentencia.[4]

En el caso de *Figueroa Rivera v. Tribunal Superior*, 85 D.P.R. 82 (1962), se decidió que los 3 días de ampliación que concedía la R. 68.4, 1958 para el caso en que la notificación se hubiera hecho por correo no era de aplicación a los términos para elevar los recursos de apelación o de revisión. Las Reglas de 1979 incorporaron a la R. 68.3, la declaración del TS en ese caso. Su equivalente en las Reglas de 2009 mantuvo dicha normativa. De acuerdo con la la R. 52.2, 2009, el término se computa a partir del archivo en autos de la copia de la notificación de la sentencia. No se cuenta a partir de la notificación en sí. También las R. 68.3, 2009 mantuvo dicha normativa.

Si la notificación de la sentencia es enmendada, el término comienza a decursar a partir del archivo en autos de la notificación enmendada de la sentencia.[5] Cuando no hubiere simultaneidad entre la fecha del archivo en autos

---

[2] Aun cuando una parte recurrida no plantee ante el tribunal que el recurso de revisión ha sido presentado, fuera de término, toca a éste—en el ejercicio del deber de guardián de su propia jurisdicción—resolver dicha cuestión. *Sánchez v. Municipio de Cayey*, 94 D.P.R. 92 (1967).

A partir del archivo en autos de una copia de la notificación de la sentencia final, comienza a extinguirse el tiempo dentro del cual es efectiva la jurisdicción del TS para considerar casos civiles en apelación o revisión. *López Rivera v. Autoridad de Fuentes Fluviales*, 89 D.P.R. 414 (1963).

[3] Ver Sec. 4104, *ante*.

[4] El punto de partida, tanto para pedir una moción de reconsideración, como para presentar un escrito de apelación o solicitar un recurso de revisión es el mismo, esto es, la fecha del archivo en los autos de una copia de la notificación de la sentencia. *López Rivera v. Autoridad de Fuentes Fluviales*, 89 D.P.R. 414 (1963). Véase también *Sánchez v. Municipio de Cayey*, 94 D.P.R. 92 (1967).

[5] *Rodríguez Mora v. García Lloréns*, 147 D.P.R. 305 (1998). En *Moreno González v. Cooperativa de Ahorro y Crédito de Añasco*, 2010 T.S.P.R. 17, el TS resolvió mediante sentencia que la notificación de una resolución que no contenga la advertencia del derecho que tiene la parte a recurrir no constituye una notificación defectuosa que impida que comience a transcurrir el término jurisdiccional para instar un recurso de apelación. Véase, también, *Vélez Seguinot v. Autoridad de Acueductos y Alcantarillados de P.R.*, 164 D.P.R. 772 (2005). De otra parte, en *Sanchez Torres, et als. v. Hospital Dr. Pila, et als.*, 158 D.P.R. 255 (2002), el TS determinó "que una notificación verbal en corte abierta de una determinación interlocutoria del Tribunal de Primera Instancia en un caso

de una orden, resolución o sentencia y la fecha de depósito en el correo, esta última es el punto de origen para el decurso del término.[6] Esta disposición se aplica también a la notificación de los dictámenes de agencias administrativas. *Hospital Dr. Domínguez Inc. v. Ryder Memorial Hospital Inc.*, 161 D.P.R. 341 (2004).

Si la notificación se efectúa de forma incorrecta, como por ejemplo, enviarla al abogado de la parte afectada a una dirección errónea, la misma es ineficaz en derecho. El término comenzará a decursar cuando se notifique al abogado a su dirección correcta.[7]

Las demás disposiciones de la R. 68, 2009 que ya vimos en relación con el cómputo de términos son aplicables al cómputo del término para la apelación. Por ejemplo, no se cuenta el día en que se realizó el acto, es decir, en que se archiva la copia de la notificación. Si el último día es sábado, domingo o día de fiesta legal, el plazo se extiende hasta el fin del próximo día que no sea sábado, domingo o día de fiesta legal.

En virtud de la R. 48 RTS, los plazos de treinta (30) días vencen a las cinco de la tarde del último día. En el caso de *Misión Industrial de P.R., Inc. v. Junta de Planificación*, 142 D.P.R. 656 (1997), se resolvió que el TS carece de jurisdicción para considerar un recurso presentado a las 5:12 de la tarde del último día.

§ 5302a. Cómputo del término para notificar los recursos

Los recursos tienen que notificarse dentro del término dispuesto para presentarlos ante el tribunal *a quo*. Este es un requisito jurisdiccional. *Medina Garay, supra*. La notificación que se efectúa por correo certificado se presenta dentro del término si es puesta al correo antes de vencer el mismo. En otras palabras, para los efectos del cómputo del término, la notificación no tiene lugar cuando se recibe.[8]

La práctica más aconsejable es notificar simultáneamente con la presentación. *Coss Iglesias v. Hospital Interamericano de Medicina Avanzada*, 159 D.P.R. 53 (2003).

---

civil no constituye la notificación que se requiere para activar el plazo dispuesto por ley para interponer una moción de reconsideración o un recurso de *certiorari* ante el Tribunal de [Apelaciones]. La notificación que activa estos términos tiene que constar por escrito y dicho escrito tiene que ser notificado a las partes."

[6] R. 68.3, 2009; *Souffront Cordero, et al. v. Autoridad de Acueductos y Alcantarillados, et al.*, 164 D.P.R. 663 (2005); *Hospital Dr. Dominguez, Inc. v. Ryder Memorial Hospital, Inc.*, 161 D.P.R. 341 (2004); *Jorge E. Martínez, Inc. v. Abijoe Realty Corp.*, 151 D.P.R. 1 (2000); *García Claudio v. García Guevara*, 145 D.P.R. 659 (1998).

[7] *Rodríguez Mora v. García Lloréns*, 147 D.P.R. 305 (1998).

[8] *Martínez Martínez v. Departamento del Trabajo*, 145 D.P.R. 588 (1998).

§ 5303. Interrupción del término para recurrir

La R. 52.2, 2009, nos indica las mociones que, presentadas ante el tribunal que dictó la sentencia, interrumpen el término para recurrir de la misma. Esta regla debe interpretarse estrictamente y no se pueden incluir, por analogía, otras mociones que no sean las que se enumeran en dicha regla.

La regla distingue entre las mociones que interrumpen el término para apelar ante el TA, o para presentar *certiorari* ante dicho tribunal. Igualmente dictamina sobre la interrupción del término para apelar o presentar *certiorari* ante el TS contra sentencias del TA.

§ 5304. Interrupción del término para apelar ante el TA de una sentencia del TPI

Las mociones que interrumpen el término para apelar de una sentencia del TPI ante el TA son:

(1) La moción para realizar enmiendas o hacer determinaciones adicionales de conformidad con lo que provee la R. 43.1, 2009. Esa moción hay que presentarla dentro de un término de 15 días.

(2) La moción de nuevo juicio, que hay que presentarla dentro del término de 15 días o de 30 días, según la naturaleza de los fundamentos de la moción de nuevo juicio.

(3) La moción de reconsideración bajo la R. 47, 2009, la cual tiene que presentarse dentro de un término de 15 días.

Estas son las tres únicas mociones que interrumpen el transcurso del término de apelación del TPI al TA (R. 52.2(e), 2009). El contenido en vez de la denominación de estas mociones es lo que surte efectos en cuanto a la interrupción del término.[9]

Las mociones bajo la R. 49, 2009, no interrumpen este término.

La interposición de subsiguientes mociones solicitando determinaciones de hechos y conclusiones cuando el propósito es tener una segunda oportunidad de lograr lo que no se pudo en una primera moción, no interrumpe el término de apelación. *Carattini v. Collazo Systems Analysis Inc.*, 158 D.P.R. 345 (2003). El término comenzará a contar de nuevo cuando se notifica y archiva en autos copia de la notificación de la resolución que declara con lugar la moción para enmiendas o determinaciones adicionales o que la deniega o cuando se dicta sentencia enmendada (Rs. 43.2; 52.2(e)(1), 2009).

En cuanto a la moción de nuevo juicio el término se interrumpe por la presentación de la moción y comienza a contar de nuevo a partir del archivo en autos de copia de la notificación de la resolución que deniega la moción de nuevo juicio. Naturalmente, si se declara con lugar la moción, no se vuelve a contar otro

---

[9] *Andino v. Topeka, Inc.*, 142 D.P.R. 933 (1997). Véase, también, *García Hernández v. Hormigonera Mayaguezana, Inc.*, 2007 T.S.P.R. 149.

término para recurrir, ya que entonces se concederá un nuevo juicio y se recurrirá de la sentencia que en él recaiga.

En cuanto a la moción de reconsideración, la R. 47, 2009, dispone que la presentación de esta moción interrumpe el término siempre que se cumpla con los requisitos de fondo que establece la propia regla. Como indicáramos en la sec. 4603, *ante*, la resolución que declara la moción de reconsideración "sin lugar" debe fundamentarse de forma que pueda distinguirse de la resolución que declara "sin lugar" la moción una vez el juez la haya considerado en sus méritos, la cual interrumpe el término, de la que declara "sin lugar" por no haber cumplido con los requisitos de fondo, la cual no interrumpe. Comenzará a contar un nuevo término, cuando se archive en autos copia de la notificación de la resolución que recaiga si la moción cumple con los requisitos de fondo.

Según vimos anteriormente, de una sentencia pueden recurrir ambas partes. Los términos para recurrir son los mismos que si recurriera una sola parte. Ambas partes tienen que presentar su recurso dentro de los mismos 30 días. Por el hecho de que una parte presentó su recurso a los 5 días la otra parte no tiene un plazo de 35 días para recurrir de la sentencia. Sólo tiene el mismo plazo de 30 días. Sin embargo, si el término para recurrir se interrumpe por una moción presentada por una de las partes, el término queda interrumpido en beneficio de todas las partes (R. 52.2(h), 2009). Esta norma es aplicable a la interrupción del término de cualquier recurso ante el TA y el TS.

El recurso hay que presentarlo dentro del término que proveen las reglas. No se puede presentar ni después de vencido el término, ni antes de que comience a correr, porque hasta que no se archive en autos copia de la notificación de la sentencia, ésta no es final. Hay que presentar el recurso dentro de los dos polos que componen este término: el archivo en autos de la copia de notificación de sentencia y el día número 30 computado de acuerdo con la R. 68, 2009.

§ 5305. Interrupción del término para solicitar *certiorari* de una resolución del TPI ante el TA

El término para solicitar un *certiorari* de los previstos en el art. 4.006, LJ 2003 y permitidos bajo la R. 52.1, 2009, para revisar una resolución del TPI por el TA sólo se interrumpe mediante la presentación y consideración de una moción de reconsideración bajo la R. 47 (R. 52.2(g), 2009).

Una moción para determinaciones de hechos y conclusiones de derecho adicionales no interrumpe el término para solicitar la revisión de resoluciones.[10]

§ 5306. Interrupción del término para apelar o solicitar *certiorari* de una sentencia o resolución del TA ante el TS

El término para revisar ante el TS, bien por vía de apelación o por vía de *certiorari*, una sentencia o resolución del TA se interrumpe por la presentación

[10] *Figueroa Hernández v. Del Rosario Cervoni*, 147 D.P.R. 121 (1998).

de una moción de reconsideración ante el TA y comienza a contar de nuevo al archivarse en autos copia de la notificación de la resolución del TA resolutoria de la moción de reconsideración. Rs. 47 y 52.2(e)(4); 52.2(f), 2009; R. 84(A), RTA.

La mera presentación de una moción de reconsideración ante el TA interrumpe el término para recurrir de la sentencia ante el TS.[11] Mientras el TA no resuelva la moción de reconsideración, es prematuro un recurso de alzada al TS el cual tendrá que desestimarlo por falta de jurisdicción.[12]

§ 5307. Términos de cumplimiento estricto

En materia de recursos el legislador denomina ciertos términos como de cumplimiento estricto, *e.g.*, el término para notificar a la secretaría del tribunal recurrido un recurso presentado ante el tribunal de apelación. El término de cumplimiento estricto no decursa fatalmente como el término jurisdiccional. Si se acredita ante el tribunal apelativo la existencia de justa causa para que éste autorice el cumplimiento tardío, el tribunal puede permitirlo. Pero si no se acredita la justa causa el tribunal no puede relevar a la parte del cumplimiento con el término, y procede la desestimación del recurso.[13]

No es con vaguedades, excusas o planteamientos estereotipados que se cumple con el requisito de justa causa, sino con explicaciones concretas y particulares debidamente evidenciadas que le permitan al tribunal concluir que la tardanza o demora estuvo justificada.[14]

---

[11] La disposición de la R. 47, 2009 sobre los requisitos de fondo no aplica a las mociones de reconsideración ante el TA.

[12] *Hernández v. Marxuach Construction Co.*, 142 D.P.R. 492 (1997). Véase también, *Szendrey v. F. Castillo Family Properties, Inc., et al.*, 169 D.P.R. 873 (2007).

[13] *Johnson & Johnson International Inc. v. Municipio de San Juan*, 2007 T.S.P.R. 226; *García Ramis v. Serralles Porrata-Doria y otros*, 171 D.P.R. 250 (2007); *Arriaga Rivera v. Fondo del Seguro del Estado*, 145 D.P.R. 122 (1998); *Banco Popular de P.R. v. Municipio de Aguadilla*, 144 D.P.R. 651 (1997).

[14] *Córdova Ramos v. Larín Herrera*, 151 D.P.R. 192 (2000); *Pueblo v. Pérez Suárez*, 146 D.P.R. 665 (1998).

CAPITULO 54: PROCEDIMIENTO PARA LOS RECURSOS ANTE EL TPI

§ 5401. En general

Los recursos ante el TPI provienen de seis organismos administrativos, a saber: el Departamento de Hacienda, la Comisión Estatal de Elecciones, la Comisión para Ventilar Querellas Municipales, los Municipios el Negociado de Conciliación y Arbitraje del Departamento del Trabajo y Recursos Humanos y la Policía de Puerto Rico en casos de cancelaciones de licencias de escuelas de detectives privados.

Esto queda determinado así por las secciones 1.3 y 4.1 de la Ley de Procedimiento Administrativo Uniforme del Estado Libre Asociado de Puerto Rico (L.P.A.U.). 3 L.P.R.A. secs. 2101 y 2171, la cual establece los organismos administrativos que deben seguir el trámite uniforme de revisión previsto en dicha ley ante el TA. La L.P.A.U. excluye ciertos organismos de su ámbito de aplicación. La revisión de las decisiones de estos organismos está prevista en sus leyes especiales o precisadas por la jurisprudencia, como es el caso de los laudos de los árbitros del Negociado de Conciliación y Arbitraje del Departamento del Trabajo y Recursos Humanos.

La normativa relativa a los recursos ante el TPI, por estar los organismos decisorios excluidos de la aplicación de la Ley de Procedimiento Administrativo Uniforme y no estar determinada por leyes especiales, como la relativa a las determinaciones del Secretario de Hacienda, se encuentra en las Reglas para el Procedimiento de Revisión de Decisiones Administrativas ante el Tribunal Superior (1989). Estas reglas fueron adoptadas por el TS en virtud de su facultad inherente para reglamentar los procedimientos judiciales y de una autorización especial contenida en la sec. 4.4 de la Ley de Procedimiento Administrativo Uniforme de 1988. Las mismas aparecen como "omitidas" en el título 4 Apéndices de L.P.R.A. (2002). La razón que se ofrece es que se ha hecho porque ya no existe el Tribunal Superior. Discrepo de esto porque la jurisdicción revisoria que correspondía al Tribunal Superior ahora corresponde al TPI y si estas reglas se suprimen no hay procedimiento establecido para los recursos objeto de este capítulo.

§ 5402. Recurso para la revisión de las decisiones del Departamento de Hacienda

La revisión por el TPI de las decisiones del Departamento de Hacienda en casos de contribuciones sobre herencias o donaciones, sobre ingresos, arbitrios, sobre enriquecimiento injusto, seguro social y reintegros, se tramitan mediante la presentación de una demanda bajo las reglas de Procedimiento Civil vigentes, contra el Secretario de Hacienda, dentro del término de treinta días a partir de la fecha de la notificación de la determinación del Secretario, 13 L.P.R.A. sec. 286. La sala del TPI que atenderá el caso será aquella que tenga la competencia territorial de acuerdo con la naturaleza de las contribuciones y la R. 3, 2009.

Para poder presentar la demanda, el contribuyente viene obligado a afianzar la contribución. Tanto el término de treinta días como el afianzamiento de la contribución son requisitos indispensables para que el TPI pueda ejercer su competencia revisoria.

El Secretario viene obligado a contestar dentro de un término de treinta días (13 L.P.R.A. sec. 286), luego de lo cual, se celebra una vista donde se presentan las pruebas correspondientes. Se trata, pues, de un nuevo juicio, no de una revisión en función de los autos. Por consiguiente, no le son aplicables las reglas para el procedimiento de revisión de decisiones administrativas ante el Tribunal Superior (1989). 4-A L.P.R.A. Ap. VIII-B, Reglas para el Procedimiento de Revisión de Decisiones Administrativas ante el Tribunal Superior.

La sentencia que dicte el TPI tiene trámites de apelación ante el TS previstos en la legislación contributiva. 13 L.P.R.A. sec. 289.

Si el término de treinta días para presentar la demanda ha expirado, el contribuyente tiene la opción de proceder al pago de la contribución y solicitar reintegro. De serle denegado el reintegro puede, entonces, dentro del término de cuatro años a partir de la denegatoria, presentar la demanda y proceder en la forma antes dicha.[1]

---

[1] Sobre las disposiciones jurídicas que gobiernan los recursos ante el TPI frente a las determinaciones del Secretario de Hacienda, véase 13 L.P.R.A. secs. 261-290. Estos recursos que se tramitan ante el TPI mediante demandas y siguen, en lo aplicable, las Reglas de Procedimiento Civil, tienen todos procedimientos de apelación ante el TS previstos en su legislación especial.

Las disputas sobre contribuciones de la propiedad mueble e inmueble estaban anteriormente sujetas al procedimiento antes descrito. Sin embargo, las competencias administrativas en torno a estas contribuciones fueron transferidas al Centro de Recaudación de Ingresos Municipales (CRIM), por las Leyes Núms. 80 y 83 de 30 de agosto de 1991, por lo cual los recursos sobre las determinaciones en cuanto a las mismas se gobiernan por la Ley de Procedimiento Administrativo Uniforme (3 L.P.R.A. secs. 2101, *et seq.*). Por consiguiente, el recurso para revisarlas es el de revisión ante el TA.

§ 5403. Recurso para la revisión de las decisiones de la Comisión Estatal de Elecciones

Las decisiones de la Comisión Estatal de Elecciones son revisables por el TPI, mediante el recurso especial de revisión que tipifica el art. 1.016 de la Ley Electoral de Puerto Rico.

El escrito de revisión debe presentarse por la parte afectada por la resolución, determinación, u orden de la Comisión dentro de los diez días siguientes a la notificación de dicha determinación ante la secretaría del TPI siendo dicho término de carácter jurisdiccional.[2] La competencia territorial de la sala del TPI se determinará conforme a la R. 3, 2009.

La parte promovente tiene la obligación de notificar copia del escrito de revisión a la Comisión Estatal y a cualquier parte afectada.

El tribunal celebrará una vista en su fondo en la cual recibirá evidencia. Al igual que en el recurso contra las determinaciones contributivas del Secretario de Hacienda, en este recurso contra las determinaciones de la Comisión Estatal de Elecciones también se celebra un nuevo juicio a nivel revisorio.[3]

Sin embargo, las Reglas de Procedimiento Civil no se le pueden aplicar en su totalidad, por tratarse de un procedimiento sumario que el tribunal viene obligado a resolver, dentro del plazo de veinte días a partir de la presentación de la solicitud de revisión. Esto es así por la dinámica muy particular del proceso electoral impuesta por la inexorable celebración de elecciones o primarias en determinada fecha.

Tal es así que el art. 1.016 de la Ley Electoral dispone que cuando la decisión de la Comisión Estatal de Elecciones se produce dentro de los treinta días anteriores a un evento electoral, el término para presentar el escrito de revisión será de veinticuatro horas, a partir de la notificación y el término del tribunal para resolver el recurso, será de cinco días, luego de sometido el caso. Todavía hay más: Si la determinación se produce dentro de los cinco días previos a la

---

[2] Art. 1.016, Ley Núm. 4 de 20 de septiembre de 1977, según enmendada. La R. 68.3, 2009 no es aplicable para extender por tres días dicho término. *Frente Unido Independentista v. C.E.E.*, 126 D.P.R. 309 (1990); ver también *López Rosas v. C.E.E.*, 161 D.P.R. 527 (2004).

[3] *Id.* Véase también *Partido Nuevo Progresista (PNP) v. Rodríguez Estrada*, 123 D.P.R. 1 (1988), y *Miranda v. C.E.E.*, 141 D.P.R. 775 (1996).

elección, el recurso deberá resolverse no más tarde del día siguiente a su presentación.

Todos los términos antes mencionados son mandatorios, por disposición expresa de la ley.

La Ley Electoral en su art. 1.019 exime, en los recursos para revisar las decisiones de la Comisión Electoral, del pago de las costas judiciales y también de los sellos de bastanteo del Colegio de Abogados.

Según veremos más adelante, la revisión de una sentencia del TPI—la cual debe formular determinaciones de hecho y de derecho—en un recurso contra una decisión de la Comisión Estatal de Elecciones se lleva a cabo por el TA mediante el auto de *certiorari*, R. 41, RTA.

§ 5404. Recurso para la revisión de las determinaciones de separar a un alcalde de su puesto, pendiente la tramitación de la querella ante la Comisión para Ventilar Querellas Municipales

La Comisión para Ventilar Querellas Municipales es una comisión creada bajo la Ley de Municipios Autónomos, 21 L.P.R.A. sec. 4851, para entender en las querellas contra cualquier alcalde, o funcionario municipal. El art. 18.006 de dicha ley, 21 L.P.R.A. sec. 4856, dispone, que una vez presentados y notificados los cargos al alcalde, si la comisión determina que el interés público así lo requiere, podrá acudir a la Sala de San Juan del TPI, dentro de un término no mayor de veinte días, cuando la magnitud de los cargos imputados requiera la suspensión de cargo y sueldo del alcalde mientras se conducen los procedimientos administrativos ante la comisión.

Este recurso se denomina por el mencionado artículo como "Procedimiento Especial". En efecto es muy especial, porque se trata de una determinación mixta que formula por una parte la Comisión para Ventilar Querellas Municipales y por otra parte, el propio TPI, que tiene que llegar a conclusiones propias muy particulares expresamente requeridas por ley para suspender al alcalde.

La Ley de Municipios Autónomos no provee ni para la contestación de parte del alcalde a la solicitud de la comisión, ni para una vista evidenciaria. Pero en virtud de las conclusiones que tiene que formular el tribunal para tomar su determinación y del debido proceso de ley, tanto la contestación como la vista son imprescindibles. Por ello, entiendo que las Reglas de Procedimiento Civil de 2009 son supletorias y aplicables en la medida prudente y necesaria a este procedimiento. Las Reglas para el Procedimiento de Revisión de Decisiones Administrativas ante el Tribunal Superior (1989) no serían aplicables en tanto y en cuanto las mismas proveen para una revisión en función de los autos ante el organismo administrativo.

El mencionado art. 18.006 sí provee para que el alcalde afectado por una sentencia adversa pueda recurrir de la misma. Como veremos más adelante, este recurso se da ahora ante el TA.

El art. 18.007 de la mencionada Ley de Municipios Autónomos provee para la determinación final de la comisión, que puede implicar la destitución del alcalde. Sin embargo, no se provee para la revisión de esta determinación por el TPI, lo cual podría permitir la revisión mediante un nuevo juicio. En ausencia de una disposición especial en ese sentido, el recurso para revisar la decisión final de la comisión destitutoria un alcalde, viene a ser el recurso de revisión ante el TA, previsto en el art. 4.006(c) de la LJ 2003.

§ 5405. Recurso para la revisión de las decisiones de los Municipios

El art. 15.002 de la Ley de Municipios Autónomos, 21 L.P.R.A. secs. 4702, establece que el TPI entenderá y resolverá con exclusividad a instancias de la parte perjudicada, sobre los siguientes asuntos:

"(a) Revisar cualquier acto legislativo o administrativo de cualquier funcionario u organismo municipal que lesione derechos constitucionales de los querellantes o sea contrario a las leyes de Puerto Rico.

"(b) Suspender la ejecución de cualquier ordenanza, resolución, acuerdo u orden de la Asamblea, del alcalde, de la junta de subastas o de cualquier funcionario del municipio que lesione derechos garantizados por la Constitución del Estado Libre Asociado de Puerto Rico o por las leyes estatales.

"[...]

"En los casos contemplados bajo los incisos (a) y (b) de esta sección, la acción judicial sólo podrá instarse dentro de los veinte (20) días siguientes a la fecha en que el acto legislativo o administrativo se haya realizado o que la ordenanza, resolución, acuerdo u orden se haya promulgado o comunicado a la parte querellante a menos que se disponga otra cosa por ley."

Las Reglas para el Procedimiento de Revisión de Decisiones Administrativas ante el Tribunal Superior (1989), *supra*, gobiernan el procedimiento para la tramitación de este recurso. El término para presentarlo, sin embargo, está dispuesto en la Ley de Municipios Autónomos, y como señaláramos anteriormente, es de veinte días.

El recurso se presentará en la sala del TPI correspondiente al lugar donde se esté desarrollando o se haya llevado a cabo la actividad o incidente que hubiera dado lugar a la controversia. Si la actividad o incidente se está desarrollando o hubiera ocurrido en más de un distrito judicial, se podrá presentar el recurso en cualquiera de las salas ubicadas en tales distritos judiciales (R. 2, RPRDATS).

La Ley de Municipios Autónomos en sus Capítulos 13 y 14 provee para la delegación de competencia de los organismos estatales al municipio. Al tomar una decisión un funcionario o una oficina municipal, en virtud de una competencia delegada, surge la pregunta sobre cuál es el recurso apropiado para la revisión de la misma. El art. 14.005(f) de la Ley de Municipios Autónomos, Ley Núm. 81 del 30 de agosto de 1991, exige que en el Convenio de Delegación se provea sobre esto. Asumiendo que nada se provee en el convenio de delegación de competencias, me inclino a creer que el recurso apropiado es el que está previsto en el antes mencionado art. 15.002 de la Ley de Municipios Autónomos para recurrir ante el TPI. Ello es así puesto que una vez delegada la competencia, el ejercicio de autoridad tiene carácter municipal y la decisión de un caso concreto no es una que haya seguido el proceso administrativo a nivel de la agencia estatal. Tampoco es una que se emita en nombre de dicha agencia.[4]

§ 5406. Recurso para la revisión de los laudos del Negociado de Conciliación y Arbitraje del Departamento del Trabajo y Recursos Humanos

Los laudos[5] emitidos en función de un convenio colectivo por los árbitros del Negociado de Conciliación y Arbitraje del Departamento del Trabajo y Recursos Humanos son revisables, mediante el recurso de revisión, ante el TPI.[6]

El recurso para impugnar un laudo de arbitraje obrero-patronal no se rige por el trámite procesal común y corriente de las acciones civiles ordinarias, gobernadas por las Reglas de Procedimiento Civil, sino por el trámite correspondiente a un recurso de revisión.[7]

El recurso debe presentarse dentro del término—improrrogable—de 30 días a partir de la fecha en que el Negociado archive en autos copia de la notificación del laudo de arbitraje.[8]

El recurso se presentará en la sala del TPI correspondiente al lugar donde se esté desarrollando o se haya llevado a cabo la actividad o incidente que hubiera dado lugar a la controversia. Si la actividad o incidente se está desarrollando o hubiera ocurrido en más de un distrito judicial, se podrá presentar el recurso en cualquiera de las salas ubicadas en tales distritos judiciales (R. 2, RPRDATS).

No es permisible la impugnación judicial de un laudo de arbitraje vía el procedimiento ordinario de un juicio plenario, independientemente de que se hubiera estipulado o no que el laudo fuera emitido conforme a derecho. Tampoco lo es el uso de los medios de descubrimiento de prueba dentro del proceso de revisión.[9]

---

[4] Sin embargo, sobre las competencias de ordenación o permisos, véase el Art. 13.016 de la citada Ley de Municipios Autónomos y 23 L.P.R.A. sec. 72c.

[5] Art. XV Reglamento para el Orden Interno de los Servicios de Arbitraje del Negociado de Conciliación y Arbitraje del Departamento del Trabajo y Recursos Humanos de Puerto Rico, 21 de enero de 1983, según enmendado.

[6] *Corporación de Crédito y Des. Com. y Agrícola v. Unión Gen. de Trabajadores*, 138 D.P.R. 490 (1995). Véase LJ 2003 Art. 4.006(c); Ley de Procedimiento Administrativo Uniforme del Estado Libre Asociado de Puerto Rico, sec. 1.3(a)(7), 3 L.P.R.A. sec. 2101.

[7] *Unión de la Industria Licorera de Ponce v. Destilería Serrallés, Inc.*, 116 D.P.R. 348 (1985).

[8] *Unión General de Trabajadores v. Challenger Caribbean Corp.*, 126 D.P.R. 22 (1990).

[9] *Unión de la Industria Licorera de Ponce v. Destilería Serrallés, Inc., supra*; *Corporación de Crédito y Des. Com. y Agrícola v. Unión Gen. de Trabajadores, supra.*

Las Reglas para el Procedimiento de Revisión de Decisiones Administrativas ante el Tribunal Superior (1989), que se discutirán en la próxima sección, establecen el procedimiento aplicable para el recurso de revisión de un laudo emitido de conformidad con un convenio colectivo por un árbitro del Negociado de Conciliación y Arbitraje del Departamento del Trabajo y Recursos Humanos.

No debe confundirse este recurso, aplicable a laudos que provienen de convenios colectivos sobre relaciones obrero-patronales, con el procedimiento especial para poner en vigor los laudos emitidos bajo la ley de arbitraje comercial, el cual está reglamentado como un proceso sumario especial—no un recurso—por la Ley Núm. 376 de 8 de mayo de 1951 (32 L.P.R.A. sec. 3202).

§ 5407. Recurso para la revisión de decisiones de la Policía en casos de cancelación de licencias de escuelas y detectives privados

La Ley de Detectives Privados de Puerto Rico, Ley Núm. 108 de 29 de junio de 1965, 25 L.P.R.A. sec. 285 *et seq*., en su art. 25, dispone para la revisión de la determinación del Superintendente de la Policía de Puerto Rico de cancelaciones de licencias para el establecimiento y operación de escuelas de detectives privados. El art. 25 establece que la parte afectada por la determinación podrá solicitar una vista administrativa para oponerse a la decisión del Superintendente y luego, si aún la decisión le fuera adversa, solicitar reconsideración. Si tal reconsideración le fuere denegada el peticionario podrá recurrir ante la Sala del TPI que corresponda a la residencia del recurrente con una petición de revisión dentro de los veinte días siguientes a la fecha en que se le hubiere notificado la denegación de la reconsideración administrativa. Copia de la petición al TPI en la que se solicita la revisión de la decisión administrativa, le será notificada al Superintendente quien elevará al tribunal, en el plazo que éste fije, el expediente del procedimiento administrativo, incluyendo la transcripción del récord taquigráfico de la vista, sin costo para el recurrente [...] (25 L.P.R.A. sec. 285x). En *Ranger American of P.R. v. Loomis Fargo & Co. Of P.R.*, 171 D.P.R. 650 (2007), el TS resolvió que el procedimiento para la revisión (juicio *de novo*) que establece la Ley de Detectives Privados de Puerto Rico le es aplicable a un tercero a quien se le desestima una querella, o solicitud análoga, presentada para impugnar la concesión de una licencia.

§ 5408. Disposiciones de carácter general para el recurso de revisión ante el TPI contenidas en las Reglas para el Procedimiento de Revisión de Decisiones Administrativas ante el Tribunal Superior (1989)

A tenor con el análisis efectuado en las secciones anteriores, las Reglas que establecen el recurso de revisión para decisiones administrativas ante el TPI, son solamente aplicables a las revisiones de las decisiones de organismos o funcionarios municipales y a las de los árbitros del Negociado de Conciliación y Arbitraje al poner en vigor, a través de sus laudos, lo dispuesto en los convenios colectivos que reglamentan las relaciones obrero-patronales.

En aquellos casos en que aplican las mencionadas reglas, la Sala del TPI que atenderá el recurso será la del lugar donde se esté, se planee o se haya llevado a cabo la actividad o incidente que hubiera dado lugar a la controversia (R. 3, RPRDATS).

El recurso de revisión deberá ser presentado y recibido en la secretaría del TPI, dentro del término jurisdiccional dispuesto por ley (R. 4, RPRDATS). La secretaría del tribunal asignará el número de presentación al recurso. El recurrente notificará personalmente o por correo certificado con acuse de recibo, la copia del recurso a la parte recurrida, dentro del término dispuesto por ley para la presentación del recurso (R. 7, RPRDATS).

El término que a mi entender gobierna la solicitud del auto de revisión para las determinaciones municipales, es el de veinte días que provee la Ley de Municipios Autónomos, no el de treinta días provisto por la Ley de Procedimiento Administrativo Uniforme. La primera de estas leyes es una ley especial, aprobada con posterioridad a la segunda.

La solicitud de revisión deberá contener los nombres de las partes ante la agencia administrativa, identificarlas con la designación que tenían ante la agencia y agregar el carácter de recurrente o recurrido para fines del recurso. Si se trata de una ordenanza o reglamento municipal que es objeto de la impugnación, se designará al municipio como recurrido (R. 5, RPRDATS).

La solicitud contendrá una referencia a la resolución, orden, reglamento o providencia administrativa de la cual se recurre, la fecha en que se archivó en autos, copia de la notificación a las partes, la fecha en que se presentó la moción de reconsideración ante la agencia y todas las fechas posteriores en que ocurrieron eventos que puedan afectar lazos jurisdiccionales; contendrá también una relación breve y objetiva de los hechos pertinentes, un señalamiento breve y conciso de los errores o de las cuestiones de derecho planteadas y una discusión por separado de los mismos (R. 5, RPRDATS).

La solicitud debe estar acompañada por un apéndice, que incluirá los siguientes documentos: la orden, resolución o reglamento cuya revisión se solicita; las alegaciones de las partes ante la agencia; la moción de reconsideración presentada; la decisión de la agencia resolutoria de la reconsideración, y cualquier otra resolución pertinente (R. 5, RPRDATS).

La parte recurrida tiene quince días para presentar su oposición a la expedición del auto, contados a partir de la fecha en que se le envió la notificación del recurso (R. 8, RPRDATS).

Cuando, a los fines de expedir el auto o para resolverlo, cualquiera de las partes interesare acompañar una copia total o parcial de la transcripción de evidencia y fuera necesario que el tribunal concediera tiempo para hacer la transcripción o formular una exposición narrativa de la prueba, el recurrente solicitará el correspondiente permiso del tribunal. De lo contrario, el caso será considerado y resuelto a base del expediente administrativo (R. 9, RPRDATS).

Las Reglas para el Procedimiento de Revisión de Decisiones Administrativas ante el TPI, 4 L.P.R.A. Ap. VIII-B,[10] contienen numerosos pormenores además de las normas generales de este recurso, que son las antes descritas. Así mismo, contienen disposiciones sobre las formas de los escritos, el legajo en revisión, alegatos, mociones de desestimación, vistas, mociones de reconsideración, y mandatos que deben examinarse para una inteligencia completa y cabal de este recurso.

---

[10] Ver comentario sec. 5401, *ante*.

CAPITULO 55: PROCEDIMIENTO PARA LOS RECURSOS ANTE EL TA

SECCIÓN

5501. Introducción
5502. Competencia de los paneles del TA
5503. Recurso de apelación ante el TA
5504. —Formalización del recurso de apelación ante el TA
5505. —Notificación del escrito de apelación a las partes
5506. —Término para presentar el recurso de apelación ante el TA
5507. —Contenido del escrito de apelación ante el TA
5508. —La elevación de la prueba oral en los recursos de apelación ante el TA
—Transcripción de la prueba oral
—Exposición estipulada
—Exposición narrativa
5509. —Alegato de la parte apelada ante el TA
5510. —Apelaciones conjuntas o consolidadas ante el TA
5511. —Legajo o expediente en apelación ante el TA
5512. —Documentos para discutir una moción preliminar ante el TA
5513. —Efecto de la presentación del escrito de apelación
5514. —Decisión del TA en apelación
5515. Recursos de *certiorari* ante el TA
5515a. Limitaciones a la expedición del recurso de *certiorari* para revisar órdenes y resoluciones interlocutorias
5516. —Formalización del recurso de *certiorari* ante el TA
5517. —Notificación a las partes de la solicitud de *certiorari* ante el TA
5518. —Términos para presentar el recurso de *certiorari* ante el TA
5519. —Contenido del escrito de *certiorari* ante el TA
5520. —La elevación de la prueba oral en los *certiorari* ante el TA
5521. —Oposición a la expedición del auto de *certiorari* ante el TA
5522. —Ordenes para mostrar causa en los *certiorari* ante el TA
5523. —Legajo en los *certiorari* especiales ante el TA
5524. —Criterios para la expedición del auto de *certiorari* por el TA
5525. —Expedición del auto de *certiorari* especial por el TA
5526. —Efectos de la expedición del auto de *certiorari* por el TA sobre los procedimientos ante el TPI
5527. —Alegatos luego de expedido el auto de *certiorari* por el TA
5528. —Decisión en los méritos del *certiorari* por el TA
5529. Recurso de Revisión de los organismos administrativos ante el TA
—Cambios a la jurisdicción revisora de organismos administrativos del TA introducidos por la *Ley para la Reforma del Proceso de Permisos de Puerto Rico*

§ 5501. Introducción

Los recursos ante el TA son: Apelación, *Certiorari* y Revisión. En este capítulo explicamos el procedimiento para tramitarlos.

El Capítulo sigue el orden del RTA, que es el principal cuerpo normativo que regula estos procedimientos. En su virtud, se discuten las normas especiales correspondientes a los recursos de apelación, *certiorari*, y el recurso de revisión de las agencias administrativas, en ese orden. Luego, se incluye una sección con las normas comunes a estos tres recursos.

Como parte de la revisión de las Reglas del 1979, el TS decidió eliminar del cuerpo de reglas todas aquellas disposiciones relativas a los recursos apelativos que ya estuvieran cobijadas por los Reglamentos del Tribunal Supremo y del Tribunal de Apelaciones, de manera que se evitara duplicidad de disposiciones que atendían lo mismo. Decidió, no obstante, mantener aquéllas que disponen términos jurisdiccionales y de cumplimiento estricto, además de las que regulan la interrupción de términos reglamentarios y suspensión de los procedimientos, entre otros asuntos de importancia.

Esta modificación era sumamente necesaria para ordenar la tramitación del proceso apelativo civil. Un examen comparativo de las Reglas 53 y 54 del 1979 y sus equivalentes en el Reglamento del Tribunal de Apelaciones reflejó algunas incompatibilidades.[1] Aunque los litigantes seguían las disposiciones del

---

[1] Entre ellas podemos resaltar las que disponen sobre la notificación de copia del escrito de apelación (R. 53(b), 1979) o su cubierta (R. 14(B), RTA) al tribunal apelado cuando el recurso se presenta en la Secretaría del Tribunal de Apelaciones. La R. 53(b),1979 establece que la notificación al TPI se hará dentro de las 48 horas de haberse presentado el escrito en la Secretaría del TA, mientras que la R. 14(B), RTA expresa que deberá presentarse dentro de las 72 horas siguientes.

Otro ejemplo lo hallamos entre la R. 19, RTA y la R. 54.2, 1979. En la edición anterior de esta obra habíamos expresado lo siguiente: "[La R. 19 (A) y (B)] son contrarias a lo dispuesto en la R. 54.2, 1979, que preferencia la exposición estipulada por sobre las otras dos formas de presentar la prueba oral. Si nos preguntamos cuál de las dos debe prevalecer y contestamos con rigor jurídico, deberá prevalecer la R. 54.2 por ser ley aprobada por la Asamblea Legislativa siendo la R. 19, RTA, un reglamento. Se argumentará en contrario que la Asamblea Legislativa facultó al TS mediante el art. 4.004 de la LJ 2003 para aprobar dicho reglamento. Sin embargo, la R. 19 no complementa la R. 54.2, sino que es incompatible con ella por lo cual equivale a una derogación de la R. 54.2. La Asamblea Legislativa no puede delegar el poder para derogar las leyes. No obstante, puesto que el TS aprobó el RTA es de esperarse que valide su actuación si se cuestiona la misma. Por ello, debe seguirse el procedimiento establecido en la R. 19, RTA, pues como señaló en una ocasión el Juez Oliver Wendell Holmes cuando le preguntaron sobre qué es el derecho, éste contestó con mucho realismo pero con poco rigor jurídico que el derecho es la predicción de lo que harán los jueces cuando se confronten con la controversia."

Otras disposiciones en conflicto son la R. 84(E), RTA, y la R. 54.7, 1979 que establecen de forma distinta el cómputo de la fecha en que debe remitirse el mandato al TPI o a la agencia correspondiente. La R. 54.7, 1979, dispone la remisión del mandato una vez transcurrido 10 días laborables de haberse archivado en autos la notificación de la sentencia, dictada por el TA. La R. 84(E), RTA, dispone que esto se hará, transcurridos 10 días laborables luego de haber advenido final y firme la decisión del TA. En la edición anterior de esta obra habíamos expresado al respecto lo siguiente: "La R. 84(E) RTA, tiene mucho más sentido y debe prevalecer. Lo dispuesto en la R. 54.7, 1979, obligaría a la remisión del mandato antes de vencer los términos para radicar la moción de reconsideración ante el TA o para recurrir ante el TS. Es precisamente el vencimiento de

Reglamento del Tribunal de Apelaciones y se obviaba su contraparte en las reglas procesales, en estricto rigor del orden jerárquico de las normas, las Reglas de Procedimiento Civil van por encima de los Reglamentos que adopte el TS y éstos no pueden, enmendar las reglas procedimentales civiles. Pero ya este asunto se superó con la eliminación de todas las reglas de procedimiento que contenían disposiciones sobre el trámite de los recursos apelativos.

De otra parte, con independencia de la facultad del TS para interpretar, en última instancia, las disposiciones del RTA, las decisiones de los paneles del TA interpretativas de dicho reglamento, tienen una importancia práctica que ningún abogado que postula ante ese tribunal puede ignorar pues, en muchas ocasiones, dan lugar a la desestimación del recurso.

§ 5502. Competencia de los paneles del TA

La competencia territorial de los paneles del TA se determina en formas distintas si se trata de un recurso procedente del TPI, o si se trata de un recurso procedente de una agencia administrativa.

La competencia territorial en el caso de los recursos de apelación o los *certiorari* procedentes del TPI se determina en función de la Region Judicial donde ubican las sedes y salas del TPI. La misma se discute en las secs. 509 y 510 de esta obra, que tratan sobre la organización del TA y la organización del TPI respectivamente.

La competencia relativa a los recursos de revisión procedentes de las agencias administrativas se determina conforme a las siguientes normas:

El recurso de revisión de las agencias administrativas será atendido por los paneles del TA correspondientes a la región judicial del lugar donde se planee, se esté llevando o se haya llevado a cabo la actividad que da lugar a la controversia obejto de revisión de una orden o resolución final de una agencia; o el lugar de trámite o adjudicación de una subasta. También podrán atenderse conforme la designación por materia o características según lo dispuesto en la R. 7(A)(3), RTA. (R. 60, RTA).

§ 5503. Recurso de apelación ante el TA

Toda sentencia final dictada en casos originados en el TPI es revisable en cuanto a errores de hecho o de derecho por el TA, mediante el recurso de apelación. LJ 2003, art. 4.006(a).

El recurso de apelación se concede como cuestión de derecho. No se trata de un recurso cuya expedición dependa de la discreción del tribunal de apelación.[2]

---

esos términos lo que le da el carácter de finalidad y firmeza a la decisión del TA, y es este carácter el que da lugar a la revisión del mandato para que el TPI o la agencia correspondiente actúe de conformidad."

[2] *Sociedad Legal de Gananciales González v. García Robles*, 142 D.P.R. 241 (1997).

Los dictámenes sucesivos que en un pleito pueden producirse sobre custodia y alimentos de menores constituyen sentencias finales para propósitos del derecho de apelación.[3]

El TA viene obligado a revisar con rigor y con gran sentido de justicia los procedimientos seguidos en el foro de instancia para determinar si éste aplicó el derecho correctamente y si se siguieron los procedimientos dispuestos por el ordenamiento procesal. Cuando de una apelación se trata, el TA tiene que fundamentar rigurosamente sus decisiones para descargar la función revisoria que le encomienda el legislador.[4]

§ 5504. —Formalización del recurso de apelación ante el TA

El recurso de apelación ante el TA se formaliza al presentar un escrito de apelación en la secretaría de la sede del TPI que dictó la sentencia de la cual se apela, o en la alternativa, al presentar el escrito en la secretaría del TA (R. 14, RTA). Se acompañarán al original tres copias. (R. 14(A), RTA).

De presentarse el escrito en la secretaría de la sede del TPI que dictó la sentencia apelada, el apelante deberá notificar a la secretaría del TA dentro de las 48 horas siguientes, el original del escrito con el arancel cancelado con tres copias selladas por la secretaría de la sede del TPI con la fecha y la hora de presentación ante dicha sede. De enviarse por correo, la fecha del depósito del original y las tres copias en el correo se considerará como la de su entrega en la secretaría del TA. (R. 14(C), RTA).

De presentarse el escrito de apelación en la secretaría del TA, el apelante notificará la cubierta o primera página del escrito de apelación debidamente sellada con la fecha y hora de presentación, a la secretaría de la sede del TPI que dictó la sentencia apelada, dentro de las 72 horas siguientes a la presentación del escrito de apelación (R. 14(B), RTA).

Los términos de 48 y 72 horas para llevar a cabo las notificaciones de las respectivas secretarías del TA y TPI, son de estricto cumplimiento (R. 14(B) y (C), RTA). El concepto de cumplimiento estricto no es equivalente a improrrogable o jurisdiccional en la terminología que usa el RTA. Véase, a esos efectos, la sec. 5307, *ante*. Sin embargo, se desestimará un recurso por el incumplimiento con uno de estos términos si no se establece la justa causa que motivó el incumplimiento. No es suficiente justificación el descuido involuntario.[5]

---

[3] *Figueroa Hernández v. Del Rosario Cervoni*, 147 D.P.R. 121 (1998). Ver también *Infante de Arce v. Montalvo Mulero*, 165 D.P.R. 757 (2005) (sentencia).

[4] *Departamento de la Familia, et al. v. Shrivers Otero*, 145 D.P.R. 351 (1998). Ver también *Pueblo v. Moreno Valentín*, 168 D.P.R. 233 (2006) y *Crespo Quiñones v. Santiago Velázquez*, 2009 T.S.P.R. 125.

[5] *Arriaga Rivera v. Fondo del Seguro*, 145 D.P.R. 122 (1998). Ver también *Gran Vista I, Inc. v. Gutiérrez Santiago*, 170 D.P.R. 174 (2007).

§ 5505. —Notificación del escrito de apelación a las partes

La Regla 13(B) del RTA gobierna esta materia. Se trata de un requisito jurisdiccional.

La parte apelante tiene la obligación de notificar el recurso con su apéndice a todas las partes[6] que lo fueron ante el TPI,[7] dentro del término dispuesto para la presentación del recurso. El término es de estricto cumplimiento.

La notificación se lleva a cabo luego de presentar el recurso pues es requisito que la copia del recurso esté sellada por el TA con la fecha y hora de su presentación ante dicho tribunal.

El mejor método para efectuar la notificación es el correo certificado, pues, la R. 13(B)(3) establece que se considerará que la fecha de la notificación a las partes es la que conste del certificado postal como la fecha de su depósito en el correo.

También se puede efectuar la notificación por servicio de entrega por empresa privada con acuse de recibo, por correo ordinario, por entrega personal, por 'fax' o por correo electrónico. La regla establece la forma de efectuar cada uno de estos métodos de entrega. Para estos dos últimos métodos de notificación, la R. 9.1, 2009 les requiere a los abogados que informen en los escritos que presenten al TPI, el número de fax y la dirección electrónica, los cuales deben constar en el registro del Tribunal Supremo. Al tratarse de una exigencia reglamentaria, la presunción que establece la R. 13(B)(3), RTA sobre que se entiende que las partes consienten la notificación del escrito mediante fax o correo electrónico si proveen los correspondientes datos, no opera. A mi entender, si bien la R. 9.1, 2009 obliga informar, no exige a los abogados tener fax o correo electrónico, por lo que el deber comienza una vez los tenga. Se entenderá que la notificación puede efectuarse de cualquiera de las formas que provee la R. 13(B), RTA si es que la información necesaria para efectuarla fue provista.

La notificación a una dirección incorrecta es nula. *Ortiz Quiñones v. Administracion de Reglamentos y Permisos (A.R.P.E.)*, 146 D.P.R. 720 (1998).

---

[6] No es necesario notificar a una parte que nunca fue emplazada. *Acosta v. Martín Marietta Services, Inc., y/o ABC, Inc.*, 142 D.P.R. 927 (1997).

[7] Las Reglas vigentes pertinentes a notificación de los recursos—todos—para ante el TA o el TS contenidas en los Reglamentos del TA y del TS eliminaron el concepto de partes contrarias y actualmente requieren la notificación a todas las partes. Esto incluye a todo aquel que en algún momento lo fue ante el tribunal u organismo administrativo de instancia, como por ejemplo, el rebelde o la coparte que ha transigido antes de la sentencia. La falta de notificación oportuna a cualquiera de las partes ocasiona la falta de jurisdicción para considerar el recurso. *Junta de Directores Condominio Portofino v. P.D.C.M. Associates, S.E.*, 2008 T.S.P.R. 54; *Asociación de Residentes Urbanizacion La Concepción, Inc. v. Junta de Planificación*, 167 D.P.R. 486 (2006); *Constructora I. Meléndez v. Junta de Subastas*, 146 D.P.R. 743 (1998); *Olmeda Díaz v. Departamento de Justicia*, 143 D.P.R. 596 (1997); *Pagán Navedo v. Rivera Sierra*, 143 D.P.R. 314 (1997); *Méndez Cabrera v. Corporación Urbanizadora Quintas de San Luis*, 127 D.P.R. 635 (1991).

Si la notificación se efectúa por correo ordinario, la fecha del depósito en el correo se considerará como la fecha de la notificación a las partes. Si se lleva a cabo por entrega a través de una empresa privada será la que conste en el documento expedido por ella.

De acuerdo con la RTA 13(B)(3) la validez de una notificación por correo ordinario, entrega personal, 'fax' o correo electrónico, depende de que no hubiere controversia sobre la fecha de la notificación ni sobre el hecho de haber sido recibida por su destinatario. Esta es una extraña disposición pues parece establecer que la mera existencia de una controversia sobre la fecha o sobre el recibo de una notificación afecta la validez de la misma. Lo lógico sería que lo que afectara la validez de la notificación fuera el que se evidenciara que no se hizo en la fecha indicada o que no se recibió en absoluto.

En vista de esta norma tan equívoca, los métodos más seguros de notificación son el correo certificado y la entrega por empresa privada dedicada a ese servicio.

La Regla 15 del RTA requiere que la parte apelante certifique al Tribunal de Apelaciones en el escrito de apelación el método mediante el cual notificó a las partes y el cumplimiento con el término dispuesto para ello. Esta regla no es cónsona con la Regla 13(B)(2) que requiere que la notificación se haga mediante un recurso sellado con la fecha y hora de su presentación. La práctica que se sigue para cumplir con estas reglas contradictorias consiste en presentar una moción después de haber llevado a cabo la notificación acreditando la misma.

La Regla 12.1 del RTA establece que por causa debidamente justificada el TA deberá proveer oportunidad razonable a las partes para permitir la corrección de cualquier defecto en la notificación que no afecte los derechos a las partes.

§ 5506. —Término para presentar el recurso de apelación ante el TA

El recurso de apelación deberá ser presentado en la forma anteriormente dispuesta, dentro del término jurisdiccional de 30 días, contados desde el archivo en autos de la copia de la notificación de la sentencia. Si la fecha de archivo en autos es distinta a la del depósito en el correo prevalece ésta última. (R. 52.2(a), 2009; R. 13, RTA).

Este término se amplía a 60 días para todas las partes perjudicadas por la sentencia cuando el Estado Libre Asociado, sus funcionarios, instrumentalidades o municipios sean parte en el pleito.[8] Quedan exceptuadas, sin embargo, las corporaciones públicas. El hecho de que una corporación pública sea parte de un pleito no extiende el término de 30 días para apelar ni para ella ni para cualquier otra parte perjudicada por la sentencia. Sin embargo, de ser parte el Estado Libre Asociado o un municipio o cualquier funcionario o instrumentalidad del gobierno central, la corporación pública que sea coparte en el pleito se beneficiaría de la

[8] En *Plaza Las Américas Inc. v. C.R.I.M.*, 2008 T.S.P.R. 37, el TS determinó que el C.R.I.M. se beneficia del término de sesenta (60) días para acudir en apelación ante el Tribunal de Apelaciones.

extensión del término a 60 días, por razón de la presencia de algunas de estas partes en el proceso. (R. 52.2(c), 2009; R. 13, RTA).

§ 5507. —Contenido del escrito de apelación ante el TA

La R. 16, RTA, determina el contenido y la forma del escrito de apelación.

Contrario a la antigua práctica apelativa, en la cual el escrito de apelación era una mera notificación del hecho de la apelación, en estas reglas se establece, en aras de la economía procesal, que el escrito de apelación constituirá el alegato del apelante. Por consiguiente, estamos ante un escrito de apelación mucho más complejo que el de la antigua práctica y se debe tener presente que la R. 16, RTA, prohíbe expresamente la presentación de un alegato o memorándum de autoridades por separado, exigiendo que la argumentación y los fundamentos de derecho se incluyan en el cuerpo del escrito de apelación.

La R. 16, RTA, define el epígrafe, la cubierta y el número máximo de páginas (25) que contendrá el escrito. Esta regla se ocupa del contenido del cuerpo del escrito en sí y del apéndice.

El cuerpo del escrito contendrá, numerados en el orden subsiguiente, los requerimientos siguientes:

I. En la comparecencia, el nombre de las partes apelantes. Ya el epígrafe exige la identificación de todas las partes y las señala como apelantes o apeladas.

II. Las citas de las disposiciones jurídicas que establecen la jurisdicción y la competencia del tribunal. Al incluir tanto jurisdicción, que es la que confiere la LJ 2003, art. 4.006, al establecer el recurso de apelación, como la competencia, este último concepto debe referirse a la competencia territorial del panel del TA para que no sea redundante.

III. Una referencia a la sentencia cuya revisión se solicita, la cual incluirá el nombre y el número del caso, la sala del TPI que la dictó y la Región Judicial correspondiente, la fecha en que fue dictada y la fecha en que se archivó en autos copia de su notificación; también, una referencia a cualquier moción, resolución u orden, mediante las cuales se haya interrumpido y reanudado el término para presentar el escrito de apelación. Además, se especificará cualquier otro recurso sobre el mismo caso o asunto que esté pendiente ante el TA, o ante el TS a la fecha de la presentación.

IV. Una relación fiel y concisa de los hechos procesales y de los hechos importantes y pertinentes del caso.

V. Un señalamiento breve y conciso de los errores que a juicio de la parte apelante cometió el TPI.

VI. Una discusión de los errores señalados, incluso las disposiciones de ley y la jurisprudencia aplicables.

VII. La súplica.

VIII. Un apéndice conforme a lo dispuesto en la R. 16(E), RTA y en cumplimiento con la R. 74, RTA.[9]

El apéndice[10] contendrá una copia literal de:

(a) las alegaciones de las partes: la demanda original, demandas contra copartes o contra terceros y sus respectivas contestaciones, incluso las reconvenciones;

(b) la sentencia del TPI cuya revisión se solicita y la notificación del archivo en autos de copia de la misma;

(c) toda moción debidamente timbrada por el TPI, resolución u orden necesaria para acreditar la interrupción y reanudación del término para presentar el escrito de apelación y la notificación del archivo en autos de copia de la resolución u orden;

(d) toda resolución u orden y toda moción o escrito de cualesquiera de las partes que forme parte del expediente original en el TPI en las cuales se discuta expresamente cualquier asunto planteado en el escrito de apelación o que sean relevantes a éste; y

(e) cualquier otro documento que forme parte del expediente original en el TPI y que sea de utilidad al TA para resolver la controversia.[11]

El apéndice sólo contendrá copias de documentos que formen parte del expediente original del TPI.[12]

IX. La certificación sobre la notificación del escrito de apelación a las partes.

Todos los elementos anteriores integran el escrito de apelación por lo cual, el apelante, debe ser sumamente cuidadoso de que se incorporen al mismo, pues el transcurso del término de apelación puede afectar la posibilidad de incorporarlo y con ello, la jurisdicción del tribunal como dictaminó el TS respecto al apéndice, en el caso de *Mnfrs. H. Leasing v. Carib. Tubular Corp.*, 115 D.P.R. 428 (1984). No obstante, la Regla 12.1 del RTA, de manera cónsona con el art. 4.004 de la Ley de la Judicatura de 2003, establece que por causa justificada, el TA deberá proveer oportunidad razonable para la corrección de defectos de forma o de notificación que no afecten los derechos de las partes.

---

[9] El apéndice es un requisito jurisdiccional. *Méndez v. Fundación Esposos Luis Méndez Váz y María Bagur, Inc.*, 165 D.P.R. 253 (2005).

[10] Todas las páginas del apéndice se enumerarán consecutivamente. Los documentos se organizarán en orden cronológico. Además, el apéndice contendrá un índice que indicará la página en que aparece cada documento. R. 74(A), RTA.

[11] Un tribunal apelativo no debe abordar un planteamiento sobre la cubierta de una póliza de seguro cuando el contrato de seguro, ley entre las partes, no fue incluido como apéndice al recurso apelativo por la parte que hace el planteamiento. *Blás Toledo v. Hospital Nuestra de la Señora de la Guadalupe, et al.*, 146 D.P.R. 267 (1998).

[12] Cuando la parte apelante interese que se considere en apelación cualquier prueba admitida que no sea de fácil reproducción, solicitará su elevación mediante una moción que deberá presentar con su escrito inicial. Cuando la parte apelante plantee como error la exclusión indebida de alguna prueba, incluirá en un apéndice separado copia de la prueba ofrecida y no admitida. R. 74(C), RTA.

§ 5508. —La elevación de la prueba oral en los recursos de apelación ante el TA

El recurso de apelación permite el señalamiento de errores no sólo en la aplicación del Derecho, sino también en relación con la suficiencia o la apreciación de la prueba. Cuando se formula un señalamiento de error de esta última naturaleza, es necesario poner al tribunal apelativo en condiciones de valorar adecuadamente el planteamiento. Esto se hace mediante la presentación de la prueba relevante al error planteado. Si se trata de prueba documental, ésta puede hacerse parte del apéndice (R. 16(E), RTA). Si se trata de prueba testifical, la presentación de dicha prueba ante el tribunal de apelación puede hacerse de tres formas, a saber: mediante la exposición estipulada de la prueba testifical; mediante la exposición narrativa de la prueba testifical; y mediante la transcripción de la prueba oral. (R. 19(A), RTA).

El reglamento del TA que está en vigor desde julio de 2004, provee la normativa sobre la elevación de la prueba oral. Esta consiste en brindar al apelante la discreción para escoger entre la transcripción, la exposición estipulada y la exposición narrativa acreditando dentro del término de diez (10) días después de presentada la apelación. El apelante deberá acreditar que el método de reproducción de la prueba que utilizará es el que propicia la más rápida dilucidación del caso.[13] Si el TA no estuviera de acuerdo puede ordenar que la prueba oral se eleve en la forma que el tribunal estime mejor.

La responsabilidad de elevar al TA el contenido de la prueba oral a través de cualquiera de los métodos autorizados por la R. 19, RTA, corresponde al apelante, quien tiene que dar seguimiento a los taquígrafos, funcionarios del tribunal, y a las otras partes para cumplir con los términos. Cuando esta prueba es necesaria para que el TA adjudique los señalamientos de error, el incumplimiento con la obligación de presentarla dará lugar a la desestimación del recurso.

Transcripción de la prueba oral

Si el apelante indicó que se proponía transcribir la prueba oral y el tribunal así lo autorizó, el apelante podrá, dentro de los diez (10) días siguientes, solicitar al TPI la regrabación de los procedimientos. En virtud de la misma el apelante llevará a cabo, a su costo, la transcripción de la grabación a través de un taquígrafo autorizado por las reglas al efecto del TS.[14]

En la alternativa y previa autorización del TA, el apelante podrá utilizar la grabación realizada con su propia grabadora y preparar una transcripción la cual podrá presentarse como la transcripción de la prueba oral, si la parte apelada o recurrida estipula que dicha transcripción es una reproducción fiel de la prueba oral (R. 76(C), RTA).

---

[13] R. 19(A) y (B), RTA.

[14] Véase R. 76(A) y (B), RTA, para los pormenores de este proceso.

En todo caso, la parte proponente identificará las porciones pertinentes del record ante el TPI cuya transcripción interesa en la moción indicando que se propone elevar la transcripción.

La transcripción se presentará en la Secretaría del TA dentro del plazo ordenado por éste y el proponente suministrará copia de la misma a todas las partes dentro del mismo plazo.

El RTA no provee explícitamente para una aprobación por el TPI o por el TA de la transcripción. Pero pueden surgir controversias sobre la fidelidad de la misma. La única disposición que trata el tema de la aprobación es la R. 22, RTA que nos dice que la transcripción debe estar "aprobada por el foro de instancia, cuando ello sea requerido". A mi modo de ver, el RTA deja a discreción del TA el requerir por resolución la aprobación del TPI o cualquier otro método que asegure la fidelidad de la transcripción, como lo sería que las partes estipulen este particular.

Exposición estipulada

Si el apelante optó por la exposición estipulada, deberá preparar y someter al TA dentro de un plazo de treinta (30) días a partir de la presentación del escrito de apelación, un proyecto de exposición narrativa de la prueba oral pertinente al recurso y notificarlo a la parte apelada. Si las partes llegan a un acuerdo sobre dicho proyecto deberán notificarlo al tribunal y la exposición será aprobada como exposición estipulada. [15]

Si no llegan a un acuerdo sobre la exposición, después de transcurridos veinte (20) días de la notificación, la parte en desacuerdo presentará su oposición en la cual señalará específicamente y en detalle, con referencia a la prueba presentada, sus objeciones al proyecto y las razones que le impiden llegar a una exposición narrativa estipulada. Si no se presenta la oposición, el TA podrá tomar el proyecto como exposición narrativa de la prueba testifical.[16]

Ante el proyecto y la oposición, el TA podrá:

a) utilizar ambos escritos, como reproducción de la prueba si las diferencias entre la partes no son sustanciales;

b) ordenar la preparación total o parcial de una transcripción de la prueba oral;

c) ordenar se eleve una cinta con la regrabación de los procedimientos; y

d) ordenar cualquier otra medida que agilice los procedimientos.[17]

Exposición narrativa

Si la parte apelante optó por la exposición narrativa deberá presentar ante la sala correspondiente del TPI un proyecto de exposición narrativa de la prueba

[15] R. 76.1(A)(1)(2), RTA.
[16] R. 76.1(A)(3), RTA.
[17] R. 76.1(A)(4), RTA.

oral pertinente al recurso dentro de los treinta (30) días de haber presentado la apelación y notificarlo a las otras partes ese mismo día. Dentro de los diez (10) días siguientes, las recurridas podrán presentar sus objeciones a la exposición o proponer enmiendas las cuales serán presentadas ante el TPI y notificadas al TA.[18]

Si no se presentan objeciones o enmiendas, la exposición narrativa quedará aprobada automáticamente, es decir, sin intervención del TPI, al transcurrir treinta (30) días de haberse presentado el proyecto. Si se presentan objeciones o enmiendas el TPI adjudicará lo que corresponda y aprobará conforme a ello la exposición narrativa, la cual será notificada al TA y a las partes.[19]

El cumplimiento de los plazos es responsabilidad de la parte apelante quien debe notificar al TA de cualquier incumplimiento.[20]

Alegato Suplementario

Dentro de un término de treinta (30) días después de la aprobación de la exposición de la prueba o de la presentación de la transcripción, el apelante podrá presentar un alegato suplementario con el propósito de hacer referencia a las porciones de la exposición o de la transcripción que sean relevantes a sus señalamientos de error. (R. 21, RTA).

§ 5509. —Alegato de la parte apelada ante el TA

La parte apelada deberá presentar su alegato dentro de los 30 días siguientes a la presentación del escrito de apelación. Dicho alegato podrá incluir un apéndice con aquellos documentos no incluidos en el apéndice del apelante, pero que el apelado estime necesarios y pertinentes para la consideración de los errores planteados (R. 22, RTA).

En aquellos casos en que una porción de la prueba oral presentada ante el TPI va a ser traída ante la consideración del TA, los 30 días para presentar el alegato del apelado comenzarán a contarse desde que se presenta la exposición estipulada o narrativa de la prueba o la transcripción de evidencia. Si la parte apelante presenta el alegato suplementario previsto en la sección anterior, entonces la parte apelada tendrá un término de 30 días a partir de la notificación de éste para presentar un alegato de réplica, únicamente a los efectos de refutar lo expuesto en el alegato suplementario del apelante (R. 22, RTA).

§ 5510. —Apelaciones conjuntas o consolidadas ante el TA

Si dos o más partes tuvieren derecho a apelar de una sentencia y sus derechos fueren tales que la acumulación fuere factible, podrán presentar un escrito de

---

[18] R. 76.1(B)(1), RTA.

[19] R. 76.1(B)(2), RTA.

[20] R. 76.1(C), RTA.

apelación conjunto y podrán comparecer subsiguientemente como una sola parte apelante (R. 17, RTA).

Cuando dos o más partes formulan sendos recursos de apelación de una misma sentencia, éstos podrán ser consolidados por orden del TA a iniciativa propia, a solicitud de parte, o por estipulación de las partes (R. 17, RTA).

§ 5511. —Legajo o expediente en apelación ante el TA

El legajo o expediente en apelación lo constituye el escrito de apelación, su apéndice, el alegato del apelado y su apéndice, si lo contiene (R. 77(B), RTA). Los autos originales, es decir, los autos ante el TPI, no forman parte del legajo en la apelación de carácter civil. Sin embargo, el TA puede, a su discreción, ordenar que se eleven dichos autos ante su consideración en cuyo caso constituirán parte del legajo en apelación.

La R. 77, RTA dispone que también formará parte del legajo o expediente en apelación, la exposición de la prueba oral o la transcripción, de ser autorizada por el tribunal.

No se permite la presentación de prueba en apelación o en cualquiera de los recursos ante el TA o ante el TS.[21]

§ 5512. —Documentos para discutir una moción preliminar ante el TA

La derogada R. 54.5, 1979 disponía que si con anterioridad a la presentación del alegato del apelado o a la elevación del expediente original, una parte interesara presentar una moción para desestimar o para que se emita cualquier orden interlocutoria por el TA, la parte acompañará a la moción las copias de los documentos necesarios. Aunque textualmente no tiene su contraparte en el RTA, entendemos que a base de las disposiciones de las Rs. 68, 79 y 83 del RTA, que disponen para el trámite de las mociones ante el TA, las órdenes en auxilio de jurisdicción y el desistimiento y la desestimación de recursos, respectivamente, deducimos que se pueden acompañar las copias de los documentos necesarios en conjunto con la moción, de forma que el TA tenga la información pertinente al evaluar la moción que se le presente ante su consideración.

§ 5513. —Efecto de la presentación del escrito de apelación

La R. 52.3, 2009 y la R.18, RTA, gobiernan los efectos de la presentación del escrito de apelación sobre los procedimientos ante el TPI.

La regla general es que con la presentación del escrito de apelación se suspenden automáticamente todos los procedimientos en el TPI relacionados con la sentencia o de la parte de ella de la cual se ha apelado.

El TPI podrá proseguir el pleito en cuanto a cualquier cuestión implicada en el mismo, no comprendida en la apelación. La mera interposición de un recurso

---

[21] *Ortiz Torres v. K. & A. Developers, Inc.*, 136 D.P.R. 192 (1994). Ver también *De Jesús Viñas v. González Lugo*, 170 D.P.R. 499 (2007).

contra una sentencia no tiene el efecto de privar automáticamente de su jurisdicción al tribunal apelado. Es necesario que el recurso haya sido debidamente interpuesto y perfeccionado conforme a derecho. Si, por ejemplo, el recurso no fue notificado dentro del término a la parte apelada, el recurso nunca afectó la jurisdicción del tribunal apelado.[22] Una vez se paralizan los procedimientos en el TPI, éste pierde su jurisdicción para continuar atendiendo los asuntos relacionados con las controversias planteadas en el TA. Cualquier actuación en torno a las mismas es nula. Para que el TPI adquiera nuevamente jurisdicción, es necesario que el TA disponga del recurso y le remita el mandato correspondiente.[23]

El TA puede, a iniciativa propia o a solicitud de parte, emitir una orden para que la apelación no paralice los procedimientos ante el TPI.

A manera de excepción, la apelación no suspende automáticamente los efectos de una orden de *injunction,* de *mandamus,* o de hacer o desistir; tampoco los de órdenes de pago de alimentos, de custodia o relaciones filiales. Sin embargo, el TA puede emitir una orden en contrario. Para suspender los efectos de un *injunction* mientras pende una apelación, el peticionario tiene que hacer lo siguiente: (1) presentar un caso fuerte en los méritos; (2) demostrar que si no se detiene la ejecución, sufrirá daños irreparables; (3) que la paralización no causará daño a los apelados, y (4) que tampoco ocasionará daños al interés público.[24]

La paralización del *injunction* puede ser ordenada tanto por el TA como por el TPI. Si lo hace este último, el TA debe guardar deferencia al TPI en lo relativo a dicha paralización.[25]

En casos en que la sentencia apelada dispusiere la venta de bienes susceptibles de pérdida o deterioro, el TPI podrá ordenar que dichos bienes sean vendidos y su importe depositado, hasta tanto el tribunal de apelación dicte sentencia.

§ 5514. —Decisión del TA en apelación

Para emitir su decisión el TA debe procurar tener todos los elementos de juicio necesarios. Así, por ejemplo, debe ordenar *motu proprio* una exposición de la prueba o transcripción de la misma cuando la parte apelante ha señalado algún error relacionado con la suficiencia o apreciación errónea de la prueba.[26]

El TA tiene el deber de resolver de forma fundamentada incluyendo la exposición de los hechos y el derecho aplicable.[27]

El TA resolverá los casos atendidos en sus méritos mediante los vehículos procesales de sentencia y resolución. El término sentencia se refiere a la

---

[22] *Pagán Navedo v. Rivera Sierra*, 143 D.P.R. 314 (1997).

[23] *Pérez Suárez, Ex parte v. Departamento de la Familia*, 147 D.P.R. 556 (1999).

[24] *Rodríguez Mora v. García Lloréns*, 147 D.P.R. 305 (1998).

[25] *Rodríguez Mora v. García Lloréns, supra.*

[26] *Departamento de la Familia, et al. v. Shrivers Otero*, 145 D.P.R. 351 (1998). Ver también *Pueblo v. Moreno Valentín*, 168 D.P.R. 233 (2006).

[27] R. 10(A), RTA, *Departamento de la Familia, et al. v. Shrivers Otero, supra.*

determinación final en los méritos en cuanto a la apelación en sí. La desestimación de un recurso por falta de jurisdicción, por no haberse perfeccionado o como sanción, se hará por resolución. El archivo por desistimiento también se hará por resolución, con o sin perjuicio (R. 11(C), RTA).

Hasta aquí, la discusión de la normativa particular al recurso de apelación. Esta normativa está suplementada por otra que es de aplicación a todos los recursos ante el TA, por ejemplo, lo relativo a la reconsideración y el mandato luego de resuelto el caso. La misma será objeto de consideración secciones posteriores. Las siguientes atienden las normas particulares de los recursos de *certiorari* y de revisión de decisiones administrativas.

§ 5515. Recursos de *certiorari* ante el TA

El art. 4.006 de la LJ 2003, establece que mediante recurso de *certiorari* [28] el TA puede revisar cualquier resolución u orden dictada por el TPI. Ello tiene sus limitaciones las cuales explicaremos en detalle en la próxima sección.

En las secciones subsiguientes discutiremos el procedimiento establecido en la Parte IV del RTA para la tramitación de estos *certiorari*. Este procedimiento es aplicable a todos ellos, con excepción del *certiorari* para revisar las sentencias del TPI que a su vez, revisan las resoluciones de la Comisión Estatal de Elecciones bajo la Ley Electoral. El procedimiento para este último se establece en la Parte V del RTA y aunque es muy similar al de la Parte IV, tiene sus particularidades, pero no será objeto de atención especial en esta obra.

§ 5515a. Limitaciones a la expedición del recurso de *certiorari* para revisar órdenes y resoluciones interlocutorias

La presentación recurrente de recursos de *certiorari* ante el TA para revisar las órdenes o resoluciones emitidas por el TPI de forma ilimitada y sin parámetros creó muchísima dilación e incertidumbre en los procesos llevados en instancia. Algunos jueces de instancia paralizaban los procesos aún sin que el TA hubiese dictado una orden de paralización, lo que empeoró en demasía la sana administración de la justicia. Esta situación evidenció la necesidad de un cambio fundamental en la revisión judicial de ciertas órdenes o resoluciones que no adelantan el proceso, y que pueden esperar a ser revisadas hasta que el proceso haya culminado, uniendo su revisión al recurso de apelación.

Tomando esta problemática en consideración y como parte de la revisión de la que fuera objeto las Reglas de Procedimiento Civil de 1979, el TS entendió necesario incluir en la R. 52.1, 2009 unas limitaciones a la expedición del recurso

---

[28] La terminología de *certiorari* especiales que anteriormente se utilizaba en Puerto Rico queda sin sentido al eliminarse el *certiorari* clásico por la Ley Núm. 151 de 18 de diciembre de 1997. El término que en adelante considero propio es simplemente *certiorari* para todo recurso así denominado por la Legislatura.

de *certiorari* para revisar órdenes y resoluciones interlocutorias. Esta regla va dirigida a los jueces del Tribunal de Apelaciones quienes son los facultados a expedir. De otra parte, los litigantes deben abstenerse de presentar recursos de *certiorari* para revisar órdenes y resoluciones de asuntos que no estén cobijados bajo las disposiciones de la R. 52.1, 2009. No obstante, la revisión de órdenes y resoluciones que se emitan en procedimientos civiles especiales—en los cuales no aplican las Reglas de Procedimiento Civil—debe estar sujeta a las disposiciones que regulan su revisión y no las limitaciones de expedición de la R. 52.1, 2009.

Como señalamos en la sección anterior, el art. 4.006 de la LJ 2003 establece que el TA podrá revisar cualquier resolución y orden dictada por el TPI. Ello está limitado a revisión por *certiorari* discrecional[29] en casos ordinarios civiles a lo que establece la R. 52.1, 2009, a saber, para revisar órdenes y resoluciones interlocutorias dictadas por el TPI cuando se recurra de una resolución u orden:

1) Bajo la R. 56, 2009, sobre remedios provisionales;
2) Bajo la R. 57, 2009, sobre entredicho provisional e *injunction;*
3) Que deniegue una moción de carácter dispositivo.

La revisión de órdenes y resoluciones bajo las Reglas 56 y 57, 2009 reconoce que pueden emitirse de forma interlocutoria determinaciones que afecten derechos de índole libertario, económico y propietario, las cuales deben estar sujetas a revisión directa por el TA. Esta regla permite que se puedan revisar órdenes provisionales que se interpongan para asegurar la efectividad de una sentencia, como el embargo, el embargo de fondos en posesión de un tercero, la prohibición de enajenar, la reclamación y entrega de bienes muebles, la sindicatura, una orden para hacer o desistir de hacer actos específicos, entre otras. Véase R. 56.1, 2009. También se pueden revisar mediante *certiorari* las órdenes que denieguen, concedan o dejen sin efecto entredichos provisionales o *injunctions* preliminares.

---

[29] La yuxtaposición de las palabras 'será' y 'podrá' en la R. 52.1, 2009 según aprobada por la Asamblea Legislativa puede crear confusión en cuanto al carácter discrecional de la expedición del auto de *certiorari* respecto a las resoluciones bajo las Reglas 56 y 57 o de las denegatorias de mociones de carácter dispositivo. No debe haber duda de que se trata de un recurso discrecional en todos los casos pues la R. 52.1, 2009 según adoptada por el TS disponía que "[e]l recurso de *certiorari* para revisar resoluciones u órdenes interlocutorias dictadas por el Tribunal de Primera Instancia solamente será expedido por el Tribunal de Apelaciones cuando se recurra de una resolución u orden bajo las Reglas 56 y 57 o de la denegatoria de una moción de carácter dispositivo. Al denegar la expedición de un recurso de *certiorari* en estos casos, el Tribunal de Apelaciones no tiene que fundamentar su decisión."

La Legislatura insertó sus enmiendas entre la primera oración y la segunda oración de la regla según adoptada por el TS que claramente disponía sobre la discrecionalidad al facultar al TA para denegar la expedición de un recurso en estos casos sin tener que fundamentar su decisión. Al permanecer dicha oración en la regla se mantiene la discrecionalidad de la expedición del auto.

Las resoluciones denegatorias de mociones de carácter dispositivo también pueden revisarse de forma directa. Una moción dispositiva es la petición que se hace para que el tribunal disponga de forma final el pleito, algunas de sus causas de acción o la responsabilidad de una parte. A tenor con ello, se pueden revisar denegatorias de mociones de sentencia sumaria totales o parciales bajo la R. 36, 2009; denegatorias de mociones de desistimiento bajo las Rs. 20.5 ó 39.1, 2009; denegatorias de mociones de desestimación bajo las Rs, 4.3, 10.2 y 39.2, 2009; y, denegatorias de mociones en que se solicite dictar sentencia por las alegaciones al amparo de la R. 10.3, 2009 u otras que dispongan de forma final el pleito, una causa de acción o la responsabilidad de una parte. El propósito fundamental de esta disposición es que el TA expida el recurso de *certiorari* sólo cuando esté convencido de revocar al TPI respecto a una moción de carácter dispositivo.

Indica la R. 52.1, 2009, que en los casos en que se emita un "no ha lugar" al *certiorari*, el TA no tiene la obligación de fundamentar su decisión al no expedir. El recurso de *certiorari* para revisar órdenes y resoluciones interlocutorias sólo avanza el proceso si la determinación del TA deriva en una disposición final del caso, o de una controversia o causa de acción independiente que pueda ser separada de las restantes o que disponga sobre la responsabilidad de una parte. Las decisiones del TPI que disponen del pleito y las sentencias sumarias parciales en las que se certifique que no hay razón para posponer que se dicte sentencia sobre tales reclamaciones hasta la resolución total del pleito y se ordene expresamente que se registre la sentencia se revisan por el recurso de apelación. Las mociones dispositivas que se declaran "sin lugar" se revisan por *certiorari.*

También la R. 52.1, 2009 autoriza la revisión mediante *certiorari* de: las anotaciones de rebeldía; las determinaciones sobre la admisibilidad del testimonio de un testigo de hechos o pericial esencial; las determinaciones interlocutorias que involucren privilegios evidenciarios y asuntos sobre relaciones de familia. Ello reconoce que ciertas determinaciones interlocutorias pueden afectar sustancialmente el resultado del pleito o tener efectos limitativos para la defensa o reclamación de una parte o conllevar cuestiones neurálgicas o de política pública que deben estar sujetos a revisión de forma inmediata.[30]

Las demás resoluciones u órdenes interlocutorias pueden ser revisadas conjuntamente con el recurso de apelación que se presente contra la sentencia conforme a lo dispuesto en la R. 50, 2009, de forma que los errores o defectos en la expedición de órdenes o resoluciones no dará lugar a la modificación, alteración o revocación de la sentencia, a menos que el TA determine que dicho error o defecto es incompatible con la justicia sustancial o que afectan derechos sustanciales de las partes.

---

[30] Estas últimas disposiciones fueron incorporadas a la R. 52.1, 2009 mediante la Ley Núm. 220 de 29 de diciembre de 2009.

§ 5516. —Formalización del recurso de *certiorari* ante el TA

Las mismas normas expuestas en la § 5504 para la formalización del recurso de apelación ante el TA gobiernan el proceso para la formalización de la solicitud de *certiorari* (R. 32, RTA).

La presentación de una solicitud de *certiorari* no suspende los procedimientos ante el TPI, salvo orden en contrario del TA (R. 35, RTA; R. 52.3, 2009).

§ 5517. —Notificación a las partes de la solicitud de *certiorari* ante el TA

La parte que presenta la solicitud, a la cual se le llama parte peticionaria, notificará la misma a todas las partes en el proceso ante el TPI. Todas las partes, no sólo las adversas, tienen que ser notificadas de la presentación de la solicitud (R. 33(B), RTA).

La R. 33(B), RTA, establece que la parte peticionaria notificará la solicitud de *certiorari* debidamente sellada con la fecha y la hora de presentación a los abogados de récord. Dicha notificación se efectuará por lo demás, en la misma forma descrita para la notificación del escrito de apelación a las partes que aparece en la § 5505. Los requisitos y términos respecto a la notificación, son de estricto cumplimiento (R. 33(B), RTA).

§ 5518. —Términos para presentar el recurso de *certiorari* ante el TA

La LJ de 2003 mantiene silencio sobre este tema. La R. 52.2(b), 2009, y la R. 32(B)(C)(D), RTA gobiernan la materia.

El término para formalizar los *certiorari* contra las resoluciones del TPI en asuntos de separación del alcalde bajo la Ley Municipal y en asuntos de la ley electoral, es de 10 días a partir del archivo en autos de una copia de la notificación de la resolución o sentencia del TPI. Este término es improrrogable o jurisdiccional, como prefiere llamarlo la ley. Esto es así, por disposición expresa en cuanto al *certiorari,* para revisar sentencias en materia electoral y aunque en el caso de la ley municipal no se dice expresamente, el TS al formular la R. 32(B), RTA dispuso que el término es de la misma naturaleza.

El término para revisar por *certiorari* las resoluciones finales dictadas por el TPI en procedimientos de jurisdicción voluntaria, es de 30 días que se cuentan, a partir del archivo en autos de copia de la notificación de la resolución. El término es improrrogable o jurisdiccional, como lo llama la ley.

El término para presentar el recurso de *certiorari* contra resoluciones u órdenes interlocutorias del TPI es de 30 días a partir de la fecha de notificación de la resolución u orden. Obsérvese, que no es a partir del archivo en autos de la notificación, sino a partir del acto de la notificación misma, lo cual se hace constar normalmente en la propia resolución u orden, sin que medie un escrito especial de notificación como media cuando el término comienza a contar a partir del archivo en autos de dicho escrito. Este término de 30 días es de cumplimiento estricto, prorrogable, solo cuando mediaren circunstancias especiales debidamente sustentadas en la petición de *certiorari*.[31]

La presentación de una moción de reconsideración de una resolución u orden interlocutoria del TPI surte el mismo efecto previsto en la R. 47, 2009 relativo al recurso de apelación.

§ 5519. —Contenido del escrito de *certiorari* ante el TA

La R. 34, RTA, gobierna el contenido de la solicitud de *certiorari*. La R. 34, RTA, contiene disposiciones relativas al epígrafe, a la cubierta y al número de páginas (25) de la solicitud. El cuerpo de dicha solicitud observará los requerimientos siguientes:

I. Las citas de las disposiciones legales que establecen la jurisdicción y la competencia del tribunal.

II. La identificación de la decisión cuya revisión se solicita mediante el nombre y el número del caso ante el TPI, la sala de éste que la dictó, la fecha en que lo hizo y la fecha en que fue notificada.

III. Una referencia a cualquier moción, resolución u orden mediante las cuales se haya interrumpido y reanudado el término para presentar la solicitud de *certiorari.*

IV. Una referencia a cualquier otro recurso sobre el mismo caso que esté pendiente ante el TA o ante el TS a la fecha de presentación.

V. En el epígrafe, el nombre de todas las partes en el orden en que aparecían ante el TPI identificadas como peticionarias y recurridas y en la comparecencia de la solicitud, sólo el nombre de las partes peticionarias.

VI. Una relación fiel y concisa de los hechos procesales y materiales del caso.

VII. Un señalamiento breve y conciso de los errores que se imputan al TPI.

VIII. Una discusión de los errores incluyendo las disposiciones de ley y la jurisprudencia aplicables.

IX. La súplica.

X. Un apéndice que contendrá una copia literal[32] de:

(a) Todas las alegaciones de todas las partes.

---

[31] En *Pueblo v. Rodríguez Ruiz*, 157 D.P.R. 288 (2002), un caso criminal, el TS precisa el cómputo del término cuando la resolución recurrida no está contenida en un escrito especial sino que forma parte de una minuta de Secretaría.

[32] El apéndice sólo contendrá copia de los documentos que formen parte del expediente original, es decir, los autos ante el TPI. Cuando la parte peticionaria plantee como error la exclusión indebida de alguna prueba, incluirá, en un apéndice separado, copia de la prueba admitida y no ofrecida. Todas las páginas del apéndice se enumerarán consecutivamente. Los documentos se organizarán en orden cronológico (R. 74, RTA). Además, el apéndice contendrá un índice que indicará la página en que aparece cada documento (R. 74(A), RTA).

(b) La decisión del TPI, incluyendo las determinaciones de hecho y de derecho, si estuviere fundamentada y la copia de la notificación del archivo en autos de copia de la decisión si la hubiere.

(c) Toda moción, debidamente sellada por el TPI, resolución u orden necesaria para acreditar la interrupción y reanudación del término para presentar la solicitud de *certiorari* y la notificación—si la hay—del archivo en autos de copia de la resolución u orden.

(d) Toda resolución u orden y toda moción o escrito que forme parte de los autos ante el TPI en los cuales se discuta cualquier asunto planteado en la solicitud de *certiorari* o sea relevante a ella.

(e) cualquier otro documento en los autos ante el TPI que pueda ser útil al TA para resolver la controversia.

XI. La certificación de la notificación de la solicitud de *certiorari* a las partes.

§ 5520. —La elevación de la prueba oral en los *certiorari* ante el TA

La exposición de la prueba oral mediante exposición estipulada, narrativa, o transcripción sólo procede después de expedido el auto (R. 76.1, RTA). De modo que el peticionario debe discutir los errores relacionados con la suficiencia de la prueba testifical o con la apreciación errónea de ella en la petición en forma preliminar, de acuerdo con la información y el recuerdo que tenga sobre dicha prueba. Expedido el auto, se seguirá el procedimiento descrito en la sec. 5508 para elevar la prueba oral necesaria.

§ 5521. —Oposición a la expedición del auto de *certiorari* ante el TA

Cualquiera de las partes notificada de una solicitud de *certiorari* puede presentar un memorándum en oposición a la expedición del auto, dentro de los 10 días siguientes de haber sido notificada de la solicitud. El memorándum—que no excederá de 25 páginas—podrá contener un apéndice con copia de aquellos documentos que obren en los autos ante el TPI y que la parte recurrida entienda que son necesarios, además de los presentados por el peticionario, para la resolución del recurso por el TA. (R. 37, RTA)

§ 5522. —Ordenes para mostrar causa en *certiorari* ante el TA

El TA puede variar los términos para la consideración de un recurso de *certiorari* mediante la expedición de una orden para mostrar causa y antes de decidir si expide el auto o no, o si lo resuelve mediante sentencia o resolución fundamentada, según fuera el caso. En estos casos, la orden dispondrá el término para mostrar causa y la otra parte tendrá un término igual al prescrito en la orden para oponerse al mismo (R. 38(A), RTA).

§ 5523. —Legajo en *certiorari* ante el TA

La solicitud con su apéndice y el memorándum en oposición con el suyo, constituirán el legajo en *certiorari* al que se unirá la exposición convenida o narrativa de la prueba oral o la transcripción, según el caso (R. 77(B), RTA).

§ 5524. —Criterios para la expedición del auto de *certiorari* por el TA

El TA toma en consideración los siguientes criterios al determinar la expedición de un auto de *certiorari* o de una orden de mostrar causa (R. 40, RTA):

(a) Si se ha cometido un error de Derecho al otorgar el remedio o lo que dispone la decisión recurrida.

(b) Si la situación de hechos planteada, es la más indicada para el análisis del problema.

(c) Si ha mediado prejuicio, parcialidad o error craso y manifiesto en la apreciación de la prueba.

(d) Si el asunto planteado exige consideración más detenida, a la luz de los autos originales,[33] los cuales deberán ser elevados, o de alegatos más elaborados.

(e) Si la etapa del procedimiento en que se encuentra el caso es la más propicia para su consideración.

En el caso de *Meletiche v. Corporación Azucarera de P.R.,* 1995 PR App. LEXIS 136, el TA denegó un *certiorari* para revisar una resolución denegatoria una sentencia sumaria, basada en la existencia de un conflicto en los hechos, cuando el *certiorari* fue presentado el día antes del señalamiento del caso en su fondo ante el TPI.

(f) Si la expedición del auto o de la orden de mostrar causa no causan un fraccionamiento indebido del pleito y una dilación indeseable en la solución final del litigio.

(g) Si la expedición del auto o la orden de mostrar causa evita un fracaso de la justicia.

§ 5525. —Expedición del auto de *certiorari* por el TA

Luego de tener ante sí la correspondiente oposición a la solicitud o de haber expirado el término para ello, el TA en virtud del contenido del legajo en *certiorari* y de los criterios anteriormente expuestos emitirá una resolución sobre si expide el auto o no. Si lo deniega, podría presentarse una moción de reconsideración. Si no se presenta o si deniega ésta, aquí terminan los trámites correspondientes al recurso ante el TA.

---

[33] En este caso tendría que proveer expresamente para que se eleven los autos originales.

§ 5526. —Efectos de la expedición del auto de *certiorari* por el TA sobre los procedimientos ante el TPI

La expedición del auto de *certiorari* suspenderá[34] los procedimientos en el TPI, salvo que el TA disponga lo contrario (R. 52.3, 2009; R. 35, RTA). En *Pérez Suárez, Ex parte v. Departamento de la Familia*, 147 D.P.R. 556 (1999), el TS agregó en *obiter dicta* a la expedición del auto el requisito adicional de que el TA emita una orden, ya sea *motu proprio* o a solicitud de parte, para paralizar. Este requisito carece de apoyo en la R. 35, RTA, para aplicación general como sugiere el *obiter dicta*. Sin embargo, con arreglo a los hechos del caso que plantean un problema de custodia o relaciones filiales, el requisito sí tiene apoyo en la R. 35(A)(3)(c), RTA.

La expedición de un auto, no suspende los efectos de una orden de *injunction*, de *mandamus*, de hacer o desistir, de pago de alimentos, o de custodia o relaciones filiales. El TA, sin embargo, puede disponer lo contrario al expedir el auto (R. 35, RTA).

La R. 52.2(b), 2009 establece que en "[a]quellos casos que mediante recurso de *certiorari* se paralicen los procesos ante el Tribunal de Primera Instancia, el Tribunal de Apelaciones deberá resolver la controversia presentada ante sí dentro de los sesenta (60) días siguientes a que las partes concernidas se hayan expresado". Esta disposición que fue incluida en la Ley Núm. 220 de 29 de diciembre de 2009, es semejante a la R. 8, RTA que dispone que el tiempo promedio para decisión y dictamen de los casos sometidos ante la consideración de un panel no excederá de sesenta (60) días. Esta disposición en las reglas de procedimiento promueve la celeridad y certidumbre procesal. Este término es de carácter directivo.

§ 5527. —Alegatos luego de expedido el auto de *certiorari* por el TA

El escrito inicial de *certiorari* podrá ser considerado como el alegato de la parte peticionaria. Pero el TA, *motu proprio*, o a solicitud del peticionario, puede proveer para que éste presente un alegato en que discuta más a fondo, la cuestión planteada.[35]

La parte recurrida tiene la obligación de presentar su alegato dentro de un término de 30 días, a partir de la notificación del auto o a partir de la notificación del alegato de la parte peticionaria, si el tribunal le hubiere requerido uno.

Cuando se eleva prueba oral por alguno de los medios previstos en las RTA, la parte peticionaria puede presentar un alegato suplementario para discutir dicha prueba y en ese caso la parte recurrida puede presentar su refutación al mismo, dentro de los 30 días siguientes.

---

[34] Si la resolución recurrida dispusiera la venta de cosas susceptibles de pérdida o deterioro, el TPI podrá ordenar que se vendan y que se deposite su importe hasta que el TA resuelva el recurso. R. 35(2), RTA.

[35] R. 73(F), RTA.

§ 5528. —Decisión en los méritos del *certiorari* por el TA

Cuando ha expedido previamente el auto solicitado, el TA resolverá el recurso de *certiorari* mediante el vehículo procesal de la sentencia (R. 11, RTA).

§ 5529. Recurso de Revisión de los organismos administrativos ante el TA

Las decisiones, reglamentos, órdenes, resoluciones o providencias de los organismos de la Rama Ejecutiva del Estado, son revisables por el TA de acuerdo con los términos y condiciones establecidos por la Ley Núm. 170 de 12 de agosto de 1988, conocida como la Ley de Procedimiento Administrativo Uniforme del Estado Libre Asociado de Puerto Rico. Art. 4.006(c), LJ de 2003. Tal revisión incluye tanto la función adjudicativa como la cuasi legislativa de las agencias (R. 56, RTA). (Art. 4.006(c), LJ de 2003). Se trata de un derecho a revisión dispuesto en la LJ de 2003 y la L.P.A.U.

Esta ley exceptúa de sus disposiciones a la Asamblea Legislativa, la Rama Judicial, la Oficina Propia del Gobernador, la Guardia Nacional, los municipios, sus entidades o corporaciones, la Comisión Estatal de Elecciones y el Negociado de Conciliación y Arbitraje del Departamento del Trabajo y Recursos Humanos. 3 L.P.R.A. sec. 2102. Todos los demás organismos—con excepción del Departamento de Hacienda en relación con las leyes de rentas internas[36] y la Oficina de Gerencia de Permisos, adscrita a la Oficina de Planificación[37]—de la Rama Ejecutiva, caen bajo las disposiciones de la ley y sus actuaciones son objeto de revisión por el TA, mediante el procedimiento que describiremos en las secciones subsiguientes.

La sec. 3.15 de la Ley de Procedimiento Administrativo Uniforme, 3 L.P.R.A. sec. 2165, disponía que la presentación de una moción de reconsideración ante el organismo administrativo tenía carácter jurisdiccional para poder solicitar la revisión judicial. La enmienda que se efectuó a esta sección por la Ley Núm. 247 de 25 de diciembre de 1995, art. 4, eliminó el requisito de presentar la moción de reconsideración como uno con carácter jurisdiccional para poder solicitar la revisión judicial.[38]

Sin embargo, algunas de las leyes orgánicas de las agencias administrativas establecen este requisito de solicitar reconsideración con carácter jurisdiccional, antes de recurrir a la revisión judicial.

Si bien el TS ha expresado en *Hernández O'Farril v. Golden Tower Dev. Co.*, 125 D.P.R. 744 (1990), que la intención al aprobar la Ley de Procedimiento

---

[36] 3 L.P.R.A. sec. 2171.

[37] Esta excepción no se da por virtud de la Ley de Procedimiento Administrativo Uniforme, sino por creación de la *Ley para la Reforma del Proceso de Permisos*, Ley Núm. 161 de 1 de diciembre de 2009.

[38] De acuerdo con la Ley de Procedimiento Administrativo Uniforme, 3 L.P.R.A. sec. 2165, la presentación de una moción de reconsideración ante el organismo administrativo, es de carácter opcional y no limita la presentación de la revisión judicial.

Administrativo Uniforme fue que ésta prevaleciera sobre toda disposición jurídica sobre una agencia en particular como cuestión de prudencia entiendo que, por ser ésta materia tan delicada, se debe examinar la ley orgánica de la agencia, cuya decisión se pretende revisar judicialmente para determinar la necesidad de solicitar reconsideración, antes de formular el recurso de revisión ante el TA y cumplir con sus disposiciones. Ver también *Asociación de Farmacias de la Comunidad v. Departamento de Salud*, 156 D.P.R. 105 (2002).

Ahora bien, la sec. 4.2 de la Ley de Procedimiento Administrativo Uniforme, 3 L.P.R.A. sec. 2172, condiciona el recurso de revisión con el lenguaje siguiente: "Una parte adversamente afectada por una orden o resolución final de una agencia y que haya agotado todos los remedios provistos por la agencia o por el organismo administrativo apelativo correspondiente, podrá presentar una solicitud de revisión [...]".

Sin embargo, la parte recurrente puede solicitar al TA que se le releve de agotar ese o todos los remedios administrativos cuando pueda demostrar que requerir su agotamiento resultaría en daño irreparable y al sopesar los intereses implicados, no se justifica agotarlos; o una violación sustancial de derechos constitucionales; o un caso claro de falta de jurisdicción de la agencia; o que es inútil agotar los remedios administrativos por la dilación excesiva en los procedimientos; o se plantea un asunto estrictamente de derecho, y la pericia administrativa resulta innecesaria.[39]

—Cambios a la jurisdicción revisora de organismos administrativos del TA introducidos por la *Ley para la Reforma del Proceso de Permisos de Puerto Rico*

Antes de que expliquemos el procedimiento establecido para la revisión judicial de las decisiones de los organismos administrativos, cabe detenernos sobre el proceso de revisión anómalo y restrictivo creado en virtud de la *Ley para la Reforma del Proceso de Permisos de Puerto Rico*, Ley Núm. 161 de 1 de diciembre de 2009. Esta ley es la respuesta de la Asamblea Legislativa al desorden en los procedimientos administrativos relativo a permisos creado por la administración del Gobernador Acevedo Vilá bajo opiniones laxas del TS que abrieron las puertas de los tribunales a activistas ideológicos carentes de legitimación bajo los criterios que rigen la intervención. El TS tuvo que recoger velas cuando se enfrentó al caso de *San Gerónimo Caribe Project Inc. v. A.R.P.E.*, 2008 T.S.P.R. 130. Aunque comprendemos la motivación, no compartimos la respuesta legislativa, la cual nos parece altamente preocupante por su falta de rigor procesal. Véase Sección 1003, *ante*.

---

[39] 3 L.P.R.A. sec. 2173. *Flores Berger v. Colberg y otros*, 2008 T.S.P.R. 90; *Guadalupe Pérez v. Saldaña*, 133 D.P.R. 42 (1993); *Colón Ventura v. Méndez*, 130 D.P.R. 433 (1992); *Puerto Rico Tel. Co. v. Unión Independiente Empleados Telefónicos*, 131 D.P.R. 171 (1992); *Orta v. Padilla Ayala*, 131 D.P.R. 227 (1992).

Cabe destacar que antes de la aprobación de la Ley Núm. 161, *supra*, todas las decisiones, órdenes y resoluciones finales emitidas por agencias u organismos administrativos estaban sujetas a ser revisadas por el TA. Aún cuando existen excepciones en la L.P.A.U. y en leyes especiales que establecen el inicio del proceso de revisión mediante juicio *de novo* ante el TPI, estas determinaciones siempre pasaban por el crisol judicial del TA, hasta la aprobación de la Ley Núm. 161, *supra*. Esta Ley, además de que deroga la Administración de Reglamentos y Permisos (ARPE); crea importantes figuras jurídicas y establece el marco legal y administrativo que regirá la solicitud, evaluación, concesión y denegación de permisos por el Gobierno de Puerto Rico;[40] principalmente, evapora la facultad revisora del TA otorgada por la Ley de la Judicatura.

La Ley Núm. 161, *supra*, crea la Junta Revisora de Permisos y Uso de Terrenos,[41] en adelante "la Junta Revisora"—organismo independiente, colegiado y especializado—que se encargará de revisar las "determinaciones finales"[42] provenientes de la Junta Adjudicativa,[43] de la Oficina de Gerencia de Permisos (adscrita a la Junta de Planificación),[44] del Profesional Autorizado[45] y de los

[40] Véase Cap. VIII de la Ley Núm. 161, *supra*.

[41] Está compuesta de tres miembros asociados que nombrará el Gobernador de Puerto Rico, con el consejo y consentimiento del Senado. Uno de los miembros debe ser ingeniero licenciado, arquitecto licenciado, planificador licenciado o profesional del campo de las ciencias naturales o ambientales, y otro será abogado licenciado. El Gobernador designará como Presidente de la Junta Revisora a un abogado, quien ejercerá como Juez Administrador, entre otras funciones. Todos los nombramientos son por periodos de 7 años. El Gobernador debe nombrar además tres miembros alternos. Sus sueldos serán equivalentes a lo devengado por Jueces Superiores, con excepción del Presidente que devengará el de un Juez del Tribunal de Apelaciones y los miembros alternos que recibirán dietas por sesión iguales a la dieta mínima establecida en la Asamblea Legislativa para cada sesión. Véase Capítulo XI, arts. 11.1-11.13 de la Ley Núm. 161, *supra*.

[42] Nomenclatura ajena a la usanza jurídica. La ley define "determinaciones finales" de la manera siguiente: "Actuación, Resolución, Informe o Documento que contiene un acuerdo o decisión emitida por el Director Ejecutivo, la Junta Adjudicativa, los Municipios Autónomos con jerarquía de la I a la V, un Profesional Autorizado, o el Inspector General, adjudicando de manera definitiva algún asunto ante su consideración o cualquier otra determinación similar o análoga que se establezca en el Reglamento Conjunto. Ésta se convertirá en permiso final y firme una vez hayan transcurrido los términos correspondientes. En el caso de las consultas de ubicación, una determinación final no es equivalente a la otorgación de un permiso [...]" Art. 1.5 de la Ley Núm. 161, *supra*.

[43] Véase Cap. VI de la Ley Núm. 161, *supra*.

[44] Véase Caps. II y III de la Ley Núm. 161, *supra*.

[45] Véase Cap. VII de la Ley Núm. 161, *supra*.

Municipios Autónomos con Jerarquía de la I a la V.[46] Esta Junta Revisora sustituye la función revisora del TA y es la sucesora de la Junta de Apelaciones sobre Construcciones y Lotificaciones (JACL).[47]

El proceso de revisión inicia con la presentación de un recurso de revisión administrativo ante la Junta Revisora y luego puede recurrirse al TS mediante auto de *certiorari*. Véase Cap. 56, *infra*.

La parte afectada adversamente por una actuación, resolución o determinación final—ya sea de carácter discrecional[48] o ministerial[49]—podrá presentar ante la Junta Revisora un recurso de revisión administrativa dentro del término jurisdiccional de veinte (20) días contados a partir del archivo en autos de copia de la notificación de la determinación final. La parte que presente este recurso debe notificarlo al ente que emitió la determinación, a las demás partes y a los interventores que hayan sido autorizados dentro de las 48 horas siguientes a la presentación del recurso. Este término también es de índole jurisdiccional. La notificación podrá hacerse por correo o por cualquier medio electrónico que se establezca en el Reglamento Interno. Una vez se presente el recurso se elevará copia certificada del expediente del caso dentro de los diez (10) días naturales siguientes a la presentación.

La Junta Revisora, *motu proprio* o a solicitud de parte, tendrá la facultad para ordenar la paralización, suspensión o el cese y desista de aquellas actuaciones o determinaciones finales en que exista la probabilidad de que ocurran daños irreparables.

Dispone la Ley Núm. 161, *supra*, que la Junta Revisora dispondrá del recurso dentro de un periodo de ciento veinte (120) días naturales, prorrogado por treinta (30) días adicionales, en casos excepcionales. Dentro de ese término la Junta Revisora deberá emitir un dictamen, el cual contendrá determinaciones de hechos y conclusiones de derecho. Pero si la Junta Revisora no resuelve la revisión administrativa dentro del término, la revisión se entenderá rechazada de plano, la Junta perderá jurisdicción y la determinación final sometida ante su consideración se entenderá confirmada. Lo que implica que no existe revisión judicial como cuestión de derecho. Es decir, contrario a la función importantísima del TA de revisar la corrección de los procedimientos ante las agencias, y de su obligación de atender y resolver en los méritos, de forma fundamentada, las controversias que se plantean en los recursos ante el TA, la Junta Revisora no está obligada a emitir un dictamen. Entendemos que debe

---

[46] El Art. 1.5 (53) lo define como aquel "[m]unicipio al cual la Junta de Planificación le haya transferido de manera parcial o total, mediante un convenio de delegación, determinadas competencias y jerarquías sobre la ordenación territorial".

[47] Véase Art. 11.13 de la Ley Núm. 161, *supra*.

[48] Determinación que conlleva juicio subjetivo. Véase Art. 1.5 (25) de la Ley Núm. 161, *supra*.

[49] Involucra únicamente el uso de estándares fijos o medidas objetivas. Véase Art. 1.5 (50) de la Ley Núm. 161, *supra*.

imponerse la obligación de que todas las determinaciones sean revisadas y que el dictamen que surja se haga de forma fundamentada.

Distinto también al funcionamiento revisor del TA, la Junta puede actuar como un tribunal de instancia al poder celebrar vistas, a petición de parte o *motu proprio*, en las que podrá recibir prueba adicional que le permita adjudicar el caso. Indica la Ley que en asuntos discrecionales existe la obligación de celebrarla, si es peticionada por una parte o instada *motu proprio* por la Junta; más no así las que se celebren para asuntos de carácter ministerial, las cuales serán discrecionales.

Las determinaciones finales, resoluciones y actuaciones se sostendrán si se basan en evidencia sustancial que obra en el expediente administrativo y las conclusiones de derecho y determinaciones de hechos serán revisables en todos sus aspectos. Expresa la Ley que la Junta Revisora dará deferencia al peritaje del ente que emitió la determinación sujeta a revisión.

Las decisiones de la Junta Revisora—mediante dictámenes o por haber expirado el término sin emitir dictamen—son revisables por el TS. La Ley Núm. 161, *supra*, dispone que el término para solicitar revisión es de treinta (30) días. Entendemos que dicho término debe transcurrir a partir del archivo en autos de la copia de la notificación si se ha emitido el dictamen o de la expiración del término de 120 días o de su prórroga si no se emitió dictamen.

En los casos en que la Junta Revisora emita un dictamen por un asunto discrecional,[50] la parte afectada podrá presentar una moción de reconsideración dentro de los quince (15) días naturales desde la fecha de archivo de copia de la notificación de la resolución, la cual deberá ser notificada a todas las partes mediante correo certificado con acuse de recibo o por cualquier medio electrónico. Dentro de los diez (10) días naturales siguientes a la presentación de la reconsideración, la parte promovida puede presentar su oposición. La Junta deberá hacer su determinación dentro de los treinta (30) días de la presentación de la reconsideración. Si toma alguna determinación, el término para recurrir mediante *certiorari* al Supremo comenzará a decursar desde la fecha en que se archiva en autos copia de la resolución resolviendo la reconsideración. Por otro lado, si transcurre el plazo de treinta (30) días, la moción se entenderá rechazada de plano y el término para recurrir comenzará a transcurrir. Estos términos no son prorrogables. Expresa la Ley que no podrá presentarse más de una moción de reconsideración por la misma parte, de haberle sido denegada la primera. La presentación de una moción de reconsideración no es un requisito para elevar el recurso de *certiorari* ante el TS.

[50] El criterio de lo discrecional que utiliza la Ley Núm. 161 de 2009, "Determinación que conlleva juicio subjetivo" creará confusión. Una pregunta que inmediatamente surge al vehicularse el recurso en virtud de este concepto es: ¿si el estándar de revisión será el de abuso de discreción en todos los casos? Por otra parte, aparenta que no existe el derecho a solicitar reconsideracion para determinaciones ministeriales.

A este proceso revisor le falta mucho para su concreción, tiene vacíos procesales y sustantivos, entre otras grandes interrogantes que lo circundan. Por ejemplo, la Junta Revisora tiene jurisdicción para revisar determinaciones ministeriales de los organismos o individuos que las emitan. No entendemos por qué la Ley no provee para que puedan presentarse mociones de reconsideración sobre estos dictámenes los cuales al igual que otros son recurribles para ante el TS. También se puede entender que la Junta Revisora toma decisiones confirmatorias sobre recursos de revisión ante sí, no actuando dentro del periodo de 120 días desde que fueron presentados o de la prórroga que se haya concedido. Entendemos que estas decisiones son revisables por el TS, pero no comprendemos por qué no se provee para la reconsideración de las mismas.

Esta Ley creó un órgano revisor perteneciente a la rama ejecutiva con mucho poder y albedrío, el cual reglamentará su propia estructura y proceso. A los fines de la ordenación objetiva y clara que debe permear todo proceso revisor, es insoslayable que la Junta Revisora apruebe un reglamento interno, el cual detalle el procedimiento y su funcionamiento. Este reglamento debería llenar muchas de las lagunas de la Ley. De lo contrario, estamos ante un proceso trunco, que no contiene las garantías mínimas del debido proceso de ley y que ni siquiera establece lo más simple como lo es el contenido del recurso de revisión administrativo.

Por otra parte, para que la Junta Revisora entre en funciones al cumplirse el año previsto en la Ley Núm. 161, *supra*, es necesario que esté montado el andamiaje administrativo consistente en la Oficina de Gerencia de Permisos, la Junta Adjudicativa y los Profesionales Autorizados que tomarán las decisiones que serán objeto de revisión por la Junta Revisora. Al entrar en prensa este libro, ese montaje se encuentra sumamente atrasado, lo cual puede dar lugar a que se tenga que posponer por acción legislativa el momento en que entre en funciones esta Junta.

§ 5529a. Los organismos administrativos como partes en los recursos contra sus decisiones

Distinto a lo que ocurre con los recursos contra las decisiones del TPI, los cuales se tramitan entre las partes y el TPI no comparece ante el tribunal de apelación para sostener su decisión, los organismos administrativos pueden bajo ciertas circunstancias defender sus determinaciones con carácter de parte legitimada en el recurso. Para ello se requiere una expresa autorización estatutaria o que se den las siguientes circunstancias:

"(1) cuando sus decisiones implican la formulación de una política pública y la revisión de su decisión ante un tribunal puede constituir un ataque a esta política pública; y

(2) cuando el organismo es afectado, es parte 'interesada y perjudicada' por la decisión de un tribunal que revisa sus actuaciones."[51]

§ 5530. Formalización del recurso de revisión de las decisiones de agencias administrativas ante el TA

La solicitud de revisión será presentada con 3 copias en la secretaría del TA y será notificada a los abogados de récord o en su defecto a las partes, así como a la agencia o al funcionario de cuyo dictamen se recurre, dentro del término para presentar el recurso.[52]

La presentación de la solicitud de revisión no tiene el efecto de paralizar la determinación objeto del recurso. Sin embargo, a solicitud de parte, el TA puede emitir una orden en contrario (R. 61(A), RTA).

§ 5530a. Competencia

El recurso de revisión será atendido por un panel de la Región Judicial correspondiente al lugar donde ocurra la controversia, o se tramite o adjudique una subasta, o por los paneles designados para atender recursos por su materia o características. (R. 60, RTA).

§ 5531. Notificación del escrito de revisión de las decisiones de agencias administrativas ante el TA

La R. 58(B), RTA, provee un procedimiento para la notificación del escrito de revisión a las partes y a la agencia o funcionario, similar al provisto para la notificación del recurso de apelación discutido en la § 5505.

La regla lee como sigue: "La parte recurrente notificará el recurso de revisión mediante correo certificado o servicio de entrega por empresa privada con acuse de recibo [...] La constancia de cada uno de los métodos de notificación será la dispuesta en la Regla 13(B) de este Reglamento." La R. 13(B), RTA, que gobierna la notificación a las partes del escrito de apelación lee como sigue: "La parte apelante notificará el recurso de apelación debidamente sellado con la fecha y hora de su presentación mediante correo certificado o servicio de entrega por empresa privada con acuse de recibo. Podrá, además, utilizar los siguientes métodos sujeto a lo dispuesto en esta Reglas: correo ordinario, entrega personal, telefax o correo electrónico, siempre que el documento notificado sea copia fiel y exacta del documento original."

---

[51] *Murphy Bernabé v. Tribunal Superior*, 103 D.P.R. 692, 703 (1975). Ver también *Ruiz Hernández v. Mahiques*, 120 D.P.R. 80 (1987).

[52] En revisión por el TA de J.A.S.A.P., de decisión del Departamento de Justicia sobre separación de empleado de su puesto, hay que notificar a J.A.S.A.P. dentro de término. *Olmeda Díaz v. Departamento de Justicia*, 143 D.P.R. 596 (1997).

§ 5532. Término para presentar el recurso de revisión de las decisiones de agencias administrativas ante el TA

El término para presentar el recurso de revisión es de 30 días, contados a partir de la fecha del archivo en autos de la copia de la notificación de la orden o resolución final de la agencia, excepto en los casos de impugnación de subasta en los cuales el término se reduce a 10 días (R. 57, RTA; Ley de Procedimiento Administrativo Uniforme, 3 L.P.R.A. sec. 2172). Este término prevalece sobre el término que pueda estar prescrito por la ley orgánica de la agencia, si ésta fue aprobada con anterioridad a la de Procedimiento Administrativo Uniforme.

El término para presentar la solicitud de revisión es improrrogable, es decir, jurisdiccional. *Méndez Cabrera v. Corporación Urbanizadora Quintas de San Luis*, 127 D.P.R. 635 (1991). Ver también *Medina Garay v. Medina Garay*, 161 D.P.R. 806 (2004); *Colón Morales v. Rivera Morales*, 146 D.P.R. 930 (1998). La notificación del recurso igualmente tiene que hacerse dentro de los treinta (30) días. Si se hace por correo tiene que ser puesta al correo dentro de los treinta (30) días.[53]

El término se interrumpe por la oportuna presentación de una moción de reconsideración. Esta debe presentarse dentro de los 20 días, a contar desde la fecha de archivo en autos de la notificación de la resolución u orden. La agencia deberá considerar la moción dentro del plazo de 15 días después de presentada. Si no lo hace, o si expresamente la rechazare de plano, el término para solicitar revisión comenzará a correr nuevamente desde que expiren los 15 días o desde que se notifique la denegatoria. Si se tomare alguna otra determinación, el término para solicitar revisión comenzará a contar desde la fecha en que se archive en autos una copia de la notificación de la resolución de la agencia, que resuelve definitivamente la moción de reconsideración.[54]

La resolución de la agencia que resuelve a fondo la moción de reconsideración deberá ser emitida y archivada en autos dentro de los 90 días siguientes a la presentación de la moción de reconsideración. Si la agencia acoge la moción de reconsideración, pero deja de tomar alguna acción en relación con la moción dentro de los 90 días de ésta haber sido presentada, perderá jurisdicción sobre la misma y el término para solicitar la revisión judicial empezará a contar a partir de la expiración de los 90 días, salvo que la agencia por justa causa prorrogue, dentro de esos 90 días, el término para resolver, lo cual podrá hacerse por un periodo no mayor de 30 días adicionales.[55]

---

[53] *Martínez Martínez v. Departamento del Trabajo*, 145 D.P.R. 588 (1998).
[54] Ley de Procedimiento Administrativo Uniforme, art. 4; 3 L.P.R.A. sec. 2165.
[55] *Id.*

§ 5533. Contenido de la solicitud de revisión de las decisiones de las agencias administrativas ante el TA

La R. 59, RTA, establece lo que deberá contener la solicitud de revisión. En el epígrafe se consignará el nombre de las partes en el orden en que aparecían en el trámite administrativo, y se les identificará como parte recurrente y parte recurrida. Debajo del espacio que se deja en el epígrafe para la numeración del recurso por la Secretaría del TA, se consignará el nombre de la agencia administrativa de la cual procede el mismo. Si se trata de un recurso para revisar una actuación cuasi legislativa, la parte recurrida será la propia agencia.

En el cuerpo de la solicitud se consignará:

I. El nombre de todos los recurrentes en la comparecencia.

II. Las citas de las disposiciones jurídicas que establecen la jurisdicción y la competencia del tribunal.

III. Una referencia a la decisión, reglamento o providencia administrativa cuya revisión se solicita, la cual incluirá el nombre y el número del caso administrativo y la agencia o funcionario que la dictó, la fecha en que fue dictada, la región judicial correspondiente y la fecha en que se archivó en autos copia de la notificación a las partes.

IV. Una referencia a cualquier moción, resolución u orden mediante la cual se haya interrumpido y reanudado el término para presentar la solicitud de revisión. Además, se especificará cualquier otro recurso que esté pendiente a la fecha de presentación sobre el mismo caso.

V. Una relación fiel y concisa de los hechos sustantivos y procesales importantes y pertinentes.

VI. Un señalamiento breve y conciso de los errores[56] imputados por el recurrente a la agencia o funcionario recurrido.

VII. Una discusión de los errores señalados incluyendo las disposiciones de ley y jurisprudencia aplicables.

VIII. La súplica.

IX. Apéndice.[57]

La solicitud irá acompañada de un apéndice que deberá incluir:

---

[56] Un recurrente no puede levantar por primera vez ante un tribunal un reparo que afecta una decisión administrativa cuando dicho reparo no fue señalado ante la agencia gubernamental, organismo al cual le corresponde resolverlo en primera instancia con vista a la prueba. *Garage Rubén, Inc. v. Tribunal Superior*, 101 D.P.R. 236 (1973).

[57] El apéndice sólo contendrá copias de documentos que formen parte del expediente original ante el foro administrativo. Cuando la parte recurrente plantee como error la exclusión indebida de alguna prueba incluirá en un apéndice separado copia de la prueba ofrecida y no admitida. Todas las páginas del apéndice se enumerarán consecutivamente. Los documentos se organizarán en orden cronológico. Además, el apéndice contendrá un índice que indicará la página en que aparece cada documento (R. 59(E)(3)(4), RTA).

(a) Las alegaciones de las partes ante la agencia, a saber: la solicitud original, la querella o la apelación, las contestaciones a las anteriores hechas por las demás partes.

(b) Si se impugna una regla o reglamento y no hubiere un trámite previo ante el foro administrativo, la regla o reglamento impugnado constituirá la primera parte del apéndice.

(c) La orden, resolución o providencia administrativa cuya revisión se solicita, incluyendo las determinaciones de hechos y las conclusiones de derecho en que esté fundada, si las hubiere.

(d) Toda moción, resolución u orden necesaria para acreditar la interrupción y reanudación del término para presentar la solicitud de revisión.

(e) Toda resolución u orden y toda moción o escrito de cualquiera de las partes que forme parte del expediente original administrativo, en los que se discuta cualquier asunto planteado en la solicitud de revisión o que sea relevante a ésta.

(f) Cualquier otro documento que forme parte del expediente original en la agencia y que pueda ser útil al TA en la resolución de la controversia.

(g) En caso de que, en apoyo al escrito de revisión, se haga referencia a una regla o reglamento, deberá incluirse en el apéndice el texto, la regla o las secciones del reglamento que sean pertinentes.

XI. La certificación de la notificación del recurso a las partes y a la agencia.

§ 5534. La elevación de la prueba oral en los recursos de revisión de las agencias administrativas por el TA

Cuando se señalare algún error en la apreciación o suficiencia de la prueba y sea necesario recurrir a la prueba oral, la parte recurrente lo hará constar en moción por separado que se presentará junto con la solicitud de revisión. Si la parte recurrente no lo hace, las demás partes podrán hacerlo dentro de 10 días, contados a partir de la notificación de la expedición del auto de revisión (R. 66(A), RTA).

En dicha moción, la parte interesada sustanciará y probará la necesidad de recurrir a la prueba oral con vista a las determinaciones de hecho de la agencia o del funcionario. Hará referencia a las cuestiones planteadas en la solicitud de revisión y al contenido de los testimonios específicos que se interesa utilizar. La omisión de cumplir con esta regla podrá dar lugar a que se declare sin lugar la moción.

Se seguirá entonces el procedimiento descrito en la sec. 5508 para la reproducción de la prueba oral debiendo efectuar la agencia los trámites que corresponden al TPI. (R. 66(C), RTA)

§ 5535. Oposición a la expedición del auto de revisión de las decisiones de las agencias administrativas ante el TA

Dentro de los 30 días siguientes a la notificación de la solicitud de revisión, la agencia o funcionario que tenga acción legitimada a tenor con lo resuelto en *Murphy Bernabé v. Tribunal Superior*, 103 D.P.R. 692, 703 (1975), así como cualquiera de las demás partes, podrá presentar memorandos en oposición a la solicitud de revisión (R. 63, RTA).

El memorando, que no excederá de 25 páginas, podrá contener un apéndice con copia de los documentos que las partes recurridas estiman pertinentes y que no formen parte del apéndice presentado por el recurrente. Las normas relativas a la preparación del apéndice del recurrente privan en cuanto a la preparación del apéndice del recurrido. Estas fueron discutidas en la sec. 5533.

§ 5536. Comparecencia del Estado Libre Asociado

El recurso de revisión se da contra la agencia. La comparecencia del Estado Libre Asociado no es obligatoria a menos que así lo ordene el TA (R. 64, RTA)

§ 5537. —Legajo en los recursos de revisión de las decisiones de las agencias administrativas ante el TA

El legajo en los recursos de revisión consistirá del apéndice que debe formar parte del escrito de revisión, junto al apéndice del alegato de la parte recurrida, más una exposición de la prueba testifical cuando así lo autorice el tribunal. El TA, *motu proprio* o a solicitud de parte, podrá ordenar la elevación del expediente original (R. 77(B), RTA).

§ 5538. —Procedimiento de recurso de revisión especial

La R. 67, RTA, provee un procedimiento sencillo de revisión para que los ciudadanos que puedan quedar afectados por las decisiones de agencias administrativas relacionadas con ayudas y beneficios tales como la tarjeta de salud, tarjeta del pan, vivienda en residenciales públicos, desempleo puedan acceder a la revisión judicial.

§ 5539. —Efectos de la presentación del recurso de revisión ante el TA sobre los procedimientos ante la agencia recurrida

La presentación del recurso de revisión no suspenderá la implantación de una regla o reglamento, orden, resolución o determinación de una agencia o funcionario o la adjudicación de la subasta impugnada, salvo orden en contrario emitida por el TA (R. 61(A), RTA).

La orden en auxilio de la jurisdicción del TA es un mecanismo que en ocasiones resulta necesario para atender situaciones urgentes que se plantean como consecuencia de la decisión administrativa que se ha emitido. En esos casos la orden en auxilio de la jurisdicción puede solicitarse al presentarse el recurso y el tribunal la puede expedir de acuerdo con sus méritos. (Ver sec. 5546)

§ 5540. —Alegatos en los recursos de revisión de las decisiones de las agencias administrativas ante el TA

La solicitud de revisión es el alegato de la parte recurrente.

La agencia o funcionario recurrido, cuando tengan acción legitimada, así como cualquier otra parte interesada, deberá presentar su alegato no más tarde de los 30 días siguientes a la notificación del recurso (R. 63, RTA).

Cuando la parte recurrente presente el alegato suplementario que permite la R. 21, RTA, en torno a la prueba, la parte recurrida podrá presentar una réplica en refutación, dentro de los 30 días siguientes.

§ 5541. —Decisión en los méritos del recurso de revisión por el TA

El TA resolverá el recurso de revisión en sus méritos mediante sentencia (R. 11, RTA).

Las determinaciones de hechos de las decisiones de las agencias serán sostenidas por el tribunal si se basan en evidencia sustancial que obra en el expediente administrativo. Las conclusiones de derecho serán revisables en todos sus aspectos por el tribunal. 3 L.P.R.A. sec. 2175.

El TA podrá conceder honorarios razonables de abogado, y las costas y los gastos a cualquier parte que haya prevalecido en la revisión judicial.[58]

El tribunal podrá conceder en dicha sentencia el remedio apropiado si determina que el peticionario tiene derecho a un remedio. Es decir, podrá conceder el remedio solicitado o cualquier otro remedio que considere apropiado, inclusive recursos extraordinarios, aunque no haya sido solicitado.[59]

§ 5542. Reglas comunes a todos los recursos ante el TA

La Parte VIII del reglamento del TA contiene una serie de reglas aplicables a todos los recursos anteriormente discutidos. Estas tratan sobre la firma y forma de los escritos, las copias, las notificaciones, el formato de los alegatos y de los apéndices e índices, corrección de autos, comparecencias como *amicus curiae,* etc. Todo abogado que vaya a preparar un recurso ante el TA debe familiarizarse con estas reglas comunes, de tal forma que pueda llevar el recurso con la mayor propiedad. La Secretaría del TA viene obligada a velar por el cumplimiento de estos requisitos. El incumplimiento no subsanado puede dar lugar a que el TA sancione con la desestimación del recurso (R. 83(B), RTA). Véase *Morán Ríos, et al. v. Martí Bardisona, et al.*, 165 D.P.R. 356 (2005); *Matos v. Metropolitan Marble Co.*, 104 D.P.R. 122 (1975); *Manufacturers Hanover Leasing Corp. v.*

---

[58] 3 L.P.R.A. sec. 2176.

[59] 3 L.P.R.A. secs. 2175-2176.

Caribbean Tubular Corp., 115 D.P.R. 428 (1984). De otra parte, véase *Carlo Emmanuelli v. The Palmas Academy*, 160 D.P.R. 182 (2003).

A continuación discutiré, en cierto detalle, aquellas reglas comunes que me parecen más importantes.

§ 5543. —Mociones ante el TA

Toda moción—que no excederá de 10 páginas—aducirá los fundamentos jurídicos en que descansa, incluirá la argumentación, las citas de autoridades y la súplica. No se permite un memorándum de autoridades por separado (R. 68(C)(D), RTA).

Las mociones se notificarán a las demás partes en la fecha de su presentación lo que se hará constar en el escrito. Cualquier parte que desee expresarse en favor o en contra de la moción deberá hacerlo dentro de los 10 días siguientes a la notificación, luego de lo cual, la moción quedará sometida para decisión por el tribunal (R. 68(A)(B), RTA).

§ 5544. —Normas sobre los términos ante el TA

La R. 5, RTA, permite a la Secretaría ampliar el horario de apertura al público para permitir la presentación de escritos. En virtud de ello, se ha provisto un buzón de presentación continua con un mecanismo que sella el documento con la fecha y hora de presentación. Esto extiende el tiempo hábil de presentación en el último día del término el cual antes concluía con el cierre de la Secretaría a las cinco de la tarde.

Cualquier solicitud de prórroga deberá ser recibida en la secretaría del TA por lo menos 3 días laborables antes de expirar el plazo cuya prórroga se solicita. El término para toda prórroga concedida empezará a contar desde la fecha de vencimiento del término original a menos que, el panel que considera el caso, disponga otra cosa (R. 72(B), RTA).

No se aceptarán escritos fuera de término a menos que el panel disponga otra cosa cuando medien circunstancias excepcionales. En el caso de términos jurisdiccionales, no se concederá prórroga (R. 72(C), RTA).

También son aplicables las normas contenidas en la R. 68.1, 2009.

§ 5545. —Solicitud para litigar *in forma pauperis* ante el TA

La R. 78, RTA dispone que cualquier parte podrá presentar ante el TA una declaración jurada en la cual expondrá los hechos que demuestren su incapacidad para pagar los derechos y costas o para prestar garantías por éstos; su convencimiento de que tiene derecho a un remedio y una exposición de los asuntos que se propone plantear en apelación.

El TA podrá entonces concederle el privilegio de litigar *in forma pauperis*, sin el pago de derechos y costas o sin la prestación de fianza para ello.

§ 5546. —Ordenes del TA en auxilio de su jurisdicción

La necesidad de órdenes en auxilio de la jurisdicción del TA debe de considerarse en virtud de las disposiciones reglamentarias sobre los efectos de la presentación de los recursos. Sólo el Recurso de Apelación, con la excepción de casos de *injunction*, alimentos o custodia, suspende por su mera presentación los efectos de la sentencia recurrida. El recurso de *certiorari* no los suspende al presentarse pero sí al expedirse el auto. El recurso de revisión no suspende los efectos de la decisión recurrida. La suspensión o vigencia de la decisión recurrida dará lugar a la necesidad de solicitar una orden en auxilio de la jurisdicción del TA.

En tanto y en cuanto las órdenes en auxilio de la jurisdicción vienen a ser a nivel revisorio el equivalente de las disposiciones cautelares, remedios provisionales o medidas de aseguramiento de sentencia y a los *injunctions*, la R. 79, RTA, dispone que su expedición se regirá por las disposiciones pertinentes del CEC y las Rs. 2009.

Cuando el caso que origina la solicitud de una orden en auxilio de la jurisdicción entraña cuestiones de gran interés público y se interesa que no surta efectos la suspensión de una determinación administrativa, la discreción del tribunal para emitir la orden protectora de la decisión agencial se guiará por los criterios de equidad que la jurisprudencia ha desarrollado para el recurso de *injunction* preliminar en todo aquello que éstos no fueren incompatibles con el remedio solicitado.[60] Sobre dichos criterios, véase la sec. 5712, *infra*.

El TA puede expedir cualquier orden provisional que sea necesaria para hacer efectiva su jurisdicción. Es decir, el TA puede expedir la orden que sea necesaria para mantener un estado de cosas entre los litigantes y el objeto del pleito que le permita llevar a cabo la revisión de la actuación del TPI o de la agencia correspondiente y dictar una sentencia que sea eficaz para proteger los derechos de la parte que recurre ante el TA. Por ejemplo, si el TPI declara sin lugar una demanda por cumplimiento específico de un contrato de compraventa de una propiedad mueble, el apelante ante el TA puede solicitar de éste una orden dirigida al demandado prohibiéndole la venta de la propiedad mueble, hasta tanto se resuelva el recurso por el TA.

La referida orden puede expedirse a solicitud de parte y también por iniciativa del propio TA (R. 79, RTA).

La moción en solicitud de una orden en auxilio de la jurisdicción del TA, puede presentarse conjuntamente con el escrito inicial del recurso. En este caso, el recurso se presentará en la secretaría del TA y no en la del TPI (R. 79(G), RTA).

La moción en auxilio deberá ser notificada a las demás partes y a cualquier persona contra quien se solicite un remedio mediante el método que asegure que

---

[60] *Misión Industrial de P.R., Inc. v. Junta de Planificación de P.R.*, 142 D.P.R. 656 (1997).

éstas queden notificadas de la solicitud simultáneamente con su presentación y se hará constar la notificación en la propia solicitud. De presentarse la solicitud el mismo día en que se presente el recurso, la notificación simultánea incluirá la notificación del recurso con su apéndice. A los fines de la notificación simultánea se podrá utilizar los métodos de notificación personal, por telefax o correo electrónico. (R. 79(E), RTA).

§ 5547. —Sustitución [illegible]

Si estando pendiente [illegible] falleciere, sus herederos o su repres[illegible] tribunal, dentro de un término [illegible] conozca el hecho. El tribunal, a s[illegible] de dicha notificación, ordenará l[illegible] apropiada. Si no se hiciere la soli[illegible] parte podrá solicitar que se haga co[illegible] seguirá tramitándose en la forma [illegible]

Cuando un funcionar[illegible] el TA y falleciere, renunciare o [illegible] mientras el procedimiento estuviere [illegible] sucesor lo sustituirá automáticamen[illegible]

§ 5548. —Desistimient[illegible]

La parte promovente d[illegible] momento, un aviso de desistimiento (R. [illegible], RTA).

La desestimación de un recurso, R. 83(B), RTA, puede solicitarse por cualquiera de las partes o disponerse a iniciativa propia del tribunal, por los motivos siguientes:

(1) Falta de jurisdicción del TA.

(2) Presentación del recurso fuera del término de cumplimiento estricto dispuesto por ley, sin que exista causa para ello.

(3) Que el recurso no se ha presentado o proseguido con diligencia o de buena fe.

(4) Que el recurso es frívolo y surge claramente que no se ha presentado una controversia sustancial o que, ha sido interpuesto para demorar los procedimientos.

(5) Que el recurso se ha convertido en académico; es decir, que hechos ocurridos con posterioridad a la formalización del mismo imposibilitan que el tribunal conceda y haga eficaz el remedio que se solicita.

La R. 83 del RTCA de 1996 contenía como causa de desestimación el que no se hubiera perfeccionado el recurso. Esta disposición se elimina en la R. 83, RTA vigente en armonía con el mandato de la Ley de la Judicatura de 2003, de que las reglas del TA evitarán la desestimación de los recursos por defectos de forma y notificación. Siempre queda la facultad del Tribunal para desestimar por falta de diligenciamiento o por incumplir órdenes para el perfeccionamiento.

§ 5549. —Argumento oral de los recursos ante el TA

El TA podrá ordenar la celebración de una vista oral, a iniciativa propia o a solicitud de parte, en cualquier etapa del procedimiento, antes de su decisión final. En dicha vista, se presentarán los informes orales. Estos informes tienen el propósito de poner de relieve los argumentos escritos que aparezcan en los alegatos presentados ante el TA. En estas vistas nunca se presenta prueba, pues el TA como todo tribunal de apelación, actúa en función del legajo del recurso y la prueba que puede considerar, es aquella que se presentó ante el TPI o ante la agencia recurrida (R. 80, RTA).

La solicitud de vista oral deberá presentarse no más tarde de los 10 días siguientes a la fecha de presentación del alegato de la parte apelada o recurrida (R. 80(A)(2), RTA).

El abogado que interese asegurarse que sus argumentos sean plenamente entendidos por un tribunal de apelaciones, debe solicitar la oportunidad para presentar un informe oral y prepararse adecuadamente para ello. En la práctica, ante el Tribunal Supremo de los Estados Unidos siempre se celebra una vista oral, cuando el tribunal ha acogido un recurso. Es ahí donde finalmente se fijan las opiniones de los jueces, tanto en virtud de los informes orales de los abogados, como de las contestaciones de éstos, a las preguntas que hacen los jueces. No es infrecuente, que un abogado dedique 4 ó 5 días de preparación para presentar un informe oral ante ese tribunal.

§ 5550. Fundamentación de las decisiones del TA

El término "sentencia", cuando es dictada por un tribunal de apelación, se refiere a la determinación final de ese tribunal en cuanto a la apelación ante sí o en cuanto al recurso discrecional en el cual el TA ha expedido el auto solicitado. La determinación final del TA cuando éste deniega discrecionalmente el auto solicitado se denomina "resolución". La determinación final del TA cuando éste desestima por cualquier causa o archiva por desistimiento un recurso de apelación, se denomina "sentencia".

El TA viene obligado a resolver, mediante sentencia fundamentada, todo recurso que adjudica en sus méritos lo cual incluye formular una relación de hechos, exposición y análisis pertinente a la decisión de los asuntos planteados (R. 10(A), RTA).[61]

Cuando ante el TA se formula un error en cuanto a la suficiencia de la prueba, éste no debe confirmar la sentencia apelada sin atender el mismo, pues de

[61] *Maldonado Bermúdez v. Maldonado González*, 141 D.P.R. 19 (1996).

proceder de esa forma, incumple su función revisora, y estará sujeto a revocación.[62]

§ 5551. Notificación de las sentencias del TA

El Secretario del TA notificará a las partes con copia de toda decisión del tribunal y dejará constancia de la fecha de su registro y de su notificación (R. 5(H), RTA). Si la parte está representada por abogado, es obligatorio notificar a este y la notificación hecha a la parte, es insuficiente.[63]

§ 5552. —Reconsideración de las decisiones del TA

Sólo se permite la presentación de una moción de reconsideración ante el TA. Esta debe presentarse, dentro del plazo improrrogable de 15 días contados a partir del archivo en autos de copia de la notificación de la resolución o sentencia del TA (R. 84(A), RTA; R. 47, 2009).

La moción de reconsideración discutirá sólo los asuntos específicos respecto de los cuales la parte promovente considere que el TA erró en la determinación de los hechos o en la aplicación del derecho (R. 84(B), RTA).

El término para apelar o recurrir al TS comenzará a contar de nuevo a partir del archivo en autos de copia de la notificación de la resolución o sentencia del TA que resuelva definitivamente la moción de reconsideración (R. 84(A); R. 47, 2009). Obsérvese, que en cuanto a esta moción de reconsideración ante el TA, las mencionadas reglas no proveen el mecanismo de la denegatoria de plano en virtud de la insuficiencia del contenido de la moción. Por tanto, entiendo que la presentación de una moción de reconsideración ante el TA, interrumpe automáticamente el término para apelar o recurrir ante el TS, independientemente de que la resolución definitiva de la moción de reconsideración venga por vía de un "no ha lugar."[64]

§ 5553. —Mandato del TA

El mandato es el escrito que dirige el tribunal de apelación al tribunal apelado en el que le comunica su decisión e instrucciones y le devuelve el expediente original, cuando éste haya sido elevado.[65] La R. 84(E), RTA, dispone que esto se hará, transcurridos 10 días laborables luego de haber advenido final y firme la decisión del TA.

Una vez se remite el mandato al tribunal de inferior jerarquía, el tribunal revisor pierde la jurisdicción para actuar sobre el caso. Cualquier controversia

---

[62] *Id.*

[63] *Berríos Rodríguez v. Comisión de Minería*, 102 D.P.R. 228 (1974).

[64] *García Claudio v. García Guevara*, 145 D.P.R. 659 (1998).

[65] *Vaillant Valenciano v. Santander Mortgage Corp.*, 147 D.P.R. 338 (1998); *Pérez Suárez, Ex parte v. Departamento de la Familia*, 147 D.P.R. 556 (1999).

tiene que plantearse al nivel del tribunal que ha recibido el mandato, y de ser necesario acudir al foro apelativo, será menester un nuevo recurso.[66]

El TPI carece de jurisdicción para actuar sobre los aspectos en apelación de un caso que ha sido objeto de un recurso hasta tanto recibe el mandato del TA.[67]

---

[66] *Pérez Suárez, Ex parte v. Departamento de la Familia, supra*; *Vaillant Valenciano v. Santander Mortgage Corp., supra.*

[67] *Vaillant Valenciano v. Santander Mortgage Corp., supra.*

CAPITULO 56: PROCEDIMIENTO PARA LOS RECURSOS ANTE EL TS

§ 5601. Introducción

Como señaláramos en la § 5203, los recursos ante el TS son: *certiorari*, apelación, certificación y el gubernativo. A continuación, discutiremos el procedimiento para el *certiorari*, que es el recurso de uso más intenso ante el TS, siguiéndole el de apelación, el de certificación y el gubernativo. Se discutirán las normas particulares de cada uno. Luego se incluirá una sección con las normas comunes a todos los recursos ante el TS.

Como indicamos con anterioridad, a raíz de la revisión de las Reglas del 1979, se eliminaron de las Reglas de Procedimiento Civil aquellas disposiciones procesales que tenían reglas equivalentes en los Reglamentos del TA y del TS. Ello contribuyó a subsanar las disconformidades habidas entre algunas de las Reglas del 1979 y los Reglamentos, lo que pretende enderezar la estructura procedimental y de funcionamiento del TA y del TS, dejando únicamente en sus reglamentos lo relacionado al trámite, perfeccionamiento, contenido, notificacion, etc. de los recursos apelativos. En ediciones anteriores de esta obra habíamos señalado estas incongruencias,[1] pero ya ello está subsanado con la aprobacion de las Reglas del 2009.

---

[1] A continuación exponemos algunos ejemplos de nuestros anteriores señalamientos: La R. 53.3, 1979 establecía que: "(b) El peticionario notificará la presentación del escrito de *certiorari* a todas las partes o a sus abogados de récord dentro del término para presentar el recurso y en la forma prescrita en la Regla 67." La R. 20 del RTS establece

§ 5602. Recursos de *certiorari* ante el TS

El *certiorari*, dispuesto en el art. 3.002(d) de la LJ 2003, es el recurso principal y de mayor uso por el TS para revisar las actuaciones del TA. Es de rigor tomar en cuenta, que aunque las actuaciones del TA, cuando son sentencias o resoluciones en los méritos, revisan sentencias o resoluciones del TPI o de organismos administrativos, el recurso de *certiorari* ante el TS no es para revisar *de novo* las sentencias o resoluciones ya revisadas por el TA, sino para revisar la sentencia del TA en sí.

El TS también revisa por *certiorari* los dictámenes de la Junta Revisora de Permisos y Uso de Terrenos.[2]

El auto de *certiorari* es librado discrecionalmente por el TS para revisar toda sentencia, resolución u orden emitida por el TA,[3] contra la cual no proceda el recurso de apelación. Puesto que el recurso de apelación ha quedado limitado a pronunciamientos de inconstitucionalidad, que son infrecuentes, se entenderá la importancia del recurso de *certiorari*, como vehículo de revisión del TA por el TS.

En este capítulo trataremos el procedimiento para todos los *certiorari* ante el TS con excepción del *certiorari* para revisar decisiones del TA en materia electoral. Este *certiorari,* tiene un régimen aparte establecido en la R. 21, RTS, encaminado a acelerar la tramitación del recurso para atender la dinámica de las contiendas electorales.

5603. —Formalización de los recursos de *certiorari* ante el TS

Se formaliza el *certiorari* al presentar una petición de *certiorari* en la Secretaría del TS y una copia en la Secretaría del TA dentro de las 72 horas siguientes a la presentación de la petición ante el TS. Este término es de cumplimiento estricto. Se presenta un original y 8 copias (Rs. 20(b) y 40(d), RTS).[4]

---

en su inciso (c) lo siguiente: "El peticionario será responsable de notificar la petición de certiorari a todas las demás partes en la forma prescrita en la Regla 39."

Según la R. 23, RTS, la parte peticionaria notificará con copia de dicha solicitud a la Secretaría del tribunal donde se encuentre el caso cuya certificación se solicita dentro del término de 72 horas—48 dice la R. 53.1(f), 1979—a partir de la presentación de la solicitud de certificación.

La R. 53.4, 1979, indicaba que la notificación de la certificación era conforme la R. 67, 1979. Sin embargo, la R. 39, sobre notificaciones, expresaba de distinta forma.

[2] Ley Núm. 161 de 1 de diciembre de 2009.

[3] LJ 2003, Art. 3.002(d); Parte V, Rs. 20-22, RTS.

[4] Debe enmendarse la R. 20 para adecuarla a la modificación realizada a la R. 40, RTS que dispone que la presentación de todo documento ante el Tribunal se hará en original y ocho (8) copias. Véase *In re Enmienda a la Regla 40 del Reglamento del Tribunal Supremo*, 2007 T.S.P.R. 181.

§ 5604. —Notificación a las partes de solicitud de *certiorari* ante el TS

El peticionario deberá notificar a todas las demás partes en la forma prescrita en la R. 39, RTS. Obsérvese, que la notificación tiene que ser a todas las partes ante el TA, no sólo a las partes adversas.

La notificación deberá llevarse a cabo dentro del término para presentar el recurso (R. 39, RTS).

La notificación se hará constar en el propio escrito que se presente al tribunal, y como ya se señaló, se notificará a los abogados de todas las partes que lo fueron ante el TA o a las partes mismas, si no lo tuvieran. Cuando haya varias partes, se notificará al abogado de cada de una de ellas. Si un mismo abogado representa a varias partes, basta con notificarle una sola vez por todas ellas.

La notificación se hará por correo certificado con acuse de recibo, o mediante un servicio similar de mensajería con acuse de recibo.

Cuando se efectúe por correo certificado con acuse de recibo, se remitirá la notificación a todas las partes a la dirección postal que surja del último escrito que conste en el expediente del caso. Si no hay tal constancia y la parte está representada por abogado, la notificación se hará a la dirección que de éste surja del registro que contiene las direcciones de los abogados en la Secretaría del TS.

La fecha del depósito en el correo se considerará como la fecha de la notificación a las partes.

La entrega personal deberá hacerse en la oficina de los abogados que representen a las partes y las notificaciones deberán entregarse a éstos o a cualquier persona a cargo de la oficina. La notificación por correo ordinario infringe la R. 39, RTS, lo cual da lugar a la desestimación del recurso.[5]

De no estar la parte representada por abogado, la notificación se entregará en el domicilio o dirección de la parte o de las partes, según ésta surja de los autos, a cualquier persona mayor de edad y responsable que se encuentre en la misma.

En los casos de entrega personal, se certificarán la forma y las circunstancias de la entrega—la R. 39, RTS, llama a esto el diligenciamiento—lo que se hará dentro de las próximas 72 horas desde que se efectuó la entrega. Este término es de estricto cumplimiento.

§ 5605. —Términos para presentar los recursos de *certiorari* ante el TS

Los *certiorari* ante el TS, establecidos en la R. 52.2(b), 2009 y en la R. 20, RTS, difieren entre sí sólo en cuanto al término dispuesto para presentar los mismos ante la Secretaría del TS. En todo lo demás son exactamente iguales. La R. 52.2(b), 2009 y la R. 20, RTS deben revisarse para atemperarlas a la L.J. 2003 que refundió los *certioraris* ante el TS en uno solo. Como esto no se ha hecho tenemos que entrar en la siguiente enumeración.

---

[5] *Eastern Sands, Inc. v. Roig Commercial Bank*, 146 D.P.R. 51 (1998). Véase, además, *Meléndez Vega v. El Vocero de Puerto Rico, Inc., et. als*, 2008 PR Sup. LEXIS 45. (Resolución y Op. Disidente de la Jueza Asociada Hon. Anabelle Rodríguez).

El término para presentar la petición de *certiorari* de revisión de una sentencia emitida en un recurso de apelación ante el TA es de 30 días, a partir del archivo en autos de copia de la notificación de la sentencia. Si el Estado Libre Asociado, sus funcionarios, e instrumentalidades, que no sean corporaciones públicas, o los municipios, son parte, el término es de 60 días.

El término para revisar sentencias o resoluciones del TA emitidas en recursos de *certiorari* relativos a dictámenes en procedimientos civiles de jurisdicción voluntaria, es de 30 días contados desde la fecha del archivo en autos de copia de la notificación de la sentencia recurrida.

El término para presentar la solicitud de *certiorari* contra sentencias o resoluciones del TA emitidas en recursos de revisión provenientes de las agencias administrativas, es de 30 días.[6] La participación del Estado o los municipios en el proceso no extiende el término a 60 días como ocurre con la revisión de sentencias dictadas en apelación por el TA.

El término para presentar la solicitud de *certiorari* en casos de revisión de dictámenes de la Junta Revisora de Permisos y Uso de Terrenos es de 30 días a partir del archivo en autos de copia de la notificación del dictamen o de los 120 días o de su prórroga a partir de la presentación del recurso ante la Junta Revisora en los casos en que ésta no ha emitido un dictamen. Cuando se presente una moción de reconsideración del dictamen en casos discrecionales, el término de 30 días comenzará a decursar desde la fecha en que se archiva en autos copia de la resolución resolviendo la reconsideración. Si transcurren 30 días desde la presentación de la moción de reconsideración, ésta se entenderá rechazada de plano y el término para recurrir ante el TS comenzará a transcurrir.

El término para revisar las sentencias dictadas por el TA en materia de ley electoral o de separación de alcaldes de sus cargos, pendiente a la resolución de querellas ante la Comisión de Querellas Municipales, es de 10 días. (R. 21A, RTS)

Todos los términos antes mencionados son improrrogables, es decir, de carácter jurisdiccional.

El término para presentar la petición de *certiorari* contra cualquier sentencia o resolución del TA, dictada en recursos discrecionales—los *certiorari* ante el TA que no son los antes mencionados en esta sección—es de 30 días. Este término es de cumplimiento estricto, lo cual como viéramos anteriormente, quiere decir que es prorrogable cuando medien circunstancias especiales debidamente sustentadas en la petición de *certiorari.* Este es el término aplicable a cualquier sentencia o resolución emitida por el TA para revisar cualquier resolución u orden interlocutoria dictada por el TPI.

El término para presentar la solicitud de *certiorari* cuando se trate de sentencias o resoluciones del TA que no sean las anteriormente descritas, será

---

[6] La R. 20(a)(9) RTS establece el carácter jurisdiccional de este término. En ese sentido la misma carece de apoyo explícito en la LJ 2003 o en las Rs. 2009.

aquel que dispusiera la ley para la presentación del recurso equivalente, que procedía del antiguo Tribunal Superior.[7]

En todos los casos anteriores, el término comienza a contar desde el archivo en autos de copia de la sentencia o resolución, según sea el caso. Si la fecha del archivo es distinta a la del depósito en el correo, el término se cuenta a partir de esta última. Cuando se presentare una moción de reconsideración ante el TA, el término comenzará a contar desde el archivo en autos de copia de la resolución resolviendo la moción de reconsideración (R. 20(a)(10), RTS).

El TA tiene la obligación de resolver la moción de reconsideración dentro del término de 5 días desde que la misma quede sometida. R. 52, RTA, que entendemos prevalece sobre la R. 20(a)(10), RTS.

En virtud de la R. 48, RTS, los plazos vencen a las cinco de la tarde del último día. En el caso de *Misión Industrial de P.R., Inc., et al. v. Junta de Planificación de P.R.*, 142 D.P.R. 656 (1997), se resolvió que el TS carece de jurisdicción para considerar un recurso presentado a las 5:12 de la tarde del último día.

§ 5606. —Contenido de la petición de *certiorari* ante el TS

Las Rs. 20(f), (h), (i), (j), (k) y (l) RTS, gobiernan el contenido de la petición o solicitud de *certiorari*. En el epígrafe se consignará el nombre de las partes en el orden que aparecían en el TA identificadas como peticionarios y recurridos, precedido del nombre del Tribunal (En el Tribunal Supremo de Puerto Rico). La petición—que no excederá de 20 páginas—llevará una cubierta cuyo contenido se detalla en el inciso (i) de la R. 20, RTS.

El cuerpo de la petición contendrá, en el orden aquí establecido, lo siguiente:

I. Las citas de las disposiciones legales que establecen la jurisdicción del TS.

II. Una breve discusión fundamentada sobre las bases jurisdiccionales.

III. Una referencia a la sentencia, resolución, orden o providencia interlocutoria, cuya revisión se solicita incluyendo el nombre y número del caso, el tribunal y panel de jueces que la dictó, la fecha en que fue dictada y la fecha en que se archivó en autos copia de su notificación.

IV. Una referencia a la sentencia, resolución, orden o providencia interlocutoria del TPI que fue revisada por el TA incluyendo el nombre y número del caso y el tribunal que dictó dicha sentencia, resolución, orden o providencia interlocutoria, la fecha en que la dictó y la fecha en que archivó en autos copia de su notificación.[8]

---

[7] Véanse los comentarios que sobre este recurso de *certiorari* se hacen en los párrafos finales de la § 5518. Pero téngase presente que en el caso del TS las resoluciones interlocutorias del propio TA no tienen término previsto.

[8] Esta referencia no debe llevar al peticionario a entender que el recurso ante el TS va contra la sentencia del TPI. Para que el recurso pueda prosperar ante el TS, el peticionario debe tener meridianamente claro que la sentencia que le agravia y que debe atacar ante el TS, es la sentencia del TA y no la del TPI.

V. La identificación de cualquier otro recurso sobre el mismo caso, pendiente a la fecha de la presentación de la petición ante el TS o ante el TA.

VI. Una breve relación de los hechos sustantivos y procesales del caso que sean relevantes a la petición de *certiorari.*

VII. Un señalamiento de errores.

VIII. Una breve discusión de los errores.

IX. Un señalamiento breve y conciso de las cuestiones de derecho planteadas en el recurso.

X. El argumento de las cuestiones planteadas.[9]

XI. El apéndice.[10]

El apéndice contendrá una copia de lo siguiente:

(1) Del recurso presentado ante el TA, la oposición de la otra parte y sus respectivos apéndices.

(2) De los alegatos presentados por las partes ante el TA, si los hubiere.

(3) De la sentencia, resolución, decisión, orden o providencia interlocutoria del TA cuya revisión se solicita.

(4) De la sentencia, resolución, decisión, orden o providencia interlocutoria del TPI o la decisión de la agencia administrativa que fue objeto de revisión por el TA.

(5) De cualquier otra resolución u orden, providencia interlocutoria o escrito de cualquiera de las partes que forme parte del legajo ante el TA y en el cual se discute expresamente cualquier asunto que se plantee en la petición de *certiorari.*

(6) De copia de todos aquellos documentos necesarios para establecer de manera fehaciente la jurisdicción del TS.

(7) De cualquier otro documento que forme parte del record ante el TA y que pueda ser útil al TS al tomar su decisión sobre la expedición del auto.

XII. De la certificación de la notificación del recurso, conforme lo previsto en la R. 39, RTS.

§ 5607. —Oposición a la expedición del auto de *certiorari* ante el TS

Cualquiera de las partes notificadas de una solicitud de *certiorari* puede presentar un memorándum en oposición a la expedición del auto, dentro de los 10 días de haber sido notificada. El memorándum—que no excederá de 15 páginas[11]—podrá contener un apéndice con copias de aquellos documentos que

---

[9] Los incisos (9) y (10) de la R. 20(h), RTS pueden llevar a una repetición innecesaria de las cuestiones de Derecho planteadas. Los señalamientos de error y la discusión de los mismos a que aluden los incisos (7) y (8) necesariamente tienen que contener la discusión de las cuestiones de Derecho planteadas.

[10] El apéndice tiene que presentarse dentro del término para presentar la petición de *certiorari.* Si no se hace se desestimará el recurso. *Mfrs. H. Leasing v. Carib. Tubular Corp.*, 115 D.P.R. 428 (1984).

[11] R. 20(d), RTS.

obren en los autos del TA, que no hayan sido incluidos en el apéndice del peticionario, y que la parte recurrida entienda necesarios para la resolución que deba tomar el TS.

§ 5608. —Criterios para la expedición del auto de *certiorari* por el TS

Conforme a la R. 30, RTS, el TS tomará en consideración los siguientes criterios para determinar si expide un auto o no de *certiorari*:

(1) Si el remedio y la disposición de la sentencia o resolución recurrida, a diferencia de sus fundamentos, son contrarios a derecho, tomando éste en su más amplia acepción.

(2) Si la cuestión planteada es novel.

(3) Aún cuando no sea novel, si la expresión de la misma, es importante para el interés público.

(4) Si los hechos expuestos presentan la situación más indicada para el análisis del problema planteado.

(5) Si la norma existente debe ser redefinida o variada.

(6) Si existe conflicto entre decisiones de las salas del TPI o entre paneles del TA sobre el asunto en cuestión.

(7) Si ha mediado prejuicio, parcialidad o error craso y manifiesto en la apreciación de la prueba por el tribunal de instancia.

(8) Si la cuestión exige una más detenida consideración a la luz de los autos, que podrían ser elevados y de alegatos más elaborados.

(9) Si la etapa en que se presenta el caso es la más propicia para su consideración.

(10) Si la expedición del auto o de la orden de mostrar causa no causan un fraccionamiento indebido del pleito y dilación indeseable respecto a la solución final del litigio.

(11) Si la concesión del auto o la emisión de una orden de mostrar causa contribuyen de otro modo a las funciones de este TS de vindicar la ley y pautar el derecho en el país.

(12) Si se ha cumplido con los otros requisitos que establece el RTS.

§ 5609. —Expedición del auto de *certiorari* por el TS

Presentada la oposición a la petición de expedición del auto de *certiorari* o expirado el término para presentarla, el TS emitirá una resolución sobre si expide el auto o no. Si lo deniega, podrá presentarse una moción de reconsideración. Si no se presenta o se deniega ésta u otra moción subsiguiente, terminan los trámites correspondientes ante el TS. Si se expide el auto, se emite por el secretario del TS un mandamiento al secretario del TA ordenándole la remisión de los autos a la secretaría o una copia certificada de los mismos.

§ 5610. —Legajo en *certiorari* ante el TS

El legajo en el *certiorari* se prepara, luego de expedido el auto, a menos que otra cosa disponga el TS. La preparación del mismo corresponde a la Secretaría del TA,[12] o a la Junta Revisora de Permisos y Uso de Terrenos.

El legajo o expediente en *certiorari* consistirá de la totalidad del legajo o expediente que tuvo ante sí el TA, así como todo documento que se haya presentado ante el TA o que haya sido producido por éste (R. 35(a), RTS). La R. 35(b), RTS, contiene normas detalladas sobre cómo organizar el legajo. Entendemos que dicha regla será de aplicación a los recursos provenientes de la Junta Revisora.

Al recibirse el legajo por la Secretaría del TS, será deber del Secretario anotar el caso en el libro-registro correspondiente y notificar de su presentación a los abogados de las partes así como a la Secretaría del TA. R. 35(c), RTS.[13]

§ 5611. —Efectos de la expedición del auto sobre los procedimientos ante el TA o el TPI

La presentación de la petición de *certiorari* no paraliza los procedimientos ante el TA o el TPI pero, sí lo hace la expedición del auto de *certiorari,* a menos que el TS *motu proprio* o a solicitud de parte, disponga lo contrario (R. 20(e), RTS). Esta regla debería enmendarse, para permitir que el TS suspenda los procedimientos en los tribunales inferiores antes de expedir el auto, a petición de parte o *motu proprio*, en los casos que lo entienda necesario.

La expedición de un auto no suspende los efectos de una orden de *injunction,* de *mandamus,* de hacer o desistir, de pago de alimentos, de custodia, de relaciones filiales, o cuando la sentencia dispusiése la venta de bienes susceptibles de pérdida o deterioro. Sin embargo, el TS *motu proprio* o a petición de parte, puede emitir una orden en contrario para suspender los efectos de la sentencia o resolución (R. 20(m), RTS).

§ 5612. —Alegatos luego de expedido el auto de *certiorari* por el TS

La parte peticionaria presentará su alegato, dentro de los 30 días del recibo de la notificación de la presentación del legajo ante la Secretaría del TS (Rs. 22(a) y 35(c), RTS). La parte recurrida, a su vez, tendrá 30 días para presentar el suyo

---

[12] Si el TA no hubiera ordenado la elevación de los autos originales del TPI o de la agencia administrativa revisada, el TS podrá ordenarlo si lo cree conveniente al expedir el auto de *certiorari* o posteriormente (R. 35(d), RTS).

[13] Esta regla es confusa. Primero se refiere sólo al legajo de apelación cuando la regla cubre tanto el de apelación como el de *certiorari.* Segundo, requiere una notificación de la presentación del legajo a la Secretaría del TA que es la Secretaría que lo envía, es decir, un acto a todas luces innecesario. Lo esencial de esta regla es la notificación a los abogados de las partes, pues a partir de ello, es que cuenta el término del peticionario para presentar su alegato.

luego de ser notificado de la presentación del alegato de la parte peticionaria. Estos términos son prorrogables. Lo referente a los requisitos formales del número de páginas, índices, etc. en torno a los alegatos, está dispuesto en la R. 33, RTS (con excepción a los alegatos en un recurso gubernativo).

§ 5613. Argumentación oral del *certiorari* ante el TS

La antigua R. 11(e), RTS establecía el derecho de las partes a presentar en los recursos un informe oral al TS. Esta norma se cambió, desafortunadamente, en 1975 y desde entonces hasta el presente, la concesión de vista para la argumentación oral es discrecional (R. 4(c), RTS).

En mi opinión, el informe oral es la única forma que tienen las partes para asegurarse de que sus argumentos son adecuadamente comprendidos por el TS, por lo cual la vista oral debe solicitarse—la R. 4(c), RTS concede un plazo de 5 días después del alegato del apelado—como cuestión de rigor.

Si se concede, los informes orales se efectuarán según lo dispone en la R. 41, RTS.

§ 5614. —Decisión en los méritos por el TS en *certiorari*

Si luego de sometidos los alegatos, el TS no señala el recurso para vista oral *motu proprio* o a petición de parte, el recurso quedará sometido para decisión en los méritos, según lo dispuesto en la R. 5, RTS.

§ 5614a. —*Certiorari* para revisar dictámenes de la Junta Revisora de Permisos y Uso de Terrenos

El recurso de *certiorari* ante el TS para revisar los dictámenes provenientes del TA en recursos de revisión administrativa sigue el mismo procedimiento y trámite establecido en el RTS para revisar por *certiorari* las sentencias o resoluciones del TA en recursos provenientes del TPI. Con la eliminación de la función judicial revisora del TA en materia de permisos por la Ley Núm. 161 de 1 de diciembre de 2009, *Ley para la Reforma del Proceso de Permisos de Puerto Rico*, existe un "procedimiento" particular para instar recursos de *certiorari* para revisar el dictamen de la Junta Revisora de Permisos y Uso de Terrenos o los méritos del recurso de revisión administrativa confirmado automáticamente por el transcurso del término de 120 días sin actuación de la Junta, la cual sustituye al TA en materia revisora de permisos.[14] (Véase sección 5529, *ante*).

En esta obra hemos partido del supuesto—variable por reglamentación del TS—de que las disposiciones aplicables a las revisiones del TA en el RTS se aplicarán igualmente a las revisiones de la Junta Revisora. No obstante, es preciso señalar que la Ley Núm. 161, *supra*, establece normas contradictorias al RTS como por ejemplo, la que limita el número de mociones de reconsideración

[14] Véase Cap. XIII de la Ley Núm. 161, *supra*.

que pueden presentarse ante el TS.[15] Entendemos que estas disposiciones son inconstitucionales porque invaden el poder de reglamentación del proceso que deben seguir los casos ante el TS conforme a lo dispuesto en la Sección 4 del Art. V de nuestra Constitución.[16] Por lo tanto, a nuestro juicio, en casos de conflicto entre lo que prescribe la Ley Núm. 161, *supra,* y el RTS, debe seguirse lo prescrito en este último.

Una vez la Junta Revisora de Permisos y Uso de Terrenos emite un dictamen o transcurren los 120 días naturales que impone la Ley Núm. 161, *supra,* y la prórroga de treinta (30) días adicionales que también concede para considerar el recurso, empiezan a decursar treinta (30) días naturales jurisdiccionales para que la parte afectada adversamente presente recurso de *certiorari* ante el TS. La parte recurrente deberá notificar con copia de la presentación de la solicitud del recurso de *certiorari* a todas las partes, incluyendo a la Junta Revisora y al ente que emitió la determinación final, resolución o dictamen del cual se recurre.[17] Esta notificación debe hacerse el mismo día en que se presente el recurso ante el TS. Indica la Ley Núm 161, *supra,* que en el escrito debe certificarse el cumplimiento con este requisito, el cual podrá realizarse por correo o por cualquier medio electrónico que se establezca por ley o por reglamento. En este sentido la Ley Núm 161, *supra,* es contradictoria a la R. 39, RTS, la cual dispone que la notificación debe realizarse por correo certificado. Según lo expresamos anteriormente, esta disposición es inconstitucional y debe seguirse lo dispuesto en la R. 39, RTS.

La Ley Núm. 161, *supra,* establece que el TS tendrá la discreción de suspender la resolución recurrida y los procesos relacionados a ella, a instancia propia o a solicitud de parte, si entiende que ocurrirían daños irreparables de no concederse la suspensión. Establece, además, que las determinaciones finales, actuaciones o resoluciones emitidas originalmente o el dictamen de la Junta Revisora será sostenido si se basa en evidencia sustancial que obre en el expediente, pero las conclusiones de derecho podrán ser revisadas en todos sus aspectos.

Si el TS así lo solicita, la Junta Revisora elevará al TS los autos del caso, dentro de los diez (10) días naturales siguientes a la presentación del recurso.

La Ley Núm. 161, *supra,* exige la imposición de gastos, honorarios de abogado y sanciones económicas cuando el TS determine que el recurso es frívolo o que se presentó para dilatar los procedimientos.[18] Ello es distinto a la

---

[15] Debe seguirse lo dispuesto en la R. 45, RTS, la cual permite presentar dos mociones de reconsideración.

[16] La Sección 4 del Art. V de la Constitución del E.L.A. expresa que "[e]l Tribunal Supremo funcionará, bajo reglas de su propia adopción [...]".

[17] Entiéndase la Oficina de Gerencia de Permisos, la Junta Adjudicativa, los Municipios Autónomos con la Jerarquía de la I a la V o el Profesional Autorizado.

[18] Dice el Art. 13.6 de la Ley Núm. 161, *supra,* que ello debe reflejar el costo de la dilación para el Estado y para la parte recurrida conforme a las guías establecidas por el TS.

discrecionalidad que le concede la R. 49, RTS. Por lo tanto, no debe ser mandatoria dicha imposición. La Ley impone responsabilidad solidaria al grupo de la comunidad, entidad o portavoz que represente a la parte promovente o promovida por las sanciones que se le impongan a dicha parte.

§ 5615. Recurso de apelación ante el TS

Procede el recurso de apelación ante el TS, cuando se da una de las siguientes circunstancias: (1) se plantea la revisión de una sentencia del TA en un caso civil la cual haya determinado la inconstitucionalidad de una ley, resolución conjunta o concurrente de la Asamblea Legislativa, o de una regla, o reglamento de un organismo de la Rama Ejecutiva, o de una ordenanza municipal; o (2) se plantea la existencia de un conflicto entre sentencias del TA en casos civiles apelados ante ese tribunal.[19] El recurso de apelación ante el TS es, pues, un recurso limitado a las circunstancias anteriormente expresadas. El recurso de uso general para acudir ante el TS es el *certiorari*.

En los casos en que procede, el recurso de apelación es de consideración obligatoria para el TS.

§ 5616. —Formalización del recurso de apelación ante el TS

El recurso de apelación ante el TS se formaliza al presentar un escrito de apelación en la Secretaría del TS y con notificación de una copia debidamente numerada y sellada con la fecha y la hora de presentación a la Secretaría del TA, dentro del término de 72 horas. Este término es de cumplimiento estricto.

El escrito de apelación debe presentarse en un original y 8 copias.[20]

§ 5617. —Notificación del escrito de apelación ante el TS a las partes

La parte apelante notificará el escrito de apelación a todas las demás partes en la forma prescrita en la R. 39, RTS.[21]

La notificación se hará constar en el propio escrito que se presente al tribunal, y como ya se señaló, se notificará a los abogados de todas las partes que lo fueron ante el TA o a las partes mismas si no lo tuvieran. Cuando haya varias partes, se notificará al abogado de cada de una de ellas. Si un mismo abogado representa a varias partes basta con notificarle una sola vez por todas.

---

[19] Véase § 5203.

[20] Debe enmendarse la R. 17 para adecuarla a la modificación realizada a la R. 40, RTS que dispone que la presentación de todo documento ante el Tribunal se hará en original y ocho (8) copias. Véase *In re Enmienda a la Regla 40 del Reglamento del Tribunal Supremo*, 2007 T.S.P.R. 181.

[21] *Eastern Sands, Inc. v. Roig Commercial Bank*, 146 D.P.R. 51 (1998). Para casos de correo certificado ver *Acevedo Alvarez v. E.L.A. y Admin. de Vivienda*, 150 D.P.R. 866 (2000).

La notificación se hará por correo certificado con acuse de recibo o mediante un servicio similar de entrega personal con acuse de recibo.

Cuando se efectúe por correo certificado con acuse de recibo, se remitirá la notificación a todas las partes a la dirección postal que surja del último escrito que conste en el expediente del caso. Si no hay tal constancia y la parte está representada por abogado, la notificación se hará a la dirección que de éste surja del registro que contiene las direcciones de los abogados en la Secretaría del TS.

La fecha del depósito en el correo se considerará como la fecha de la notificación a las partes.

La entrega personal deberá hacerse en la oficina de los abogados que representen a las partes y las notificaciones deberán entregarse a éstos o a cualquier persona a cargo de la oficina.

De no estar la parte representada por abogado, se entregará en el domicilio o dirección de la parte o de las partes, según ésta surja de los autos, a cualquier persona mayor de edad y responsable que se encuentre en la misma.

En los casos de entrega personal, se certificarán la forma y las circunstancias de la entrega—a lo cual la R. 39, RTS, llama el diligenciamiento—lo que se hará dentro de las próximas 72 horas desde que se efectuó la entrega. Este término es de estricto cumplimiento.

§ 5618. —Término para presentar el recurso de apelación ante el TS

El recurso de apelación deberá ser presentado y notificado—formalizado—en la forma anteriormente dispuesta, dentro del término jurisdiccional de 30 días, contados desde el archivo en autos de la copia de la notificación de la sentencia del TA (R. 17(f), RTS).

En aquellos casos en que el Estado Libre Asociado, sus funcionarios o una de sus instrumentalidades que no fuere una corporación pública o los municipios de Puerto Rico sean parte en un pleito, el término es de 60 días (R. 17(f), RTS). Este privilegio del Estado que aparece repetidamente en las Reglas es contrario al principio de igualdad en la litigación.

Estos términos son improrrogables o como dice la regla jurisdiccionales.

§ 5619. —Contenido del escrito de apelación ante el TS

La R. 17(d) y (g), RTS, gobierna el contenido y forma del escrito de apelación. La R. 17(d), RTS define el epígrafe del escrito de apelación y el inciso (g) establece el contenido del cuerpo del escrito en sí y del apéndice.

El cuerpo del escrito contendrá, en el orden subsiguiente:

(1) Un índice jurídico y de materia que cumpla con lo dispuesto en la R. 38 RTS.

(2) Un señalamiento de las disposiciones jurídicas que establecen la jurisdicción del TS.

(3) Una breve discusión fundamentada sobre las bases jurisdiccionales.

(4) Una referencia a la sentencia apelada que incluya el nombre y número del caso ante el TA, el tribunal de éste que dictó la sentencia, la fecha en que fue dictada y la fecha en que se archivó en autos copia de su notificación.

(5) Una referencia a la sentencia original del TPI que incluya nombre y número del caso, el tribunal que la dictó, la fecha en que lo fue, y la fecha en que se archivó en autos copia de la notificación de la misma.

(6) La especificación de cualquier otro recurso sobre el mismo caso que esté pendiente ante el TS o ante el TA, a la fecha de presentación del recurso.

(7) Una breve exposición de los hechos sustantivos y procesales relevantes para la consideración del recurso.

(8) Un señalamiento de errores. La R. 18(a) requiere que en casos que incluyan determinación de inconstitucionalidad se identifique con precisión la ley, resolución conjunta o concurrente, regla o reglamento u ordenanza municipal declarada inconstitucional y que se demuestre, que la sentencia apelada efectivamente lleva a cabo tal declaración de inconstitucionalidad en todo o en parte de la disposición que se trate.

En las apelaciones, por la existencia de un conflicto sustancial entre decisiones previas del TA, la R. 18(b), RTS, requiere que se acompañe con el escrito de apelación, un resumen de los hechos y los fundamentos de las decisiones que se alega están en conflicto. Además, se deberá establecer en forma clara y concisa, la semejanza entre el caso apelado y el caso o los casos que se alega están en conflicto y especificar en qué consiste el conflicto. También, en estos casos, el apéndice del escrito de apelación deberá incluir copia de las decisiones previas del TCA que se alega están en conflicto.

(9) Una breve discusión de los errores.

(10) Un apéndice, que contendrá copia de todos aquellos documentos necesarios para establecer, de forma fehaciente, la jurisdicción del tribunal en los cuales, deberá constar en forma legible, la fecha y la hora de presentación según selladas por la secretaría del TA. Contendrá además, constancia de la fecha de notificación del archivo en autos de copia de la notificación de la sentencia. Es decir, copia del volante o formulario de la notificación. Rs. 17(j) y 34(c), RTS.

(11) El expediente o legajo. El reglamento del TS no está claro, como lo está el del TA, en cuanto al expediente o legajo en apelación. La R. 34, RTS, relativa al apéndice, no incluye en el mismo ni copia de la sentencia del TA ni las alegaciones o los demás documentos contenidos en los autos y relevantes a la apelación. Sólo se limita a los documentos necesarios para establecer en forma fehaciente la jurisdicción del tribunal, lo que incluye la sentencia del TA y los documentos relativos al cómputo del término jurisdiccional.

Siendo esto así, pensaríamos que el legajo o expediente en apelación a que se refiere la R. 35, RTS, debería acompañar al escrito de apelación, pues dicho legajo debe llevar todos los documentos contenidos en los autos, ante el TA. Sin embargo, la R. 35(c), usa un lenguaje que implica que el expediente de apelación se eleva con posterioridad a la presentación del escrito de apelación. Pues habla del momento de recibirse el expediente de apelación como si se tratara de un momento distinto al de presentarse el escrito de apelación. Y en efecto, esto era así en la antigua práctica apelativa.

La situación se complica en la medida en que la R. 35, RTS, parece contemplar la elevación de los autos originales, pues en ningún lugar esta regla, ni la R. 34 o la R. 17 del RTS, autoriza que se eleve el expediente, en virtud de copias del mismo. Por otra parte, la R. 17(f) RTS nos habla de que el recurso de apelación deberá perfeccionarse dentro del término de 30 días, a contar desde el archivo en autos de copia de la notificación de la sentencia de la cual se apela. El perfeccionamiento de una apelación—distinto al de su formalización—contempla que se haya elevado el expediente o legajo de apelación al TS. Pero, no es razonable exigir que esto se lleve a cabo dentro del mismo término para presentar el escrito de apelación si lo que se contempla es la elevación de los originales de los autos y no copias, pues la elevación de los originales es algo que está bajo el control de la Secretaría del TA y equiparar el término para elevarlos con el término para presentar el escrito de apelación, resultaría extremadamente oneroso para el apelante y en ocasiones, un requisito imposible de cumplir.

Por todo lo anterior, entiendo que las reglas mencionadas deben interpretarse de forma similar al procedimiento previsto para el TA. Es decir, el legajo o expediente se formará en función de copias de los documentos que constituyen el expediente ante el TA y que el legajo, en esa forma organizado, acompañará al escrito de apelación. La parte contraria podrá objetar o complementar su contenido, si razón tuviere para ello, y el TS resolverá sobre la adecuacidad del legajo a instancia de dicha parte, o *motu proprio*, o requerirá que se eleven los autos originales, pero fuera ya del término para presentar el escrito de apelación.

(12) Finalmente, el escrito de apelación debe contener la certificación o constancia de su notificación a las partes apeladas.

§ 5620. —Efectos de la presentación del escrito de apelación ante el TS

La presentación del escrito de apelación ante el TS suspenderá los procedimientos ante los tribunales inferiores, salvo una orden en contrario expedida *motu proprio* por el TS, o a solicitud de parte (R. 17(b), RTS). A manera de excepción, no se suspenden los efectos, salvo una orden en contrario, de las órdenes o sentencias de: *injunction, mandamus,* hacer o desistir, pago de alimentos, custodia o relaciones filiales, o cuando se dispusiere la venta de bienes susceptibles de pérdida o deterioro (R. 17(c), RTS).

§ 5621. —Alegatos en apelación ante el TS

La R. 19, RTS, dispone que la parte apelante presentará su alegato dentro de los 30 días del recibo de la notificación a que hace referencia la R. 35(c)—la notificación por el secretario de que se ha elevado el expediente o legajo de apelación.[22]

La R. 19(b), RTS, dispone, que dentro de los 30 días de haber recibido la copia del alegato de la parte apelante, la parte apelada presentará al tribunal su alegato, el cual al igual que el del apelante, debe cumplir con los requisitos de la R. 33, RTS.

§ 5622. —Decisión del TS

La decisión sobre los méritos de una apelación se lleva a cabo por una mayoría de los miembros del TS, siguiendo el procedimiento dispuesto en la R. 5, RTS.

Si el TS encontrare que no procede la revocación del TA por vía del recurso de apelación, pero que procedería bajo el recurso de *certiorari,* podrá considerar el recurso de apelación como uno de *certiorari,* siempre y cuando el apelante haya cumplido con los requisitos establecidos para la petición de *certiorari,* de tal forma que permita al TS ejercer su discreción, en cuanto a la expedición o denegación del recurso (R. 18, RTS).

Hasta aquí la discusión de la normativa particular relativa al recurso de apelación ante el TS. Esta normativa está suplementada por la que aparece en la Parte VIII del Reglamento del TS, aplicable a todos los recursos y será discutida, luego de los capítulos que siguen, que analizan las reglas particulares de los recursos de certificación y gubernativos ante el TS.

§ 5623. El recurso de certificación ante el TS

Existen dos clases de recursos de certificación reglamentados por la Parte VI del Reglamento del TS. Se denominan, los recursos intrajurisdiccionales, que son los que proceden del TA y el TPI, y los interjurisdiccionales, que son los que proceden de alguno de los tribunales del sistema federal de los Estados Unidos de América o de los tribunales estatales de jerarquía apelativa o de los territorios.[23] Estos últimos, se producen a iniciativa de cualquiera de dichos tribunales y procuran el esclarecimiento de una cuestión de Derecho puertorriqueño para tomar la decisión sobre un caso o controversia ante el tribunal que certifica la cuestión al TS.

Aunque la parte solicitante en estos casos es un tribunal, que tiene pendiente la cuestión de Derecho puertorriqueño, las partes ante dicho tribunal pueden comparecer mediante alegato ante el TS, para exponer sus posiciones en torno a

---

[22] Esta disposición abonaría a la interpretación de que el legajo en apelación se eleva por la Secretaría del TA y no por el apelante en función de copias de los autos. Sin embargo, resulta todavía para mí, irrazonable exigir que esto se lleve a cabo dentro del mismo término de 30 días concedido para presentar el escrito de apelación.

[23] La Ley Núm. 220 de 29 de diciembre de 2009 que enmendó las Reglas del 2009 adoptadas por el TS, modificó *sub silentio* la LJ, 2003 a los fines de ampliar la competencia del TS para considerar certificaciones interjurisdiccionales provenientes de cualquier tribunal de jerarquía apelativa estatal o de los territorios de EU.

la cuestión del Derecho puertorriqueño (R. 25(h), RTS). De la tramitación por el tribunal solicitante de estos recursos interjurisdiccionales se ocupa la R. 25(a), RTS y no serán objeto de ulterior consideración en este trabajo. Dicha certificación se formaliza al presentarse la solicitud que consiste en una resolución a tales efectos emitida por el tribunal solicitante *sua sponte* o vía moción presentada por cualquiera de las partes en pleito ante el tribunal solicitante (R. 25(d), RTS).

El auto de certificación intrajurisdiccional puede ser expedido *motu proprio* o a solicitud de parte. El mismo permite al TS traer inmediatamente ante sí y resolver cualquier asunto pendiente ante el TPI o el TA cuando se plantee la existencia de un conflicto entre decisiones previas del TA o cuestiones noveles de derecho, o de alto interés público que incluyan cualquier cuestión constitucional sustancial al amparo de la Constitución del Estado Libre Asociado o de los Estados Unidos.

§ 5624. —Formalización del recurso de certificación ante el TS

Se formaliza el recurso de certificación mediante la presentación una solicitud en la Secretaría del TS en un original y 8 copias.[24] Según la R. 23, RTS, la parte peticionaria notificará con copia de dicha solicitud a la Secretaría del tribunal donde se encuentre el caso cuya certificación se solicita dentro del término de 72 horas a partir de la presentación de la solicitud de certificación. Este término es de estricto cumplimiento (R. 23, RTS).

§ 5625. —Notificación a las partes de la solicitud de certificación ante el TS

La parte peticionaria notificará, con copia de la solicitud de certificación a todas las partes, en la forma prescrita en la R. 39 del RTS.

§ 5626. —Término para presentar el recurso de certificación ante el TS

Aunque se eliminó la disposición de la R. 53.1(f), 1979 que establecía que la solicitud de certificación debe presentarse en cualquier momento después de presentarse el legajo ante el TA o después de haberse notificado a las partes la presentación de los autos originales según sea el caso, y antes de que el TA dicte sentencia, esta norma de mantenerse e incorporarse en el RTS. Tampoco hay disposición reglamentaria sobre cuando presentar la misma si el caso se encuentra ante el TPI. Pienso que necesariamente tiene que ser después de presentada la contestación.

---

[24] Debe enmendarse la R. 23 para adecuarla a la modificación realizada a la R. 40, RTS que dispone que la presentación de todo documento ante el Tribunal se hará en original y ocho (8) copias. Véase *In re Enmienda a la Regla 40 del Reglamento del Tribunal Supremo*, 2007 T.S.P.R. 181.

§ 5627. —Contenido de la solicitud de certificación ante el TS

La solicitud—que no excederá de 20 páginas—lleva un epígrafe con los nombres de las partes ante el TA designadas como peticionarias y recurridas. El contenido de la cubierta está reglamentado por la R. 23(b)(4), RTS.

El cuerpo de la solicitud contendrá en el orden aquí señalado lo siguiente:

I. Las citas de las disposiciones jurídicas que establecen la jurisdicción del TS.

II. Una referencia al caso al cual se refiere la solicitud de certificación.

III. Una referencia a la resolución, orden o sentencia si la hubiere, respecto de la cual, se presenta la solicitud de certificación.

IV. Una breve relación de los hechos procesales y sustantivos del caso que sean relevantes a la solicitud de certificación.

V. Una breve discusión de los asuntos que la parte peticionaria alega justifican que sea el TS el que lo revise y resuelva directamente. Esta discusión será la única oportunidad, antes de expedirse el auto, que tendrá el peticionario de argumentar los fundamentos de su petición, pues la R. 23(c)(1), RTS, prohíbe la presentación de un memorándum de autoridades por separado.

VI. Un apéndice.

El apéndice deberá incluir:

(1) El escrito inicial del recurso presentado ante el tribunal donde se encuentre pendiente el asunto.

(2) La oposición de la otra parte, si la hubiese, y su apéndice.

(3) Los alegatos de las partes, si los hubiere.

(4) La resolución, orden o sentencia, incluyendo las determinaciones de hechos y de Derecho que presenten los asuntos respecto de los cuales se solicita la certificación.

(5) Cualquier otra resolución, orden o escrito de las partes que forme parte del legajo ante el TA y que pueda ser útil al TS para tomar su decisión sobre la expedición o denegación del auto.

VII. La certificación de la notificación de la solicitud a las partes.

§ 5628. —Oposición a la expedición del auto de certificación por el TS

Las partes recurridas—que lo son todas las partes ante el tribunal que tenga ante su consideración el asunto, con excepción del peticionario—podrán presentar ante el TS un memorándum a favor o en contra de que se expida el auto, dentro de los 20 días siguientes de ser notificadas de la presentación de la solicitud. El memorándum de oposición no excederá de 15 páginas.[25]

---

[25] Siempre que hacemos referencia a las limitaciones en cuanto al número de páginas en torno a los escritos ante el TS o ante el TA, el número indicado no incluye las páginas que componen el índice o el apéndice, sólo el cuerpo del escrito.

§ 5629. —Expedición del auto de certificación

Presentado el memorando de las partes recurridas en favor o en contra de la expedición del auto de certificación, o expirado el término para hacerlo, el TS decidirá si lo expide o no. La expedición del auto de certificación es discrecional por parte del TS (R. 23(a), RTS). Si lo deniega, podrá solicitarse la reconsideración y si ésta a su vez se deniega, ahí termina el recurso. Si se expide el auto, éste se notificará al Secretario del tribunal donde se encuentre el caso, quien vendrá obligado a remitir el legajo en certificación (R. 24, RTS).

La discreción que tiene el TS para expedir autos de certificación intrajurisdiccional tiene una excepción en la Ley Núm. 7 de 9 de marzo de 2009—*Ley Especial Declarando Estado de Emergencia Fiscal y Estableciendo Plan Integral de Estabilización Fiscal para Salvar el Crédito de Puerto Rico*— que obliga al TS a expedirlo cuando se plantee la validez o constitucionalidad de dicha ley especial o cualquier impugnación a la misma de cualquier naturaleza. (Art. 69 de la Ley Núm. 7, *supra*).

§ 5630. —Efectos de la expedición del auto de certificación por el TS sobre los procedimientos ante el TA y el TPI

Al expedirse el auto de certificación, el caso en su totalidad pasa a la atención del TS (R. 24, RTS). La mera presentación de la solicitud de certificación sin embargo, no interrumpe los procedimientos ante el TA o el TPI pero estos no podrán dictar sentencia, a menos que el TS deniegue la expedición del auto de certificación.

§ 5631. —El legajo o expediente en certificación ante el TS

El legajo o expediente en certificación ante el TS consistirá de la totalidad del legajo o expediente que tuvo ante sí el TA, así como de todo documento que se haya presentado en el TA o que haya sido producido por éste (R. 35(a), RTS). La R. 35(b), RTS, establece los requisitos de forma en cuanto a la preparación del legajo. Preparado éste por la Secretaría del TA, ésta lo remitirá a la Secretaría del TS que procederá entonces a notificar a las partes del recibo del legajo y a partir de esta notificación, comienza la etapa de alegatos.

Ahora bien, la R. 23(c)(5), RTS, permite, que cuando el TS considere que tanto para evaluar si expide el auto de certificación o no, como para atender y resolver el recurso, es necesario el expediente original, una exposición narrativa de la prueba o una transcripción de prueba; *motu proprio*, ordenará su preparación y elevación, en los términos y dentro del plazo que disponga en su orden.

§ 5632. —Alegatos luego de expedido el auto de certificación por el TS

La R. 26, RTS, establece que la parte recurrente presentará su alegato al TS dentro de los 30 días del recibo de la notificación de que la certificación ha sido expedida. Sin embargo, la R. 35 del RTS, define el legajo o expediente en el recurso de certificación como la totalidad del legajo o expediente ante el TA, es decir, el original del expediente ante dicho tribunal y la preparación de éste se lleva a cabo con posterioridad a la expedición del auto. Siendo esto así, debe aplicar la R. 35(c), RTS, que establece el requisito de notificar a las partes de la elevación de dicho legajo por la Secretaría del TA ante la Secretaría del TS. Es a partir de este momento que debe contar el término para presentar el alegato del peticionario en tanto y en cuanto se entienda, que la R. 35(a), RTS, define lo que constituye el legajo en certificación como expresamente lo dice dicha regla y que los planteamientos a hacerse en el recurso deben partir de los documentos que obran en el legajo así definido.

Esta interpretación se fortalece por lo dispuesto en la R. 24, RTS, que indica que una vez expedido el auto de certificación, se notificará a la Secretaría del tribunal donde se encuentre pendiente el asunto, la cual deberá dar traslado del legajo a la del TS dentro del término de 5 días—prorrogables—contados a partir del archivo en autos de copia de la notificación de la expedición del auto de certificación.

La parte recurrida tendrá un término de 30 días a partir del recibo de la copia del alegato de la parte recurrente, para presentar su alegato ante el TS (R. 26(c), RTS).

Estos términos para la presentación de alegatos son prorrogables. Los alegatos se regirán por las disposiciones de la R. 33, RTS en cuanto a su forma y contenido.

§ 5632a. Procedimiento probatorio en casos de certificaciones procedentes del TPI

El Reglamento del TS no provee para la etapa probatoria en que puedan encontrarse casos ante el TPI que son objeto de un auto de certificación. En ausencia de normas específicas podrían seguirse por analogía las previstas en los incisos (b) e (i) de la R. 16, RTS que tratan el tema para acciones de jurisdicción original.

§ 5633. —Argumentación oral en los recursos de certificación ante el TS

La R. 23(c)(4), RTS, dispone, que cualquier parte que desee presentar argumentación oral deberá indicarlo mediante moción fundamentada presentada simultáneamente con su alegato principal.

§ 5634. —Decisión en los méritos del recurso de certificación por el TS

Celebrada la vista oral, o si el TS no señala el recurso para vista oral, el recurso quedará sometido para decisión en los méritos de acuerdo con lo dispuesto en la R. 5, RTS luego de sometidos los alegatos.

§ 5635. —Recursos gubernativos

El recurso gubernativo permite a todo interesado que haya presentado un documento ante el Registro de la Propiedad, recurrir ante el TS contra la calificación final hecha por el Registrador denegatoria del asiento solicitado.[26]

No podrá interponerse el recurso gubernativo, a menos que se haya solicitado la recalificación del documento por el Registrador y ésta haya sido denegada. 30 L.P.R.A. sec. 2279. Para solicitar la recalificación hay un término de 20 días a partir de la fecha de la notificación de la calificación el cual es de carácter improrrogable. 30 L.P.R.A. sec. 2273.[27]

El recurso gubernativo se gobierna por la Ley Hipotecaria y por el RTS. No es de aplicación a él lo dispuesto en la Ley de Procedimiento Administrativo Uniforme en cuanto a materia de revisión judicial.

§ 5636. —Formalización del recurso gubernativo ante el TS

El recurso gubernativo se formaliza al presentar un escrito titulado "Recurso Gubernativo" en la Secretaría del TS. Este escrito, que constituye la solicitud, no excederá de 25 páginas (R. 27(a) y (e), RTS).

§ 5637. —Notificación al Registrador del recurso gubernativo ante el TS

Simultáneamente con la presentación del escrito ante el TS, la parte recurrente notificará con copia del mismo al Registrador recurrido por correo certificado. R. 27(g), RTS; 30 L.P.R.A. sec. 2280.

§ 5638. —Término para presentar el recurso gubernativo ante el TS

El recurso gubernativo se presentará, dentro de un término improrrogable de 20 días a partir de la notificación de la denegatoria de la recalificación.[28]

La denegatoria puede notificarse, bien por entrega personal o por correo. La notificación deberá contener todos los motivos legales en que se basa la calificación. La notificación se hará constar por nota fechada en el asiento de presentación y al pie del documento notificado. Firmará dicha nota el Registrador, cumplido lo cual quedará perfeccionada.[29]

---

[26] Art. 3.002(g), LJ 2003; Ley Hipotecaria de 1979, art. 76; 30 L.P.R.A. sec. 2279.

[27] El recurso gubernativo puede iniciarse por el propio Registrador luego de transcurridos diez días de notificada la denegatoria de recalificación si el documento no se ha recogido y si no ha vencido el término que tiene el interesado en la inscripción para recurrir. En este caso el Registrador somete al TS el documento rechazado conjuntamente con el escrito de reclasificación y un alegato en apoyo de su acción de todo lo cual notificará al interesado. Este tendrá 10 días a partir de la notificación del recurso para presentar su alegato. Véase 30 L.P.R.A. sec. 2280 *in fine* y la R. 27(k), RTS.

[28] 30 L.P.R.A. sec. 2280.

[29] 30 L.P.R.A. sec. 2272.

§ 5639. —Contenido del escrito o solicitud del recurso gubernativo ante el TS

El epígrafe del recurso gubernativo contendrá el nombre de la parte interesada y el nombre del Registrador a cargo de la sección del Registro de la Propiedad correspondiente e identificará a las partes como recurrente y recurrida (R. 27(b) RTS). La R. 27(d), RTS contiene los requisitos que deberá cumplir la cubierta de la solicitud, la cual no excederá de 25 páginas (R. 27(e), RTS).

El cuerpo del escrito contendrá las siguientes partes en el orden que aquí se presentan:

(1) Las citas de las disposiciones legales que establecen la jurisdicción del TS.

(2) Una referencia a la calificación final cuya revisión se solicita que incluirá el nombre de las partes interesadas en la calificación, el nombre del Registrador que la llevó a cabo, la fecha en que se efectuó, la fecha en que se presentó al Registrador la solicitud de recalificación del documento y la fecha en que se notificó la denegatoria de recalificación.

(3) Una breve relación de los hechos pertinentes al recurso acompañada de copia del documento denegado y de la notificación de la calificación.

(4) Un señalamiento de las objeciones a la calificación.

(5) La argumentación de los fundamentos en que se apoya el recurso. Esta argumentación es importante, porque la R. 27(f) establece que el escrito constituirá el alegato de la parte interesada recurrente, no permite la presentación de un memorándum de autoridades por separado y exige que la argumentación y los fundamentos de derecho se hagan en el propio cuerpo de la solicitud.

(6) La certificación de la notificación de la solicitud al Registrador.

§ 5640. —Efectos de la presentación del recurso gubernativo ante el TS

Los términos de vigencia del asiento de presentación, o de la anotación preventiva en su caso, quedarán prorrogados desde el día en que se interponga el recurso hasta su resolución definitiva.[30]

§ 5641. —Remisión al TS por el Registrador del documento calificado y otros documentos

Dentro de los 5 días de haber sido notificado de la interposición del recurso, el Registrador deberá enviar al TS personalmente o por correo certificado con acuse de recibo, el documento calificado y la solicitud de recalificación de la parte interesada, con los fundamentos jurídicos de la denegatoria (R. 27(i), RTS).

El TS podrá solicitar del Registrador concernido que le remita una certificación de cualesquiera asientos y documentos relacionados con el asunto y que obren en el Registro.[31]

[30] 30 L.P.R.A. sec. 2280.

[31] 30 L.P.R.A. sec. 2281.

§ 5642. —Oposición del Registrador al recurso gubernativo

Dentro de los 20 días de haber sido notificado con copia del recurso, el Registrador presentará un alegato en apoyo de su actuación. Este no excederá de 25 páginas (R. 27(h), RTS). Este alegato tendrá un índice que se ajustará a la Regla 38 y se notificará según dispone la Regla 39.

§ 5643. —Confirmación o revocación por el TS de la calificación del Registrador

El TS resolverá lo que estime ajustado a derecho, y en su consecuencia, decidirá si confirma o revoca la calificación del Registrador.[32]

§ 5644. Reglas comunes a todos los recursos ante el TS

La Parte VIII del Reglamento del TS contiene una serie de reglas aplicables a todos los recursos anteriormente discutidos. Estas tratan de la firma y forma de los escritos, las copias, las notificaciones, el formato de los alegatos y de los apéndices e índices, de la corrección de los autos, de comparecencias como *amicus curiae*, litigación *in forma pauperis*, publicación de opiniones,[33] etc., deben consultarse para la preparación del recurso con la mayor propiedad. El incumplimiento con algunas de ellas puede dar lugar a la desestimación del recurso.

A continuación, discutiré aquellas reglas comunes de los recursos ante el TS que me parecen más importantes:

§ 5645. —Mociones ante el TS

Cuando una parte en un recurso interese una providencia interlocutoria del TS, podrá solicitarla mediante moción que será notificada a las demás partes. Se certificará dicha notificación en la moción presentada ante el tribunal. La moción aducirá los fundamentos jurídicos en que descansa, e incluirá las citas de autoridades que la parte promovente estime necesarias, si algunas. La moción no excederá de 10 páginas. No se permite la presentación de un memorándum de autoridades por separado (R. 31(a), (c) y (e), RTS).

Cualquier parte que desee expresarse en favor o en contra deberá hacerlo dentro de los 10 días contados desde la notificación de la moción (R. 31(d), RTS).

---

[32] 30 L.P.R.A. sec. 2281.

[33] La R. 44(d), RTS, sobre la publicación de las opiniones del tribunal, indica que en vista de que las sentencias no publicadas no estarán accesibles al público en general, se considerará impropio citar como autoridad o precedente ante cualquier foro, una decisión del TS que no haya sido emitida mediante opinión, o que no haya sido publicada por el Colegio de Abogados o por el TS.

§ 5646. —Ordenes provisionales en auxilio de la jurisdicción del TS

Las órdenes en auxilio de la jurisdicción del TS, se emiten en aquellos casos en que fueren necesarias para que el TS pueda hacer efectiva su jurisdicción en un asunto que tiene ante sí pendiente, y con el propósito de evitar alguna consecuencia adversa que afecte su jurisdicción, es decir, la eficacia de la sentencia que pueda dictar, o el daño sustancial que pueda sufrir una parte, mientras se resuelve el recurso. Se trata de asuntos que revisten carácter de verdadera urgencia (R. 28(a), RTS).

No procede dictar una orden en auxilio de la jurisdicción del tribunal si el tribunal no tiene ante sí un recurso pendiente.[34]

Las órdenes de esta naturaleza pueden expedirse, a solicitud de parte, mediante moción, como hemos explicado en la sección anterior o por iniciativa del TS. Si el objeto de la moción fuere la suspensión de una vista, la moción deberá presentarse con 5 días de antelación a la vista, excepto cuando medie causa justificada (R. 28(c), RTS).

No se expedirá una orden provisional en auxilio de la jurisdicción del TS que constituya un *injunction* permanente. Esto sólo puede hacerse como parte de la sentencia que dicte el TS (R. 28(e), RTS).

Las Rs. 28(g), (h), (i) y (j) establecen un procedimiento para la consideración de la moción en auxilio de jurisdicción que requiera la presentación de prueba para fundamentarla. Esto se llevará a cabo ante un Comisionado Especial, que rendirá un informe al TS.

Si el TS determina que no existía urgencia o que la solicitud de una orden provisional en auxilio de jurisdicción es frívola, podrá imponer sanciones a la parte, a su representante jurídico, o a ambos (R. 28(d), RTS).

§ 5647. —Sustitución de partes ante el TS

Si alguna de las partes en un recurso ante el TS falleciere, sus herederos o su representante jurídico vienen obligados a notificar al TS del fallecimiento, dentro de 30 días contados desde que se conozca del mismo. El TS a solicitud hecha dentro de los 6 meses de dicha notificación ordenará la sustitución de la parte fallecida por la parte apropiada. Si no se hiciere la solicitud de sustitución voluntariamente, la otra parte podrá solicitar que se haga constar en autos el hecho de la muerte y el recurso continuará tramitándose en la forma que el TS ordene (R. 42(a), RTS).

Un funcionario público que sea parte en un recurso en su capacidad oficial puede ser designado por su título oficial en vez de por su nombre, lo cual obvia la necesidad de efectuar una sustitución de parte, si se le sustituye en el puesto. Si

---

[34] *Puerto Rico Tel. Co. v. Hermandad Independiente de Empleados Telefónicos (HIETEL)*, 145 D.P.R. 833 (1998). Ver también los comentarios en las anotaciones de 4 L.P.R.A. Ap. XXI-A, Regla 28.

fuera designado por su nombre, sin embargo, y dejare de ocupar el cargo, su sucesor lo sustituirá automáticamente (R. 42(b) y (c), RTS).

§ 5648. —Desistimiento y desestimación ante el TS

La parte promovente de un recurso podrá presentar, en cualquier momento, una moción de desistimiento del mismo (R. 32(a), RTS).

Cualquier parte puede solicitar (R. 32(b) y (d), RTS) mediante moción, o el TS puede ordenar *motu proprio,* la desestimación de cualquier recurso por los siguientes motivos:

(1) Falta de jurisdicción.

(2) Porque el recurso no se haya perfeccionado de acuerdo con la ley.

(3) Porque el recurso no se haya proseguido con la debida diligencia o de buena fe.

(4) Porque el recurso se ha convertido en académico, es decir, porque acontecimientos ocurridos con posterioridad a su presentación convierten la sentencia que pueda dictar el TS en un acto inconsecuente, no obstante el interés que pueda plantear en abstracto el asunto ante el Tribunal.

(5) Porque el recurso es frívolo o ha sido presentado para demorar los procedimientos.

§ 5649. —Reconsideración de las decisiones del TS

Toda moción de reconsideración de una decisión o resolución del TS deberá presentarse dentro del plazo jurisdiccional—improrrogable—de 10 días laborables (R. 45(b), RTS). La moción no podrá exceder de 10 páginas y no se aceptará un memorándum de autoridades por separado ni una petición de prórroga para fundamentar una reconsideración presentada. El término de 10 días laborables conforme a la R. 45(a) cuenta a partir de la fecha en que es enviada a las partes copia de la decisión o resolución del tribunal. Sólo se permite la presentación de una segunda moción de reconsideración, si la primera fuera declarada sin lugar. El término para esta segunda moción de reconsideración es de 3 días. Véase § 4604.

§ 5650. —Mandato del TS

El mandato del TS se remite al TA cuando han expirado los términos para presentar las mociones de reconsideración o cuando éstas han sido resueltas (R. 45, RTS).

En cualquier caso en que una sentencia o resolución del TS pueda ser revisada por el Tribunal Supremo de los Estados Unidos de América mediante recurso de *certiorari,* podrá retenerse, a solicitud de parte la remisión del mandato al TA por un término razonable (R. 45(e), RTS).

PARTE 15

PROCEDIMIENTOS SOBRE ASUNTOS ESPECIALES

CAPITULO 57: *INJUNCTION*

SECCIÓN

§ 5701. Concepto

El término *injunction* tiene dos acepciones. Por un lado, se usa en referencia a un proceso; y por otro, para referirse al mandamiento que resulta del proceso de *injunction.*

En el primer sentido, un *injunction* es el proceso especial concebido para proteger al actor de daños irreparables a su propiedad o a otros derechos, mediante una orden prohibiendo u ordenando la ejecución de ciertos actos.

En el segundo sentido, un *injunction* es un mandato judicial expedido por escrito, bajo el sello de un tribunal, por el que se requiere a una persona que haga o que se abstenga de hacer, o de permitir que se haga por otras bajo su intervención, determinada cosa que infrinja o perjudique el derecho de otra. (32 L.P.R.A. sec. 3521).[1]

El *injunction* es un recurso dinámico que se caracteriza por su perentoriedad; va dirigido a evitar un daño inminente o a restablecer el régimen de ley conculcado por conducta opresiva, ilegal o violenta del transgresor del orden

---

1 *Central Altagracia v. Otero*, 13 D.P.R. 111 (1907).

jurídico. El tribunal siempre conserva jurisdicción para dejar sin efecto o modificar un *injunction*, a favor o en contra de quien resulta obligado.[2]

El auto de *injunction* es el brazo enérgico de la justicia para la protección de los ciudadanos contra los desmanes de los funcionarios públicos que, actuando so color de autoridad, les causan daño irreparable.[3]

§ 5702. Procedencia histórica

Se trata de uno de los remedios extraordinarios del sistema de derecho anglosajón conocido como el sistema de equidad, incorporado al ordenamiento jurídico puertorriqueño a principios de siglo por vía de legislación.

La Ley de 8 de marzo de 1906 instituyó el *injunction* en el Derecho procesal de Puerto Rico. En el caso de *Glines v. Matta*, 19 D.P.R. 409 (1913), el TS afirmó que los tribunales de Puerto Rico no tienen jurisdicción de equidad en la misma manera que la hay en Inglaterra y Estados Unidos; pero tienen jurisdicción para impedir que se infrinjan los derechos de las personas. Sigue diciendo el TS que al decretarse la Ley de 8 de marzo de 1906, la legislatura adoptó por lo menos aquella parte de la jurisprudencia relativa al *injunction* vigente en Estados Unidos al adoptarse la ley en Puerto Rico.

El TS no sólo incorporó los principios jurisprudenciales, sino también la terminología creando una enorme confusión conceptual que al día de hoy pervive en sus opiniones. Se hace referencia a "remedios en ley" tal y como si hubiera otra clase de remedios en Puerto Rico. Obviamente se está usando ese anglicismo jurídico sin razonamiento crítico y sin propiedad lingüística. Algo similar ocurre cuando el TS nos habla de remedios en equidad, pero en este caso la confusión es más peligrosa porque el concepto de equidad en nuestro ordenamiento jurídico tiene un significado preciso establecido en el art. 7 del CC que no es equivalente a aunque sí concurrente con el significado del *equity* anglosajón.

Cuevas Segarra, *op. cit.*, hace unos importantes señalamientos sobre el desarrollo del *injunction* en Puerto Rico. A las págs. 1027-1028, nos dice así: "El interdicto en Puerto Rico ha dejado de ser un recurso extraordinario, en el uso común de la palabra, y se ha convertido en uno de los instrumentos más eficaces con que el abogado postulante cuenta para obtener remedios que su cliente necesita. El Derecho procesal puertorriqueño disfruta de un grado de flexibilidad mayor que el procedimiento civil europeo y que el del *Common Law*. Nuestra doctrina jurisprudencial y los estatutos vigentes en lo que respecta al interdicto, no han tomado plena conciencia de este hecho, por lo que continuamos atados a conceptualizaciones arcaicas al momento de decidir—por lo menos en teoría—si procede el remedio de interdicto o dicho de otro modo, el auto ha estado inexorablemente atado a su abolengo de equidad. *Noriega Rodríguez v.*

[2] *Municipio de Loíza v. Sucesiones de Marcial Suárez*, 154 D.P.R. 333 (2001).

[3] *Ortega Cabrera v. Tribunal Superior*, 101 D.P.R. 612 (1973). Véase, además, *Yiyi Motors, Inc. v. E.L.A. Sec. De Hacienda*, 2009 T.S.P.R. 159; *Autoridad de Tierras de Puerto Rico v. Moreno Ruiz Developer Corp. y otros*, 2008 T.S.P.R. 128.

Hernández Colón, Gobernador, 122 D.P.R. 650 (1988). [...] El retraso de esta área del derecho en Puerto Rico, obedece a la adopción a ciegas de normas a principios de siglo de derivación anglosajona, sin consideraciones armónicas, ni un análisis crítico-histórico de dicha institución".

§ 5703. Nociones generales

(1) El *injunction* es un remedio *in personam.* La sentencia o mandamiento de *injunction* va contra la persona del demandado y no contra sus bienes ni contra la cuestión que es objeto del *injunction.*[4]

No puede concederse un *injunction* contra una persona que se halla fuera de la jurisdicción del Tribunal; salvo que esa persona, aunque sea transitoriamente, se halle en territorio del Estado Libre Asociado y pueda ser emplazado personalmente.

Bajo ciertas condiciones, se puede expedir un *injunction* para que no se actúe a tenor de una ley que ha sido declarada inconstitucional. En este último caso, el *injunction* no va dirigido contra la ley sino contra el funcionario gubernamental encargado de hacer efectiva dicha ley.

Se puede expedir un *injunction* para detener un procedimiento en otro tribunal a fin de impedir una multiplicidad de procedimientos. En este caso, la orden de *injunction* va dirigida contra el demandante para que se abstenga de proseguir el pleito y no va dirigida ni contra el litigio ni contra el tribunal.

(2) El *injunction* es principalmente un remedio dirigido contra actos futuros que amenazan ser cometidos o que se anticipa que serán cometidos. Su tendencia es a mantener el *status quo;* pero puede concederse un *injunction* para deshacer algo que ha sido hecho contra derecho. Por ejemplo, un *injunction* ordenando la demolición de algo construido en contravención de los reglamentos de planificación.[5]

(3) El *injunction* se concede siempre a tenor con los hechos prevalecientes a la fecha de la vista y no a aquellos existentes al momento de presentar la demanda de injunction.[6]

(4) En Puerto Rico, el *injunction* se ha convertido en el instrumento más eficaz para vindicar los diversos derechos constitucionales protegidos por nuestra Constitución.[7]

---

[4] *Mari Ramos v. Junta de Planificación*, 65 D.P.R. 636 (1946).

[5] *Administración de Reglamentos y Permisos (ARPE) v. Ozores Pérez*, 116 D.P.R. 816 (1986). Véase también *Asociación de Vecinos Villa Caparra Inc. v. Iglesia Católica, Apostólica y Romana*, 117 D.P.R. 346 (1986).

[6] *Trigo Hermanos, Inc. v. Sobrino de Izquierdo, Inc.*, 72 D.P.R. 449 (1951).

[7] *Noriega Rodríguez v. Hernández Colón, Gobernador*, 122 D.P.R. 650 (1988); *De Paz Lisk v. Aponte Roque*, 124 D.P.R. 472 (1989); *Gracia Ortiz v. Policía de P.R.*, 140 D.P.R. 247 (1996).

§ 5704. Clasificación de los *injunctions*

I. En relación a la naturaleza de la orden:

1. *Injunction* prohibitorio: produce una orden de no hacer; mantiene el *status quo*.
2. *Injunction* mandatorio: produce una orden de hacer; altera el *status quo*.

Los tribunales son más cautelosos al expedir los *injunctions* mandatorios que en el caso de los prohibitivos. El primero es más gravoso que el último. Por otra parte, la orden de *injunction* puede ser tanto mandatoria como prohibitiva, según las cláusulas de la orden.

II. Con arreglo a la forma de expedición y a su duración:

1. Ordenes de entredicho:[8] se conocen en el derecho anglosajón como *temporary restraining orders* (TRO). Se pueden expedir sin notificación a la parte afectada, no pudiendo ésta defenderse. Son de duración corta. Este tipo de *injunction* no produce una orden mandatoria; expira a los 10 días (máximo) y puede ser prorrogado por sólo 10 días más (R. 57.1, 2009).
2. *Injunction* preliminar, o interlocutorio o *pendente litis:* son expedidos estos mediando notificación a la parte adversa de la petición. La concesión de este *injunction* no prejuzga el caso en sí, pero la orden es efectiva hasta tanto se termine el proceso (R. 57.2, 2009).
3. *Injunction* definitivo: (permanente o perpetuo). Se produce por sentencia final en un procedimiento de *injunction*. A pesar de su nombre puede ser decretado por un tiempo limitado.

III. Con arreglo al proceso en que expiden:

1. *Injunction* como remedio principal: Se plantea en una demanda cuyo objeto principal es el *injunction* mismo.
2. *Injunction* como remedio subsidiario:[9]

---

[8] La R. 56.5, 2009 de aseguramiento de sentencia, establece un mecanismo de efectos similares a la orden de entredicho pero no requiere un esfuerzo de notificación previa. "No se concederá ninguna orden bajo esta Regla 56.5 para hacer o desistir de hacer cualquier acto específico, sin una notificación a la parte adversa, a menos que aparezca claramente de los hechos específicos acreditados por declaración jurada que ~~el~~ la parte solicitante sufrirá perjuicios, daños o pérdidas irreparables, o que se demuestre la existencia de circunstancias extraordinarias o que tenga la probabilidad de prevalecer mediante prueba documental fehaciente, antes de notificarse y celebrarse una vista sobre la solicitud."

[9] "En todo pleito, antes o después de sentencia, por moción de la parte reclamante, el tribunal podrá dictar cualquier orden provisional que sea necesaria para asegurar la efectividad de la sentencia" (R. 56.1, 2009). Esta es una disposición análoga al *injunction* como remedio subsidiario y se encuentra en materia de aseguramiento de sentencia. La orden podrá ser para hacer o para desistir de hacer.

Este se dicta en un pleito cuyo objeto principal no es la expedición de un *injunction*; se solicita por moción dentro del pleito principal (aunque se puede pedir aparte en una demanda de *injunction*).[10]

IV. Con arreglo a la legislación que los autoriza:

1. El *injunction* de carácter general autorizado por la Ley de 8 de marzo de 1906. Arts. 675-678 y Arts. 686-687 CEC 1933. Este es el *injunction* que se estudia en este Capítulo.

2. El *injunction* para retener o recobrar la posesión de bienes inmuebles. Ley Núm. 43 de 13 de marzo de 1913. Arts. 690-695, CEC 1933.[11] Este *injunction* es mucho más sencillo en sus fundamentos—privación de posesión de un inmueble—y en su procedimiento que el general. Está pensado para mantener la paz pública en relación con la posesión de bienes inmuebles. No se rige por las normas que se discutirán en este Capítulo. Tiene un procedimiento especial sumamente sencillo.

§ 5705. Principios generales que gobiernan la expedición del *injunction*

Se encuentran en las disposiciones de la Ley de 8 de marzo de 1906 estableciendo el *injunction*. Pero además la doctrina de *Glines v. Matta, supra*, incorporando las decisiones del sistema de equidad prevaleciente en los Estados Unidos, dio lugar a numerosas decisiones del TS que han incorporado a nuestro ordenamiento jurídico, una serie de principios provenientes de ese sistema que gobiernan la expedición del *injunction* en Puerto Rico. Los principales principios de ley y jurisprudenciales son los siguientes:

(1) El *injunction* es un remedio altamente discrecional.[12] La solicitud va dirigida al sentido de justicia del tribunal. Este ejerce su discreción no en una forma caprichosa sino dejándose guiar por su sentido de equidad.

(2) Los *injunctions* han de expedirse con cautela y solamente cuando el caso es claro.[13]

(3) El derecho objeto del *injunction* debe haber sido establecido inequívocamente por el solicitante, con certeza y claridad. No procede la expedición de un *injunction* para proteger un derecho que sea dudoso, no reconocido o controvertido. 32 L.P.R.A. sec. 3523(1). Para que se emita el *injunction* debe existir un agravio de patente intensidad al derecho del individuo que reclame urgente reparación. No puede existir indefinición o falta de concreción.[14]

---

[10] 32 L.P.R.A. secs. 3522 y 3523 (2) y (3).

[11] Véase *Miranda Cruz v. Ritch*, 2009 T.S.P.R. 144.

[12] *Cerra v. Fajardo Development Co.*, 18 D.P.R. 1024 (1912).

[13] *Fajardo Sugar Growers Assoc. v. Kramer*, 45 D.P.R. 348 (1933).

[14] *Comité Pro Permanencia de la Bda. Morales v. Miranda Marín y Municipio de Caguas*, 158 D.P.R. 195 (2002).

(4) El *injunction* sólo se puede expedir a favor del titular del derecho a ser protegido.

(5) Debe demostrarse que las actuaciones del demandado menoscaban o afectan, el derecho que el demandante interesa proteger mediante el *injunction* o que pueden afectarlo o perjudicarlo de una manera substancial.

(6) La parte que solicita un *injunction* tiene que acudir al tribunal con las manos limpias. Aún cuando una parte tenga un derecho, si ha actuado inconsistentemente con ese derecho, o si alentó la conducta del demandado, o si se interesa el *injunction* para un propósito torcido, el demandante no es merecedor del auxilio judicial por vía de este extraordinario remedio.[15]

(7) Aquél que solicita el *injunction* debe cumplir con lo que la equidad o el sentido de justicia le impone como prestación propia frente a aquella que exige del demandado por vía del *injunction.*

(8) El demandante debe carecer de un remedio adecuado mediante el proceso ordinario. Si existe un remedio dentro del proceso ordinario, éste ha de ser completo, adecuado y capaz de obtenerse con prontitud razonable a fin de hacer efectivo el derecho.[16]

(9) Debe demostrarse que el acto cometido o que amenaza ser cometido ocasionaría daños irreparables al demandante. 32 L.P.R.A. sec. 3523(2). El término "irreparable" no significa que el daño ha de ser grande ni que ha de ser irreparable materialmente.

"La palabra 'irreparable' ha adquirido en la ley sobre *injunction* una significación que tal vez no está en completa armonía con su etimología o su significado literal. Hay daños incapaces de ser reparados que una corte de equidad no considera como irreparables. Y, por otra parte, existen daños que pueden repararse, que se consideran, sin embargo, como irreparables si la persona que los causa o amenaza causarlos es insolvente o no puede responder por daños y perjuicios. Según se usa generalmente, la palabra significa aquello que no puede repararse, restablecerse o compensarse con dinero, o cuando la compensación no puede establecerse con seguridad."[17]

Procede el *injunction* cuando una compensación pecuniaria no habría de proporcionar un remedio adecuado. 32 L.P.R.A. sec. 3523(4).

(10) Si las inconveniencias o problemas que se causarán al demandado o al público con la expedición del *injunction* son de tal magnitud que pesan más que las que la conducta del demandado le causa al demandante, no procede el

---

[15] *Velilla v. Pueblo Supermarkets, Inc.*, 111 D.P.R. 585 (1981); *Soriano Tavárez v. Rivera Anaya*, 108 D.P.R. 663 (1979).

[16] *Alvarez v. Comisión de Recreo y Deportes Públicos*, 67 D.P.R. 355 (1947).

[17] *Loíza Sugar Co. v. Hernáiz y Albandoz*, 32 D.P.R. 903 (1924). Véase, además, *Autoridad de Tierras de Puerto Rico v. Moreno Ruiz Developer Corp. y otros*, 2008 T.S.P.R. 128.

injunction. A esta doctrina se le llama el balance de conveniencias o balance de equidades.[18]

(11) Incuria. No se expedirá el *injunction* si media una tardanza inexcusable en solicitarlo. Se tomará en cuenta el momento en que el demandante advino en conocimiento de los daños y de la causa de los mismos y el momento en que presenta la demanda para determinar la razonabilidad.

No hay ni puede haber un término fijo para determinar si hay tardanza inexcusable. En cada caso, el juez determinará a través de los hechos si el demandante acudió o no con suficiente presteza al tribunal. Los términos prescriptivos de las acciones no son aplicables a estos casos.

§ 5706. Derechos protegidos por el *injunction*

La regla general es que todos los derechos de naturaleza real o personal son susceptibles de ser protegidos mediante el *injunction.* Los siguientes derechos son ejemplos de los que pueden protegerse por el *injunction:*

(1) El derecho al libre ejercicio de una profesión o negocio.

(2) Las fórmulas secretas o los secretos comerciales.

(3) El evitar el traspaso de un título de propiedad.

(4) La protección de las libertades civiles del ciudadano.

La Ley Núm. 12 de 8 de agosto de 1974, que enmendó nuestro estatuto *anti-injunction,* permite que se dicte una orden de entredicho provisional, *injunction,* preliminar o permanente, ante alegaciones que de su faz sustancien que alguna persona, so color de autoridad, ha privado a un peticionario de algún derecho garantizado por la Constitución o las leyes de Puerto Rico o de Estados Unidos. Esta ley se conoce como la Ley de Derechos Civiles de Puerto Rico, la cual se modeló bajo la ley federal 42 U.S.C.A. 1983.[19] El remedio que esta ley provee es independiente y suplementario a cualquier otro que esté disponible a la parte agraviada.[20]

(5) Derechos personalísimos del ciudadano; como, por ejemplo, evitar que un cónyuge divorciado continúe usando el apellido del marido.

(6) El cumplimiento de obligaciones contractuales; es necesario que exista un contrato válido del cual se deriva la obligación para que proceda el *injunction.* No obstante, no puede usarse para obligar el cumplimiento de un contrato de naturaleza tal que no pueda exigirse su cumplimiento específico. 32 L.P.R.A. sec. 3524(4). Así, por ejemplo, el contrato de servicios no es susceptible al cumplimiento específico y no se puede hacer cumplir mediante un *injunction.* Por otra parte, si tal contrato contiene una cláusula restrictiva que no permite al

---

[18] *Cervecería Corona, Inc. v. Secretario de Obras Públicas*, 97 D.P.R. 44 (1969); *Figueroa Velázquez v. Autoridad de Acueductos y Alcantarillados (A.A.A.)*, 99 D.P.R. 105 (1970); *Delgado Rodríguez v. Nazario de Ferrer,* 121 D.P.R. 347 (1988).

[19] *Pierson Muller I v. Feijoó*, 106 D.P.R. 838 (1978).

[20] *Delgado Rodríguez v. Nazario de Ferrer*, 121 D.P.R. 347 (1988).

contratante prestar sus servicios en otro lugar: esta cláusula sí es susceptible de cumplimiento específico y de *injunction*.[21]

(7) Para evitar la comisión de ciertos actos torticeros. Estos son casi siempre actos que causarían daño a la propiedad del demandante. El *injunction* no procede para evitar daños personales (libelo, calumnia) ni para evitar actos de naturaleza criminal que se piensen cometer contra la persona.[22]

(8) Para impedir una multiplicidad de procedimientos judiciales.[23]

(9) Para hacer cumplir obligaciones que surgen de un fideicomiso.[24]

(10) Para proteger derechos reales que no están amparados por un procedimiento especial como lo está el derecho a la posesión. Así por ejemplo puede usarse el *injunction* para hacer valer una servidumbre en equidad. Ver *Residentes de Parkville Sur v. Díaz Luciano*, 159 D.P.R. 374 (2003); *Rodríguez Pérez v. Gómez*, 156 D.P.R. 307 (2002). Véase, además, sec. 1412; *Asoc. de Vecinos de Villa Caparra Sur v. Asoc. de Fomento Educativo*, 2008 T.S.P.R. 47.

(11) Para los ciudadanos hacer valer las obligaciones de las agencias del Estado.[25]

§ 5707. Situaciones en las cuales no procede el *injunction*

(1) No procede un *injunction* para impedir que una ley sea puesta en vigor. 32 L.P.R.A. sec. 3524(3). Tampoco para evitar que la legislatura adopte una ley que parezca ser inconstitucional. De aprobarse tal ley, sería necesario obtener del tribunal adecuado una declaración de que ésta es inconstitucional y luego se podría obtener un *injunction* contra cualquier funcionario gubernamental que tratara de poner el funcionario y no contra la ley en sí. 32 L.P.R.A. sec. 3524(3). El *injunction* tampoco procede para evitar que una asamblea municipal adopte una ordenanza.[26]

(2) El *injunction* no procede para impedir el ejercicio en forma legal de un cargo público.[27]

Si las acciones ejecutivas se convierten en *ultra vires* (exceden sus facultades), o violentan derechos civiles, entonces sí procede el *injunction*.[28]

---

[21] *García v. World Wide Entertainment Co.*, 132 D.P.R. 378 (1992).

[22] No hay lógica en esta distinción entre daños personales y de la propiedad. Existe una razón histórica, ya que el *injunction* nació para proteger a las personas de daños contra su propiedad.

[23] 32 L.P.R.A. sec. 3523(6). *Central Cambalache, Inc. v. Cordero*, 61 D.P.R. 8 (1942).

[24] 32 L.P.R.A. sec. 3523(7).

[25] *Asociación de Pescadores de Punta Figueras, Inc. v. Marina de Puerto del Rey, Inc.*, 155 D.P.R. 906 (2001).

[26] 32 L.P.R.A. sec. 3524(6).

[27] 32 L.P.R.A. sec. 3524(5).

[28] 32 L.P.R.A. sec. 3524(3).

(3) Como regla general, el *injunction* no procede para impedir procesos judiciales iniciados. 32 L.P.R.A. sec. 3524(1). Sin embargo, se podrá conceder si la restricción es necesaria para evitar una multiplicidad de pleitos.[29]

Si los procedimientos judiciales no se están tramitando se puede expedir un *injunction* para evitar que se inicien litigios innecesarios.

(4) No procede un *injunction* para impedir la imposición o cobro de cualquier contribución establecida por las leyes de los Estados Unidos o de Puerto Rico. 32 L.P.R.A. sec. 3524(7). A pesar de lo tajante del lenguaje, los tribunales han decidido que sí se puede conceder en ciertos casos especiales.

(5) El *injunction* no procede en casos de disputas obreras salvo que haya violencia en torno a la disputa y que la protección policial sea inadecuada. (29 L.P.R.A. secs. 101-109).

§ 5708. Jurisdicción y competencia para expedir un *injunction*

La expedición de un *injunction* se rige por lo dispuesto en la R. 57, 2009, y en las leyes especiales aplicables.

El art. 676 CEC 1933[30] dispone que el TS o uno de sus jueces podrá librar *injunctions* para hacer efectiva su jurisdicción y los jueces del Tribunal Superior, hoy el TPI, podrán librarlos cuando éstos sean procedentes.

El tribunal con jurisdicción general para librar el *injunction* es el TPI.

En cuanto a la competencia por razón del territorio, aplican las mismas reglas relativas a las demás acciones. Por ejemplo: si se trata de un *injunction* sobre bienes inmuebles, se presenta donde está el inmueble. Si es para hacer efectivo un derecho personal contra el obligado, se presentará en el distrito donde reside el demandado.

§ 5709. Procedimiento para obtener un *injunction*

La demanda de *injunction*—que no tiene que ser jurada—se tramita mediante el proceso ordinario. Todo referente a las partes, emplazamiento, alegaciones, descubrimientos de prueba, juicio, sentencia, etc., se gobierna por las Rs de 2009 en tanto y en cuanto éstas no conflijan con la naturaleza sumaria del remedio. Véase *Corujo Collazo v. Viera Martínez*, 111 D.P.R. 552 (1981).

Si hay que seguir el procedimiento ordinario, ¿cómo se puede obtener entonces un remedio efectivo?

Lo sumario del procedimiento no consiste en la demanda de *injunction* en sí, sino en el uso del entredicho y del *injunction* preliminar que puede ser solicitado por el demandante dentro de la acción original que persigue el *injunction* definitivo.

---

[29] 32 L.P.R.A. sec. 3523(6).

[30] La Ley de 8 de marzo de 1906 estableciendo el *injunction* en Puerto Rico se incorporó dentro de la compilación del Código de Enjuiciamiento Civil de 1933.

§ 5710. Procedimiento para obtener una orden de entredicho provisional

Gobiernan este tema las Rs. 57.1 y 57.5, 2009.

Para obtener una orden de entredicho provisional[31] se presenta una moción alegando:

(1) Los hechos específicos que dan lugar a la solicitud de la orden de entredicho, relatándolos en detalle y con particularidad.

(2) Los perjuicios, daños o pérdidas irreparables que sufre el demandante o peticionario.

(3) Las diligencias que se hicieron para notificar el demandado de la moción.

(4) Las razones por las cuales es necesario que se expida el entredicho sin notificación de la solicitud a la parte contraria.

Esta moción irá acompañada de un *affidávit* o declaración jurada donde se expondrán bajo juramento y detallados, los hechos que dan lugar a la solicitud del entredicho. Si la demanda fue jurada, cosa que no exigen ni prohíben las reglas, no será necesario acompañar el *affidávit.*

Si se expide la orden, ésta debe expresar las razones para su expedición y será redactada en términos específicos. Deberá describir lo que prohíbe en detalle y no con referencia, a la demanda u otros documentos (R. 57.5, 2009).

La orden contendrá una definición del perjuicio. Dirá por qué ese perjuicio o daño es irreparable. Expresará las razones por las cuales se expide sin notificación, la cuantía de la fianza que se le exige al demandante para responder de los daños y de las costas que el entredicho pueda causar al demandado. (R. 57.4, 2009) [32]

---

[31] La orden no necesariamente ha de ser solicitada al momento de presentarse la demanda, puede serlo durante el transcurso del pleito, cuando se haga necesaria.

La orden de entredicho y el *injunction* preliminar no están limitados a acciones en que se interese un *injunction* definitivo. Puede solicitarse dentro de cualquier procedimiento, de cualquier naturaleza, en el cual se esté ejercitando cualquier acción, si durante ella surgiere la necesidad de ello.

[32] *Moreno v. Martínez, et al.*, 14 D.P.R. 383 (1908), es uno de los primeros casos en que nuestro Tribunal Supremo se expresa en cuanto a la fianza en caso de una acción de *injunction.* En la misma expresa las consecuencias económicas en daños y perjuicios que puede ocasionar para la parte demandada.

No se dictará ninguna orden de entredicho ni de *injunction* preliminar excepto mediante la prestación de fianza por el solicitante, por la cantidad que la corte considere justa, para el pago de las costas y daños en que pueda incurrir o que haya sufrido cualquier parte que haya resultado indebidamente puesta en entredicho o restringida. *Avalo v. Cacho*, 73 D.P.R. 286 (1952).

A menos que el *injunction* se hubiere obtenido de mala fe como es el caso cuando se trata de un caso iniciado maliciosamente y sin causa probable, la cuantía de los daños en casos como este está limitada al monto de la fianza. La fianza concebida de acuerdo con una orden de entredicho no cubre un *injunction* preliminar subsiguiente. *Marbarak v. Tribunal Superior*, 93 D.P.R. 474 (1966).

La orden además expresará el término dentro del cual expirará y dispondrá la expedición de un mandamiento por el secretario dirigido al alguacil para el diligenciamiento de la misma.

La orden llevará constancia de la fecha y hora de su expedición (R. 57.1, 2009).

La prestación de la fianza debe esperar a la expedición de la orden, debido a que la cuantía de la misma se fija en ella.[33] La fianza puede ser de cualquier naturaleza, y su contenido y forma se gobiernan por la R. 69, 2009. Prestada la misma y aprobada por el tribunal, se expide el mandamiento al alguacil por el secretario para que lleve a cabo el diligenciamiento de la orden sobre la persona contra la cual va expedida.

El diligenciamiento se lleva a cabo personalmente y se devuelve al tribunal el original del mandamiento debidamente diligenciado. La R. 57, 2009, fija un límite de 10 días para la duración de la orden de entredicho, cuyos 10 días son prorrogables, pero sólo por un período adicional de 10 días más, y sólo durante la vigencia del término original. Es decir, si expiran los primeros 10 días el tribunal no puede prorrogar la orden por 10 días más. Sólo puede hacerlo hasta el décimo día, en el cual podrá prorrogarla por 10 días más. Vencida la prórroga, no podrá volver a prorrogar, excepto mediante una estipulación en que el demandado o la persona en entredicho se allana a la prórroga de la orden. Ya mediante el allanamiento, la prórroga puede ser indefinida.

Si existiera pendiente ante el tribunal una solicitud de *injunction* preliminar cuando se ha expedido un entredicho, se señalará la vista de éste para la primera fecha hábil, y este señalamiento tendrá preferencia sobre las demás materias, excepto aquéllas de la misma naturaleza.

En la vista preliminar la parte que obtuvo la orden procederá a sostener su solicitud, o de lo contrario, se dejará sin efecto el entredicho. En cuanto al demandado, o la persona contra la cual va dirigida la orden, éste puede acudir tan pronto es notificado de la orden, al tribunal para demostrar que la misma debe dejarse sin efecto, y el tribunal podrá señalar vista, o con dos días de anticipación o con un término más corto, o podrá resolver sin vista si lo cree pertinente, y podrá disolver la orden, o modificarla si procede (R. 57.1, 2009).

---

[33] En la opinión de *Asoc. De Vecinos de Villa Caparra Sur v. Asoc. de Fomento Educativo*, *supra*, una mayoría del TS que se configuró con motivo de la muerte del Juez Fuster, quien opinó igual que el Juez Hernández Denton en la decisión original del tribunal, dictaminó por vía de reconsideración *post mortem* que en un caso de *injunction* bajo la Regla 57, para poner en vigor una servidumbre en equidad, se puede expedir una orden para desistir de hacer, bajo R. 56.5, 1979 equivalente a la R. 56.5, 2009 y de esta manera obviar el requisito de fianza que establece la R. 57 para el *injunction* preliminar. Esta norma queda sin efecto en virtud de la R. 53, 2009.

§ 5711. Procedimiento para obtener un *injunction* preliminar

El propósito fundamental del *injunction* preliminar es el de mantener el *status quo* hasta que se celebre el juicio en sus méritos para que la conducta del demandado no produzca una situación que convierta en académica la sentencia que finalmente se dicte, o que se le ocasionen daños de mayor consideración al peticionario mientras perdura el litigio.[34]

El *injunction* preliminar puede obtenerse en cualquier acción y en cualquier momento durante el proceso.

La expedición de un *injunction* preliminar se rige exclusivamente por lo dispuesto en la Regla 57 y en las leyes especiales aplicables en todo caso en que el remedio principal solicitado sea un *injunction* permanente (R. 53, 2009).

El *injunction* preliminar se solicita mediante moción, notificada igual que un emplazamiento[35] en la cual se alegará lo mismo que en la moción solicitando el entredicho provisional, excepto que tendrá que ser notificada a la parte contraria, y no se hará referencia a los motivos que puedan existir para no notificar la moción, ya que la R. 57.2 dispone que en cuanto al *injunction* preliminar, la solicitud deberá ser siempre notificada a la parte contraria. Habrá que exponer las razones por las cuales se solicita, y si se trata de un caso en que se solicita un *injunction* definitivo, se aseverará porque no puede esperarse hasta la terminación del pleito para la expedición del *injunction.*

Habrá vista (R. 57.2(b), 2009).

En ella se dará oportunidad a la parte contra la cual se solicita el *injunction* preliminar para presentar prueba y formular todas aquellas alegaciones de hecho o de derecho que pueda tener contra la expedición del auto.

Sin embargo, no se requiere que en la vista el que solicite el *injunction* preliminar presente prueba de naturaleza oral. El *injunction* preliminar puede solicitarse y concederse con la misma prueba que un entredicho provisional (o sea, un *affidávit* o en el mero juramento de la demanda o de la moción). En la vista el juez tendrá ante sí la moción acompañada de la declaración jurada. La parte contraria tendrá en esa vista la oportunidad de refutar esa declaración jurada con la prueba que crea pertinente.

Ahora bien, puesto que al promovente compete convencer al tribunal—*Cobos Liccia v. DeJean Packing Co.*, *supra*—la prueba en la mayoría de los casos tendrá que ir mucho más allá de la declaración jurada.

Si se trata de un *injunction* permanente el tribunal podrá ordenar que el juicio en sus méritos se consolide con la vista del *injunction* preliminar. Aún cuando no se ordene la consolidación, cualquier evidencia que sea admitida en la vista sobre la solicitud de *injunction* preliminar y que sea admisible en el juicio en sus méritos—la declaración jurada del demandante no lo es—pasará a formar parte del récord del caso y no tendrá que presentarse nuevamente el día del juicio. El

---

[34] *Cobos Liccia v. DeJean Packing Co.*, 124 D.P.R. 896 (1989); *Rullán, Buxo v. Hon. Antonio Fas Alzamora, et als.*, 166 D.P.R. 742 (2006).

[35] R. 4.4, 2009, Ley Núm. 108 de 16 de julio de 1988.

tribunal tendrá que emitir una resolución en la que especifique los hechos que fueron probados en dicha etapa, y ordenará los procedimientos que considere justos. (R. 57.2(b), 2009).

La concesión de un *injunction* preliminar descansa en la sana discreción del tribunal.[36]

Una orden concediendo el *injunction* preliminar hará constar lo mismo que la orden que se expide en la orden de entredicho, excepto que no está limitada a 10 días, sino que puede hacerse extensiva a toda la duración del pleito. Al expresar las razones para su expedición la orden deberá hacer referencia a los criterios establecidos en la R. 57.3, 2009. (Ver Sec. 5712)

Los pasos posteriores a la emisión de la orden son los mismos que en torno a la orden de entredicho. A saber: presentación de la fianza[37]; expedición del mandamiento; y diligenciamiento del mismo.

La orden de *injunction* preliminar que se expida en un caso cuyo objetivo principal es la expedición de un *injunction* permanente, no prejuzga el resultado del caso.[38] El caso queda abierto para más amplia consideración en la vista en sus méritos. Sin embargo, si la demanda de *injunction* y la solicitud de *injunction* preliminar son claramente improcedentes, y en la vista del *injunction* preliminar el juez se convence de que el demandante no podrá prevalecer, podrá desestimar la demanda y despachar el asunto. Ahora, si expide el *injunction* preliminar, no por eso se entiende que prejuzga el resultado del caso.

§ 5712. Criterios para expedir una orden de entredicho provisional o *injunction* preliminar

La R. 57.3, 2009 establece los criterios que debe considerar el tribunal al expedir una orden de entredicho provisional o *injunction* preliminar.

Al determinar si debe concederse un *injunction* preliminar o *injunction pendente lite* en auxilio de la jurisdicción de un tribunal, el juez debe considerar los siguientes criterios: (a) la naturaleza de los daños que puede ocasionárseles a las partes de concederse o denegarse el *injunction*; (b) su irreparabilidad o la existencia de un remedio adecuado otorgado por ley; (c) la probabilidad de que la parte promovente prevalezca eventualmente al resolverse el litigio en su fondo; (d) la probabilidad de que la causa se torne académica de no concederse el *injunction*, (e) el posible impacto sobre el interés público del remedio que se

---

[36] *E.L.A. v. Asociación de Auditores y Contadores,* 147 D.P.R. 669 (1999); *Sucesión de Figueroa Disdier v. Hernández*, 72 D.P.R. 508 (1951).

[37] La fianza para el injunction preliminar así como en cuanto al entredicho no admite las excepciones que autoriza la R. 56, 2009 respecto a los remedios provisionales. Ver nota al calce número 32, *ante*.

[38] *Otero v. Sales*, 68 D.P.R. 273 (1948).

solicita,[39] y (f) la diligencia y la buena fe con que ha obrado la parte peticionaria. En virtud de la R. 57.3, 2009 estos criterios también son aplicables a la orden de entredicho provisional.

Cuando se alega una violación a un derecho constitucional no es necesario demostrar daño irreparable.[40] Respecto a la probabilidad de prevalecer basta con que el demandante demuestre que la demanda contiene planteamientos tan serios, sustanciales, difíciles y dudosos, que la convierten en materia prima para un buen litigio.[41]

En *Asoc. de Vecinos Villa Caparra Sur v. Asoc. de Fomento Educativo*, 2008 T.S.P.R. 47 el TS determinó que "habida cuenta de que los requisitos de daño irreparable y ausencia de remedio adecuado en ley no forman parte de un pleito de *injunction* permanente en el que se vindican las disposiciones de una servidumbre en equidad debidamente inscrita en el Registro de la Propiedad, es innecesario incluirlos en el estándar de adjudicación de un *injunction* preliminar" bajo la R. 56. (sic)[42]

§ 5713. El *injunction* permanente

Si no se consolidó la vista del *injunction* preliminar con la del *injunction* permanente, se celebrará la vista correspondiente luego de lo cual el tribunal dictará su sentencia. Las determinaciones de hechos formuladas por el Tribunal para fines del *injunction* preliminar deben ser evaluadas en conjunto con la totalidad de la prueba que se presente para el *injunction* permanente. *Municipio de Loíza v. Sucesión de Marcial Suárez*, 154 D.P.R. 333 (2001).

El balance de equidades debe ser examinado en todas las etapas del litigio, ya sea al conceder o denegar un entredicho provisional, o uno preliminar, al determinar el remedio apropiado finalmente a conceder, y en las discusiones de si se va a modificar o no el interdicto permanente. *Misión Industrial de P.R., Inc. v. Junta de Planificación*, 142 D.P.R. 656 (1997).

La R. 57.5, 2009, en cuanto hace referencia a lo que contendrá una orden de *injunction*, es aplicable también a la sentencia que pueda dictarse en un *injunction* permanente. Los términos de la R. 57.5 se aplican a la orden de *injunction* preliminar, de entredicho, y a la sentencia.

---

[39] *Puerto Rico Telephone Co. v. Tribunal Superior*, 103 D.P.R. 200 (1975); y ver *E.L.A. v. Asociación de Auditores y Contadores*, 147 D.P.R. 669 (1999); *Municipio de Ponce v. Roselló González*, 136 D.P.R. 776, 784 (1994).

[40] 11A *Wright & Miller, supra*, sec. 2948.1.

[41] 11A *Wright & Miller, supra*, sec. 2948.3.

[42] En este caso la opinión mayoritaria del TS bautizó la orden para hacer o desistir de hacer que se expide bajo la Regla 56 como un *injunction* preliminar. Esta imprecisión conceptual solo provocará confusión en cuanto a la normativa—si la R. 56.5 ó la R. 57.1—que debe aplicarse a esa figura.

La sentencia en un *injunction* permanente es dinámica, es decir, variable conforme a los acontecimientos futuros.[43]

Cuando se apele o recurra de una sentencia final o interlocutoria, concediendo, o dejando sin efecto o denegando un *injunction*, el tribunal de instancia podrá discrecionalmente suspender, modificar, restituir o conceder un *injunction* mientras se dilucida el recurso interpuesto bajo aquellos términos relativos a fianza y demás que estime adecuados para proteger los derechos de la parte contraria. R. 57.7(a).

§ 5714. Efectos que en relación a la fianza tiene la disolución de una orden de entredicho o de un *injunction* preliminar

Si como resultado de la vista de un *injunction* preliminar o de la vista en los méritos del *injunction* permanente, se resuelve por el tribunal que el *injunction* preliminar o el entredicho provisional deben ser disueltos porque no procedía la expedición de ninguna de esas órdenes, el que solicitó el entredicho provisional o el *injunction* preliminar queda sujeto a responsabilidad por todos los daños que ocasionó a la persona contra la cual fue dirigido el *injunction* preliminar o el entredicho. O sea, los daños sufridos por la persona al ser puesta bajo las disposiciones de una orden que limitaba su facultad de obrar.

La mera disolución del entredicho o el *injunction* preliminar fija responsabilidad con el que obtuvo el entredicho o *injunction* preliminar. Queda a la discreción del tribunal determinar si la persona contra quien fue dirigida la orden sufrió daños, cuáles fueron y cuál es su cuantía. De esos daños responderá el que obtuvo la orden, y su fiador. La responsabilidad del fiador puede hacerse efectiva dentro del mismo procedimiento mediante moción sin necesidad de instar otro pleito en daños y perjuicios y demostrando la existencia de los daños, su carácter y cuantía.

Al prestar una fianza para un entredicho o un *injunction* preliminar, el fiador designa al secretario del tribunal como su agente para recibir una notificación, emplazamiento, o escrito relacionado con su responsabilidad como tal fiador. Mediante moción podrá hacerse efectiva la responsabilidad del fiador, sin necesidad de instar pleito independiente. La moción y cualquier notificación de la misma que el tribunal ordene, podrán entregarse al secretario del tribunal, quien someterá inmediatamente copias al fiador, si conoce su dirección (R. 57.4, 2009).

§ 5715. Personas afectadas por una orden de entredicho, *injunction* preliminar o permanente

La orden o sentencia es obligatoria para las partes demandadas, sus oficiales, agentes, sirvientes, empleados o abogados, y para aquellas personas que participan activamente con ellas y que reciben aviso de la orden mediante notificación personal, o en otra forma (R. 57.5, 2009). Lo que interesa es evitar

---

[43] *Noriega Rodríguez v. Hernández Colón, Gobernador*, 122 D.P.R. 650 (1988).

que una parte se burle de una orden de entredicho o de *injunction* actuando a través de otra persona.

§ 5716. Consecuencias de desobedecer un *injunction*

La desobediencia de una orden de entredicho provisional o de *injunction* preliminar o permanente puede dar lugar a que el demandado se le procese por desacato al tribunal. El desacato se promoverá a solicitud de la parte que obtuvo la orden mediante la presentación de una declaración jurada. El tribunal está autorizado para imponer multa de hasta $500.00; o la restitución, o la prestación de una fianza mayor para asegurar el cumplimiento sobre el *injunction*, o en su defecto, cárcel por un periodo no mayor de 6 meses.[44]

[44] 32 L.P.R.A. sec. 3533. Para un análisis de nuestro Tribunal Supremo sobre las penalidades y consecuencias de desobedecer un *injunction* véase: *E.L.A. v. Asociación de Auditores y Contadores*, 147 D.P.R. 669 (1999).

CAPITULO 58: *MANDAMUS*

§ 5801. Concepto

El auto de *mandamus* es un auto altamente privilegiado dictado por el TS, por el TA o por el TPI, a nombre del Estado Libre Asociado de Puerto Rico, y dirigido a alguna persona o personas naturales, a una corporación o a un tribunal judicial de inferior categoría, dentro de su jurisdicción requiriéndoles para el cumplimiento de algún acto que en dicho auto se exprese y que esté dentro de sus atribuciones o deberes. Dicho auto no confiere nueva autoridad y la parte a quien obliga deberá tener la facultad de poder cumplirlo. Código de Enjuiciamiento Civil, 1933, art. 649; 32 L.P.R.A. sec. 3421.

El *mandamus* es un remedio extraordinario antiquísimo dentro de la *Common Law* propiamente. No era un remedio procedente bajo el sistema de equidad como lo era el *injunction.* Fue instituido en su presente versión en Puerto Rico mediante la ley promulgada el 12 de marzo de 1903, a la pág. 116, titulada: "Ley estableciendo el auto de *mandamus*". Es un remedio *in personam,* es decir, se dirige contra la persona del demandado para que obre conforme se le ordena.[1]

§ 5802. Principios que gobiernan la expedición del auto de *mandamus*

(1) El derecho del peticionario y el deber de la persona contra la cual se dirige el auto ha de ser uno claro y definitivo.[2] No puede acudirse al remedio del *mandamus* para poner en vigor un derecho dudoso. Pero, la procedencia del auto de *mandamus* no está proscrita por el hecho de que se requiera una interpretación judicial del deber ministerial invocado.[3]

(2) Aún cuando es un remedio procedente de la *Common Law* no del sistema de *Equity,* para su expedición se toman en consideración ciertos principios que operan en torno a la expedición de remedios bajo el sistema de *equity:* el

---

[1] *Hernández Agosto v. Romero Barceló*, 112 D.P.R. 407 (1982).

[2] *Santiago Lavander v. Tilén*, 71 D.P.R. 754 (1950). Véase, además, *Asociación de Maestros de Puerto Rico v. Hon. Cesar Rey Hernández, Secretario del Depto. de Educación*, 2010 T.S.P.R. 19.

[3] *Mangual y otros v. Comisión Estatal de Elecciones II*, 152 D.P.R. 382, 393 (2000); *C.R.I.M. v. Secretario de Depto. de Hacienda y otros*, 2008 T.S.P.R. 118.

principio de manos limpias, la ausencia de fraude de parte del peticionario, la incuria y otros.[4]

(3) No procede el auto cuando su expedición causaría un daño injustificado al público en general. Para expedir un auto de *mandamus* se debe considerar el posible impacto que éste pueda tener sobre los intereses públicos que pueden estar involucrados y evitar una intromisión indebida en los procedimientos del Poder Ejecutivo y que el auto no se preste a confusión o perjuicios de los derechos de terceros. El posible impacto público que tendrá la expedición del *mandamus* será proporcional a la importancia del deber ministerial que se alega ha sido incumplido y que se pretende vindicar mediante el *mandamus*.[5]

(4) No procede cuando hay un remedio ordinario dentro del curso de la ley; porque el objeto del auto no es reemplazar remedios legales sino suplir la falta de ellos (32 L.P.R.A. sec. 3423).[6]

Por ejemplo, cuando el peticionario tiene a su disposición el recurso de apelación, no procede el *mandamus*.[7] En otros casos se ha de tener presente la disponibilidad de los procesos administrativos para obtener el remedio que se pretende antes de recurrir al *mandamus*.[8] Tampoco "se puede utilizar el recurso [de *mandamus*] cuando previamente hay que determinar la constitucionalidad de una ley o de un acto administrativo, ni, por supuesto, para obligar a cumplir un acto, o una ley, inconstitucional."[9]

(5) No procede cuando por alguna razón sería imposible cumplirlo o sería académico.[10]

(6) Su expedición es discrecional.[11]

§ 5803. Derechos y deberes que pueden hacerse efectivos mediante el auto de *mandamus*

(1) El deber tiene que ser uno de carácter público y no privado.

(2) El deber tiene que ser uno que resulte de un deber que la ley impone a determinada función pública. Para que proceda el *mandamus,* la ley no sólo debe autorizar, sino exigir la acción requerida.[12]

---

[4] *Alonso Cainas v. Tribunal Examinador de Médicos*, 74 D.P.R. 158 (1952); *Maldonado v. Programa Emergencia de Guerra*, 68 D.P.R. 976 (1948); *Nine v. Ortiz*, 67 D.P.R. 940 (1947).

[5] *Mangual y otros v. Comisión Estatal de Elecciones II*, 152 D.P.R. 382, 392 (2000).

[6] *Hernández Agosto v. Romero Barceló, supra*; *Espina v. Calderón, Juez Superior*, 75 D.P.R. 76 (1953).

[7] *Peña v. Flores de Ordonez*, 58 D.P.R. 772 (1941).

[8] *Alvarez de Choudens v. Tribunal Superior*, 103 D.P.R. 235 (1975); *López de Victoria v. Soler Favale*, 101 D.P.R. 710 (1973).

[9] D. Rive Rivera, Recursos Extraordinarios, 2da. Ed., Univ. Interamericana de P.R., San Juan, 1996, pags. 108-109. *Mangual y otros v. C.E.E. II*, 152 D.P.R. 382 (2000).

[10] *Torres v. Secretario de Puerto Rico*, 11 D.P.R. 354 (1906).

[11] *Zalduondo Veve v. Domenech*, 47 D.P.R. 363 (1934).

(3) Debe ser de naturaleza ministerial; que no requiera discreción para cumplirlo o no.[13]

Naturalmente que para determinar esto tendrá que verse la ley que le impone el deber al funcionario para determinar si le da discreción o si no se la da.

El *mandamus* procede para obligar a un juez a actuar cuando rehúsa y debe hacerlo. Pero no para controlar su discreción judicial. Procede para obligarlo a oír y resolver cuando tiene jurisdicción, pero no para determinar de antemano la decisión que debe emitir. 32 L.P.R.A. sec. 3422. Procede para exigirle que proceda hasta dictar sentencia, pero no para determinar y prescribir la sentencia que deba ser dictada.[14]

(4) No procede cuando el peticionario únicamente tiene sospecha de que el funcionario no ha de cumplir con su deber. Procede a base de un incumplimiento efectivo y real.

(5) Si el *mandamus* se solicita en beneficio de una persona privada debe haberse efectuado un requerimiento previo al funcionario y haber mediado la negativa del funcionario a actuar, para luego recurrir al *mandamus.*[15] En aquellos casos en que se recurre al remedio de *mandamus* para obligar el cumplimiento de una función que redunda en beneficio del público en general no es necesario hacer un requerimiento previo al funcionario encargado de ejecutar el acto.

(6) Procede también para obligar el cumplimiento de los deberes de corporaciones privadas—32 L.P.R.A. sec. 3422—y de los organismos internos de las corporaciones y de sus oficiales. Las corporaciones son criaturas del Estado, organizadas a base de una ley general de corporaciones, la cual se le impone ciertos deberes.

(7) Procede para obligar a las compañías de servicios públicos a prestar el servicio que le es requerido por ley.[16] Ejemplo, la Compañía Telefónica, tiene la obligación debido a la franquicia que le ha sido otorgada de servir a los distintos pueblos de Puerto Rico con un sistema telefónico suficiente y adecuado. Si hay líneas para instalar un teléfono o si se trata de una compañía de transporte, si hay facilidades para transportar pasajeros o mercancía, una compañía de servicio puede obligársele mediante *mandamus* a cumplir con su deber.

(8) No procede *mandamus* para obligar la Legislatura a ejecutar un acto legislativo, ni para arrojar un miembro de la misma fuera de su seno.[17]

---

[12] *Partido Popular Democrático v. Junta Insular de Elecciones*, 62 D.P.R. 745 (1944).

[13] *Espina v. Calderón, supra*; *Maldonado v. Programa Emergencia de Guerra, supra.*

[14] *Emanuelli v. Poventud, Juez*, 62 D.P.R. 732 (1943); *Pueblo v. La Costa Jr., Juez*, 59 D.P.R. 179 (1941).

[15] *Dávila v. Superintendente General de Elecciones*, 82 D.P.R. 264 (1961).

[16] *Bothwell v. San Juan Light & Transit Co.*, 13 D.P.R. 169 (1907).

[17] *De Diego v. Cámara de Delegados*, 5 D.P.R. 114 (1904).

(9) Procede el *mandamus* para obligar a una junta de elecciones a celebrar unas elecciones cuando corresponda, a un recuento de votos y a la inscripción de un partido político en conformidad con lo dispuesto en la ley.

(10) Por regla general no procede el *mandamus* para hacer efectiva una obligación de carácter puramente privada. No procede el *mandamus* por ejemplo para que una persona privada reclame dinero a otra.[18]

(11) El *mandamus* es el procedimiento adecuado para obligar a un municipio o al Estado Libre Asociado al pago de cantidades de dinero, ciertas y determinadas que adeuden a personas privadas. Véase *Nine v. Ortiz*, 67 D.P.R. 940 (1947).

(12) Procede el *mandamus* para inspeccionar y obtener copia de documentos públicos.[19]

(13) Procede para exigir que un funcionario no acate o cumpla con una ley o actuación gubernamental cuando su cumplimiento quebranta un deber ministerial de superior jerarquía, como lo sería un deber ministerial impuesto por la Constitución del Estado Libre Asociado. Los funcionarios del Estado Libre Asociado tienen un deber ministerial de abstenerse de utilizar recursos públicos para un propósito que se aparte de la finalidad pública exigida por la Constitución. *Mangual y otros v. Comisión Estatal de Elecciones II*, 152 D.P.R. 382, 393 (2000). Esta decisión del TS conflige con la norma de la discrecionalidad del funcionario objeto del *mandamus* porque le impone valorar la constitucionalidad de una ley, cuya valoración implica el ejercicio de un juicio que no es ministerial.

§ 5804. Jurisdicción y competencia

El *mandamus* puede ser expedido por el TS o sus jueces, por el TA o sus jueces, o por el TPI. La Ley de Relaciones Federales en la sec. 48 confiere jurisdicción de *mandamus* al TPI como sucesor del Tribunal de Distrito existente a la fecha de la aprobación de dicha ley.

El TS sólo ejerce su jurisdicción original en casos de *mandamus* cuando se trata de asuntos de alto interés público.[20] Cuando se trata de un *mandamus* contra un cuerpo legislativo el TS observará la debida deferencia.[21] El tribunal con jurisdicción general para expedir el auto de *mandamus* es el TPI.

---

[18] *"El Ancora" v. Brenes*, 39 D.P.R. 798 (1929).

[19] *Ortiz Rivera v. Panel sobre el Fiscal Especial Independiente*, 155 D.P.R. 219 (2001); *Dávila v. Superintendente General de Elecciones*, *supra*.

[20] *Hernández Agosto v. Romero Barceló*, *supra*; *Dávila v. Superintendente General de Elecciones*, *supra*; *Honoré v. Toro*, 30 D.P.R. 982 (1922).

[21] *Acevedo Vilá v. Meléndez Ortiz*, 164 D.P.R. 875 (2005). En *Córdova Iturregui v. Cámara de Representantes y otros*, 171 D.P.R. 789 (2007), el TS determinó que los tribunales no pueden ordenarle a la Asamblea Legislativa que inicie un proceso para enmendar la Constitución del E.L.A. a los fines de que la Rama Legislativa esté

En cuanto a la competencia por razón del territorio del TPI, rigen las mismas normas que en las acciones ordinarias.

§ 5805. Las partes

De acuerdo con la ley, únicamente una parte realmente interesada tiene derecho a este remedio. Interés real es aquel que surge cuando el incumplimiento del deber de parte del funcionario, le causa algún perjuicio o inconveniente al que interesa el *mandamus,* distinto al que le pueda causar al público en general.

No basta un interés general que pueda tener la parte, en conjunto con los demás ciudadanos del Estado Libre Asociado, para que determinado funcionario cumpla con su deber. Ese tipo de interés no basta para solicitar el *mandamus.* Tiene que ser un interés especial de parte del interesado, para que pueda expedirse el auto a su favor.

Sin embargo, bajo la política pública ambiental no es menester probar daño económico para instar un *mandamus* contra un funcionario para el cumplimiento de un deber estatutario, basta según el TS con establecer el perjuicio compartido con el público en general en el orden ambiental, recreativo, espiritual o aún estéticas para legitimar al demandante.[22]

Igualmente el TS ha legitimado al Senado para instar el *mandamus* para compeler al gobernador a enviar los nombres de ciertos nombramientos al Senado para su consejo y consentimiento.[23]

Para una discusión amplia del tema de la legitimación, véanse las §§ 1002-1004, *ante.*

Si la parte demandada cesa en su ministerio oficial o corporativo no procede el *mandamus* contra ella.[24] Será menester una sustitución de partes que en el caso de un funcionario gubernamental se produce automáticamente (R. 22.4, 2009).

§ 5806. Procedimiento ante el TPI en *mandamus*

El procedimiento para obtener el auto de *mandamus* ante el TPI es el procedimiento previsto en las Rs. de 2009 para las acciones ordinarias. *Martínez González v. Vda. de Morales*, 72 D.P.R. 210 (1951); *Alvarez de Choudens v. Tribunal Superior*, 103 D.P.R. 235 (1975). Sin embargo, la Regla 54, 2009 provee como sigue:

"El auto de *mandamus,* tanto perentorio como alternativo, podrá obtenerse presentando una solicitud jurada al efecto. Cuando se solicite dicho remedio y el derecho a exigir la inmediata ejecución de un acto sea evidente y aparezca que no

---

constituida por una sola cámara, luego de que el electorado favoreció el modelo unicameral en un referéndum.

[22] *Salas Soler v. Secretario de Agricultura*, 102 D.P.R. 716 (1974).

[23] *Hernández Agosto v. Romero Barceló, supra.*

[24] *Honoré v. Wilson*, 32 D.P.R. 827 (1924); *Romero Moreno v. Gore, Gobernador*, 46 D.P.R. 378 (1934).

se podrá dar ninguna excusa para no ejecutarlo, el tribunal podrá ordenar perentoriamente la concesión del remedio; de otro modo, ordenará que se presente una contestación y tan pronto sea conveniente, celebrará una vista, recibiendo prueba, si es necesario, y dictará su decisión prontamente. Se obtendrá el cumplimiento de las órdenes dictadas por el tribunal del mismo modo en que se exige el cumplimiento de cualquiera otra orden."

A mi modo de ver, aunque los casos de *Vda. de Morales*, *supra*, y *Alvarez de Choudens, supra*, establecen que con motivo de la aprobación de las Reglas del 1943 el auto alternativo de *mandamus* que proveía el CEC en su Art. 652[25] ya no existe en Puerto Rico, esta regla en efecto reconoce su existencia y provee una guía al tribunal sobre el procedimiento a seguir cuando se dan las circunstancias bajo las cuales se expedía ese auto antes de las Reglas del 1943.

El fundamento del TS para expresar que el auto alternativo de *mandamus* no existe es que a partir de 1943 bajo las Reglas no se puede expedir una orden para mostrar causa como mecanismo para traer al demandado al tribunal; que es necesario utilizar el emplazamiento. No obstante, y utilizando el emplazamiento, la R. 54, 2009 nos indica que el tribunal puede tanto expedir el *mandamus* si encuentra que claramente procede, como puede requerir la contestación.

De modo que, bajo esta R. 54, emplazado el demandado, el demandante puede por moción exigir la inmediata ejecución del acto si es evidente y aparece que el demandado no puede dar ninguna excusa para no ejecutarlo. De ser así, el tribunal puede de acuerdo con la R. 54, 2009 expedir lo que se conoce como el *mandamus* perentorio. De no ser así, entonces la R. 54 dispone para que el tribunal le requiera al demandado una contestación, y luego de una vista, el tribunal expediría lo que se conoce como el *mandamus* alternativo, si procede.

También puede darse el caso en que el demandante no presenta la moción solicitando el *mandamus* perentorio y en esta situación se seguiría el procedimiento ordinario teniendo el demandado que presentar la contestación dentro del término de 30 días previsto por las reglas. Si procediera el *mandamus* sería el auto de naturaleza alternativa.

Tengo la impresión, aunque puede ser errónea, de que hoy día todos los *mandamus* se llevan por la vía ordinaria y que no se utiliza el mecanismo que contempla la R. 54, 2009 para expedir el perentorio. Cuando el TS emitió la opinión de *Vda. de Morales*, *supra*, estableciendo que el procedimiento de *mandamus* no podía seguirse por vía de una orden para mostrar causa, el Tribunal indicó que "las Reglas que conservan el auto de *mandamus* con un procedimiento sustituto que si se administra como es debido, puede ser tan rápido como el de la Ley de *Mandamus*". El análisis que aquí presentamos debe ayudar a hacer del *mandamus* un remedio más eficaz y lograr lo que se planteaba el TS.

---

[25] La nomenclatura del CEC era distinta a la que utiliza el Tribunal para referirse al *mandamus* alternativo. El Art. 52 se refiere al auto condicional de *mandamus*.

Las solicitudes de *mandamus* ante el TS o el TA invocando su jurisdicción original tienen procesos especiales previstos en la R. 16, RTS y la R. 55, RTA.

CAPITULO 59: EXPROPIACION FORZOSA

§ 5901. Concepto

La expropiación forzosa es una institución de derecho público que faculta al Estado o aquella entidad en que éste delegue a exigir unilateralmente en virtud de la utilidad pública la transferencia coactiva de la propiedad de una cosa o de los derechos sobre ella mediante la indemnización correspondiente.

El poder de expropiación del Estado es un atributo inherente a su poder soberano y, como tal de superior jerarquía a todos los derechos de propiedad. Esta facultad soberana exige para su ejercicio el pago de la justa compensación, y que el proceso se lleve a cabo conforme dispone la Ley de Expropiación Forzosa de 1903, 32 L.P.R.A. sec. 2901.[1]

La Asamblea Legislativa de Puerto Rico puede ejercer la facultad de expropiar terrenos de propiedad particular bien directamente o delegándola en agencias o funcionarios públicos.[2]

El poder de expropiación ha sido delegado por la Asamblea Legislativa a numerosas entidades públicas, las cuales pueden ejercerlo directamente sin la intervención del gobernador de Puerto Rico. La Ley de Municipios Autónomos, 21 L.P.R.A. sec. 4051, inciso (c), facultó a los municipios a ejercer este poder sin tener que ir a través del gobernador como estaba previsto en 32 L.P.R.A. sec. 2916.

---

[1] *Autoridad de Carreteras y Transportación v. Adquisición de 780.6141 metros Cuadrados de Terreno, Cardona Figueroa*, 165 D.P.R. 121 (2005); *E.L.A. v. Registrador de la Propiedad*, 111 D.P.R. 117 (1981).

[2] *Mario Mercado e Hijos v. Tribunal Superior*, 85 D.P.R. 370 (1962).

Las Reglas de 2009 gobiernan el procedimiento de expropiación forzosa con excepción de las disposiciones especiales establecidas en la Ley de 12 de marzo de 1903, 32 L.P.R.A. secs. 2901 *et seq.* y en la R. 58, 2009.

En aquellos casos en que la cuantía no exceda de los $15,000.00 exclusive de intereses, el tribunal podrá ordenar la simplificación de los procedimientos siguiendo lo dispuesto en la R. 60, 2009.

§ 5902. Nociones generales sobre la expropiación forzosa

I. La transferencia es coactiva

La expropiación implica una transferencia del dominio y demás derechos sobre una cosa del patrimonio del expropiado o de los expropiados, al patrimonio de la entidad expropiante. La transferencia no es consensual, sino coactiva. Se verifica sin necesidad de la voluntad ni del consentimiento del expropiado.[3]

II. La adquisición por el expropiante es originaria

El expropiante no deriva su derecho de la persona que lo tuvo anteriormente. Al producirse la adquisición el tracto sufre una ruptura y la nueva adquisición ha de entenderse originaria.[4]

El título que se adquiere no es uno derivado del dueño anterior, sino que es un título nuevo, independiente y absoluto, el cual dimana de la facultad del soberano. El ejercicio del poder de expropiación forzosa extingue todos los derechos anteriores sobre la propiedad.[5]

III. La expropiación extingue todos los derechos reales o personales que recaigan sobre la cosa[6]

La inscripción del dominio a favor del Estado en procedimientos de expropiación forzosa, se hace libre de gravámenes, pues éstos se transfieren al fondo estimado para justa compensación. Dicho fondo sustituye al inmueble en lo que respecta a las reclamaciones del anterior dueño y los acreedores.[7]

Aquel cuyos derechos le son expropiados sólo tiene una acción personal para exigir el pago de la indemnización. Siendo a su vez innecesaria la escritura pública, bastando la resolución o sentencia del tribunal para la transferencia del título.

---

3 *IX Nueva Enciclopedia Jurídica*, pág. 322 (1982).

4 *Id.* Véase *Administración de Terrenos v. Nerashford Development Corp.*, 136 D.P.R. 801 (1994).

5 *Autoridad de Carreteras v. Adquisición de 780.6141 Metros Cuadrados de Terreno, etc.*, 165 D.P.R. 121 (2005).

6 32 L.P.R.A. sec. 2902; Véase también, *IX Nueva Enciclopedia Jurídica*, págs. 322-323 (1982).

7 *E.L.A. v. Registrador de la Propiedad, supra.*

IV. La expropiación ha de fundarse en razones de utilidad pública o interés social

Largo trecho ha recorrido el concepto de utilidad pública desde que fue aprobada la Ley de Expropiación Forzosa en 1903. La elasticidad del concepto se extiende desde los originarios propósitos de construcción de carreteras, caminos, calles y demás vías terrestres hasta los fines estéticos.[8]

V. La expropiación exige indemnización pecuniaria al expropiado

La indemnización ha de ser previa a la declaración sobre adquisición y entrega material de la cosa. 32 L.P.R.A. sec. 2907.

El contenido de la indemnización incluirá el justo valor o precio—justiprecio—o valor en el mercado que tengan los bienes o derechos expropiados al momento de llevarse a cabo la expropiación; incluirá además los daños y perjuicios que directamente se originan por la expropiación y los intereses al 6% anual. 32 L.P.R.A. secs. 2907, 2915. El pago de intereses forma parte integrante de la justa compensación al amparo del mandato constitucional que la requiere.[9]

§ 5903. La expropiación como derecho del ciudadano

La expropiación forzosa se produce normalmente a iniciativa del Estado o de alguna de sus instrumentalidades. Pero en ciertas ocasiones ocurre que la propiedad o los derechos del ciudadano se ven afectados por alguna acción del Estado y surge entonces un derecho de parte del ciudadano a una indemnización o a una liberación de la actuación estatal que le afecta.

La acción de expropiación inversa se produce cuando una obra pública trae como consecuencia la invasión física de una propiedad privada de tal naturaleza que equivale a una toma de la propiedad o que la perjudica de tal manera que equivale a una privación sustancial y equivalente de su uso y disfrute. En estos casos, el afectado podrá recurrir al TPI en acción de expropiación inversa que seguirá en lo posible lo dispuesto en la R. 58, 2009 y en la Ley de Expropiación Forzosa de 1903.[10]

En otros casos, la propiedad privada se ve afectada por planes del Estado o de sus instrumentalidades de tal forma que se les niega todo el uso productivo. En estos casos se establece un término de 8 años para que el propietario pueda exigir la expropiación de los terrenos o derechos o en su defecto, la liberación de los mismos de cualquier prohibición impuesta por los planes estatales.[11]

---

[8] *E.L.A. v. 317.813 Cuerdas de Terreno*, 84 D.P.R. 1 (1961).

[9] *E.L.A. v. Rexco Industries, Inc.*, 137 D.P.R. 683 (1994). Véase *Autoridad de Carreteras y Transportación v. Adquisición de 8,554.741 metros cuadrados*, 171 D.P.R. 670 (2007); *ACT v. Mercado de Wilson*, 2008 T.S.P.R. 4.

[10] *Olivero v. Autoridad de Carreteras*, 107 D.P.R. 301 (1978).

[11] 32 L.P.R.A. secs. 2923-2927.

La afectación no debe confundirse con otros conceptos que vehiculan una moderna y eficaz ordenación territorial como lo son la dedicación de terrenos para usos dotacionales, art. 13.022, 21 L.P.R.A. sec. 4620; la exacción por impacto, art. 13.023, 21 L.P.R.A. sec. 4621; los eslabonamientos, art. 13.025, 21 L.P.R.A. sec. 4623; los requerimientos de instalaciones dotacionales, art. 13.026, 21 L.P.R.A. sec. 4624; y la reparcelación.[12]

§ 5904. Competencia

Todas las acciones o procedimientos de expropiación forzosa se presentarán en la Sala de San Juan del TPI. El tribunal deberá celebrar cualquier juicio o vista en la sede de la sala del TPI o en la municipalidad que radiquen los bienes expropiados.[13]

§ 5905. Procedimiento—Demanda; legajo de expropiación

La demanda seguirá lo prescrito en la R. 8.1, 2009. Sin embargo, la parte expropiante, por tratarse de una acción *in rem*—32 L.P.R.A. sec. 2905—designará a la propiedad como demandada identificándola por su clase, cantidad y radicación e incluirá como demandado por lo menos uno de los dueños de alguna parte de o interés en la propiedad (R. 58.3(a), 2009).

La demanda contendrá una relación breve y sencilla de la autoridad bajo la cual se expropia, incluyendo la disposición de ley que confiere tal autoridad, el uso para el cual la propiedad habrá de adquirirse, una descripción de la propiedad suficiente para identificarla, los derechos que han de adquirirse y, en cuanto a cada propiedad, una designación de las partes demandadas que han sido acumuladas como dueñas de la misma o que tengan algún derecho sobre ella. También se solicitará al tribunal el término para la toma de posesión o la entrega material de la propiedad, y una orden para que proceda la inscripción registral del bien objeto de expropiación a favor de la parte peticionaria, libre de cargas y gravamenes[14] (R. 58.3(b), 2009).

---

[12] Art. 13.021, Ley de Municipios Autónomos, Ley Núm. 81 de 30 de agosto de 1991, 21 L.P.R.A. sec. 4619. Véase también *The Richards Group of P.R., Inc. v. Junta de Planificación*, 108 D.P.R. 23 (1978).

[13] 32 L.P.R.A. secs. 2905, 2914.

[14] Al instituirse el pleito, la parte demandante solamente tendrá que acumular como partes demandadas aquellas personas que tengan o reclamen un derecho en la propiedad cuyos nombres a la sazón se conozcan, pero antes de cualquier vista para determinar la compensación por cada propiedad, la parte demandante acumulará como partes demandadas a todas las personas que tengan o reclamen un derecho sobre dicha propiedad, incluyendo los(las) dueños(as), ocupantes, arrendatarios(as), usufructuarios(as) y acreedores(as) hipotecarios(as), cuyos nombres puedan ser conocidos, mediante diligencia razonable en el registro de la propiedad o cuyo interés pueda identificarse mediante visitas a la propiedad o de algún otro modo, tomando en consideración la naturaleza y el valor de los bienes que han de adquirirse. Se podrán

La parte expropiante podrá acumular en el mismo pleito, una o más propiedades, ya sean del mismo o distinto dueño y fuere o no la expropiación para el mismo uso (R. 58.2, 2009).

La R. 58.3(c), 2009 enumera los documentos que acompañarán la demanda, los cuales constituyen el legajo de expropiación. Estos son:

"(1) El Exhibit A, en el que se identificarán concreta e individualmente los bienes muebles e inmuebles objeto de expropiación, los datos registrales si la finca consta inscrita en el Registro de la Propiedad, el número catastral de la finca en el Centro de Recaudación de Ingresos Municipales, las personas con interés en el procedimiento, la fijación de la suma de dinero estimada por la parte peticionaria como justa compensación de la propiedad que se pretende adquirir y la finalidad pública del procedimiento. También se identificarán y valorarán los bienes muebles que se encuentren en la propiedad objeto de expropiación, en caso de que la parte peticionaria interese obtener la titularidad de éstos.

(2) Una certificación expedida por el Registro de la Propiedad dentro de los tres (3) meses anteriores a la presentación de la demanda.

(3) Una consulta de ubicación.

(4) Un plano de mensura.

(5) Un informe de valoración rendido por el(la) perito(a) tasador(a).

Además, deberá incluir una declaración para la adquisición y entrega material de la propiedad, que deberá contener y estar acompañada de lo siguiente:

(i) Una relación de la autoridad bajo la cual se pretende adquirir la propiedad y el uso público para el cual se pretende adquirir.

(ii) Una descripción de la propiedad que sea suficiente para identificarla.

(iii) Una relación del título o interés que se pretende adquirir de la propiedad para fines públicos.

(iv) Un proyecto de resolución"

Al momento de presentar la demanda junto con el legajo de expropiación, la parte expropiante tendrá que proveer una copia de la demanda para el uso de las partes demandadas y copias adicionales a petición del Secretario o de alguna parte demandada. Presentará, además, tres copias adicionales del legajo de expropiación junto con todos sus documentos, los cuales serán certificados y notificados al Centro de Recaudación de Ingresos Municipales y al Registro de la Propiedad (R. 58.3(d), 2009).

La omisión de acompañar uno de los documentos que constituyen el legajo de expropiación dará lugar a que se paralice el proceso y no se expida la resolución para la adquisición y entrega material de la propiedad. El tribunal ordenará que se someta el documento, si el demandante no cumple con la orden, el tribunal le

---

acumular como partes demandadas a todas las demás bajo la designación de "dueños(as) desconocidos(as)". En caso de que la propiedad carezca de título posesorio o de dominio, deberá incluirse como parte demandada o partes demandadas a la persona o las personas que figuren como dueños(as) del inmueble en el recibo de contribución o en cualesquiera otra constancias demostrativas de títulos (R. 58.3(b), 2009).

impondrá sanciones y como última medida procederá la desestimación de la demanda sin perjuicio.

§ 5906. —El emplazamiento

La entrega del emplazamiento y su diligenciamiento tienen el mismo efecto que la entrega y diligenciamiento del emplazamiento bajo la R. 4, 2009.

Al presentarse la demanda el demandante entregará al secretario emplazamientos juntos o separados dirigidos a los demandados designados en la demanda.

En procedimientos de expropiación forzosa, el emplazamiento a la parte con interés se da en función, y para propósitos de que éstas puedan recuperar del fondo de compensación la porción correspondiente al interés que tengan sobre el bien expropiado. El interés particular que posea una persona o un acreedor, sin embargo, no lo faculta a exigir que la compensación consignada sea suficiente para satisfacer el monto total de ese interés o de su crédito. *Autoridad de Carreteras, supra.*

Cada emplazamiento expondrá el nombre del tribunal, el título del pleito, el nombre de la parte demandada a quien va dirigida, el propósito de la expropiación forzosa de la propiedad, una descripción de la propiedad adecuada para identificarla, el derecho a adquirirse, la autoridad para la expropiación, el uso para el cual se adquirirá la propiedad, el apercibimiento de que el demandado podrá entregar al abogado del demandante una contestación dentro de los 20 días después del diligenciamiento del emplazamiento o dentro de los 30 días si fue emplazada por edictos. El emplazamiento concluirá con el nombre del abogado del demandante y una dirección donde éste pueda ser notificado (R. 58.4(b), 2009).

§ 5907. —Diligenciamiento del emplazamiento

El diligenciamiento personal se lleva a cabo de conformidad con las Rs. 4.3 y 4.4, 2009. La R. 58.4, 2009 exige la entrega de la demanda junto con los documentos que la acompañan.[15] La parte expropiante tiene 90 días para diligenciar el emplazamiento y la demanda contados desde que ésta se presenta en el tribunal o desde que Secretaría expide el emplazamiento por edictos (R. 58.4(d), 2009). Si transcurre el término de 90 días sin que la parte demandante haya diligenciado el emplazamiento, el tribunal tiene el deber de imponer

---

[15] La R. 58.4, 1979 no le exigía a la parte expropiante que hiciera entrega de la demanda junto con la notificación de la expropiación, lo que obligaba a la parte demandada a tener que acudir a la Secretaría del tribunal para obtener una copia de ella. En las ediciones anteriores de esta obra habíamos expresado la necesidad de que esta disposición se enmendara. En dicho sentido dijimos lo siguiente: "Estas disposiciones de la R. 58 deberían enmendarse para requerir la entrega de la demanda con la notificación, de tal forma que pueda facilitarse la alegación responsiva a la misma sin que se tenga que acudir al secretario para obtenerla."

sanciones económicas, aunque no podrá desestimar el pleito. Las Rs. del 1979 no establecían un término para el diligenciamiento lo que restaba certidumbre a este acto procesal tan importante para el debido proceso de ley que cobija a la parte demandada.

Si alguno de los demandados fuere incapacitado y estuviere bajo la potestad o bajo la guarda de un tutor o declarado ausente conforme a las disposiciones del CC, el emplazamiento será hecho a su representante legal pero si éste se hallare ausente de Puerto Rico, o si tal tutela o representación legal no estuviera legalmente constituida, el tribunal nombrará un defensor *ad hoc* para que defienda los derechos del incapacitado o ausente.[16]

El procedimiento para el emplazamiento por edictos difiere del previsto en la R. 4.6, 2009. La R. 58.4(c)(2), 2009, prescribe que al presentarse una declaración jurada de la persona diligenciante en la que detalle las gestiones realizadas para emplazar a la parte demandada personalmente dentro del Estado Libre Asociado de Puerto Rico, y que ésta no ha podido ser localizada después de una investigación diligente o que el lugar de su residencia queda fuera de Puerto Rico, el tribunal podrá dictar una orden para disponer que el emplazamiento se haga por edictos en un diario de circulación general en Puerto Rico una vez por semana, por no menos de tres semanas sucesivas A los 10 días de la publicación del último edicto, se enviará por correo con acuse de recibo una copia del emplazamiento y la demanda a aquel demandado que no pueda ser notificado personalmente, pero cuyo lugar de residencia sea en este momento conocida.

Se podrá emplazar a dueños desconocidos por edictos mediante una notificación dirigida a “dueños desconocidos”.

El emplazamiento por edicto queda perfeccionado a la fecha de la última publicación. Se probará la publicación mediante una declaración jurada del administrador o agente autorizado del periódico y se unirá a dicha declaración jurada las copias impresas de los edictos publicados, haciéndose constar en la misma el nombre del periódico y las fechas de publicación.[17] Se presentará, además, el acuse de recibo del demandado y un escrito del abogado en la que certifique haber depositado en el correo la copia del emplazamiento y la demanda junto con todos los documentos que se adjuntan.

§ 5908. —Efectos de la falta de emplazamiento

La falta de emplazamiento a una persona que tiene algún derecho o interés sobre el bien objeto del expediente, aunque no afecta la jurisdicción del tribunal para transferir el título al Estado, le niega eficacia a la determinación de la compensación y permite su relitigación a todo aquel que no hubiese sido

[16] 32 L.P.R.A. sec. 2912.

[17] R. 58.4(c)(2), 2009.

notificado.[18] El tribunal puede imponer sanciones a la parte demandante por no haber emplazado oportunamente.[19]

§ 5909. —Comparecencia de partes que no se mencionan en la demanda

Todas las personas que ocuparen cualquiera de las propiedades descritas en la demanda, que tuvieren o pretendieren tener cualquier interés en la misma, o en los daños y perjuicios ocasionados por la expropiación, aunque no se les mencionare en ella, podrán comparecer y alegar su derecho, cada una por lo que respecta la dominio o interés que en la propiedad tuviere o reclamare, de igual modo que si su nombre figuráse en la demanda.[20]

El interés de la parte que no es el titular del dominio de la finca expropiada, se concreta a su participación en la compensación que adjudique el tribunal, por tanto no está legitimada para cuestionar el justo valor de la finca objeto de la expropiación. El acreedor, quien no tiene un crédito frente al Estado, puede satisfacer del fondo de justa compensación solo la porción de su lesión atribuible a la finca expropiada.[21]

§ 5910. —Declaración de adquisición, investidura de título y derecho a compensación

Al tiempo de presentar la demanda, o en cualquier momento antes de recaer sentencia, la parte expropiante podrá presentar ante el tribunal una declaración para la adquisición y entrega material de la propiedad objeto de expropiación, firmada por la persona o entidad autorizada por ley.[22]

Dicha declaración sobre adquisición y entrega material deberá estar acompañada de: una relación de la autoridad bajo la cual se pretende adquirir la propiedad y el uso público para el cual se pretenda adquirirla; una descripción de la propiedad suficiente para identificarla; una relación del título o interés que se pretende adquirir en la propiedad para fines públicos; un plano en caso de que la propiedad pueda ser así representada; y una fijación de la suma de dinero estimada por la autoridad adquirente como justa compensación de la propiedad que se pretende adquirir.[23]

Presentada la declaración y hecho el depósito, el título absoluto de dominio de dicha propiedad o cualquier derecho o interés menor en la misma según

---

[18] *E.L.A. v. Registrador de la Propiedad, supra.* Véase, de otra parte, *Autoridad de Carreteras y Transportación de Puerto Rico v. Inesta Nazario*, 165 D.P.R. 891 (2005).

[19] La norma sobre los efectos de la falta de emplazamiento surge del último párrafo de la Regla 58.4(e), 2009. Este párrafo utiliza erróneamente el antiguo concepto de notificación que conforme a la R. 58.4, 2009 se sustituye por el emplazamiento.

[20] 32 L.P.R.A. sec. 2906.

[21] *Autoridad de Carreteras y Transportación v. Adquisición de 780.6141 Metros Cuadrados de Terreno, Cardona Figueroa*, 165 D.P.R. 121 (2005).

[22] 32 L.P.R.A. sec. 2907.

[23] *Id.*

especificado en la declaración, quedará investido en la parte expropiante y la propiedad se considerará como ya expropiada y adquirida.[24] El título que se adquiere no es uno derivado del dueño anterior, sino que es un título nuevo, independiente y absoluto, el cual dimana de la facultad del soberano. El ejercicio del poder de expropiación forzosa extingue todos los derechos anteriores sobre la propiedad.

En casos de expropiación forzosa, la inscripción que se haga del dominio a favor del Estado se hará libre de todo gravamen. Los gravámenes que afecten la propiedad, previo a su expropiación, se transfieren al fondo estimado para la justa compensación, el cual sustituye al inmueble en lo que respecta a las reclamaciones del dueño anterior y de los acreedores, y dicha indemnización se extiende a la hipoteca, por lo menos hasta el límite del gravamen.[25]

El derecho a justa compensación quedará investido en la persona o personas a quienes corresponda, pudiendo éstas retirar la cantidad así depositada y litigar lo que estimen debe ser la justa compensación. Si el tribunal fijare una cantidad mayor, le impondrá el pago de intereses por la diferencia a la parte expropiante al tipo del 6% anual, a contar desde la fecha de la adquisición hasta su pago.[26]

Presentada la declaración de adquisición, el tribunal fijará el término y condiciones bajo las cuales las personas en posesión de las propiedades objeto del procedimiento deberán entregar la posesión material a la parte expropiante.[27]

§ 5911. —Comparecencia o contestación

Un demandado no tiene que presentar una contestación para fines de participar en la distribución de la suma adjudicada como justa compensación así como tampoco tiene que hacerlo para comparecer a la vista donde se determine dicha justa compensación y ofrecer evidencia en cuanto a la cuantía de la misma. (R. 58.5, 2009). No obstante, las partes emplazadas tienen el derecho a ser oídas con respecto al derecho que puedan tener a la compensación que se fije por el valor de la propiedad expropiada o a los daños que el procedimiento les ocasione (R. 58.4(e), 2009).

Si el demandado no tuviera objeción o defensa que interponer al ser notificado de la demanda, así lo notificará al tribunal y éste le notificará de todo procedimiento que se lleve a cabo subsiguientemente en torno a la propiedad. (R. 58.5, 2009). Sin embargo, si un demandado tuviera alguna defensa u objeción a la adquisición de la propiedad, notificará su contestación dentro de 20 días de haber sido emplazado personalmente de la expropiación o dentro de los 30 días si fue emplazado por edictos.[28] (R. 58.5, 2009).

---

[24] 32 L.P.R.A. sec. 2907.

[25] *Autoridad de Carreteras*, *supra*.

[26] *Id.*

[27] *Id.*

[28] El término de 30 días para contestar la demanda debe ser contado desde la publicación del último edicto.

Es importante notar que, fuera de impugnar la cuantía de la indemnización, las defensas que pueden oponerse a una demanda de expropiación son escasas. Una vez se establezca que el uso para el cual se destina la propiedad constituye un fin público, no corresponde a los tribunales revisar las determinaciones administrativas sobre la naturaleza o extensión del derecho a adquirirse, la cantidad de terreno a expropiarse, la necesidad o lo adecuado del sitio en particular, etc.[29]

§ 5912. —Descubrimiento de pruebas

Los medios de descubrimiento de prueba son aplicables a los procedimientos de expropiación.[30] Estos pueden ser muy útiles para obtener información en torno a la prueba pericial que presente la parte expropiante para sostener su valoración, base de la justa compensación. Véase también, *E.L.A. v. Hotel Coamo Springs, Inc.*, 138 D.P.R. 37 (1995).

§ 5913. —Desistimiento de la expropiación

Incoado un procedimiento de expropiación forzosa por el Estado, éste no queda obligado a seguir el procedimiento ni adquirir la propiedad por el mero hecho de haber comenzado el procedimiento.[31]

El desistimiento se autoriza, sin perjuicio, sujeto a las siguientes normas:

Antes de celebrarse la vista para determinarse la compensación y antes de que el expropiante hubiera adquirido el título o cualquier otro derecho, y antes de que hubiere tomado posesión de la propiedad, éste podrá desistir del pleito sin una orden del tribunal mediante la presentación de una notificación de desistimiento en la cual expondrá una descripción breve de la propiedad con respecto a la cual se desiste (R. 58.8(a), 2009).

Antes de registrarse la sentencia, se podrá efectuar el desistimiento mediante estipulación entre las partes y si las partes así lo estipularen, el tribunal podrá dejar sin efecto cualquier sentencia que se hubiere registrado (R. 58.8(b), 2009).

En cualquier tiempo antes de haberse determinado y pagado la compensación por una propiedad, previa moción y vista, el tribunal permitirá al demandante desistir del pleito bajo los términos y condiciones que estime procedentes.[32]

Sin embargo, no se autorizará en cuanto a cualquier parte de la propiedad de la cual el demandante haya tomado posesión o adquirido título u otro derecho. En

---

[29] *Mario Mercado e Hijos v. Tribunal Superior, supra.* Véase, además, *E.L.A. v. Sucesión Planas Parrilla*, 166 D.P.R. 700 (2006); *Autoridad de Tierras de Puerto Rico, v. Moreno Ruiz Developer Corp. y otros*, 2008 T.S.P.R. 128.

[30] *Martínez Rivera v. Tribunal Superior*, 85 D.P.R. 1 (1962).

[31] *Iriarte Miró v. Secretario de Hacienda*, 84 D.P.R. 171 (1961).

[32] "Disponiéndose que los antiguos dueños de dichas propiedades podrán reclamar en el mismo procedimiento sobre el cual se hubiere adquirido título sobre las mismas, cualesquiera daños que se les hubiese ocasionado por dicha adquisición y el consiguiente desistimiento total o parcial de dicha adquisición." 32 L.P.R.A. sec. 2910.

estos casos, lo que procede es adjudicar la compensación por la posesión, por el título o por los otros derechos así adquiridos (R. 58.8(c), 2009).

§ 5914. —Sentencia definitiva

La sentencia definitiva determinará si asiste o no al demandante el derecho a la expropiación de la propiedad de que se trata, o a la imposición de alguna servidumbre, así como la cantidad que el demandante deba satisfacer al demandado resolviéndose en dicha sentencia el derecho de cada una de las partes.[33]

Si la compensación adjudicada finalmente a cualquier demandado excediera la suma que se le hubiere pagado a dicho demandado al efectuar la distribución del depósito—véase § 5910 *ante*—el tribunal dictará sentencia contra el demandante expropiante y a favor del demandado por dicha deficiencia condenando al expropiante al pago de las costas, si la compensación finalmente adjudicada a cualquier demandado fuere menos que la suma que se le hubiere pagado, el tribunal dictará sentencia contra él—incluyendo el pago de costas—y a favor del demandante por el exceso (R. 58.9, 2009).

Cuando el periodo entre la incautacion y el pago total del Estado excede un semestre, el tribunal tiene que considerar las variaciones en las tasas de interés durante los distintos semestres.[34]

§ 5915. Derecho de reversión

Los bienes que hayan sido objeto de una expropiación consumada que dejaren de ser de utilidad pública—entiéndase de cualquier utilidad para el Estado o sus instrumentalidades—pueden reclamarse por el derecho preferente de reversión que corresponde a los dueños que fueron expropiados o sus causahabientes. También podrán reclamarse los daños ocasionados por la expropiación.[35]

---

[33] 32 L.P.R.A. sec. 2911.
[34] *ACT v. Mercado de Wilson*, 2008 T.S.P.R. 4.
[35] 32 L.P.R.A. sec. 2910.

CAPITULO 60: SENTENCIAS DECLARATORIAS

§ 6001. Concepto

La sentencia declaratoria es aquella que se dicta en un proceso en el cual los hechos alegados demuestran que existe una controversia sustancial entre partes que tienen intereses legales adversos, sin que medie lesión previa de los mismos con el propósito de disipar la incertidumbre jurídica y contribuir a la paz social.

Se trata de un remedio procesal incorporado formalmente a nuestro sistema de procedimiento civil mediante la derogada Ley Núm. 47 de 25 de abril de 1931 (32 L.P.R.A. secs. 2991-3006). Posteriormente, esta ley se convirtió en la vigente R. 59 que trata sobre sentencias declaratorias.

La ley ha dado lugar a una copiosa jurisprudencia y tan recientemente como en el caso de *Asociación de Vecinos Villa Caparra, Inc. v. Iglesia Católica,*[1] el TS ha proclamado el remedio como uno de extrema utilidad; que en este caso en particular lo fue determinar la vigencia de una servidumbre en equidad previo al inicio de una obra en un solar objeto de las restricciones que imponían esas servidumbres.

La R. 59, 2009 no provee un procedimiento especial para obtener la sentencia declaratoria por lo cual el procedimiento es el prescrito por las Reglas para todas las acciones, condicionado a algunas limitaciones que sí provee la regla.

§ 6002. La R. 59, 2009 como anacronismo procesal

La R. 59, 2009 es un anacronismo procesal, limitante en sus disposiciones del proceso moderno establecido en Puerto Rico desde las Reglas de 1943.

Según señaláramos en la § 914, las reglas federales de procedimiento civil que Puerto Rico adoptó en 1943 y modificó en 1958, 1979 y 2009 descartaron totalmente el concepto de la causa de acción que implica lesión al derecho sustituyéndolo por el moderno concepto de reclamación, ampliando como indica *Moore*, la libertad del ciudadano para accionar mediante la presentación a un tribunal de un conjunto de hechos operantes que dan lugar a un derecho que los tribunales amparan.

Como también vimos en la § 913, la doctrina civilista ha elaborado la acción declarativa igual en sus efectos a los que produce la sentencia declaratoria. El TS nos dice en la opinión normativa sobre la sentencia declaratoria, *Moscoso v.*

---

[1] 117 D.P.R. 346 (1986). Ver también *Suárez Jiménez v. Comisión Estatal de Elecciones*, 163 D.P.R. 350 (2004), opinión de Hernández Denton; *Sánchez v. Secretario de Justicia*, 157 D.P.R. 360 (2002); *Anselmo García Distributors v. Sucesión Anselmo García Sori*, 153 D.P.R. 427 (2001).

Rivera, 76 D.P.R. 481 (1954), que la acción declarativa es una institución antigua en el derecho civil.

Convergen, pues, nuestra tradición civilista vigente por vía del CC y de la LEC 1886, a la fecha de la adopción de las reglas federales con la doctrina de éstas relativa a la reclamación y la entonces vigente Ley de Sentencias Declaratorias, para darle un contenido al concepto de reclamación en Puerto Rico que permite acceder a los tribunales mediante el planteamiento de hechos que demuestren que existe una controversia sustancial entre partes que tienen intereses legales adversos, sin que medie lesión previa de los mismos con el propósito de disipar la incertidumbre jurídica y contribuir a la paz social.

Esta interpretación del concepto de reclamación que existe en nuestras reglas, haría innecesaria la R. 59, 2009, como tal. Esta regla no provee procedimiento especial alguno para obtener la sentencia declaratoria limitándose a expresar que el tribunal podrá ordenar una vista rápida en un pleito de esta naturaleza, piadosa expresión ampliamente ignorada por los tribunales del país.

La eliminación de la regla sería cónsona con el principio de economía procesal que postula la R. 1, 2009. La norma de que una sentencia declaratoria no es concluyente en cuanto a cuestiones o derechos que pudieron haber sido adjudicados pero que de hecho no fueron objeto de una declaración en la referida sentencia, establecida en *Colón Padilla v. San Patricio Corp.*, 81 D.P.R. 242 (1959), cuyas raíces se hunden en toda la normativa jurisprudencial norteamericana sobre las sentencias declaratorias, cedería frente a las normas que en las reglas obligan a plantear en el mismo litigio, todas las reclamaciones que puedan tener las partes sobre los hechos en controversia so pena de renuncia o del efecto de la cosa juzgada.

Igualmente la norma de la R. 59.4, 2009, sobre la sentencia declaratoria que establece que podrán concederse remedios adicionales fundados en una sentencia o decreto declaratorio siempre que fueren necesarios o adecuados, los cuales se gestionarán mediante una solicitud dirigida a un tribunal con jurisdicción para conceder el remedio, cedería frente a la norma general de las reglas de que se concederán en un mismo proceso todos los remedios que procedan de conformidad con las alegaciones y la prueba.

También la enumeración de la R. 59.2, 2009, salvada en parte por el inciso (c) de la regla, identificando caso por caso a quiénes pueden solicitar la sentencia declaratoria, resulta una normativa obsoleta, de la cual podríamos prescindir totalmente, así como lo es también en casi su totalidad la R. 59.5, 2009, sobre las partes.[2]

Lo procedente a mi modo de ver desde el punto de vista del Legislativo, sería derogar la R. 59, 2009 en su totalidad y promulgar un nuevo artículo 2.001 para la LJ de 2003 que lea como indicamos en la Sección 401, *ante*. Esta redacción aseguraría la interpretación que entendemos corresponde al concepto de

---

[2] La única disposicion que fue eliminada luego de la revision de las Reglas del 1979 fue la R. 59.5 de 1979, sobre cuestiones de hecho, la cual era totalmente superflua.

reclamación que utilizan las reglas y viabilizaría la aplicación general de éstas al remedio que hoy se conoce como la sentencia declaratoria.

Una enmienda con el mismo propósito de eliminar unas normas arcaicas, innecesarias, limitativas y casuísticas se efectuó en la R. 3.1, 2009 al sustituir, por una norma general de carácter jurisdiccional, la R. 4.7, 1979 que proveía una serie de instancias en que se podía emplazar al demandado no domiciliado en Puerto Rico.

CAPITULO 61: RECLAMACIONES DE MENOR CUANTIA

§ 6101. Concepto

Son reclamaciones de menor cuantía las reclamaciones de sumas líquidas y exigibles que monten a la cantidad de $15,000.00 o menos.

La Regla 60 provee un procedimiento sumario para la adjudicación de estas reclamaciones. Esta regla tuvo su origen en la Ley Núm. 10 de 29 de abril de 1921 que simplificó el procedimiento en causas de menor cuantía para facilitar el acceso al proceso judicial del litigante pobre.[1] La Ley Núm. 10, *supra*, limitaba la reclamación a cobros de dinero de $100.00 o menos. A lo largo de los años, la cuantía fue aumentando hasta llegar a los $15,000.00 actuales.[2]

A mi parecer, debe ampliarse la naturaleza de las reclamaciones permisibles bajo este procedimiento de modo que puedan incluirse todo tipo de acciones que persigan condenas monetarias bajo cualquier fundamento. No obstante, siempre se debe tener presente que el demandante puede escoger el proceso ordinario si así lo desea, el demandado puede solicitar que se encauce de esa forma y el tribunal lo puede disponer *motu proprio.*

§ 6102. Demanda y Notificación-Citación

El proceso se inicia con la presentación de una demanda que debe titularse como una bajo la Regla 60.[3] La parte demandante debe presentar un proyecto de notificación-citación para que sea expedido inmediatamente por el Secretario. El demandante será responsable de diligenciar la notificación-citación, junto con copia de la demanda, dentro de los diez (10) días de ésta haberse presentado. La mejor práctica debe ser presentar el proyecto de notificación-citación conjuntamente con la demanda, igual como lo exige la R. 4.1, 2009. Aunque la

---

[1] En los Estados Unidos existen tribunales especializados en este tipo de reclamación. Se conocen como los "Small Claims Courts" y comenzaron por Massachussets y California.

[2] En la edicion anterior de esta obra habíamos señalado la necesidad de aumentar la cantidad tope de las reclamaciones que pueden procesarse mediante este procedimiento sumario de $5,000 a $15,000. El Comité Asesor de Reglas de Procedimiento Civil recomendó que debía aumentarse a $25,000, pero el TS lo redujo a $15,000, lo cual fue avalado por la Legislatura.

[3] Las secretarías de los tribunales proveen formularios para la presentación de estas demandas.

R. 60, 2009 no provee para la desestimación por incumplimiento con el término del diligenciamiento, debe tenerse presente que ello puede conllevar que el tribunal imponga sanciones y que traslade el caso al procedimiento ordinario. En este último supuesto, el tribunal debe ordenarle al demandante que presente en Secretaría los correspondientes emplazamientos, y en el caso de incumplimiento, procedería la desestimación automática conforme la R. 4.3(c), 2009. A mi parecer, el término para diligenciar el emplazamiento comienza desde que el tribunal emite la orden de que el caso se tramite bajo el procedimiento ordinario y que se expida el emplazamiento, y no desde que se presentó la demanda.

El diligenciamiento de la notificación-citación debe hacerse mediante entrega personal conforme la R. 4, 2009 o por correo certificado con acuse de recibo. La notificación-citación debe especificar la fecha señalada para la vista en su fondo, la cual no debe celebrarse más tarde de los tres meses posteriores a la presentación de la demanda, pero nunca dentro de los 15 días de haber sido notificado el demandado. Esta vista se hará sin sujeción al calendario.[4]

La notificación debe advertirle al demandado que es su deber exponer su posición con respecto a la reclamación y que si no comparece, el tribunal puede dictar sentencia en rebeldía en su contra.

Indica la R. 60, 2009 que la parte demandante podrá autorrepresentarse o comparecer mediante representación legal. En caso de autorrepresentación debe cumplirse con la R. 9.4, 2009.

En el caso de *Asociación de Residentes Colinas Metropolitanas*,[5] el TS estableció que las Reglas de Procedimiento Civil son supletorias a la Regla 60 en tanto y en cuanto no sean incompatibles con el procedimiento sumario que ésta establece. En ese caso el TS nos dice que, la contestación a la demanda y el descubrimiento de prueba así como la formulación de otras alegaciones más allá de la demanda, resultan incompatibles con el procedimiento sumario y por tanto no son aplicables.

La Regla 4.3(c) que provee el término de 120 días para diligenciar el emplazamiento y la 39.2(b) que provee para la desestimación con perjuicio por falta de movimiento, no son aplicables tampoco a este procedimiento. Esto es así porque una vez presentada la demanda, todo el procedimiento está en manos del tribunal.[6]

§ 6103. Vista

En la vista, el tribunal entenderá en todas las cuestiones litigiosas. El demandante tiene la obligación de comparecer y presentar su prueba. El demandado debe comparecer y allí mismo presentar al tribunal oralmente o por escrito sus defensas. No tiene que presentar una contestación formal. Si el

---

[4] *Asociación de Residentes Colinas Metropolitanas, Inc. v. Thillet Rivera*, 156 D.P.R. 88 (2002).

[5] *Id.*

[6] *Id.*

demandado no comparece, no opera la regla de la rebeldía dando por aceptadas todas las alegaciones bien hechas.[7] En todo caso el demandante tiene que presentar su prueba para que el tribunal dicte sentencia si en derecho procede. Si el demandante prueba que el demandado le debe alguna suma y el tribunal determina que el demandado fue debidamente notificado, se dictará sentencia conforme la R. 45, 2009.

Si el demandado no tiene una defensa sustancial o no puede refutar la prueba presentada por el demandante o no demuestra que la acción es contraria al interés de la justicia, el tribunal dictará sentencia en favor del demandante inmediatamente. *Asociación de Residentes Colinas Metropolitanas, supra.* Si se demostrare que el demandado tiene una "reclamación sustancial, o en el interés de la justicia, el tribunal podrá ordenar que el pleito se continúe tramitando bajo el procedimiento ordinario [...]" R. 60, 2009, *in fine*.

Así pues, bajo el procedimiento sumario establecido en la Regla 60 de Procedimiento Civil, el demandado no está atado a continuar con el procedimiento bajo la Regla 60 si le demuestra al tribunal que tiene alguna reclamación sustancial, o que en el interés de la justicia amerita que el caso se vea por la vía ordinaria. Aunque el caso inicialmente se haya comenzado a tramitar bajo el procedimiento sumario de la Regla 60, en etapas posteriores podrá seguirse bajo el procedimiento ordinario si el tribunal así lo determina, ya sea porque el derecho de cobro no surge claro, se necesita hacer descubrimiento de prueba, se tiene una reconvención compulsoria o se necesita añadir un tercer demandado, entre otras cosas. Cuando ocurre esta conversión, el Juez debe, luego de notificarle a las partes, seguir el curso ordinario. *Asociación de Residentes Colinas Metropolitanas, supra.*

---

7 *Id.*

CAPITULO 62: CARACTER SUPLETORIO DE LAS REGLAS PARA OTROS PROCEDIMIENTOS ESPECIALES Y RECURSOS EXTRAORDINARIOS

§ 6201. R. 53, 2009

Todos los procedimientos legales especiales tales como la declaratoria de herederos, la administración judicial de los bienes del finado, el nombramiento de tutores y defensores, la adopción, alimentos de menores, el desahucio, el arbitraje comercial, las reclamaciones laborales y otros, se gobiernan por el estatuto correspondiente y no le son de aplicación las Reglas de 2009 excepto en aquello en que éstas no resultaren incompatibles ni estuvieran en conflicto con las disposiciones de dichos estatutos (R. 53, 2009).

Igualmente los recursos extraordinarios como lo son el *quo warranto,* el auto inhibitorio o el *injunction* para retener o recobrar la posesión de bienes inmuebles, se gobiernan por sus estatutos especiales y las reglas sólo le son aplicables de igual manera que lo son para los procedimientos legales especiales

Dispone la R. 53, 2009 que la expedición de un *injunction* preliminar se regirá exclusivamente por lo dipuesto en la R. 57, 2009 y en las leyes especiales aplicables en todo caso en que el remedio principal solicitado sea un *injunction* permanente. Por lo que si dentro de un pleito cuyo objeto principal no sea la concesión de un *injunction,* se solicita una orden de hacer o desistir de hacer como remedio provisional, ello se regirá por lo dispuesto en la R. 56, 2009.

A los procedimientos de *injunction*, *mandamus*, expropiación forzosa, sentencia declaratoria y reclamaciones de menos de $15,000.00 sí le aplican las reglas en cuanto no sean incompatibles con estos procedimientos. (R. 53, 2009).

PARTE 16

LA EJECUCION DE LA SENTENCIA

CAPITULO 63: LA EJECUCION DE LA SENTENCIA

§ 6301. Concepto

Como se ha dicho anteriormente, la sentencia es el producto terminado del proceso. Pero esto no significa que el trámite procesal llegue a su fin con ella. Aunque algunas sentencias no requieren trámite ulterior alguno para que sus pronunciamientos cobren eficacia jurídica,[1] la mayoría de las sentencias sólo representan la declaración judicial de una obligación y se hace necesario a falta del cumplimiento voluntario por la parte obligada por la sentencia, recurrir a trámites posteriores para hacer efectiva la misma.

Es a estos trámites coactivos encaminados a traducir en realidad concreta los términos de la parte dispositiva de la sentencia a los cuales nos referimos como la ejecución de la sentencia. Se trata de una ejecución forzosa.

La R. 51, 2009, se ocupa de esta materia. Esta regla no sólo reglamenta la ejecución entre las partes que lo fueron en el proceso que dio lugar a la sentencia, sino que también instrumenta procesos de ejecución de carácter sumario en favor de licitadores que participan en el proceso de ejecución.

---

[1] Son éstas las dictadas en acciones constitutivas o declarativas, según dejamos expuesto en la sec. 913, *ante*.

§ 6302. Proceso de Exequátur y la ejecución de sentencias de tribunales de los estados de la Unión o de países extranjeros

Las sentencias de los tribunales de los estados de la Unión norteamericana y de países extranjeros son ejecutables por los tribunales del Estado Libre Asociado siguiendo el mismo procedimiento prescrito para la ejecución de las sentencias de estos últimos. (R. 55.6, 2009)

Para proceder a ello, debe tramitarse en el TPI un proceso para convalidar y reconocer judicialmente la sentencia llamado exequátur. Su trámite puede ser *ex parte* u ordinario. (R. 55.1, 2009)

Si es *ex parte*, la parte promovente debe presentar ante el TPI una solicitud suscrita bajo juramento por todas las partes afectadas por la sentencia, y si es bajo el procedimiento ordinario, precisa instar una demanda contra todas las personas afectadas ante el TPI para la ejecución de la sentencia extranjera.[2]

Cuando la sentencia tenga el efecto de afectar intereses de menores o incapaces, la parte promovente debe incluir en la demanda o en la solicitud *ex parte* al padre y madre con patria potestad o al tutor del menor o incapaz. (R. 55.2, 2009)

La demanda o solicitud *ex parte* debe acompañarse de copia certificada, legible y completa de la sentencia, en cumplimiento con las Reglas de Evidencia y, en caso de ésta no estar redactada en el idioma español o ingles, una traducción fiel y exacta al español. (R. 55.3, 2009)

La demanda debe diligenciarse conforme lo dispone la R. 4, 2009 y también, de conformidad con las situaciones particulares de cada caso, notificarse con copia de la demanda o de la solicitud *ex parte* a algunos funcionarios públicos. Cuando la sentencia afecte intereses de menores o incapaces debe notificarse al Procurador de Asuntos de Familia y cuando se trate de un asunto de máximo interés público, al Secretario de Justicia para que pueda comparecer en representación del Estado Libre Asociado. En el caso de que eventualmente se interese la inscripción en el Registro de la Propiedad de las sentencias a las que se refiere el Art. 45 de la Ley Hipotecaria (30 L.P.R.A. sec. 2208), se debe notificar al Ministerio Público.

Si se trata de una sentencia[3] de un estado de la Unión—presuntamente amparada por la legislación del Congreso de Estados Unidos, requiriendo que se le conceda entera fe y crédito[4]—el demandado podrá oponer sólo defensas que vicien la sentencia en su origen como la falta de jurisdicción sobre la persona o la materia y el fraude; y que se haya observado el debido proceso de ley. Si de una

---

[2] *Roseberry v. Registrador de Propiedad*, 114 D.P.R. 743 (1983); *Efectos Litográficos C.A. v. National Paper & Type Co.*, 112 D.P.R. 389 (1982); *Márquez Estrella, Ex parte*, 128 D.P.R. 243 (1991).

[3] El procedimiento de exequátur no puede ser utilizado para poner en vigor una orden administrativa de una corporación estatal de un Estado de los EU. *Toro Avilés, v. Puerto Rico Telephone Company*, 2009 T.S.P.R. 163.

[4] 28 U.S.C.A. § 1738.

sentencia de un tribunal de un país extranjero, las defensas podrán ser además de las anteriores, las siguientes: vicios del debido proceso de ley, incompetencia del tribunal que dictó la sentencia, disconformidad con nuestro orden público o el del país donde se dictó la sentencia, o la prevalencia de parcialidad y prejuicio contra el extranjero en los tribunales de dicho país.[5] (Véase R. 55.5, 2009)

La propiedad de un emplazamiento de un residente de Puerto Rico en un pleito que se inicia en un país extranjero se determina en virtud de las disposiciones del Convenio de la Haya de 1965 del cual los Estados Unidos es signatario. El tratado requiere que Estados Unidos designe una autoridad central para recibir emplazamientos y Estados Unidos ha designado a su Departamento de Justicia quien debe diligenciar los emplazamientos conforme a las Reglas Federales de Procedimiento Civil.[6]

§ 6303. Cuándo procede la ejecución de una sentencia

Las obligaciones que surgen de una sentencia no son exigibles hasta tanto la misma se registra y se convierte en final, firme y ejecutoria.[7]

La R. 51.1, 2009, dispone que una vez que la sentencia se convierte en ejecutoria, la parte a cuyo favor se dicte, tiene un término de cinco (5) años para comenzar los trámites de la ejecución. Transcurrido este término, la sentencia sólo puede ejecutarse mediante autorización del tribunal previa notificación a todas las partes. La autorización del tribunal es de carácter discrecional y depende de la justificación que presente el promovente de la ejecución para establecer el por qué no se llevó a cabo la misma dentro del plazo de cinco años.[8]

Si se suspende la ejecución de la sentencia por razón de alguna orden o sentencia del tribunal, o por efecto de ley, el término por el cual dure la suspensión se excluirá del cómputo del término de 5 años.

De los términos de la R. 51.1, 2009, se desprende que los escritos relativos a la ejecución de la sentencia no tienen que ser notificados a las demás partes en el caso, si la ejecución se lleva a cabo durante el mencionado término de 5 años.[9]

Las estipulaciones transaccionales aprobadas por el tribunal como, por ejemplo, las relativas a la liquidación de bienes en un pleito de divorcio, son exigibles mediante el procedimiento de ejecución de sentencia previsto en la R. 51, sin que sea menester instar acción independiente.[10]

---

[5] *Roseberry v. Registrador de Propiedad, supra*; *Efectos Litográficos C.A. v. National Paper & Type Co., supra.*

[6] *Mench Fleck v. Mangual González*, 161 D.P.R. 851 (2004).

[7] Estos términos se explican en el Capítulo 41 relativo a las sentencias. Véase § 4106.

[8] *Igaravídez López v. Ricci Asencio*, 147 D.P.R. 1 (1998); *Banco Territorial y Agrícola de P.R. v. Marcial*, 44 D.P.R. 129 (1932).

[9] *Avilés Vega v. Torres*, 97 D.P.R. 144 (1969).

[10] *Igaravídez López v. Ricci Asencio, supra.*

§ 6304. Contra quién procede la ejecución

La ejecución forzosa de una sentencia procede contra las partes obligadas por la misma y aquéllos con vínculos obligacionales de carácter solidario con dichas partes. Dicha ejecución puede alcanzar la persona y el patrimonio, según normas que veremos más adelante.

Los bienes de las sociedades gananciales no pueden ser objeto de ejecución en un pleito contra uno de los cónyuges. Para que lo sean, es menester incluir al otro cónyuge en el proceso de ejecución.[11]

§ 6305. Bienes sujetos a la ejecución

En el Capítulo 14 de esta obra sobre el aseguramiento de sentencia, tratamos sobre los bienes inembargables en la § 1409. Las normas aplicables a éstos son igualmente aplicables a la ejecución de la sentencia. No puede ser objeto del procedimiento de ejecución de una sentencia un bien que la ley declara inembargable. "Vale la pena repetir aquí lo señalado en dicha Sección en cuanto a las disposiciones de la Ley de Hogar Seguro de Puerto Rico. Con alguna honrosa excepción en dicha ley, resulta vergonzoso para el sentido de justicia social del país el contenido del concepto del hogar seguro de la misma que refleja la sociedad pobre y agrícola de principios de siglo y poco tiene que ver con la sociedad puertorriqueña de hoy en día y la dinámica de nuestra economía."

Luego de haber consignado las expresiones anteriores en la tercera edición de este libro, vimos con satisfacción que la Asamblea Legislativa aumentó a $15,000.00 la protección del hogar seguro. (Ley Núm. 116 de 2 de mayo de 2003).

§ 6306. Deposiciones para descubrir los bienes del deudor

El acreedor declarado tal por la sentencia o su cesionario podrá en auxilio de la sentencia o de su ejecución, interrogar a cualquier persona incluyendo al deudor declarado tal en la sentencia de acuerdo con lo dispuesto en las reglas para la toma de deposiciones (R. 51.4, 2009).

Bajo dichas reglas, es viable el *subpoena duces tecum* para requerir la documentación necesaria sobre el estado de situación de los negocios, títulos, y otros documentos de utilidad para identificar los bienes de un deudor por sentencia.

§ 6306a. El Registro de Sentencias

La sentencia final y firme se convierte en un gravamen sobre los bienes inmuebles del demandado anotándola en el Registro de Sentencias que lleva el Registrador de la Propiedad. (Ver Sec. 1412a, *ante*)

---

[11] *Cruz Viera v. Registrador de la Propiedad*, 118 D.P.R. 911 (1987); *Rosario Toledo v. Distribuidora Kikuet*, 151 D.P.R. 634 (2000).

§ 6306b. Las sentencias, resoluciones y órdenes equivalen al mandamiento

Ha sido la práctica y así lo requieren varias reglas, que para hacer cumplir a través del alguacil las sentencias, resoluciones u órdenes del tribunal, el Secretario expida lo que se conoce como un mandamiento dirigido al alguacil para que lleve a cabo la diligencia judicial que consiste en ejecutar la disposición del tribunal. Con miras a acelerar el proceso, la R. 65.2(b), 2009 provee que "[c]uando estas reglas o cualquier ley especial requiera que el Secretario o Secretaria expida un mandamiento a base de una orden judicial, bastará con la expedición de una copia certificada de dicha orden. La orden así expedida tendrá todos los efectos legales del mandamiento". En virtud de esta regla la parte a cuyo favor se expide la sentencia, resolución u orden tiene la alternativa de solicitar el mandamiento o una copia certificada de la sentencia, resolución u orden para proceder a la ejecución de la misma.

Para que surta sus efectos legales un mandamiento por ser una diligencia judicial tiene que expedirse a nombre de "Estados Unidos de America SS el Presidente de los Estados Unidos."[12] Debe entenderse que este es uno de los efectos legales que la certificación tendrá conforme a la R. 65.2(b), 2009 que establece que la orden así expedida tendrá todos los efectos legales del mandamiento.

En las secciones siguientes se debe tener presente que cuando hacemos referencia a un mandamiento éste puede sustituirse por una copia certificada de la sentencia, resolución u orden.

§ 6307. Procedimientos ejecutivos—Sentencias en cobro de dinero

Los procedimientos de ejecución varían a tenor con la naturaleza de la obligación que dimana de la sentencia.

El trámite de ejecución de la sentencia que condena al pago de una suma de dinero comienza mediante la expedición de un mandamiento de ejecución por el secretario. La R. 51.2, 2009, no requiere una orden del tribunal para la expedición del mandamiento, por lo cual, éste puede ser solicitado mediante escrito dirigido al secretario. (Véase R. 65.2, 2009). La práctica usual, sin embargo, es que se presenta una moción al tribunal para que éste a su vez ordene al secretario que expida el mandamiento.

El mandamiento deberá especificar los términos de la sentencia y la cantidad pendiente de pago.

Librado el mandamiento al alguacil, éste lo diligencia incautándose de fondos pertenecientes al deudor por sentencia o embargando sus bienes muebles o inmuebles. Los fondos o bienes que serán objeto de la ejecución le son señalados al alguacil por la parte promovente mediante un escrito dirigido a éste y denominado "Señalamiento de Bienes." Esta parte puede señalar indistintamente bienes muebles o inmuebles, o ambos. Si el valor de los bienes incautados

---

[12] Sec. 10 de la Ley de Relaciones Federales.

excediera la cantidad adeudada en virtud de la sentencia con sus intereses, el deudor tendrá el derecho de señalar al alguacil la parte de sus bienes que sea suficiente para cubrir el importe de la sentencia y de las costas devengadas (R. 51.5, 2009).[13]

Si se embargan bienes se venderán los mismos por el alguacil a través de una venta judicial. La forma de llevarla a cabo está prevista en la R. 51.7, 2009, la cual se discutirá más adelante.

El procedimiento que se explica en esta sección aplica también al cobro de las costas.[14]

Una orden en ejecución de sentencia que tiene el efecto de obligar al Estado a descontar de cada paga quincenal de un empleado público de determinada cantidad para pagarle a un tercero, tiene el efecto de convertir al Estado en agente cobrador del demandante por lo cual no tiene validez alguna aunque el empleado público haya consentido al descuento.[15] Sin embargo, en el caso de pensiones de alimentos de menores, la retención está expresamente autorizada por ley.[16]

En todo caso de ejecución, incluyendo aquellos en que se llevare a cabo una venta judicial, la cual se explicará en adelante, el alguacil entregará al secretario el mandamiento debidamente diligenciado y cualquier sobrante que tenga en su poder dentro del término de 15 días a partir de la fecha en que se llevare a cabo la ejecución (R. 51.2, 2009).

Como regla general no puede utilizarse el desacato para hacer efectiva una sentencia en cobro de dinero. Sin embargo, esto puede hacerse en el caso de pensiones alimenticias para menores.[17]

Ahora bien, el mero hecho de que la obligación por sentencia tenga su génesis en las relaciones familiares, no es suficiente para acudir al desacato.[18]

§ 6308. —Sentencias para realizar actos específicos

En el caso de que una sentencia ordene a una parte a realizar un acto específico—por ejemplo, transferir el dominio de una propiedad, otorgar una escritura, demoler o construir una estructura—si dicha parte no cumple con lo ordenado dentro del término que fija para ello la sentencia, el tribunal podrá ordenar a otra persona que realice el acto específico de que se trate. Una vez realizado el acto, tendrá el mismo efecto que si hubiera sido efectuado por la

---

[13] El mandamiento de ejecución de una sentencia obtenida bajo el procedimiento sumario dispuesto por la R. 60, 2009 no podrá hacerse efectivo en sábado, domingo, días feriados o fuera de horas laborables, salvo si se demostrare necesidad imperiosa.

[14] Véase el Capítulo 42 sobre las costas.

[15] *Torres Santa v. Benítez Roldán*, 115 D.P.R. 85 (1984).

[16] 8 L.P.R.A. sec. 523.

[17] 8 L.P.R.A. sec. 529. Véase *Guzmán Vega v. Piñero Piñero*, 91 D.P.R. 704 (1965).

[18] *Ex Parte Pabón Rodríguez, Díaz López*, 132 D.P.R. 898 (1993).

parte a quien se ordenó hacerlo. La realización del acto será a expensas del obligado.[19]

Si fuera necesario a solicitud de la parte con derecho al cumplimiento y previa orden del tribunal, el secretario expedirá además un mandamiento de embargo contra los bienes de la parte que incumple (R. 51.3(a), 2009).

Contempla también la R. 51.3(a), 2009, que se procese por desacato a la parte que incumple con la obligación de hacer que le impone la sentencia. Esta regla deja a discreción del tribunal la determinación de cuándo ha de imponerse una condena por desacato.

El tribunal en los casos de un traspaso de dominio puede también en virtud de la R. 51.3(a), 2009, despojar del título a la parte perdidosa a través de su sentencia, y traspasarlo a la parte victoriosa. En este caso la sentencia constituirá el título y resulta innecesario el otorgamiento de una escritura.

§ 6309. —Sentencias para la ejecución de hipotecas u otros gravámenes

La R. 51.3(b), 2009, gobierna la ejecución de la hipoteca, la prenda, y otros gravámenes por la vía ordinaria.[20]

La R. 51.3(b), 2009, establece que para la ejecución de estos gravámenes se expedirá una orden al alguacil disponiendo la venta judicial de la propiedad sujeta al gravamen para con el producto de la venta, satisfacer el crédito, sus intereses y las costas del procedimiento. Lo usual es que la venta judicial se disponga mediante el mandamiento al alguacil expedido por el secretario,[21] pero en virtud de lo dispuesto en la R. 65.2(b), 2009, una certificación de la orden equivale al mandamiento.

---

[19] R. 51.3(a), 2009; art. 1051 CC, 31 L.P.R.A. sec. 3015.

[20] *Corporación de Renovación Urbana y Vivienda (CRUV) v. Torres Pérez*, 111 D.P.R. 698 (1981); *Banco Central y Economías v. Registrador de la Propiedad de Bayamón*, 111 D.P.R. 773 (1981); *Rigores, Inc. v. Registrador de la Propiedad*, 165 D.P.R. 710 (2005). La Ley Hipotecaria y del Registro de la Propiedad de 1979 y el Reglamento General para su Ejecución contienen las disposiciones que rigen la ejecución de hipotecas por la vía sumaria. Véanse 30 L.P.R.A. secs. 2701 *et seq.*, y Reglamento Núm. 2674 de 9 de julio de 1980, arts. 181.1 *et seq.*

Véanse, también, las disposiciones respecto a ejecución de gravámenes prendarios, Código Civil, Art. 1771 (31 L.P.R.A. sec. 5030).

[21] La regla en cuestión adolece de un defecto de redacción que, sin duda, se debe a su origen. Dice la regla que la orden dispondrá que la propiedad sujeta al gravamen será vendida "en la forma prescrita por ley para la venta de propiedad bajo ejecución." El lenguaje citado proviene del Art. 1 de la Ley de 9 de marzo de 1905, pág. 185 (32 L.P.R.A. sec. 1142), el cual la actual Regla 51.3(b) sustituye. Sin embargo, ya que la Regla 51.7 dispone la forma para la venta de propiedad bajo ejecución hubiese sido más preciso sustituir el lenguaje utilizado con la frase "en la forma prescrita por la Regla 51.7".

No es indispensable el embargo de un inmueble objeto de una ejecución de hipoteca para proceder a la misma.[22]

En toda ejecución de hipoteca por la vía ordinaria es preciso incluir al titular registral de la propiedad como demandado.[23]

El art. 201 de la Ley Hipotecaria, 30 L.P.R.A. sec. 2701, establece que en los casos en que el acreedor hipotecario elija la vía judicial ordinaria para el cobro de su crédito, le es aplicable[24] al proceso a seguir una serie de artículos de la Ley Hipotecaria, a saber: el art. 202, 30 L.P.R.A. sec. 2702, sobre jurisdicción y competencia; los incisos V y VI del art. 207, 30 L.P.R.A. sec. 2707 sobre documentos que se acompañarán al escrito inicial; el art. 220, 30 L.P.R.A. sec. 2720, sobre el edicto de subasta, contenido y advertencias a los acreedores que tengan escritos o anotados sus derechos sobre los bienes hipotecados con posterioridad a la inscripción del crédito del ejecutante, etc.; el art. 221, 30 L.P.R.A. sec. 2721 sobre el día, hora y sitio de la subasta y los tipos para la primera y siguientes subastas;[25] el art. 222, 30 L.P.R.A. sec. 2722, sobre quiénes pueden y no pueden ser postores y los procedimientos para la subasta; el art. 223, 30 L.P.R.A. sec. 2723, proveyendo reglas adicionales para la misma; el art. 224, 30 L.P.R.A. sec. 2724, sobre el procedimiento relativo a los acreedores posteriores no notificados; el art. 226, 30 L.P.R.A. sec. 2726, sobre la disposición del precio del remate; el art. 227, 30 L.P.R.A. sec. 2727, sobre el procedimiento a seguir en el caso de que la finca pasare a manos de un tercer poseedor; el art. 228, 30 L.P.R.A. sec. 2728, sobre el procedimiento a seguir en caso de falta de pago de plazos; el art. 229, 30 L.P.R.A. sec. 2729, sobre las normas y condiciones en la orden o edicto de subasta y las personas afectadas; el art. 231, 30 L.P.R.A. sec. 2731, sobre cancelación de asientos; el art. 232, 30 L.P.R.A. sec. 2732, sobre el derecho de "hogar seguro"; y el art. 234, 30 L.P.R.A. sec. 2734, sobre la administración interina de los bienes.

De los anteriores artículos de la Ley Hipotecaria, amerita un comentario especial el art. 220, 30 L.P.R.A. sec. 2720, el cual se ocupa del edicto anunciando la celebración de la subasta. El contenido de este edicto difiere de y prevalece sobre las disposiciones de la R. 51.7, 2009, que trata sobre el aviso de venta. El cumplimiento con lo dispuesto en él es el medio para notificar a los acreedores con gravámenes posteriores a la hipoteca en ejecución de modo que pueda procederse legalmente a la cancelación de los mismos.

El edicto expresará que los autos y todos los documentos correspondientes al procedimiento incoado estarán de manifiesto en la secretaría del tribunal durante las horas laborables y especificará el montante de cada carga anterior o preferente a la hipoteca en ejecución, el nombre o nombres de sus titulares y la fecha o

---

[22] *Font Mauri v. Rosales Cueli*, 42 D.P.R. 627 (1931).

[23] *Rigores, Inc. v. Registrador de la Propiedad*, 165 D.P.R. 710 (2005).

[24] Véase *Arroyo v. Ortiz y Franco*, 133 D.P.R. 62 (1993).

[25] *Ponce Federal Savings & Loan Ass'n v. Gómez Monagas*, 108 D.P.R. 585 (1979); *In re González Maldonado*, 152 D.P.R. 871 (2000).

fechas de vencimiento, si figuran en la certificación del registro que se acompañó al escrito inicial.

El edicto expresará que se entenderá que todo licitador acepta como bastante la titulación y que las cargas y gravámenes anteriores y los preferentes al crédito del ejecutante, continuarán subsistentes entendiéndose que el demandante los acepta y queda subrogado en la responsabilidad de los mismos, sin destinarse a su extinción el precio del remate.

El edicto expondrá, además, la descripción de los bienes o derechos reales objeto de subastas, el precio mínimo del remate y los restantes detalles complementarios sobre la subasta, así como señalará el día, hora y sitio en que se efectuará el remate.

Finalmente, el edicto hará saber la subasta a los acreedores que tengan inscritos o anotados sus derechos sobre los bienes hipotecados con posterioridad a la inscripción del crédito del ejecutante, o acreedores de cargas o derechos reales que los hubiesen pospuesto a la hipoteca que se ejecuta y a los dueños, poseedores, tenedores o interesados en, títulos transmisibles por endoso o al portador garantizados hipotecariamente con posterioridad al crédito del demandante y los cuales no sean parte en el proceso, para que puedan concurrir a la subasta si les conviniere o satisfacer antes del remate el importe del crédito, de sus intereses, costas y honorarios de abogados asegurados por la hipoteca, quedando entonces subrogados en los derechos del acreedor ejecutante.

Si se ejecuta un gravamen hipotecario sobre una finca sujeta a gravámenes posteriores y la suma producida en la subasta no supera el crédito objeto de ejecución, no quedando por consiguiente, cantidad alguna para cubrir los créditos posteriores, debe obtenerse un mandamiento judicial expedido por el juez—no por el secretario—para la cancelación de los gravámenes posteriores.[26]

Si la ejecución de la finca hipotecada no produce suficiente para responder el monto de la deuda, el alguacil procederá a recuperar el resto del dinero o remanente del importe de la sentencia sobre cualquiera otra propiedad del demandado como en el caso de cualquiera otra ejecución ordinaria.[27]

§ 6310. —La venta judicial

Como hemos visto, el procedimiento de ejecución en casos en que la sentencia ordena al pago de sumas de dinero, puede requerir la venta judicial de propiedad perteneciente al deudor por sentencia. La R. 51.7, 2009, establece el procedimiento en tales casos que ha de cumplirse rigurosamente so pena de nulidad de la venta judicial. En los casos de ejecución de hipoteca, además de las normas que en adelante expondremos, tienen que observarse las disposiciones de la Ley Hipotecaria señaladas en la sección anterior. Las disposiciones de esta regla gobiernan también la venta judicial a que dé lugar la acción para la

---

[26] 30 L.P.R.A. sec. 2731.
[27] R. 51.3(b), 2009.

partición o división de una propiedad poseída en común cuando uno de los coherederos o condominios se niega a vender. En estos casos que pueden ser *ex parte* las disposiciones de la R. 51.7, 2009, se tienen que interpretar con flexibilidad para aplicarlas.

La venta judicial supone que hay bienes del deudor sujetos a custodia judicial (por embargo) o sujetos a gravámenes voluntarios (hipoteca, etc.). Los pasos que han de seguirse para la venta son:

(1) El alguacil expedirá un aviso de venta escrito con el siguiente contenido:

(a) Una descripción adecuada de los bienes a ser vendidos.

(b) Una relación sucinta de los términos de la sentencia a ser satisfecha (se refiere a las cantidades a ser pagadas a la parte a cuyo favor se dictó la sentencia).

(c) El sitio donde se habrá de celebrar la venta judicial. Cumple con este requisito la mera mención que aparece en el epígrafe del aviso de venta respecto al tribunal y la sala en que se efectúan los procedimientos, sin que sea fatal el que no se observe la mejor práctica, que es decir, que la venta se efectuará en la oficina del alguacil que es donde usualmente se lleva a cabo.[28]

(d) La fecha y hora en que se celebrará la venta judicial.[29]

(2) Publicación del aviso de venta: El aviso de venta debe publicarse de la siguiente manera:

(a) Colocándose visiblemente por espacio de dos semanas en tres sitios públicos del municipio donde se ha de celebrar la subasta,[30] y

(b) publicándose dos veces en un diario de circulación general en el Estado Libre Asociado de Puerto Rico—*Corporación de Renovación Urbana y Vivienda (CRUV) v. Registrador de la Propiedad*, 117 D.P.R. 662 (1986)—por espacio de dos semanas consecutivas con un intervalo de siete días entre ambas publicaciones.

(3) Copia del aviso será enviada al deudor por sentencia y a su abogado por correo certificado con acuse de recibo dentro de los cinco (5) días de publicado el primer edicto, si éste no ha comparecido se hará por correo certificado con acuse de recibo a su última dirección conocida.[31]

---

[28] *Dapena Quiñones v. Urrutia, Vda. de Del Valle*, 109 D.P.R. 138 (1979).

[29] La R. 51.7(b), 2009, dispone que la subasta se verificará entre las 9:00 de la mañana y las 5:00 de la tarde, pero omite mencionar si debe celebrarse en día laborable. Entendemos que esa omisión queda subsanada por las disposiciones de la R. 12 de las de Administración del Tribunal de Primera Instancia, que establece los días de labor de los funcionarios judiciales.

[30] La R. 51.7, 2009, sugiere, a modo de ejemplo, la alcaldía, el tribunal y la colecturía.

[31] *R&G Mortgage Corp. v. Sustache Rivera*, 163 D.P.R. 491 (2004); *Lincoln Savings Bank v. Figueroa Ramírez*, 124 D.P.R. 388 (1989).

Basta incluir como documento complementario, copia de los sobres en que se le notificó al deudor hipotecario de la venta judicial, a los fines de probar este requisito ante el Registrador de la Propiedad para la incripción de la escritura. *BL Investment, Inc. v. Registrador de la Propiedad*, 2008 T.S.P.R. 89.

Con permiso del tribunal, a solicitud de parte, podrá reducirse el término de publicación si los bienes objeto de venta son susceptibles a deterioro.

Nótese que el lenguaje de la R. 51.7, 2009, implica que la preparación del aviso de venta y su publicación deben ser hechas por el alguacil. En la práctica esto queda a cargo de la parte promovente y el alguacil se limita a exigir, previo el comienzo de la subasta, que se acredite que se ha dado cumplimiento a los requisitos contenidos en la regla. La acreditación se hace mediante declaraciones juradas de la persona que fijó los avisos en los sitios públicos o certificación del alguacil si éste lo llevó a cabo y de un oficial del periódico donde se hizo la publicación. Los requisitos para efectuar la venta tienen que cumplirse estrictamente so pena de nulidad de la venta según dispone la R. 51.7, 2009.

(4) Celebración de la Subasta: La R. 51.7(b) dispone que toda venta de bienes en cumplimiento de una orden de ejecución deberá hacerse por subasta al mejor postor,[32] la cual podrá celebrarse (14) catorce días después de publicado el primer edicto.

En la celebración de la subasta el alguacil se regirá por las siguientes normas:

(a) La subasta comenzará a la hora fijada en el aviso de venta.

(b) Sólo se podrán vender bienes suficientes para cubrir las cantidades dispuestas en el mandamiento de ejecución.

(c) Cuando la venta sea de propiedad mueble, susceptible de entrega manual, la misma deberá estar a la vista de los postores, y venderse por lotes que tengan probabilidad de alcanzar los precios más elevados.

(d) Cuando la venta sea de propiedad inmueble consistente en varias parcelas o lotes conocidos, deberán venderse separadamente.

(e) Si alguna porción de una propiedad inmueble fuere reclamada por tercera persona y ésta exigiera que dicha porción se venda separadamente, deberá venderse en la forma exigida.

(f) El deudor por sentencia podrá determinar el orden para la venta de las propiedades cuando se componga de objetos que puedan venderse con ventaja separadamente.

(g) Verificada la venta, el alguacil levantará un acta por escrito describiendo lo acontecido durante la subasta y la adjudicación en venta al mejor postor.

(h) El comprador pagará el importe de la venta en dinero en efectivo o en cheque certificado a la orden del alguacil.[33]

(i) Si un comprador se niega a pagar el importe de su postura por bienes que se le adjudiquen, el alguacil podrá, en cualquier tiempo, vender otra vez la

---

[32] En subastas celebradas en ejecución de hipotecas rige un tipo mínimo para la subasta fijado en la escritura de hipoteca. *Ponce Federal Savings & Loan Ass'n v. Gómez Monagas*, 108 D.P.R. 585 (1979); *In re González Maldonado*, 152 D.P.R. 871 (2000).

[33] La regla dispone que en casos extraordinarios podrá ordenarse cualquier otra forma de pago. No se establece quiénes podrán solicitar que se determine que un caso es "extraordinario" ni cuáles son los criterios a utilizarse para hacer tal determinación.

propiedad al mejor postor;[34] el comprador que incumple su obligación de pagar será responsable a la parte afectada[35] de cualquier pérdida que resulte y, a su discreción, el alguacil podrá rechazar cualquier otra postura que hiciere.

(j) Pagado el precio, el alguacil entregará los bienes al comprador si se tratare de bienes muebles, y si éste así lo solicita, le entregará también una copia certificada del acta de subasta, que constituirá evidencia del título del comprador. Si se trata de propiedad inmueble el alguacil otorgará escritura pública a favor del comprador ante el notario que éste seleccione. Los gastos del otorgamiento serán a cargo del comprador. Dicho otorgamiento constituye la transferencia real del dominio del inmueble.

(k) La posesión de un inmueble vendido en pública subasta, bien por ejecución de hipoteca o de cualquier otra acción por la vía ordinaria, se adquiere mediante la orden del tribunal para que se celebre la venta judicial la cual equivale a un auto disponiendo la entrega física de la posesión—así debe hacerse constar por el tribunal—para que el alguacil ponga en posesión de la propiedad al comprador dentro de un plazo de 20 días desde la fecha de la subasta o venta.

Un tercer poseedor que no haya sido parte en el procedimiento, no se afecta en sus derechos (R. 51.3(a), 2009).

(4) El art. 222 de la Ley Hipotecaria, 30 L.P.R.A. sec. 2722, prohíbe que el alguacil que celebre la subasta o su auxiliar o las personas incluidas en el art. 1348 del CC, 31 L.P.R.A. sec. 3773: tutores, mandatarios, albaceas, empleados públicos, respecto bienes del Estado o municipios, y abogados, interviniendo en el proceso, puedan ser postores en una subasta.

(5) Irregularidades en el procedimiento de venta judicial: El comprador de alguna propiedad vendida judicialmente por un alguacil que dejara de obtener la posesión de la misma a causa de irregularidades en los procedimientos relativos a la venta que produzcan su nulidad, o porque la propiedad vendida no estuviere sujeta a ejecución y venta, podrá solicitar del tribunal, mediante moción y notificación, el remedio que más le favorezca de los dispuestos en la R. 51.8, 2009. El tribunal, a instancia de la parte interesada y previa notificación a todos los interesados, y celebración de vista deberá: a) ordenar y expedir mandamiento contra el acreedor por sentencia por la suma recibida de la ejecución, más el interés legal vigente computados a partir del recibo y hasta la fecha de devolución; o, b) que se reitere la sentencia que dio origen a la subasta a nombre del comprador por la cantidad pagada por él en la venta judicial, con intereses desde la fecha del pago al mismo tipo que el consignado en la sentencia. La sentencia así renovada tendrá la misma fuerza y efecto que la sentencia original desde la fecha de la reiteración. Cuando se trate de ejecución parcial, el derecho

---

[34] Aunque la regla no lo aclara, una venta subsiguiente debe regirse por las mismas normas relativas a la expedición y publicación de avisos de venta.

[35] La parte afectada puede ser tanto el acreedor como el deudor por sentencia.

al recobro del comprador sobre el acreedor por sentencia original tendrá prelación y será prioritario.

§ 6311. —La sindicatura o la monitoría

En algunos casos el poner en efecto la parte dispositiva de una sentencia puede ofrecer grandes complejidades. Tomando por ejemplo la disolución de una sociedad o de una corporación ordenada en sentencia, puede ser necesario para la protección de las partes, e incluso de terceras personas interesadas, que se nombre a una persona que se haga cargo de la entidad para lograr una disolución ordenada sin que se ocasione perjuicio innecesario a los interesados. Para situaciones de esta naturaleza se puede solicitar del tribunal, y éste disponerlo *motu proprio*, la designación de un síndico o monitor cuyas funciones serán aquellas que el tribunal le confiera, encaminadas a lograr la ejecución de la sentencia en la forma más adecuada.[36]

La autoridad del tribunal para nombrar un síndico o monitor en la fase de la ejecución de la sentencia está implícita en la R. 51.3, 2009, que contempla la posibilidad de que participe en la ejecución de una sentencia una tercera persona designada por el tribunal para actuar en nombre del deudor por sentencia. Aunque la situación a que se refiere la R. 51.3, 2009, no es precisamente una de las situaciones que necesariamente justificarían el nombramiento de un síndico, el reconocimiento del poder del tribunal de designar personas para colaborar en la ejecución de la sentencia que aparece en dicha regla pudiera tomarse como autoridad suficiente para nombrar un síndico. El nombramiento de un síndico para auxiliar en la ejecución de la sentencia no ha sido discutido ampliamente por nuestros tribunales, aunque en el caso de *Mercado Riera v. Mercado Riera*, 100 D.P.R. 940 (1972), se menciona de pasada la existencia de un síndico en estas funciones; aunque pudiera decirse que la R. 51, 2009, no dispone expresamente para el nombramiento de un síndico en la fase de ejecución de la sentencia, la autoridad del tribunal para nombrarlo surgiría de su facultad inherente de hacer efectiva las sentencias que dicta, la cual ha sido tratada previamente en la Sec. 403 de este libro.[37]

También puede derivarse esta facultad de las disposiciones de la R. 56, 2009, que dispone sobre los remedios provisionales. Esta regla establece que los remedios pueden concederse antes o después de sentencia para asegurar la efectividad de la sentencia. No vemos razón alguna para que la sindicatura, que es una de las medidas allí contempladas, no puede aplicarse a la fase ejecutiva de la sentencia, pues en definitiva la misma no queda completamente asegurada hasta su total cumplimiento.

---

[36] Véase *Municipio de Ponce v. Autoridad de Carreteras*, 153 D.P.R. 1 (2000).

[37] Para el caso específico de las liquidación de corporaciones, la Ley General de Corporaciones, 2009, contempla expresamente el nombramiento de un síndico. Véase el art. 9.09, de dicha ley. Ley Núm. 164 de 16 de diciembre de 2009, (14 L.P.R.A. sec. 3009).

Por otra parte, en casos complejos que requieren conocimientos científicos y técnicos así como destrezas generales y la evaluación de una variedad de condiciones sociales, tales como las que representan las escuelas, las prisiones y las instituciones segregadas, los tribunales federales han recurrido al uso de los monitores amparándose en las disposiciones relativas a los comisionados especiales de la R. 53 federal—R. 41, 2009—para poner en vigor sus sentencias.[38] El TS reconoció su aplicabilidad a Puerto Rico en el caso de *Noriega Rodríguez v. Hernández Colón, Gobernador*, 122 D.P.R. 650, pág. 691 (1988).

§ 6312. Mandamiento y órdenes en favor o en contra de no litigantes

En ocasiones los procedimientos de ejecución de una sentencia afectan a personas que no han sido partes en el litigio. Así, por ejemplo, el comprador de bienes en venta judicial, sin haber sido parte en el litigio que culminó con dicha ejecución, adquiere derechos sobre los bienes que puede hacer valer frente a los litigantes o terceras personas.

La R. 51.6, 2009, provee que una orden a favor de una persona que no sea parte en el pleito podrá ser puesta en vigor mediante el mismo procedimiento que podría utilizar una de las partes en el pleito. En el ejemplo previamente expuesto, el comprador de una propiedad inmueble en pública subasta puede obtener un mandamiento de lanzamiento contra la persona que ocupe la propiedad, si es parte en el pleito para adquirir la posesión de la misma, conforme a lo dispuesto en la R. 51.3, 2009.

La R. 51.6, 2009, dispone, además, que cuando una persona que no sea una parte en el pleito pueda ser obligada al cumplimiento de una orden dicha persona estará sujeta al mismo procedimiento para obligarla a cumplir la orden como si fuera una parte. Esta disposición contempla las situaciones en que una persona que no haya sido parte pueda verse afectada por un procedimiento de ejecución. Así, por ejemplo, lo estaría un sucesor en título de la parte obligada por la sentencia.

El propósito de la R. 51.6, 2009, es que todas las órdenes y mandamientos que puedan dictarse en el procedimiento de ejecución puedan hacerse efectivas a favor o en contra de todas las personas que puedan verse afectadas por las mismas.

---

[38] 9C *Wright & Miller*, sec. 2605.

APENDICE DE FORMULARIOS

APENDICE DE FORMULARIOS

(Véase las Reglas 4, 4.5, 37 y 40)

Introducción

1. Los formularios se incluyen con el propósito de ilustrar la forma y el contenido que debe tener un Emplazamiento, una Notificación de Demanda y Solicitud de Renuncia al Emplazamiento, un Informe para el Manejo del Caso y una Citación, ya que éstos son medulares al procedimiento civil ordinario.

2. En el Emplazamiento y en la Notificación de Demanda y Solicitud de Renuncia al Emplazamiento se expresará el nombre de la parte demandada que se emplaza. En los demás escritos será suficiente con indicar el nombre de la primera parte y hacer una referencia adecuada a la existencia de partes adicionales. Además, cualquier alegación, moción o escrito posterior deberá tener un encabezamiento similar al del Emplazamiento, a menos que una regla lo establezca de otra forma. En esos casos se sustituirá la palabra "Emplazamiento" por el título del escrito correspondiente.

3. Todo escrito deberá estar firmado por el(la) representante legal o por la parte cuando ésta no tenga abogado o abogada, conforme lo establece la Regla 9.1.

FORMULARIO 1

Estado Libre Asociado de Puerto Rico
Tribunal de Primera Instancia
Centro Judicial de ____________
Sala ______________

____________________	CASO NUM. ____________________
Nombre de la(s) parte(s) demandante(s)	
	SALON NUM. ____________________
v.	
____________________	
Nombre de la(s) parte(s) demandada(s)	ACCION CIVIL DE ________________ (materia o asunto)

EMPLAZAMIENTO

ESTADOS UNIDOS DE AMERICA,
EL PRESIDENTE DE LOS ESTADOS UNIDOS
EL ESTADO LIBRE ASOCIADO DE PUERTO RICO SS

A: ____
(nombre de la parte demandada que se emplaza)

POR LA PRESENTE se le emplaza para que presente al tribunal su alegación responsiva a la demanda dentro de los treinta (30) días de haber sido diligenciado este emplazamiento, excluyéndose el día del diligenciamiento, notificando copia de la misma al(a la) abogado(a) de la parte demandante o a ésta, de no tener representación legal. Si usted deja de presentar su alegación responsiva dentro del referido término, el tribunal podrá dictar sentencia en rebeldía en su contra y conceder el remedio solicitado en la demanda, o cualquier otro, si el tribunal, en el ejercicio de su sana discreción, lo entiende procedente.

____
(nombre del(de la) abogado(a) de la parte demandante, o de la parte, si no tiene representación legal)

____
(número ante el Tribunal Supremo, si es abogado(a))

____
(dirección)

____
(número de teléfono; número de fax)

____
(correo electrónico)

Expedido bajo mi firma y sello del Tribunal, hoy ____de____________de______.

______________________	______________________
Secretario(a)	Fecha
______________________	
Sub-Secretario(a)	

FORMULARIO 1

DILIGENCIAMIENTO DEL EMPLAZAMIENTO

Yo, ________________________, declaro tener capacidad legal conforme la Regla 4.3 de Procedimiento Civil de Puerto Rico, y certifico que el diligenciamiento del emplazamiento y de la demanda del caso de referencia fue realizado por mí, el __de________de_____, de la siguiente forma:

___ Mediante entrega personal a la parte demandada en la siguiente dirección física: ____.

___Accesible en la inmediata presencia de la parte demandada en la siguiente dirección física: ____.

___Dejando copia de los documentos a un(a) agente autorizado(a) por la parte demandada o designada por ley para recibir emplazamientos en la siguiente dirección física: ____.

___No se pudo diligenciar el emplazamiento personalmente debido a que ___________
____
____.

COSTOS DEL DILIGENCIAMIENTO

$__________

DECLARACION DEL(DE LA) EMPLAZADOR(A)

Declaro bajo pena de perjurio, conforme a las leyes del Estado Libre Asociado de Puerto Rico, que la información provista en el diligenciamiento del emplazamiento es verdadera y correcta.

Y PARA QUE ASI CONSTE, suscribo la presente en_____________, Puerto Rico, hoy día __ de ______ de ____.

____
(firma del(de la) emplazador(a))

____
(dirección del(de la) emplazador(a))

AFFIDAVIT NUM. ______

Jurado(a) y suscrito(a) ante mí por___________________, de las circunstancias personales anteriormente mencionadas, a quien doy fe de conocer _________________
____,
(*conocimiento personal o, en su defecto, la acreditación del medio supletorio provisto por la Ley Notarial*)

En ______________, Puerto Rico, hoy día __ de ______ de ____.

____
NOTARIO(A) PUBLICO

FORMULARIO 2

Estado Libre Asociado de Puerto Rico
Tribunal de Primera Instancia
Centro Judicial de ____________
Sala ______________

______________________________ **Nombre de la(s) parte(s) demandante(s)** **vs.** ______________________________ **Nombre de la(s) parte(s) demandada(s)**	**CASO NUM.** ____________________ **SALON NUM.**______________________ **ACCION CIVIL DE**_______________ **(materia o asunto)**

NOTIFICACION DE DEMANDA Y SOLICITUD DE RENUNCIA AL EMPLAZAMIENTO

A: ____
(nombre de la parte demandada)

Dirección: ____

Por este medio le notifico que se ha presentado una demanda en contra de usted (o de la entidad que usted representa), en el caso de epígrafe. Le acompaño copia fiel y exacta de la demanda presentada, de la cual podrá obtener todos los detalles y pormenores de la mencionada reclamación. Además, de conformidad con lo dispuesto en la Regla 4.5 de las Reglas de Procedimiento Civil de Puerto Rico, le solicito su renuncia al procedimiento para el diligenciamiento personal del emplazamiento que fue expedido a su nombre, de manera que puedan evitarse los gastos que dicho procedimiento conlleva.

De aceptar la renuncia solicitada, deberá completar y firmar el dorso de esta solicitud y devolverla en el sobre pre dirigido que se incluye, dentro de los veinte (20) días siguientes a la fecha del depósito en el correo de esta solicitud o, dentro de los treinta (30) días siguientes a esa fecha si usted se encuentra fuera de Puerto Rico.

Una vez devuelva este documento debidamente cumplimentado y firmado por usted, entonces se presentará ante el tribunal y la acción procederá como si usted hubiese sido emplazado(a) en la fecha en que aceptó la renuncia. Usted deberá contestar la demanda dentro de los treinta (30) días siguientes a la fecha en que envió el documento debidamente cumplimentado.

Si usted opta por no renunciar, entonces se procederán a realizar los trámites para emplazarlo(a) conforme lo dispuesto en la Regla 4 de las Reglas de Procedimiento Civil de Puerto Rico, y a solicitarle al tribunal que le imponga el pago de los gastos del diligenciamiento del emplazamiento dirigido a usted, incluyendo los gastos de honorarios de abogado. Sobre este asunto, favor leer la explicación que se encuentra al dorso.

Certifico haber enviado esta solicitud con una copia, con copia de la demanda y con un sobre pre dirigido, hoy _____ de____________ de _____.

____
(nombre del(de la) representante legal o de la parte que se autorrepresenta)

____
(firma del(de la) representante legal o de la parte que se autorrepresenta)

FORMULARIO 2

____
(número ante el Tribunal Supremo, del(de la) representante legal, si aplica)

____
(dirección del(de la) representante legal o de la parte que se autorrepresenta)

____
(dirección electrónica, si la tiene)

____
(número de teléfono) (número de fax)

FORMULARIO 2

RENUNCIA AL DILIGENCIAMIENTO DEL EMPLAZAMIENTO

A: ____

(nombre de la parte demandada)

Dirección: ____

Yo, ______________________________, parte demandada acuso recibo de esta Solicitud de Renuncia al Diligenciamiento del Emplazamiento y de una copia, que fueron enviadas por usted para el caso de epígrafe. También acuso recibo de copia de la demanda presentada en el caso y de un sobre pre dirigido en el cual podré devolver este documento una vez firmado, sin ningún costo.

Acepto economizar los costos del diligenciamiento del emplazamiento y del envío de una copia adicional de la demanda, por lo que renuncio al emplazamiento personal dispuesto en la Regla 4 de las Reglas de Procedimiento Civil de Puerto Rico. Sin embargo, retengo el derecho a solicitar el traslado del caso a una sala con competencia, y a presentar todas las defensas u objeciones que puedan existir sobre la causa de acción o sobre la jurisdicción del tribunal, con excepción de aquellas defensas relacionadas con defectos en el emplazamiento o en el diligenciamiento de éste. Certifico que mi renuncia es voluntaria y no como producto de coacción.

Entiendo que el tribunal podría anotar la rebeldía si no le notifico una contestación a la demanda o la correspondiente moción, dentro de los treinta (30) días del envío de este documento.

Enviada hoy ______ de ________________ de ______.

____

(firma de la parte demandada)

Deber de evitar los gastos del diligenciamiento del emplazamiento

La Regla 4.5 de las Reglas de Procedimiento Civil de Puerto Rico requiere, salvo algunas excepciones, que la parte demandada evite los gastos del diligenciamiento del emplazamiento y de la demanda. Por lo tanto, si la parte demandada no renuncia al diligenciamiento del emplazamiento luego de notificársele la acción en su contra y solicitársele dicha renuncia, entonces deberá asumir los gastos del diligenciamiento, a menos que demuestre justa causa. No constituirá justa causa para rehusarse a renunciar al diligenciamiento del emplazamiento que la parte demandada considere que la demanda carece de méritos, o que se presentó en un tribunal sin competencia o sin jurisdicción sobre la materia, la persona o la propiedad.

La parte demandada que renuncia al diligenciamiento del emplazamiento retiene todas las defensas y objeciones por lo que podrá presentarlas posteriormente, excepto aquéllas que están relacionadas con el emplazamiento o con el diligenciamiento del emplazamiento. También podrá solicitar el traslado del caso a una sala con competencia, si lo estima procedente.

La parte demandada que renuncia al diligenciamiento del emplazamiento deberá notificarle al(a la) representante legal de la parte demandante o a la parte demandante que se autorrepresenta, el correspondiente escrito contestando la demanda, y deberá presentarlo al tribunal dentro del término dispuesto en la solicitud de renuncia. Al renunciar al diligenciamiento del emplazamiento, la parte demandada podría tener un término mayor para contestar la demanda que el término que hubiese tenido de haber sido emplazada en la fecha en que recibió la solicitud de renuncia al emplazamiento. De no notificar una contestación o una moción dentro de dicho término, el tribunal podrá anotar la rebeldía y posteriormente dictar sentencia contra la parte demandada, o cualquier otro remedio, si el tribunal, en el ejercicio de su sana discreción, lo entiende procedente.

FORMULARIO 3

FORMULARIO 3

Estado Libre Asociado de Puerto Rico
Tribunal de Primera Instancia
Centro Judicial de ____________
Sala ______________

______________________________ Nombre de la Parte Demandante V. ______________________________ Nombre de la Parte Demandada	CASO NÚM.: ____________________ Salón Núm. ____________________ Acción Civil de: ____________________ Materia o Asunto

FORMULARIO DE INFORME PARA EL MANEJO DE CASO

Instrucciones:

- Favor de leer cuidadosamente el formulario y las instrucciones que aparecen en la última página. A los fines de este formulario, el concepto "documento" incluye cualquiera que esté archivado electrónicamente, cualquier compilación de información u objeto tangible.
- El Informe será presentado conjuntamente por las partes, dentro de los diez (10) días de celebrada la reunión entre los(las) abogados(as) para el manejo del caso que dispone la Regla 37.1 de las de Procedimiento Civil.
- Si durante el intervalo comprendido entre la fecha que se presentó el Informe y la fecha pautada para la Conferencia Inicial se logra resolver la(s) controversia(s) pertinente(s) al caso, favor de notificarlo inmediatamente al Tribunal.

Parte A. Información General

Indique con una "x" si las partes han seleccionado alguno de los métodos alternos de solución de conflictos existentes en la Rama Judicial.

☐ Mediación ☐ Evaluación Neutral ☐ Arbitraje ☐Otro:______________________

Parte B. Prueba Documental

1. Las partes se intercambiarán copia o descripción, por categoría y localización, de todo documento que se podría utilizar para sostener su reclamación o defensa.
   a. Documentos provistos por la parte demandante

Título o nombre del documento u objeto	Descripción
1.	
2.	
3.	
4.	
5.	
6.	
7.	
8.	

FORMULARIO 3

Caso Núm. ___________

b. Documentos provistos por la parte demandada

Título o nombre del documento u objeto	Descripción
1.	
2.	
3.	
4.	
5.	
6.	
7.	
8.	

2. De haber un contrato de seguro aplicable al caso, provea la siguiente información:

Nombre de la Compañía Aseguradora y Número de Póliza	Nombre del (de la) Asegurado(a)	Límites de Cubierta
1.		
2.		
3.		
4.		
5.		

3. Indique cualquier tipo de documentación que haya sido requerida a la(s) otra(s) parte(s) y que no haya sido entregada o no esté disponible al momento de cumplimentar este formulario.

a. Documentos requeridos por la parte demandante

Documento	Descripción	Localización
1.		
2.		
3.		
4.		
5.		

b. Documentos requeridos por la parte demandada

Documento	Descripción	Localización
1.		
2.		
3.		
4.		
5.		

FORMULARIO 3

Caso Núm. ____________

Parte C. Prueba Testifical

1. Identifique a todas las personas testigos que tiene intención de traer al juicio, incluyendo, a la(s) parte(s).

   a. Testigos de la parte demandante

Nombre de la Persona Testigo	Dirección Residencial o Postal	Hechos Sobre los que va a Testificar
1.		
2.		
3.		
4.		
5.		
6.		
7.		
8.		

   b. Testigos de la parte demandada

Nombre de la Persona Testigo	Dirección Residencial o Postal	Hechos Sobre los que va a Testificar
1.		
2.		
3.		
4.		
5.		
6.		
7.		
8.		

2. Indique los nombres de las personas peritas, incluyendo los(las) peritos(as) de ocurrencia, que se han consultado y que se propone utilizar. *(Si necesita orientación sobre ello, indíquelo aquí para que entre en materia de análisis por el tribunal durante la Conferencia Inicial.)*

   a. Personas Peritas de la parte demandante

Nombre de la Persona Perita	Indique ("x") si la Persona Perita:		Campo de Experiencia y Currículum Vitae	Indique ("x") si la persona perita rindió informe pericial		Breve Resumen de la Opinión Pericial con Expresión de las Teorías, Hechos o Argumentos
	Fue Consultada	A Consultar		Rindió	No Rindió	
1.						
2.						
3.						

FORMULARIO 3

Caso Núm. ____________

b. Personas Peritas de la parte demandada

Nombre de la Persona Perita	Indique ("x") si la Persona Perita:		Campo de Experiencia y Currículum Vitae	Indique ("x") si la persona perita rindió informe pericial		Breve Resumen de la Opinión Pericial con Expresión de las Teorías, Hechos o Argumentos
	Fue Consultada	A Consultar		Rindió	No Rindió	
1.						
2.						
3.						

Parte D. Prueba Sujeta a Descubrimiento

1. Indique el nombre, dirección y teléfono de toda persona que pueda tener información sobre prueba documental u objetos tangibles que se podría utilizar para sostener su reclamación o sus defensas.

a. Parte demandante

Nombre	Dirección	Teléfono
1.		
2.		
3.		
4.		
5.		
6.		
7.		
8.		

b. Parte demandada

Nombre	Dirección	Teléfono
1.		
2.		
3.		
4.		
5.		
6.		
7.		
8.		

FORMULARIO 3

Caso Núm. ____________

Parte E. Prueba Estipulada

Las partes indicarán la prueba estipulada que se está incluyendo y el propósito de la misma en este caso.

Documento u Objeto	Propósito
1.	
2.	
3.	
4.	
5.	

Parte F. Pleitos Relacionados

Las partes indicarán si existen pleitos que impliquen cuestiones de hecho y de derecho similares relacionados, directa o indirectamente con el presente, estén o no activos, y proveerán la siguiente información:

Nombre(s) de la(s) parte(s)	Número de Caso	Sala del (TPI, TA o TS)
1.		
2.		

Parte G. Itinerario para el Descubrimiento de Prueba

a. Envío y contestación de Interrogatorios

Nombre de la Persona que Contestará el Interrogatorio	Parte que Enviará el Interrogatorio	Fecha Acordada para el Envío del Interrogatorio	Fecha Límite para el Envío del Interrogatorio
1.			
2.			
3.			
4.			
5.			

b. Envío y contestación a los Requerimientos de Admisiones

Nombre de la Persona que Contestará el Requerimiento	Parte que Enviará el Requerimiento	Fecha Acordada para el Envío del Requerimiento	Fecha Límite para el Envío del Requerimiento
1.			
2.			
3.			
4.			
5.			

FORMULARIO 3

Caso Núm. ___________

c. Toma de Deposiciones Pendientes

Nombre del(de la) deponente	Parte que Tomará la Deposición	Lugar de la Deposición	Fecha de la deposición	Fecha Límite para la Toma de Deposición
1.				
2.				
3.				
4.				
5.				

d. Producción de Documentos u Objetos Pendientes

Documento u Objeto a Producir	Parte que lo Producirá	Lugar de Entrega	Fecha de Entrega	Fecha Límite para la Entrega
1.				
2.				
3.				
4.				
5.				

Parte H. Fechas disponibles

Dentro del término de sesenta (60) días establecido en la Regla 37.2 de Procedimiento Civil, las partes deberán indicar tres fechas disponibles en común para la celebración de la Conferencia Inicial, la Conferencia con Antelación al Juicio o el Juicio.

_______________ _______________ _______________

Certificamos que a nuestro mejor conocimiento y creencia la información que se ha provisto en el Informe es la correcta, y que en esta misma fecha las partes han sido notificadas y están de acuerdo con el contenido del mismo.

Fecha: _______________

Nombre del(de la) abogado(a) de la parte demandante	Nombre del(de la) abogado(a) de la parte demandada
Firma del(de la) abogado(a) de la parte demandante	Firma del(de la) abogado(a) de la parte demandada
Número ante el Tribunal Supremo	Número ante el Tribunal Supremo

FORMULARIO 3

Instrucciones para completar el Formulario de Informe para el Manejo del Caso

* Este formulario contiene la información mínima que debe proveérsele al tribunal, las partes podrán añadir cualquier otra información adicional o acuerdo que hayan tomado.

** En el caso de co-partes demandadas, terceros(as) demandados(as) o interventores(as), deberán añadirse los espacios correspondientes.

*** Se utilizarán los anejos que sean necesarios para completar en forma debida la información requerida en este Formulario.

Parte A. Información General

La pregunta 1 va dirigida a que las partes indiquen alguno de los métodos para la solución de conflictos a que será referido el caso, a tenor con lo dispuesto en el Reglamento de Métodos Alternos para la Solución de Conflictos, según enmendado, 4 L.P.R.A. Ap. XXIX, o del Manual de Normas y Procedimientos de los Centros de Mediación de Conflictos.

Parte B. Prueba Documental

La pregunta 1 va dirigida a que cada parte provea una descripción detallada de todo documento entregado por cada parte.

La pregunta 2 va dirigida a obtener información básica sobre la existencia de algún contrato de seguro que pueda ser responsable de satisfacer toda o parte de la sentencia que pueda dictarse en este caso.

La pregunta 3 va dirigida a que cada parte indique la prueba requerida a la otra parte, que no haya sido entregada al momento de presentar el Informe. Cada parte indicará el título del documento, una descripción y el lugar donde está localizado el documento.

Parte C. Prueba Testifical

La pregunta 1 va dirigida a conocer los nombres de las personas testigos que cada parte tiene intención de traer al juicio, con inclusión de las partes.

La pregunta 2 va dirigida a obtener los nombres de las personas peritas que cada parte pretende utilizar para el caso y las que cada parte haya consultado, en cuyo caso deberá incluirse el nombre de la persona perita consultada en los espacios provistos para la parte demandante y la parte demandada. Las partes también deberán incluir en este apartado los(las) peritos(as) de ocurrencia que se pretendan traer a juicio. Las partes además deberán describir el campo de experiencia e incluir el currículum vítae de cada persona perita. Se indicará además un breve resumen de sus opiniones y una breve expresión de las teorías, hechos o argumentos que sostienen las mismas e indicar si la persona perita rindió un informe pericial. De necesitar una persona perita nombrada por el tribunal, las partes deberán informarlo mediante moción separada.

Parte D. Prueba sujeta a descubrimiento

La pregunta 1 va dirigida a que cada parte indique el nombre, dirección y teléfono de toda persona que pueda tener información descubrible sobre el caso.

FORMULARIO 3

Parte E. Prueba estipulada

La pregunta 1 va dirigida a obtener toda la prueba documental estipulada y conocer el propósito de la misma.

Parte F. Pleitos relacionados

En esta parte se identificarán los pleitos que impliquen cuestiones de hechos y de derecho similares al caso, para ello se indicarán los nombres de las partes, el número o números de caso, tanto en primera instancia como en las etapas apelativas, y la sala en la que el caso estuvo pendiente, sea un caso activo o inactivo.

Parte G. Itinerario para el descubrimiento de prueba

En esta parte se indicarán los interrogatorios, requerimientos de admisiones, deposiciones y requerimiento de documentos que quedan pendientes, luego de presentado el Informe para el Manejo del Caso. Es importante que las partes indiquen las fechas para: la toma de una deposición, el envío de un pliego de interrogatorio, de un requerimiento de admisiones o la entrega de unos documentos u objetos, como también las fechas límites en caso de que se incumpla con las fechas fijadas originalmente.

Parte H. Fechas disponibles

Las partes deberán indicar tres fechas disponibles en común, dentro del término de sesenta (60) días a partir de la presentación del Informe para el Manejo del Caso, para coordinar la celebración de la Conferencia Inicial, la Conferencia con Antelación al Juicio o el Juicio, según lo dispone la Regla 37.2 de Procedimiento Civil.

FORMULARIO 4

FORMULARIO 4

Estado Libre Asociado de Puerto Rico
Tribunal de Primera Instancia
Centro Judicial de ____________
Sala ______________

____
nombre de la(s) parte(s) demandante(s)

v.

____
nombre de la(s) parte(s) demandada(s)

CASO NÚM. ____________________________

SALÓN NÚM.____________________________

ACCIÓN CIVIL DE ______________________
(materia o asunto)

A: ____
nombre de la persona citada

CITACIÓN

☐ Usted deberá comparecer en el Tribunal de Primera Instancia de ______________, en el lugar, fecha y hora indicada más adelante, para declarar como testigo en el caso de epígrafe.

Lugar de la toma del testimonio: __________________
____
Fecha: __________________________
Hora: __________________________

☐ Usted deberá comparecer en el lugar, fecha y hora indicada más adelante, para la toma de una deposición en el caso de epígrafe.

Lugar de la toma de deposición: __________________
____
Fecha: __________________________
Hora: __________________________

☐ Usted deberá producir y permitir la inspección y fotocopia del(de los) siguiente(s) documento(s) u objeto(s) en el lugar, fecha y hora indicada más adelante:

Documentos u objetos a ser inspeccionados: ____
____

Lugar de la inspección: __________________________
____
Fecha: __________________________
Hora: __________________________

☐ Usted deberá producir y permitir la inspección del(de los) siguiente(s) lugar(es) en la fecha y hora indicada más adelante:

Lugar(es) de la inspección: ____________________
____
Fecha:__________________________
Hora: __________________________

Cualquier organización que no sea parte en este caso, que sea citada para la toma de una deposición, deberá designar uno(a) o más oficiales, directores(as), agentes gerenciales u otra persona que pueda consentir a testificar a nombre de ésta y deberá, por cada persona designada, indicar las materias sobre las cuales la persona testificará.

Nombre del (de la) oficial que expide la citación:
(si es abogado(a) indique la parte que representa)
____
Núm. ante el Tribunal Supremo__________________
Firma: ______________________ __________
Tel.: ____________________________

Fecha: ____________________________

Dirección: __________________________
____
____

FORMULARIO 4

CASO NÚM. ____________________

PRUEBA DE LA NOTIFICACIÓN DE LA CITACIÓN

Lugar: ____ **Fecha:** ____________________

Entregada a: ______________ **(forma de entrega)** ________________________________

Entregada por: ______________________ **(título)** ______________________________

DECLARACIÓN DE LA PERSONA QUE NOTIFICÓ LA CITACIÓN

Declaro, bajo pena de perjurio, que la información antes provista en la Prueba de la Notificación de la Citación es verdadera y correcta.

En ______________, Puerto Rico a ____de ____________de_______.

____
Nombre de la persona que notificó la citación

______________________________ ______________________________
Firma de la persona que notificó la citación Dirección de la persona que notificó la citación

(Reglas de Procedimiento Civil concernientes a la citación)

Regla 40.4 Protección de las personas sujetas a citación

(a) La parte que solicite la expedición de una citación o el abogado o abogada que expida una citación deberá tomar las medidas que considere razonables para evitar imponerle una carga o unos gastos onerosos a la persona sujeta a la citación. El tribunal que emita la citación podrá imponer sanciones a la parte o al abogado o abogada que incumpla con este deber, las cuales podrán incluir pérdida de ingreso y honorarios de abogado.

(b) La persona a quien se le exija la producción de documentos y la inspección y copia de libros, documentos, información almacenada electrónicamente, objetos tangibles o de un lugar, no tiene que comparecer al lugar donde se realizará la inspección a menos que también se le exija comparecer para deposición, vista o juicio.

(c) La persona a quien va dirigida la citación podrá, dentro de los quince (15) días de haberle sido diligenciada, notificar por escrito al abogado o abogada designado(a) en la citación su objeción a la inspección o fotocopia de toda o parte de la información, o del lugar donde está localizada, o a la producción de información almacenada electrónicamente en la forma o formas requeridas, o a la inspección de un predio o propiedad. De haber objeción, la parte que notifica la citación no tendrá derecho a la inspección o producción de lo solicitado, aunque podrá oponerse y solicitar al tribunal, previa notificación a la persona citada, que dicte una orden concediendo la inspección o producción. El tribunal dictará la orden que corresponda y, en caso de que ordene la inspección o producción de lo solicitado, deberá proteger a cualquier persona que no sea parte u oficial de una parte, de cualquier gasto significativo que pueda surgir de la inspección, producción o fotocopia de la información.

(d) La persona que haya sido citada para prestar testimonio en una deposición podrá presentar su objeción dentro de los quince (15) días de diligenciada la citación. Si la citación es a una vista o juicio, la objeción podrá presentarse en cualquier momento.

Regla 40.5. Deber de responder a una citación

(a) La persona que responda a una citación para la producción de documentos deberá producirlos según los archive en el curso normal de su negocio, o deberá organizarlos e identificarlos en categorías según le sea solicitado.

(b) Cuando la información sujeta a citación no se provee alegando que ésta es información privilegiada o que está sujeta a una orden protectora por ser material de preparación para el juicio, la alegación debe ser expresa y estar fundamentada en una descripción de la naturaleza de los documentos, de las comunicaciones o de los objetos no producidos, que le permita a la parte que los solicita impugnar tal alegación. Esto no eximirá de producir aquellos documentos que no son objeto de la solicitud de orden protectora.

Regla 40.10. Desacato

El dejar de obedecer, sin causa justificada, una citación debidamente diligenciada podrá ser considerado como desacato al tribunal.

Tabla de Casos Citados

A. Alvarez & Hnos. v. Corte de Distrito Judicial de San Juan, 35 D.P.R. 222 (1926)
ACT v. Mercado de Wilson, 2008 T.S.P.R. 4
A.H. Thomas Co. v. Tribunal Superior, 98 D.P.R. 883 (1970)
Abella Blanco v. Piñero, Gobernador, 66 D.P.R. 690 (1946)
Acevedo v. Compañía Telefónica de Puerto Rico, 102 D.P.R. 787 (1974)
Acevedo v. E.L.A., 91 D.P.R. 796 (1965)
Acevedo v. Mun. de Aguadilla, 153 D.P.R. 788 (2001)
Acevedo Alvarez v. E.L.A. y Admin. de Vivienda, 150 D.P.R. 866 (2000)
Acevedo Vilá v. Meléndez Ortiz, 164 D.P.R. 875 (2005)
Acosta v. Martín Marietta Services, Inc., y/o ABC, Inc., 142 D.P.R. 927 (1997)
Ades v. Zalman, 115 D.P.R. 514 (1984)
Administración de Compensaciones por Accidentes v. Travelers Insurance Co., 104 D.P.R. 844 (1976)
Administración de Reglamentos y Permisos (ARPE) v. Ozores Pérez, 116 D.P.R. 816 (1986)
Administración de Terrenos v. Nerashford Development Corp., 136 D.P.R. 801 (1994)
Aetna Life Ins. Co. v. Lavoie, 475 U.S. 813, 106 S. Ct. 1580, (1986)
Agosto Ortiz v. Municipio de Río Grande, 143 D.P.R. 174 (1997)
Agulló v. ASERCO, 104 D.P.R. 244 (1975)
Alamo v. Supermercado Grande, Inc., 158 D.P.R. 93 (2002)
Albaladejo v. Vilella Suau, 106 D.P.R. 331 (1977)
Alcázar v. Corte de Distrito de Ponce, 67 D.P.R. 727 (1947)
Alicea v. Córdova, 117 D.P.R. 676 (1986)
Alicea Aguayo v. R & G Mortgage Corp., 169 D.P.R. 36 (2006)
Almodóvar v. Méndez Román, 125 D.P.R. 218 (1990)
Alonso Cainas v. Tribunal Examinador de Médicos, 74 D.P.R. 158 (1952)
Alonso Garcia v. Comisión Industrial, 103 D.P.R. 712 (1975)
Alum Torres v. Campos del Toro, 89 D.P.R. 305 (1963)
Alvarado Colón v. Alemañy Planell, 157 D.P.R. 672 (2002)
Alvarez v. Comisión de Recreo y Deportes Públicos, 67 D.P.R. 355 (1947)
Alvarez v. García, Alcalde, 42 D.P.R. 882 (1931)
Alvarez v. Sucesores de C. y J. Fantauzzi, 27 D.P.R. 530 (1919)
Alvarez de Choudens v. Tribunal Superior, 103 D.P.R. 235 (1975)
Alvarez Elvira v. Arias Ferrer, 156 D.P.R. 352 (2002)
Alvareztorre Muñiz v. Sorani Jiménez, 2009 T.S.P.R. 12
Alvira Cintrón v. S.K. & F. Laboratories Co., 142 D.P.R. 803 (1997)
Amadeo v. Rossy, 21 D.P.R. 350 (1914)

TABLA DE CASOS CITADOS

Amaro González v. First Federal Savings Bank, 132 D.P.R. 1042 (1993)
Andino v. Knight, 20 D.P.R. 198 (1914)
Andino v. Topeka, Inc., 142 D.P.R. 933 (1997)
Anselmo García Distributors v. Sucn. García Sori, 153 D.P.R. 427 (2001)
Antonio García v. The Commonwealth Insurance Co., 118 D.P.R. 380 (1987)
Aponte Caratini v. Román Torres, 145 D.P.R. 477 (1998)
Aponte Correa v. Policía de P.R., 142 D.P.R. 75 (1996)
Aponte Rivera v. Sears Roebuck de P.R., Inc., 129 D.P.R. 1042 (1992)
Aráujo Vda. Reglero v. Sucesión de Reglero Rivera, 85 D.P.R. 885 (1962)
Arce v. Club Gallístico de San Juan, 105 D.P.R. 305 (1976)
Arce Bucetta v. Motorola Electrónica, et als., 2008 T.S.P.R. 59
Arcelay v. Sánchez Martinez, 77 D.P.R. 824 (1955)
Armstrong e Hijos, Sucrs., Inc. v. Ortiz Santiago, 105 D.P.R. 634 (1977)
Arraiza Iglesias v. Reyes Jiménez, 70 D.P.R. 614 (1949)
Arriaga Rivera v. F.S.E., 145 D.P.R. 122 (1998)
Arroyo v. Ortiz y Franco, 133 D.P.R. 62 (1993)
Arthur H. Thomas Co. v. Tribunal Superior, 98 D.P.R. 883 (1970)
Asahi Metal Industry Co. v. Superior Court of Cal., 480 U.S. 102, 107 S. Ct. 1026, 94 L. Ed. 2d 92 (1987)
Ashcroft v. Iqbal, 129 S. Ct. 1937 (2009)
Asoc. de Vecinos Punta las Marías v. A.R.P.E., 170 D.P.R. 253 (2007)
Asoc. de Vecinos de Villa Caparra Sur v. Asoc. de Fomento Educativo, 2008 T.S.P.R. 47
Asociación de Farmacias de la Comunidad v. Departamento de Salud, 156 D.P.R. 105 (2002)
Asociación de Maestros v. Pérez, Gobernador Interino, 67 D.P.R. 848 (1947)
Asociación de Maestros v. Torres, 137 D.P.R. 528 (1994)
Asociación de Maestros de Puerto Rico v. Hon. César Rey Hernández, Secretario del Depto. de Educación, 2010 T.S.P.R. 19
Asociación de Pescadores de Punta Figueras, Inc. v. Marina de Puerto del Rey, Inc., 155 D.P.R. 906 (2001)
Asociación de Residentes Colinas Metropolitanas, Inc. v. Thillet Rivera, 156 D.P.R. 88 (2002)
Asociación de Residentes Estancias de Cidra v. Future Developers and Contractors, Inc., 152 D.P.R. 54 (2000)
Asociación de Residentes Parque Montebello v. Montebello Dev. Corp., 138 D.P.R. 412 (1995)
Asociación de Residentes Urbanización La Concepción, Inc. v. Junta de Planificación, 167 D.P.R. 486 (2006)
Asociación de Vecinos Villa Caparra Inc. v. Iglesia Católica, Apostolica y Romana, 117 D.P.R. 346 (1986)

TABLA DE CASOS CITADOS

Asociación de Vecinos de Villa Caparra Sur v. Asoc. de Fomento Educativo, 2008 T.S.P.R. 47

Atanacia Corp. v. Jorge M. Saldaña, Inc., 133 D.P.R. 284 (1993)

Atiles, Admor. v. Comisión Industrial, 77 D.P.R. 16 (1954)

Atiles, Admor. v. Tribunal de Distrito, 73 D.P.R. 949 (1952)

Atlantic Inv. Management, LLC v. Millennium Fund I, Ltd., 212 F.R.D. 395 (N.D. Ill. 2002)

Auburn, Manufacturing, Inc. v. Steiner Indutries, 493 F. Supp. 2d 123 (2007)

Audiovisual Language v. Sistema de Estacionamiento Natal Hermanos, 144 D.P.R. 563 (1997)

Autopistas de P.R. y Cía S.E. v. Autoridad de Carreteras y Transportación, 167 D.P.R. 361 (2006)

Autoridad de Carreteras v. Adquisición de 8,554.741 m2 en Ponce, et als., 2007 T.S.P.R. 178

Autoridad de Carreteras y Transportación v. Adquisición de 8,554.741 metros cuadrados, 171 D.P.R. 670 (2007)

Autoridad de Carreteras y Transportación v. Adquisición de 780.6141 metros Cuadrados de Terreno, Cardona Figueroa, 165 D.P.R. 121 (2005)

Autoridad de Carreteras y Transportación de Puerto Rico v. Inestu Nazario, 165 D.P.R. 891 (2005)

Autoridad de Fuentes Fluviales v. Corte de Distrito de Bayamón, 66 D.P.R. 844 (1947)

Autoridad de Tierras de Puerto Rico v. Moreno Ruiz Developer Corp. y otros, 2008 T.S.P.R. 128

Avalo v. Cacho, 73 D.P.R. 286 (1952)

Avilés Vega v. Torres, 97 D.P.R. 144 (1969)

BL Investment, Inc. v. Registrador de la Propiedad, 2008 T.S.P.R. 89

Baco, Administrador del Fondo del Seguro del Estado v. ANR Construction Corp., 163 D.P.R. 48 (2004)

Báez v. Corte, 50 D.P.R. 970 (1936)

Banco Bilbao Vizcaya v. González Zayas, 155 D.P.R. 589 (2001)

Banco Central v. Registrador de la Propriedad de Bayamón, 111 D.P.R. 773 (1981)

Banco Central Corp. v. Capitol Plaza Inc., 135 D.P.R. 760 (1994)

Banco Central Corp. v. Gelabert Alvarez, 131 D.P.R. 1005 (1992)

Banco Central y Economías v. Registrador de la Propiedad de Bayamón, 111 D.P.R. 773 (1981)

Banco de Desarrollo Económico v. A.M.C. Surgery, 157 D.P.R. 150 (2002)

Banco de la Vivienda de P.R. v. Carlo Ortiz, 130 D.P.R. 730 (1992)

Banco de San Juan v. Corte de Distrito, 32 D.P.R. 392 (1932)

Banco Popular de P.R. v. Municipio de Aguadilla, 144 D.P.R. 651 (1997)

TABLA DE CASOS CITADOS

Banco Popular v. Negrón, 164 D.P.R. 855 (2005)
Banco Popular de P.R. v. Tribunal Superior, 82 D.P.R. 242 (1961)
Banco Santander P.R. v. Fajardo Farms Corp., 141 D.P.R. 237 (1996)
Banco Territorial y Agrícola de P.R. v. Marcial, 44 D.P.R. 129 (1932)
Banuchi de la Rosa v. Corte de Distrito de Aguadilla, 64 D.P.R. 112 (1944)
Baralt v. Báez García, 78 D.P.R. 123 (1955)
Barletta v. Tribunal Superior, 100 D.P.R. 690 (1972)
Barletta v. Tribunal Superior, 74 D.P.R. 460 (1953)
Barreto v. Sherris Caribbean, Inc., 92 D.P.R. 859 (1965)
Basora Defilló v. Pico, Srio. de Hacienda, 88 D.P.R. 1 (1963)
Bell Atlantic Corp. v. Twombly, 550 U.S. 544, 127 S. Ct. 1955 (2007)
Benito Muñoz, Inc. v. Productora Puertorriqueña de Alimentos, Inc., 109 D.P.R. 825 (1980)
Bennett v. Boschetti, 31 D.P.R. 855 (1923)
Bensusan Restaurant Corp. v. King, 937 F. Supp. 295 (S.D.N.Y. 1996)
Bermúdez y Longo, Inc. v. Puerto Rico Casting Steel Corp., 114 D.P.R. 808 (1983)
Berríos, et al. v. International General Electric (P.R., Inc.), 88 D.P.R. 109 (1963)
Berrios Falcón v. Torres Merced, 2009 T.S.P.R. 69
Berríos Pagán v. U.P.R., 116 D.P.R. 88 (1985)
Berríos Rodríguez v. Comisión de Minería, 102 D.P.R. 228 (1974)
Betancourt Rojas v. Tribunal Superior, 90 D.P.R. 747 (1964)
Bidot Almodóvar v. Urbino Valle, 158 D.P.R. 294 (2002)
Bigio Rodriguez v. Corte de Distrito de San Juan, 46 D.P.R. 448 (1934)
Blanes Mangual v. Mestre, 83 D.P.R. 392 (1961)
Blás v. Hosp. Guadalupe, et al., 146 D.P.R. 267 (1998)
Boitel Santana v. Cruz, 129 D.P.R. 725 (1992)
Bolívar v. Aldrey, Juez, 12 D.P.R. 273 (1907)
Bonilla v. Chardón, 118 D.P.R. 599 (1981)
Bothwell v. San Juan Light & Transit Co., 13 D.P.R. 169 (1907)
Bram v. Gateway Plaza, Inc., 103 D.P.R. 716 (1975)
Bristol Babcock, Inc. v. P.R. Electric Power Authority, 930 F. Supp. 710 (1996)
Burlington Air Express Inc. v. Municipio de Carolina, 154 D.P.R. 588 (2001)
Burnham v. Superior Court of California, 495 U.S. 604 (1990)
C. Brewer P.R. Inc. v. Francisco Vega Otero, Inc., 92 D.P.R. 443 (1965)
C.E.S. v. Roselló, 137 D.P.R. 83 (1994)
C.R.I.M. v. Secretario de Depto. de Hacienda y otros, 2008 T.S.P.R. 118
Cabrero Muñiz v, Zayas Seijo, 167 D.P.R. 766 (2006)
Caguas Plumbing Inc. v. Continental Construction Corp., 155 D.P.R. 744 (2001)
Calderón Molina v. Federal Land Bank, 89 D.P.R. 704 (1963)
Calo Morales v. Cartagena Calo, 129 D.P.R. 102 (1991)

TABLA DE CASOS CITADOS

Camacho v. Corte de Distrito de Bayamón, 67 D.P.R. 802 (1947)
Camaleglo v. Dorado Wings, Inc., 118 D.P.R. 20 (1986)
Canales Velásquez v. Converse de P.R., Inc., 129 D.P.R. 786 (1992)
Canales Velásquez v. Rosario Quiles, 107 D.P.R. 757 (1978)
Canchani v. Corporación de Renovación Urbana y Vivienda (CRUV), 105 D.P.R. 352 (1976)
Candelario Vargas v. Muñiz Díaz, 171 D.P.R. 530 (2007)
Canino v. Santiago Bellaflores, Inc., 78 D.P.R. 778 (1955)
Capella v. Carreras Márquez, 57 D.P.R. 258 (1940)
Carattini v. Collazo Systems Analysis, Inc., 158 D.P.R. 345 (2003)
Cárdenas Maxán v. Rodríguez, 119 D.P.R. 642 (1987)
Cardona Piquet v. Juez Municipal de Aguadilla, 41 D.P.R. 35 (1930)
Caribbean Ins. Co. v. Tribunal Superior, 98 D.P.R. 919 (1970)
Caribbean Int'l News h/n/c El Vocero v. Comisión Estatal de Elecciones (C.E.E.), 132 D.P.R. 1 (1992)
Carlo v. Corte de Distrito de Aguadilla, 58 D.P.R. 889 (1941)
Carlo Emmanuelli v. The Palmas Academy, 160 D.P.R. 182 (2003)
Caro Ortiz v. Cardona Rivera, 158 D.P.R. 592 (2003)
Carrasquillo v. Lippitt & Simonpietri, Inc., 98 D.P.R. 659 (1970)
Carreras v. Comisión de la Policía Insular, 60 D.P.R. 549 (1942)
Carrero Gueits v. Departamento de Educación, 141 D.P.R. 830 (1996)
Carrillo v. Samaeit Westbulk, 385 F. Supp. 119 (1974), modificada por 514 F.2d 1214 (1975), *certiorari* denegado por 423 U.S. 1014 (1975)
Carrión García v. Sampedro, 74 D.P.R. 413 (1953)
Carrión Pacheco v. Lawton, 43 D.P.R. 311 (1932)
Cartagena v. Dávila, 32 D.P.R. 270 (1923)
Casals v. Rosario, 34 D.P.R. 77 (1925)
Castrillo v. Maldonado, 95 D.P.R. 885 (1968)
Castro Boyrie v. Meléndez Lind, 82 D.P.R. 573 (1961)
Castro Martínez v. Sergio Estrada Auto Sales, Inc., 149 D.P.R. 213 (1999)
Castro Vidal v. Metropolitan Hosp. & Nursing Home, Inc., 118 D.P.R. 142 (1986)
Catoni v. Aybar Muñoz, 60 D.P.R. 645 (1942)
Central Altagracia v. Otero, 13 D.P.R. 111 (1907)
Central Cambalache, Inc. v. Cordero, 61 D.P.R. 8 (1942)
Central Green Co. v. United States, 531 U.S. 425 (2001)
Central Igualdad, Inc. v. Secretario de Hacienda, 83 D.P.R. 45 (1961)
Cepeda Torres v. García Ortiz, 132 D.P.R. 698 (1993)
Cerame-Vivas v. Torres Aguiar, 99 D.P.R. 45 (1970)
Cerra v. Fajardo Development Co., 18 D.P.R. 1024 (1912)
Cervecería Corona, Inc. v. Secretario de Obras Públicas, 97 D.P.R. 44 (1969)

Continental Ins. Co. v. Isleta Marina, Inc., 106 D.P.R. 809 (1978)
Cooperativa de Crédito v. Sociedad de Gananciales, 104 D.P.R. 675 (1976)
Córdova Iturregui v. Cámara de Representantes y otros, 171 D.P.R. 789 (2007)
Córdova Ramos v. Larín Herrera, 151 D.P.R. 192 (2000)
Coriano Hernández v. Kmart Corp., 154 D.P.R. 523 (2001)
Corominas v. Alfaro, 19 D.P.R. 581 (1913)
Corporación Azucarera v. Tribunal Superior, 104 D.P.R. 214 (1975)
Corporación de Crédito y Des. Com. y Agrícola v. Unión Gen. de Trabajadores, 138 D.P.R. 490 (1995)
Corporación de P.R. para la Difusión Pública v. Union General de Trabajadores, 156 D.P.R. 631 (2002)
Corporación de Renovación Urbana y Vivienda (CRUV) v. Registrador de la Propiedad, 117 D.P.R. 662 (1986)
Corporación de Renovación Urbana y Vivienda (CRUV) v. Torres Pérez, 111 D.P.R. 698 (1981)
Corporación del Fondo del Seguro del Estado v. Unión de Médicos de la Corporación del Fondo de Seguro del Estado, 170 D.P.R. 443 (2007)
Corp. of the Presiding Bishop v. Purcell, 117 D.P.R. 714 (1986)
Correa Canales v. Marcano Gracia, 139 D.P.R. 856 (1996)
Correa Negrón v. Pueblo, 104 D.P.R. 286 (1975)
Cortés Román v. E.L.A., 106 D.P.R. 504 (1977)
Cortinovis v. Ruiz, Lloréns Pharmaceuticals, KLAN0100766 (2001 T.S.P.R. 2193)
Corujo Collazo v. Viera Martínez, 111 D.P.R. 552 (1981)
Cosme v. Hogar Crea, Cooperativa de Seguros Múltiples de PR, 159 D.P.R. 1 (2003)
Coss Iglesias v. Hospital Interamericano de Medicina Avanzada, 159 D.P.R. 53 (2003)
Costas Purcell v. Tribunal Superior, 88 D.P.R. 10 (1963)
Crespo v. Cintrón, 159 D.P.R. 290 (2003)
Crespo Gonzalez v. Tribunal Superior, 83 D.P.R. 568 (1961)
Crespo Quiñones v. Santiago Velázquez, 2009 T.S.P.R. 125
Cruz v. Sierra Maya, 133 D.P.R. 871 (1993)
Cruz Viera v. Registrador de la Propiedad, 118 D.P.R. 911 (1987)
Cuadrado Carrión v. Romero Barceló, 120 D.P.R. 434 (1988)
Cuadrado Mestre v. García Ramirez, 99 D.P.R. 154 (1970)
Danz v. Suau Ballester, 82 D.P.R. 609 (1961)
Dapena Quiñones v. Urrutia, Vda. de Del Valle, 109 D.P.R. 138 (1979)
Datiz Vélez v. Hospital Episcopal San Lucas, 163 D.P.R. 20 (2004)
Dávila v. Collazo, 50 D.P.R. 494 (1936)
Dávila v. E.L.A., 128 D.P.R. 419 (1991)

TABLA DE CASOS CITADOS

Efectos Litográficos C.A. v. National Paper & Type Co., 112 D.P.R. 389 (1982)
Eisele v. Orcasitas, 85 D.P.R. 89 (1962)
Eisen v. Carlisle & Jacquelin et al., 417 U.S. 156 (1974)
"El Ancora" v. Brenes, 39 D.P.R. 798 (1929)
El Vocero de P.R. v. Hernández Agosto, 130 D.P.R. 501 (1992)
El Vocero de P.R. v. Junta de Planificación, 121 D.P.R. 155 (1988)
El Vocero de P.R. v. Nogueras Cartagena, 138 D.P.R. 103 (1995)
Elías Vega v. Chenet, 147 D.P.R. 507 (1999)
Emanuelli v. Poventud, Juez, 62 D.P.R. 732 (1943)
Encarnación Luengo Vda. de Fernández v. Fernández, 83 D.P.R. 636 (1961)
Epifanio Vidal, Inc. v. Suro, 103 D.P.R. 793 (1975)
Espina v. Calderón, Juez Superior, 75 D.P.R. 76 (1953)
Esso Standard Oil v. Autoridad de los Puertos de P.R., 95 D.P.R. 772 (1968)
E.L.A. v. 317.813 Cuerdas de Terreno, 84 D.P.R. 1 (1961)
E.L.A. v. Aguayo, 80 D.P.R. 552 (1958)
E.L.A. v. Asociación de Auditores y Contadores, 147 D.P.R. 669 (1999)
E.L.A. v. Casta Developers, 162 D.P.R. 1 (2004)
E.L.A. v. Cole Vázquez, 164 D.P.R. 608 (2005)
E.L.A. v. Fonalledas Córdova, 84 D.P.R. 573 (1962)
E.L.A. v. Hotel Coamo Springs, Inc., 138 D.P.R. 37 (1995)
E.L.A. v. Isla Verde Investment Corp., 98 D.P.R. 255 (1970)
E.L.A. v. Puerto Rico Tel. Co., 114 D.P.R. 394 (1983)
E.L.A. v. Registrador de la Propiedad, 111 D.P.R. 117 (1981)
E.L.A. v. Rexco Industries, Inc., 137 D.P.R. 683 (1994)
E.L.A. v. Sucesión Planas Parrilla, 166 D.P.R. 700 (2006)
E.L.A. v. Tribunal Superior, 86 D.P.R. 692 (1962)
E.L.A. v. Urbanizadora Damiro, Inc., 112 D.P.R. 244 (1982)
Ex parte Díaz, 8 D.P.R. 157 (1905)
Ex parte Pabón Rodríguez, Díaz López, 132 D.P.R. 898 (1993)
Fajardo v. Tribunal de Distrito, 69 D.P.R. 476 (1949)
Fajardo Sugar Growers Assoc. v. Kramer, 45 D.P.R. 348 (1933)
Falcón Padilla, et al. v. Maldonado Quirós, et al., 139 D.P.R. 97 (1995)
Fantauzzi v. Tribunal Superior de Aguadilla, 103 D.P.R. 113 (1974)
Fantauzzi Rivera v. E.L.A., 111 D.P.R. 124 (1981)
Farber Electric & Plumbing Co. v. Professional Realty Corp., 85 D.P.R. 459 (1962)
Febles v. Romar, 159 D.P.R. 714 (2003)
Febo Ortega v. Tribunal Superior, 102 D.P.R. 405 (1974)
Federal Housing Admin. v. Burr D/B/A Secretarial Service Bureau, 309 U.S. 242 (1940)
Federación de Maestros de Puerto Rico v. Molina Torres, 160 D.P.R. 571 (2003)

TABLA DE CASOS CITADOS

Federación de Pescadores Playa Picúas, Inc. v. U.S. Industries, Inc., 135 D.P.R. 303 (1994)
Feliberty v. Soc. de Gananciales, 147 D.P.R. 834 (1999)
Feliciano v. Autoridad de Acueductos y Alcantarillados, 93 D.P.R. 655 (1966)
Feliciano Coro v. Sundem, 78 D.P.R. 1 (1955)
Félix v. Las Haciendas, 165 D.P.R. 832 (2005)
Fernández Marino v. San Juan Cement Co., 118 D.P.R. 713 (1987)
Fernández Martínez v. Tribunal Superior, 89 D.P.R. 754 (1964)
Ferrer Delgado v. Tribunal Superior, 101 D.P.R. 516 (1973)
Ferrer García v. González, 162 D.P.R. 172 (2004)
Figueroa v. Banco de San Juan, 108 D.P.R. 680 (1979)
Figueroa v. Tribunal Superior, 88 D.P.R. 122 (1963)
Figueroa Díaz v. Escobales, 101 D.P.R. 173 (1973)
Figueroa Hernández v. Del Rosario Cervoni, 147 D.P.R. 121 (1998)
Figueroa Lugo v. American Railroad Co., 64 D.P.R. 335 (1944)
Figueroa Piñero v. Miranda & Eguía, Inc., 83 D.P.R. 554 (1961)
Figueroa Rivera v. Tribunal Superior, 85 D.P.R. 82 (1962)
Figueroa Velázquez v. Autoridad de Acueductos y Alcantarillados (A.A.A.), 99 D.P.R. 105 (1970)
Fine Art Wallpaper v. Wolff, 102 D.P.R. 451 (1974)
Firpi v. Pan American World Airways, Inc., 89 D.P.R. 197 (1963)
First Bank of P.R. v. Inmobiliaria Nac. Inc., 144 D.P.R. 901 (1998)
First Federal Savings Bank v. Nazario González, 138 D.P.R. 872 (1995)
Florenciani Valentín v. Administración de los Sistemas de Retiro de los Empleados del Gobierno y la Judicatura, 162 D.P.R. 365 (2004)
Florenciani Valentín v. Administración de los Sistema de Retiro de los Fuentes González v. Badillo, 160 D.P.R. 444 (2003)
Flores Berger v. Colberg y otros, 2008 T.S.P.R. 90
Flores Concepción v. Taíno Motors, Inc., 168 D.P.R. 504 (2006)
Flores Jiménez S.L.G. v. Colberg y otros, 2008 T.S.P.R. 90
Flores Ortiz v. Rodríguez, 77 D.P.R. 720 (1954)
Flores Santiago v. Domínguez, 146 D.P.R. 45 (1998)
Fonseca v. Oyola, 77 D.P.R. 525 (1954)
Font Mauri v. Rosales Cueli, 42 D.P.R. 627 (1931)
Fornaris v. Municipio de Ponce, 15 D.P.R. 65 (1909)
Franchise Tax Board of Cal. v. United States Postal Service, 467 U.S. 512 (1964)
Fraticelli, et al. v. Cintrón Antonsanti, 122 D.P.R. 229 (1988)
Fred Reyes y Otros v. E.L.A., 150 D.P.R. 599 (2000)
Freeman v. Tribunal Superior, 92 D.P.R. 1 (1965)
Frente Unido Independentista v. C.E.E., 126 D.P.R. 309 (1990)

Fresh-O-Baking Co. v. Molinos de P.R., Inc., 103 D.P.R. 509 (1975)
Fuentes v. Srio. de Hacienda, 80 D.P.R. 203 (1958)
Fuentes v. Secretario de Hacienda, 85 D.P.R. 492 (1962)
Fuentes v. Tribunal de Distrito de P.R., 73 D.P.R. 959 (1952)
Fuentes González v. Badillo, 160 D.P.R. 444 (2003)
Fuertes y Guillermety v. A.R.P.E., 130 D.P.R. 971 (1992)
Fundación Arqueológica v. Vivienda, 109 D.P.R. 387 (1980)
Fundación Surfrider, Inc. v. A.R.P.E., 2010 T.S.P.R. 37
G.A.C. Finance Corp. v. Rodríguez Cuchi, 102 D.P.R. 213 (1974)
Galib Frangie v. El Vocero de P.R., Inc., 138 D.P.R. 560 (1995)
Garage Rubén, Inc. v. Tribunal Superior, 101 D.P.R. 236 (1973)
García v. Asociación, 165 D.P.R. 311 (2005)
García v. Restaurante El Tropical, 154 D.P.R. 249 (2001)
García v. World Wide Entertainment Co., 132 D.P.R. 378 (1992)
García Aponte et al. v. E.L.A., 135 D.P.R. 137 (1994)
García Claudio v. García Guevara, 145 D.P.R. 659 (1998)
García Cruz v. El Mundo, Inc., 108 D.P.R. 174 (1978)
García Gómez v. E.L.A., 163 D.P.R. 800 (2005)
García Hernández, et als. v. Hormigonera Mayaguezana, Inc., 2007 T.S.P.R. 149
García Larrinúa v. Lichtig, 118 D.P.R. 120 (1986)
García López v. Méndez García, 102 D.P.R. 383 (1974)
García Méndez v. Corte de Distrito de Aguadilla, 50 D.P.R. 703 (1936)
García Molina v. Gobierno de la Capital, 72 D.P.R. 138 (1951)
García Morales v. Padró Hernández, 165 D.P.R. 324 (2005)
García Negrón v. Tribunal Superior, 104 D.P.R. 727 (1976)
García Oyola y otros v. Junta de Calidad Ambiental, 142 D.P.R. 532 (1997)
García Ramis v. Serrallés Porrata-Doria y otros, 171 D.P.R. 250 (2007)
García Rivera v. Enríquez Marín, 153 D.P.R. 323 (2001)
García Rubiera v. Asociación de Suscripción Conjunta de Seguro de Responsabilidad Obligatorio, 165 D.P.R. 311 (2005)
García Santos v. Banco Popular de P.R., 2007 T.S.P.R. 221
Garriga v. Tribunal Superior, 88 D.P.R. 245 (1963)
Garriga Gordils v. Maldonado Colón, 109 D.P.R. 817 (1980)
Gather, Inc. v. Gatheroo LLC and Warecorp, 443 F. Supp. 2d 108 (D. Mass. 2006)
Gaztambide v. Sucesión de Ortiz Pericchi, 70 D.P.R. 412 (1949)
Gearheart v. Haskell Burress, 87 D.P.R. 57 (1963)
General Electric Credit & Leasing of P.R., Inc. v. Concessionaires, Inc., 118 D.P.R. 32 (1986)
Ghigliotti Arzola v. Admin. de Serv. Agri., 149 D.P.R. 902 (1999)

Gibbs v. Paley, 354 F. Supp. 270 (1973)
Girard Industries Corp. v. Tribunal Superior, 103 D.P.R. 680 (1975)
Glines v. Matta, 19 D.P.R. 409 (1913)
Gobernador de P.R. v. Alcalde de Juncos, 121 D.P.R. 522 (1988)
Gómez Hermanos v. Tribunal Superior, 100 D.P.R. 625 (1972)
González v. Alicea, 132 D.P.R. 638 (1993)
González v. Chávez, 103 D.P.R. 474 (1975)
González v. Hospital, 168 D.P.R. 127 (2006)
González v. Jiménez, 70 D.P.R. 165 (1949)
González v. López Quiñones, 46 D.P.R. 843 (1934)
González v. Santini & Co., 26 D.P.R. 553 (1918)
González Muñiz v. Sucesión Martín Quiñones, 83 D.P.R. 765 (1961)
González Natal v. Merck Sharp & Dohme, 166 D.P.R. 659 (2006)
González Rivera v. Junta de Retiro para Maestros, 93 D.P.R. 70 (1966)
González Rosado v. Echevarría Muñiz, 169 D.P.R. 554 (2006)
Goose v. Hilton Hotels Int'l, Inc., 79 D.P.R. 523 (1956)
Gorbea v. Tribunal Superior, 104 D.P.R. 138 (1975)
Gracia Ortiz v. Policía de P.R., 140 D.P.R. 247 (1996)
Gran Vista I, Inc. v. Gutiérrez Santiago, 170 D.P.R. 174 (2007)
Granados Navedo v. Rodríguez Estrada I, 124 D.P.R. 1 (1989)
Granados Navedo v. Rodríguez Estrada II, 124 D.P.R. 593 (1989)
Great American Ins. Co. v. Corte de Distrito de Bayamón, 67 D.P.R. 564 (1947)
Grupo Dataflux v. Atlas Global Group, 541 U.S. 567 (2004)
Guadalupe Pérez v. Saldaña, 133 D.P.R. 42 (1993)
Guardiola Alvarez v. Departamento de la Familia, 2009 T.S.P.R. 41
Gutiérrez Calderón v. Autoridad de Acueductos y Alcantarillados y otros, 167 D.P.R. 130 (2006)
Guzmán Adorno v. Otis Elevator, Inc., 135 D.P.R. 296 (1994)
Guzmán Matías v. Vaquería Tres Monjitas, Inc. et al., 169 D.P.R. 705 (2006)
Guzmán Vega v. Piñero Piñero, 91 D.P.R. 704 (1965)
Hartman v. Tribunal Superior, 98 D.P.R. 124 (1969)
Hermandad Unida de Carpinteros y Ebanistas de América, AFL-CIO v. V. & E. Engineering Constr. Co., 115 D.P.R. 711 (1984)
Hernández v. Marxuach Construction Co., 142 D.P.R. 492 (1997)
Hernández Agosto v. López Nieves, 114 D.P.R. 601 (1983)
Hernández Agosto v. Romero Barceló, 112 D.P.R. 407 (1982)
Hernández Colón v. Policía de Puerto Rico, 2009 T.S.P.R. 154
Hernández Hernández v. Espinosa, 145 D.P.R. 248 (1998)
Hernández Lozano v. Shering Plough Products, Inc., 159 D.P.R. 367 (2003)
Hernández O'Farril v. Golden Tower Dev. Corp., 125 D.P.R. 744 (1990)
Hernández Torres v. Hernández Colón, 131 D.P.R. 593 (1992)

Mercado Riera v. Mercado Riera, 87 D.P.R. 566 (1963)
Mercado Riera v. Tribunal Superior, 89 D.P.R. 276 (1963)
Mercado Rivera v. Universidad Católica de P.R., 143 D.P.R. 610 (1997)
Mercado Vega v. U.P.R., 128 D.P.R. 273 (1991)
Mestre v. Pabeyón, 84 D.P.R. 369 (1962)
Miranda v. C.E.E., 141 D.P.R. 775 (1996)
Miranda v. Editorial El Imparcial, Inc., 99 D.P.R. 601 (1971)
Miranda Cruz v. Ritch, 2009 T.S.P.R. 144
Misión Industrial de P.R., Inc. v. Junta de Planificación de P.R., 142 D.P.R. 656 (1997)
Molina v. Corporación de Renovación Urbana y Vivienda, 114 D.P.R. 295 (1983)
Molina Avilés v. Supermercado Amigo, Inc., 119 D.P.R. 330 (1987)
Monell v. Mun. de Carolina, 146 D.P.R. 20 (1998)
Montañez v. Hospital Metropolitano, 157 D.P.R. 96 (2002)
Montañez Cruz v. Metropolitan Constr. Corp., 87 D.P.R. 38 (1962)
Montañez López v. U.P.R., 156 D.P.R. 395 (2002)
Montañez Rivera v. Policía de Puerto Rico, 150 D.P.R. 917 (2000)
Montero Saldaña v. American Motors Corp., 107 D.P.R. 452 (1979)
Morales Mejías v. Metropolitan Packing & Warehousing Co., 86 D.P.R. 3 (1962)
Morales Vda. de Zayas v. Pepsi Cola Bottling Co. of P.R., 114 D.P.R. 772 (1983)
Morán Ríos, et al. v. Martí Bardisoná, et al., 165 D.P.R. 356 (2005)
Morell Corrada v. Ojeda, 151 D.P.R. 864 (2000)
Moreno v. Martínez, et al., 14 D.P.R. 383 (1908)
Moreno González v. Cooperativa de Ahorro y Crédito de Añasco, 2010 T.S.P.R. 17
Moscoso v. Rivera, 76 D.P.R. 481 (1954)
Mundo v. Fuster, 87 D.P.R. 363 (1963)
Municipio de Arecibo v. Almacenes Yakima del Atlantico, Inc., 154 D.P.R. 217 (2001)
Municipio de Arecibo v. Municipio de Quebradillas, certiorari en reconsideración, 161 D.P.R. 109 (2004)
Municipio de Coamo v. Tribunal Superior, 99 D.P.R. 932 (1971)
Municipio de Loíza v. Sucesiones de Marcial Suárez, 154 D.P.R. 333 (2001)
Municipio de Ponce v. Autoridad de Carreteras, 153 D.P.R. 1 (2000)
Municipio de Ponce v. Roselló González, 136 D.P.R. 776 (1994)
Municipio de San Juan v. Bosque Real S.E., 158 D.P.R. 743 (2003)
Mun. de San Juan v. Professional Research & Community Services, 171 D.P.R. 219 (2007)
Muñiz v. Vda. de Suárez, 52 D.P.R. 563 (1938)
Muñiz Alcaraz v. Muñoz López, 139 D.P.R. 252 (1995)

Pena Fonseca v. Pena Rodríguez, 152 D.P.R. 820 (2000)
Pennoyer v. Neff, 95 U.S. 714, 24 L. Ed. 565 (1877)
Pereira v. Hernández Gonzalez, 83 D.P.R. 160 (1961)
Pereira v. International Basic Economy Corp., 95 D.P.R. 28 (1967)
Pérez v. Concepción, 104 D.P.R. 83 (1975)
Pérez v. Corte de Distrito de San Juan, 58 D.P.R. 450 (1941)
Pérez v. Cruz Batista, 70 D.P.R. 933 (1950)
Pérez Acevedo v. Superintendente de la Policía, 126 D.P.R. 827 (1990)
Pérez Aguirre v. E.L.A., 148 D.P.R. 161 (1999) (Sentencia)
Pérez Cruz v. Fernández Martínez, 101 D.P.R. 365 (1973)
Pérez Cruz v. Hospital La Concepción, 115 D.P.R. 721 (1984)
Pérez Guerra v. Matos Bernier, 48 D.P.R. 599 (1935)
Pérez Pascual v. Vega Rodríguez, 124 D.P.R. 529 (1989)
Pérez Rosa v. Morales Rosado, 2007 T.S.P.R. 171
Pérez Rosado v. El Vocero de P.R., 149 D.P.R. 427 (1999)
Pérez Segovia v. Tribunal de Distrito de San Juan, 69 D.P.R. 4 (1948)
Pérez Suárez, Ex parte v. Departamento de la Familia, 147 D.P.R. 556 (1999)
Pérez Vélez v. VPH Motors Corp., 152 D.P.R. 475 (2000)
Perkins v. Benguet Consol. Mining Co., 342 U.S. 437, 72 S. Ct. 413, 96 L. Ed. 485 (1952)
Phillip Morris, Inc. v. Tribunal Superior, 103 D.P.R. 207 (1975)
Piazza Vélez v. Isla del Río, Inc., 158 D.P.R. 440 (2003)
Pierson Muller I v. Feijoó, 106 D.P.R. 838 (1978)
Piñero v. Martínez Santiago, 104 D.P.R. 587 (1976)
Piñero González v. A.A.A., 146 D.P.R. 890 (1998)
Planned Credit of P.R., Inc. v. Page, 103 D.P.R. 245 (1975)
Plaza Las Américas Inc. v. C.R.I.M., 2008 T.S.P.R. 37
Plaza Ríos v. Fondo del Seguro del Estado, 110 D.P.R. 727 (1981)
Ponce Federal Savings & Loan Ass'n v. Gómez Monagas, 108 D.P.R. 585 (1979)
Pou v. American Motors Corp., 127 D.P.R. 810 (1991)
Prado Martorelli v. Quiñones, 78 D.P.R. 322 (1955)
Providencia Rivera Ocasio v. Sucesión Pérez Rivera, 165 D.P.R. 228 (2005)
Pueblo v. 632 Metros Cuadrados de Terreno, 74 D.P.R. 961 (1953)
Pueblo v. Aletriz Romero, 85 D.P.R. 646 (1962)
Pueblo v. Alsina Rivera, 79 D.P.R. 46 (1956)
Pueblo v. Báez Molina, 129 D.P.R. 663 (1991)
Pueblo v. Betancourt, 28 D.P.R. 854 (1920)
Pueblo v. Carrión Rivera, 111 D.P.R. 825 (1981)
Pueblo v. Central Cambalache, 59 D.P.R. 60 (1941)
Pueblo v. Escalera, 95 D.P.R. 148 (1967)
Pueblo v. Fourquet, 17 D.P.R. 1077 (1911)

R & G Mortgage Corp. v. Sustache Rivera, 163 D.P.R. 491 (2004)
R & R Shoe Corp. v. García Rodríguez, 95 D.P.R. 571 (1967)
R.D.T. Construction Corp. v. Colón Carlo, Contralora, 141 D.P.R. 424 (1996)
Radio Noroeste Broadcasting, Inc. v. Rodríguez Carrión, 113 D.P.R. 304 (1982)
Ramallo Brothers v. Federal Express Corp., 129 D.P.R. 499 (1991)
Ramery Vélez v. Banco Popular, 90 D.P.R. 274 (1964)
Ramírez v. Registrador de la Propiedad, 96 D.P.R. 342 (1968)
Ramírez Cuerda v. Yumet Mendez, 42 D.P.R. 514 (1931)
Ramírez de Arellano v. Noguera, Srio. de Hacienda, 85 D.P.R. 823 (1962)
Ramírez de Ferrer v. Mari Brás, 142 D.P.R. 941 (1997)
Ramírez Ramírez v. Registrador de la Propiedad, 116 D.P.R. 541 (1985)
Ramos Acosta v. Caparra Dairy, Inc., 116 D.P.R. 60 (1985)
Ramos Acosta v. Caparra Dairy, Inc., 113 D.P.R. 357 (1982)
Ramos de Szendrey v. Colón Figueroa, 153 D.P.R. 534 (2001)
Ramos Lozada v. Orientalist Rattan Furn., Inc., 130 D.P.R. 712 (1994)
Ramos Pérez v. Univisión Puerto Rico, Inc., 2010 T.S.P.R. 15
Ramos Ramos v. Westernbank Puerto Rico, 171 D.P.R. 629 (2007)
Ramos Rivera v. E.L.A., 148 D.P.R. 118 (1999)
Ranger American of P.R. v. Lommis Fargo & Co. Of P.R., 171 D.P.R. 650 (2007)
Raoca Plumbing & Sprinkler Corp. v. Trans World Assurance Co., 114 D.P.R. 464 (1983)
Rebollo v. Gil Bonar, 144 D.P.R. 379 (1997)
Reparto Ind. Corujo, Inc. v. Cabrera Distribs., Inc., 110 D.P.R. 777 (1981)
Residentes de Parkville Sur v. Díaz Luciano, 159 D.P.R. 374 (2003)
Rexach Benítez v. Hernández Colón, Gobernador, 119 D.P.R. 521 (1987)
Reyes v. Mayagüez Transport,, 86 D.P.R. 273 (1962)
Reyes v. Oriental Fed. Savings Bank, 133 D.P.R. 15 (1993)
Reyes Díaz v. E.L.A., 155 D.P.R. 799 (2001)
Rigau v. Corte de Distrito de Mayagüez, 56 D.P.R. 209 (1940)
Rigores, Inc. v. Registrador de la Propiedad, 165 D.P.R. 710 (2005)
Riley v. Rodríguez de Pacheco, 119 D.P.R. 762 (1987)
Riley v. Rodríguez Pacheco, 124 D.P.R. 733 (1989)
Río Construction Corp. v. Municipio de Caguas, 155 D.P.R. 394 (2001)
Ríos v. Tribunal Superior, 102 D.P.R. 793 (1974)
Ríos v. Banco Popular de P.R., 81 D.P.R. 378 (1959)
Ríos Quiñones v. Adm. Servs. Agrícolas, 140 D.P.R. 868 (1996)
Ríos Rosario v. Vidal Ramos, 134 D.P.R. 3 (1993)
Rivera v. Corte de Distrito de Caguas, 68 D.P.R. 673 (1948)
Rivera v. Goytía Alicea, 70 D.P.R. 30 (1949)
Rivera v. Morales, 149 D.P.R. 672 (1999)
Rivera Alejandro v. Algarín López, 112 D.P.R. 830 (1982)

Sánchez Montalvo v. Autoridad de los Puertos, 153 D.P.R. 559 (2001)
Sánchez Ramos v. Troche Toro, 111 D.P.R. 155 (1981)
Sánchez Rodríguez v. Administración de Corrección y otros, 2009 T.S.P.R. 186
Sánchez Torres, et als. v. Hospital Dr. Pila, et als., 158 D.P.R. 255 (2002)
Sánchez Vilella v. E.L.A. II, 134 D.P.R. 503 (1993)
Sánchez y Colón v. E.L.A. I, 134 D.P.R. 445 (1993)
Sangiovanni Hernández v. Dominicana de Aviación, 556 F.2d 611 (1977)
Santa Aponte v. Secretario del Senado, 105 D.P.R. 750 (1977);
Santaella Negrón v. Licari, 83 D.P.R. 887 (1961)
Santiago v. Bobb, 117 D.P.R. 153 (1986)
Santiago v. E.L.A., 163 D.P.R. 149 (2004)
Santiago v. Rodríguez, 161 D.P.R. 826 (2004)
Santiago Colón v. Supermercados Grande, 163 D.P.R. 778 (2005)
Santiago Cruz v. Hernández Andino, 91 D.P.R. 709 (1965)
Santiago Dávila v. Fondo del Seguro del Estado, 113 D.P.R. 627 (1982)
Santiago Ferrer v. Rodríguez Cintrón, 72 D.P.R. 266 (1951)
Santiago Lavander v. Tilén, 71 D.P.R. 754 (1950)
Santiago Umpierre & Co. v. Wenar, 10 D.P.R. 532 (1906)
Santín González v. Grau Pelegrí, 122 D.P.R. 890 (1988)
Santos y otros v. Municipio de Comerío, 140 D.P.R. 12 (1996)
Sastre v. Cabrera Raldiris, 75 D.P.R. 1 (1953)
Seafarers International Union v. Tribunal Superior, 86 D.P.R. 803 (1962)
Security Insurance Co. v. Tribunal Superior, 101 D.P.R. 191 (1973)
Seda v. Miranda Hnos. & Co., 88 D.P.R. 355 (1963)
Seguinot v. Autoridad de Acueductos y Altantarillados, 164 D.P.R. 772 (2005)
Semidey Ortiz, et al. v. Consorcio Sur-Central (ASIFAL), 2009 T.S.P.R. 184
Sepúlveda Vda. de Ducheny v. Casanova, 72 D.P.R. 62 (1951)
Serrano v. Berdiel, 22 D.P.R. 445 (1915)
Shuler v. Shuler, 157 D.P.R. 707 (2002)
Sierra v. Vieta Puig, 56 D.P.R. 224 (1940)
Sierra Berdecía v. Tribunal Superior, 81 D.P.R. 554 (1959).
Sierra Berdecía v. Vélez, 86 D.P.R. 585 (1962)
Sierra Quiñones v. Rodríguez Luciano, 163 D.P.R. 738 (2005)
Sifontes Ramos v. Oliver Exterminating Services Corp., 1991 PR Sup. LEXIS 173
Silva v. Hernández Agosto, 118 D.P.R. 45 (1986)
Silva Oliveras v. Durán Rodriguez, 119 D.P.R. 254 (1987)
Silva Recio v. Mayagüez Outboard Motor Club, 105 D.P.R. 279 (1976)
Sociedad de Gananciales v. Cruz Menéndez, 78 D.P.R. 349 (1955)
Sociedad de Gananciales v. Martínez, 99 D.P.R. 820 (1971)
Sociedad de Gananciales v. Tribunal Superior, 85 D.P.R. 892 (1962)

Sociedad Legal de Gananciales v. Rodríguez Colón, 116 D.P.R. 468 (1985)
Sociedad Legal de Gananciales González v. García Robles, 142 D.P.R. 241 (1997)
Sociedad Legal de Gananciales Quintana Martínez v. Valentín, 99 D.P.R. 255 (1970)
Soriano Tavárez v. Rivera Anaya, 108 D.P.R. 663 (1979)
Soto v. Giménez Muñoz, Secretario de Justicia, 112 D.P.R. 477 (1982)
Soto López v. Colón Méndez, 143 D.P.R. 282 (1997)
Souffront Cordero, et al. v. Autoridad de Acueductos y Alcantarillados, et al., 164 D.P.R. 663 (2005)
Southern Construction Co. v. Tribunal Superior, 87 D.P.R. 903 (1963)
State of California v. Levi Strauss & Co., 41 Cal. 3d 460, 715 P.2d 564 (1986)
Sterzinger v. Ramírez, 116 D.P.R. 762 (1985)
Stiechll v. Corte Municipal de Rio Piedras, 61 D.P.R. 519 (1943)
Stump Corp. v. Tribunal Superior, 99 D.P.R. 179 (1970)
Suárez v. The Bankers Club of P.R., Inc., 143 D.P.R. 58 (1997)
Suárez Fuentes v. Tribunal Superior, 88 D.P.R. 136 (1963)
Suárez Jiménez v. Comisión Estatal de Elecciones, 163 D.P.R. 350 (2004)
Suárez Morales v. E.L.A., 162 D.P.R. 43 (2004)
Suárez Ruiz v. Figueroa Colón, 145 D.P.R. 142 (1998)
Sucesión de Arroyo v. Municipio de Cabo Rojo, 81 D.P.R. 434 (1959)
Sucesión de Carderaros v. Tribunal Superior, 103 D.P.R. 721 (1975)
Sucesión de Escalera Falu v. Barreto Aldahondo, 81 D.P.R. 596 (1959)
Sucesión de Figueroa Disdier v. Hernández, 72 D.P.R. 508 (1951)
Sucesion de Jiménez Sanes v. Pérez Cirino, 153 D.P.R. 527 (2001)
Sucesión de Rosario v. Sucesión de Cortijo, 83 D.P.R. 678 (1961)
Sucesión de Trías v. Porto Rico Leaf Tobacco Co., 59 D.P.R. 229 (1941)
Sucn. Padrón v. Cayo Norte, 161 D.P.R. 761 (2004)
Supermercado Grande v. Alamo Pérez, 158 D.P.R. 93 (2002)
Szendrey v. F. Castillo Family Properties, Inc., 169 D.P.R. 873 (2007)
Szendrey v. Hospicare, Inc., 158 D.P.R. 648 (2003)
Tenorio Betancourt v. Hospital Dr. Pila de Ponce, 159 D.P.R. 777 (2003)
Texas Co. (P.R.), Inc. v. Junta de Comisionados, 49 D.P.R. 934 (1936)
The Coca Cola Co. v. Municipio de Carolina, 130 D.P.R. 213 (1992)
The Richards Group of P.R., Inc. v. Junta de Planificación, 108 D.P.R. 23 (1978)
Tim Mfg. Co. v. Shelley Enterprises, Inc., 107 D.P.R. 530 (1978)
Toro Avilés v. Puerto Rico Telephone Company, 2009 T.S.P.R. 163
Toro Mercado v. Porto Rican & American Ins. Co., 87 D.P.R. 658 (1963)
Torres v. Autoridad de Fuentes Fluviales, 96 D.P.R. 648 (1968)
Torres v. Secretario de Puerto Rico, 11 D.P.R. 354 (1906)
Torres & Enseñat v. Alfaro, 24 D.P.R. 731 (1917)

Torres Arzola v. Policía de P.R., 117 D.P.R. 204 (1986)
Torres Camacho v. Departamento de Recreación y Deportes, 115 D.P.R. 141 (1984)
Torres Capeles v. Rivera Alejandro, 143 D.P.R. 300 (1997)
Torres Cruz v. Municipio de San Juan, 103 D.P.R. 217 (1975)
Torres García v. Dávila Díaz y otros, 140 D.P.R. 83 (1996)
Torres Martínez v. Belford Torres Ghigliotty, et als., 2008 T.S.P.R. 181
Torres Ponce v. Jiménez, 113 D.P.R. 58 (1982)
Torres Ramos v. Policía de P.R., 143 D.P.R. 783 (1997)
Torres Rivera v. González Padín & Co., Inc., 133 D.P.R. 656 (1993)
Torres Santa v. Benítez Roldán, 115 D.P.R. 85 (1984)
Torres Solano v. Puerto Rico Tel. Co., 118 D.P.R. 198 (1987)
Towner, Gobernador v. Corte de Distrito de San Juan, 39 D.P.R. 505 (1929)
Trans Ad de Puerto Rico, Inc. v. Junta de Subastas Autoridad Metropolitana de Autobuses, 2008 T.S.P.R. 110
Trigo Hermanos, Inc. v. Sobrino de Izquierdo, Inc., 72 D.P.R. 449 (1951)
Tropigás de P.R. v. Tribunal Superior, 102 D.P.R. 630 (1974)
U.S. Fidelity & Guaranty Co. v. Tribunal Superior, 85 D.P.R. 131 (1962)
U.S. Fire Ins. Co. v. A.E.E., 151 D.P.R. 962 (2000)
U.S. Fire Insurance Company v. A.E.E., 2008 T.S.P.R. 160
Umpierre Biascoechea v. Banco Popular de P.R., 170 D.P.R. 205 (2007)
Unión de la Industria Licorera de Ponce v. Destilería Serrallés, Inc., 116 D.P.R. 348 (1985)
Unión General de Trabajadores v. Challenger Caribbean Corp., 126 D.P.R. 22 (1990)
United Fireworks Mfg. Co. v. Tribunal Superior, 96 D.P.R. 362 (1968)
United Surety & Indemnity Co. v. Bayamón Steel Processors, Inc., 161 D.P.R. 609 (2004)
Universal Funding Corp. v. Registrador de la Propiedad de San Juan, 133 D.P.R. 549 (1993)
Unysis P.R., Inc. v. Ramallo Brothers Printing, Inc., 128 D.P.R. 842 (1991)
Vaillant Valenciano v. Santander Mortgage Corp., 147 D.P.R. 338 (1998)
Valcourt Questell v. Tribunal Superior, 89 D.P.R. 827 (1964)
Valdés Molina v. Santurce Realty, Inc., 105 D.P.R. 108 (1976)
Valentín Cruz v. Torres Marrero, 80 D.P.R. 463 (1958)
Valentín González v. Crespo Torres, 145 D.P.R. 887 (1998)
Valldejuli Rodríguez v. Secretario de Hacienda, 89 D.P.R. 17 (1963)
Valle v. Sucesión Wiscovitch, 88 D.P.R. 86 (1963)
Vargas Cobián y otros v. González Rodríguez, 149 D.P.R. 859 (1999)
Vásquez v. Superior Court of San Juan County, 4 Cal. 3d 800, 484 P.2d 964 (1971)

Vázquez Figueroa v. E.L.A., 2007 T.S.P.R. 168
Vázquez Ortiz v. López Hernández, 160 D.P.R. 714 (2003)
Vega v. Yiyi Motors, Inc., 146 D.P.R. 373 (1998)
Vega et al. v. Telefónica de P.R., 156 D.P.R. 584 (2002)
Vega Lozada v. J. Pérez y Cía., 135 D.P.R. 746 (1994)
Vega Maldonado v. Alicea Huacuz, 145 D.P.R. 236 (1998)
Vega Ortiz v. Bonilla Vázquez, 153 D.P.R. 588 (2001)
Vega Ríos v. Caribe General Electric Products, Inc., 160 D.P.R. 682 (2003)
Vega Rodríguez v. Empresas Tito Castro Inc., 152 D.P.R. 79 (2000)
Vega Rodríguez v. Telefónica de P.R., 156 D.P.R. 584 (2002)
Velázquez Ortiz v. U.P.R., 128 D.P.R. 234 (1991)
Vélez v. Doe, 79 D.P.R. 643 (1956)
Velez Borges v. Boy Scouts of America, 145 D.P.R. 528 (1998)
Vélez Ruíz v. E.L.A., 111 D.P.R. 752 (1981)
Vélez Seguinot v. A.A.A., 164 D.P.R. 772 (2005)
Vélez Toro v. Látimer, 125 D.P.R. 109 (1990)
Velilla v. Pueblo Supermarkets, Inc., 111 D.P.R. 585 (1981)
Vellón Maldonado v. Squibb Mfg., Inc., 117 D.P.R. 838 (1986)
Villanueva v. Hernández Class, 128 D.P.R. 618 (1991)
Vincentí Damiani v. Saldaña Acha, 157 D.P.R. 37 (2002)
Vives Vázquez v. E.L.A., 142 D.P.R. 117 (1996)
Vizcarrondo Morales v. MVM, 2008 T.S.P.R. 164
Volkswagenwerk Aktiensesellschaft v. Schlunck, 486 U.S. 694 (1988)
West v. Goodyear Tire & Rubber Co., 167 F.3d 776 (2d Cir. 1999)
West India Machinery & Supply Co. v. Secretario de Hacienda, 89 D.P.R. 115 (1962)
White Star Bus Line v. Corte, 60 D.P.R. 356 (1942)
World-Wide Volkswagen Corp. v. Woodson, 444 U.S. 296, 100 S. Ct. 559, 62 L. Ed. 2d 490 (1980)
Yiyi Motors, Inc. v. E.L.A., Sec. de Hacienda, 2009 T.S.P.R. 159
Zachry International of P.R. v. Tribunal Superior, 104 D.P.R. 267 (1975)
Zalduondo v. Méndez Bas, 74 D.P.R. 637 (1953)
Zalduondo Veve v. Domenech, 47 D.P.R. 363 (1934)
Zapata et al. v. Zapata et al., 156 D.P.R. 278 (2002)
Zavala Vázquez v. Municipio de Ponce, 139 D.P.R. 548 (1995)
Zayas Pizarro v. Molina, 50 D.P.R. 647 (1936)
Zeidman v. J. Ray McDermott & Co., 651 F.2d 1030 (1981)
Zequeira v. Municipal Housing Authority (CRUV), 95 D.P.R. 738 (1968)
Zippo Mfg. Co. v. Zippo Dot Com, Inc., 952 F. Supp. 1119 (W.D. Pa. 1997)
Zorilla v. Tribunal Superior, 91 D.P.R. 864 (1965)
Zorniak Air Services, Inc. v. Cessna Aircraft Co., 132 D.P.R. 170 (1992)

Tabla de Estatutos Citados

Acecho en Puerto Rico, Ley contra el, Ley Núm. 284 del 21 de agosto de 1999, según enmendada (33 L.P.R.A. secs. 4013-4026)

Administración de Documentos Públicos de Puerto Rico, Ley para la (3 L.P.R.A. 1001(b))

Administración de Reglamentos y Permisos, Ley Núm. 76 del 24 de junio de 1975 (23 L.P.R.A. secs. 71 *et seq.*)

Adopción, Ley de, Ley Núm. 9 del 19 de enero de 1995 (32 L.P.R.A. secs. 2699-2699s)

Alquileres Razonables, Ley de, Ley Núm. 209 del 8 de mayo de 1952 (17 L.P.R.A. secs. 215-218)

Amparo de Menores en el Siglo XXI, Ley para el, Ley Núm. 342 del 16 de diciembre de 1999 (Derogada por la Ley Núm. 177 del 1 de agosto de 2003)

Arbitraje, Ley Núm. 376 de 8 de mayo de 1951 (32 L.P.R.A. secs. 3201 a 3229)

Código de Enjuiciamiento Civil—*Certiorari*, Ley del 10 de marzo de 1904, art. 670 (32 L.P.R.A. sec. 3491)

Código de Enjuiciamiento Civil—Recursos Extraordinarios, Ley de (32 L.P.R.A. secs. 3391 *et seq.*)

Código de Etica Profesional (1970) (4 L.P.R.A. Ap. IX)

Código de Seguros, Junio 19, 1957, Ley Núm. 77 del 19 de junio de 1957 (26 L.P.R.A. secs. 101 *et seq.*)

Código Penal de Puerto Rico, Art. 291

Código Político de 1902, art. 189 (3 L.P.R.A. sec. 604 nt) (Artículo del Código Político derogado por la Ley Núm. 230 del 23 de julio del1974. Véase ahora, 8 L.P.R.A. sec. 283j.)

Colegio de Abogados de P.R., Ley del (4 L.P.R.A. secs. 771 a 785)

Comisión Estatal de Elecciones, Art. 1.016 (16 L.P.R.A. secs. 3001 *et seq.*)

Comisión para Ventilar Querellas Municipales, Ley Núm. 81 de 30 de agosto de 1991, Art. 18.010

Comisionado de Instituciones Financieras, Ley de la Oficina del, Ley Núm. 4 de 11 de octubre, 1985 (7 L.P.R.A. secs. 2001 *et seq.*)

Compensaciones del Trabajo, Ley de, Ley Núm. 45 del 18 de abril de 1935 (11 L.P.R.A. secs. 1-42)

Constitución del Estado Libre Asociado de Puerto Rico

Convención Interamericana sobre Exhortos o Cartas Rogatorias, Art. 2

Convenio de la Haya sobre la notificación o traslado en el extranjero de documentos judiciales y extrajudiciales en materia civil o comercial del 15 de noviembre de 1965

Controversias y Estados Provisionales de Derecho, Ley sobre, Ley Núm. 140 del 23 de julio de 1974 (32 L.P.R.A. secs. 2871-2877)

Corporaciones de 2009, Ley General de, Ley Núm. 164 del 16 de diciembre de 2009

Departamento de Justicia, Secretario del (Ley Núm. 205 del 9 de agosto de 2004) (3 L.P.R.A. sec. 72)

Departamento del Trabajo y Recursos Humanos, Ley Orgánica, Ley Núm. 15 de 14 de abril, 1931 (3 L.P.R.A. 304 *et seq.*)

Derechos Civiles, Ley de, Ley Núm. 131 del 13 de mayo de 1943 (1 L.P.R.A. secs. 13-18)

Desacato, Ley de (33 L.P.R.A. sec. 517)

Detectives Privados de Puerto Rico, Ley de, Ley Núm. 108 del 29 de junio de 1965 (25 L.P.R.A. secs. 285 *et seq.*)

Educación Especial, Ley Federal de (20 U.S.C. sec. 1415(i)(3)(B))

Ejercicio de la abogacía, Ley reglamentando (4 L.P.R.A. secs. 721 a 742)

Etica Judicial de Puerto Rico de 2005, Cánones de (4 L.P.R.A. Ap. IV)

Evidencia, Ley de, de 9 de marzo de 1905

Hogar Seguro, Ley de (31 L.P.R.A. sec. 1851)

Hostigamiento Sexual, Ley de, Ley Núm. 17 del 22 de abril de 1988 (29 L.P.R.A. secs. 155-155m)

Jueces, Evaluación de Candidatos a, Ley Núm. 91 de 5 de diciembre de 1991 (4 L.P.R.A. secs. 71 a 74c)

Judicatura, Ley de 1952, Ley Núm. 11 de 24 de julio de 1952

Judicatura, Sistema de Retiro, Ley Núm. 12 de 19 de octubre de 1954 (4 L.P.R.A. secs. 233 a 246)

Ley Electoral de Puerto Rico, Ley Núm. 4 de 20 de diciembre de 1977 (16 L.P.R.A. secs. 3001 *et seq.*)

Ley Especial Declarando Estado de Emergencia Fiscal y Estableciendo Plan Integral de Estabilización Fiscal para Salvar el Crédito de Puerto Rico, Ley Núm. 7 del 9 de marzo de 2009

Ley Hipotecaria (30 L.P.R.A. secs. 2401 y 2402)

Ley Hipotecaria y del Registro de la Propiedad, Ley Núm. 198 de 8 de agosto de 1979 (30 L.P.R.A. secs. 2001 *et seq.*)

Ley Interestatal Uniforme de Alimentos entre Parientes (8 L.P.R.A. secs. 545 *et seq.*)

Ley Uniforme de Sentencias Declaratorias, Ley Núm. 47 de 25 de abril de 1931 (32 L.P.R.A. secs. 2991 a 3006)

Municipios Autónomos, Ley de, Ley Núm. 81 de 30 de agosto de 1991 (21 L.P.R.A. secs. 4001 et seq.)

Parental Kidnapping Prevention Act, 28 U.S.C. sec. 1738A

Política Pública Ambiental, Ley sobre, Ley Núm. 416 del 22 de septiembre de 2004 (12 L.P.R.A. secs. 1120 *et seq.*)

Prevención e Intervención contra la Violencia Doméstica, Ley para la, Ley Núm. 54 del 15 de agosto de 1989, 8 L.P.R.A. secs. 215-218

TABLA DE ESTATUTOS CITADOS

Procedimiento Administrativo Uniforme, Ley de, Agosto 12, 1988, Núm. 170 (3 L.P.R.A. secs. 2101 *et seq.*)

Reclamaciones Laborales, Ley de, Art. 2 (32 L.P.R.A. sec. 3115)

Reclamaciones y Demandas Contra el Estado, Ley de, Ley Núm. 104 de 29 de junio de 1955 (32 L.P.R.A. secs. 3077 a 3084)

Reforma del Proceso de Permisos de Puerto Rico, Ley para la, Ley Núm. 161 del 1 de diciembre de 2009, Art. 12.1

Reglas de Evidencia de 1979, Ley Núm. 180 de Julio 20, 1979 (32 L.P.R.A. Ap. IV)

Reglas de Evidencia de 2009, Ley Núm. 46 de 30 de julio de 2009

Reglas de Procedimiento Civil de 1979, Ley Núm. 197 de Agosto 4, 1979 (32 L.P.R.A. Ap. III)

Reglas de Procedimiento Civil de 2009, Ley Núm. 220 de 29 de diciembre de 2009

Reglas de Procedimiento Civil Federal, R. 11

Relaciones del Trabajo, Ley de, Mayo 8, 1945, Núm. 130 (29 L.P.R.A. secs. 61 a 76)

Relaciones Federales, Ley de, Secs. 10, 48

Salud Mental, Ley de, Ley Núm. 408 de 2 de octubre de 2000 (24 L.P.R.A. secs. 6152-6166)

Tercería, Ley de, Ley de 14 de marzo de 1907

Tribunal de Apelaciones, Ley Núm. 21 de 13 de julio de 1992

Uniform Interstate and International Procedure Act of 1962

Vehículos y Tránsito de Puerto Rico, Ley de, Ley Núm. 22 del 7 de enero de 2000 (9 L.P.R.A. secs. 5001-5725)

Violencia Doméstica, Ley de, Ley Núm. 54 de 15 de agosto de 1989 (8 L.P.R.A. secs. 601 *et seq.*)

INDICE TEMÁTICO

(Las referencias son al número de sección en la obra)

F

FIANZA

FIRMA DEL ABOGADO

FORMULARIOS

FUENTES DE LAS NORMAS PROCESALES

H

HONORARIOS DE ABOGADO

I

INCAPACITADOS

INHIBICION O RECUSACION

*INDICE POR REGLAS**

* Sección que hace referencia indirecta al contenido de la Regla o que guarda relación con ésta.

INDICE POR REGLAS